北条時宗の時代

北条氏研究会 編

八木書店

目次

序論　北条時宗の時代

菊池紳一

はじめに

本論集の題名となっている「北条時宗の時代」とは、鎌倉幕府にとって、もっと広く見れば日本の中世社会にとって、大きな画期であった。時宗の執権期には二度の蒙古襲来があり、内政的にも外交的にも多難な時代であった。平成十三年（二〇〇一年）に放送されたＮＨＫの大河ドラマ「北条時宗」を見ても、またこの時期に刊行された書物を読んでも、この時期の政治課題の中心が対蒙古政策であり、時宗の時代と蒙古襲来は切り離せないものであった。それだけこの蒙古襲来が、日本の中世社会に及ぼした影響は計り知れないものがあるといえよう。

一方、執権時宗を補佐した人々の顔ぶれを見たとき、そこには父時頼の影響、すなわち時頼が時宗政権のブレーンを準備していた様子を垣間見ることは容易であろう。時頼の父時氏は若くして亡くなり、執権に就任することはなかった。時頼は祖父泰時の薫陶を受けて成長したが、兄に経時がおり、本来は執権に就任することはないはずであった。ところが兄経時が早世したため、突然時頼は執権となり北条氏の家督（得宗）も継承したのである。なぜ時頼が執権や得宗を継承したのか、その背景にある泰時晩年の時代がどのような問題を含んでいたのか、それを引き継いだ時宗の父時頼の政治感覚はどのようなものであったのか、考えなければならない点であろう。

こうした観点から、本論集では、これまで北条氏研究会で行ってきた文書輪読の成果を踏まえ、時頼及び時宗の時代の人物を中心に置き、その背景にある政治・経済等について検討した論文で構成している。

そこで、冒頭に位置する本稿では、北条時頼・時宗父子の一生を概観し、この時代に注目すべき問題点について紹介しながら、各人の論文の導入としたい。なお、両者の経歴等については、北条氏研究会編『北条氏系譜人名辞典』

（新人物往来社、二〇〇二年）、細川重雄著『鎌倉政権得宗専制論』（吉川弘文館、二〇〇〇年）の末尾に掲載される「鎌倉政権上級職員表（基礎表）」を参照した。また、特に注記のない記事は「吾妻鏡」を典拠としたものであることをお断りしておく。

一　北条時頼

北条時頼は、安貞元年（一二二七）五月十四日辰時に生まれた。父は北条時氏、母は安達景盛の女（松下禅尼）で、兄経時とは同母兄弟で、幼名は成寿である。

祖父泰時は、三浦義村の女（矢部禅尼）を妻としており、二人の間には時氏と足利義氏室が生まれている。泰時の時代は、北条氏に次ぐ御家人であった三浦氏と婚姻関係を結び、政局は安定していた。しかし、一方で三浦氏の横暴が目に余るものとなっていた。おそらく泰時の意志の反映であろうと考えられるが、子の時氏は安達氏との婚姻関係を持つことになり、外戚三浦氏と北条氏との間は疎遠になりつつあったと見られる。

泰時の時代は、御成敗式目の制定、評定衆の設置など善政を敷き安定した時代であったと見られる。しかし、一方、子の時氏・時実の早世や寛喜の大飢饉など、次代の不安定さを想起させる不幸な事件が起こっている。こうした事件は、摂家将軍と結んで得宗家と対立する名越流北条氏の台頭や得宗家の外戚をめぐる三浦氏と安達氏の対立を表面化させる遠因となっていった。

嘉禎三年（一二三七）四月二十二日、時頼は十一歳で元服し、五郎時頼と称した。祖父泰時、父時氏がそれぞれ江間（馬）太郎・相模太郎、武蔵太郎と称していたことを考えると、時頼の兄経時の通称が四郎であり、経時・時頼兄弟の上に太郎から三郎の早世した兄弟がいたか、それとも、時政・義時父子が各々北条四郎、北条四郎・江間（馬）四郎・北条小四郎・江間（馬）小四郎などと「四郎」「小四郎」を通称としていたことと関連があるのかもしれない。時頼は、自分が経時の弟でありながら得宗家を継いだことを当然のこととは考えてはいなかったのではなかろうか。後述するようにことさら自分の子供たちの序列を明確にしたのもこうした背景があってのことであろう。

時頼がはからずも家督を継いだことという点を前提に『吾妻鏡』を見ていくと、時頼の若い頃についての記事には特徴がある。それは、早くから祖父泰時に目をかけられていたことを明示する点で、それを兄経時と比較する形式で語っている。たとえば、前者の例では、嘉禎三年（一二三七）六月、泰時は時頼に幕府の使者を勤めさせ、七月十九日には、時頼に八月の鶴岡八幡宮放生会の流鏑馬の射手の習礼を鶴岡の馬場で行わせている。後者の例では、仁治二年（一二四一）七月時頼は兄経時とともに祖父泰時の息災延寿を祈って鶴岡上下宮で百度詣を行うが、ここでは兄弟協力する姿が描かれる。また、同年十一月の末には、三浦家村と薬師寺（小山）朝村との口論から発して、三浦・小山両氏が対立する事件が起きるが、この時、兄経時は三浦氏方に肩入れし、時頼は静観していた。祖父泰時はこの両者について、経時の行動は将来の将軍の後見者としては軽はずみな行為だとして謹慎を命じる一方、時頼に対してはその行動を賞し一村を与えたという。泰時は、御家人の上に立って、広い視野で行動を決するよう諭したものであろうが、こうした記事の背景には、時頼の得宗継承を正当化しようとする『吾妻鏡』編者の意志が見て取れるのではなかろうか。また、宝治合戦の三浦氏滅亡を見通した編集であった可能性も否定できない。

その延長線上に、時頼による自らの子についての嫡庶の順（序列）に厳しい姿勢も存在していたと思われる。交名等の文書に自分の子どもたちを記載する場合、長幼の順ではなく、嫡庶の順、すなわち、時宗、宗政、時輔、宗頼の順に記載するよう定めている。これはおそらく自分が兄の子どもたちを差し置いて家督を継承し混乱を招いたことへの反省から起きたものであろう。

時頼の官位については、暦仁元年（一二三八）九月一日十二歳で左兵衛少尉に任じられ（初斎宮功）、寛元元年（一二四三）閏七月二十七日十七歳で左近将監（臨時内給）に転任、同日叙留され、翌二年三月六日には従五位上に叙されている。兄経時の官位昇進と比較しても、劣らない早さであった。同四年三月二十三日には兄経時の病気が重くなったため、二十歳の時頼に執権職が譲られた。その後、同四月十九日経時は出家、約十日後の閏四月一日に二十三歳の若さで没している。執権就任後の時頼の官途は順調に上昇し、建長元年（一二四九）六月十四日に相模守に任じられ、同三年六月二十七日時頼は正五位下（造閑院国司賞）に叙されている。

時頼が執権となった僅か一カ月後の五月に鎌倉で騒動が起きる。これは北条氏一門の名越流（朝時の子孫）が前将軍藤原（九条）頼経と結んで、時頼を執権職から除去しようとした反乱であった。時頼は先手を打って頼経の側近であった三浦氏と結ぶことに成功し、五月二十四日、鎌倉を戒厳下におき、名越一族を孤立させた。翌二十五日になると、名越一族の中から脱落者（時章・時長・時兼）が出るに及んで勝敗は決し、張本とされた光時・時幸は出家した。これを寛元の政変（宮騒動）という。六月十三日、光時は伊豆国江間に配流され、越後国務以下の大半の所帯が没収された。この陰謀に加わった評定衆後藤基綱・千葉秀胤、問注所執事三善康持は罷免され、七月二日には、前将軍頼経が京都に送還されている。

この事件は公家側にとっても大きな転換期となった。これまで関東申次として朝幕間の重要事に関わり朝廷で絶大な権力を握っていた九条道家は、子の頼経の帰洛とともに除かれ、関東申次には西園寺実氏が就任し、後嵯峨院政も院評定制が敷かれるなど、朝政の刷新が行われていった。

翌宝治元年（一二四七）鎌倉には再び不穏な空気が流れ始める。同五月二十一日鶴岡八幡宮の鳥居前に三浦氏の専横を糾弾し討伐される旨の立て札が立てられ、同二十八日には同一族の反逆が宣伝された。この背景には時頼の外戚安達氏の影があった。時頼は佐々木氏信を使者に三浦泰村の様子を見させたが、泰村は異心のないことを伝え和平工作に務め、時頼も泰村誅伐の意志のないことを伝えた。しかし、紀伊の高野山から急遽鎌倉に帰っていた安達景盛は檄を飛ばし、同六月五日安達氏による三浦氏への奇襲が敢行された。こうした事態に時頼も三浦氏討伐を決意した。三浦氏は奇襲にあって、多勢に無勢で戦うことをあきらめ、源頼朝の法華堂で一族五百余人が自害し滅亡した。同七日には上総国一柳館で三浦氏の与党千葉秀胤一族も滅亡した。こうして、幕府創業以来の有力御家人三浦・千葉両氏が滅亡し、反時頼勢力は一掃されたのである。

寛元の政変と宝治合戦を克服して反得宗勢力を一掃した時頼は、宝治元年七月、当時六波羅北方として在京していた北条重時を連署に迎え、新しい施策を展開していった。基本的な政策は、御家人を保護し、その支持を得ることであった。この頃御家人の間には貧富の格差が広がり、御公事や京都大番役など御家人の負担が大きな問題となっていた。時頼は、御家人にとって最大の負担であった京都大番役の期間を半減し、本所に任免権がある所職を持つ西国の御家人が不当な判決を受けた時には、幕府が本所に抗議することにするなど、幕府の基本原則を変更してまで、一般御家人を保護する施策を打ち出している。この御家人の貧富の広がりは、次代の時宗の政治にも大きな課題として影を落とすことになる。

時頼政権は、泰時以来の政治の公正と御家人擁護の精神を継承しようとしていた。うち続いた政変による御家人の動揺を防ぎ、時頼政権への信頼を回復するため、建長元年（一二四九）十二月に裁判制度の改革を始め、評定衆の下に三番の引付衆を設置した。これは裁判の効率化を目指したものである。時頼は、一番から三番までの引付の長官（頭人）を評定衆に兼任させ、その下に数人の引付衆と実務にあたる吏寮を配置した。御家人からの訴訟は、最初にこの引付の会議で審理され、その合議の結果は幕府の評定で最終的な判定が下された。引付頭人には北条氏一門の政村（義時の子）・朝直（時房の子）・資時（時房の子）が補任されており、北条氏主導の政治体制の強化と見なすことができよう。

翌建長四年三月、時頼は連署重時との密談（寄合）の結果、将軍藤原頼嗣を更迭し、新将軍に後嵯峨上皇の第一皇子宗尊親王を迎えることとした。建長四年四月一日、宗尊親王が六代将軍として鎌倉に到着した。将軍の代替わりにともなって、翌五年七月に後嵯峨上皇は十八条の新制を制定し、これに呼応して九月に幕府からも新制十三条が発令されている。公武両政権が東西呼応して発令した新制は、協力して政治体制を整備しようとする意気込みを示している。ただその内容は、将軍に対する御家人の恒例の贈物の禁止、博奕・鷹狩の禁止、関東御家人ならびに鎌倉に居住する人々の過差の禁止等の禁令や、地頭による一方的な在地支配に対する抑制策、前述の引付の設置、鎌倉地内の商売地域の設定、沽酒の禁止、日常使用する炭や薪などの燃料代や馬の飼料代等の公定価格の決定等に関するものなど、過差の禁止・物価の統制が中心であった。貨幣経済の浸透を背景とした商手工業者・金融業者・悪党など、新しい勢力に対する保守的な厳しい内容であった。

康元元年（一二五六）三月十一日連署重時が辞任し、同三月三十日政村が連署に就任する。同七月時頼は自分も出家することを表明し、まもなく伝染病の赤班病に罹った。時頼の女はこの病に感染し死去している。十一月には赤痢に罹り、同二十二日執権を重時の子長時に譲り、同二十三日に最明寺で出家、三十歳であった。戒師は道隆禅師、法名は覚了房道崇である。

嫡子の時宗は幼少であったため、執権職は嫡子時宗の眼代（代官）という名目で長時に譲られた。「吾妻鏡」同日条によると、執権職とともに武蔵の国務・侍所の別当・鎌倉邸が長時に預けられている。

時頼は執権在任中から最明寺の私邸で寄合を開き、幕府の政策決定を行っていた。寄合には、得宗、北条一門の有力者、吏僚、安達泰盛、御内人の有力者が出席した。時頼は執権辞任後も私的な会合であった寄合を続けていたといわれる。このように出家後も最終的な政治の実権は時頼が握っており、独裁的に政治上の決定を下していたとされる。このことを得宗専制の萌芽と見なすことは可能であろうが、果たしてこの時期に執権職が形式的な存在となったのかは検討する必要はあろう。

弘長三年（一二六三）八月二十五日時頼は病気に罹り、十一月二十二日最明寺の別業（北亭）で没した。享年三十七歳であった。臨終にあたって時頼は、袈裟を着し、縄の床の上で座禅を組みながら、いささかの動揺の様子もなく往生を遂げたという。

時頼は寺社に対する信仰が篤く、寛元四年九月には大納言法印隆弁を京都から招き、護持僧とし、加持祈禱に従事させている。翌年には隆弁を鶴岡八幡宮別当に補任した。また、信濃の善光寺、鎌倉の永福寺、近江の園城寺、伊豆の三島社等を保護している。建長三年十一月には山内庄に巨福山建長寺の建立を始め、同五年十一月完成した。住持には寛元四年南宋から来日した蘭渓道隆を招いた。さらに文応元年（一二六〇）には兀庵普寧が来日し、鎌倉に招いて、暇を見つけては問答をしに訪ねたという。

二　北条時宗

北条時宗は、建長三年（一二五一）五月十五日、鎌倉甘縄にある祖母松下禅尼（安達景盛女、北条時氏妻）邸で生まれた。幼名は正寿。「吾妻鏡」によれば、産所には外祖父重時をはじめ一門の人々が多勢つめかけ、見守っていたという。すでに宝治二年（一二四八）生まれの庶兄時輔（母は将軍家女房讃岐）がいたが、正妻の子時宗が嫡子となった。前述したように、父時頼は交名等の文書に自分の子どもたちを記載する場合、長幼の順ではなく、嫡庶の順で記載するよう定めている。

康元元年（一二五六）十一月二十三日、父時頼は病気のため家督を時宗に譲って出家する。時宗は幼少だったため、執権職には、眼代として母の兄弟にあたる重時の子長時が就任した。

翌正嘉元年（一二五七）二月二十六日、時宗は将軍宗尊親王の手によって元服し、一字名を与えられ、相模太郎時宗と名乗った。御所には多くの御家人が参列し、この盛儀を見守っていたという。以降、時宗は将軍の二所参詣や鶴岡八幡宮参詣、正月の垸飯等の幕府の行事では常に筆頭に位置しており、北条氏の家督（得宗）として扱われていたと見るべきであろう。

文応元年（一二六〇）二月、時宗は小侍所別当に就任した。当時小侍所別当には金沢流北条氏の実時が在任中であった。父時頼は時宗を実時に預け、政治家の基礎を学ばせようとしたのである。実時は、文暦元年（一二三四）十一歳で小侍所別当に就任して以降、引付衆・評定衆・越訴奉行等を歴任する一方、宣陽門院蔵人となるなど京都とのつながりも深く、西大寺の叡尊を鎌倉に招き、金沢称名寺を律宗に改宗し、金沢文庫の基礎を築いた人物である。

弘長元年（一二六一）四月二十三日、時宗は故安達義景の女堀内殿を娶り、同十二月二十二日、従五位下左馬権頭に叙任された。十三歳の時、同三年十一月二十二日父時頼が三十七歳で死去した。翌文永元年（一二六四）七月二日には執権長時が病のため出家すると、同八月十一日執権には連署の政村が、連署に時宗が就任した。翌二年以降の正月一日の垸飯の沙汰は父時頼に替わって時宗が行うようになる。さらに同年正月五日従五位上に叙され（左馬権頭労）、同正月三十日但馬権守を兼任、同三月二十三日には相模守を兼任した。

文永三年六月二十日、時宗邸で秘密の会議が開かれた。「吾妻鏡」はこれを「深秘御沙汰」と表現しているが、父時頼の行った寄合を継承していたことが確認できる。出席者は時宗のほか、執権政村、小侍所実時、安達泰盛ら当時の幕政の最高実力者の四人であった。この時決定されたのは、将軍宗尊親王の更迭、帰洛と新将軍にその子惟康王が就任することであった。この前後、藤原親家や諏方盛経らが密使として京都に派遣されていた。周到な計画のもと、将軍の交代劇が執り行われたのである。時宗を中心とする体制強化のため幕政の実力者たちが合意のうえ行った措置であったと考えられる。

時宗政権は、父時頼の政策を継承し、御家人統制の強化、御家人所領保護、悪党取り締まりといった施策を進めた。その背景には、時頼が時宗を委託した北条政村・北条実時・安達泰盛ら、時宗政権を補佐する人々の存在が大きく影響していたと思われる。文永四年十二月、御家人所領の売買・入質を禁ずる法令が定められた。この意図は御家人の所領の移動を抑制し、非御家人や凡下の手に渡るのを厳禁しようとするものであった。これは、売買・入質等を理由に、御家人の所領が他人の手に渡ることが多かったことを示している。同九年十月には、守護に命じて諸国の田文を再調査し上進させ、御家人所領の実態を把握するよう努めている。

文永五年正月、高麗王の使者潘阜が九州大宰府を訪れ、蒙古の牒状（世祖フビライの国書）と高麗王の副書をもたらした。その内容は、表面は国交を求めるものであったが、実際は蒙古に帰属する（朝貢する）よう求めたものであった。蒙古襲来の前兆である。

この国難にあたって、同年三月五日高齢の執権政村が連署となり、時宗が執権に就任した。文永五年に最初に蒙古の国書がもたらされて以降、幕府は西国の御家人に蒙古襲来に備えるよう命じたものの、具体的な対策は出されなかった。しかし、数度にわたり元使の要求を拒否したことは、その襲来が必至の情勢となっていた。同八年九月、幕府は具体的施策として、鎮西の軍事力強化のため、鎮西に所領を有する東国在住の御家人にその所領への下向し、防禦にあたるよう命じ、悪党追捕も指示している。これを契機に、東国の武士たちは次々と西国に移住していった。

文永八年九月には蒙古の使節趙良弼が百余名を率いて筑前国今津に至り、国書を直接国王・将軍に手渡すと強硬に主張し、返書を求めた。翌年五月にも趙良弼は再び来日し、約一年滞在して帰国している。この時の目的は表向き大宰府での交渉にあったが、実際は遠征に向けて日本の実状を調査するための滞在であったようである。

このように緊迫した情勢のなか、文永九年二月十一日、時宗は大蔵頼季らの得宗被官を討手として、謀反の疑いのある北条一門名越流の時章・教時兄弟を討ち、京都の六波羅北方の北条義宗（前執権長時の子）に命じて、六波羅南方であった庶兄時輔を謀反の首謀者として誅している。この事件は教時が首謀者であったが、時章は無実であったため、その討手の大蔵頼季以下の得宗被官はすぐに処刑された。この処刑の背景には時宗の義兄安達泰盛の影があったと見られる。この措置は、反時宗勢力への先制攻撃であった。庶兄時輔の存在はその核になる可能性が高かった。これによって得宗権力はより強化されることとなり、蒙古襲来に対する態勢が作り上げられていくのである。こうした経緯のなかで、外戚安達氏と内管領平頼綱が台頭し、その対立を深めていった。建治二年四月に起きた連署北条義政の出家事件は、こうした対立を背景としてのことと見ることもできよう。

文永十一年十月、元と高麗の連合軍は対馬・壱岐をへて北九州に来寇した。日本軍は、元・高麗連合軍の新兵器や集団戦に悩まされ、退却を強いられた。しかし、連合軍は大宰府への攻撃を中止し、全軍が船に引き上げた。そして翌朝、元軍の船団の姿は博多沖の海上には見えなくなっていた。元と高麗の指揮者の対立と風雨のため、夜陰にまぎれて撤退したのである。

この間、幕府は朝廷の了承のもと、これまで不介入を原則としていた本所領家一円地にまで権限を行使し、御家人ばかりでなく非御家人も動員して防禦にあたるよう命じている。そして建治元年(一二七五)十二月には、積極的に翌年三月の高麗出兵計画を公にし、その用意を西国諸国に命じている。これは結局実現しなかったが、同年九月に元の使節を鎌倉の外龍の口で処刑し、時宗を中心とする幕府首脳は一貫して強攻策をとったのである。一方、元軍退却後から博多を中心に、北九州・長門の沿岸警備が本格的に始まった。幕府は建治元年三月頃からこの地域の沿岸に石築地を築き、異国警固番役を定めている。そして、建治元年北条実時の子実政を九州に派遣してこれらを総括させ、北九州近辺の守護にも北条氏一門が任命されている。

弘安四年(一二八一)六月、元軍は大挙して北九州沿岸に攻め寄せた。しかし、石築地に拠る日本軍のため上陸を阻まれ、平戸沖に終結し再度東進する途中の閏七月一日、肥前国鷹島付近で大暴風雨(大型台風)のため、蒙古船のほとんどが海の藻屑となって沈んでいった。

蒙古襲来の際の恩賞をみると、文永の役の場合は、建治元年に百二十人余の人々に恩賞が与えられたが、不満が残り再調査が行われた。弘安の役の場合は、二カ月にも及ぶ戦いに対する恩賞であり、恩賞のための基礎資料は厳密さを要求された。この調査と詮議は、弘安四年十一月から同九年頃まで行われている。幕府は十分な時間をかけて慎重に恩賞問題を処理していった。こうした幕府の方針を主導したのは安達泰盛であった。泰盛は、妹婿時宗の了解を取りながら、幕府政治を進めていった。そしてみずからは陸奥守に任官し、秋田城介は子宗景に譲り、宗景を引付衆在職一年余で評定衆にするなど、北条氏に比肩する勢力を固めていったのである。

弘安六年十二月、幕府は来年春元軍が襲来するという伝聞から、鎮西の守護に武士を率いて担当の部署に就くよう命じている。そして、幕府は将軍のことを正式に「公方」と記している。泰盛が将軍＝公方と得宗＝御内の区別を明確にしようとしていたのである。これに対し、得宗御内人が反発したことはごく自然なことであった。

建治年間（一二七五～七八）以降、それまで時宗政権を支えてきた政村・実時は引退し、寄合は新しいメンバーによって運営されるようになっていた。山内の時宗邸で行われた寄合には、安達泰盛のほか、得宗被官の平頼綱・諏訪盛経、吏寮の三善康有・佐藤業連が参加した。これ以降得宗被官の台頭が著しく、晩年の時宗政権は、外戚安達泰盛と内管領平頼綱の対立の上にバランスよく乗っていたのである。

弘安七年三月末病に臥した時宗は、数日後の四月四日巳刻に最明寺で出家し（法名道果）、同日酉刻三十四歳で急死した。法光寺殿と号した。その死を悼んで、泰盛をはじめとする評定衆・引付衆や一門近従五十余人が出家している。時宗の跡は十四歳の子の貞時が継ぎ、武蔵・伊豆・駿河・若狭・美作等の得宗分国（守護）も継承した。

時宗は禅宗を崇拝しており、父時頼の信任の篤かった渡来僧で建長寺の住持蘭渓道隆に深く師事し、同じく宋よりの渡来僧大休正念等にも帰依した。弘安二年（一二七九）、時宗の招きで宋から渡来した無学祖元を、同八月建長寺の住持として迎え、同五年には円覚寺が創建され祖元は住持に迎えられている。のちに時宗の墳堂として建立されたのが円覚寺の仏日庵である。

まとめにかえて

本論集の構成を簡単に紹介してまとめにかえたい。第一章として、これまで北条氏研究会で行ってきた文書輪読の成果を踏まえた、鎌倉幕府の発給文書に関わる論文を配した。第二章は本論集の中核となる部分で、時宗の周囲にいた人物に関わる論文を据えている。最後の第三章は、北条氏とその時代として、所領・文化・都市、研究史・史料紹介等、多岐に渉る論文を配してある。

北条氏研究会は、発足して約三十年が経過しようとしている。この間、北条時政の発給文書から読み始め、現在は北条時宗の発給文書を読み進めている。第一章に収めた三本の論考は、こうした基礎作業の結果を示している。簡単に紹介すると、菊池紳一「鎌倉幕府の発給文書――源頼朝期を中心に――」は、鎌倉幕府発給文書の母体となった源頼朝の発給文書を整理したものである。川島孝一「北条時頼文書概論」は、鎌倉中期の鎌倉幕府の発給文書を総体的に論じている。久保田和彦「六波羅探題発給文書の研究――北条時茂・時輔・義宗探題期について――」は、ここ数年久保田氏が取り上げてきた六波羅発給文書研究の一環のものである。

北条時宗の時代は、政治的には、曾祖父泰時の時代に端を発する摂家将軍と結びついた名越流北条氏の台頭や北条得宗家の外戚三浦氏と安達氏の対立が一応の最終的な決着をみた時代であった。

父時頼は、こうした政治勢力に対処するため、連署に極楽寺流北条氏の重時を置いて幕政の改革を進めた。宝治元年十二月には京都大番役の改革を行い、御家人の負担軽減を図った。翌建長元年（一二四九）十二月には裁判の迅速化を計るため引付衆を設けている。

一方、時頼は執権在任中から最明寺の私邸で「寄合」という会合を開き、幕府の政策決定を行い、執権辞任後もこれを続けていた。寄合には、得宗時頼、北条一門の有力者（重時・実時など）、吏僚、安達泰盛、御内人の有力者が出席している。さらに晩年には、子時宗の周囲に政治ブレーンを配置していた。時宗の時代の前半はこうした政治ブレーンに補佐された時代であった。

しかし、時宗時代の後半は、外戚安達泰盛と内管領平頼綱の対立が表面化し、そのバランスの上に時宗政権が存在していた。そのため時宗没後、霜月騒動が惹起され、安達氏が没落し、得宗専制政治が推し進められていった。

第二章は、北条時頼・時宗父子の周囲にいた人々に関する論考をまとめたもので構成した。内容は、第1節　北条氏一族、第2節　御家人（外様）、第3節　得宗被官（御内）の三部構成とした。

第三章の中で力作は、川島孝一「北条氏所領の認定とその集積・ゆくえ」と鈴木宏美「北条氏と和歌」であろう。前者は、北条氏研究会編『北条氏系譜人名辞典』の付録に付した「北条氏所領一覧」をベースに再検討し、北条氏所領の認定に関わる手続きなどの問題点を指摘している。後者は、『新編国歌大観』などの和歌集を丹念に調査してまとめたものである。

その他、永井晋「中世都市鎌倉の発展――小袋坂と六浦――」では、鎌倉の町の発展の画期が時頼・時宗父子の時代にあったことを指摘し、秋山哲雄「御家人制研究の現状と課題」「鎌倉幕府の地方制度」は、この時代の御家人制度と地方制度の問題点を指摘している。

第一章　幕府の発給文書

鎌倉幕府の発給文書について

――源頼朝発給文書を中心に――

菊池紳一

はじめに

北条氏研究会では、初代の時政の発給文書から検討を始め、義時・泰時・経時・時頼等を経て、現在時宗の発給文書を読み進めている。その成果としてこれまでに、時政の発給文書については菊池紳一が、義時のそれについては下山忍が、そして泰時以降の六波羅探題の発給文書については久保田和彦が論文にまとめてきた。(1) また、本論集でも、時頼の発給文書を川島孝一が、北条時茂・時輔・義宗期の六波羅探題発給文書を久保田和彦がまとめている。

こうした経緯をふまえ、本稿では、鎌倉幕府内における北条氏の発給文書の変遷を見るための基礎作業として、鎌倉殿源頼朝の発給文書（以下「源頼朝文書」と略称を用いる）の文書様式・用途等を概観したい。鎌倉幕府による発給文書の様式は源頼朝が創始し徐々に定型化していったと考えられる。その背景には幕府の組織の整備があり、文書の様式は幕府政治の展開と密接な関係にあったと考えられる。そこで「源頼朝文書」の成り立ちと文書様式の種類、また使用用途を確認したい。「源頼朝文書」の研究を通して、その後の北条氏と幕府政治、幕府組織との関わりを考える一助としたい。

ところで、佐藤進一著『［新版］古文書学入門』第三章第三節武家様文書では、鎌倉幕府の発給文書について次のように説明している。(2)

東国に樹立された武家政権（鎌倉幕府）は、朝廷・公家の間で行われていた下文と御教書の二大系統の文書を継承することから出発し、その後下文と御教書との折衷ともいうべき下知状という新様式を生み、下文・下知状・御教書の三系統が武家文書の中心を形づくった。そして、私状様式（直接的な意思伝達法）の普遍化現象は中世にますます進み、書止めを「……状如件」、「仍如件」のような文言で結び、日付に年次（年付）を入れる「書下」という新文書様式（直接に出すという意味で直状・直札ともいわれた）が生まれたと。このように佐藤氏は、武家政権の発給文書の様式は、源頼朝の時代に使用された下文と御教書の二系統を継承したことから出発したと指摘している。

相田二郎『日本の古文書』では、下文を公式様文書の符や牒から発展した官宣旨の系統を引く公文書に位置づけ、御教書を本来私文書である書札様文書のひとつ奉書の中に位置づけている。(3) ただ、「源頼朝文書」を概観すると、前者を公文書、後者を私文書とすることは適当ではない。後者の場合、ほとんどは、多かれ少なかれ公的な意味を含んで用いられていたと考えられる。前者は日付に年号を具備するのに対し、後者は、年号を具備するものばかりではなく、付け年号のもの、年号のないものがある。その各々が、どのような用途に用いられたのか、差出者の立場はどのようなものであったか、それによって文書様式はどのように規定されていたかという点に注目してみたい。

「源頼朝文書」については、黒川高明「源頼朝文書について――花押を中心として――」(4) 及び同「源頼朝文書について――頼朝文書の拾遺及び偽・疑文書を中心に――」(5)、林譲「源頼朝の花押について――その形体変化と治承・寿永年号の使用をめぐって――」(6) があり、また黒川高明編『源頼朝文書の研究』史料編がある。(7)『源頼朝文書の研究』史料編では、図版の部分を下文、寄進状、政所下文、下知状・外題安堵、鎌倉殿御使下文、御教書、書状の七種に分けて掲載している。ただし、研究編が未刊であり、前述したように、時代背景と結びつけた文書様式の変遷についての研究は見られないようである。

「源頼朝文書」の宛所（発給対象）に着目してみると、①鎌倉武家政権内宛、②朝廷や公家、寺社権門宛、③その他宛に分けられよう。①は鎌倉殿（頼朝）の支配下、進止下にある武士や公家等を対象としたもので、基本的には上意下達文書である。②は治天の君である後白河院を中心とする朝廷や摂関家等の公家、延暦寺・東大寺・興福寺・高野山・東寺等の寺院や伊勢神宮・石清水八幡宮・賀茂社等の神社を対象としたもので、鎌倉武家政権からすればいわば他権門との外交交渉に関わる文書である。③はその他の宛所で、後述する源頼朝の第Ⅰ期に多く見られる仏や神を対象とした寄進状が多い。

本稿では、これらのうち①と②について用途と実例を挙げながら、源頼朝の時代以降の推移を確認しておきたい。なお、源頼朝の時期を左記のⅠからⅣに分けて「源頼朝文書」の考察を進めることとしたい。[8]

Ⅰ期　治承四年（一一八〇）八月の挙兵から寿永二年（一一八三）十月宣旨まで[9]
Ⅱ期　寿永二年十月から文治元年（一一八五）十一月の北条時政上洛まで
Ⅲ期　文治元年十一月から建久二年（一一九一）正月の政所始めまで
Ⅳ期　建久二年正月から正治元年（一一九九）正月の源頼朝死去まで

一　鎌倉武家政権内宛

①の用途をみると、（一）所領安堵（本領安堵、譲与安堵など、すなわち親子その他の間で行われた所領譲与を将軍が承認することも含む）・知行宛行（地頭職その他の職の補任・所領給与）、（二）鎌倉殿からの指示・催促等、（三）課役免除・守護不入以下の特権付与・訴訟の判決がある。（一）・（二）は鎌倉殿と御家人の主従制の根幹に関わる案件で、（一）は御恩、（二）は奉公に当たる。一方、（三）は鎌倉殿の統治に関わる案件である。特に（一）・（三）はある程度恒久的効力の期待される案件である。

（一）所領安堵・知行宛行

「吾妻鏡」によれば、治承四年（一一八〇）十月二十三日源頼朝は初めての論功行賞を相模の国府で行い、北条時政以下の武士たち[10]に対し、本領を安堵し、また新恩を給している。同年十二月十四日には、武蔵国の住人に対し本知行の地主職を安堵している。しかし、これに対応する所領安堵の文書は残っていないが、[11]「吾妻鏡」治承五年四月二十日条に「去年東国御家人安堵本領之時、同賜御下文訖」とあり、原則として安堵には下文が用いられていたと考えられる。そこでⅠ期の特徴を見ると、左記の奥上署判の源頼朝下文（東京大学文学部所蔵「由良文書」）の様式が一般的であったようである。[12]

下　武蔵国加治郷百姓等
　定補　郷司職事
　　新田入道（義重）殿
右人、補任彼職如件、百姓等宜承知、敢不可違失、故下、
　　治承五年十一月十一日
源朝臣（頼朝）（花押）

その他、この奥上署判の源頼朝下文を使用した例には、走湯山の聞養房（文陽房覚淵）に給田を与えた治承四年十一月一日源頼朝下文（前田育徳会所蔵「尊経閣古文書纂」編年文書）[13]を初見として、柳下郷の公事を免除した治承四年

十二月二十八日源頼朝下文（前田育徳会所蔵「尊経閣古文書纂」編年文書）[14]、三嶋社に川原谷郷を社領として安堵した治承五年七月二十九日源頼朝下文（「三嶋神社文書」）[15]などがあり、伝来する文書のうちこの様式の終見はII期の元暦二年（一一八五）三月十三日源頼朝下文（「吾妻鏡」同日条）[16]である。

次にII期について見てみよう。この時期、とくに元暦元年以降は、左記の寿永二年（一一八三）十月十一日源頼朝袖判下文案（「東大寺文書」三ノ三）[17]のような、文書の袖に頼朝が花押を据えた袖判下文が主流となってくる[18]。

　　　　在御判（源頼朝）

下　伊賀国御家人等

　可令早停止旁牢籠無相違安堵事

　　平保行

右件輩、殊依有忠令（マヽ）当家事、於今者停止旁牢籠、各所領無相違早可令安堵也、兼又同心之輩同可存此旨也、但為見参於令参事者、遼遠往反之間、定可有其煩者歟、仍九郎（源義経）御曹司令入給者、各可奉付之状、所仰如件、敢不可遺失、以下、

　寿永二年十月十一日

奥上署判下文は、国司が奥上に書判を据える国司下文と同じ様式であり、おそらく挙兵直後の源頼朝にはこの形式が念頭にあったと推定される。この時期源頼朝の周囲には京下りの吏僚はおらず、まだ国衙在庁クラスの官人が輔

佐していたと考えられる。[19]

ところが、元暦元年頃に中原広元以下の吏僚が京都から鎌倉に下向すると、[20]「源頼朝文書」は袖判下文が多くなる。鎌倉政権に公文所が設置されるなど、家政機関が整備されていった。中原広元以下の京下りの吏僚の影響によるものであろう。

袖判下文の様式は、袖の中央より下に頼朝の花押が据えられ、「下」の下に宛所に当たる「地名」や「人名」、あるいは「○○在庁官人等」「○○住僧等」が多く見られる。書止文言は、多くが「……状如件」「不可○○、故下」になっている。

袖判は奥上・奥下・日下よりも尊大な署判の形式であり、院政期から見られる文書様式である。源頼朝の場合は、知行国主あるいは国務沙汰人が袖に署判する様式を用いていることを模倣したものと推定され、源頼朝の地位が安定して行くに従って、国司よりもさらに上位者であるという権威を示すために用いられるようになったものと考えられる。

次にⅢ期を確認する。源頼朝は、文治元年（一一八五）四月二十七日従二位に叙され、政所を開くことが可能になった。この政所の設置については、石井良助「鎌倉幕府政所設置の年代」[21]を参照しつつ検討したい。「吾妻鏡」に政所を開設したという記事は見られない。また、残存する「源頼朝文書」を見ても袖判の下文が主流である。[22]これは、なぜなのであろうか。Ⅲの時期の「吾妻鏡」から、「政所」の見える記事を拾って検討してみたい。

①文治元年九月五日条

五日乙酉、小山太郎有高押妨威光寺領之由、寺僧捧解状、仍令停止其妨、任例可経寺用、若有由緒者、令参上政所、可言上子細之旨被仰下、惟宗孝尚・橘判官代以広・藤判官代邦通等奉行之、前因幡守広元・主計允行政・大中臣秋家・右馬允遠元等加署判、新藤次俊長・小中太光家等為使節相触有高云々、

②文治二年七月十九日条

十九日甲午、駿河国富士領上政所福地社、奉寄神田、江馬四郎(北条義時)沙汰之、

③文治三年二月二十八日条

廿八日庚子、右近将監家景、昨日自京都参着、携文筆者也、仍北条殿慇懃被挙申之、在京之時、試示付所々地頭事之処、始終无誤云々、二品御許容之間、今日召御前、則可賜月俸等之由、被仰下政所、其上雖非指貴人、於京都之輩者、聊可恥思之旨、被仰含昵近之士云々、是元者九条入道大納言光頼侍也、

④文治三年四月十四日条

十四日乙酉、雨降雷鳴、政所霹靂、雷落于因幡前司広元厩之上、馬三疋斃、尾上幷柱多以焼訖、而以一巻心経安棟上之処、聊雖焦、字形鮮也、因州随喜之余、持参彼経於営中、申仏法之未落地事、拭感涙云々、

⑤文治三年十月二十九日条

廿九日丙申、常陸国鹿嶋社者、御帰敬異他社、而毎月御膳料事、被充于当国奥郡、今日令加下知給云々、

政所下　　常陸国奥郡

可令早下行鹿嶋毎月御上日料籾佰二拾石事

多賀郡　　十二石五斗

佐都東　十四石
佐都西　九石八斗
久慈東　三十六石一斗
久慈西　十四石三斗
那珂東　十三石九斗
那珂西　十九石四斗
右件籾、毎年無懈怠可下行之状如件、
文治三年十月廿九日
中原
藤原
大中臣
主計允
前因幡守中原
（下略）

このうち②は、駿河国富士領の上政所に関する記事で幕府政所ではないが、それ以外の①・③～⑤は幕府に政所があったことを示しており、源頼朝は政所を開設していたと見てよいであろう。

①によれば、威光寺が小山有高が寺領を押妨したと訴えたのに対し、幕府は「令停止其妨、任例可経寺用、若有由緒者、令参上政所、可言上子細」と仰せ下している。後述する裁許にあたる案件である。この時奉行したのが惟宗孝尚・橘以広・藤原邦通、裁許した文書に加署判したのは中原広元・二階堂行政・大中臣秋家・足立遠元であり、藤井俊長・中原光家が使節として小山有高に遣わされたという。この時、加署判した四人の人々と、「吾妻鏡」元暦元年十月六日条の新造公文所の吉書始に列席した別当中原広元、寄人二階堂行政・大中臣秋家・足立遠元が一致し、①で奉行を担当した藤原邦通も公文所の寄人であった。①で奉行・加署判、あるいは使節となっている人物は幕府政所の職員と考えてよいのではないかと思う[23]。

この時発給された政所の文書様式は⑤が参考になろう。「政所下」の下に宛所（常陸国奥郡）、次行に事書きが記される。書留は「……之状如件」、年月日の下に下位の者から政所の職員が署名している。この署名者は、「吾妻鏡」元暦元年十月六日条や①を勘案すると、前因幡守中原（広元）・主計允（二階堂行政）・大中臣（秋家）・藤原（足立遠元）・中原（光家）と推定される。①の場合もこのような様式の政所下文であったと考えてよいのではなかろうか。

⑤の政所下文の様式は、建久二年（一一九一）幕府から発給された政所下文の様式とは異なり、上記の佐藤進一『［新版］古文書学入門』では取り上げられていない[24]。杉橋隆夫氏は、後世三代将軍の源実朝の時代に出された同様の様式の政所下文を、略式政所下文と呼び、院政期の摂関家、藤原忠実の事例を示して、忠実が出家した後も政所は存在しており、その政所から発給された下文がこの略式政所下文と同様の様式を持っていると指摘している。また、摂関家の子弟の場合も、従三位に叙される以前から政所が設置されており、そこから発給される下文も略式政所下文と同様の様式を持っていると指摘している[25]。

源頼朝は治承四年の挙兵以降上洛しておらず、在鎌倉のまま従二位に叙され、任官もしていない。これ以前には在国の散位が政所を開いた例はないことから、摂関家をはじめ三位以上の公家の発給する政所下文を使用せず、朝廷に対する遠慮もあって略式の政所下文の様式を用いたものと考えられる。おそらく中原広元以下の京下りの吏僚が諮問に預かっていたのであろう。平家の場合でも、出家した平清盛が新様式の文書を用いた例もあり[26]、鎌倉政権に新様式の文書が生まれる可能性はあったと推定されるが、鎌倉政権は摂関家の先例を模した様式を援用して、略式の政所下文を用いたのである。

建久元年十月頼朝は鎌倉を発って上洛した。頼朝は、在京中の十一月に権中納言・右近衛大将に任官し、翌月両職を辞任して鎌倉への帰途についている。そしてその翌年正月十五日に幕府政所で吉書始を行い、組織の整備を進めた[27]。「吾妻鏡」同日条には、「前々諸家人浴恩沢之時、或被載御判、或被用奉書、而今令備羽林上将給之間、有沙汰、召返彼状、可被成改于家御下文之旨被定云々」と記されている。この記事から、これ以前の鎌倉殿（源頼朝）の恩沢（安堵、給与などの御恩）については、頼朝の花押を載せた文書、あるいは頼朝の意を受けた奉書で行っていたこと、そしてこの度源頼朝が羽林上将（右近衛大将）に任じられたのを機会にそれらの文書を召し返し、代わりに家御下文（前右大将家政所下文）を付与すると定めたことが記されている[28]。以降、頼朝が没するまで袖判下文や略式の政所下文は用いられなかった。

それではなぜ、源頼朝はこれ以前の恩沢の保証となる文書を回収したのであろうか[29]。振り返ってみると、東国の武士が鎌倉殿（源頼朝）と主従関係を結んだのは、ほとんどがⅠ期であったと考えられる。実際には見参を行って口頭の安堵を受けた例もあれば、文書下付による恩沢の例もあったであろう。後者の多くは奥上署判の下文であった可能性が高い。現在残るI期の源頼朝の奥上署判下文は、ほとんどが写されたものとされており、証文は見られないが、紙の質も悪く文字や頼朝の花押も稚拙で貧弱に感じるものが多いようである。

II期・III期の残存する「源頼朝文書」を一覧しても所領安堵など御恩に関わる文書は袖判下文であったと推定される。ただ元暦二年六月十五日の源頼朝袖判下文[30]のような新恩給与の源頼朝袖判下文の例もあり、この時すべて回収されはしなかったようである。

それに引き替え、建久二年に改めて出された袖判下文を見ると、例えば建久三年九月十二日の源頼朝袖判下文[31]などを見ても分かるように、紙の質も上がり、文字は大きく楷書でしっかりと記され、袖に署される頼朝の花押もりっぱである。[32]源頼朝は、上洛して任官したことを画期に、鎌倉政権の組織を改編するとともに、主従制の根幹となる各家に代々伝えられる文書の企画化を目指したのではなかろうか。[33]

(二) 鎌倉殿からの指示・命令

鎌倉殿（源頼朝）は、戦時にあっては最高軍事司令官であった。頼朝が派遣した武将に対しては、直接書状で指示を伝えることが多かったようである。例えば、元暦二年二月四日の源頼朝書状（「崎山文書」[34]）は、木曾義仲追討の報告があった源義経に対し、紀伊国の湯浅入道（宗重）について、紀伊国から召して所領を安堵すること、決して討つことの無いよう指示している。

ところが、「吾妻鏡」寿永三年三月一日条に収める同日の源頼朝奥上署判下文は、鎮西九国の住人に対して発給された文書であるが、源頼朝が院宣によって平家追討を命じられたので、鎌倉殿の御家人として平家賊徒を追討するよう命じた文書である。[35]

また、「吾妻鏡」文治元年正月六日条に掲載される同年正月六日の源頼朝書状は、前年の九月に西海に派遣された源範頼から届いた十一月十四日の申状（兵糧の欠如などを訴える愁状と言ってよい内容である）に対する返書である。この時頼朝は、弟範頼に対し二通の書状を送っている。[36] その内容は、筑紫に攻め込むに当たって、慌てずに長閑に構えて筑紫の住民に憎まれないように、安徳天皇や二位尼時子に対する配慮、配下の武士に対する労りなど、細々とした指示を行っている。同時に、鎮西九国の住人に対して、前述の寿永三年三月一日の源頼朝奥上署判下文と同内容の源頼朝奥上署判下文を下している。[37]

源頼朝は、主従関係を持つ武士（派遣した自分の代官も含む）に対しては、書状できめ細かな指示を出しているが、まだ自分と主従関係を持たない九州の武士に対しては後白河法皇の院宣を前面に出して平家追討を命じていたことが確認できよう。[38]

ところが、文治五年（一一八九）の奥州合戦に際しては、源頼朝は奉書様式で指示を行う例が出てくる。文治五年と推定される八月十五日の源頼朝袖判御教書[39]は頼朝の右筆の一人である平盛時が奉じた文書で、「庄司次郎」（畠山重忠）に国府近くの陣の原に留まること、陸奥の住人に対する狼藉を禁止することなどを指示している。

一方、「吾妻鏡」文治五年八月二十日条によると、頼朝は先陣の武将達（三浦義連、和田義盛、小山朝政、和田義実、武蔵国の党々）に書を送ったことが記されているが、用いられた文書様式はわからない。この日に発給された八月二十日の源頼朝書状（「薩藩旧記雑録」前編二）[40]が残るが、それによると、北条氏、三浦義連、和田義盛、相馬師常、小山氏、和田義実、武蔵の党々など、奥州に攻め入る際に先陣を勤めた者どもに対し、自分の下知に従ってゆっくり進軍し、平泉に入るのは自分の到着を待つよう命じている。基本的には書状を用いているが、徐々に奉書に移行していく傾向はここにも見られるようである。

以降、建久年間（Ⅳ期）にかけては、平盛時等が奉じた源頼朝袖判御教書が増加する。例えば、（文治五年）十月三日の島津忠久宛源頼朝袖判御教書（「薩藩旧記雑録」前編二）[41]、（文治五年）十一月二十四日の天野遠景宛源頼朝袖判御教書（「薩藩旧記雑録」前編二）[42]、建久二年二月二十三日の天野遠景宛源頼朝袖判御教書（「到津文書」）[43]、（建久三年）四月十日の天野遠景宛源頼朝袖判御教書（「宗像神社文書」）[44]、建久七年十一月十四日の中原親能宛源頼朝袖判御教書（立花和雄氏所蔵「大友文書」）[45]などがそれに該当する。

Ⅲ期の袖判御教書は、年号の記されないものがほとんどであるが、Ⅳ期に入ると、それも建久二年の政所吉書始以降に、年号を記載した袖判御教書が見られるようになる。右記の「到津文書」や「大友文書」は裁許に関わるものであり、永続的な効力を求められる内容である。

つぎに、在京する武士や吏僚に対する指示に使用された文書様式を見てみよう。元暦元年（一一八四）はじめ、源頼朝は、弟の源義経を上洛、在京させ、後白河法皇の警固や洛中の治安維持に当たらせた。その後も義経没落後は、北条時政、ついで下河辺行平、千葉常胤が上洛し、その後は義弟の一条能保が担当している。前述したように、彼らに対する指示は書状で行われていたと見てよいであろう。

一方、源頼朝は、文治元年（一一八五）七月に起きた京都の大地震で倒壊した閑院内裏の修造や同四年四月に焼けた院の御所六条殿の修造、同五年二月から始まる大内修造など、多くの御所造営に協力している。「玉葉」文治五年二月三日条には「又召頭弁定長朝臣、仰大内修造国々、所詮可仰関東事」とあり、京都朝廷にとって、源頼朝の協力なしには修造が進まない状況であった。源頼朝も「吾妻鏡」文治五年三月十三日条所収の請文の中で「云閑院御修理、云六条殿経営、連々勤仕候てハ候へとも、其事を勤て候へハとて、此事をは更無辞退之思候、云朝家御大事、云御所中雑事、雖何ヶ度候、頼朝こそ可勤仕事にて候へハ、愚力の及候はん程ハ、可令奔走候」と後白河院に対して忠節を誓っている。

このような場合源頼朝は、中原広元・同親能兄弟などを上洛させて奉行させている。「吾妻鏡」文治三年十月二十五日条に収める、在京中の中原広元宛の源頼朝御教書は右筆の平盛時が奉じている。(46) このような例は、文治三年九月十三日の源頼朝御教書（「吾妻鏡」同日条所収）や文治五年と推定される二月二十一日の源頼朝御教書（「東大寺文書」）などに見られ、(47) 年号の無い文書が多く、書留文言は「依仰執達如件」、「仰旨如此、仍執啓如件」、「仰旨如此、仍以執進如件」などとなっている。

建久年間に入ると平盛時の奉じた源頼朝御教書の例が増えてくる。この年十月三日源頼朝は鎌倉を発って京都に向かった。十一月二日、源頼朝は近江国柏原から平盛時の奉ずる御教書をもって、先行していた中原広元に対して藤原（吉田）経房に、美濃国の山田重隆の件を伝達するよう命じているなど数例が確認できる。(48)

（三）　課役免除・守護不入以下の特権付与・訴訟の判決

この項目は統治に関わる案件である。Ⅰの時期では、「吾妻鏡」治承四年八月十九日条に「関東御施行始」として頼朝が始めて支配下の地域の行政に関わる下文を発したことが記載されており、この文書様式は袖判下文であったと推定されている。(49)「三嶋神社文書」には同日付で宮盛方を三薗川原谷郷の沙汰職に補任した袖判下文（「三嶋神社文書」）(50)が残っている。しかし、奥上署判下文の例として、走湯山への狼藉を禁じた治承四年十月十八日付の下文（前田育徳会所蔵「尊経閣古文書纂編年文書」）をはじめとして、翌年にかけてのものが数通知られており、(51) この時期使用された文書様式としては奥上署判下文が妥当ではなかろうか。

IIの時期になると、奥上署判下文の例も若干見られるが[52]、大半は袖判下文となっている。この文書様式は、前述したように、(一)所領安堵・知行宛行の場合もこの文書様式が用いられている。また、池大納言(平頼盛)家への所領安堵の場合にも用いられている(「久我家文書」、『源頼朝文書の研究』史料編67号・68号文書)。

寿永三年六月三日の源頼朝袖判下文[53]の場合は、「下」の下の宛所が「相模国中坂間郷」という地名で、若宮相撲(字新三郎家真)の給田畠在家についての課役等を免除した文書である。相撲人に対して給免田を与えたものと理解できよう。似た例に、元暦元年六月日の源頼朝袖判下文[54]がある。これは、「品川三郎所知」に対して、仏神事を除いて品川郷の雑公事を免除した文書で、当時公文所の別当であった中原広元が奉行人として沙汰した案件と考えられる。元暦元年六月五日に、源頼朝の推挙によって武蔵守に源(平賀)義信が任じられ、武蔵国が頼朝の知行国(関東御分国)になった直後の文書であり、公文所の沙汰として行われているところに注目したい[55]。

一方、この時期、武士の乱暴狼藉に関して公家や寺社から訴えられた案件で、源頼朝が訴訟に対する判断を示した例がいくつか見られる。元暦元年六月日の源頼朝袖判下文[56]の場合は、宰相中将家(藤原定能)からの訴えに対して判断した文書である。宛所は紀伊国神野真国庄であるが、丹生屋八郎光治の押妨を排除して宰相中将家相伝の私領として進退領掌するよう命じている。また、同年七月二日の源頼朝袖判下文[57]の場合は、紀伊国阿弖川庄に対し、寂楽寺の濫妨を排除して、同庄を高野山金剛峯寺領とすべきことを示している[58]。

さらに進んで、賀茂社の場合は、後白河院庁の沙汰を経て、社領四十一カ所への武家の狼藉を停止する沙汰が行われており[59]、元暦二年正月九日の石清水八幡宮宛の源頼朝袖判下文(「石清水田中家文書」[60])では石清水八幡宮領に対する同様の妨げを停止しており、まとめて沙汰する例もあった。

このように、鎌倉殿（源頼朝）を中心とした鎌倉政権は、こうした京都朝廷、後白河院を中心とする寺社と諸国の武士との間に立って調整役を果たす側面も見られるのである。そのため、永続的効力を持つ下文様式の文書が用いられていた。

つづいてⅢ期について見てみよう。この時期は、Ⅱ期に引き続いて、兵糧米等の徴収に関わる武士の濫妨・狼藉や押領に対する調整役を果たす必要があった。

（一）所領安堵・知行宛行でも述べたように、この時期政所が設置され、略式政所下文が発給されるようになった。ただし、その実例は少なく、多くは源頼朝袖判下文の様式の下文が用いられている。例えば、文治二年三月二日の源頼朝下文（「吾妻鏡」同日条所収）[61]、同年三月十日の源頼朝下文（「吾妻鏡」同日条所収）[62]は、前者は崇徳院領丹波国栗村庄について、院宣に従って、在京武士による兵糧米徴収に関わる押領を停止させるものであり、後者は伊勢神宮からの要請によって同社領の御園御厨への狼藉を停止させるものである[63]。

なお、略式政所下文の用例は前述したように、文治元年九月に小山有高が威光寺領を押妨した時の裁許状と文治三年十月に政所が常陸国奥郡から毎月鹿嶋社へ供える御膳料を定め、下知した例だけである。両者とも関東における案件であり、東国沙汰権の及ぶ範囲内に用いられていたと考えられる。

次にこの時期の裁許の例を見てみよう。文治二年八月三日の源頼朝袖判下文（「島津家文書」[64]）を見ると、「嶋津御庄官等」に宛てて郡司職千葉常胤代官の非道狼藉を停止し、国司・本家の所役に従うよう命じている。同年八月九日の源頼朝下文（「諫早家系事蹟集」一[65]）では、「肥前国小津東郷内龍造寺村田畠住人」に対し、平氏方人神埼郡住人海六

大夫重実の妨げを停止し、藤原季家の地頭職を安堵する旨を伝えている。(66)

次にⅣ期について見てみよう。前述したように、この時期は、前右大将家政所下文（将軍家政所下文）が採用され、（一）所領安堵・知行宛行に用いられた。また、袖判御教書の様式も定着し、（二）鎌倉殿からの指示・命令に多用されている。

こうした文書様式の変化の過程の中で、裁許についてはどの様式が用いられているのであろうか。建久二年二月二十一日の前右大将家政所下文（「下諏訪神社文書」(67)）によれば、祝四郎大夫盛次の訴えにより、塩尻西条の所当物を弁済するよう命じている。

守護の権限に関するものとしては、建久三年六月二十日の前右大将家政所下文（「吾妻鏡」同日条所収(68)）では、「美濃国家人等」に対し、美濃国守護大内惟義の下知に従い大番役を勤仕するよう命じ、同年九月十八日の前右大将家政所下文（宮内庁書陵部所蔵「八幡宮関係文書」(69)）では、「鎮西住人等」に対し、宇佐宮の遷宮に協力するよう指示している。このように御家人役や宇佐八幡宮の式年遷宮への協力を命じる際にも政所下文の様式が用いられている。

また、建久八年十二月三日の前右大将家政所下文（「島津家文書」(70)）は、大隅・薩摩両国の守護である島津忠久に対して、守護の沙汰すべき事案を提示し、行き過ぎた行為の無いよう命じている。このように、この時期政所下文の様式は袖判下文に代わる文書様式として用いられていることがわかる。

一方、この時期、新しい文書様式が使われるようになった。ひとつは下知状様式で、ひとつは御教書様式である。建久六年六月五日の源頼朝下知状（「高野山文書」(71)）は、備後国太田庄の訴えによって、惣追捕使が庄民を煩わすことと、庄官が内裏大番役を勤仕するよう命じている。政所の三人（中原広元、中原仲業、平盛時）が奉じ、書留文言が

「依前右大将殿仰、下知如件」であり、のちの関東下知状の様式を具備している。また、建久八年八月十九日の源頼朝御教書案（「高野山文書」）[72]は、政所の三人（二階堂行光、藤原頼平、中原仲業）が奉じた文書で、書留文言が「依前右大将殿仰、執達如件」であり、のちの関東御教書の様式を具備している。内容は、高野山領に内裏大番役催使の入部を禁止する（大番役免除）ことを命じた文書である。この時期、年欠で右筆の平盛時や藤原俊兼などが一人で奉じる御教書は多く見られるが、年号付や三人奉者の例はあまり見られない。

二　朝廷や公家、寺社権門宛の文書様式

源頼朝がいつから京都朝廷と交渉を持ったかについては、正確な日時はわからない。ただＩ期の末期、平家が在京中の寿永二年（一一八三）の初め頃から後白河院から接触があったとみられる。同年七月には木曾義仲が入洛し、平家は西海に下っていった。一旦、義仲の入洛を喜んだ後白河院ではあったが、その行動に不安を覚え、鎌倉の頼朝に上洛を促すようになっていた。その結果下されたのが寿永二年十月宣旨である。

この寿永二年十月宣旨がまとまって以降、すなわちⅡ期からⅣ期にかけて、源頼朝は京都朝廷の傘下に入り、軍事権門として京都朝廷と交渉を行うようになった。新興勢力である武士と旧勢力の軋轢は、濫妨狼藉として西国に数多く出現し、頼朝は京都朝廷や畿内の大寺社勢力との調整を行わなければならない立場になっていた。

この時期源頼朝から発給された文書には、京都朝廷から下された院宣等に対する請文が多く見られ、ほとんどの場合、これらは書状の様式で出されることが多かった。

例えば、Ⅱ期のはじめ、寿永二年を見てみると、賀茂神主重保宛に下した寿永二年十月十日の源頼朝奥上署判下文

（「賀茂別雷神社文書」[73]）は、院宣を受けて発給されたものであるが、これには後白河院に対する請文が添えられていたと見られる。また、（寿永二年）十一月十三日の源頼朝請文（「九条家文書」[74]）は、九条兼実の書状に対する返事である。書留文言が「以此旨可令披露給候、頼朝恐々謹言」とあり、当時五位だった頼朝は、右大臣九条兼実に直接返事をしたのではなく、九条家の家司宛に送っている。

Ⅱ期の後半、寿永三年三月二十七日、源頼朝は木曾義仲追討の賞で従五位下から正四位下に叙された。（元暦元年）十月二十八日の源頼朝書状写（「石清水八幡宮記録」[75]）によれば、この頃、後白河院側の窓口となっていた院近臣高階泰経に対しては書状を送っており、前述の九条兼実と同様に、「以此旨可令披露給候、恐惶謹言」と後白河院への取次を依頼している。また、池大納言（平頼盛）に宛てた（元暦元年）十一月三日の源頼朝書状（「島津家文書」[76]）は、ほぼ対等な書状となっている。

Ⅲ期に入る頃、源義経の連座で高階泰経が失脚するあたりから、吉田経房宛の書状が多く見られるようになる。経房は後白河院側の窓口として、院の側近藤原定長（経房の弟）と、鎌倉の頼朝との間に立って交渉に当たった人物である。その初見は（文治元年）三月四日の源頼朝書状（「吾妻鏡」同日条[77]）で、京都近国の治安維持のため、鎌倉殿御使（近藤国平・中原久経）を派遣することを伝えた書状である。この時期の「吾妻鏡」を見ると、後白河院からの院宣に対する吉田経房宛の源頼朝書状が多数引用されている[78]。

一方、九条兼実に対しては、Ⅱ期と同様、頼朝の書状で家司（藤原光長）に宛てて出されている[79]。

Ⅳ期に入る頃、すなわち建久年間に入ると、高階泰経が復帰し、再び院近臣として活躍する。（建久元年）十二月十四日の源頼朝書状写（「石清水八幡宮記録」[80]）は、下された宣旨・院宣に対する請文で、「三位殿」（高階泰経）宛に石清水八幡宮別当成清法印の訴えた宝塔院領について返事をしたものである(81)。

このようにII期～IV期を通して、京都朝廷や公家、寺社権門宛の外交文書は、源頼朝の書状が使用されており、右筆による奉書が用いられていないことが確認できる。

おわりに

「源頼朝文書」を概観してみた。その文書様式と使用方法について、一貫したものは見られないが、一定の傾向は確認できたと思う。それを簡単にまとめておきたい。

まず、下文様式の文書は、I期は奥上書判の様式であったが、II期～III期は袖判の様式が大半を占め、IV期は政所下文の様式に変遷している。ただ、各々の時期が明確に区別されているわけではなく、重複して使用されている。下文の文書様式変遷の背景には、鎌倉政権の組織の拡充（京下りの吏僚の増加）と頼朝自身の官位の上昇があったと見られる。各下文様式の使用目的は、年月日を具備しているため、ある程度半永久的な権限等の付与に用いられたと考えられる。本領安堵や新恩給与、相論や京都から申し入れられた案件の裁許、その他守護の権限確認などにも用いられている。

一方、書札様式の文書について見ると、戦陣にいる御家人達に対する指示や命令については、ほとんどの場合、書状の様式が用いられている。但し、文治五年の奥州合戦の最中から右筆平盛時奉書が見られるようになる。

在京する吏僚や武士達への指示・命令は本来書状であったが、文治年間から右筆の奉じる源頼朝袖判御教書が用いられるようになる。一方、京都朝廷や公家、寺社との交渉は、書状の様式が使用されていた。これは明確に区別されていたようである。

こうした「源頼朝文書」は、次代の二代将軍源頼家、三代将軍源実朝の時代に、どのような文書様式となって継承されたのであろうか。さらに、北条氏がこれらの文書様式をどのように変化させ、自家の権力の源泉としたのか、鎌倉幕府の組織の変遷も含めて検討する必要があるが、紙幅も超過したので擱筆し、今後の課題としたい。

〔注〕

(1)菊池紳一「北条時政発給文書について――その立場と権限――」(『学習院史学』一九、一九八二年四月)。下山忍「北条義時発給文書について」(『中世日本の諸相』下巻、吉川弘文館、一九八九年四月)。久保田和彦「六波羅探題発給文書の研究――北条泰時・時房探題期について――」(『日本史研究』四〇一、一九九六年一月)、同「六波羅探題発給文書の研究――北条重時・時盛探題期について――」(鎌倉遺文研究会編『鎌倉時代の政治と経済』(東京堂出版、一九九九年四月)、同「六波羅探題発給文書の研究――北条時氏・時盛探題期について――」(『年報三田中世史研究』七、二〇〇〇年一〇月)、同「六波羅探題北条長時発給文書の研究」(『日本史攷究』二六、二〇〇一年一一月)。

(2)佐藤進一著『[新版]古文書学入門』第三章第三節武家様文書の冒頭には左記の文章がある。

前節に述べたように、平安時代の中期から末期にかけて、朝廷・公家の間には官宣旨・下文の系列と綸旨・院宣・御教書の系列、すなわち下文と御教書の二大系統の文書が盛行して、次第に公式令系統の文書を駆逐していった。十二世紀の末、源頼朝が伊豆に崛起し、相模鎌倉に拠って東国を基盤とする武家政権を創設したとき、彼がその政権運営のために用いた文書が右の二系統の文書以外のものでなかったことは、この武家政権が政治的にも経済的にも京都の朝廷・貴族から分離し独立して存続しうる条件をもたず、ことにこの政権の中核を形づくる頼朝以下の武士上層部が京都文化の追随者であって、未だ彼らの間になんら独自の文化を形成し得なかったことによる当然の結果であった。

しかし、その後まったくの模倣が続いたわけではなく、いくばくもなく下文と御教書との折衷ともいうべき下知状という新様式が生まれ、ここに下文・下知状・御教書の三系統が武家文書の中心を形づくった。このうち下文は鎌倉時代から南北朝時代にかけて最上格の文書として用いられたが、次第に御教書及びつぎに述べる直状の発達に圧倒されて、室町三代将軍義満頃で使用が衰え、一般の地方大名でも特殊な尚古的な傾向の強い大名以外は用いなくなった。下知状は鎌倉時代さかんに用いられて次第に下文の位置を浸蝕したが、室町時代に入ると、かえってその用途は制限され固定化していった。

ところで、御教書・奉書の発達は私的な書状の発達に由来すること前節に述べた如くであるが、この私状様式の普遍化現象は中世に入ってますます顕著となる。すなわち、御教書・奉書のような間接的意思伝達法ではなくして、普通の私状様式と同じ直接的な意思伝達法によって職務の執行を命じたり、経済的収益としての職の内容実現（例えば所領所職の給与や確認）をはかるようになる。これを書下といい、書止めを「……状如件」、「仍如件」のような文言で結び、日付に年次（年付）を入れる点が、純私状と区別される主要な相違点であった。これは間接的伝達方式の奉書に対して、直接に出すという意味で直状・直札ともいった。また、将軍の発給する文書として、書状とほとんど変わるところのない御内書という様式が発生して、公的機能を果たすようになったことも、私状様式の普遍化として注目すべきであろう。一方、宋元文化の影響によって武家の間に印章が用いられ、ひいてはこれが花押の代わりに文書に捺されるようになって、ここに印判状が発生し次第に広まった。

以上、だいたい下文・下知状・御教書・書下・印判状の五種が中世武家文書の基幹をなした様式である。

(3)相田二郎『日本の古文書』上・下（岩波書店、一九四九年十二月）。
(4)『神奈川県史研究』七（一九七〇年三月）。
(5)『神奈川県史研究』四三・四四（両号とも一九八一年）。
(6)『東京大学史料編纂所研究紀要』六号（一九九六年）。

（7）吉川弘文館、一九八八年七月刊。同書では、図版の部分を下文、寄進状、政所下文、下知状・外題安堵、鎌倉殿御使下文、御教書、書状の七種に分けて掲載している。この分類がどのような体系のもとのものか、現状ではまだ編者による研究編が未刊であるので明確にはわからない。一方、近年林譲氏が源頼朝文書の筆跡の比較を行い、その右筆について、研究を進めている。

（8）基本的に『源頼朝文書の研究』史料編で疑文書とするものは除外し、文書番号は、同書の番号を用い、『平安遺文』『鎌倉遺文』の巻数、文書番号を示した。

（9）Ⅰ期は、源頼朝は以仁王を奉じて平家討伐をかかげる反乱軍の首魁であった。この間の発給文書では「養和」・「寿永」の年号は用いられず、頼朝は「治承」の年号を使用し続けた。

（10）ここで対象となった武士は、交名によれば、北条時政が一番最初に、次に武田義信、安田義定らの甲斐源氏が記されるなど、編者による潤色の跡が見られるが、千葉常胤以下は、伊豆・相模・上総・下総等の武士団であり信頼に足ると思われる。ただここには武蔵武士の名は見えない。

（11）『源頼朝文書の研究』史料編10号文書に同年十月十三日の源頼朝書下写、同17号文書に源頼朝下文写を収めるが、両者とも「本文書、偽文書ナルベシ」と注記がある。

（12）『源頼朝文書の研究』史料編33号文書、『平安遺文』第八巻三九七二号文書。同年十一月日の源頼朝下文（「園田文書」、『源頼朝文書の研究』史料編34号文書、『平安遺文』第八巻三九七三号文書）も同じく新田義重を埼西郡糯田郷司に補任した文書である。

（13）『源頼朝文書の研究』史料編18号文書、『平安遺文』第十巻五〇六七号文書。

（14）『源頼朝文書の研究』史料編21号文書、『平安遺文』第十巻五〇六八号文書。

（15）『源頼朝文書の研究』史料編25号文書、『平安遺文』第九巻四八八五号文書。

（16）『源頼朝文書の研究』史料編115号文書。なお、これらの位署は、原則として「源朝臣（花押）」であるが、治承七年三月十日の源頼朝下文案（「鹿島大禰宜家文書」、『源頼朝文書の研究』史料編48号文書、『平安遺文』第九巻四八八五号文書）、治承七年五月三日の源頼朝下文（「光明寺文書」、『源頼朝文書の研究』史料編50号文書、『平安遺文』第九巻四八八五号文書）、寿永二年十月十日の源頼朝下文案（「賀茂別雷神社文書」、『源頼朝文書の研究』史料編54号文書、『平安遺文』第九巻四八八五号文書）などは「前左兵衛佐源朝臣（花押）」とあり、源頼朝が「左兵衛佐」ではなく「右兵衛佐」に任官していることから偽文書と判断する考えもある。

(17)『源頼朝文書の研究』史料編55号文書、『平安遺文』第八巻四一一〇号文書。

(18)寿永三年五月十八日の源頼朝袖判下文（「末吉文書」、『源頼朝文書の研究』史料編81号文書、『平安遺文』第十巻補二四五号文書）、寿永三年六月三日の源頼朝袖判下文（「金子文書」、『源頼朝文書の研究』史料編83号文書、『平安遺文』第八巻四一五七号文書）、元暦元年六月日の源頼朝袖判下文（「神護寺文書」、『源頼朝文書の研究』史料編84号文書、『平安遺文』第八巻四一八二号文書）、元暦元年七月二日の源頼朝袖判下文（「高野山文書」、『源頼朝文書の研究』史料編85号文書、『平安遺文』第八巻四一八三号文書）など、建久元年十二月十二日の源頼朝袖判下文（「東大寺要録」所収、『源頼朝文書の研究』史料編292号文書）まで枚挙に暇がない。建久二年以降では、建久三年二月二十八日の源頼朝袖判下文写（「佐田文書」、『源頼朝文書の研究』史料編308号文書）の他は、千葉介常胤宛の建久三年八月五日の源頼朝袖判下文写（「吾妻鏡」同日条、『源頼朝文書の研究』史料編315号文書）と小山朝政宛の源頼朝袖判下文写（「久米春男氏所蔵文書」、『源頼朝文書の研究』史料編318号文書）が見えるだけである。なお、『源頼朝文書の研究』史料編を参照されたい。

(19)目崎徳衛「鎌倉幕府草創期の吏僚について」（『三浦古文化』一五、一九七五年五月）では、この時期源頼朝の周囲にいた吏僚として「中四郎惟重、中八惟平、新藤次俊長、小中太光家」に注目し、この時期中原氏が多く側近にいたことを指摘している。

(20)注(19)目崎徳衛論文や米谷豊之祐「中原広元・親能の関東来附の経緯について」（『大阪城南女子短大紀要』六）を参

照のこと。
(21)政所の設置については、石井良助「鎌倉幕府政所設置の年代」(『国家学会雑誌』五一巻六号、一九三七年、のち石井良助『大化の改新と鎌倉幕府の成立』に収録)で文治元年説を述べるが、煩をいとわず確認しておくことにしたい。石井氏は④については指摘していない。なお、源頼朝が従二位に叙されたことは「吾妻鏡」元暦二年五月十一日条、「公卿補任」文治元年条参照。源頼朝は、寿永三年三月二十七日、木曽義仲追討の賞で従五位下から正四位下に叙された。「公卿補任」には、「其身不上洛、猶在相模国鎌倉」と記載がある。次に文治元年四月二十七日、平宗盛を召し進めた賞で、三位を経ずに従二位に叙されている。ここにも「公卿補任」には、「其身在相模国」とある。
(22)二通の元暦二年六月十五日の源頼朝袖判下文(東京大学史料編纂所所蔵「島津家文書」歴代亀鑑、『源頼朝文書の研究』史料編131号・132号文書、『平安遺文』第八巻四二五九号・四二六〇号文書)をはじめ袖判下文が主流である。『源頼朝文書の研究』史料編を参照されたい。
(23)注(19)目崎徳衛論文を参照のこと。
(24)佐藤氏は(ハ)政所下文の冒頭に「頼朝は建久元年十一月上洛して権大納言・右近衛大将に任ぜられ、十二月両官を辞したが、これを機会に翌年から政所下文を発した。」と述べるのみである。
(25)杉橋隆夫「鎌倉執権政治の成立過程」(御家人制研究会編『御家人制の研究』所収)のなかで、三代将軍実朝期に見える下文(形式は下文、書留に「依鎌倉殿仰、下知如件」と下知状の文言があり、日下に政所職員が連署する)を「略式政所下文」と命名した。「鎌倉殿下文」(五味文彦)、「関東下文」(湯山賢一)などともいわれる。杉橋氏は「兵範記」久安五年(一一四九)十月十九日条を引いて、「少なくとも摂関家一門では、(一)当人が三位に至らなくても政所を置き、別当・令・知家事・案主等の職制も整えたこと、(二)出家などによって政所が「停止」されても、その実質的機能は維持されていたこと、(三)しかし(二)の情況下では、文書署名(もちろん正規の政所下文は発給されない。ここでは略式政所下文・奉書形式文書等を念頭においている)などの場合、家司は別当以下の職名を付さない場合のあったこと、である。確実なのは右の三点に留まるが、（四）、（二）・（三）の事実を参照するに、（一）の状態でも正規の政所下文は発せられず、それに替って用いられる文書に家司の職名は多くの場合付記されない、と推定されよう。もっとも（一）と（二）・（三）とでは、三位に満たないとはいえ一応政所が「設置」されていたのと、出家後「停止」状態にあったのとの違いがあるが、ともに正規の政所設置資格を欠いている点では共通しているのである」と述べている。ただ杉橋氏の指摘する実朝期の略式政所下文と異なるのは、「吾妻鏡」の国史大系本、吉川本ともに、日下の次行から連署者が記されている点である。

(26)「玉葉」治承四年二月二十日条に次のような記事がある。この日、五位蔵人藤原行隆から九条兼実に対する諮問があった。平清盛入道が大輪田泊の修築を延喜例のより、宣下して欲しいと高倉天皇に申し入れたことに関して、天皇から宣下するようにとの指示があったが、平清盛の解状の様式が先例にない様式であったため、「入道前太政大臣家ト書之、奥ニ前筑前守貞能加署、而尤可有令字之由存之処、出家之人解状、家令加署之例、又以不覚悟、為之如何」と尋ねられている。この文書様式は、冒頭に「入道前太政大臣家」と書き、奥に「前筑前守貞能」と加書した文書で、左記の前太政大臣〈平清盛〉家政所下文（厳島神社文書、『平安遺文』第八巻三八九一号）を解状にした様式であったと推定される。

入道前太政大臣家政所下　安芸国壬生郷□□

可早任御下知旨、致沙汰当御領勧農収納□□□

右、当御領者、　公家厳重御祈禱、長日仏神事□□（等カ）、而庄号以後既経数年畢、四至内田畠不幾□□（之カ）処、追年非令荒廃、適見作之所当官物年□（貢カ）□□不可勝計、然間所被割宛、云仏神事云本家□□（役カ）及闕如、是偏地頭等依張行種々非法、土民□□浪人者、恐名主等之妨、無寄作之輩故也之由、□□（事若カ）実者、地頭等之所行、甚以不当也、於于今者□□□妨、云常荒云年荒、不嫌土浪人、任申請可令□□□、就中限壬生郷者、可令停止地頭職之旨、御沙汰□□□可令進止哉、兼又有限所当官物、年々未済、於□□□召籠其身、任法可加譴責也、有限負累物、任員□□

□間、各地頭可令停止進止領掌也、若猶致所渋之時、□□子細、召上於京都、可有御沙汰之状、所仰如件、□□不可違失、故下、

治承三年十一月　日

前越中守平朝臣（花押）

九条兼実の回答は、「抑解状署所事、実尤有疑、理須為自解也如何」と解状の署名について疑問を差し挟み、「自解」（本人の署名した解状）であるべきと述べている。藤原行隆は、福原に問い合わせる時間がないことを理由に、官務が主張する口宣でよいのではないかと主張するが、九条兼実は「口宣猶無其謂、尤可有解状事也、自解之条、又勿論、於今者、只家令可加署、何事之有哉」と、先例がないにもかかわらず、家令（前筑前守貞能）が加書してあるとして承認してしまうのである。

この「玉葉」で問題になっている解状について、九条兼実は先例のない様式と認識していたようであり、この様式は出家した平清盛が創作し用いた文書様式であった。

(27)「吾妻鏡」建久二年正月十五日条では、政所の別当以下の職員を始め、問注所・侍所等の職員も改めて定められた。注(17)目崎徳衛論文も参照されたい。なお、「吾妻鏡」建久元年十一月九日条所収の源頼朝書状では、「拝任権大納言事、恐悦存候、但候関東之時、任官事雖被仰下候、存旨候天申辞退候畢」と在鎌倉のため任官を辞退した旨を述べる。

(28)この文書の改めは、「吾妻鏡」建久三年六月三日条に「或被加新恩、或被成改以前御下文」とあり、徐々に進められていった。同八月五日条によれば、千葉常胤が最初に下文を給わった際、常胤は「而御上階以前者、被載御判於下文訖、被始置政所之後者、被召返之、被成政所下文之処、常胤頗確執、謂政所下文者、家司等署名也、難備後鑑、於常胤分者、別被副置御判、可為子孫末代亀鏡之由申請之」と要求し、頼朝は所望の通り袖判を据えた下文を与えたという。常胤の場合も回収された下文は奥上書判であり、それを袖判に差し替えたとみられる。

(29)林譲氏の教示によれば、この時源頼朝が文書を回収した理由として、治承年号の使用を抹消する意図があったのでは

ないかという。

(30)東京大学史料編纂所所蔵「島津家文書」歴代亀鑑（同書131号・132号文書、『平安遺文』第八巻四二五九号・四二六〇号文書）。

(31)「久米春男氏所蔵文書」（松平基則氏旧蔵、『源頼朝文書の研究』史料編318号文書、『鎌倉遺文』第一巻六一九号文書）。

(32)注(6)林譲論文を参照。

(33)杉橋隆夫「鎌倉右大将家と征夷大将軍」（『立命館史学』四号、一九八三年）では、「吾妻鏡」の記事に疑問を呈し、源頼朝が袖判下文から政所下文に更改した時期を、建久三年（一一九二）六月まで下り、同年七月の征夷大将軍任官以降に多数の政所下文が発給されていることを指摘し、頼朝が御家人たちに強調したかったのは前右大将の肩書きよりも征夷大将軍の官職だったと指摘する。ただし、下文更改の方針が決定してから実行されるまで、御家人からの申請やそれに対する調査等の準備期間が必要であろう。源頼朝が京都から鎌倉に戻った翌年である建久二年正月頃には下文更改の方針が決定していたと考えられよう。なお、川合康『鎌倉幕府成立史の研究』（校倉書房、二〇〇四年十月刊）の第一章第一節（建久年間の諸政策）も参照されたい。

(34)『源頼朝文書の研究』史料編60号文書。

(35)『源頼朝文書の研究』史料編63号文書。「鎌倉殿御家人」という文言には疑問が残るが、「吾妻鏡」編纂上の潤色とも考えられよう。

(36)『源頼朝文書の研究』史料編106号・107号文書。

(37)『源頼朝文書の研究』史料編109号文書。

(38)この他「吾妻鏡」には、文治元年三月十三日条に鎮西の伊沢五郎（信光）から届いた書状に対し、源頼朝が長門国での戦いや九州に渡海することなどについて書状で指示を与え、翌十四日条には、源範頼の苦戦を記した書状に対して、源頼朝自ら源範頼や御家人中に九州が無理なら四国の平家を討つべきことなど、勇敢に戦うよう指示している。同様の例に「吾妻鏡」には、同年三月六日条、三月十一日条（西海にある十二人の武将に慇懃の書状を送る）などがある。
(39) 東京大学史料編纂所所蔵「島津家文書」（『源頼朝文書の研究』史料編254号文書、『鎌倉遺文』第一巻四〇一号文書）。
(40) 『源頼朝文書の研究』史料編255号文書、『鎌倉遺文』第一巻四〇二号文書。
(41) 『源頼朝文書の研究』史料編260号文書、『鎌倉遺文』第一巻四〇八号文書。
(42) 『源頼朝文書の研究』史料編263号文書、『鎌倉遺文』第一巻四一三号文書。
(43) 『源頼朝文書の研究』史料編295号文書、『鎌倉遺文』第一巻五一二号文書。
(44) 『源頼朝文書の研究』史料編310号文書、『鎌倉遺文』第二巻五九〇号文書。
(45) 『源頼朝文書の研究』史料編355号文書、『鎌倉遺文』第二巻八八三号文書。
(46) 『源頼朝文書の研究』史料編226号文書、『鎌倉遺文』第一巻二七八号文書。
(47) 『源頼朝文書の研究』史料編224号文書、『鎌倉遺文』第一巻二六四号文書及び『源頼朝文書の研究』史料編243号文書、『鎌倉遺文』第一巻三六七号文書。前者は「吾妻鏡」では奉者を北条時政とするが、平盛時の誤記と推定される（『源頼朝文書の研究』）。
(48) 「吾妻鏡」同日条（『源頼朝文書の研究』史料編288号文書、『鎌倉遺文』第一巻四九一号文書）。その他、多好方宛のものに、十二月十九日の源頼朝御教書（「吾妻鏡」建久二年同日条、『源頼朝文書の研究』史料編306号文書、『鎌倉遺文』第一巻五六八号文書）、三月四日の源頼朝御教書（「吾妻鏡」建久元年同日条、『源頼朝文書の研究』史料編309号文書、『鎌倉遺文』第二巻五六二号文書）がある。
(49) 中村直勝著『日本古文書学』。「吾妻鏡」同日条（『平安遺文』第九巻四八八三号文書、『源頼朝文書の研究』史料編6号文書）。『源頼朝文書の研究』史料編ではこの文書を偽文書と判断している。
(50) 『源頼朝文書の研究』史料編5号文書。

(51)黒川高明編『源頼朝文書の研究』史料編14号文書（「吾妻鏡」同日条にも同文の文書を収める）。同史料編15号文書、16号文書、18号文書、21号文書、25号文書などがある。

(52)寿永二年十月十日の源頼朝下文（賀茂別雷神社文書、『源頼朝文書の研究』史料編54号文書、『平安遺文』第八巻四一〇九号文書）。

(53)「金子文書」（神奈川県立博物館所蔵、『源頼朝文書の研究』史料編83号文書、「鶴岡八幡宮文書」『平安遺文』第八巻四一五七号文書）。

(54)「田代文書」（『源頼朝文書の研究』史料編90号文書、『平安遺文』第八巻四一九〇号文書）。

(55)関東御分国（源頼朝知行国）については、本論集所収拙稿「北条長時について」参照。

(56)「神護寺文書」（『源頼朝文書の研究』史料編84号文書、『平安遺文』第八巻四一八二号文書）。

(57)「高野山文書」（『源頼朝文書の研究』史料編85号文書、『平安遺文』第八巻四一八三号文書）。

(58)その他に、東国の例ではあるが常陸国鹿島社に関する源頼朝袖判下文が、元暦元年八月十三日（「塙不二丸氏所蔵文書」、『源頼朝文書の研究』史料編92号文書、「楓軒文書纂」三十七鹿島社文書『平安遺文』第八巻四一九五号文書）、元暦元年十二月二十五日（「鹿島大禰宜家文書」、『源頼朝文書の研究』史料編101号文書、『平安遺文』第八巻四二二二号文書）、元暦元年十二月二十五日（「塙不二丸氏所蔵文書」、『源頼朝文書の研究』史料編102号文書、「鹿島大禰宜家文書」『平安遺文』第八巻四二二三号文書）などがあり、その他、出雲国杵築社に関する元暦元年八月十三日（「北島文書」、『源頼朝文書の研究』史料編96号文書）、賀茂末社四条坊門別宮領に関する元暦二年六月六日（「賀茂別雷神社文書」、『源頼朝文書の研究』史料編126号文書、『平安遺文』第八巻四二五七号文書）や、土肥実平や梶原景時らの押領した畿内近国の所々に命じた元暦二年四月二十六日の源頼朝下文（二通、「吾妻鏡」同日条所収、『源頼朝文書の研究』史料編118号・119号文書）などがある。なお、この「吾妻鏡」所収の文書は、袖判下文であった可能性が高い。

(59)「吾妻鏡」元暦元年四月二十四日条。なお、寿永三年四月二十四日の源頼朝下文案（「賀茂別雷神社文書」、『源頼朝

文書の研究』史料編75号文書、『平安遺文』第八巻四一五五号文書）は奥に「正四位下源朝臣」と署名する奥上書判の下文である。

(60)『源頼朝文書の研究』史料編108号文書、『平安遺文』第八巻四二二七号文書。

(61)『源頼朝文書の研究』史料編150号文書、『鎌倉遺文』第一巻六四号文書。「吾妻鏡」所収の源頼朝下文は、袖判が省略されている場合が多い。

(62)「吾妻鏡」同日条所収（『源頼朝文書の研究』史料編153号文書、『鎌倉遺文』第一巻七〇号文書）。

(63)文治二年五月日の高野山住僧等解（「高野山文書」、『源頼朝文書の研究』史料編167号文書、『鎌倉遺文』第一巻一〇八号文書）のように源頼朝が外題安堵している場合もあるが、下記のように大半が源頼朝袖判下文である。同年六月一日の源頼朝袖判下文（「法勝寺文書」、『源頼朝文書の研究』史料編168号文書、『鎌倉遺文』第一巻一〇九号文書）、同年六月二十九日の源頼朝下文（「吾妻鏡」同日条所収、『源頼朝文書の研究』史料編171号文書、『鎌倉遺文』第一巻一二〇号文書）、同年六月日の源頼朝袖判下文（「海老名文書」、『源頼朝文書の研究』史料編173号文書、『鎌倉遺文』第一巻一一八号文書）、同年月日の源頼朝下文（「吾妻鏡」同日条所収、『源頼朝文書の研究』史料編174号文書、『鎌倉遺文』第一巻一一二号文書）、同年閏七月二十九日の源頼朝袖判下文（前田育徳会所蔵「武家手鑑」所収、『源頼朝文書の研究』史料編181号文書、『鎌倉遺文』第一巻一四六号文書）、同年八月三日の源頼朝袖判下文（「島津家文書」、『源頼朝文書の研究』史料編183号文書、『鎌倉遺文』第一巻一五〇号文書）、同年八月二十六日の源頼朝下文（「吾妻鏡」同日条所収、『源頼朝文書の研究』史料編189号文書、『鎌倉遺文』第一巻一六一号文書）、同年九月五日の源頼朝袖判下文（「賀茂別雷神社文書」、『源頼朝文書の研究』史料編190号・191号文書、『鎌倉遺文』第一巻一六九号・一七〇号文書）、同年月日の源頼朝袖判下文（「鳥居大路文書」、『源頼朝文書の研究』史料編192号文書、『鎌倉遺文』第一巻一六八号文書）、同年月日の源頼朝袖判下文（「賀茂注進雑記」、『源頼朝文書の研究』史料編193号文書、『鎌倉遺文』第一巻一六七号文書）、同年月日の源頼朝下文（「吾妻鏡」同日条所収、『源頼朝文書の研究』史料編194号文書、『鎌倉遺文』第一巻一六六号文書）、同三年三月十九日の源頼朝下文（「吾妻鏡」同日条所収、『源頼朝文書の研究』史料編205号文書、『鎌倉遺文』第一巻二二〇号文書）、同年六月二十日の源頼朝下文（「吾妻鏡」同日条所収、『源頼朝文書の研究』史料編212号文書、『鎌倉遺文』第一巻二四二号文書）、同五年二月三十日の源頼朝袖判下文（「東京大学史料編纂所所蔵文書」、『源頼朝文書の研究』史料編244号文書、『鎌倉遺文』第一巻三六八号文書）、同年四月七日の源頼朝袖判下文（「保阪潤治氏旧蔵文書」、『源頼朝文書の研究』史料編247号文書、『鎌倉遺文』第一巻三八〇号文書）、同六年四月十八日の源頼朝下文（「吾妻鏡」同日条所収、『源頼朝文書の研究』史料編271号・272号文書、『鎌倉遺文』第一巻四三七号・四三八号文書）、建久元年十二月十二日の源頼朝下文（「東大寺要録」二、『源頼朝文書の研究』史料編292号文書、「松雲公採集遺編類纂」『鎌倉遺文』第一巻四九七号文書）など数多くが残る。

(64)歴代亀鑑、『源頼朝文書の研究』史料編183号文書、『鎌倉遺文』第一巻一五〇号文書。

(65)『源頼朝文書の研究』史料編186号文書、『鎌倉遺文』第一巻一五五号文書。

(66)他に、文治二年九月五日の源頼朝袖判下文（「平松文書」、『源頼朝文書の研究』史料編195号文書、『鎌倉遺文』第一巻一七一号文書）、同年十一月八日の源頼朝下文（「吾妻鏡」同日条所収、『源頼朝文書の研究』史料編200号文書、『鎌倉遺文』第一巻一八九号文書）、同三年五月三日の源頼朝袖判下文（「島津家文書」歴代亀鑑、『源頼朝文書の研究』史料編209号文書、『鎌倉遺文』第一巻二三三号文書）、同年五月九日の源頼朝袖判下文（「曾根崎元一氏所蔵文書」、『源頼朝文書の研究』史料編211号文書、「豊後曾根崎文書」『鎌倉遺文』第一巻二三五号文書）、同年九月九日の源頼朝袖判下文（「島津家文書」歴代亀鑑、『源頼朝文書の研究』史料編223号文書、『鎌倉遺文』第一巻二六二号文書）などがある。

(67)『源頼朝文書の研究』史料編294号文書、『鎌倉遺文』第一巻五一一号文書。

(68)『源頼朝文書の研究』史料編313号文書、『鎌倉遺文』第二巻五九六号文書。

(69)『源頼朝文書の研究』史料編320号文書、『鎌倉遺文』第二巻六二〇号文書。

(70)歴代亀鑑、『源頼朝文書の研究』史料編361号文書、『鎌倉遺文』第二巻九五〇号文書。
(71)『源頼朝文書の研究』史料編346号文書、『鎌倉遺文』第二巻七九四号文書。
(72)『源頼朝文書の研究』史料編358号文書、『鎌倉遺文』第二巻九三四号文書。
(73)『源頼朝文書の研究』史料編54号文書、『平安遺文』第八巻四一〇九号文書。
(74)『源頼朝文書の研究』史料編56号文書。
(75)『源頼朝文書の研究』史料編97号文書。後白河院の近臣宛てであったため前者の宛所に「進上」とある。
(76)『源頼朝文書の研究』史料編98号文書、「薩藩旧記」一、『平安遺文』第八巻四二一六号文書。
(77)『源頼朝文書の研究』史料編112号文書。
(78)『源頼朝文書の研究』史料編148号・151号・155号・156号・159号・172号・179号・198号・204号・218号・257号・258号・268号文書。
(79)(文治元年)十二月六日の源頼朝言上状(「玉葉」文治元年十二月二十七日条、『源頼朝文書の研究』史料編142号文書、『鎌倉遺文』第一巻二六号文書)及び(文治二年)四月十九日の源頼朝書状(本紙は「松浦厚氏旧蔵文書」、礼紙書は「保阪潤治氏旧蔵文書」、『源頼朝文書の研究』史料編158号文書、『鎌倉遺文』第一巻一五八号文書)。
(80)『源頼朝文書の研究』史料編293号文書、「石清水文書」『鎌倉遺文』第一巻四九八号文書。
(81)その他に、建久二年五月三日の源頼朝言上状(「吾妻鏡」同日条所収、『源頼朝文書の研究』史料編297号文書、『鎌倉遺文』第一巻四九八号文書)がある。

北条時頼文書概論

川島孝一

はじめに

鎌倉幕府の執権職を世襲した北条氏の文書研究については、これまで北条時政[1]・北条義時[2]・北条時宗[3]、また一族の金沢貞顕[4]などの人物が発給した文書の考察が行なわれてきた。今日現存する北条氏が署判を加えた文書の多くは鎌倉幕府文書であり、それゆえ北条時政・義時時代の考察は関東下知状や関東御教書などの鎌倉幕府文書の「文書様式」[5]を中心に論じられてきた。一方、私的書状の方面については、川添昭二氏の北条時宗文書、永井晋氏の金沢貞顕の書状の検討が試みられており、特に多数の金沢貞顕文書を整理した永井氏は、私的書状の有り様をはじめ、料紙の問題に検討が加えられており、あらたな古文書様式論の一つの展望を示すものといえよう。

また川添氏は北条時宗文書を、発給主体から1．関東下知状や関東御教書を中心に将軍家政所下文を含めた幕府文書、2．下知状・下文・申文・願文などの得宗文書、3．私人としての文書、と大きく三つに大別している。本稿では北条時頼文書の整理という課題に際して、時頼が署判を加えた文書を執権・政所別当として発給した幕府文書と北条氏一族の家督として、または個人的に発給した得宗文書と二つに大別して整理し検討を加えていきたいとおもう。そして時頼の発給した文書を通じて鎌倉幕府文書や北条氏文書の性格の一端に触れてみたい[6]。

ところで、現在までに筆者が収集しえた北条時頼が署判を加えた文書を整理したものが「表1．北条時頼発給文書目録」である。そしてこの表をもとに、各分類に基づく表を作成したので併せて参照していただきたい。

表1．北条時頼発給文書目録

No.	文書名	年月日	典拠	遺文番号	他の活字史料集など	備考
1	北条時頼袖判成阿奉書	仁治3・10・1	南部光徹氏所蔵遠野南部家文書	⑧六一一一	『青森県史』資料編・中世1	北条時頼の袖判
2	北条時頼袖判盛阿奉書	仁治3・10・1	岩手大学附属図書館所蔵新渡戸文書	⑧六一一二	『青森県史』資料編・中世1	北条時頼の袖判
3	北条時頼下文	仁治3・10・25	原本所在不明文書（新渡戸・宮崎・斎藤文書）	⑧六一三〇	『青森県史』資料編・中世1	北条時頼の袖判
4	関東御教書案	寛元4・10・29	延時文書	⑨六七五三	『鹿児島県史料』旧記雑録拾遺・家わけ六	「羽島文書」（『宮崎県史』史料編・中世1）と同じ
5	北条時頼奉書	（寛元4）・12・3	保阪潤治氏所蔵文書	⑨六七六七	『福井県史』資料編・中世2	
6	北条時頼下文	寛元4・12・5	宇都宮文書	⑨六七六八		
7	関東御教書	寛元4・12・11	延時文書	⑨六七七三	『鹿児島県史料』旧記雑録拾遺・家わけ六	
8	関東御教書写	寛元4・12・17	吾妻鏡・寛元4年12月17日条	⑨六七七七	『中世法制史料集』追加法254条	
9	関東御教書案	寛元5・2・2	武雄神社文書	⑨六七九七	『佐賀県史料集成』古文書編・第二巻	「武雄社重書案」のうち
10	北条時頼下文	寛元5・2・16	阿蘇家文書	⑨六八〇一	『阿蘇文書之一』（大日本古文書）	
11	北条時頼寄進状写	寛元5・2・16	走湯古文一覧	⑨六八〇二	『静岡県史』資料編5・中世1	『静岡県史』中世1は「走湯古文一覧」による

12	関東下知状写	宝治元・卯・2	諏訪神長官文書	補③一三六二		書体・内容より後世の写、要検討
13	北条時頼書状写	（宝治元）・6・5	吾妻鏡・宝治元年6月5日条	⑨六八三五		
14	関東御教書写	（宝治元）・6・5	吾妻鏡・宝治元年6月5日条	⑨六八三六		
15	北条時頼下文	宝治元・7・18	南部光徹氏所蔵遠野南部家文書	⑨六八五六	『青森県史』資料編・中世1	「南部家所蔵曾我文書」（『南部家文書』）と同じ
16	関東御教書案	（宝治元）・7・19	崎山文書	⑨六八五七	『和歌山県史』中世史料二	「湯浅一門重書案」のうち
17	関東御教書写	宝治元・7・19	新編追加	⑨六八五八	『中世法制史料集』追加法257条	
18	北条時頼寄進状写	宝治元・8・8	走湯古文一覧	⑨六八六六	『静岡県史』資料編5・中世1	『静岡県史』中世1は「走湯古文一覧」による
19	関東下知状案	宝治元・8・17	金剛三昧院文書	⑨六八七〇	『高野山文書』第二巻	22通の連券のうち
20	関東下知状案	宝治元・8・17	金剛三昧院文書	⑨六八七一	『高野山文書』第二巻	22通の連券のうち
21	関東御教書案	宝治元・9・13	経光卿維摩会参向記（嘉禎元年）紙背文書		『民経記』八（大日本古記録）	
22	北条重時・同時頼連署奉書	（宝治元）・10・8	東寺文書		『若狭国太良荘史料集成』第一巻	
23	関東御教書案	宝治元・10・17	宇佐永弘文書	⑨六八八八	『大分県史料』3	
24	関東下知状案	宝治元・10・25	新田神社文書	⑨六八九〇	『鹿児島県史料集』III	

25	関東御教書写	宝治元・10・25	薩藩旧記三権執印文書	⑨六八九一	『鹿児島県史料』旧記雑録前編一	
26	関東御教書案	宝治元・10・29	比志島文書	⑨六八九二	『鹿児島県史料』旧記雑録拾遺・諸氏系譜三	『鹿児島県史料』旧記雑録前編一に写あり、5通の連券のうち
27	関東下知状案	宝治元・10・29	東寺百合文書ェ	⑨六八九三		
28	関東御教書写	宝治元・11・27	吾妻鏡・宝治元年11月27日条	⑨六九〇五	『中世法制史料集』追加法258条	
29	関東御教書写	宝治元・12・8	新編追加	⑨六九一四	『中世法制史料集』追加法259条	
30	関東御教書写	宝治元・12・13	新編追加	⑨六九一八	『中世法制史料集』追加法261条	
31	関東御教書	宝治元・12・26	飯野八幡宮文書	⑨六九二五	『飯野八幡宮文書』（史料纂集）	
32	関東御教書	宝治2・2・29	後藤家文書	⑩六九四三	『佐賀県史料集成』古文書編・第六巻	
33	北条時頼書状案	（宝治2）・3・14	金剛三昧院文書	⑩六九四八	『高野山文書』第二巻	16通の連券のうち
34	関東御教書案	宝治2・5・11	崎山文書	⑩六九六六	『和歌山県史』中世史料二	「湯浅一門重書案」のうち
35	関東御教書写	宝治2・5・13	松雲公採集遺編類纂66記録部10	補③一四〇三		2通あり、1通は宛名欠く
36	関東下知状（前後欠）	（宝治2・5・16カ）	柞原八幡宮文書	⑩六九六九	『大分県史料』9	「関東下知状并六波羅施行状案」のうち
37	関東御教書写	宝治2・7・19	備忘録抄所収市来北山文書		五味克夫氏紹介史料	

38	関東御教書写	宝治2・7・29	新編追加	⑩六九九二	『中世法制史料集』追加法264条	
39	松下禅尼下知状	宝治2・8・8	毛利元雄氏所蔵文書		相田二郎氏『日本の古文書』上	東大史料・影写本は「長府毛利家文書」に収める
40	関東下知状	宝治2・9・13	室園文書	⑩六九九八		
41	関東下知状	宝治2・12・5	久米田寺文書	⑩七〇一五	『泉州久米田寺文書』	
42	関東下知状（前欠）	宝治3・正・10	石田文吉氏所蔵文書	⑩七〇三七	武田勝蔵氏紹介史料	
43	関東御教書案	建長元・5・20	龍造寺家文書	⑩七〇七六	『佐賀県史料集成』古文書編・第三巻	「龍造寺氏重所案」のうち、11通の連巻
44	関東御教書	建長元・6・3	鶴岡八幡宮文書	⑩七〇八二	『明解鶴岡八幡宮古文書集』	
45	北条時頼下文	建長元・6・26	麻生文書	⑩七〇八八	『筑前麻生文書』（北九州市立歴史博物館編）	
46	関東下知状	建長元・7・13	相良家文書	⑩七〇九一	『相良家文書之一』（大日本古文書）	
47	関東下知状案	建長元・7・20	東大寺図書館架蔵文書	⑩七〇九二	『東大寺文書之十六』（大日本古文書）	「与田保相論文書案」のうち、前半は東大寺図書館架蔵文書、後半は京都大学文学部博物館所蔵狩野亨吉氏蒐集文書
48	関東下知状案（抜書）	建長元・7・20	東大寺文書（第四回採訪）		東京大学史料編纂所架蔵影写本	
49	関東下知状	建長元・7・23	尊経閣文庫所蔵宝菩提院文書	⑩七〇九三	『静岡県史』資料編5・中世1	

50	関東御教書	建長元・8・9	二階堂文書	⑩七一〇五	『鹿児島県史料』旧記雑録拾遺・家わけ一	「二階堂氏正統家譜五」のうち
51	関東御教書	建長元・8・10	宇都宮文書	⑩七一〇六	『福島県史』第七巻・資料編二	
52	関東御教書写	建長元・8・23	尾張文書通覧	⑩七一一一	東京大学史料編纂所所蔵謄写本	
53	北条時頼袖判盛阿奉書	建長元・9・2	阿蘇家文書	⑩七一一九	『阿蘇文書之一』（大日本古文書）	北条時頼の袖判
54	関東御教書	建長元・9・25	飯野八幡宮文書	補③一四五九	『飯野八幡宮文書』（史料纂集）	
55	北条時頼奉書案	（建長2）・2・6	海蔵院文書	⑩七一五九		4通の連券のうち
56	関東下知状	建長2・4・28	入来院家文書	⑩七一九五	『入来文書』	
57	関東下知状案	建長2・7・7	橘中村文書	⑩七二一一	『佐賀県史料集成』古文書編・第十八巻	
58	関東御教書	建長2・7・25	金子文書	⑩七二一五	『明解鶴岡八幡宮古文書集』	要検討
59	関東御教書	建長2・8・3	宗像神社文書	⑩七二一八	『宗像大社文書』第一巻	案文もあり
60	関東御教書	建長2・8・21	高野山文書・寶簡集五	⑩七二二六	『高野山文書之一』（大日本古文書）	
61	北条重時・同時頼連署奉書	（建長2）・8・29	尊経閣文庫所蔵石清水文書	⑩七二二八		『石清水文書之一』（大日本古文書）に写あり
62	関東御教書	建長2・9・5	松浦山代文書	⑩七二三〇	『佐賀県史料集成』古文書編・第十五巻	東大史料・影写本は「松浦文書」のうち

63	関東御教書	建長2・9・5	松浦山代文書	⑩七二三一	『佐賀県史料集成』古文書編・第十五巻	東大史料・影写本は「松浦文書」のうち
64	関東御教書	建長2・11・28	鶴岡八幡宮文書	⑩七二四八	『明解鶴岡八幡宮古文書集』	
65	関東御教書写	建長2・11・29	吾妻鏡・建長2年11月29日条	⑩七二四九	『中世法制史料集』追加法271条	
66	関東御教書案	建長3・5・21	東寺百合文書ホ	⑩七三一一		「東寺百合文書ノ」にもあり
67	関東御教書写	建長3・6・21	吾妻鏡・建長3年6月21日条	⑩七三一九		
68	将軍（藤原頼嗣）家政所下文	建長3・8・3	朽木文書	⑩七三三二	『朽木文書』第一（史料纂集）	
69	関東御教書案	建長3・8・4	詫摩文書	⑩七三三四	『大分県史料』12	「詫磨氏所領重書案」のうち
70	関東下知状案	建長3・9・18	進美寺文書	⑩七三五四	『兵庫県史』史料編・中世三	7通の連券のうち
71	将軍（藤原頼嗣）家政所下文	建長3・12・12	伊達文書	⑩七三八九	『兵庫県史』史料編・中世九	東大史料・影写本は「幸田成友氏所蔵文書」のうち
72	将軍（藤原頼嗣）家政所下文案	建長3・12・14	工藤家文書	⑩七三九一		
73	関東御教書案	建長4・2・20	東寺百合文書ミ	⑩七四一一		10通の連券のうち
74	関東御教書案	建長4・卯・14	益永家文書	⑩七四三三	『大宰府・太宰府天満宮史料』巻八	36通の連券のうち
75	関東御教書案	建長4・4・29	宮内庁書陵部所蔵参軍要略抄下裏文書	⑩七四三六	『愛知県史』資料編8・中世1	

76	関東御教書写	建長4・6・25	吾妻鏡・建長4年6月25日条	⑩七四五〇	『中世法制史料集』追加法274条	
77	関東御教書写	建長4・6・25	薬師寺要録	⑩七四五一		「補③一五一〇」に同文書あり、但し宛名もあり
78	関東下知状案	建長4・6・30	入来院家文書	⑩七四五四	『入来文書』	
79	将軍（宗尊親王）家政所下文写	建長4・7・11	平林文書	⑩七四八六	『平林文書（一）』（西国武士団関係史料集29）	署判は奥下一列
80	関東御教書	建長4・7・12	毛利家所蔵筆陣	⑩七四五八		東大史料・影写本は「長府毛利家文書」のうち
81	北条時頼（カ）下文案	建長4・8・7	工藤家文書	⑩七四六三	『信濃史料』第四巻	
82	将軍（宗尊親王）家政所下文	建長4・8・15	金光文書	⑩七四六八	『大分県史料』2	東大史料・影写本は「乙咩文書」のうち、東大史料・影写本「益永文書」に案あり
83	将軍（宗尊親王）家政所下文	建長4・9・12	家原家文書	⑩七四七三		東大史料・影写本は「三木鼎氏所蔵文書」のうち
84	関東下知状案	建長4・9・16	善通寺文書	⑩七四七六		
85	関東御教書案	建長4・10・11	宮内庁書陵部所蔵参軍要略抄下裏文書	⑩七四八四	『愛知県史』資料編8・中世1	
86	関東御教書案	建長4・10・26	宗像神社文書	⑩七四八七	『宗像大社文書』第二巻	「宗像大宮司長氏証文注進状案」のうち
87	関東御教書	建長4・10・28	尊経閣文庫所蔵加茂文書	補③一五二九	『福井県史』資料編2・中世	

88	北条重時・同時頼連署奉書	〔建長4〕・12・12	石清水八幡宮所蔵菊大路家文書	⑩七四九九	『石清水文書之六』（大日本古文書）	
89	将軍（宗尊親王）家政所下文	建長4・12・26	市河文書	⑩七五〇六	『新編信濃史料叢書』第三巻	
90	関東下知状案	建長4・12・26	詫摩文書	⑩七五〇七	『大分県史料』12	「詫磨氏所領重書案」のうち
91	将軍（宗尊親王）家政所下文	建長4・12・28	市河文書	⑩七五〇八	『新編信濃史料叢書』第三巻	
92	関東下知状写	建長5・2・11	秋田藩採集文書岡本元朝家蔵	⑩七五二〇	『茨城県史料』中世編Ⅳ	
93	北条重時・同時頼連署書状案	建長5・3・3	菊亭家文書	⑩七五二五		3通の連券のうち
94	北条重時・散位平連署下文案	建長5・3・12	日御碕神社文書	⑩七五二六	『新修島根県史』史料編1・古代中世	6通の連券のうち、要検討、時頼に比定できない
95	関東下知状（断簡）	建長5・3・12	大内文書	⑩七五二七		要検討、年月日、署判のみ
96	北条重時・同時頼連署奉書	〔建長5〕・3・25	尊経閣文庫所蔵石清水文書	⑩七五三〇		
97	関東御教書写	建長5・4・17	薩藩旧記四権執印文書	⑩七五四一	『鹿児島県史料』旧記雑録前編一	
98	関東御教書写	建長5・4・25	新編追加	⑩七五四四	『中世法制史料集』追加法276条	
99	関東下知状写	建長5・7・6	千載家旧蔵東大寺文書		横内裕人氏紹介史料	
100	北条時頼書状	〔建長5〕・7・24	鹿島大禰宜家文書	⑩七五九九	『茨城県史料』中世編Ⅰ	

101	関東御教書	建長5・7・29	長隆寺文書	⑩七六〇三	『愛媛県史』資料編・古代中世	
102	関東下知状案	建長5・7・30	詫摩文書	⑩七六〇四	『大分県史料』12	「詫磨氏所領重書案」のうち
103	将軍（宗尊親王）家政所下文案	建長5・8・17	実相院文書	⑩七六〇六	『佐賀県史料集成』古文書編・第十五巻	「河上社重書案」のうち
104	関東下知状案	建長5・8・27	詫摩文書	⑩七六一〇	『大分県史料』12	「肥後国鹿子木荘重書案」のうち
105	関東下知状案	建長5・8・27	橘中村文書	⑩七六一一	『佐賀県史料集成』古文書編・第十八巻	
106	関東下知状写	建長5・10・1	新編追加	⑩七六二一	『中世法制史料集』追加法282条	
107	関東御教書案	建長5・10・11	田代文書	⑩七六二二	『高石市史』第二巻	
108	北条重時・同時頼連署交名写	建長5・11・14	経俊卿記・建長5年12月22日条	⑩七六四一	『経俊卿記』（図書寮叢刊）	
109	関東下知状案	建長5・12・20	青方文書	⑩七六五七	『青方文書』第一（史料纂集）	
110	将軍（宗尊親王）家政所下文案	建長5・12・28	禰寝文書	⑩七六八二	『鹿児島県史料』旧記雑録拾遺・家わけ一	
111	将軍（宗尊親王）家政所下文	建長5・12・28	池端文書	⑩七六八三	『鹿児島県史料』旧記雑録拾遺・家わけ一	
112	関東下知状写	建長6・正・20	高城村沿革史所収高城氏文書	⑪七六九七	五味克夫氏論文所引	
113	関東下知状	建長6・3・8	忽那家文書	⑪七七一九	『愛媛県史』資料編・古代中世	

114	関東御教書写	建長6・4・16	真玉寺文書	⑪七七三三	『編年大友史料（増補訂正版）』	「真玉氏系譜」のうち
115	関東下知状案	建長6・4・26	田部文書	⑪七七三八	『宮崎県史』史料編・中世1	「高千穂神社文書」（『宮崎県史』中世1）に省略文書あり
116	関東御教書案（前欠）	建長6・5・7	関戸守彦氏所蔵文書	補③一五四六		
117	北条重時・同時頼連署奉書	建長6・7・5	石清水八幡宮所蔵田中家文書	⑪七七七五	『石清水文書之二』（大日本古文書）	「筑波大学所蔵石清水八幡宮文書」に案文あり
118	関東御教書案	建長6・9・12	大内文書	⑪七七九六		要検討、時頼に比定できず
119	関東御教書案	建長6・10・7	柞原八幡宮文書	⑪七八〇九	『大分県史料』9	
120	関東下知状案（抜書）	建長6・10・12	東寺百合文書ヱ	⑪七八一二	『中世法制史料集』追加法300条	
121	関東御教書写	建長6・10・17	吾妻鏡・建長6年10月17日条	⑪七八一五	『中世法制史料集』追加法302条	
122	関東御教書案	建長6・10・30	東大寺文書	⑪七八一六		案文は4通あり
123	将軍（宗尊親王）家政所下文案	建長6・11・5	臼田文書	⑪七八一八	『茨城県史料』中世編Ⅰ	
124	将軍（宗尊親王）家政所下文	建長6・11・17	徴古館所蔵文書	⑪七八二一		
125	将軍（宗尊親王）家政所下文	建長6・12・12	市河文書	⑪七八二九	『新編信濃史料叢書』第三巻	
126	将軍（宗尊親王）家政所下文	建長7・3・27	色部文書	⑪七八六一	『新潟県史』資料編4・中世二	

127	将軍（宗尊親王）家政所下文	建長7・3・28	深堀家文書	⑪七八六二	『佐賀県史料集成』古文書編・第四巻	
128	関東御教書写	建長7・3・29	式目抄	⑪七八六三	『中世法制史料集』追加法303条	
129	北条重時・同時頼連署奉書案	（建長7）・4・19	宗像神社文書	⑪七八六五	『宗像大社文書』第二巻	「宗像大宮司長氏証文注進状案」のうち
130	将軍（宗尊親王）家政所下文案	建長7・6・5	入来院家文書	⑪七八七四	『入来文書』	
131	関東御教書	建長7・7・17	富岡宜永氏所蔵文書	⑪七八八三		
132	関東御教書写	建長7・8・12	新編追加	⑪七八九二	『中世法制史料集』追加法305条	
133	将軍（宗尊親王）家政所下文案	建長7・8・22	得田文書	⑪七八九四	『加能史料』鎌倉Ⅰ	
134	関東下知状写	建長7・9・13	後藤家事蹟	⑪七九〇四	『大宰府・太宰府天満宮史料』巻八	
135	関東下知状写	建長7・10・24	古案記録草案所収色部文書	⑪七九一一	『新潟県史』資料編4・中世二	
136	関東御教書	建長7・11・7	阿蘇家文書	⑪七九一七	『阿蘇文書之一』（大日本古文書）	
137	関東御教書	建長7・11・17	保阪潤治氏所蔵文書	⑪七九三一		
138	関東御教書案	建長7・12・7	入来院家文書	⑪七九四六	『入来文書』	
139	関東下知状案	建長7・12・25	島津家他家文書	⑪七九四九	『鹿児島県史料』旧記雑録拾遺・家わけ一	

140	関東御教書写	建長8・6・2	新編追加	⑪八〇〇二	『中世法制史料集』追加法307条	
141	関東御教書案	建長8・6・5	八坂神社文書	⑪八〇〇三	『増補八坂神社文書』下巻	
142	北条政村・同時頼連署書状案	（建長8）・6・12	八坂神社文書	⑪八〇〇四	『増補八坂神社文書』下巻	
143	将軍（宗尊親王）家政所下文	建長8・7・3	尊経閣文庫所蔵武家手鑑	⑪八〇〇八		
144	将軍（宗尊親王）家政所下文	建長8・7・9	忽那家文書	⑪八〇一〇	『愛媛県史』資料編・古代中世	
145	関東下知状案	建長8・8・11	柳河大友文書	⑪八〇二〇	『大分県史料』26	「玖殊郡帆足氏証文」のうち
146	関東御教書写	建長8・8・17	彰考館所蔵吉田神社文書	⑪八〇二三	『茨城県史料』中世編II	
147	北条政村・同時頼連署書状	（建長8）・9・2	東寺百合文書せ	⑪八〇三〇		
148	将軍（宗尊親王）家政所下文案	建長8・10・3	詫摩文書	⑪八〇四三	『大分県史料』12	「肥後国六箇荘小山村地頭職重書案」のうち
149	北条時頼袖判浄[redacted]奉書	康元元・10・30	鹿王院文書		『鹿王院文書の研究』	
150	道崇（北条時頼）願文写	正嘉元・4・15	吾妻鏡・正嘉元年4月15日条	⑪八〇九九		
151	道崇（北条時頼）寄進状写	正嘉元・11・28	相州文書所収相承院文書	⑪八一六七	『新編改訂・相州古文書』第二巻	
152	道崇（北条時頼）書状写	（弘長2）・10・5	金剛仏子叡尊感身学正記・中	⑫八八八〇	『西大寺叡尊伝記集成』	

153	北条時頼書状（折紙）	年欠・4・21	厳島文書御判物帖		『広島県史』古代中世資料編Ⅲ	
154	北条時頼書状（折紙）	年欠・4・24	保阪潤治氏所蔵文書	⑫九〇一六		東大史料・影写本は「長府毛利家所蔵文書」のうち
155	北条時頼書状	年欠・6・12	関戸守彦氏所蔵文書		『書苑』第10巻第2号	
156	北条時頼書状	年欠・9・17	随心院文書		相田二郎氏『日本の古文書』下	
157	北条時頼書状	年欠・10・23	深堀家文書		『佐賀県史料集成』古文書編・第四巻	
158	北条時頼袖判蓮性奉書（折紙）	年欠・10・24	深堀家文書		『佐賀県史料集成』古文書編・第四巻	北条時頼の袖判
159	北条時頼書状写	年月日欠	本朝文集巻第67	⑫九〇一七	『本朝文集』（新訂増補国史大系30）	

1．文書名・典拠名は改めたものもある。
2．『吾妻鏡』など編纂物に収録されている文書は写とした。
3．「遺文番号」は竹内理三氏編『鎌倉遺文』の巻数・号数である。
4．付年号は〔　〕で表示した。
5．推定年号は（　）で表示した。
6．「五味克夫氏紹介史料」は、五味克夫氏「島津庄日向方北郷弁済職並びに図師職について――備忘録抄所収北山文書の紹介――」（『日本歴史』第170号）による。
7．「武田勝蔵氏紹介史料」は、武田勝蔵氏「吾妻鏡欠巻の補遺史料―宝治三年正月十日下知状―」（『史学』第33巻第1号）による。
8．「横内裕人氏紹介史料」は、横内裕人氏「新出千載家文書にみる造東大寺勧進と鎌倉幕府―行勇時代の再建事業―」（『鎌倉遺文研究』第12号）による。
9．「五味克夫氏論文所引」は、五味克夫氏「薩摩国甑島地頭小川氏の史料」（『鹿大史学』第10号）に引用されている。

一　幕府文書

A、将軍家政所下文

古文書学の概説書などによると、政所下文は、源頼朝が建久元年（一一九〇）十一月に権大納言・右近衛大将に補任され（それより以前、元暦二年（一一八五）四月に従二位に叙されている）、翌十二月には両官を辞したが、これを契機に翌年より発給したとされる。そして建久三年頼朝が征夷大将軍に補任されると一時将軍家政所下文を出すようになる。その後の頼朝の後継者となった歴代の将軍である源頼家・源実朝・藤原頼経・藤原頼嗣においては三位に叙せられ、政所開設の資格を得てのち、将軍家政所下文を出している。しかし宗尊親王以後の皇族将軍の時代は最初より将軍家政所下文を用いた。そしてその用途については、承久の乱以降は専ら「知行充行」と「譲与安堵」に限られていたという。(7)「知行充行」と「譲与安堵」は、将軍藤原頼嗣時代の当初は下文で行なわれていたが、建長三年（一二五一）六月頼嗣が従三位に叙されるに及んで(8)将軍家政所下文に変わり、建長四年四月宗尊親王が将軍として鎌倉へ下着するとともに、(9)引き続き将軍家政所下文で行なわれている。

北条時頼が政所別当として、署判を加えている将軍家政所下文を整理したものが「表2－1．北条時頼を奉者とした文書〈政所下文〉」である。その現在における初見は「朽木文書」建長三年八月三日付の将軍（藤原頼嗣）家政所下文である。

ところで時頼が署判を加えた政所下文を通覧してみると、いくつかの書式の型があるようである。その型をまとめてみると次のようになる。

表2－1．北条時頼を奉者とした文書（政所下文）

No.	文書名	年月日	署判	連・単	署判の位置	宛名	書き止め文言	内容
68	将軍（藤原頼嗣）家政所下文案	建長3・8・3	相模守平朝臣（花押）	連（左）	奥上	丹後国倉橋庄内与□住人	之状如件、以下、	地頭職の補任
71	将軍（藤原頼嗣）家政所下文	建長3・12・12	相模守平朝臣（花押）	連（左）	奥上	但馬国小佐郷…住人	之状所仰如件、以下、	地頭職の譲与安堵
72	将軍（藤原頼嗣）家政所下文案	建長3・12・14	相模守平朝臣	連（左）	奥上	藤原師能	之状所[仰脱]如件、以下、	地頭職の譲与安堵
79	将軍（宗尊親王）家政所下文写	建長4・7・11	相模守平朝臣（花押影）	連（左）	奥下	津守頼敏	状所仰如件、（マヽ）	所領の譲与安堵
82	将軍（宗尊親王）家政所下文	建長4・8・15	相模守平朝臣（花押）	連（左）	奥上	中原氏（住江太郎金光嗣輔後家）	之状所[仰]□如件、以下、	所領の譲与安堵
83	将軍（宗尊親王）家政所下文	建長4・9・12	相模守平朝臣（花押）	連（左）	奥上		之状所仰如件、以下、	所領の譲与安堵
89	将軍（宗尊親王）家政所下文	建長4・12・26	相模守平朝臣（花押）	連（左）	奥上	藤原忠能	之状所仰如件、以下、	所領の譲与安堵
91	将軍（宗尊親王）家政所下文	建長4・12・28	相模守平朝臣（花押）	連（左）	奥上	藤原正康	之状所仰如件、以下、	所領の譲与安堵
103	将軍（宗尊親王）家政所下文案	建長5・8・17	相模守平朝臣御判	連（左）	奥上	藤原資朝	之状所仰如件、以下、	所領の譲与安堵
110	将軍（宗尊親王）家政所下文案	建長5・12・28	相模守平朝臣在御判	連（左）	奥上	建部宗親	之状所仰如件、以下、	所領配分安堵
111	将軍（宗尊親王）家政所下文	建長5・12・28	相模守平朝臣（花押）	連（左）	奥上	氏（佐汰進士親高五女字地蔵）	之状所仰如件、以下、	所領配分安堵
123	将軍（宗尊親王）家政所下文案	建長6・11・5	相模守平朝臣在判	連（左）	奥上	信濃国海野庄加納田中郷住人	之状所仰如件、以下、	所領の譲与安堵
124	将軍（宗尊親王）家政所下文	建長6・11・17	相模守平朝臣（花押）	連（左）	奥上	美作国垪和西郷住人	之状所仰如件、以下、	所職の譲与安堵
125	将軍（宗尊親王）家政所下文	建長6・12・12	相模守平朝臣（花押）	連（左）	奥上	藤原氏	之状所仰如件、以下、	所領の譲与安堵

126	将軍（宗尊親王）家政所下文	建長7・3・27	相模守平朝臣（花押）	連（左）	奥上	右衛門尉平公長	之状所仰如件、以下、	所領の譲与安堵
127	将軍（宗尊親王）家政所下文	建長7・3・28	相模守平朝臣（花押）	連（左）	奥上	肥前国戸八浦住人	之状所仰如件、□□〔以下〕、	所職の補任
130	将軍（宗尊親王）家政所下文案	建長7・6・5	相模守平朝臣御判	連（左）	奥上	平重経	之状所仰如件、以下、	所領の譲与安堵
133	将軍（宗尊親王）家政所下文案	建長7・8・22	相模守平朝臣在判	連（左）	奥上	能登国得田保住人	之状所仰如件、以下、	所領の譲与安堵
143	将軍（宗尊親王）家政所下文	建長8・7・3	相模守平朝臣（花押）	連（左）	奥上	左衛門尉藤原景経	之状所仰如件、以下、	所領の譲与安堵
144	将軍（宗尊親王）家政所下文	建長8・7・9	相模守平朝臣（花押）	連（左）	奥上	藤原弥亀丸	之状所仰如件、以下、	所領の譲与安堵
148	将軍（宗尊親王）家政所下文案	建長8・10・3	相模守平朝臣在判	連（左）	奥上	肥後国六箇庄内小山村住□〔人〕	之状所仰如件、以下、	所領の譲与安堵

1．文書番号は「表1．北条時頼発給文書目録」の番号である。
2．文書名は改めたものもある。
3．「連・単」は連署・単署の別を示す。「連（左）」は連署の左側。

Ⅰ型

将軍家政所下　丹後国倉橋庄内与□□住人
　補任地頭職事
　　前宮内大輔平朝臣
右人、為彼職、任先例、可致沙汰之
状如件、以下、

建長三年八月三日　　案主菅野
令左衛門少尉藤原　　知家事清原
別当陸奥守平朝臣（花押）
相模守平朝臣（花押）(10)

Ⅱ型

将軍家政所下　美作国垪和西郷住人
可令早密厳院阿闍梨覚玄為地頭職事
右、任祖父入道左馬頭義氏法名正義去月廿九日譲状、□〔為カ〕彼職、守先例、可致沙汰之状、所仰如件、以下、
建長六年十一月十七日　　案主清原
令左衛門少尉藤原　　知家事清原
別当陸奥守平朝臣（花押）
相模守平朝臣（花押）(11)

Ⅲ型

将軍家政所下　藤原正康
可令早領知信濃国中野郷内屋敷壱所・

田捌段加弥熊、作定　志久見郷内宗大夫田在家
　等事
右、任祖父左馬允能成正月廿五日付延応二年
譲状、可令領掌之状、所仰如件、以下、
　建長四年十二月廿八日　　案主清原
令左衛門尉清原　　　　　　知家事清原
別当陸奥守平朝臣（花押）
　相模守平朝臣（花押）(12)

Ⅳ型

将軍家政所下
　可令早王子房丸領知出雲国大野庄内大野・
高山・細原・大野浦、四箇所地頭職之事
右、任父紀明長今年六月八日譲状、可令領知之
状、所仰如件、以下、
　建長四年九月十二日　　案主清原
令左衛門尉藤原　　　　　知家事清原

別当陸奥守平朝臣（花押）
相模守平朝臣（花押）[13]

時頼の時期に発給された将軍家政所下文は、いずれも所領・所職の「知行充行」と「譲与安堵」であるが、微細に見てみるとその書式には違いが見られる。I型は充所に「丹後国倉橋庄内与□□住人」とあり、次行に「補任地頭職事」との事書が続き、更に次行に「前宮内大輔平朝臣」と現実に地頭職を充行われた人物が記される。この人物は文永九年（一二七二）三月十二日に子息「平為度」にこの所領を譲与している「平光度[14]」であろう。平光度は国立公文書館編『朽木家古文書』上・第一三五号の「平氏系図」に池大納言頼盛の孫としてみえており、父は「池河内守」の注記のある保業としており、光度には「池宮内大輔」の注記がある。そしてこの平光度は「吾妻鏡」建長四年十一月十一日条に将軍宗尊親王の新御所御移徙の供奉人のなかに「前宮内大輔光度」とあり、関東祗候廷臣の一人であったことがわかる[15]。

同じ書式で書かれた将軍家政所下文が、もう一通ある。「深堀家文書」建長七年三月二十八日付で深堀五郎左衛門尉能仲が肥前国戸八浦地頭職に補任された文書である[16]。東国御家人深堀氏については瀬野精一郎氏の研究[17]があり、いまそれにもとづいてこの文書に至るまでの経緯を確認しておきたい。深堀氏は上総国伊南庄に所職をもつ御家人であり、深堀仲光は承久の乱勲功賞として摂津国吉井新庄末里法師跡地頭職が充行われた。この地頭職は嫡子能仲が継承するが、能仲は吉井新庄沙汰人百姓の対捍に苦しみ、貞永年間よりさかんに幕府・六波羅探題へ替地を愁訴[18]した結果、承久勲功地の替地として、建長二年ようやく筑後国三池庄北郷内甘木村（東西）深浦村地頭職が給付されることになった。[19]さらに能仲は、肥前国戸八浦地頭職に補任されたのである。

この二例を通じて、このⅠ型の書式は、あらたに所領・所職を充行う場合に用いられたことが了解されるであろう。次のⅡ型・Ⅲ型・Ⅳ型の将軍家政所下文は、ともに「譲与安堵」を内容とするものである。しかし充名を見ると、Ⅱ型は「美作国塀和西郷住人」とし、Ⅲ型は「藤原正康」とし、Ⅳ型は空白となっている。

鎌倉幕府の下文と下知状との関係を論じた近藤成一氏は、下文のあるべきところの充所の変化について佐藤進一氏が説いた「在地住人充所型→充所空白型→受給者充所型」[20]へ変化するという説を批判し、「在地住人充所型→受給者充所型→充所空白型」と変化すると論じている。[21]この変化の可否はともかく、少なくとも時頼が政所別当として署判を加えている建長年間は、右のⅠ型・Ⅱ型・Ⅲ型・Ⅳ型に示されているように充所の型は混在しているといえよう。

また近藤氏は政所下文を検討したなかで、藤原頼嗣が将軍在任期間である寛元二年（一二四四）から建長四年の間のなかで、頼嗣が従三位に叙せられ政所下文を出すようになった建長三年以降に政所下文の署判のありかたに大きな画期を認め、「一二一期（近藤氏の作表によれば頼嗣の政所下文の時期で建長三年から四年まで、以上筆者注）以降の政所下文には執権・連署のみが別当として署判を加える。のみならず、令・知家事・案主の加判すべき箇所を空白にしたまま発給される」[22]と述べ、下文と下知状との同質化を説いている。しかし加判という点からみれば、尊経閣文庫所蔵「武家手鑑」所収の建長八年七月三日付将軍（宗尊親王）家政所下文には、令の「左衛門少尉藤原」が花押を据えているので、[23]簡単には割り切れないものがある。

B、関東下知状

関東下知状は、概説書などによれば[24]、頼朝の時代に下文と御教書の中間的な後日の証とすべきものの文書様式として発生し、その書き止めが「下知如件」と結ばれることを特徴とする。頼朝の死後になると、当初は何人かの奉行人が連署して発していたが、北条氏の幕府内での勢力が強まるにしたがい、奉者は北条時政・その子義時となり、泰時が執権となり叔父時房が連署に就任して以降は、執権・連署二名が連署する形になった。その書式上の特徴については、

1. 充所は最初にくるか、事書の文中に含まれる。
2. 差出書の奉者の署判は日付と別行になる[25]。このことは時頼が署判を加えた下知状の正文を通覧しても確認できる。
3. 書止文言は「依鎌倉殿仰、下知如件」となっており、宗尊親王の将軍在任期だけは「依将軍家仰、下知如件」となる[26]。

また関東下知状の用途については、鎌倉幕府初期の時代には、いわば下文の代用であったが、執権政治の確立とともに執権・連署が署判を加える書式に固定化していき、裁許状などの永続的効果の期待されるものに用いられるようになった。裁許状に見られるように下知状は裁定者の意志を表す文書[27]として発給され、いわば領域支配・統治に関わる文書といえよう。時頼が執権として署判を加えた下知状（「表2－2．北条時頼を奉者とした文書〈下知状〉」）を通覧してみても、その大部分は裁許を内容とすることが判る[28]。

裁許の下知状の基本的な書式は、文書内容の表題である事書とその内容を記した事実書とが記され、年月日と発給

表2－2．北条時頼を奉者とした文書（下知状）

No.	文書名	年月日	署判	連・単	署判の位置	書き止め文言	内容	相論の当事者		備考
12	関東下知状写	宝治元・卯・2	相模守平朝臣時頼（花押影）		奥下	御下知状如件、	所領宛行い			後世の写
19	関東下知状案	宝治元・8・17	左近将監平朝臣在判	連（右）	奥下	依鎌倉殿仰下知如件、	狼藉禁止命令			
20	関東下知状案	宝治元・8・17	左近将監平朝臣在判	連（右）	奥下	依鎌倉殿仰下知如件、	過所命令			
24	関東下知状案	宝治元・10・25	左近将監平朝臣在判	連（右）	日下	依鎌倉殿仰下知如件、	裁許状	新田神社	地頭鮫島行願	
27	関東下知状案	宝治元・10・29	左近将監平朝臣在御判	連（右）	日下	依鎌倉殿仰下知如件、	裁許状	太良庄雑掌定宴	地頭若狭忠清代定西法師	
36	関東下知状	（宝治2・5・16カ）	左近将監平朝臣（花押）	連（右）	奥下	依鎌倉殿仰下知如件、	裁許状	賀来庄預所頼妙法師	地頭賀頼維綱	
40	関東下知状	宝治2・9・13	左近将監平朝臣（花押）	連（右）	奥下	依鎌倉殿仰下知如件、	裁許状	上妻庄名主吉田能茂法師	地頭安倍泰房	
41	関東下知状	宝治2・12・5	左近将監平朝臣（花押）	連（右）	奥下	依鎌倉殿仰下知如件、	裁許状	久米田寺別当祐円	地頭代沙弥西生	
42	関東下知状（前欠）	宝治3・正・10	左近将監平朝臣（花押）	連（右）	奥下	□□（依鎌）倉殿仰下知如件、	裁許状	惟久	惟景	前欠
46	関東下知状	建長元・7・13	相模守平朝臣（花押）	連（右）	奥下	依鎌倉殿仰下知如件、	裁許状	尼命蓮代相良頼氏	相良頼重	
47	関東下知状案	建長元・7・20	相模守平朝臣在御判	連（右）	奥下	依鎌倉殿仰下知如件、	裁許状	与田保公文源尊	地頭与田朝貞	前欠

49	関東下知状	建長元・7・23	相模守平朝臣（花押）	連（右）	奥下	依鎌倉殿仰下知如件、	裁許状	宇都谷郷雑掌教円	今宿傀儡	
56	関東下知状	建長2・4・28	相模守平朝臣（花押）	連（右）	奥下	依鎌倉殿仰下知如件、	裁許状	入来院名主寄田信忠	地頭渋谷定心	
57	関東下知状案	建長2・7・7	相模守平朝臣在御判	連（右）	奥下	依鎌倉殿仰下知如件、	裁許状	長島庄東福寺住僧良慶	地頭薩摩公義	
70	関東下知状案	建長3・9・18	相模守平朝臣御判	連（右）	奥下	依鎌倉殿仰下知如件、	押領狼藉の停止命令			
78	関東下知状案	建長4・6・30	相模守平朝臣在御判	連（右）	奥下	依将軍家仰下知如件、	裁許状	島津庄薩摩方雑掌資通・前名主弥伴太師永	地頭渋谷重秀	
84	関東下知状案	建長4・9・16	相模守平朝臣判	連（右）	奥下	依将軍家仰下知如件、	地頭職の補任			
90	関東下知状案	建長4・12・26	相模守平朝臣在判	連（右）	奥下	依将軍家仰下知如件、	裁許状	詫磨能秀・大友時景	大友泰直	
92	関東下知状写	建長5・2・11	相模守平朝臣（花押影）	連（右）	奥下	依将軍家仰下知如件、	和与裁許	岩崎尼妙法代岡本親元	岩崎隆泰	
99	関東下知状写	建長5・7・6	相模守平朝臣在判	連（右）	日下	依　将軍家仰下知如件、	宣旨の遵行			
102	関東下知状案	建長5・7・30	相模守平朝臣在判	連（右）	奥下	依将軍家仰下知如件、	裁許状	詫磨能秀・大友時景	大友泰直	
104	関東下知状案	建長5・8・27	相模守平朝臣御判	連（右）	日下	依将軍家仰下知如件、	裁許状	鹿子木庄名地頭詫磨能秀代沙弥幸阿	長浦秀元	
105	関東下知状案	建長5・8・27	相模守平朝臣在判	連（右）	奥下	依将軍家仰下知如件、	裁許状	長島庄住人岩永重直法師	地頭薩摩公義	

106	関東下知状写	建長5・10・1	相模守	連(右)	日下	之状下知如件、	郡郷地頭代への命令			
109	関東下知状案	建長5・12・20	相模守平朝臣御判	連(右)	奥下	(事実書き後半省略されている)	裁許状	大野庄雑掌承印	地頭明長	
112	関東下知状写	建長6・正・20	相模守平朝臣	連(右)	日下	依将軍家仰下知如件、	裁許状	高城信久	小河季(マヽ)張	
113	関東下知状	建長6・3・8	相模守平朝臣(花押)	連(右)	奥下	依仰下知如件、	和与裁許	忽那重俊	忽那重康	
115	関東下知状案	建長6・4・26	相模守平朝臣在判	連(右)	奥下	依 将軍家仰下知如件、	裁許状	高知尾庄雑掌進士高村	地頭高知尾政重	
134	関東下知状写	建長7・9・13	相模守平朝臣在判	連(左)	奥下	依将軍家仰下知如件、	裁許状	藤木行元女子藤原氏代塚崎長明	継母藤原氏代藤木行重	
135	関東下知状写	建長7・10・24	相模守平朝臣判形	連(右)	奥下	依将軍家仰下知如件、	裁許状	小泉庄地頭色部公長	荒河保地頭荒河景秀	
139	関東下知状案	建長7・12・25	相模守平朝臣在御判	連(右)	奥下	依将軍家仰下知如件、	裁許状	伊作庄預所安芸重宗代盛景法師	下司伊作則純法師代孫有純	
145	関東下知状案	建長8・8・11	相模守平朝臣在御判	連(右)	奥下	依将軍家仰下知如件、	裁許状	帆足道員	伯父家近代子息家俊	

1. 文書番号は「表1．北条時頼発給文書目録」の番号である。
2. 文書名は改めたものもある。
3. 「連・単」は連署・単署の別を示す。「連(右)」は連署の右側。

者の署判をもつ。事書の記しかたは鎌倉時代を通じてすべて同一であった訳ではなく、近藤成一氏は「鎌倉幕府裁許状の事書について」なる論考において、事書の表記の変化に幕府裁判の変化を見極めようとする。[29]

北条時頼が署判を加えた裁許の下知状という限定された範囲でしかないが、近藤氏とは別の視点からこの事書に注目してみたい。そこでこの事書のみを抽出してならべてみると、いくつかの型があるようである。

Ⅰ型（甲国乙庄荘官など与地頭相論……事）

薩摩国入来院塔原名主寄田弥太郎信忠与地頭
渋谷五郎房定心相論名主職事
右、対決之処、……
……可為地頭進退之状、依鎌倉殿仰
下知如件、
建長二年四月廿八日
相模守平朝臣（花押）
陸奥守平朝臣（花押）[30]

Ⅱ型（甲与乙相論……）

尼命蓮代相良弥五郎頼氏与相良三郎兵衛尉

頼重相論両条
一、田壱町弐段事
右、対決之処、……
以前両条、依鎌倉殿仰下知如件、
建長元年七月十三日
相模守平朝臣（花押）
陸奥守平朝臣（花押）(31)

Ⅲ型（甲国乙申、……事）

但馬国進美寺衆徒等申、於当寺領田畠等、不可致押領
狼藉由事
右寺者、如右大将家御時建久五年五月十五日御下文者、為関東
御祈禱所、国中在庁大名等、不可致押領狼藉処、守護并地
頭御家人等、致違乱煩云々、然則、守先例、可令停止彼輩等押領
狼藉者、依鎌倉殿仰下知如件、
建長三年九月十八日
相模守平朝臣御判

陸奥守平朝臣御判[32]

Ⅰ型は事書の冒頭に当事者の属する国名・庄園名から書き起こし、訴人名と論人名とが記され、係争地・係争所職などが示され、「……事」、或いは係争点が複数あれば「……条々」で結ばれる。そしてこの表記の事書は地頭御家人対本所（多くは雑掌）や非御家人との相論の下知状にみえている。

つぎのⅡ型は、最初から訴人の名前と論人の名前から書き起こし、係争地・係争所職などが次に示されるというものである。この書き方の裁許状は、相良頼氏と相良頼重との相論というように、地頭御家人の一族内相論の裁許の場合に用いられた書式であるようである。[33]

Ⅲ型はⅠ・Ⅱ型とは異なっている。訴人の所属する国名より書き出し、訴人である寺名とその主張の要約が事書となっており、論人は示されていない。事実書にも他の型にみえる「対決之処」という文言もなく、事実書をみてもわかるように訴人の主張を受け入れ裁定が下されている。

近藤氏は前掲の「鎌倉幕府裁許状の事書について」において、「訴人与論人相論……事」と表記される書式を「甲与乙相論」型とし、この書式の成立過程において寛元元年にひとつの画期を想定された。そして寛元元年九月二十五日以降の裁許状の事書の主流となるこの「甲与乙相論」型以外の事書には特別な事情が説明可能であると説く。

この意見に基づいてⅢ型の裁許状を振り返ってみると、この事書には論人は示されてはいない。おそらくは論人を特定することが難しかったからであろう。さらに進美寺衆徒が自らの主張の根拠として提出したのが「右大将家御時建久五年五月十五日御下文[34]」であった。源頼朝から与えられた証文であったがゆえに、幕府は無条件に進美寺衆徒側の主張を聞き入れたのではないだろうか。

C、関東御教書と連署奉書

鎌倉幕府がその意志・命令を伝達した文書に、関東御教書とよばれる書式の文書がある。いま佐藤進一氏の整理によれば、おおよそ次のようになる。

御教書とはもともと一〇世紀末ごろに出現した書状の変形であり、侍臣や右筆が主人の意を奉じて作成する文書である。源頼朝時代の御教書は、大江広元や藤原俊兼などが右筆として日下に署判をし、日付はすべて月日であった。頼朝時代の後期になって、下文・下知状・御教書の機能分化が進み、御教書については、年付のある御教書が出現するようになった。そして下文は守護職・地頭職の補任やその他、下知状は裁許、年付のある御教書は下文・下知状以外の永続的効力の期待される諸事案、年付のない御教書は従来通りに随時的な通達と、文書様式とその機能との対応関係の分化がみられるようになった。

頼朝死後の執権署判または執権・連署両人が署判を加えた月日型の御教書は、京都朝廷との連絡など公家系との通交に用いられるだけで、幕府政治のなかではみられなくなる。他方の年月日完記型の御教書は、永続的効力の期待される事柄で、下文・下知状で扱われる以外のものから、随時の連絡・通達まで広くに用いられ、この随時の連絡、通達文書が当面の所用を終了した後にも、なお効力をもつところに武家文書の特殊性があるという(35)。すなわち、月日型と年月日完記型との二種の御教書があるというのである。

今日『鎌倉遺文』をはじめとする活字史料集に関東御教書として収録されている文書を通覧すると、その書式は一様ではないことが判る。古文書学の概説書に説かれている執権・連署が署判を加え、「依仰執達如件」や「仍執達如件」の文言で書き止める関東御教書の他に、「恐惶謹言」の文言で書き止められている文書も関東御教書との文書名が付されている。「恐惶謹言」の文言で書き止められている文書について、高橋一樹氏は公家側に出されたものとし、「依仰執達如件」などに示されている「仰せ」の主体である将軍の官職などの変遷や充所に応じて書き止めや署判の書様に区別があったことなどを論じ、関東御教書として理解している[36]。

ところで、上島有氏は武家文書の効力の範囲について「下文・下知状・御判御教書などの武家文書の適用範囲は基本的には武家社会に限られ[37]」ると説く。鎌倉幕府が発給した下文・関東下知状・関東御教書も同じように幕府進止下の御家人などに発せられ、幕府進止下の御家人の社会のなかで効力をもつ。とすれば幕府進止下にない朝廷・寺社などの権門などに充てられた書式の異なる文書を同じ関東御教書の文書名を付することには躊躇せざるをえない。くわえて当時の朝廷・寺社などの権門に属し、幕府進止下にない人々のなかでは、これまで関東御教書と文書名が付された文書のことを「武家避文[38]」・「関東返報案[39]」などと称し、「関東御教書」という意識はみられない。「恐惶謹言」などの書止文言をもつものや、鎌倉殿の意を受けて執権・連署が署判をくわえた奉書で、朝廷・寺社をはじめとする関東進止下以外の権門充ての文書は、幕府と権門との間で取り交わされる互通文書として考えるべきであり、この種の文書を関東御教書とは切り離して文書名を付して考えたほうがよさそうである。

右の視点に立って、六波羅探題をはじめとする関東進止下に充てられて出された関東御教書を整理したのが「表2－3・北条時頼を奉者とした関東御教書」である。これを一覧してみると判然とするように年月日完記型であり、署判の位置も日下に加えられており、通説の通りであることがわかる。そしてこれまで関東御教書として分類された公

表2－3．北条時頼を奉者とした関東御教書

No.	文書名	年月日	署判	連・単	署判の位置	充名	書き止め文言	内容	備考
4	関東御教書案	寛元4・10・29	左近将監御判	単署	日下	薩摩夜叉	依鎌倉殿仰執達如件、	譲与安堵	
7	関東御教書	寛元4・12・11	左近将監（花押）	単署	日下	薩摩平三	依鎌倉殿仰執達如件、	譲与安堵	
8	関東御教書写	寛元4・12・17	左近将監	単署	日下	某	依仰執達如件、	悪党・四一半禁止命令	
9	関東御教書案	寛元5・2・2	左近将監在御判	単署	日下	大宮司	依鎌倉殿仰執達如件、	当知行安堵	
14	関東御教書写	（宝治元）・6・5	左近将監	単署	日下	相模守	依仰執達如件、	馳参の停止命令	
16	関東御教書案	[宝治元] 7・19	左近将監在御判	連（右）	日下	湯浅入道	候也、仍執達如件、	行賞の連絡	
17	関東御教書写	宝治元・7・19	左近将監判	連（右）	日下	相模左近大夫将監	依仰執達如件、	治安維持命令	
21	関東御教書案	宝治元・9・13	左近将監在御判	連（右）	日下	相模左近大夫将監	依仰執達如件、	勘気免除の指示	
23	関東御教書案	宝治元・10・17	左近将監（在御判）	連（右）	日下	豊前々司	依仰執達如件、	問状	
25	関東御教書写	宝治元・10・25	左近将監在判	連（右）	日下	相模左近大夫	依仰執達如件、	公家への断罪要求	
26	関東御教書案	宝治元・10・29	左近将監在御判	連（右）	日下	上総法橋	依鎌倉殿仰執達如件、	譲与安堵	
28	関東御教書写	宝治元・11・27	左近将監	連（右）	日下	相模左近大夫将監	依仰執達如件、	諸国守護地頭への所務命令	
29	関東御教書写	宝治元・12・8	左近将監時頼判	単署	日下	相模左近大夫将監	依仰執達如件、	諸国地頭への所務命令	
30	関東御教書写	宝治元・12・13	左近将監判	連（右）	日下	相模左近大夫将監	之状如件、	諸国地頭への所務命令	
31	関東御教書	宝治元・12・26	左近将監（花押）	連（右）	日下	伊賀式部入道	之由候也、可被存其旨、仍執達如件、	陸奥好嶋庄預所職の補任	
32	関東御教書	宝治2・2・29	左近将監（花押）	連（右）	日下	墓崎次郎殿後家	依鎌倉殿仰執達如件、	譲与安堵	
34	関東御教書案	宝治2・5・11	左近将監在御判	連（右）	日下	湯浅太郎入道	仰旨如此、仍執達如件、	当知行安堵	
35	関東御教書写	宝治2・5・13	左近将監在―	連（右）	日下	駿河守	依仰執達如件、	召文催促	

37	関東御教書写	宝治2・7・19	左近将監御判	連(右)	日下		依仰執達如件、	御家人訴訟についての指示	
38	関東御教書写	宝治2・7・29	左近将監判	連(右)	日下	相模左近大夫将監	依仰執達如件、	御家人訴訟についての指示	
43	関東御教書案	建長元・5・20	左近将監御判	単署	日下	長瀬南三郎	依仰執達如件、	用途の送進命令	
44	関東御教書	建長元・6・3	左近将監(花押)	単署	日下	信濃民部入道	依仰執達如件、	用途の沙汰命令	
50	関東御教書	建長元・8・9	相模守(花押)	連(右)	日下	常陸入道	依仰執達如件、	用途の沙汰命令	
51	関東御教書	建長元・8・10	相模守(花押)	連(右)	日下	三浦介	依仰執達如件、	公事の沙汰命令	
52	関東御教書写	建長元・8・23	相模守時頼(花押影)	連(右)	日下	左近大夫将監	依仰執達如件、	西国近国御家人催促命令	
54	関東御教書	建長元・9・25	相模守(花押)	連(右)	日下	伊賀式部入道	依仰執達如件、	年貢沙汰命令	
58	関東御教書	建長2・7・25	相模守(花押)	連(右)	奥下		依仰執達如件、	神事祭礼興行命令	要検討
59	関東御教書	建長2・8・3	相模守(花押)	連(右)	日下	陸奥左近大夫将監	依仰執達如件、	朝廷への申入の指示	
60	関東御教書	建長2・8・21	相模守(花押)	連(右)	日下	陸奥左近大夫将監	依仰執達如件、	召文催促	
62	関東御教書	建長2・9・5	相模守(花押)	連(右)	日下	豊前々司	依仰執達如件、	訴訟についての指示	
63	関東御教書	建長2・9・5	相模守(花押)	連(右)	日下	豊前々司	依仰執達如件、	召文催促	
64	関東御教書	建長2・11・28	相模守(花押)	連(右)	日下	若宮別当法印御房	依仰執達如件、	供僧乱行の停止命令	
65	関東御教書写	建長2・11・29	相模守	連(右)	日下	某	依仰執達如件、	鷹狩の停止命令	
66	関東御教書案	建長3・5・21	相模守在御判	連(右)	日下	陸奥左近大夫将監	依仰執達如件、	召文催促	
67	関東御教書写	建長3・6・21	相模守		日下		依仰執達如件、	用途催促	
69	関東御教書案	建長3・8・4	相模守在判	連(右)	日下	詑磨別当	依仰執達如件、	所領の充行い	
73	関東御教書案	建長4・2・20	相模守平朝臣在御判	連(右)	奥下	大弐法印	仍執達如件、	御祈禱報賞	
74	関東御教書案	建長4・卯・14	相模守御判	連(右)	日下	豊前々司	依仰執達如件、	祈禱命令	
75	関東御教書案	建長4・4・29	相模守御判	連(右)	日下	陸奥左近大夫将監	依仰執達如件、	尋成敗の指示	

76	関東御教書写	建長4・6・25	相模守	連(右)	日下	秋田城介	依仰執達如件、	諸堂寺用供米沙汰命令	
77	関東御教書写	建長4・6・25	相模守	連(右)	日下	小山・宇都宮・朝村	仍執達如件、	諸堂学侶供米沙汰命令	
80	関東御教書	建長4・7・12	相模守（花押）	連(右)	日下	豊前々司	依仰執達如件、	論人の召喚命令	
85	関東御教書案	建長4・10・11	相模守在判	連(右)	日下	陸奥左近大夫将監	依仰執達如件、	本所への指示	
86	関東御教書案	建長4・10・26	相模守在御判	連(右)	日下	豊前々司	依仰執達如件、	尋成敗の指示	
87	関東御教書	建長4・10・28	相模守（花押）	連(右)	日下	陸奥左近大夫将監	依仰執達如件、	尋成敗の指示	
98	関東御教書写	建長5・4・25	相模守	連(右)	日下	陸奥左近大夫将監	依仰執達如件、	訴訟手続きについての指示	
101	関東御教書	建長5・7・29	相模守（花押）	連(右)	日下	陸奥左近大夫将監	依仰執達如件、	尋成敗の指示	
107	関東御教書案	建長5・10・11	相模守在判	連(右)	日下	陸奥左近大夫将監	依仰執達如件、	地頭所務についての指示	
114	関東御教書写	建長6・4・16	相模守判	単署	日下	木付豊前八郎左衛門	依仰執達如件、	地頭所務について五方引付への指示	
116	関東御教書案	建長6・5・7	相模守御判	連(右)	日下	陸奥左近大夫将監	依仰執達如件、	所職安堵の指示	
119	関東御教書案	建長6・10・7	相模守在御判	連(右)	日下	陸奥左近大夫将監	依仰執達如件、	尋成敗の指示	
121	関東御教書写	建長6・10・17	相模守	連(右)	日下	筑前々司	依仰執達如件、	政所執事への指示	
122	関東御教書案	建長6・10・30	相模守在判	連(右)	日下	陸奥左近大夫将監	依仰執達如件、	尋成敗の指示	
128	関東御教書写	建長7・3・29	相模守	連(右)	日下		也、仍執達如件、	訴訟手続きの指示	
131	関東御教書	建長7・7・17	相模守（花押）	連(右)	日下	陸奥左近大夫将監	依仰執達如件、	尋成敗の指示	
132	関東御教書写	建長7・8・12	相模守判	連(右)	日下	伊勢前司	依仰執達如件、	保奉行人への指示	
136	関東御教書	建長7・11・7	相模守（花押）	連(右)	日下	尾張前司	依仰執達如件、	一国平均役の沙汰の伝達の指示	
137	関東御教書	建長7・11・17	相模守（花押）	連(右)	日下	播磨律師	仰旨如此、仍執達如件、	供僧職の補任	

138	関東御教書案	建長7・12・7	相模守在判	連(右)	日下	渋谷五郎四郎	依仰執達如件、	譲状失錯上申の報告	
140	関東御教書写	建長8・6・2	相模守判	連(右)	日下	下野前司など計24人	依仰執達如件、	夜討強盗の禁圧命令	
141	関東御教書案	建長8・6・5	相模守判	連(右)	日下	富木武者入道	依仰執達如件、	裁許の遵行命令	
146	関東御教書写	建長8・8・17	相模守在御判	連(右)	日下	栗崎太郎左衛門尉	依仰執達如件、	参決の召文	

1. 文書番号は「表1. 北条時頼発給文書目録」の番号である。
2. 文書名は改めたものもある。
3. 「連・単」は連署・単署の別を示す。「連(右)」は連署の右側。
4. 付年号は〔　〕で表示した。
5. 推定年号は（　）で表示した。

家・寺社充の文書を「北条時頼奉書」・「北条重時・同時頼連署奉書」として抽出し整理したものが「表2－4. 北条時頼が将軍の意志を奉じた文書」である。そのなかの一例を次に掲げたい。

表2－4. 北条時頼が将軍の意志を奉じた文書

No.	文書名	年月日	署判	連・単	署判の位置	充名	書き止め文言	内容
5	北条時頼奉書	〔寛元4〕12・3	左近将監時頼	単署	日下		鎌倉少将殿御消息候也、時頼恐惶謹言、	越前宇坂庄雑掌の返書
22	北条重時・同時頼連署奉書	〔宝治元〕10・8	左近将監（花押）	連(右)	日下		鎌倉少将殿御消(息脱)候也、恐惶謹言、	庄園の沙汰命令
55	北条時頼奉書案	〔建長2〕2・6	左近将監時頼判	単署	日下		鎌倉少将殿御消息候也、恐惶謹言、	所領についての披露

61	北条重時・同時頼連署奉書	〔建長2〕8・29	相模守（花押）（裏署名）	連（右）	日下	八幡権別当法印	依仰執達如件、	地頭職停止の返書
88	北条重時・同時頼連署奉書	〔建長4〕12・12	相模守（花押）（裏署名）	連（右）	日下	八幡権別当法印	仍執達如件、	別当職についての申し入れ
93	北条重時・同時頼連署奉書案	建長5・3・3	相模守在判	連（右）	日下	仁和寺三位	之由所候也、恐々謹言、	所職の安堵
96	北条重時・同時頼連署奉書	〔建長5〕3・25	相模守（花押）	連（右）	日下	弥勒寺法印	之由所仰下也、仍執達如件、	所職についての申し入れ
117	北条重時・同時頼連署奉書	建長6・7・5	相模守（花押）（裏署名）	連（右）	日下	八幡田中権別当法印	之由所候也、仍執達如件、	所職・堺論についての申し入れ
129	北条重時・同時頼連署奉書案	（建長7）4・19	相模守在御判	連（右）	日下	宗像大宮司	也、仍執達如件、	巻数請取
142	北条政村・同時頼連署書状案	（建長8）6・12	相模守時頼裏判	連（右）	日下		所候也、以此趣可有御披露候歟、恐惶謹言、	裁許の披露
147	北条政村・同時頼連署書状	〔建長8〕9・2	相模守（花押）	連（右）	日下		候了、以此趣可令申給候、恐惶謹言、	伝達済みの報告

1．文書番号は「表1．北条時頼発給文書目録」の番号である。
2．文書名は改めたものもある。
3．「連・単」は連署・単署の別を示す。「連(右)」は連署の右側。
4．付年号は〔 〕で表示した。
5．推定年号は（ ）で表示した。

周防国得善保事、申状
披露了、先度所被避

地頭職也、今更不及沙汰
者、依仰執達如件、
（異筆）「建長二年」
八月廿九日　　相模守（花押）（裏書）「時頼」
陸奥守（花押）（裏書）「重時」
八幡権別当法印御房御返事[40]

この文書は佐藤氏の説かれるように月日型であり、署判は日下に加えられており、他の公家や寺社に充てられた奉書も同じ書式である。ところが次に示すように、同一人物を充名にしながらも年月日完記型の連署奉書も存在するのである。

八幡宮寺末社周防国遠石別
宮領得善保地頭職事、申状具書
披露之処、於地頭職者、被停止畢、至
国領与社領相論事者、不及関東御
口入、可為京都成敗之旨、先々被仰
両方畢、今更不及御沙汰之由所候也、仍
執達如件、
建長六年七月五日　　相模守（花押）（裏書）「時頼」

陸奥守（花押）「重時」（裏書）

八幡田中権別当法印御房 御返事(41)

この文書は同じ石清水八幡宮別当を充名にしてはいるが、年月日完記型となっている。何故に年月日完記型となっているのだろうか、その事情を考えてみることにしよう。幸いにも石清水八幡宮末社周防国遠石別宮領得善保については幾つかの史料が伝わっており、これらの文書に記されている地頭職の件について焦点を絞って関係を追ってみたい。

周防国遠石別宮領得善保は国衙領であり、また周防国が造東大寺料国でもあり、加えて石清水八幡宮末社遠石別宮の半不輸地でもあったため、石清水八幡宮・東大寺・国司・地頭と複雑な関係があった(42)。得善保地頭職については、寛元五年（一二四七）正月後嵯峨上皇の院政での評定において「一、八幡権別当教清与右衛門尉盛範相論、周防国得善保事、可被問国司之由(43)」とあり、審議の議題の一つに挙げられていた。「右衛門尉盛範」が地頭であったかどうかは、この史料のみでは判然としないが、建久二年（一一九一）に「地頭」と称し「遠石別宮盛家」なる者の新儀狼藉の停止が命じられており(44)、「右衛門尉盛範」と通字を同じくするところより、おそらくはこの系譜を引く同族の者であろう。そして石清水八幡宮より出された地頭職改替要求に対して、地頭職の停止を幕府が決定し伝えた文書が前掲の建長二年（一二五〇）八月廿九日付の連署奉書である。そしてこの連署奉書は六波羅探題北条長時の書状(45)とともに後嵯峨上皇のもとへもたらされ、同年十一月得善保地頭職について「度々　院宣并武家避文分明之上、去八月関東重避之」とあるように幕府よりの伝達をうけて、地頭職の停止・国司の妨げの停止が上皇よりの院宣(46)によって命じられた。しかしその後も現地での相論は続いていたようで(47)、再び幕府より地頭職停止と国衙領と八幡宮領との相論には関与しないことを伝えた文書が建長六年七月五日付の連署奉書である。[48]

石清水八幡宮よりの度重なる地頭停止要求に対し、幕府は度々の地頭職停止を決定してきたわけではあるが、それに対する年月日完記型の連署奉書は、今後の問題についてはすべてこの文書によるという幕府の最終表明ではないだろうか。のちのための証文としての効力をもたせるために、すなわち将来に向けての効力を期待して、[49]ことさらに年付を付したのである。[50]相論審議の場において、当事者より提出された証拠文書の年号の有無が争点になることはままあることであり、[51]このように考えれば、年月日完記型の連署奉書の意味を理解することが出来るのである。

二　得宗文書

A、下文

北条時頼がその主体となって発給した下文が数通現在に伝わっており、それを収集し整理したものが「表3－1．北条時頼の意志を伝える文書（下文系文書）[52]」である。現在伝わる北条時頼の下文は総じて袖判のものであり、花押の位置は頼朝の袖判下文と同様に、中央よりやや下方に据えられている。次にその基本的な時頼署判の下文を掲げておきたい。

（花押）

下　小二郎兵衛尉資時

可令早為筑前国山鹿庄内麻生庄・

野面庄・上津役郷三箇所地頭代職

事
右人、任親父二郎入道西念今月日
譲状、為彼職、可令致沙汰之状如件、
建長元年六月廿六日(53)

北条氏が発給する下文は、北条氏の進止下にある所職の補任や支配に関わる事項を主とするものであり、このよう

表3－1．北条時頼の意志を伝える文書（下文系文書）

No.	文書名	年月日	署判	署判の位置	充名	書き止め文言	内容
3	北条時頼下文	仁治3・10・25	（花押）	袖判		之状如件、以下、	所職の譲与安堵
6	北条時頼下文	寛元4・12・5	（花押）	袖判	陸奥国糠部五戸	之状如件、以下、	所職の安堵
10	北条時頼下文	寛元5・2・16	（花押）	袖判		之状如件、	所職の安堵
11	北条時頼寄進状写	寛元5・2・16	左近将監平朝臣（花押影）	日下		之状如件、	田地の寄進
15	北条時頼下文	宝治元・7・18	（花押）	袖判	平光広	状如件、以下、	所職の補任
18	北条時頼寄進状写	宝治元・8・8	左近将監平朝臣（花押影）	奥下		之状如件、	所当米の寄進
45	北条時頼下文	建長元・6・26	（花押）	袖判	小二郎兵衛尉資時	之状如件、	所職の譲与安堵
81	北条時頼（カ）下文案	建長4・8・7	在判	奥下		之状如件、	堺相論の裁許
151	道崇（北条時頼）寄進状写	正嘉元・11・28	沙弥道崇	奥下		之状如件、	所領の寄進

1．文書番号は「表1．北条時頼発給文書目録」の番号である。
2．文書名は改めたものもある。

な下文は北条時政の時代より出されており、この文書もその流れを汲むものである。そのため従来より、北条氏の進止下にある所領や被官人との関係を究明するために検討されてきた。右に基本的な時頼の下文をみてきたが、次の文書はどのように考えるべきであろうか。

（端裏書）「□之時
□ノ子」

（花押）

肥後国健軍社大宮司

職事、津屋三郎惟盛

可令安堵知行之状如件、

寛元五年二月十六日（54）

この文書は大日本古文書『阿蘇文書之一』では、「北条時頼下文」と文書名が付されているものである。九州・阿蘇社への北条氏の支配は時政の時代より大宮司職の補任などが北条氏によってなされており、この文書はその系譜をうけ、時頼が津屋惟盛に阿蘇社別宮健軍社大宮司職を安堵したものである。同じような書式による北条氏の所領支配に関わる次の北条義時が発給した文書と比較してみたい。

（端裏書）「曾我五郎二郎」

（花押）

津軽平賀本郷内、曾我五郎

次郎惟重知行分村々事、任親

父曾我五郎之時例、令停止検
非違所・政所下部等乱入、可令
安堵百姓等之状如件、
貞応二年八月六日[55]

この文書は北条義時が自己の所領内の「曾我五郎次郎惟重知行分村々」の検非違所・政所下部等の乱入停止を命じたもので、北条氏所領の支配に関わる文書である。先の「阿蘇家文書」のものと見比べてみると、両文書とも文書の袖やや下方に花押が据えられており、書き下し年号である。また東京大学史料編纂所架蔵影写本「阿蘇文書」の寛元五年（一二四七）二月十六日付の文書と青森県史編さん中世部会編『青森県史』史料編・中世1・南部家史料所収の「南部光徹氏所蔵遠野南部家文書」に掲載されている貞応二年（一二二三）八月六日付の文書の書体を見比べてみると、両方とも一字づつ明確に分かれて書かれ、やや崩れた楷書体であるなど共通したところが多い。しかし貞応二年八月六日付の文書を校訂した青森県史編さん中世部会編『青森県史』では、この文書を「北条義時袖判書下」との文書名が付されているのである。同じ書式のこの二通の文書名としては、下文と書下と編者によって異なっているが、どちらのほうが適切なのであろうか。

古代中世の古文書の詳細な様式分類をされた相田二郎氏や佐藤進一氏によれば、「書下」というのは書札様文書の一種であると説かれている[56]。書札様文書というのは相田氏によれば「その文書に差出所と充所とを具え、且つその書式を、差出者と受取者との社会的地位によって種々に書き変え、且つ差出所、充所の要素に種々のものを附加して、儀礼の厚薄を表そうとしたところにある」とその定義を示している。書札様文書は差出所・充所を具えていることがその基本となる。さらに上島有氏は書札様文書の指標の一つに行書体であることをあげられ、武家文書を説明された項目で「書札様文書では宛所は必ず本文の最後の行に書かれる[57]」と述べられる。「書下」が書札様文書[58]であるからにはこのような要件を満たしていなければならないが、貞応二年八月六日付の北条義時が署判を加えた文書は、その要件を具えているとは言い難い[59]。

それでは北条義時が署判を加えた貞応二年八月六日付の文書を下文と判断することができるだろうか。相田氏の分類によれば下文のなかに「下文変形文書」の項目があり、前掲の寛元五年二月十六日付北条時頼下文をその実例として示している。さらに上島氏の分類によれば、下文はやや崩れた楷書体で書かれるとされ、また鎌倉幕府の文書として本格的な機能を果たすようになると、「下」以下の文字が省略されるようになり、実際の受給者が文中に収められると指摘される[60]。下文を象徴している文頭の「下」の文字や、その下に続く充所は省略されることもあり、その場合は充所（現実の文書受給者名）は本文に組み込まれる。以上のように書下と下文の要件を考慮すれば、いま書式と書体との二面からでしか検討できないが、両文書はともに下文として理解することが妥当であると考える。

B、下知状（松下禅尼下知状）

北条氏の所領支配に関わるもののなかで、北条時頼が奉者となっている文書が一通ある。この文書は『鎌倉遺文』には収録されていないが、相田氏の『日本の古文書』上に「毛利元雄氏所蔵文書」として写真が掲載されており、東京大学史料編纂所架蔵影写本では「長府毛利家文書」のなかに収められているものである。

可令早平清度致沙汰丹波

国野口庄内牧外方下司
代職事
右、以人為彼職、任先例
致沙汰旨、依尼御前仰
下知如件、
宝治二年八月八日
（花押）[61]

丹波国野口庄は現在の船井郡西南部より亀岡市にかけてひろがっていた荘園で、古代の野口牧から出発したようである。鎌倉時代には長講堂領荘園となっていたが、荘内の構成などは定かではなく、貞応元年十月二十日に丹波国守護北条時房が守護代に、野口荘内小山村に守護所使の乱入禁止を命じている。[62]この文書は北条時頼が「尼御前仰」を奉じて平清度を「野口庄内牧外方下司代職」に補任したものである。「尼御前」は北条時頼の母・松下禅尼のことであろう。とすれば、松下禅尼はこの荘園の下司代職を安堵する権限をもっていたことになり、この文書は時頼が北条氏の家督として母・松下禅尼の命を奉じたものであろう。下文の書式を取らなかったのは任命者が「尼御前」であったためであり、下知状が下文の代用として出発しているという意味は失われてはいない。

C、北条時頼袖判奉行人奉書

北条氏の私的関係に関わる文書として、時頼が文書の袖に花押を据えた奉行人の奉書がある（表３－２．北条時頼の意志を伝える文書〈奉行人奉書〉。この書式の文書も下文と同様に北条時政の時代より出されており、時頼もそれを踏襲したものである。次に一例を掲げることとする。

（花押）
天王寺につくりをかれ
候御堂并御宿所寺領等
事、如故葛西谷尼御前
御内可見沙汰之由候也、可令
存其旨給候、仍執達如件、
康元元年十月卅日　沙弥浄■
粟飯原馬入道殿[63]

天王寺に造られた「御堂并御宿所寺領」の詳細については定かではないが、「故葛西谷尼御前御内」の意向を「沙弥浄■」が奉じ、時頼が花押を据えた文書である。この「故葛西谷尼御前」を、今野慶信氏は北条泰時の妻・安保実員の女子と比定している。[64]このような北条氏の被官人が奉者となり、時頼が袖判を加えている文書が他に三通現存している。

・「南部光徹氏所蔵遠野南部家文書」、仁治三年十月一日北条時頼袖判沙弥成阿奉書[65]
・「岩手大学附属図書館所蔵新渡戸文書」、仁治三年十月一日北条時頼袖判沙弥盛阿奉書[66]
・「阿蘇家文書」、建長元年九月二日北条時頼袖判沙弥盛阿奉書[67]

表3－2．北条時頼の意志を伝える文書（奉行人奉書）

No.	文書名	年月日	署判	署判の位置	充名	奉者	書き止め文言	内容
1	北条時頼袖判成阿奉書	仁治3・10・1	（花押）	袖判	曾我五郎二郎	沙弥成阿	之由所候也、仍執達如件、	所職の安堵
2	北条時頼袖判盛阿奉書	仁治3・10・1	（花押）	袖判	毘沙鶴并女子鶴後家	沙弥盛阿	之由所候也、仍執達如件、	所職の安堵
53	北条時頼袖判盛阿奉書	建長元・9・2	（花押）	袖判	□（山）田五郎四郎	沙弥盛阿	之□□（由所）候也、仍執達如件、	乱妨の停止命令
149	北条時頼袖判浄■奉書	康元元・10・30	（花押）	袖判	粟飯原馬入道	沙弥浄■	候、仍執達如件、	寺堂等の沙汰の連絡
158	北条時頼袖判蓮性奉書（折紙）	年欠・10・24	（花押）	袖判	深森（堀）五郎左衛門入道	蓮性	恐々謹言、	仏事料見参の返事

1．文書番号は「表1．北条時頼発給文書目録」の番号である。
2．文書名は改めたものもある。

これらの文書は、いずれも北条氏進止下の所領所職の安堵・所領内の濫妨停止といった支配に関わるものであり、北条氏の私的支配に、この書式の文書が出されていたことが判る。

（花押）

御仏事料染
物十端、入見
参了、神妙

由候也、恐々謹言、

十月廿四日　蓮性

深森五郎左衛門入道御返事[68]

この文書は、深堀能仲より御仏事料として贈られた「染物十端」に対する折紙の返書である。きわめて略式のものであり、時頼の被官人蓮性が署名し、時頼が袖判を加えているところから「御仏事料染物十端」は北条氏に対する進物であろう[69]。この文書の年付けを推定する手がかりは、袖に加えられた時頼の花押[70]であり、この花押と東京大学史料編纂所の「花押カードデータベース」と照合すると、「建長八年」ごろと推定しうる。この推定が認められれば、「吾妻鏡」康元元年（一二五六）十月十三日条（建長八年は十月に康元と改元）に「相州姫君卒去、日来有御祈禱、日光法印尊家被修愛染王供、法印清尊為千手供、阿闍梨頼兼、験者各有事已後、破壇退出」と北条時頼息女の卒去の記事がみえる。この時頼息女の卒去に対して、深堀能仲が「御仏事料」を贈り、この文書はその際の時頼からの返書ということになる。深堀氏は北条氏被官人としての活動の徴証は認められないが、北条氏と御家人との通交関係の一端をも示すものにはまちがいない。

ところで右のような北条氏の従者が日下に署判をした文書に、得宗が袖に花押を据えた文書を小泉聖恵氏は「得宗袖判執事奉書」と総称し[71]、細川重男氏はこれをさらに奉者単数（有得宗袖判）の「得宗袖判執事奉書」と奉者単数（無得宗袖判）の「得宗家執事書状」とに分類している[72]。そして「得宗袖判執事奉書」と「得宗家執事書状」の書式の雛形を提示し、その相違点に「得宗の袖判を有し、奉者は花押を据えないもの」と「得宗の袖判を有さず奉者自身が花押をすえるもの」とし、花押の有りかたに着目して両者を区別している。また執事の語句の使用について、得宗家執事就任の確認できる長崎高資が両タイプの文書の奉者を務めていることを基準にし、そこから遡及してそれぞれの書式の文書に「執事奉書」と「執事書状」とに整理されたのである。細川氏自身も長崎高資が奉者となっていない文書については、「執事」の語句は便宜的なものであり、「発給者が即、執事というわけではない」と但し書きしているように、奉者をすべて執事と認定することは困難であろう。しかし文書名に認定できない「執事」の語句を付せば、無用の混乱をも引き起こしかねない。時頼が袖判を加えた右の書式の文書がのちの「執事奉書」へと連なっていくことは想定できるが、文書の奉者を執事と断定できない以上、いますこし緩やかに考えてもよいのではないだろうか。

D、書状

北条時頼の意志を伝える書状は多岐にわたっており（表3－3・北条時頼の意志を伝える文書〈書状〉）、それらを敢えて大まかに分類すると次のようになるであろう。まずは神社よりの祈禱巻数の返書である。いま時頼が署判を加えた鹿島社・厳島社への祈禱巻数の返書が伝わるが(73)、それは北条氏一族への祈禱というよりは、鎌倉幕府への祈禱に対する報謝であろう。また六波羅探題北条重時へ充てた三浦泰村の乱の件を公家へ伝えるよう命じた書状があり、その意味では書状といっても、幕府の立場にたったものといえよう。

その一方では時頼が帰依していた叡尊に充てた書状のように、全くの個人的な私状ともいうべきものもある。時頼の活動の一齣を伺うことのできる書状に、つぎの文書がある。

　三位そうづ申され候いし、

　やまのへとうの事、ひやう

定に申て候へハ、　聖断
あるべきよし、さた候なり、
このやうをこそ、つたへお
ほせ候らめ、このよしを
申させ給へく候、あなかしこ、
六月十二日　　時より[74]

表3－3．北条時頼の意志を伝える文書（書状）

No.	文書名	年月日	署判	署判の位置	充名	書き止め文言	内容
13	北条時頼書状写	(宝治元)・6・5	左近将監	日下	相模守	恐々謹言、	公家への合戦終結連絡の指示
33	北条時頼書状案	(宝治2)・3・14	時頼在判	日下	城介	恐々謹言、	了承の返事
100	北条時頼書状	(建長5)・7・24	(花押)	日下	鹿嶋前大禰宜	謹言、	巻数請取
150	道崇（北条時頼）願文写	正嘉元・4・15	弟子沙弥道崇敬白	日下		敬白、	国家鎮護の願文
152	道崇（北条時頼）書状写	(弘長2)・10・5	沙弥道崇	日下	西大寺方丈	恐々謹言、	物品の進上
153	北条時頼書状（折紙）	年欠・4・21	時頼（花押）	日下	安芸前司	謹言、	巻数請取
154	北条時頼書状（折紙）	年欠・4・24	（花押）	日下	庄四郎	謹言、	在京奉公の勧賞
155	北条時頼書状	年欠・6・12	時より	日下		へく候、あなかしこ、	評定結果の伝達
156	北条時頼書状	年欠・9・17	相模守時頼	日下	人々御中	恐惶謹言、	御教書披露の依頼
157	北条時頼書状（折紙）	年欠・10・23	（花押）	日下	能登前司	之状如件、	勲功賞披露の指示

159	北条時頼書状写	年月日欠			(与僧蘭渓書)		恩徳の謝辞

1. 文書番号は「表1. 北条時頼発給文書目録」の番号である。
2. 文書名は改めたものもある。
3. 付年号は〔 〕で表示した。
4. 推定年号は（ ）で表示した。

この文書の充名は定かではないが、本文は漢字・仮名交じりであり、差出の名前の一字を仮名で書くのは女性に対するものであるのが慣例であるので[75]、朝廷に近い女性に出されたものであろう。そしてこの文書は時頼の自筆と思われ、その点からも貴重なものである。内容をみてみると、「やまのへとう」の件について、幕府の評定の結果「聖断あるべきよし」との結果の申し入れを伝達しているのである。さきにふれた執権・連署による連署奉書による伝達とはまた異なった伝達ルートを伺わせるものであり、たいへん興味深いものである。

一概に時頼の書状といっても、以上にみてきたように幕府の決定を伝えるものから、北条氏の家督としての書状、また「吾妻鏡」正嘉元年四月十五日条に載せる伊勢神宮への願文などというように、その内容は多彩であり、一律に割りきることはできない。しかしこのような書状から、時頼と御家人との関係・朝廷との関係など、幕府文書ではみられない側面を伺い知ることができるであろう。

おわりに

北条時頼が署判を加えた文書を出来うる限り網羅的に収集し、幕府文書・得宗文書と大別し、幾つかの点を指摘してきたが、論点が多岐にわたり単なる素描にとどまってしまったかもしれない。また時頼の時期のみの文書を検討の素材としたため、文書論としてはさまざまな不備が存在することはまちがいない。「文書研究」と題さなかったゆえんであり、本稿の大きな欠点として認識せざるを得ない。この稿を出発点として派生する個々の問題点については、他日を期していきたいとおもう。最後に別の視点から北条時頼の発給文書についての指摘を試み、本稿のまとめにかえていきたい。

鎌倉幕府が発給した文書には、将軍の下文・関東下知状などの下文系文書と、関東御教書などの書札様文書との二つの様式があったとされる。(76)下文系文書とは平安時代以来の弁官下文(77)・政所下文・院庁下文などの様式をもつ文書であり、(78)書札様文書も前代の啓・状などから出発した私的書状である奉書・御教書・院宣などである。そして鎌倉幕府は前代以来のこの二つの文書様式を基本的に受け継ぎ、かつその時々の状況に対応すべく、下知状の開発を一例とするように、独自の要素を加えながら文書を発給していったのである。(79)幕府文書の基本がこの二様式の文書を中心に展開していったことをモデルとして、北条氏もその二様式の文書を受け継いでいった。時頼の袖判下文・時頼自身が奉者となった松下禅尼下知状などの下文系文書と、時頼袖判で北条氏の奉行人が奉者となった奉書・時頼自らが署名を加えた書状などの書札様文書とである。この二つの文書様式を柱として、北条氏は時政以来の文書様式を継承しながら、かつ折々の状況に応じた文書が出されていったのである。

文書様式には、それぞれ独自の作法があったはずである。その作法の意味を探ることによって、個々の文書の有り様の認識を深化させることができる。そして文書発給者と受給者との思わぬ人間関係や制度の一面を伺うことができるであろう。

〔注〕

（1）菊池紳一氏「北条時政発給文書について――その立場と権限――」（『学習院史学』第一九号）。湯山賢一氏「北条時政執権時代の幕府文書――関東下知状成立小考――」（小川信氏編『中世古文書の世界』所収）。

（2）湯山賢一氏「北条義時執権時代の下知状と御教書」（日本古文書学会編『日本古文書学論集』5・中世1、所収）。下山忍氏「北条義時発給文書について」（安田元久先生退任記念論集刊行委員会編『中世日本の諸相』下巻、所収）。

（3）川添昭二氏「北条時宗文書の考察――請文・巻数請取・書状――」（『鎌倉遺文研究』第二号）。

（4）永井晋氏「金沢貞顕書状概論」（『鎌倉遺文研究』第一三号）、「金沢貞顕書状の料紙について」（『金沢文庫研究』第三一三号）。

（5）「様式」という用語は論者によって様々に用いられているが、その定義について、佐藤進一氏は「用材（紙・木・布等）・文型・文体・書体等の総体」（「中世史料論」〈岩波講座『日本歴史』別巻2・日本史研究の方法、所収〉）と云い、上島有氏は「たんに書式だけではなく書体・紙面の飾り方・料紙の使い方・紙継目の固定の仕方などの形態も含めた文書の総体として把握されるべきもの」（「古文書の様式について」〈『史学雑誌』第九七編一一号〉）と説く。

（6）なお北条時頼の経歴については、佐々木馨氏「時頼伝の基礎的考察」（『青森県史研究』第一号）参照。

（7）以上は佐藤進一氏『新版古文書学入門』による。

（8）「吾妻鏡」建長三年七月一日条。

（9）「吾妻鏡」建長四年四月一日条。なお「武家年代記」建長四年条・宗尊親王の項に「建長四正八元服十一才、同日為三品、同三廿四出京、同四一下着、同為征夷大将軍十九」とあり、建長四年の鎌倉下向以前に三品に叙せられていた。

（10）「杤木文書」（「表1．北条時頼発給文書目録」六八号、以下「発給文書目録」六八号と略記して示す）。なおこの文書は『鎌倉遺文』では署判を「別当陸奥守平朝臣判」・「相模守平朝臣判」とし案文として扱うが、国立公文書館編『朽木家古文書』上（内閣文庫影印叢刊）・一一九号の写真には署判には花押が据えられており、正文としてみてよい。

(11)「徵古館所蔵文書」（「発給文書目録」一二四号）。なおこの文書の正文は昭和二十年の戦災で焼失し、その正文は現存しない。この点は矢野憲一氏のご教示による。

(12)「市河文書」（「発給文書目録」九一号）。

(13)「家原家文書」（「発給文書目録」八三号）。

(14)国立公文書館編『朽木家古文書』上（内閣文庫影印叢刊）・一二〇号、平光度譲状。

(15)関東祇候廷臣については、岡野友彦氏『中世久我家と久我家領荘園』第二編第三章・池大納言家領の伝領と関東祇候廷臣、参照。

(16)「深堀家文書」（「発給文書目録」一二七号）。

(17)瀬野氏『鎮西御家人の研究』第三章第二節、鎮西における東国御家人、参照。

(18)「深堀家文書」、（貞永元年）七月六日北条泰時（カ）書状（『佐賀県史料集成』古文書編・第四巻）。以下に関連文書がある。

(19)「深堀家文書」、建長二年十月二十三日藤原頼嗣下文（『佐賀県史料集成』古文書編・第四巻）。なお次の時頼の書状はこの間に出されたものと思われる。

深堀左衛門

尉能仲申、

勲功賞事、

申状如此、相尋

子細、可令披

露給之状
如件、

十月廿三日　（花押）

能登前司殿

右の文書は「深堀家文書」のなかの一通であり「財団法人鍋島報效会所蔵深堀家文書」の写真による（「発給文書目録」一五七号）。充名に記されている「能登前司」は仁治二年六月七日の臨時除目で能登守に任じられ、寛元元年まで在任が確認できる三浦光村であろうか。三浦光村は三浦義村の三男で、将軍藤原頼経の寵臣であった（菊池紳一氏「中世加賀・能登の国司について――鎌倉時代を中心に――」〈『加能史料研究』第一六号〉）。そして時頼のこの文書の花押と東京大学史料編纂所の「花押カードデータベース」の時頼の花押とを照合してみると、寛元四年から宝治元年に比定できる。「能登前司」が三浦光村に比定できるとすれば、光村は宝治合戦で宝治元年六月二十四日に自害しているから、その前年である寛元四年十月となる。またこの文書は深堀能仲の「勲功賞事」を将軍藤原頼経へ三浦光村を通じて披露を依頼しているものであり、時頼と将軍との関係の一端を伺わせる興味深いものでもある。

(20)佐藤氏『新版古文書学入門』。

(21)近藤氏「文書様式にみる鎌倉幕府権力の転回――下文の変質――」（日本古文書学会編『日本古文書学論集』5・中世1、所収）。また佐藤秀成氏は「受給者充所型下文」の発生を数カ国に及ぶ散在所領の安堵を一通の下文で行なうためといった現実の要請があったことに求めている（「将軍家下文に関する一考察」〈鎌倉遺文研究会編『鎌倉時代の政治と経済』鎌倉遺文研究Ⅰ、所収〉）。

(22)近藤氏、前掲「文書様式にみる鎌倉幕府権力の転回――下文の変質――」。

(23)この文書（「発給文書目録」一四四号。なお、尊経閣文庫所蔵「武家手鑑」の写真による）を次に示しておきたい。

将軍家政所下　左衛門尉藤原景経

可令早領知武蔵国船木田新庄由井内横河郷・
遠江国山香庄内犬居郷・美濃国下有智御厨内
寺地郷并上野平太・同四郎兵衛尉名田畠等・安芸国
志芳庄内西村等地頭職・肥前国佐嘉御領内
末吉名預所職事

右、任亡父前和泉守政景法師法名浄念延応元年十二月
十一日譲状并浄念譲後家尼景経母仁治二年十二月廿七日
状案于時在俗、及舎兄左衛門尉政泰・景村・景氏等去月廿七
日請文之旨、為彼等職、各守先例可致沙汰之状、所仰
如件、以下、

建長八年七月三日　案主清原

令左衛門少尉藤原（花押）　知家事清原

別当陸奥守平朝臣（花押）

相模守平朝臣（花押）

(24)以下は佐藤進一氏『新版古文書学入門』による。

(25)このことは下知状が下文系の文書であることと関わりがあるとおもう。

(26)但し、「忽那家文書」、建長六年三月八日関東下知状（「発給文書目録」一一三号）は宗尊親王の将軍在任期間であるが書止文言は「依仰下知如件」となっている。

(27)近藤成一氏「鎌倉幕府裁許状の事書について」（皆川完一氏編『古代中世史料学研究』下巻、所収）。

(28)所務沙汰における裁許状作成の手続きについては、石井良助氏『中世武家不動産訴訟法の研究』参照。

(29)近藤氏、前掲「鎌倉幕府裁許状の事書について」。
(30)「入来院家文書」、建長二年四月二十八日関東下知状(『発給文書目録』五六号)。なお、行替えなどは東京大学史料編纂所架蔵影写本による。
(31)「相良家文書」、建長元年七月十三日関東下知状(『発給文書目録』四六号)。なお、行替えなどは高橋正彦氏編『慶應義塾所蔵・古文書選』(二)掲載の写真による。
(32)「進美寺文書」、建長三年九月十八日関東下知状案(『発給文書目録』七〇号)。なお行替えなどは東京大学史料編纂所架蔵影写本による。
(33)幕府裁判における一族内相論の全体については、古澤直人氏「鎌倉幕府裁許状にみえる一族内相論について」(『早稲田大学大学院・文学研究科紀要』別冊第一二集、哲学・史学編)参照。
(34)この文書と思われるものが「進美寺文書」建久五年五月十五日源頼朝下文案(『兵庫県史』史料編・中世三)にみえており、袖に頼朝の花押があったようで「御□(判)」に『兵庫県史』の編者は(源頼朝カ)と校訂注を付している。この文書は日下に「散位小野時広奉」とあり、基本的な袖判下文とは異なる。なお黒川高明氏はこの文書に「○本文書、検討ノ要アリ」との按文を付している(『源頼朝文書の研究』史料編・三三九号)。しかし、たとえ今日の我々が書式に違和感をもっていても、当時の人々にとっては証拠文書として効力を発揮したかもしれない。
(35)以上は佐藤氏前掲「中世史料論」による。
(36)高橋氏「関東御教書の様式について」(『中世荘園制と鎌倉幕府』所収)。
(37)上島氏、前掲「古文書の様式について」。
(38)「石清水八幡宮所蔵田中家文書」、建長二年十一月十四日後嵯峨上皇院宣(大日本古文書『石清水文書之一』一六三号)にみえる「武家避文」は、「尊経閣文庫所蔵石清水文書」、建長二年八月二十九日関東御教書(この文書は尊経閣文庫所蔵の写真による)のことである。

(39)例えば「宮内庁書陵部所蔵・壬生家旧蔵・壬生家家領関係文書一」に（文永四）三月二十六日付の北条政村・同時宗の連署奉書が次のようにある（宮内庁書陵部編『壬生家文書』五、一二一〇号）。

法光寺事、不及関東沙汰之由候也、仍執達如件、

（異筆）「到来文永四・四・十八未刻」
三月廿六日　相模守（花押）
左京権大夫（花押）

そして壬生家はこの文書の写しを作成し、その写しの端裏書に「関東御返事案」（同編『壬生家文書』五、一二一六五号）と記している。

(40)「尊経閣文庫所蔵石清水文書」、（建長二年）八月二十九日北条重時・同時頼連署奉書（「発給文書目録」六一号）。なおこの文書については、「尊経閣文庫所蔵」の写真による。なお尊経閣文庫にはこの得善保関係をはじめ何点かの石清水八幡宮関係の正文が伝わっており、石清水八幡宮にはその写しがあり、「大日本古文書」は石清水八幡宮所蔵の写しを翻刻している。以下本稿で使用する「尊経閣文庫所蔵石清水文書」の史料についてはその写真による。また『鎌倉遺文』では署判の裏書きが脱落している。

(41)「石清水八幡宮所蔵田中家文書」（「発給文書目録」一一七号）。なお村田正志・石川晶康・田中君於各氏編『続石清水八幡宮史料叢書』一・田中家文書目録（一）に掲載されている写真による。なお、この文書は平成十九年三月に実見する機会を得た。巻子に仕立てられたなかにあるこの文書には署判の裏の位置に「時頼」・「重時」とあり、また年号の裏の位置に「甲寅」と別筆で記されている。閲覧に際しては田中君於氏の御高配を得た。

(42)周防国遠石別宮領得善保の概要については、網野善彦他氏編『講座日本荘園史』9・中国地方の荘園、周防国の項（木村忠夫氏執筆）参照。

(43)「葉黄記」宝治元年正月二十六日条。

(44)「石清水八幡宮所蔵田中家文書」、建久二年二月十日八幡宮寺別当下知状（大日本古文書『石清水文書之一』一五九号）。

(45)「尊経閣文庫所蔵石清水文書」、（建長二年）九月二十六日北条長時書状。

(46)「石清水八幡宮所蔵田中家文書」、建長二年十一月十四日後嵯峨上皇院宣（大日本古文書『石清水文書之一』一六三号）。なおこの文書は、日本歴史学会編『演習古文書選』古代・中世編の二八号として写真が掲載されている。

(47)「尊経閣文庫所蔵石清水文書」、（建長六年）四月十七日後嵯峨上皇院宣。

(48)この幕府よりの文書をうけて、後嵯峨上皇の院宣も再度出されている（「尊経閣文庫所蔵石清水文書」、（建長六年）十二月五日後嵯峨上皇院宣）。

(49)このことは発給者の意図であり、受給者が証文として扱うか否かは別問題である。

(50)なお「消息耳底秘抄」（『群書類従』第九輯・消息部）に「一、為証文消息事　可為証文消息ニハ、年号月日ヲ書テ加判之」とあり、当時の証文とすべき消息に対する作法の一端を伺うことができる。

(51)例えば、幕府裁判の例であるが「有浦文書」、弘安二年十月八日関東下知状案に「或如売券者、正嘉三年五月也、如奥書者、無年号之間、為同年三月歟、以後日売券書載先日譲詞之条、為疑書之由、家康申之、不記年号於奥書之間、□〔後年カ〕書載之歟、仍難称同年状歟」（福田以久生・村井章介両氏編『改訂松浦党有浦文書』一〇号）とみえているように、無年号のため「疑書」と論じられている。また「烟田文書」弘安元年十一月三日関東下知状写に「綱幹□状者、無年号之上、家―未生以前状也、不足証拠之由」（鉾田町史編さん委員会編『鉾田町史』中世史料編・烟田氏史料、二〇号）とあり、無年号であるゆえ証文としての証拠能力に欠けることが主張されている。

(52)この表のなかに寄進状をも含めたが、寄進状が下文の範疇にはいることについては、青山幹哉氏「『御恩』受給文書様式にみる鎌倉幕府権力」（『古文書研究』第二五号）参照。

(53)「麻生文書」、建長元年六月二十六日北条時頼下文（「発給文書目録」四五号）。なお本稿では北九州市立歴史博物館編『筑前麻生文書』の写真による。

(54)「阿蘇家文書」、寛元五年二月十六日北条時頼下文（「発給文書目録」一〇号）。なお、行替えは東京大学史料編纂所架蔵影写本による。この文書は昭和八年十二月四日に東京大学史料編纂所が阿蘇惟孝氏所蔵より影写本を調製した時点では存在したが、その後「阿蘇家文書」は熊本大学附属図書館に移管され、昭和六十二年三月に文化庁文化財保護部美術工芸課が作成した『阿蘇家文書目録』には掲載されてはおらず、正文は現在のところ所在不明となっている。この点は熊本大学附属図書館・東京大学史料編纂所図書室のご教示による。

(55)「南部光徹氏所蔵遠野南部家文書」、貞応二年八月六日北条義時袖判書下（『青森県史』資料編・中世1・南部家関係資料）。なお本稿では同書に掲載されている写真によって行替えなど改めた。

(56)相田氏『日本の古文書』上・下、佐藤氏『新版古文書学入門』。なお相田氏『日本の古文書』下に「書下」の実例が示されている。

(57)上島氏、前掲「古文書の様式について」。

(58)六波羅探題の発給文書を検討された熊谷隆之氏は「下文様の書下」と「書札様の書下」を提示された「六波羅探題発給文書に関する基礎的考察」（『日本史研究』第四六〇号）。六波羅探題が発給した文書を網羅的に収集しその「通底」する要素を抜き出すという方法は正しいが、視点に問題があったためにこのような混乱した結論が導きだされたとおもわれる。

(59)なお『青森県史』は、「南部光徹氏所蔵遠野南部家文書」、暦応二年三月十七日足利直義書下と文書名を付した文書を掲載している。いまその文書を次に掲げよう。

参御方者、本領事□（任カ）被定置之旨可有其□（沙）汰之上、致軍忠「○」（者）、可抽□（賞）之状如件、

暦応二年三月十七日　（足利直義）（花押）

南部六郎（政長）殿

『青森県史』は一つの文書名について異なった書式の文書に付すといった不統一がみられる。本稿に記したように、「書下」という書式は書札様文書の一形態で、これが守護や守護大名の「書下」に受け継がれていくと考える。

(60)上島氏、前掲「古文書の様式について」。

(61)「毛利元雄氏所蔵文書」、宝治二年八月八日松下禅尼下知状（相田二郎氏『日本の古文書』上、「発給文書目録」三九号）。

(62)以上は網野善彦他氏編『講座日本荘園史』8・近畿地方の荘園Ⅲ、丹波国の項（黒川直則氏執筆）による。

(63)「鹿王院文書」、康元元年十月三十日北条時頼袖判沙弥浄■奉書（「発給文書目録」一四九号）。なお行替えは東京大学史料編纂所架蔵影写本で改めた。

(64)今野氏「『葛西殿』について」（葛飾区郷土と天文の博物館編『鎌倉幕府と葛西氏』所収）。

(65)「発給文書目録」一号。なおこの文書の典拠として『鎌倉遺文』では「斎藤文書」としているが、『青森県史』資料編・中世1では「南部光徹氏所蔵遠野南部家文書」として写真が掲載されており、本稿ではそれによる。「斎藤文書」の伝写過程については鈴木茂男氏「文書がはがされた話――南部文書と斎藤文書――」（日本古文書学会編『日本古文書学論集』2・総論Ⅱ所収）参照。

(66)「発給文書目録」二号。

(67)「発給文書目録」五三号。なおこの文書については「熊本大学附属図書館所蔵阿蘇家文書」の写真による。

(68)「深堀家文書」、年欠十月二十四日北条時頼袖判蓮性奉書（折紙）（「発給文書目録」一五八号）。なおこの文書については「財団法人鍋島報效会所蔵深堀家文書」の写真による。

(69)同じような北条氏に対する進物が伺われる史料に、曾我氏による「御仏事料染物」や「鱒・雁」の贈与に対する返書の例がみられ、いずれも折紙で北条氏奉行人の署判で北条氏一族の者が袖判を加えている（「南部光徹氏所蔵遠野南部家文書」、（年欠）二月卅日某袖判平泰綱奉書・（年欠）卯月廿四日某袖判泰茂奉書〈『青森県史』資料編・中世1・

南部氏関係資料〉。なお『青森県史』はこの両通の袖判を「北条義政か」と注記している）。

(70)北条氏の花押については、二合体で全体を梯形にまとめ終筆を内側に撥ねた「時政型の花押」と、一字型で右端下に左に筆をおろし右に向けて底辺線を引き小さな三角形をつくり左上にのばして頂点と合するといった省画と補筆による「義時型の花押」とがあり、時頼の花押は「時政型」に属する（佐藤進一氏『花押を読む』V執権北条氏の花押について）。

(71)小泉氏「得宗家の支配構造」（『お茶の水史学』第四〇号）。

(72)細川氏『鎌倉政権得宗専制論』第一部・第三章、得宗家公文所と執事——得宗家公文所発給文書の分析を中心に——。

(73)「鹿島大禰宜家文書」（建長五年）七月二十四日北条時頼書状（「発給文書目録」一〇〇号）、「厳島文書御判物帖」、（年欠）四月廿一日北条時頼書状（「発給文書目録」一五三号）。

(74)「関戸守彦氏所蔵文書」（年欠）六月十二日北条時頼書状（「発給文書目録」一五五号）。なお、本稿では『書苑』第一〇巻第二号に掲載されている写真による。

(75)『書苑』第一〇巻第二号掲載の「北条時頼真蹟仮字消息」の解説。なお相田二郎氏は、この北条時頼書状と『書苑』一〇巻第一号に掲載されている「関戸守彦氏所蔵文書」、（年欠）六月十九日北条時宗書状とを比較・検討され、「一方は仮名、他方は漢字の相違はあるが、（中略）同一人の手跡からなると認むべきもの」とされた。そしてこの時頼の書状は右筆の手によって執筆されたもので、時宗と次の貞時との間に右筆の継続があったように、時頼と時宗との間にも右筆の継続を想定されている（同氏「鎌倉時代における武家古文書の筆蹟」〈『日本古文書学の諸問題』相田二郎著作集1〉、所収）。

(76)上島氏、前掲「古文書の様式について」。富田正弘氏「中世史料論」（岩波講座『日本通史』別巻3・史料論、所収）。
なお上島氏は「下文様文書」とし、富田氏は「下文系文書」とする。

(77)この文書名については、百瀬今朝雄氏「官宣旨と弁官下文」（『弘安書札礼の研究』所収）参照。

(78)関東下知状が下文系文書に属する理由は、もともと下文の代用として出発したこと、書体が楷書体にちかい字形であること、字配りが天大地小のものも存在することなどがあげられる。

(79)本郷和人氏は鎌倉幕府文書は朝廷の文書様式を学んだものとされ、さらに武家文書の主要様式として下文・下知状・御教書・直状の四つを提示している（「中世古文書学再考」〈石上英一氏編『歴史と素材』日本の時代史30〉、所収）。筆者は本稿で触れたように下文系文書と書札様文書を柱にして、そこから個々の文書様式を見極めていくべきだと考える。

本稿を作成するにあたり史料の閲覧および種々のご教示を与えられた財団法人前田育徳会尊経閣文庫・菊池紳一氏、東京大学史料編纂所・林譲氏、石清水八幡宮研究所・田中君於氏、財団法人鍋島報效会・藤口悦子氏、NPO法人五十鈴塾・矢野憲一氏、諏訪大社・桃井義弘氏、東京大学史料編纂所図書室、熊本大学附属図書館、神長官守矢史料館に、末筆ながらあつく御礼申し上げたい。

なお、花押の比定には、東京大学史料編纂所「花押カードデータベース」を利用した。

六波羅探題発給文書の研究

――北条時茂・時輔・義宗探題期について――

久保田　和彦

はじめに

本稿は、「北条時宗の時代」における六波羅探題北条時茂・時輔・義宗の発給文書を検討する。対象となる時代は、鎌倉時代中期の建長八年（一二五六）三月二十七日[1]から建治二年（一二七六）十二月四日[2]までのおよそ二十年間である。この時期、鎌倉幕府の将軍は六代宗尊親王から七代惟康王へ、執権は六代北条長時・七代政村を経て、文永五年（一二六八）正月の蒙古国書の到来を契機に八代時宗へ継承された。同九年二月に評定衆名越時章・教時および六波羅南方北条時輔が誅殺された二月騒動が起こり、同十一年十月には第一回の蒙古襲来が開始された。六波羅探題は蒙古問題に関する公家政権との交渉や国内の悪党問題をめぐって、ますます重要な役割が期待された。

北条時茂[3]は、極楽寺流北条重時の四男として、仁治二年（一二四一）に生まれた。母は平時親の女で、六代執権北条長時の同母弟である。建長八年三月、兄長時の後任として十六歳で六波羅北方に就任し、翌正嘉元年（一二五七）二月、従五位下・左近将監に任じられる。以後、文永元年十月に北条時輔が南方探題に就任するまでの約八年間、時茂は単独で六波羅探題を務めた。同四年十月陸奥守に任官するが、同七年正月二十七日に探題在任中の京都において三十歳で死去した[4]。時茂の六波羅探題在職は、建長八年三月二十七日から文永七年正月二十七日まで、およそ十四年間におよんだ。

北条時輔[5]は、五代執権北条時頼の長男として、宝治二年（一二四八）に生まれた。母は将軍家の女房讃岐と呼ばれた女性で、庶子のため「北条三郎」と称した。文永元年十一月九日に十七歳で南方探題に就任し[6]、同九年二月十五日に二十五歳で誅殺されるまでの約八年間探題に在職した。特に北方探題時茂が同七年正月に死去し、後任の義宗が赴任する同八年十二月までの約二年間は、南方として単独で六波羅探題の職務に従事した。

北条義宗(7)は、六代執権北条長時の長男として、建長五年に生まれた。文永五年十二月、従五位下・左近将監に叙任され、同八年十二月に十九歳で北方探題に就任し、翌年二月時宗の命令により南方北条時輔を誅殺した。以後、建治二年十二月四日に帰鎌のため出京するまでの約五年間、六波羅探題に在職した。鎌倉幕府復帰後、義宗は翌年六月引付衆を経ずに評定衆となり、同日駿河守にも任官するが、同年八月十七日に二十五歳で死去した。

私はこれまで泰時・時房期から長時期まで、約三十五年間の六波羅探題発給文書を検討し、文書名の統一的基準を提案するとともに、両探題の関係や六波羅探題の性格と役割、六波羅探題と公家政権との関係などを考察してきた(8)。本稿はその続編で、建長八年三月二十七日から建治二年十二月四日までの、およそ二十年間の六波羅探題北条時茂・時輔・義宗の発給文書を検討する。

一　六波羅探題北条時茂・時輔・義宗発給文書の分析

建長八年三月二十七日から建治二年十二月四日までの、およそ二十年間の六波羅探題北条時茂・時輔・義宗の発給文書を『鎌倉遺文』で検索すると、全部で八十通（表1）(9)が確認できる。本章では、前稿までの統一的基準を前提として、八十通の六波羅探題発給文書の文書名を確定したい。

最初に、前稿までに検討した六波羅探題発給文書の統一的基準をまとめてみる。

①六波羅下文は、承久の乱直後の京都において、六波羅探題成立期の北条時房・泰時が将軍家政所下文に準じて連署で発給した特殊な文書である。文書様式は通常の下文に見られる「下　某」という書出しが省略されているが、書

止め文言は「以下」で結ばれている。[10]

②六波羅下知状は、第一に書止め文言が「下知如件」で結ばれている文書。第二に「下知如件」の書止め文言はないが、明らかに裁許状である文書。第三に事書有り、奥下署判、宛所なし、「…状如件」の書止め文言という四つの共通した特徴を有する文書、という三つの基準を前稿Dで提案した。このうち、第一の基準とした「下知如件」で結ばれた文書は、泰時・時房期以降においては、九割以上が幕末の三十数年間に集中して検出され、また一通を除いて裁許状として使用されるという特色がある。

③六波羅御教書・書下・書状はいずれも書札様文書である。前稿Dでは事書なし、日下署判、宛所有りという三つの共通した特徴を有する六波羅探題発給文書を書止め文言の相違で区別し、「執達如件」「仍執達如件」で結ばれる文書を六波羅御教書、「…状如件」で結ばれる文書を六波羅書下、「恐惶謹言」「謹言」で結ばれる文書を六波羅探題北条長時書状とする新しい分類基準を提案した。ただし、書状の場合、連署で発給される書状には公的性格があるので、六波羅という機関名を付し、六波羅連署書状の文書名を付した。単署の書状は本来私用で発給される性格の文書であるが、探題一人制の場合は公私の区別が難しいので、単署の場合は六波羅探題北条某書状と個人名を付し、連署の場合と区別したい。

以上の統一的基準に沿って、八十通の六波羅探題発給文書の文書名を表1の「文書名（私案）」の項に記入してみた。前稿Bでも述べたが、『鎌倉遺文』では六波羅探題発給文書の文書名に統一的基準は見られず、様式・内容・機能がまったく同じ文書にしばしば異なる文書名が付けられている。[11] 表1の「文書名」の項には『鎌倉遺文』に付された文書名を記したが、これと統一的基準に基づいて文書名を付した私案と比較すると、八十通の六波羅探題北条時

南方位署	南方署判	署判の位置	事書	宛所	書止め文言	分類	巻	号	所蔵者	北方	南方
		日下		進上　兵部卿殿	恐惶謹言	E	11	8091	書陵部本参軍要略抄下裏文書	時茂	
		日下		豊前前司殿	仍執達如件	C	11	8098	松平定教氏所蔵文書	時茂	
		日下		預所殿	仍執達如件	C	11	8131	豊前野中文書	時茂	
		日下		惣地頭代	…之状如件	D	11	8178	肥前深堀家文書	時茂	
		日下		進上　三川僧正御房	恐惶謹言	E	11	8198	東寺百合文書は	時茂	
		日下		進上　参河僧正御房	恐惶謹言	E	11	8210	東寺百合文書め	時茂	
		日下		佐治左衛門尉殿	…之状如件	D	11	8212	和泉和田文書	時茂	
		日下		大宰少弐殿	仍執達如件	C	11	8293	肥前深堀家文書	時茂	
		奥下	有		…之状如件	B	11	8379	東寺百合文書せ	時茂	
		日下		磯部次郎入道殿	恐々謹言	E	11	8431	近江多賀神社文書	時茂	
		日下			恐々謹言	E	11	8448	河内金剛寺文書	時茂	
		日下		進上　新熊野御房	恐惶謹言	E	11	8484	東大寺文書4-10	時茂	
		奥下	有		…之状如件	B	11	8487	狩野亨吉氏蒐集文書	時茂	
		日下		進上　平三郎左衛門尉殿	恐惶謹言	E	12	8544	肥前深堀家文書	時茂	
		日下		進上　修理権大夫殿	恐惶謹言	E	12	8590	高野山文書宝簡集33	時茂	
		日下		大隅式部丞殿			12	8643	薩摩新田神社文書	時茂	
		日下		大宮司殿	仍執達如件	C	12	8722	正閏史料外編3宗像氏緒蔵	時茂	
		日下		進上　平三郎左衛門尉殿	恐惶謹言	E	12	8759	豊後都甲文書	時茂	
		日下		東大寺大勧進御房	恐々謹言	E	12	8833	東大寺文書4-18	時茂	
		奥下	有		…之状如件	B	12	8908	尊経閣所蔵武家手鑑	時茂	
		日下		波田野五郎左衛門尉殿	仍執達如件	C	12	8937	後藤文書	時茂	
		日下		湯浅左衛門入道殿・守護代	仍執達如件	C	12	8978	高野山文書宝簡集30	時茂	

表１　六波羅探題北条時茂・時輔・義宗発給文書一覧（建長８年３月～建治２年12月）

No.	年号　年・月・日	西暦	文書名	文書名(私案)	端書	北方位署	北方署判
1	正嘉１・後３・４	1257	北条時茂書状案		自六波羅殿被進本所御文案	左近将監平時茂	
2	正嘉１・４・14	1257	六波羅御教書			左近将監	(花押)
3	正嘉１・８・15	1257	六波羅施行状	六波羅御教書		左近将監	(花押)
4	正嘉１・12・24	1257	六波羅御教書案	六波羅書下案		左近将監	在御判
5	(正嘉)２・３・17	1258	北条時茂書状案		故六波羅殿御文案一	左近将監時茂	在判
6	「正嘉」２・４・９	1258	北条時茂書状案		六波羅殿御文案	左近将監時茂	裏在判
7	正嘉２・４・18	1258	六波羅御教書案	六波羅書下案	六波羅殿御教書案	左近将監	在判
8	正嘉２・10・２	1258	六波羅御教書案			左近将監	在御判
9	正元１・５・24	1259	六波羅下知状			左近将監平	(花押)
10	正元１・11・17	1259	北条時茂書状			左近将監	(花押)
11	「正元」１・12・14	1259	北条時茂請文案	北条時茂書状案		左近将監	在判
12	「正元」２・３・６	1260	北条時茂書状案			左近将監時茂	裏花押影
13	正元２・３・12	1260	関東下知状案	六波羅下知状案		左近将監平	在御判
14	文応１・８・７	1260	北条時茂挙状	北条時茂書状		左近将監時茂	(花押)
15	「文応」１・12・６	1260	北条時茂書状	北条時茂書状案		左近将監時茂	
16	弘長１・４・５	1261	六波羅御教書案			左近将監	
17	弘長１・10・14	1261	六波羅御教書	六波羅御教書案		左近将監	押字
18	弘長２・１・９	1262	六波羅大番役覆勘状	北条時茂書状		左近将監時茂	(裏花押)
19	「弘長」２・７・21	1262	六波羅御教書	北条時茂書状	□□羅殿御教書	左近将監	(花押)
20	弘長２・12・24	1262	六波羅禁制	六波羅下知状		左近将監平	(花押)
21	弘長３・３・11	1263	六波羅御教書案			左近将監	御判
22	弘長３・８・18	1263	六波羅御教書			左近将監	(花押)

		日下		守護代	…之状如件	D	12	9013	後藤文書	時茂	
		日下		新藤庄司三殿	…之状如件	D	12	9091	東大寺文書 4-10	時茂	
		日下		大隅式部大夫殿	仍執達如件	C	12	9104	書陵部所蔵八幡宮関係文書 29	時茂	
		日下		大宰少弐入道殿	仍執達如件	C	12	9106	書陵部所蔵八幡宮関係文書 29	時茂	
平	（花押）	日下		薩摩次郎左衛門尉殿	仍執達如件	C	12	9226	橘中村文書	時茂	時輔
平時輔	裏判	日下		進上　尾張守殿	恐惶謹言	E	12	9227	後藤文書	時茂	時輔
散位	在―	日下		阿弖河上下村地頭殿	…之状如件	D	13	9363	高野山文書続宝簡集 78	時茂	時輔
散位	（花押）	日下		白魚弥二郎殿	…之状如件	D	13	9373	肥前青方文書	時茂	時輔
散位	在御判	日下			…之状如件	D	13	9374	肥前青方文書	時茂	時輔
散□		日下		進上　上総前司殿	恐惶謹言	E	13	9406	九条家文書	時茂	時輔
散位時輔	在御判	日下		進上　大夫法眼御房	恐惶謹言	E	13	9434	大和薬師院文書	時茂	時輔
散位	在判	日下		白魚弥次郎殿	…之状如件	D	13	9510	肥前青方文書	時茂	時輔
散位平	（花押）	奥下	有		…之状如件	B	13	9536	出雲北島家文書	時茂	時輔
散位		日下		地頭代	…之状如件	D	13	9543	東大寺文書 4-13	時茂	時輔
散位	在判	日下		白魚彌二郎殿	…之状如件	D	13	9574	青方家家譜	時茂	時輔
散位		日下		地頭殿	仍執達如件	C	13	9605	東大寺文書 4-13	時茂	時輔
散位	在御判	日下		地頭殿	…之状如件	D	13	9713	高野山文書又続宝簡集 78	時茂	時輔
散位平時輔	（裏花押）	日下		進上　平三郎左衛門尉殿	恐惶謹言	E	13	9716	神宮文庫所蔵山中文書	時茂	時輔
散位平朝臣		日下		進上　平三郎左衛門尉殿	恐惶謹言	E	補 3	1604	遠江山中文書	時茂	時輔
散位	御判	日下		地頭代	…之状如件	D	13	9742	東大寺文書 4-13	時茂	時輔
散位	御判	日下		地頭代	…之状如件	D	13	9762	東大寺文書 4-13	時茂	時輔
散位	在御判	日下		大宰少弐入道殿	仍執達如件	C	13	9767	肥前深堀家文書	時茂	時輔
散位	御判	日下		地頭代	…之状如件	D	13	9795	東大寺文書 4-13	時茂	時輔

23	弘長3・11・15	1263	六波羅御教書案	六波羅書下案		左近将監	
24	「文永」1・5・3	1264	六波羅御教書案	六波羅書下案		左近将監	花押影
25	文永1・6・3	1264	六波羅御教書案			左近将監	在判
26	文永1・6・7	1264	六波羅御教書案				在御判
27	文永2・3・1	1265	六波羅御教書			左近将監	（花押）
28	「文永」2・3・2	1265	六波羅御教書案	六波羅連署書状案		左近将監 時茂	在御判
29	文永2・10・5	1265	六波羅御教書案	六波羅書下案	六波羅殿第二度御教書	左近将監	在一
30	文永2・10・20	1265	六波羅問状	六波羅書下		左近将監	（花押）
31	文永2・10・20	1265	六波羅問状案	六波羅書下案			
32	（文永）2・11・19	1265	六波羅施行状	六波羅連署書状	六波羅施行状	左近□□	
33	「文永」2・12・10	1265	六波羅御教書案	六波羅連署書状案		左近将監 時茂	在御判
34	文永3・3・3	1266	六波羅召文案	六波羅書下案		左近将監	在判
35	文永3・5・24	1266	六波羅下知状			左近将監 平	（花押）
36	文永3・6・18	1266	六波羅御教書案	六波羅書下案		左近将監	在御判
37	文永3・9・29	1266	六波羅召文案	六波羅書下案		左近将監	在判
38	文永3・12・6	1266	六波羅御教書案			左近将監	在御判
39	文永4・5・30	1267	六波羅御教書案	六波羅書下案	六波羅殿召符案	左近将監	在御判
40	文永4・5・30	1267	六波羅請文	六波羅連署書状		左近将監 平時茂	（裏花押）
41	文永4・5・30	1267	六波羅御教書案	六波羅連署書状案		左近将監 平時茂	
42	文永4・7・26	1267	六波羅御教書案	六波羅書下案		左近将監	御判
43	文永4・9・4	1267	六波羅御教書案	六波羅書下案		左近将監	御判
44	文永4・9・19	1267	六波羅御教書案			左近将監	在御判
45	文永4・11・2	1267	六波羅御教書案	六波羅書下案		左近将監	御判

散位	在御判	日下		地頭殿	…之状如件	D	13	9812	高野山正智院文書	時茂	時輔
散位	在御判	日下		地頭代	…之状如件	D	13	9817	東大寺文書 4-13	時茂	時輔
散位	(花押)	日下		守護代	…之状如件	D	13	9902	高野山文書宝簡集 30	時茂	時輔
散位	在御判	日下		石川七郎殿	仍執達如件	C	13	10237	東大寺文書 4-13	時茂	時輔
散位時輔		日下		進上　大炊御門殿	恐惶謹言	E	5	3123	禰寝文書	時茂	時輔
散位	(花押)	日下		都甲左衛門入道殿	仍執達如件	C	13	10290	豊後都甲文書	時茂	時輔
散位	(花押)	日下		謹上　久我中将殿	恐々謹言	E	14	10376	久我家文書	時茂	時輔
散位	在御判	日下		若狭四郎入道殿	仍執達如件	C	14	10389	東寺百合文書ヱ	時茂	時輔
		日下		うたの左衛門三郎殿	謹言	E	14	10570	山城東福寺文書	時茂	
散位	在判	日下		地頭殿	仍執達如件	C	14	10454	東寺百合文書ヱ	時茂	時輔
散位平時□		日下		進上　平左衛門尉殿	恐惶謹言	E	14	10463	肥前深堀家文書	時茂	時輔
散位	在御判	日下		石川七郎殿	仍執達如件	C	14	10486	東大寺文書 4-13	時茂	時輔
散位	(花押)	日下		守護代	…之状如件	D	14	10495	禰寝文書	時茂	時輔
散位平	(花押)	日下？	有		…之状如件	B	14	10507	近江多賀神社文書	時茂	時輔
散位	花押影	日下		地頭殿	…之状如件	D	14	10669	石清水文書		時輔
散位	在御判	日下		地頭殿	仍執達如件	C	14	10700	東大寺文書 4-13		時輔
散位	在御判	日下		地頭代	…之状如件	D	14	10785	東大寺文書 4-13		時輔
散位	(花押)	日下		兵衛大夫殿	恐々謹言	E	13	9903	近江多賀神社文書		時輔
散位	在判	日下		武田五郎次郎殿	仍執達如件	C	14	10853	東寺百合文書ほ		時輔
		奥下	有		…之状如件	B	15	11065	松平定教氏所蔵文書	義宗	
		日下		進上　大蔵卿法眼殿参	恐惶謹言	E	15	11070	後藤文書	義宗	
		日下		□□等御中	依□□□如件		15	11104	調所氏家譜	義宗	
		日下		大和田長河預所殿	仍執達如件	C	15	11183	金沢文庫所蔵金発揮抄第三裏文書	義宗	

46	文永４・12・６	1267	六波羅御教書案	六波羅書下案	六波羅殿御教書案	陸奥守	在御判
47	文永４・12・10	1267	六波羅御教書案	六波羅書下案		左近将監	在御判
48	文永５・３・28	1268	六波羅御教書	六波羅書下		陸奥守	（花押）
49	文永５・４・28	1268	六波羅御教書案			陸奥守	在御判
50	（文永）５・６・28	1268	六波羅御教書案	六波羅連署書状案		陸奥守時茂	
51	文永５・８・20	1268	六波羅御教書			陸奥守	（花押）
52	「文永」６・２・12	1269	六波羅御教書	六波羅連署書状		陸奥守	（花押）
53	文永６・２・24	1269	六波羅御教書案		六波羅殿御教書案	陸奥守	在御判
54	（文永）６・６・28	1269	北条時茂書状			時茂	
55	文永６・７・５	1269	六波羅下知状案	六波羅御教書案	六波羅下知状案	陸奥守	在判
56	文永６・７・25	1269	六波羅挙状	六波羅連署書状案		陸奥守平時□	
57	文永６・９・７	1269	六波羅御教書案			陸奥守	在判
58	文永６・９・20	1269	六波羅御教書	六波羅書下		陸奥守	（花押）
59	文永６・10・７	1269	六波羅下知状			陸奥守平	（花押）
60	文永７・８・13	1270	六波羅御教書写	六波羅書下写			
61	文永７・９・11	1270	六波羅御教書案				
62	文永８・２・21	1271	六波羅御教書案	六波羅書下案			
63	（文永）８・３・30	1271	北条時輔書状				
64	文永８・７・27	1271	六波羅御教書案		武家下知状案		
65	文永９・７・13	1272	六波羅下知状			左近将監平	（花押）
66	文永９・７・26	1272	北条義宗書状案			左近将監	裏御判
67	文永９・９・26	1272	六波羅御教書案			左近□□	
68	文永10・１・27	1273	六波羅御教書			左近将監	（花押）

		日下		進上　尊勝院僧正御房	恐惶謹言	E	15	11412	東大寺所蔵建治元年跋華厳宗香薫抄草裏文書	義宗	
		奥下	有		…之状如件	B	15	11346	肥前深江家文書	義宗	
		日下		守護代	…之状如件	D	15	11435	東寺百合文書ホ	義宗	
		日下		布施右衛門尉殿	…之状如件	D	15	11488	若狭秦金蔵氏文書	義宗	
		日下		大宰少弐入道殿	仍執達如件	C	15	11669	延時文書	義宗	
		日下			…之状如件	D	15	11697	興山寺文書	義宗	
		日下		大宰少弐入道殿	仍執達如件	C	15	11832	筑前宗像氏緒氏文書	義宗	
		日下		美作三郎殿・下妻孫次郎殿	仍執達如件	C	16	12015	藤田精一氏旧蔵文書	義宗	
		日下		兵藤図書入道殿・周東太郎兵衛入道殿	仍執達如件	C	16	12132	高野山文書又続宝簡集 79	義宗	
		奥下	有		…之状如件	B	16	12181	高木文書	義宗	
		奥下	有		…之状如件	B	16	12324	備前金山寺文書	義宗	
		日下		小河左衛門太郎殿・久下五郎兵衛入道殿	仍執達如件	C	16	12411	八坂神社文書	義宗	

茂・時輔・義宗発給文書のうち、半分以上にあたる四十五通の文書名が異なるのである。以上の点からも、六波羅探題発給文書に様式・内容・機能などから、統一的基準に基づいて文書名を付けることに一定の意味はあると思われる。

　表1の「文書名（私案）」に基づいて、建長八年三月から建治二年十二月までの、およそ二十年間の六波羅探題発給文書を、署判者・文書名から分類し、整理したものが表2である。六波羅探題は成立期から複数（両探題）制が採用されるが、仁治三年六月の北条時盛辞任以後、文永元年十一月に時輔が南方探題に就任するまでの二十二年間、重時・長時・時茂と三代におよび、探題一人制が採用された[12]。時輔の南方探題就任により、探題複数制が形の上では復活する。しかし、この幕府人事は六代執権北条長時死去にともなう得宗時宗の連署就任にあたり、

69	(文永)10・6・2	1273	六波羅御教書	北条義宗書状案		左近将監 義宗	
70	文永10・6・15	1273	六波羅御教書	六波羅下知状		左近将監 平	(花押)
71	文永10・10・15	1273	六波羅御教書案	六波羅書下案		左近将監	在御判
72	文永10・12・5	1273	六波羅御教書案	六波羅書下案	御教書案	左近将監	在御判
73	文永11・6・3	1274	六波羅御教書			左近将監	(花押)
74	文永11・7・25	1274	六波羅施行状案	六波羅書下案		左近将監 平	判
75	文永12・2・30	1275	六波羅御教書			左近将監	(花押)
76	建治1・9・10	1275	六波羅御教書			左近将監	(花押)
77	建治1・11・24	1275	六波羅差符案	六波羅御教書案	差符案	義宗	
78	建治1・12・24	1275	六波羅下文	六波羅下知状案		左近将監 平	
79	建治2・4・24	1276	六波羅下知状			左近将監 平	(花押)
80	建治2・7・17	1276	六波羅御教書			左近将監	(花押)

反得宗の結節点となる可能性を有した時輔の鎌倉から京都への追放であった[13]。文永九年二月十五日の時輔誅殺後、ただちに南方探題が任命されなかった事実を考えると、当該期に探題複数制が本格的に復活したとはいえない。以上の認識から、当該期をⅠ期（北条時茂・時輔探題期）とⅡ期（北条義宗・時輔探題期）に区分し、分類・整理してみた。以下、この分類にしたがって、Ⅰ期・Ⅱ期の順に六波羅探題発給文書を検討していきたい。

1　北条時茂・時輔探題期（Ⅰ期）

Ⅰ期は、建長八年三月二十七日の北条時茂入洛から文永元年十一月九日の北条時輔入洛にいたる北方探題北条時茂の一人制の時代、同日より文永七年正月二十七日の時茂死去までの北条時茂・時輔の複数制の時代、同日から文永八年十二月北条義宗の探題就任までの南方探題北条時輔の一人制の時代に区分できる。Ⅰ期の発給文書は、下知状五通・御教書十八通・書下二十通・書状二十通・その他一通の合計六十四通が確認される。

a　六波羅下知状

六波羅下知状は、第一に書止め文言が「下知如件」で結ばれている文書。第二に「下知如件」の書止め文言はないが、明らかに裁許状である文書。第三に事書有り、奥下署判、宛所なし、「…状如件」の書止め文言という四つの共通した特徴を有する文書、という三つの基準を前稿Dで提案した。Ⅰ期には第一類型は一通も見られず、第二類型は三通（№9・13・59）が確認できる。第三の特徴は第二類型の三通の裁許状にも見られ、六波羅下知状の分類基準と考えた特徴である。六波羅裁許状の様式上の文書名を六波羅下知状とすべきことは前稿Dで述べたので、ここでは裁許状以外の文書で、事書有り、奥下署判、宛所なし、「…状如件」の書止め文言という四つの共通した特徴を有する二通の文書を検討する。

【史料1】

紀伊国保田庄内星尾寺敷地東西八町三段南北九町二段殺生禁断事

右、任今月十日関東御下知状、於件四至内者、永停止甲乙人等自由乱入、固可令禁断殺生之状如件、

弘長二年十二月二十四日

左近将監平（花押）

【史料2】

出雲国神魂社領大庭・田尻保地頭職事

表2　六波羅探題北条時茂・時輔・義宗発給文書の様式分類

時期区分	署判＼様式	B下知状	C御教書	D書下	E書状		Fその他	合計
					連署	単署		
Ⅰ期	北条時茂単署	3	8	4	0	10	1	26
	北条時茂・時輔連署	2	8	14	8	1	0	33
	北条時輔単署	0	2	2	0	1	0	5
Ⅱ期	北条義宗・時輔連署	0	0	0	0	0	0	0
	北条義宗単署	4	6	3	0	2	1	16
Ⅰ期・Ⅱ期合計		9	24	23	8	14	2	80

右、任去年八月二十二日関東御下知、出雲泰孝可致沙汰状如件、

文永三年五月二十四日

散位平（花押）

左近将監平（花押）

史料1（No.20）は、紀伊国保田荘内星尾寺敷地に対する甲乙人等の殺生禁断を命じた禁制である。また、史料2（No.35）は、出雲泰孝を出雲国神魂社領大庭・田尻保地頭職に任じた補任状で、二通とも関東下知状を施行した文書である。鎌倉幕府の下知状の用途は、諸種の特権免許状、一般に周知させるための制札、禁制、訴訟の判決など、永続的効力の期待されるものに用いられるが[14]、史料1・2は鎌倉幕府の下知状の用途に合致しており、六波羅下知状の文書名が適当と考える。

b　御教書・書下・書状

前稿Dでは、事書なし、日下署判、宛所有りという三つの共通した特徴を有する六波羅探題発給の書札様文書を書止め文言の相違で区別し、「執達如件」「仍執達如件」で結ばれる文書を六波羅御教書、「…状如件」で結ばれる文書を六波羅書下、「恐惶謹言」「謹言」で結ばれる文書を六波羅探題北条長時書状とする新しい分類基準を提案した。Ⅰ期の書札様文書は全部で五十八通あるが、いずれも前稿の分類基準に合致する。ただし、探題複数制の場合、書状は連署・単署の二種類が発給され、

これを区別するため、連署の書状は機関名を付し「六波羅連署書状」、単署の書状は「六波羅探題北条某書状」と個人名を付した。

表2によると、Ⅰ期の探題複数制の時代における書状は、時茂・時輔連署八通、時茂単署一通が発給され、書状は連署で発給されることが原則であった。ここでは、単署で発給された六波羅探題北条時茂書状一通を検討する。

【史料3】

この事ハ、いかにと候やらん、おとつるるむねハ、いまた候ハぬか、これほと心にかかりたる事候ハす、その御大事とも、一にハおもハるへく候、をやのもとよりなとも、いまた申候ハぬか、しさいあるへしとハ、おほえ候ハねとも、たてたてしき心ある人にておハし候なれハ、きふきていにて候やらん、これほとおほつかなき事候ハす、をやなとのもとへ、そののち醍醐殿よりハ、被申むねハ候はぬかと、内々可被相尋候歟、謹言、

六月二十八日　時茂

うたの左衛門三郎殿

史料3（№54）は北条時茂単署の書状であるが、漢字仮名交じり文で書かれており、内容的にも時茂が私用で発給した書状と思われる。Ⅰ期の書札様文書は、いずれも前稿Dの分類基準に合致しているため、この基準に従って文書名を付した。

2　北条義宗・時輔探題期（Ⅱ期）

Ⅱ期は、文永八年十二月の北条義宗の北方探題就任から北条時輔が誅殺された同九年二月十五日までの北条義宗・

時輔の複数制の時代、同日から建治二年十二月四日に義宗が帰鎌のため出京するまでの北方探題北条義宗の一人制の時代に区分できる。II期の発給文書は、下知状四通・御教書六通・書下三通・書状二通・その他一通の合計十六通が確認されるが、およそ二ヶ月間の義宗・時輔の複数制の時代には一通も発給されていない。

a　六波羅下知状

II期もI期と同じく、「下知如件」で結ばれた第一類型の文書は一通も見られない。また事書有り、奥下署判、宛所なし、「…状如件」の書止め文言という四つの共通した特徴を有する四通の文書は、裁許状一通（No.70）・禁制二通（No.78・79）・安堵状一通（No.65）であり、鎌倉幕府の下知状の用途と同じく、諸種の特権免許状、一般に周知させるための制札、禁制、訴訟の判決など、永続的効力の期待されるものに用いられている。

b　御教書・書下・書状

II期の書札様文書は全部で十一通あるが、いずれも前稿Dの分類基準に合致し、事書なし、日下署判、宛所有りという三つの共通した特徴を有し、「執達如件」「仍執達如件」で結ばれる文書を六波羅御教書、「…状如件」で結ばれる文書を六波羅書下、「恐惶謹言」「謹言」で結ばれる文書を六波羅探題北条義宗書状という文書名を付した。

以上、I期・II期の六波羅探題発給文書を検討したが、いずれも前稿Dの分類基準によって文書名を付すことが可能であるとの結論に達した。また前稿Dでは、書札様文書の分類基準とした書止め文言の相違は、宛所となった人物の身分・職務によると推定したが、次節では、この推定が当該期にも妥当であるか検討したい。

3　六波羅探題発給書札様文書の宛所について

表1から書札様文書（御教書・書下・書状）を抽出すると、全部で七十一通が確認できる。このうち、宛所無記名の三通を除くと、六十八通に宛所が見える。この宛所の人名・身分・当時の職名を比定したものが表3である。[15]

【宛所の人名・身分・職名比定】

No.1「兵部卿」…『鎌倉遺文』では「藤原実隆」に比定しているが、「公卿補任」（『国史大系』）康元元年（一二五六）条によると、実隆は同年二月二十二日に兵部卿を辞任している。尾張国堀尾荘は近衛家領であり、[16]近衛家家司として「深心院関白記」（『大日本古記録』）文応元年（一二六〇）五月十七日条に見える「兵部卿時仲朝臣」に比定される。

No.14・18・40・41「平三郎左衛門尉」…『鎌倉遺文』では「平岡実俊」（No.18）、「盛時カ」（No.40）に比定しているが、「吾妻鏡」正嘉二年（一二五八）三月一日条に「次侍所司平三郎左衛門尉盛時」と見える。[17]

No.16・25「大隅式部丞」「大隅式部大夫」…『鎌倉遺文』では「藤原忠時」（No.16）、「島津忠時」（No.25）に比定しているが、島津忠時は「吾妻鏡」寛元元年（一二四三）七月十七日条以降、一貫して「大隅前司」と表記されているので、[18]「大隅式部丞」は忠時の子で式部丞に任官している人物となる。忠時の子で島津氏三代とされる久経（初名久時）の官途は修理亮→下野守であり、[19]久経にも比定できない。本稿では「島津系図」[20]に忠時の長男として配される「忠継」の注記に「号山田式部少輔」と見えることから、久経の庶兄[21]である島津忠継に比定した。また、島津忠継の職名を薩摩国守護に比定したが、No.16・25の二通はともに六波羅探題から薩摩国内の御家人の召還を命じた文書であり、書止め文言も「仍執達如件」で結ばれている。[22]通説では、島津氏歴代は忠久→忠時→久経と継承さ

表3　六波羅探題北条時茂・時輔・義宗発給文書の宛所一覧

No.	年号 年・月・日	文書名（私案）	宛所	人名比定（遺文）	人名比定（私案）	身分・職名	書止め文言	分類	巻	号
1	正嘉1・後3・4	北条時茂書状案	進上　兵部卿殿	藤原実隆	平時仲	近衛家家司	恐惶謹言	E	二	八〇九一
2	正嘉1・4・14	六波羅御教書	豊前前司殿	少弐資能		筑前国守護	仍執達如件	C	二	八〇九八
3	正嘉1・8・15	六波羅御教書	預所殿			某荘預所	仍執達如件	C	二	八一三一
4	正嘉1・12・24	六波羅書下案	惣地頭代			彼杵荘惣地頭代	…之状如件	D	二	八一七八
5	（正嘉）2・3・17	北条時茂書状案	進上　三川僧正御房	行遍		東寺長者	恐惶謹言	E	二	八一九八
6	「正嘉」2・4・9	北条時茂書状案	進上　参河僧正御房	行遍		東寺長者	恐惶謹言	E	二	八二二〇
7	正嘉2・4・18	六波羅書下案	佐治左衛門尉殿		佐治重家	探題被官	…之状如件	D	二	八二二二
8	正嘉2・10・2	六波羅御教書案	大宰少弐殿	少弐資能		筑前国守護	仍執達如件	C	二	八二九三
10	正元1・11・17	北条時茂書状	磯部次郎入道殿			梶井門跡家司カ	恐々謹言	E	二	八四三一
12	「正元」2・3・6	北条時茂書状案	進上　新熊野御房	定親		東大寺別当	恐惶謹言	E	二	八四八四
14	文応1・8・7	北条時茂書状	進上　平三郎左衛門尉殿		平盛時	得宗被官	恐惶謹言	E	三	八五四四
15	「文応」1・12・6	北条時茂書状案	進上　修理権大夫殿			不明	恐惶謹言	E	三	八五九〇
16	弘長1・4・5	六波羅御教書案	大隅式部丞殿	藤原忠時	島津忠継	薩摩国守護			三	八六四三
17	弘長1・10・14	六波羅御教書案	大宮司殿		宗像長氏	宗像社大宮司	仍執達如件	C	三	八七二三
18	弘長2・1・9	北条時茂書状	進上　平三郎左衛門尉殿	平岡実俊カ	平盛時	得宗被官	恐惶謹言	E	三	八七五九
19	「弘長」2・7・21	北条時茂書状	東大寺大勧進御房		円照	東大寺大勧進	恐々謹言	E	三	八八二三
21	弘長3・3・11	六波羅御教書案	波田野五郎左衛門尉殿			不明	仍執達如件	C	三	八九三七

22	弘長3・8・18	六波羅御教書	湯浅左衛門入道殿・守護代			六波羅両使	仍執達如件	C	三	八九七八
23	弘長3・11・15	六波羅書下案	守護代			越後国守護代	…之状如件	D	三	九〇一三
24	「文永」1・5・3	六波羅書下案	新藤庄司三殿	大中臣則親		大井荘下司	…之状如件	D	三	九〇九一
25	文永1・6・3	六波羅御教書案	大隅式部大夫殿	島津忠時	島津忠継	薩摩国守護	仍執達如件	C	三	九一〇四
26	文永1・6・7	六波羅御教書案	大宰少弐入道殿	少弐資能		筑前国守護	仍執達如件	C	三	九一〇六
27	文永2・3・1	六波羅御教書	薩摩次郎左衛門尉殿		橘公義	長島荘惣地頭	仍執達如件	C	三	九二二六
28	「文永」2・3・2	六波羅連署書状案	進上　尾張守殿	名越公時カ		越後国守護	恐惶謹言	E	三	九二二七
29	文永2・10・5	六波羅書下案	阿弖河上下村地頭殿		湯浅宗氏	阿弖河上下村地頭	…之状如件	D	三	九三六三
30	文永2・10・20	六波羅書下	白魚弥二郎殿	白魚弘高		浦部嶋下沙汰職	…之状如件	D	三	九三七三
32	(文永)2・11・19	六波羅連署書状	進上　上総前司殿	大曽禰長泰カ		九条家家司カ	恐惶謹言	E	三	九四〇六
33	「文永」2・12・10	六波羅連署書状案	進上　大夫法眼御房			大部荘預所カ	恐惶謹言	E	三	九四三四
34	文永3・3・3	六波羅書下案	白魚弥次郎殿	白魚弘高		浦部嶋下沙汰職	…之状如件	D	三	九五一〇
36	文永3・6・18	六波羅書下案	地頭代	伊藤行村		茜部荘地頭代	…之状如件	D	三	九五四三
37	文永3・9・29	六波羅書下案	白魚彌二郎殿	白魚弘高		浦部嶋下沙汰職	…之状如件	D	三	九五七四
38	文永3・12・6	六波羅御教書案	地頭殿	長井泰茂		茜部荘地頭	仍執達如件	C	三	九六〇五
39	文永4・5・30	六波羅書下案	地頭殿	湯浅成佛	湯浅宗氏	阿弖河荘地頭	…之状如件	D	三	九七一三
40	文永4・5・30	六波羅連署書状	進上　平三郎左衛門尉殿	盛時カ	平盛時	得宗被官	恐惶謹言	E	三	九七一六
41	文永4・5・30	六波羅連署書状案	進上　平三郎左衛門尉殿		平盛時	得宗被官	恐惶謹言	E	補三	一六〇四
42	文永4・7・26	六波羅書下案	地頭代	伊藤行村		茜部荘地頭代	…之状如件	D	三	九七四二

43	文永4・9・4	六波羅書下案	地頭代	伊藤行村		茜部荘地頭代	…之状如件	D	一三	九七六二
44	文永4・9・19	六波羅御教書案	大宰少弐入道殿	少弐資能		筑前国守護	仍執達如件	C	一三	九七六七
45	文永4・11・2	六波羅書下案	地頭代	伊藤行村		茜部荘地頭代	…之状如件	D	一三	九七九五
46	文永4・12・6	六波羅書下案	地頭殿	湯浅成佛	湯浅宗氏	阿弖河荘地頭	…之状如件	D	一三	九八一二
47	文永4・12・10	六波羅書下案	地頭代	伊藤行村		茜部荘地頭代	…之状如件	D	一三	九八一七
48	文永5・3・28	六波羅書下	守護代			紀伊国守護代	…之状如件	D	一三	九九〇二
49	文永5・4・28	六波羅御教書案	石川七郎殿	石川義秀		美濃国守護	仍執達如件	C	一三	一〇二三七
50	（文永）5・6・28	六波羅連署書状案	進上　大炊御門殿	大炊御門家嗣	大炊御門冬忠	大隅国知行国主カ	恐惶謹言	E	五	三一二三
51	文永5・8・20	六波羅御教書	都甲左衛門入道殿	大神惟家		都甲荘地頭	仍執達如件	C	一三	一〇二九〇
52	「文永」6・2・12	六波羅連署書状	謹上　久我中将殿	久我具房		田根荘領家	恐々謹言	E	一四	一〇三七六
53	文永6・2・24	六波羅御教書案	若狭四郎入道殿	若狭忠清		若狭国守護	仍執達如件	C	一四	一〇三八九
54	（文永）6・6・28	北条時茂書状	うたの左衛門三郎殿			不明	謹言	E	一四	一〇五七〇
55	文永6・7・5	六波羅御教書案	地頭殿		若狭忠清	太良荘地頭	仍執達如件	C	一四	一〇四五四
56	文永6・7・25	六波羅連署書状案	進上　平左衛門尉殿	平岡頼綱カ	平頼綱	得宗被官	恐惶謹言	E	一四	一〇四六三
57	文永6・9・7	六波羅御教書案	石川七郎殿	石川義秀		美濃国守護	仍執達如件	C	一四	一〇四八六
58	文永6・9・20	六波羅書下	守護代	藤原盛定		大隅国守護代	…之状如件	D	一四	一〇四九五
60	文永7・8・13	六波羅書下写	地頭殿	佐野富綱		鳥飼荘地頭	…之状如件	D	一四	一〇六六九
61	文永7・9・11	六波羅御教書案	地頭殿	長井泰茂		茜部荘地頭	仍執達如件	C	一四	一〇七〇〇
62	文永8・2・21	六波羅書下案	地頭代	菅原秀氏		茜部荘地頭代	…之状如件	D	一四	一〇七八五
63	（文永）8・3・30	北条時輔書状	兵衛大夫殿			梶井門跡家司カ	恐々謹言	E	一三	九九〇三
64	文永8・7・27	六波羅御教書案	武田五郎次郎殿	武田信時		安芸国守護	仍執達如件	C	一四	一〇八五三

66	文永9・7・26	北条義宗書状案	進上　大蔵卿法眼殿参			不明	恐惶謹言	E	一五	一一〇七〇
67	文永9・9・26	六波羅御教書案	□□等御中			不明	依□□□如件		一五	一一一〇四
68	文永10・1・27	六波羅御教書	大和田長河預所殿			大和田長河預所	仍執達如件	C	一五	一一一八三
69	(文永)10・6・2	北条義宗書状案	進上　尊勝院僧正御房	宗性		東大寺別当	恐惶謹言	E	一五	一一二四三
71	文永10・10・15	六波羅書下案	守護代			若狭国守護代	…之状如件	D	一五	一一四三五
72	文永10・12・5	六波羅書下案	布施右衛門尉殿			探題被官	…之状如件	D	一五	一一四八八
73	文永11・6・3	六波羅御教書	大宰少弐入道殿	少弐資能		筑前国守護	仍執達如件	C	一五	一一六六九
75	文永12・2・30	六波羅御教書	大宰少弐入道殿	少弐資能		筑前国守護	仍執達如件	C	一五	一一八三三
76	建治1・9・10	六波羅御教書	美作三郎殿・下妻孫次郎殿			六波羅両使	仍執達如件	C	一六	一二〇一五
77	建治1・11・24	六波羅御教書案	兵藤図書入道殿・周東太郎兵衛入道殿	長禅・定心		六波羅奉行人	仍執達如件	C	一六	一二一三三
80	建治2・7・17	六波羅御教書	小河左衛門太郎殿・久下五郎兵衛入道殿			六波羅両使	仍執達如件	C	一六	一二四一一

れ、薩摩国守護職も文永二年六月二日島津道仏（忠時）置文案[23]によって、「さつまのくにのすこのしき（薩摩国守護職）」は忠時→久経に譲与されたと考えられてきた。しかし、No.16・25が文永二年以前の文書であること、また内容も守護宛と考えることが妥当ならば、薩摩国守護職が忠時──→忠継──→久経と継承された可能性も考えられる。

No.49・57「石川七郎」…「石川七郎」は『鎌倉遺文』の比定通り美濃源氏の石川義秀と思われるが、本稿では義秀の職名を美濃国守護に比定した。[24]その理由は、義秀が六波羅探題から茜部荘地頭代伊藤幸村の召還を命じられ、発給文書の書止め文言が「仍執達如件」で結ばれていることである。表3で守護と確認できる少弐資能（筑前）・若狭忠清（若狭）・武田信時（安芸）に対して宛てられた六波羅探題発給文書は、すべて「仍執達如件」で結ばれている。(25) No.50「大炊御門」…『鎌倉遺文』では「家嗣」に比定しているが、「公卿補任」（『国史大系』）宝治三年（一二四九）条によると、家嗣は同年十月十七日に出家している。同書文永五年条には家嗣の子冬忠と孫信嗣の頭注に「大炊御門」と見える。本稿では冬忠に比定し、文書の内容から大隅国知行国主と推定した。

前稿Dでは、六波羅探題発給文書は宛所となった人物の身分・職務によって、書止め文言に一定の規則があり、

①「仍執達如件」で結ばれた六波羅御教書は、守護・地頭正員など御家人身分の者、あるいは荘園の預所・公文、在庁官人など朝廷・公家政権側に属する者に宛てられている。

②「…状如件」で結ばれた六波羅書下は、守護代・地頭代・探題被官・奉行人など、御教書に比べて下位の身分の者に宛てられている。

③御教書と書状の宛所の身分には重なり合う部分もあるが、御教書と書下の宛所、すなわち「仍執達如件」と「…状如件」の書止め文言の宛所には明確な身分差があった。

の三点を指摘した。本稿においても、宛所の身分・職務と書止め文言の相違との関連を検討するため、表3を利用して、私案の文書名（書止め文言の相違による分類）ごとに、宛所となった人物の身分・職名をまとめてみる（表4）。

表4を見ると、おおむね前稿Dの分類に合致し、六波羅御教書は守護・地頭正員など御家人身分の上位者、六波羅両使・奉行人への執行命令に使用されている。また、六波羅書下は地頭・下司・沙汰職など御家人身分の者にも発給

表4　私案の文書名に対する宛所の身分・職名

文書名（私案）	宛所の身分・職名
六波羅御教書	守護（筑前・薩摩・美濃・若狭・安芸）、惣地頭（肥前国長島荘）、地頭（美濃国茜部荘・豊後国都甲荘・若狭国太良荘）、預所（大和田長河）、大宮司（宗像社）、六波羅両使、六波羅奉行人
六波羅書下	地頭（紀伊国阿弖河荘・淡路国鳥飼荘）、下司（美濃国大井荘）、沙汰職（肥前国浦部嶋）、守護代（越後・紀伊・大隅・若狭）、惣地頭代（肥前国彼杵荘）、地頭代（美濃国茜部荘）、探題被官
六波羅書状	東寺長者、東大寺別当、東大寺大勧進、知行国主（大隅）、領家（近江国田根荘）、近衛家家司、九条家家司、梶井門跡家司、預所（播磨国大部荘）、守護（越後）、得宗被官

されているが、御教書に比べて下位者であり、守護代・地頭代・探題被官など御家人被官に宛てられる場合が多く、「仍執達如件」と「…状如件」の書止め文言の宛所には明確な身分差があったといえる。前稿Dでは御教書と書状の区別が曖昧であったが、本稿では、「恐惶謹言」「恐々謹言」で結ばれた六波羅書状の宛所は、東寺長者・東大寺別当・東大寺大勧進など寺社勢力、知行国主・近衛家家司・九条家家司・梶井門跡家司・領家・預所など公家政権に属する者に対して発給され、六波羅探題と被官関係に無い場合に書状が使用されていることがわかる。得宗被官に対しても「恐惶謹言」の書止め文言が使用されており、六波羅探題からみて得宗被官は厚礼の対象であった。

以上、六波羅探題発給書札様文書は、宛所の身分・職名によって書止め文言が区別され、「恐惶謹言」・「仍執達如件」・「…状如件」の順に薄礼の形式で文書を発給していたのである。

二　六波羅探題北条時茂・時輔・義宗宛発給文書の検討

本章では、当該期の六波羅探題宛発給文書を検討する。前稿までの六波羅探題宛発給文書に関する検討結果をまとめると、

①従来、幕府から六波羅探題への発給文書は、両探題を宛所とすると考えられてきたが、これは事実誤認であった。
②六波羅探題成立期（北条泰時・時房探題期）、幕府の指示・命令（関東御教書）は両探題宛でなく、すべて泰時または時房単独に宛てられていた。
③時房が連署就任のため鎌倉に下向した嘉禄元年六月十五日以降（北条時氏・時盛探題期）、はじめて関東御教書が両探題連名に宛てられた。
④以降、探題複数制の時代の関東御教書は両探題宛が原則となるが、両探題の地位・立場の相違は歴然で、公家政権・寺社勢力から探題宛の発給文書は探題一名（北条時氏・重時）に宛てられ、かれが両探題のうちのリーダー的存在、公武交渉の担当者としての執権探題であった。

の四点を指摘した。

『鎌倉遺文』より六波羅探題北条時茂・時輔・義宗宛の発給文書（探題被官・奉行所宛文書を含む）を検索すると（表5）、全部で五十八通が確認できる。

表5を通覧すると、当該期の六波羅探題宛発給文書もおおむね前稿までの検討結果に合致している。北条時茂・時輔の探題複数制の時代における幕府の指示・命令（関東御教書）は両探題宛が原則であるが、公家政権・寺社権門から探題宛の発給文書は探題一名（時茂）に宛てられ、北条時茂が両探題のうちのリーダー的存在、公武交渉の担当者としての執権探題であった(26)。

森茂暁氏の研究によると、関東申次が勅裁を幕府・六波羅に伝達するための文書である関東申次施行状の成立は、建治・弘安年間（一二七五〜八八）の西園寺実兼（実氏の孫）の時代で、それが幕府向けであるときは直状の施行状を

宛所1	宛所2	書止め文言	巻	号	所蔵者	発給者1	発給者2
陸奥弥四郎殿		依仰執達如件	11	8056	書陵部本参軍要略抄下裏文書	北条政村	北条長時
陸奥左近大夫将監殿		依仰執達如件	11	8085	筑前宗像神社文書	北条政村	北条長時
陸奥左近大夫将監殿		依仰執達如件	11	8093	筑前宗像神社文書	北条政村	北条長時
陸奥左近大夫将監殿		依仰執達如件	11	8094	筑前宗像神社文書	北条政村	北条長時
陸奥左近大夫将監殿		依仰執達如件	11	8096	肥前深堀家文書	北条政村	北条長時
陸奥左近大夫将監殿		依仰執達如件	11	8097	肥前深堀家文書	北条政村	北条長時
陸奥左近大夫将監殿		依仰執達如件	11	8151	高野山文書又続宝簡集20	北条政村	北条長時
陸奥左近大夫将監殿		恐々謹言	11	8321	摂津多田院文書	北条長時	
進上　佐治左衛門尉殿		資能恐惶謹言	11	8356	肥前深堀家文書	少弐資能	
陸奥左近大夫将監殿		依仰執達如件	11	8388	新編追加	北条政村	北条長時
陸奥左近大夫将監殿		依仰執達如件	11	8428	広嶺胤忠氏所蔵文書	北条政村	北条長時
陸奥左近大夫将監殿		依仰執達如件	12	8547	吾妻鏡文応1年8月12日条	北条政村	北条長時
陸奥左近大夫将監殿		依仰執達如件	12	8611	吾妻鏡弘長1年2月25日条	北条政村	北条長時
陸奥左近大夫将監殿		依仰執達如件	12	8612	吾妻鏡弘長1年2月26日条	北条政村	北条長時
陸奥左近大夫将監殿		依仰執達如件	12	8672	吾妻鏡弘長1年6月25日条	北条政村	北条長時
進上　佐治左衛門尉殿		恐惶謹言	12	8686	薩摩新田神社文書	藤原忠継	
陸奥左近大夫将監殿		依仰執達如件	12	8704	東大寺文書4-10	北条政村	北条長時
進上　佐治左衛門尉殿		恐惶謹言	12	8621	薩摩新田神社文書	藤原忠継	
謹上　佐治左衛門尉殿		恐惶謹言	12	8752	薩藩旧記4水引執印文書	藤原忠継	
陸奥左近大夫将監殿		依仰執達如件	12	8756	新編追加	北条政村	
陸奥左近大夫将監殿		依仰執達如件	12	8783	肥前深堀家文書	北条政村	北条長時
陸奥左近大夫将監殿		所仰如件	12	8821	新編追加	北条政村	北条長時
陸奥左近大夫将監殿		依仰執達如件	12	8964	吾妻鏡弘長3年6月23日条	北条政村	北条長時
陸奥左近大夫将監殿		依仰執達如件	12	8979	吾妻鏡弘長3年8月25日条	北条政村	北条長時
陸奥左近大夫将監殿		依仰執達如件	12	8980	吾妻鏡弘長3年8月26日条	北条政村	北条長時
陸奥左近大夫将監殿		依仰執達如件	12	8986	薩摩新田神社文書	北条政村	北条長時
陸奥左近大夫将監殿		依仰執達如件	12	9062	書陵部所蔵八幡宮関係文書29	北条政村	北条長時
謹上　陸奥守左近大夫将監殿		恐々謹言	12	9090	東大寺文書4-10	権大僧都聖顕	
陸奥左近大夫将監殿		依仰執達如件	12	9177	東京大学法学部資料室所蔵文書	北条政村	北条時宗

表5　六波羅探題北条時茂・時輔・義宗宛発給文書一覧

No.	年号　年・月・日	西暦	文書名	端書	署判1	署判2
1	康元1・12・5	1256	関東御教書案	関東御教書案	陸奥守判	武蔵守判
2	正嘉1・3・5	1257	関東御教書案		陸奥守在御判	武蔵守在御判
3	正嘉1・閏3・20	1257	関東御教書案		陸奥守在御判	武蔵守在御判
4	正嘉1・閏3・20	1257	関東御教書案		陸奥守在御判	武蔵守在御判
5	正嘉1・閏3・30	1257	関東御教書		陸奥守(花押)	武蔵守(花押)
6	正嘉1・閏3・30	1257	関東御教書案		陸奥守□□	武蔵守□□
7	正嘉1・9・27	1257	関東御教書案	関東御教書案	相模守在判	武蔵守在判
8	正嘉2・12・10	1258	北条長時書状案		武蔵守御判	
9	正嘉3・3・9	1259	少弐資能請文		大宰少弐藤原資能請文	
10	正元1・6・18	1259	関東御教書案		相模守判	武蔵守判
11	正元1・閏10・18	1259	関東御教書		相模守(花押)	武蔵守(花押)
12	文応1・8・12	1260	関東御教書写		相模守	武蔵守
13	文応2・2・25	1261	関東御教書写		相模守	武蔵守
14	文応2・2・25	1261	関東御教書写		相模守	武蔵守
15	弘長1・6・25	1261	関東御教書写		相模守	武蔵守
16	(弘長)1・7・12	1261	藤原忠継請文		式部丞藤原忠継請文(裏花押)	
17	弘長1・8・8	1261	関東御教書案	□□御奉書	相模守	武蔵守(花押影)
18	(弘長)1・12・22	1261	藤原忠継請文案		式部丞藤原忠継請文	
19	(弘長)1・12・22	1261	藤原忠継請文案		式部丞藤原忠継請文	
20	弘長1・12・27	1261	関東御教書案		相模守左京権大夫	
21	弘長2・3・18	1262	関東御教書案		相模守□□	武蔵□□□
22	弘長2・5・23	1262	関東御教書案		相模守判	武蔵守判
23	弘長3・6・23	1263	関東御教書写		相州守	武蔵守
24	弘長3・8・25	1263	関東御教書写		相模守	武蔵守
25	弘長3・8・25	1263	関東御教書写		相模守	武蔵守
26	弘長3・9・3	1263	関東御教書案		相模守	武蔵守在御判
27	文永1・3・20	1264	関東御教書案	関東御教書案	相模守在御判	武蔵守在御判
28	「文永」1・5・2	1264	東大寺別当聖基御教書案	勧修寺僧正御房御返事	権大僧都聖顕	
29	文永1・11・1	1264	関東御教書案		相模守在御判	左馬権頭在御判

陸奥左近大夫将監殿	相模式部大夫殿	依仰執達如件	13	9292	長門熊谷家文書	北条政村	北条時宗
陸奥左近大夫将監殿	相模式部大夫殿	依仰執達如件	13	9368	禰寝文書	北条政村	北条時宗
陸奥左近大夫将監殿	相模式部大夫殿	依仰執達如件	13	9585	保阪潤治氏所蔵手鑑	北条政村	北条時宗
謹上　陸奥守左近大夫将監殿		恐々謹言	13	9832	高野山文書宝簡集33	法印某	
陸奥守殿	相模式部大夫殿		13	9838	新編追加		
陸奥左近大夫将監殿		依仰執達如件	13	10236	高野山正智院文書	北条政村	北条時宗
陸奥守殿	相模式部大夫殿	依仰執達如件	14	10370	禰寝文書	北条政村	北条時宗
謹上　陸奥守殿		准后御消息所候也、仍執達如件	14	10446	東寺百合文書エ	法印某	
陸奥守殿	相模式部大夫殿	依仰執達如件	14	10450	禰寝文書	北条政村	北条時宗
相模式部大夫殿		依仰執達如件	14	10629	禰寝文書	北条政村	北条時宗
相模式部大夫殿		依仰執達如件	14	10684	新編追加	北条政村	北条時宗
相模式部大夫殿		依仰執達如件	14	10763	禰寝文書	北条政村	北条時宗
相模式部大夫殿		依仰執達如件	14	10901	禰寝文書	北条政村	北条時宗
相模式部大夫殿		依仰執達如件	14	10902	禰寝文書	北条政村	北条時宗
陸奥左近大夫将監殿		依仰執達如件	14	10955	紀伊興山寺文書	北条政村	北条時宗
陸奥左近大夫将監殿		依仰執達如件	14	11009	出雲千家文書	北条政村	北条時宗
謹上　左近大夫将監殿		恐々謹言	15	11066	東寺百合文書エ	法印某	
謹上　陸奥左近将監殿		恐々謹言	15	11081	後藤文書	法眼某	
陸奥左近大夫将監殿		依仰執達如件	15	11158	内閣文庫所蔵美濃国文書	北条政村	北条時宗
陸奥左近将監殿		依仰執達如件	15	11357	東寺百合文書ホ	北条時宗	北条義政
陸奥左近大夫将監殿		依仰執達如件	15	11367	久我家文書	北条時宗	北条義政
陸奥左近大夫将監殿		依仰執達如件	15	11378	筑前宗像神社文書	北条時宗	北条義政
陸奥左近大夫将監殿		依仰執達如件	15	11398	壬生家文書主殿寮所領	北条時宗	北条義政
謹上　左近大夫将監殿		恐々謹言	16	11916	白河本東寺文書37	法印教観ほか全8名	
陸奥左近大夫将監殿		依仰執達如件	16	11930	近江菅浦文書	北条時宗	北条義政
陸奥左近大夫将監殿		依仰執達如件	16	12026	近江菅浦文書	北条時宗	北条義政
御奉行所		恐々謹言	16	12122	高野山文書又続宝簡集79	雑掌従蓮	
御奉行所		恐々謹言	16	12169	高野山文書又続宝簡集79	湯浅宗親	
陸奥左近大夫将監殿		依仰執達如件	16	12353	阿波徴古雑抄名西郡城内村幸蔵所蔵	北条時宗	北条義政

30	文永2・5・10	1265	関東御教書		左京権大夫(花押)	相模守(花押)
31	文永2・10・12	1265	関東御教書		左京権大夫(花押)	相模守(花押)
32	文永3・10・28	1266	関東御教書		左京権大夫(花押)	相模守
33	(文永)4・9・29	1267	法印某書状		法印(花押)	
34	文永4・12・26	1267	関東評定事書			
35	文永5・4・25	1268	関東御教書案	関東平均御下知案文	左京権大夫御判	相模守御判
36	文永6・1・30	1269	関東御教書		左京権大夫(花押)	相模守(花押)
37	〈文永〉6・6・1	1269	開田准后道助御教書案	開田御教書案	法印在判	
38	文永6・6・24	1269	関東御教書		左京権大夫(花押)	相模守(花押)
39	文永7・5・26	1270	関東御教書		左京権大夫(花押)	相模守(花押)
40	文永7・8・29	1270	関東御教書案		左京権大夫判	相模守判
41	文永7・12・25	1270	関東御教書		左京権大夫(花押)	相模守(花押)
42	文永8・10・16	1271	関東御教書案		左京権大夫(花押影)	相模守(花押影)
43	文永8・10・16	1271	関東御教書案		左京権大夫(花押影)	相模守(花押影)
44	文永9・1・20	1272	関東御教書案		左京権大夫判	相模守判
45	文永9・4・12	1272	関東御教書		左京権大夫(花押)	相模守(花押)
46	〈文永〉9・7・26	1272	東寺供僧某書状案	東寺供僧御文案	法印	
47	「文永」9・8・6	1272	御室宮性助令旨案	御室令旨庁務法眼	法眼在判奉	
48	文永9・12・13	1272	関東御教書		左京権大夫(花押)	相模守(花押)
49	文永10・7・2	1273	関東御教書案		相模守在御判	駿河守在御判
50	文永10・7・30	1273	関東御教書案	□教書案	相模守在－	武蔵守在－
51	文永10・8・5	1273	関東御教書		相模守(花押)	武蔵守(花押)
52	文永10・8・20	1273	関東御教書		相模守(花押)	武蔵守(花押)
53	「建治」1・5・21	1275	東寺供僧申状案	供料庄訴訟文書状出之案	法印教観ほか全8名	
54	建治1・6・20	1275	関東御教書案	西国新関河手式目案	相模守御判	武蔵守御判
55	建治1・9・27	1275	関東御教書案		相模守御判	武蔵守御判
56	(建治)1・11・10	1275	紀伊阿弖河荘雑掌従蓮重申状案		雑掌上在判	
57	(建治)1・12・6	1275	湯浅宗親書状案		宗親在判	
58	建治2・6・5	1276	関東御教書		相模守(花押)	武蔵守(花押)

用い、六波羅探題向けであるときは家司の奉書を用いると、その様式上の区別を指摘している。[27]森氏作成の「朝廷より幕府・六波羅探題への文書伝達」一覧表[28]に収録された関東申次施行状の宛所はすべて執権・探題本人に宛てられているが、前稿Dにおいて、北条長時探題期に西園寺家家司の奉書形式で探題被官宛に発給された関東申次施行状とも呼ぶべき文書が成立していると指摘した。当該期には、かかる西園寺家家司の発給文書は残っていないが、関東申次と六波羅探題との関係を示す次の事例を検討したい。

【史料4[29]】

近江国多賀社神官等訴申八坂郷民神役対捍事、梶井僧正請文如此、任旧例可勤仕之旨、可下知云々、可存此旨之由、可被仰遣武家者、依

院宣、執達如件、

三月十一日　　　大宰権帥経俊

謹上　左衛門督殿

【史料5】（表1No.63文書）

近江国多賀社神官等申八坂庄民対捍神事由事、任関東御下知、可相従当社神事之由、被成敗畢、本所不被叙用之間、申入西園寺殿之処、任旧例可勤仕之由、所被下　院宣也、以此旨、可令申沙汰給候、恐々謹言、

三月三十日　　　散位（花押）

兵衛大夫殿

史料4・5は、近江国多賀社神官と梶井門跡領（日吉社領）八坂庄民[30]との神役対捍をめぐる相論に関する史料であ

る。『鎌倉遺文』は二通の文書の年代を文永五年に、史料4の宛所「左衛門督」を中院通頼に比定している。史料5は散位（北条時輔）単署の書状であるが、前章で検討したように、北条時茂・時輔複数探題制の時代の書状は連署が原則であり、執権探題北条時茂在任中の文永五年に南方探題時輔が単独で公家政権宛に書状を発給することはありえないので、史料5の年代は時輔が単独で六波羅探題の職務に従事した文永七年または八年に比定される[31]。

史料4は梶井僧正請文を受けて、八坂庄民の神役勤仕の徹底を武家（六波羅探題）に依頼するよう左衛門督に命じた後嵯峨上皇院宣であり、史料5はこの院宣を受けて八坂庄民が神事を勤仕するよう、兵衛大夫という人物[32]に命じた探題北条時輔単署の書状である。以上のように二通を解釈できるならば、史料4の年代は文永七年または八年に比定され、宛所「左衛門督」は中院通頼ではなく、関東申次西園寺実兼[33]となる。

文永七年または八年における近江国多賀社神官と梶井門跡領八坂庄民との相論の経過は、以下のように推定される。史料5に述べられているように、幕府の決定（関東御下知）を本所梶井門跡が承認（叙用）しなかったため、探題時輔が関東申次（西園寺殿）に本所の説得を要請（申入）した。この結果、本所梶井僧正の神役勤仕を承認する請文が提出され、これを受けて後嵯峨上皇院宣（史料4）が関東申次宛に出され、探題（武家）に神役勤仕の執行が命じられた。以上の事例を考えると、当該期においても、探題書状と関東申次施行状による公武交渉・連絡文書の流れが存在したことが想定できる。

しかし、公家政権・寺社権門から六波羅探題への交渉は関東申次西園寺家に一元化されていたわけではなく、長時探題期には建長元年六月十八日東大寺年預賢寛申状[34]・同年十一月二十六日東寺長者良恵御教書[35]など、京都大番役の停止や地頭代の非法停止を探題長時に要請した文書が、いずれも「恐々謹言」で結ばれた書状形式で発給されており、六波羅探題は寺社権門のかかる要請を直接受けて行動する機関でもあった。本稿の対象とした北条時茂・時輔・義宗探題期においても、公家政権・寺社権門発給文書が直接執権探題宛に発給されるなど、公武交渉の多様な方法が存在した。

【史料6】(36)

大井庄下司職事、御下文被遣候、早可下賜則親候、依　政所仰、執達如件、

文永元五月一日　権大僧都聖顕奉

謹上　大夫法眼御房

【史料7】（表5 No.28）

（端裏書）「勧修寺僧正御房御返事　則親記事」

東大寺領美濃国大井庄下司職事、召決両方、任道理、則親如元令還補候畢、可申此由之旨、別当前大僧正御房内々御消息所候也、恐々謹言、

「文永元年」五月二日　権大僧都聖顕

謹上　陸奥左近大夫将監殿

【史料8】（表1 No.24文書）

東大寺領美濃国大井庄下司職事、本所御返事所此、如元令還補□□其旨之状如件、

「文永元年」五月三日　左近将監（花押影）

新藤庄司三殿

史料6～8は、東大寺領美濃国大井荘下司職をめぐる大中臣則親と惟宗言光との相論[37]に関する史料である。東大寺は新別当聖基のもと大中臣則親の下司職還補を決定するが、この決定を伝える東大寺別当聖基御教書が五月一日付で預所大夫法眼御房宛に（史料6）、また同二日付で六波羅探題北条時茂宛に発給され（史料7）、これを受けて探題北条時茂は同三日付で新藤庄司三（大中臣則親）に下司職還補の決定を伝達している（史料8）。

この他、当該期には年欠九月二十九日法印某書状（表5No.33）・文永六年六月一日開田准后道助御教書（表5No.37）・文永九年七月二十六日東寺供僧法印某書状（表5No.46）・同年八月六日御室宮性助令旨（表5No.47）・建治元年五月二十一日東寺供僧申状（表5No.53）が探題宛に発給され、六波羅探題に様々な要請を行っている。特に開田准后道助御教書（史料9）は、指示・命令を意味する「仍執達如件」で結ばれており、あたかも自身の下部機関のように六波羅探題に命令を下している。

【史料9】

（端裏書）「開田御教書案文永六年六月一日大番事」

東寺供僧申状副雑掌解如此、子細見状、如申状者、不便次第候、任道理、早可令計沙汰給之由、准后御消息所候也、

仍執達如件、

六月一日　法印在判

謹上　陸奥守殿

表6　北条時茂・時輔・義宗期における六波羅探題の動向（『史料綜覧』より抜粋）

No.	年号　年・月・日	西暦	綱　文	出　典
1	建長8・3・20	1256	北条長時、六波羅北方を罷む。	吾妻鏡
2	建長8・4・27	1256	北条時茂を六波羅北方と為し、是日、入京す。	吾妻鏡
3	建長8・5・16	1256	六波羅をして、東大寺衆徒の騒擾のことを沙汰せしむ。	経俊卿記
4	建長8・6・16	1256	祇園社の僧、清水寺の僧徒と闘争す。社僧六人を捕へて検非違使に付し、鎮撫を六波羅に命ず。	経俊卿記
5	康元1・12・20	1256	幕府、六波羅の問注条目を改定す。	吾妻鏡
6	正嘉1・3・27	1257	園城寺衆徒、戒壇建設の勅許なきを以て嗷訴す。依りて、六波羅に勅して、之を鎮定せしむ。	経俊卿記・百練抄
7	正嘉1・4・14	1257	六波羅、宗像大宮司領名主の狼藉を禁ず。	宗像文書
8	正嘉1・6・22	1257	六波羅北方北条時茂を左近将監に任ず。	関東評定伝・将軍執権次第・鎌倉武将執権記・鎌倉大日記・武家年代記
9	正嘉1・8・27	1257	紀伊丹生屋村地頭品河清尚、沙汰人等の違乱を六波羅に訴う。	高野山文書
10	正嘉1・9・9	1257	検非違使庁、石清水舞人源家棟の殺害人同長継を六波羅に押送す。	経俊卿記・百練抄・一代要記
11	正嘉1・9・27	1257	幕府、紀伊丹生屋村地頭品河清尚の訴を裁し、沙汰人等の糺治を六波羅に命ず。	高野山文書
12	正嘉2・4・10	1258	検非違使庁、落書者を六波羅に捕送す。	百練抄
13	正元1・6・18	1259	幕府、六波羅に令して、西国の雑訴を簡裁せしめ、又西国海賊の糺治及び守護所犯人捕送等の令を発す。	新編追加
14	正元1・閏10・16	1259	幕府、六波羅に令して、播磨の家人広峰家長の訴を裁せしむ。	広峰文書
15	正元1・11・17	1259	六波羅北方北条時茂、近江多賀社神官の非法を糺す。	多賀神社文書
16	正元2・1・6	1260	延暦寺の衆徒、園城寺勅許のことを憤り、日吉、祇園、北野の神輿を奉じて入京す。六波羅、之を禦ぐ。僧徒、神輿を禁闕に棄てて去る。	深心院関白記、吾妻鏡、華頂要略、官公事抄、他
17	正元2・2・3	1260	幕府、六波羅に命じて、園城寺を警備せしむ。	吾妻鏡

18	文応1・6・4	1260	幕府、六波羅に命じて、重罪首謀は関東に押送し、軽囚は即決せしむ。又飢饉によりて、軽囚を放免せしむ。	吾妻鏡
19	文応1・7・2	1260	六波羅、使を遣して、後嵯峨上皇の御平癒を幕府に告ぐ。	吾妻鏡
20	弘長1・2・25	1261	幕府、六波羅に令して、将士の海道の駅馬濫徴を禁じ、定制に従はしむ。	吾妻鏡
21	弘長1・6・25	1261	幕府、僧良賢の異図鎮定を六波羅に告げ、番士を鎮撫せしむ。	吾妻鏡
22	弘長2・1・9	1262	六波羅北方北条時茂、都甲惟親をして、院西面に候せしむ。	都甲文書
23	弘長2・5・23	1262	幕府、六波羅に令して、罪人拘禁の法を定め、又洛中の屋地、近国の買地は、没官領の外、総て本所の処分に従はしむ。	侍所沙汰篇、新編追加
24	弘長3・6・23	1263	幕府、宗尊親王御上洛の事を議し、諸国に令して、毎田一段に銭百文、五町に丁夫二人、官駄一匹を課し、京都以西は六波羅より之を伝令せしむ。	吾妻鏡
25	弘長3・7・3	1263	六波羅、令して、清水橋鴨川修築工費を近国の家人に課す。	広峰系図
26	弘長3・10・10	1263	幕府、六波羅の断獄法を定む。	吾妻鏡
27	弘長3・12・16	1263	六波羅北方北条時茂、時頼の卒去に依りて、鎌倉に来る。是日、俄に帰京す。	吾妻鏡
28	文永1・3・25	1264	山門僧徒、日吉、祇園、北野の神輿を奉じて入京し、皇居二条東洞院、及び後嵯峨上皇、後深草上皇御所を犯す。六波羅の兵、之を拒ぎ、僧徒、神輿を棄てて去る。	外記日記、天台座主記、歴代編年集成、一代要記、武家年代記裏書、続史愚抄、他
29	文永1・4・18	1264	日吉神輿帰座す。西塔の僧行泉坊、武蔵坊神輿を斫る。之を捕へて六波羅に致す。	外記日記、天台座主記、一代要記、続史愚抄
30	文永1・7・6	1264	六波羅北方北条時茂、東下す。	外記日記
31	文永1・8・11	1264	幕府、連署政村を執権と為し、時宗を連署と為す。	関東評定伝、他
32	文永1・8・15	1264	六波羅北方北条時茂、鎌倉より帰洛す。	外記日記
33	文永1・8・21	1264	前武蔵守従五位上北条長時、鎌倉浄光明寺に卒す。	外記日記、一代要記、他
34	文永1・10・17	1264	六波羅北方北条時茂、鎌倉より帰洛す。	外記日記

35	文永1・11・9	1264	是より先、幕府、時宗の庶兄時輔を六波羅南方と為す。是日、時輔入洛す。	外記日記、歴代編年集成、他
36	文永2・1・6	1265	幕府、後嵯峨上皇の詔を奉じて、六波羅をして、延暦、園城両寺の事を評定せしむ。	吾妻鏡
37	文永2・4・21	1265	小除目、式部大夫時輔を式部丞に任ず。	外記日記、北条九代記、将軍執権次第、鎌倉武将執権記
38	文永2・5・6	1265	六波羅北方北条時茂、松尾社社職の事を沙汰す。	東相愛文書
39	文永2・10・5	1265	六波羅北方北条時茂、紀伊阿弖河地頭職を召喚す。	高野山文書
40	文永3・4・15	1266	六波羅令して、高野山領の狩猟を禁ず。	興山寺文書
41	文永3・8・10	1266	後嵯峨上皇、左少弁藤原経任を六波羅府に派遣され、尋で、之を鎌倉に遣さる。	外記日記、五代帝王物語
42	文永3・8・20	1266	宗尊親王入洛し、六波羅北方北条時茂の第に入り給ふ。後嵯峨上皇、謁見を聴し給はず。	外記日記、吾妻鏡、歴代編年集成、一代要記、武家年代記裏書、続史愚抄、他
43	文永3・10・9	1266	前将軍宗尊親王、六波羅より、故承明門院の土御門万里小路殿に移り給ふ。	外記日記、増鏡、将軍執権次第、鎌倉武将執権記、武家年代記、系図纂要、続史愚抄
44	文永4・5・30	1267	六波羅、紀伊阿弖河荘年貢の事を以て、地頭を召喚す。	高野山文書
45	文永4・7・23	1267	六波羅評定衆藤原基政卒す。	関東評定伝、尊卑分脈
46	文永4・10・23	1267	左近将監北条時茂を陸奥守に任ず。	歴代編年集成、将軍執権次第、高野山文書、武家年代記
47	文永4・12・6	1267	六波羅、高野山領紀伊阿弖河荘雑掌の訴に依り、地頭に其事由を糺問す。	高野山文書、紀伊続風土記
48	文永5・3・28	1268	六波羅、高野山領名手荘の狼藉人を召喚す。	高野山文書
49	文永5・5・30	1268	六波羅、金剛峰寺検校覚伝に下山を命じ、尋で、其職を罷む。	高野山文書、高野春秋、密宗年表
50	文永5・8・20	1268	六波羅、都甲左衛門の妻をして、豊後都甲荘地頭職を領掌せしむ。	都甲文書
51	文永5・8・26	1268	興福寺僧徒、金堂に会して、前大僧正円実に迫り、之を丹後に逐はんとす。是日、院宣を六波羅に下して、之を制止せしむ。	興福寺略年代記、一代要記、皇代暦、続史愚抄

52	文永6・1・10	1269	延暦寺梶井青蓮院の衆徒、訴ふる所あり。日吉社八王子、客人、十禅寺の神輿を奉じて、京都に入る。六波羅、兵を発して之を拒む。僧徒、神輿を途に棄つ。命じて之を祇園社に遷さしむ。	華頂要略、一代要記、歴代編年集成、武家年代記裏書、続史愚抄
53	文永6・10・7	1269	近江多賀社神人宗信、忠直等、日吉社領八坂荘官資真法師等と神事の勤否を相論し、別に新社を奉祀し之を訴う。是に至り、六波羅之を裁す。	多賀神社文書
54	文永6・12・29	1269	延暦寺僧徒、中堂に拠り、神輿を破壊す。北条時宗、使を遣して奏する所あり。法皇、梶井青蓮院に宣諭せらる。僧徒、誓詞を六波羅に出す。	華頂要略
55	文永7・1・27	1270	六波羅北方北条時茂卒す。	歴代編年集成、一代要記、北条九代記、将軍執権次第、武家年代記、尊卑分脈
56	文永8・12・29	1271	幕府、北条義宗を六波羅探題と為し、北方に居らしむ。	五代帝王物語、歴代編年集成、関東評定伝、北条九代記、将軍執権次第、鎌倉大日記
57	文永9・2・11	1272	六波羅南方北条時輔異図あるを以て、時宗、大蔵頼季等を遣して、其党名越時章、同教時、仙波盛直を襲撃して、之を殺さしむ。	北条九代記、関東評定伝、武家年代記裏書、随聞私記、皇代暦、保暦間記、関東開闢皇代並年代記、北条系図、尊卑分脈、系図纂要、系図纂、武蔵七党系図、弘安記
58	文永9・2・15	1272	時宗、北条義宗をして、北条時輔を六波羅に殺さしむ。	歴代編年集成、一代要記、皇代暦、北条九代記、関東評定伝、武家年代記裏書、鎌倉武将執権記、鎌倉大日記、五代帝王物語、東寺長者補任、和漢合符、建長寺年代記、保暦間記、三島社縁起、予章記、関東開闢皇代並年代記、尊卑分脈、系図纂要、系図纂、三浦系図、弘安記
59	文永9・7・13	1272	六波羅、筑前宗像宮雑掌の訴を裁す。	宗像文書
60	文永10・8・20	1273	幕府、六波羅に命じて、法華堂領安芸世能荒山荘地頭代非法狼藉の訴を裁せしむ。	諸国荘保文書
61	文永11・7・25	1274	六波羅、高野山大塔領備後大田荘預所行誉、年預浄任と、地頭松熊丸代常蓮との争を裁す。	興山寺文書、高野山文書

62	建治1・12・13	1275	幕府、北条時国を六波羅探題と為す。	歴代編年集成、北条九代記、武家年代記、鎌倉武将執権記、尊卑分脈、鎌倉将軍家譜
63	建治2・12・4	1276	六波羅探題北条義宗、鎌倉に下向す。	一代要記、歴代編年集成、関東評定伝、北条九代記、将軍執権次第、武家年代記、鎌倉大日記
64	建治3・5・2	1277	六波羅探題北条時盛卒す。	将軍執権次第、北条九代記、武家年代記、尊卑分脈、北条系図、系図纂要
65	建治3・6・17	1277	北条宗政を武蔵守に、同義宗を駿河守に任ず。	建治三年記、関東評定伝、将軍執権次第、北条九代記、武家年代記
66	建治3・9・17	1277	幕府評定衆駿河守北条義宗卒す。	建治三年記、将軍執権次第、関東評定伝、北条九代記、武家年代記、尊卑分脈、系図纂要
67	建治3・10・16	1277	北条時国を従五位下に叙し、左近将監と為す。	建治三年記、北条九代記、将軍執権次第、武家年代記、弁官補任
68	建治3・12・19	1277	幕府、六波羅政務の条規を議定す。	建治三年記
69	建治3・12・21	1277	北条時村上洛す。	歴代編年集成、建治三年記、北条九代記、武家年代記
70	建治4・1・10	1278	北条時村、上洛して、六波羅北方に居る。	将軍執権次第、鎌倉大日記、尊卑分脈、系図纂要

おわりに

私の六波羅探題発給文書の研究も本稿で五本となる。これまで、六波羅探題発給文書を正面から論じた研究がほとんどなかったため、推定と試論を重ねる試行錯誤の連続であった。しかし、最近ようやく熊谷隆之氏による本格的な[38]研究が発表され、私も前稿Dで、事書の有無と署判の位置、宛所の相違など、新しい分類基準を導入し、これまでの文書名の統一的分類基準をまとめることができた。本稿は前稿Dの分類基準の結論を検証するとともに、当該期の探題発給文書および探題宛発給文書を通じて、同時期の京都・西国における六波羅探題と公家政権・寺社権力との関係を検討した。

本稿の最後に、北条時茂・時輔・義宗期における六波羅探題の活動を『史料綜覧』より抜粋し、当該期の六波羅探題の活動をまとめてみたい。

六波羅探題の職務は、鎌倉時代後期に成立した「沙汰未練書」によると、Ⅰ洛中警固（軍事・検察機能）とⅡ西国成敗（裁判機能）に大別される。表6を通覧すると、当該期も洛中警固と西国成敗が六波羅探題の基本的な活動といえる。[39]表6を検索すると、Ⅰ洛中警固に関しては、①東大寺・祇園社・清水寺・園城寺・延暦寺・興福寺など、畿内の権門寺社の衆徒・僧徒等の騒擾・闘争・嗷訴に対する鎮撫・鎮定・防禦・警備・制止などの活動（表6No.3・4・6・16・17・28・36・51・52・54）、②検非違使庁からの殺害人・落書者の受け取り（No.10・12）、③悪徒・犯罪人の逮捕、重罪首謀者の鎌倉護送、軽囚の放免（No.18・21・29）、Ⅱ西国成敗に関しては、④幕府追加法の施行（No.13・18・20・23・24・26）、⑤宗像大宮司領名主・多賀社神官の狼藉・非法禁止（No.7・15）、⑥高野山領の狩猟禁止（No.40）、⑦西国の地頭・御家人に関する裁判の実施（No.9・11・14・38・39・44・47・48・53・59・60・61）などの活動に分類できる。

鎌倉幕府は、この時期に問注条目の改定（No.5）、断獄法の制定（No.26）、政務条規の議定（No.68）など、六波羅探題に関する法整備を行い、また六波羅探題が鴨川修築工費を独自に近国御家人に賦課する（No.25）など、畿内・西国における六波羅探題の役割は、さらに重要性を増していった。

〔注〕

（1）「吾妻鏡」建長八年三月二十七日条に、「今日、陸奥弥四郎（時茂：筆者注）入洛、着六波羅北亭云々」とある。
（2）「将軍執権次第」（『群書類従』巻四十八）、「六波羅守護次第」（京都大学文学部博物館所蔵）の義宗の項に、「建治二年十二月四日出京、下向関東」とある。
（3）北条時茂に関しては、北条氏研究会編『北条氏系譜人名辞典』（新人物往来社、二〇〇一年六月）（下山忍氏執筆）を参照。
（4）「将軍執権次第」（『群書類従』巻四十八）、「六波羅守護次第」（京都大学文学部博物館所蔵）の時茂の項を参照。
（5）北条時輔に関しては、前注書『北条氏系譜人名辞典』（遠山久也氏執筆）を参照。
（6）「将軍執権次第」文永元年条に、「十一月九日入洛」と見える。
（7）北条義宗に関しては、前注書『北条氏系譜人名辞典』（下山忍氏執筆）を参照。
（8）拙稿A「六波羅探題発給文書の研究――北条泰時・時房探題期について――」（『日本史研究』四〇一、一九九六年一月）、拙稿B「六波羅探題発給文書の研究――北条重時・時盛探題期について――」（鎌倉遺文研究会編『鎌倉時代の政治と経済』（東京堂出版、一九九九年四月）、拙稿C「六波羅探題発給文書の研究――北条時氏・時盛探題期について――」（『年報三田中世史研究』七、二〇〇〇年一〇月）、拙稿D「六波羅探題北条長時発給文書の研究」（『日本史攷究』二六、二〇〇一年一一月）。以下、前稿とはすべて右記の論稿をさす。
（9）表1の分類の記号は、B下知状・C御教書・D書下・E書状を意味する（表2参照）。
（10）拙稿A参照。
（11）瀬野精一郎氏は「『鎌倉遺文』研究の課題」（『早稲田大学大学院文学研究科紀要』第四二輯・第四分冊、一九九七年

二月）で、五番目の課題として「文書名の再検討」をあげている。
(12)拙稿B参照。
(13)川添昭二『北条時宗』（吉川弘文館、二〇〇一年一〇月）。
(14)佐藤進一『[新版]古文書学入門』（法政大学出版局、一九九七年四月）一三七頁。
(15)瀬野氏は前注(11)論文で、六番目の課題として「人名比定、傍註の再検討」を指摘している。
(16)飯倉晴武「尾張国堀尾・長岡両庄堺相論文書」（『古文書研究』三、一九七〇年二月）参照。
(17)細川重男『鎌倉政権得宗専制論』（吉川弘文館、二〇〇〇年一月）一二七頁。
(18)御家人制研究会編『吾妻鏡人名索引』（吉川弘文館、一九七一年三月）三四四頁。
(19)五味克夫「島津久経」（『国史大辞典』七、吉川弘文館、一九八六年一〇月）一一五頁。
(20)『続群書類従』第五輯上（続群書類従完成会、一九二七年二月）四五五頁。
(21)「島津歴代歌」（『続群書類従』第五輯上、四六三頁）の「三世久経」の注記に、「兄弟八人、兄忠継号山田。」と見える。
(22)文書内容から島津忠継を守護代とする仮説も考えられるが、本文でも述べるように、六波羅探題から守護代宛の文書は、例外なく「…状如件」で結ばれた六波羅書下が発給されている。また、二章で検討する表5に、探題被官佐治左衛門尉（重家）宛の三通の弘長元年藤原忠継請文（表5 No.16・18・19）が見えるが（藤原忠継と島津忠継は同一人物）、いずれも六波羅探題の命令に対する請文である。表5 No.9も六波羅探題に対する請文であるが、探題被官佐治左衛門尉宛請文の発給者は筑前国守護少弐資能である。したがって、六波羅探題の命令に対する請文を探題被官に発給した少弐資能と島津忠継は、両人とも守護と考えてよいのではないか。
(23)「島津家文書」一（『大日本古文書』）八八頁。『鎌倉遺文』第一三巻九二九六号、以後『鎌倉遺文』⑬九二九六号と表記する）。

(24)小泉宣右氏は「東大寺領茜部荘」（『岐阜県史』通史編第二巻中世、一九六九年三月）四八二頁で、石川七郎義秀を「美濃国御家人」と規定している。佐藤進一『増訂鎌倉幕府守護制度の研究――諸国守護沿革考証編――』（東京大学出版会、一九七一年六月）でも、この時期の美濃国守護は明確ではない。

(25)鎌倉幕府の守護の沿革については、前注の佐藤氏の労作があるが、不明の部分も多い。本文の比定が妥当ならば、六波羅探題発給文書の内容および書止め文言の検討から、もう少し西国守護の実態が明らかになると思われる。

(26)執権探題については、森幸夫「南北両六波羅探題についての基礎的考察」（『国史学』一三三、一九八七年一二月）参照。

(27)森茂暁「幕府への勅裁伝達と関東申次」「関東申次施行状の成立」（同著『鎌倉時代の朝幕関係』、思文閣出版、一九九一年六月、前者の初出は『金沢文庫研究』二七三、一九八四年九月）。

(28)森前注書一一六頁。

(29)年欠三月十一日後嵯峨上皇院宣（近江多賀神社文書、『鎌倉遺文』⑬九八八七号）。

(30)福田榮次郎「近江国」（講座日本荘園史6『北陸地方の荘園・近畿地方の荘園Ⅰ』、吉川弘文館、一九九三年二月）。

(31)北条時輔が単独で六波羅探題の職務に従事したのは、文永七年正月二十七日から同九年二月十五日までの期間。『滋賀県の地名』（日本歴史地名大系第二五巻、平凡社、一九九一年二月）八三二頁「八坂庄」も、二通の文書の年代を文永八年に比定している。

(32)八坂庄は梶井門跡領（日吉社領）なので、表3で史料5の宛所「兵衛大夫」を梶井門跡家司に比定した。

(33)「公卿補任」（『新訂増補国史大系』）文永七年条・同八年条参照。

(34)東京大学所蔵東大寺文書、『鎌倉遺文』⑩七〇八五号。

(35)高野山文書宝簡集八、『鎌倉遺文』⑩七一四二号。

(36)東大寺文書四ノ九、『鎌倉遺文』⑫九〇八九号。

(37)相論に関しては、大山喬平「東大寺領大井荘」(『岐阜県史』通史編第二巻中世第六章、一九六九年三月)参照。

(38)熊谷隆之「六波羅探題発給文書に関する基礎的考察」(『日本史研究』四六〇、二〇〇〇年一二月)。熊谷氏は続いて「六波羅施行状について」(『鎌倉遺文研究』八、二〇〇一年一〇月)、「六波羅における裁許と評定」(『史林』八五—六、二〇〇二年一一月)、「六波羅・守護体制の構造と展開」(『日本史研究』四九一、二〇〇三年七月)、「六波羅探題任免小考——『六波羅守護次第』の紹介とあわせて——」(『史林』八六—六、二〇〇三年一一月)、「六波羅探題考」(『史学雑誌』一一三—七、二〇〇四年七月)などを発表され、精力的に六波羅探題の研究を進めている。併せて参照願いたい。

(39)洛中警固に関しては、木村英一「六波羅探題の成立と公家政権——「洛中警固」を通して——」(『ヒストリア』一七八、二〇〇二年一月)を参照。

第二章　時宗周辺の人々

第一節　北条氏一族

北条長時について

菊池紳一

はじめに

北条長時は、北条時頼出家後に「家督幼稚之程眼代」として執権に就任した人物として知られるが、その具体的な人物像については詳しく知られていない。

北条長時に触れた概説としては、三山進「執権　北条長時」（安田元久編『鎌倉将軍執権列伝』、一九七四年十二月）、『北条氏系譜人名辞典』（北条長時項、下山忍執筆分、二〇〇一年）があり、父重時との関係について触れた論考については、桃裕行『武家家訓の研究』（桃裕行著作集第三巻、一九八八年三月）、筧泰彦『中世武家家訓の研究』（一九六七年五月）や湯山学「北条重時とその一族」（『相模国の中世史』上、一九八八年七月）等がある。また、六波羅北方として在京中の長時の発給文書については、石井清文「執権北条長時と六波羅探題北条時茂――鎌倉中期幕政史上における極楽寺殿重時入道一統の政治責任――」（『政治経済史学』一一二、一九七五年九月）や、久保田和彦「六波羅探題北条長時発給文書の研究」（『日本史攷究』二六、二〇〇一年十一月）がある。

本稿では、こうした論考に導かれつつ、北条長時について、その母親や在京時の行動、家督の「眼代」としての具体像を中心に検討してみたい。

一　長時の母

六波羅北方としての活躍の背景を探るため、最初に長時の母について見てみよう。長時は、寛喜二年（一二三〇）二月二十七日、極楽寺流北条氏の祖重時の二男として生まれた[1]。重時はこの時三十三歳、同年三月十一日に六波羅北方に就任している。(2) 母は、四代将軍藤原頼経の女房であった平基親女（女房名は入道大納言家治部卿）である。(3) 基親は桓武平氏高棟流、いわゆる日記の家とされる公家平氏の一族で、文治二年（一一八六）正月九日内覧となった右大臣九条兼実に初参し、兼実から二字を与えられている。(4) 以降、九条家の家司を勤めた。(5) 基親は出家する建永元年（一二〇六）に五十六歳であり、(6) この女房は晩年に生まれた女であったと思われる。この九条家との縁から、基親女は鎌倉に下る藤原頼経に従ったのであろう。

重時は、承久元年（一二一九）七月十九日、新将軍九条頼経の東下に際しての先陣随兵の中にその名がある（「吾妻鏡」）。同年七月二十八日には小侍所別当に補任されている。小侍所は、宿直・供奉人の催促、弓始射手の選定等を司った部署で、重時はこの頃、将軍側近として活動している。この小侍所別当の職は六波羅に赴任するまで在任しており、ここに、基親女との接点があったと推定される。

「吾妻鏡」建長六年十月六日条に

六日乙亥、晴、寅剋、相州室平産姫公、加持若宮僧正隆弁、験者清尊僧都也、奥州女房、松下禅尼、相州等群集、為安東左衛門尉光成奉行、有禄物等、銀剣、五衣、馬置鞍、万年九郎兵衛尉以下祗候人等随所役云々、又奥州被送験者之禄等、隅田次郎左衛門尉為其使者云々、

とある。この日相州室（北条時頼室）が姫君を生んでいる。この女性は、奥州女房（北条重時女房）や松下禅尼（時頼母、安達景盛女）が見守り、奥州（重時）が「験者之禄等」を負担していることから、重時の女と考えられる。すなわち時宗の同母妹の誕生である。(7) ここに見える奥州女房は、松下禅尼の前に記されており、記載の順番から考えると公卿の娘である平基親女であった可能性が高い。

ところで、北条氏一族の妻を見てみると、公卿や公家の子女を妻とした人物はほとんどみられない。管見では初代の北条時政とこの重時だけである。(8) その反対に、北条氏の子女が京都の公家の妻や妾になった例は数多く見られる。この違いは、北条氏が本来伊豆国の小豪族、在庁官人であり、京都から見れば無位無官の侍身分であったことに起因すると考えられる。(9)

こうした北条氏の通婚の傾向を見ると、重時が公卿の女を嫁に迎えたことは、特筆されるべきことだと考えられる。重時が、長時の生まれた直後に上洛し六波羅に就任した背景には、九条家との人脈も一つの要因であったのではなかろうか。治部卿の生んだ長時や時茂が引き続いて六波羅に就任するのも、重時の妻を通して極楽寺流北条氏が京都において九条家等との人脈を形成していたからに他ならないであろう。

二　父在京中の長時

次に、父重時在京中の長時の事績について見てみたい。

長時が生まれた寛喜二年（一二三〇）三月、父重時は上洛し、六波羅北方に就任した。おそらく長時も幼時を京都で過ごしたのであろうが、この時期の様子は不明である。

長時は、寛元三年（一二四五）十二月二十九日に左近将監に任じられ、同日従五位下に叙された。(10) この時長時は十六歳である。これ以前の北条氏の官途と比較すると、得宗家の経時・時頼より若干遅いがほぼ同じ年齢で従五位下左近将監に叙任されており、在京中という利点を考慮しても、重時・長時の極楽寺流は得宗家に準じる家格であったことを示している。(11)

宝治元年（一二四七）長時は結婚する。「吾妻鏡」同年三月二十七日条に、「今暁越後入道息女上洛、是依可嫁于六波羅相模大夫将監長時朝臣也」とあり、越後入道（北条時盛）の女が上洛し、六波羅に在住していた長時（当時十八歳）に嫁した。時盛は、義時の弟時房の子で、元仁元年（一二二四）六月から仁治三年（一二四二）正月まで六波羅南方に在任していた。両者は知己の関係であったと考えられる。(12)

長時は、父重時の指示により宝治元年五月下旬鎌倉に下っている。これについては、「葉黄記」宝治元年六月六日条に「重時朝臣子息左近大夫長時、依将軍女房事、去月下向関東畢、頗有不審事等、先触子細於父之許、飛脚去三日起関東、今日馳着、重時朝臣未申分明之子細、只有用心事之由申之歟」とあり、表向き将軍藤原頼嗣の室（北条時頼妹、檜皮姫）の事（五月十三日没、関東使者は十八日京都に到着）の弔いのためとされているが、鎌倉下向の本当の目的は鎌倉の政治情勢を見るためであったと考えられる。この頃長時が下った鎌倉は、安達氏と三浦氏との緊張が最高に達していた。(13)重時は、長時に命じて、情報収集にあたらせ、長時はこの状況を父重時に報告したのである。

この前年の寛元四年、寛元の政変や前将軍藤原頼経の上洛、そして関東申次の交替など、執権北条時頼の施策は次々と関東から重時に伝えられ、葉室定嗣を通じて後嵯峨院に奏聞されている。(14)京都にあった重時は、京都朝廷との交渉や情報交換も重要な役目であり、朝幕関係の転換期に当たるこの時期、鎌倉の情報収集も重要なことであった。重時は、この長時の報告を院には奏聞せず、宝治合戦後の六月九日に届いた六月五日付の執権時頼書状の内容（三浦氏滅亡）を奏聞している。(15)

三　六波羅北方長時

続いて六波羅北方としての長時の事績のうち、公武関係、そのなかでも六波羅の関わった事件について考察してみたい。

宝治元年（一二四七）七月三日、父重時は連署に就任するため鎌倉に下向し、長時は父の後任として六波羅北方に就任した。時に長時十八歳であった。重時の鎌倉下向が後嵯峨院に奏聞されたのは六月二十三日のことで[16]、十日後の「葉黄記」七月三日条には「相模守重時朝臣下向関東、当時無京都守護之棟梁歟」とあり、長時はまだ上洛していなかったと思われる。長時上洛の時期については史料によって諸説があるが、補任については、重時の鎌倉到着の翌日に当たる「吾妻鏡」同年七月十八日条に、「六波羅成敗事、以相模左近大夫将監長時所被任也、於可祗候于彼第人々者、兼日被仰定訖云々」とあり、兼ねてから予定されていたことであった。長時はまもなく上洛したと考えられるが、その月日を確定することはできない[17]。なお、久保田論文によれば、幕府から六波羅北方長時宛てに出された関東御教書の初見は宝治元年七月十九日であり、長時が六波羅として発給した文書の所見は、宝治元年十月六日である。以降、長時は康元元年（一二五六）三月二十八日に鎌倉に戻るまでの足かけ十年間六波羅北方に在任した。

この在任期間は後嵯峨院政の前半、後深草天皇の在位中にあたる。寛元四年（一二四六）十月、関東申次は、北条時頼によって、九条道家に代わって西園寺実氏が指名されている[18]。父重時の六波羅在任末期に大きな変革があり、長時はそれを受け継いだことになる。

この時期、後嵯峨院の勅裁は、院の執権である葉室定嗣が奉じて関東申次西園寺実氏に伝えられ、それを実氏の家司前石見守中原友景が奉じて、長時の腹心である佐治重家（六波羅被官）に伝えていた[19]。長時は、これを当該事項の担当被官に指示するか、関東に報告してその指示を待った。

一方、関東からの指示については、関東御教書で六波羅北方長時に伝えられ、長時から西園寺家司中原友景への書状で伝達されており、摂関家からの訴えに関して六波羅で調査・処理された案件も友景に書状で伝達されている。[20]但し、緊急の案件の場合、省略されることもあった。宝治二年（一二四八）八月に南都で、寺内と若徒党の衆徒が対立し合戦に及ぼうとしたことがあった。最初後嵯峨院は院宣で制止を加えたが効果はなく、結局武家（六波羅）に出兵を指示している。この時長時は腹心の佐治重家・牧野茂綱をもって葉室定嗣に子細を奏上、定嗣が院に伝奏した。そして定嗣は中原友景をもって関東申次西園寺実氏に指示を伝え、実氏は長時にそれを伝えた。十三日には武士が南都に下向し、南都の騒擾は収まったという。[21]

次に将軍交替の際の連絡状況を見てみよう。建長四年（一二五二）二月二十日将軍頼嗣が廃され、次の将軍に後嵯峨院の皇子三品宗尊親王の下向を要請する使者（二階堂行方・武藤景頼）が鎌倉を発って上洛した。この時の文書は「相州自染筆、奥州被加判処也」とあり、[22]執権時頼・連署重時が連署した書状であった。使者は同三十日に入洛（「百練抄」）、三月一日に仙洞で沙汰があり、三歳宮と十三歳宮のいずれを関東に下向させるかで議論となり、結局両六波羅に諮問があり、六波羅から使者が関東に下向し、五日に鎌倉に到着している。幕府では十三歳宮（宗尊親王）の下向と決し、使者は帰洛した。[23]翌六日、幕府は藤原泰経を使者として上洛させ、六波羅北方長時に親王の鎌倉下向の沙汰を命じ、長時及び在京人が供奉して下向するよう指示している。[24]同十九日、親王は仙洞御所から六波羅の長時邸に移り、輿に乗って京都を発ち、四月一日鎌倉に到着し時頼邸に入った。[25]このように、重事や緊急の場合には、関東申次を経由せずに直接後嵯峨院に奏上されることもあったのである。

長時の六波羅在任期間は、関東申次が西園寺実氏に代わった直後であり、森茂暁氏の指摘するように、[26]朝廷から武家宛に出される文書の様式や方法は定まったものはなく、案件により、適宜行われていたのである。

四　長時の執権就任

長時は、康元元年（一二五六）三月二十日六波羅を辞して出京し、同二十七日鎌倉に着いた。六波羅北方には弟の時茂が任じられている。長時は、同六月二十三日引付衆を経ずに評定衆となり、同七月二十日武蔵守に任じられ、同年十一月二十二日に執権に就任した。

「吾妻鏡」同年十一月二十二日条には「相州赤痢病事減気云々、今日、被譲執権於武州長時、又武蔵国務・侍別当并鎌倉第同被預申之、但家督幼稚之程眼代也云々」と、また、「鎌倉大日記」には「時宗幼少間、彼代官」とあり、①執権時頼が赤痢により執権を長時に譲り、また②武蔵国国務と③侍別当、そして④鎌倉第を長時が預かることとなった。但し、これは家督（時宗）が幼稚（幼少）の間の眼代（代官）であったとしている。では「家督幼稚之程眼代」の実態はとはどのようなものであったのであろうか。

「保暦間記」には「康元元年十一月廿二日時頼将軍家ノ執権ヲ政村・長時義時孫、重時二子陸奥守等ニ申付テ出家ス、出家ノ後モ、凡世ノ事ヲバ執行ハレケリ」とあるように、政治の実権は出家した時頼が掌握していたと記している。本章では、右記①〜④を中心に、時頼と長時、長時と時宗の動向等を検討してみたいと思う。

①執権

長時は、康元元年十一月二十四日執権に就任して初めて政所に出仕した。この時連署の政村や評定衆等が参会している[27]。また、四日後の二十八日には評定に初めて出仕し[28]、執権としての活動を本格的に開始している。しかし、「吾妻鏡」には、「今日評議之時」「有評議[29]」、あるいは「被行評定始」「有評定[30]」という記載で評定が行われたことを示しているが、出仕者を明示する記事が少ない。長時の執権就任以降、文永元年（一二六四）八月に没するまでの記事を見ても、数例を数えるだけである。その他の長時に関する記事も儀式への出仕記事が多く、執権の行動を記載するにしては淡泊といわざるをえない。

そこで、長時の執権としての発給文書からその活動の時期を確認しておきたい。川島孝一「北条時頼文書概論[31]」によれば、時頼の発給文書を「時頼が署判を加えた文書を執権・政所別当として発給した幕府文書と北条氏一族の家督としてまたは個人的に発給した得宗文書と二つに大別して整理し検討を加えていきたい」という観点から左記のように分類している。

一、幕府文書

A、将軍家政所下文　B、関東下知状　C、関東御教書と連署奉書

二、得宗文書

A、下文　B、下知状（松下禅尼下知状）

C、北条時頼袖判奉行人奉書　D、書状

執権を継承した長時は、このうち「一、幕府文書」のA・B・Cの文書を継承したと推定され[32]、「二、得宗文書」A～Dについては時頼が出家後も発給していたことが確認されている。

一、幕府文書

A、将軍家政所下文

長時が執権に就任した時の将軍は、後嵯峨院の皇子宗尊親王であった。この時期の将軍（宗尊親王）家政所下文の初見は、「相良家文書」所収の正嘉元年（一二五七）九月十四日付の四通である。[33] これらは、川島氏がIII型に分類したもので、[34]「譲与安堵」を内容とするものである。

終見は、文永元年（一二六四）六月十三日の将軍（宗尊親王）家政所下文写[35]である。これもIII型で、「譲与安堵」を内容とするものである。

この間長時は、十七通の将軍家政所下文に別当として政村の次位に署名しているが、I型は一通、II型は五通、III型は十一通で、IV型は見られない。[36]

なお、長時は、文永元年七月三日に出家し、八月二十一日鎌倉の浄光明寺において死去しており、終見の、将軍家政所下文に署名後二十日あまりで没したことになる。

B、関東下知状

長時の署名する関東下知状の初見は、「小早川家文書」所収の正嘉元年（一二五七）七月六日付のものである。[37] これは、川島氏が分類した裁許状のI型～III型には該当せず、[38]「譲与安堵」を内容とするもので、事書に譲与安堵の対象者とその所領が記されている。形式から見ると、A（将軍家政所下文）のIV型の変形であるので、これをIV型とする。

終見は、文永元年五月二十七日の関東下知状[39]で、川島氏の分類でいうとII型に該当する裁許状である。

この間長時は、十八通の関東下知状[40]に署名しているが、I型は八通、II型は五通、III型は一通、IV型は四通、その他は一通になる。

C、関東御教書と連署奉書

川島氏は、佐藤進一氏・高橋一樹氏・上島有氏等の諸説を整理して、幕府発給の御教書を左記の二種類に分けている。

①は、原則として年月日完記型で、執権・連署が署判を加え、「依仰執達如件」や「仍執達如件」の文言で書き止める奉書である。鎌倉幕府進止下の御家人の社会のなかで効力を持ち、永続的効力の期待される事柄から随時の連絡・通達まで広くに用いられており、通達文書が当面の所用を終了した後にもなお効力を持つ。

②は、原則として月日型で、執権・連署が署判を加え、「恐惶謹言」の文言で書き止める奉書である。従来通りに随時的な通達に用いられ、幕府進止下にない朝廷・寺社などの権門などに宛てられた文書である。

川島氏は、①②両者に「同じ関東御教書の文書名を付することには躊躇せざるをえない」とし、「当時の朝廷・寺社などの権門に属し、幕府進止下にない人々の中では、②の文書のことを「武家避文」「関東返報案」などと称し、「関東御教書」という意識はみられない」として、「この種の文書を関東御教書とは切り離して文書名を付して考えたほうがよさそうである」と主張し、文書名を①関東御教書と②某・某連署奉書にまとめている。(41)

①の関東御教書の初見は、「書陵部本参軍要略抄下裏文書」所収の康元元年（一二五六）十二月五日付のものである。(42)これは六波羅北方の北条時茂に訴訟の調査について指示したものである。

終見は、文永元年四月二十六日の関東御教書写(43)で、備前・備後両国の守護長井泰重宛の指示である。この間長時は、五十三通の関東御教書に署名している。(44)

一方、②の執権・連署の連署奉書は数が少なく、（ア）正嘉二年（一二五八）と推定される十二月二十四日の北条政村・同長時連署奉書案（「春日神社文書」）と(イ)弘長二年（一二六二）四月十七日の北条政村・同長時連署奉書案（「香春神社文書」）の二通だけである。[45]

(ア)は、端裏に「関東　院宣御返事正嘉二年十二月廿四日」とあり、一具と推定される礼紙書の端裏にも「関東寺家御返事」　正嘉三年正月十一日到来　正嘉二年十二月廿四日」とあり、興福寺領摂津国吹田庄下司職に関する訴訟で、後嵯峨院の院宣に対する請文であったことがわかる。

(イ)は、天台別院豊前国香春社造営に関するもので、「院宣副具書謹給預候畢」とあり、これも後嵯峨院院宣に対する請文であった。

長時の執権としての発給文書は、執権就任一カ月後の康元元年十二月五日から、没する二カ月前の文永元年六月十三日まで確認でき、執権の職務を遂行していたことがわかる。それではなぜ、「吾妻鏡」における長時の記事は淡泊なのであろうか。「吾妻鏡」には六波羅や諸国守護に対し発給された関東御教書を引用する記事がいくつか見られる。例えば、正嘉二年三月二十日条の地の文には、「終日甚雨、有評定、将軍家明年依可有御上洛、供奉人以下事被経群儀、且致用意、且為令相触子細於御家人等、所被下御教書於諸国守護人也」とあって、同二十八日付の守護宛の関東御教書が引用されているだけで、評定への出席者や論点等については記載されていない。以降の記事についても同様で、[46]評定を長時が主導した形跡も、長時の個性も記載されることはなかったが、長時は、政所別当・執権として、忠実に事務処理を進めていたのではなかろうか。

一方、時頼の行動を見てみると、正嘉元年八月二十五日勝長寿院造営の雑掌が定められるが、本堂は時頼、弥勒堂は時房流（大仏）の時直、五仏堂は極楽時流の重時、三重塔は連署政村が担当しており、長時の姿は見えない。同年九月三十日、翌日の大慈寺供養のため、時頼は大慈寺の修理の様子を見るため出向いている。翌二年二月十三日故経時の十三年忌の法主は時頼であり、時頼が仏事を主導する姿が見られるのである。また、後述するように、正月一日の垸飯の沙汰人や廂衆結番等の主導権を握るのも時頼であった。

②武蔵国務

ここでは、将軍の知行国である武蔵国の国務沙汰と、時頼が長時に預けた「武蔵国務」の内容も含めて検討したい。元暦元年（一一八四）六月五日、源頼朝の推挙によって武蔵守に源（平賀）義信が任じられ、武蔵国は頼朝の知行国（関東御分国）になった(47)。文治三年（一一八七）十一月には、閑院内裏修造の勧賞として重任が許され、以降武蔵国は将軍家の永代知行国として幕末まで鎌倉幕府の支配下にあったとされている。

源頼朝の時代、関東御分国の国務沙汰は、基本的に知行国主である源頼朝が掌握しており、幕府政所がその指揮下にあって国務（国の検注や大田文の作成等）を沙汰していた。一方、「吾妻鏡」建久六年（一一九五）七月十六日条等から、武蔵国の場合は他の関東御分国と違って、国守が国務沙汰の一部を掌握し、秩父一族（河越・畠山氏）が武蔵国留守所惣検校職に補任され、国務沙汰の一部に関与していたことが知られる。知行国主源頼朝――幕府政所が軸になって、武蔵守平賀義信、武蔵国留守所惣検校職（河越重頼、畠山重忠）が国務の一部を分担していたのである。

源頼朝の没後は、二代源頼家のもと、以前同様に幕府政所が中心となって武蔵守平賀義信、武蔵国留守所惣検校職畠山重忠が国務の一部を分担していた。比企氏滅亡後、頼家は幽閉され、三代源実朝を奉じた北条時政、続いて北条義時が執権に就任し、幕府政所を掌握していった。この過程の中で、武蔵の国務沙汰権も執権（北条氏）の支配下に置かれていったと推定される。

この間、武蔵守義信の掌握していた一部の国務沙汰権については、それを継承した子の武蔵守平賀朝雅が京都守護として在京するようになったため、徐々に影響力は薄れて行ったと考えられる。一方、武蔵国留守所惣検校職は、建保元年（一二一三）の畠山重忠の乱後執権（北条氏）が掌握した。下って嘉禄二年（一二二六）四月十日に河越重員が補任されるが、以降は名目的・儀礼的な職となり、かつての権限はなかったと考えられている。(48)

ところで、「吾妻鏡」建仁三年（一二〇三）十月二十七日条に「武蔵国諸家之輩、対遠州、不可存弐之旨、殊被仰含之、左衛門尉義盛為奉行云々」とある。将軍であり、知行国主であった源実朝が、侍所別当和田義盛を奉行として、遠州（北条時政）に対し「武蔵国諸家之輩」が忠誠を尽くすよう命じている。(49)

この時期は比企の乱直後で、同年十月九日に将軍家政所吉書始が行われ、北条時政は政所別当として参列している。(50)時政は、十歳と幼少の将軍源実朝の外祖父であり、政所の筆頭別当（執権）として補佐する立場にあり、幕府権力の中心となっていた。十月二十七日の命令は、おそらく、実朝の後見である母北条政子の了解を得て、時政が指示したものと見ることができよう。比企の乱後で動揺していた「武蔵国諸家之輩」を鎮めるための沙汰であったと考えられる。時政は、混乱に乗じて、武蔵国に対する国務沙汰権とともに、本来鎌倉殿の保持していた武蔵の御家人に対する統率権をも手に入れたのである。この記事をもって北条時政の武蔵守護就任とみてよいと考える。しかし、これは当時武蔵国留守所惣検校職であった時政の女婿畠山重忠との間に、対立を生む要因となっていった。(51)元久二年（一二〇五）北条時政のため畠山重忠をはじめとする秩父一族が没落し、その直後時政も失脚し、武蔵守であった時政の女婿平賀朝雅も京都で誅された。

これ以降も、武蔵の国務沙汰は、幕府政所が執権を中心に行っていたと考えられるが、国司による国務沙汰や武蔵国留守所惣検校職の権限は先例として一部踏襲されていたと考えられる。[52] 一方時政の得た守護の権限は、義時が継承したと推定される。

承元四年（一二一〇）正月十四日には執権北条義時の弟時房が武蔵守に任じられた。[53] その後、承久元年（一二一九）十一月十三日、武蔵守に泰時が補任されて以降、幕府滅亡まで、武蔵守には北条氏の一族が補任されている。このうち得宗本人が武蔵守となっているのは泰時とその孫経時だけである。[54]

次に北条泰時の執権期を見てみよう。貞永元年（一二三二）二月二十四日破壊した武蔵国六所宮拝殿の修造を担当したのは幕府政所の奉行人武藤景頼であり、[55] 幕府政所を中心に進められていたことがわかる。但し、近国一宮に奉幣使を派遣する際に泰時が武蔵国を担当し、[56] 関東御領である武蔵国太田庄の荒野開発や大破した武蔵国榑沼堤の修固に北条得宗家の家令尾藤景綱が関わるなど、[57] 関東御領の支配や武蔵の国務に泰時が深く関与していたことが窺えよう。「吾妻鏡」仁治二年（一二四一）十月二十二日条によれば、武蔵野の開発に際し、犯土の儀を将軍家の沙汰とするか北条泰時の沙汰とするかが議論になっており、実質的には泰時の沙汰で計画が進められているが、開発した田地を宛行うのは将軍であることを理由に、形式上は将軍の沙汰として犯土の儀が行われている。

一方、武蔵国の請所等用途については、連署（政所別当）北条時房が国務を行っており、この時期も義時の時期と基本的には変化はなく、執権泰時を中心に幕府政所が国務沙汰を行っていたものと考えられる。[58]

次の経時の時期には、執権経時の管理する由比浜の蔵には武蔵国の乃貢が収められ、経時（得宗家）の家令平盛阿（盛綱）が奉行を担当しており、[59] さらに得宗分国化が進んでいる様子を示している。

次の北条時頼の時代、宝治合戦（一二四七年）に際して近国の御家人が鎌倉に参集し時頼の館を守備したとき、「相模国住人等者、皆張陣於南方、武蔵国党々并駿河・伊豆国以下之輩者、在東西北之三方、已閉四門[60]」と、得宗家が守護である駿河・伊豆両国に加えて、のちに得宗分国となる相模・武蔵両国も北条氏の指揮下に入っている。ちなみに相模守は北条重時、武蔵守は北条時直であった[61]。

北条長時が預けられた武蔵国務は、このように国務沙汰と御家人に対する支配権を包括した権限であり、次代の北条時宗の時には武蔵国は得宗分国化し、その支配下に入っていった。

③侍別当

侍別当は、侍所別当のことである。建保元年(一二一三)の和田義盛滅亡後、五月五日に北条義時が侍所別当に補任され[62]、以降この職は、北条氏の嫡流(得宗)が独占した。執権が侍所の別当を兼任することの重要性については佐藤進一による指摘があり、「北条氏が自己の腹心をして侍所の実権を掌握せしめる制が考えられたであろう」と述べる[63]。すなわち、義時は、その翌日金窪行親を侍所司に任命し、二階堂行村・金窪行親・安東忠家等に命じて和田の乱で戦死や生虜された武士の交名を提出させている。乱後の臨時のこととはいえ、義時の腹心二人(行親・忠家)が重要な役割を担っていたことがうかがえよう。

「吾妻鏡」建保六年(一二一八)七月二十二日条によれば、この日侍所司五人が定められ、泰時が別当に、二階堂行村・三浦義村が御家人のことを奉行してそれを補佐し、大江能範は将軍の御出以下御所中の雑事を担当し、伊賀光宗は御家人の供奉所役以下の催促を担当することと定められた[64]。この記事では、義時は侍所別当を子の泰時に譲ったことになるが、果たしてそうなのであろうか。「吾妻鏡」の記事の「被定侍所司五人」に注目すると、侍所の所司(職員)を補任した記事であり、義時の腹心の代わりに子の泰時を中核にすえて実権掌握を強化しようとしたものではなかろうか。[65]

翌承久元年（一二一九）七月、御所内に宿侍、守護する武士を管轄する小侍所が設置され、別当に義時の弟重時が補任された。[66]さらに機構の整備が進んだことになる。寛喜二年（一二三〇）三月、六波羅として上洛する重時に代わって、その弟実泰が小侍別当に就任し、[67]文暦元年（一二三四）六月、実泰が病により辞任すると、執権泰時はその子実時を後任に指名している。[68]同年七月、将軍頼経室である竹御所（源頼家女）が難産のため没すると、その奉行人であった実時は憚りがあるとして出仕を止められ、同年八月泰時の孫経時が小侍別当に就任した。[69]経時は、二年後の嘉禎二年（一二三六）十二月に辞任し、再び実時が小侍所別当に就任したようである。[70]

なお、義時没後の侍所別当については、明確な史料は存在しないが、泰時が継承し、更に経時、時頼と継承したとみてよいと思われる。

このように、侍所別当は北条氏嫡流（得宗）が就任し、その支配下にあった侍所司には北条氏の腹心が補任され、小侍所別当にも得宗の嫡男あるいは極楽寺流や金沢流の北条一門が補任されており、鎌倉殿と御家人との間の主従関係の根幹を北条氏が押さえていたことになる。

次に、長時の侍所別当としての活動を「吾妻鏡」を中心にみてみたい。正嘉二年（一二五八）六月一日、御所奉行二階堂行方は、将軍の意向を受けた勝長寿院供養日の供奉人散状を長時に進め、長時は小侍所別当であった実時に人数を加えるよう指示している。また同年六月十七日には、小侍所より、将軍の鶴岡八幡宮放生会参宮供奉人の御点を長時に依頼があり、翌十八日長時は御点を申下して実時に返している。[71]

文応元年（一二六〇）六月十六日、小侍所より、鶴岡八幡宮放生会供奉人の総記が長時に献上され、長時は、御所に進覧するよう指示、同十八日、御所奉行二階堂行方より将軍の仰せが通知された。また、十一月十八日に長時は、二所詣の精進延期を小侍所に伝え、御息所浜出の供奉人の沙汰を命じている(72)。これらの例から、長時は、御所奉行と小侍所の間に立って、伝達や調整を行う仕事を担当していたのである。

一方、文応元年七月六日には、御所奉行より、小侍所の所司実時・時宗両人に随兵の代官を許容した人物について尋問があったが、この件は時頼に相談され、時頼の腹心工藤光泰・平岡実俊の言葉として謝ったという(73)。これは、同年正月二十日に、昼番衆が定められた際、度々時頼に相談して定められたことや、同年七月二十三日に、小侍の番帳清書が行われるが、清書の仁は時頼の計らいであったということからも、主従制の根幹に関わる件については長時の判断ではなく、時頼が沙汰していたことを示している(74)。

④鎌倉第

鎌倉内にある北条氏の邸宅については、秋山哲雄「都市鎌倉における北条氏の邸宅と寺院(75)」に詳しい。これによると、長時に預けた「鎌倉第」を建長三年（一二五一）に小町に新造された時頼邸に比定し、この場所は小町大路の東にあたり、時頼が時房から引き継いだ宝戒寺小町亭(76)のことで、「宝戒寺小町亭が執権職を体現している」、傍流であった「時頼が宝戒寺小町亭にあって執権の地位を確固たるものにしたことから、この邸宅が執権亭と言われるようになった」、「評定の機能が御所とは離れた「執権亭」に吸収されていたことは明らかであろう」と評価している。このように執権の象徴であった「鎌倉第」が長時に預けられたことは、そこで評定が行われたことを示している。時頼は、執権の職務執行上欠かせない「鎌倉第」を長時に預けたのである。長時は、政所別当・執権として、忠実に事務処理を進めるべき立場にあったのである(77)。

一方、北条長時の預かった宝戒寺小町亭の一郭には、時頼の嫡男時宗の「東御亭」があった[78]。時宗は、山内に邸宅を持っていたが[79]、鎌倉における活動の拠点としてここを使用していた。将軍宗尊親王は、後述する御行始や方違の場所として、執権長時亭（小町亭）ではなく、この時宗の「東御亭」を利用しており、将軍との関係は得宗を継承する時宗が中心となって沙汰していたことを示している[80]。

以上、①～④を検討してきた。この「吾妻鏡」の記事に示される執権職・武蔵の国務・侍所別当・鎌倉第は、得宗の権限を具体的に示し、またそれを象徴する職務であり、それが時頼から眼代の長時を経て、時頼の嫡男時宗に伝えられたことを示すため作成されたと考えられる。

五　幕府年中行事

次に、鎌倉幕府の年中行事のうち、①正月の垸飯の沙汰人及び②将軍の御行始を検討し、得宗の時頼・時宗父子と執権長時がどのような役割分担をしていたか確認してみたい。

①　垸飯

垸飯については、永井晋「鎌倉幕府垸飯の成立と展開」[81]に詳しい。これによると、垸飯儀礼が将軍と有力御家人との間の主従関係を再確認する役割を担ったのは頼朝期に限定され、北条氏が幕府の主導権を握り、北条氏を中心とした幕府秩序を再現する儀礼として整えられていったと述べる。

時頼政権期に当たる建長二年（一二五〇）～弘長三年（一二六三）を見ると[82]、始めの間の垸飯沙汰人は、元旦は執権時頼、二日・三日は連署重時・足利義氏（康元元年はその子頼氏）の三人が担当していた。しかし、康元元年（一二五六）三月に重時が、同十一月に時頼が出家して、執権・連署が交代して以降は、元旦は時頼入道、二日は重時入道、三日は連署政村であった。長時が最初にこの垸飯儀式の中に登場するのは、正嘉二年（一二五八）元旦の時頼入道の沙汰の時で、両国司（政村・長時）が大庇に伺候していた[83]。出家したとはいえ、得宗時頼入道に執権・連署が従うという象徴的な景色がみられる。

長時が垸飯の沙汰人と登場するのは、父重時が没する弘長元年十一月三日以降のことで、弘長三年の元旦は時頼入道、二日は連署政村、三日に執権長時が沙汰している[84]。

これらの事例から、元旦の垸飯沙汰人は執権が務めるものではなく、得宗が務めることとなっていたと考えられる。これは長時没後の文永二年、三年の元旦は得宗時宗（時宗はこの時連署）が沙汰していることからも確認できる。

正月二日・三日の沙汰人を含めて考えると、時頼執権期には一時足利氏が沙汰することもあったが、時頼出家後は、二日は重時入道、ついで連署政村が、三日は連署政村、ついで執権長時が沙汰しており、得宗を筆頭とする幕府内における北条氏の序列を示すものに変化していったことが確認できる。この序列からみると、長時は、執権就任時は序列の三番目にも入れず、晩年になってようやく第三番目に位置することができたのである。

② 将軍の御行始

次に将軍の御行始を見てみよう。御行始は、年始や新造邸入御後に行われることが多く、源頼朝の場合は安達盛長・八田知家・比企能員などの近臣の家に行く例がある[85]。二代頼家の場合も問注所執事である三善康信亭に、三代実朝は政所別当大江広元や執権北条義時亭などの重臣の家に御行始が行われている[86]。

北条泰時の執権期は、安貞元年（一二二七）正月九日が将軍藤原頼経の御行始の初見であるが、この時は「武州亭」（泰時亭）であり、以降も執権泰時亭がほとんどであり[87]、執権亭に御行始が行われるのが恒例化していることを読み取ることができる。

泰時没後の次年にあたる寛元元年（一二四三）正月は、喪中であったためか安達義景亭に将軍の御行始が行われているが、翌年は執権経時亭であった[88]。ところが、同四年正月四日は時頼亭に御行始があった。執権経時は、前年五月には病気に罹っており、同四年三月二十三日には病気が重くなったため執権を弟時頼に譲り、同四月十九日出家している。元旦の垸飯は執権経時の沙汰で行われているが[89]、この時の時頼の立場を考える上では興味深い事実であろう。

北条時頼が執権在任中の宝治元年（一二四七）～康元元年（一二五六）は、泰時の時期と同じように、正月の将軍の御行始はほとんど時頼亭であった。執権を長時に譲った後を見ても執権長時亭ではなく、得宗である時頼亭に御行始を行っている[90]。また、時頼没後の文永二年・三年を見ると、得宗を継承した時宗亭に御行始しており、時頼の時から、正月の御行始は得宗亭に行くことが恒例化していたと見てよいであろう。

将軍に仕える御家人の筆頭である北条氏得宗が将軍の御行始を自邸に迎えることは、幕府の職制ではなく、主従制の再確認の儀式のひとつとして行われていたと考えられる。そう考えると、正月の垸飯の儀も、得宗を頂点とする主従制の再確認の意味は失われていなかったのではなかろうか。

六　長時と時宗

最後に、長時と時宗の関係を、「吾妻鏡」の記事から見ておきたい。康元元年（一二五六）時頼が長時に執権を譲ったとき、正寿（時宗）は六歳で、元服前の子供であった。翌正嘉元年二月二十六日、御所で時宗の元服の儀が行われた。烏帽子親は将軍宗尊親王、理髪役は長時、安達泰盛が烏帽子を持参している。連署の政村以下の御家人は西侍に座したが、出家していた時頼、重時は不参であった。長時は、時宗が御前参り装束と烏帽子を賜わる儀式から最後の将軍から名字を賜わる儀まで時宗を扶持しており、『吾妻鏡』は終始時宗の後見としての立場を印象づけている。(91)

翌正嘉二年三月の将軍宗尊親王の二所詣に際しては、精進始から長時、時宗は並んで参仕している。(92)特に、二所詣の行列では、「次小侍所司　平岡左衛門尉実俊」の次に「次　武蔵守長時　相模太郎相並」とあり、その後に「次侍所司　平三郎左衛門尉盛時」であった。この時小侍所別当は金沢流の北条実時、御所奉行は二階堂行方で、前年の十二月十六日から供奉人の選定に入っていた。(93)この供奉の順は、侍所としての供奉であることを示していると考えられる。眼代長時と並んで時宗（当時七歳）が従っていることは、この場合も時宗の得宗継承を喧伝する目的があったことを示している。これは、弘長三年（一二六三）八月の鶴岡八幡宮放生会では、将軍宗尊親王に従って、執権（長時）・連署（政村）とともに、時宗は同八幡宮の回廊に祗候したことにも示されている。(94)

しかし、文応元年（一二六〇）二月、時宗（当時九歳）が小侍所の別当に就任して以降、(95)長時が時宗を補佐する記事はほとんどみられなくなり、小侍所別当北条（金沢）実時に補佐された記事が多くなる。(96)

一方、北条時宗には得宗の継承者としての独自の行動が見られる。前述した将軍の御行始や方違等の他、文応元年八月七日、将軍宗尊親王が赤痢に罹ったとき、時宗の沙汰として泰山府君祭を行い、同十二日には、時宗の沙汰として薬師像の造立を行っている。(97)やはり、将軍との主従制に関わることは、得宗の時宗の管轄であった。

終わりに

北条長時の前半生は、六波羅にいた父重時や公家の女であった母の影響から、京都との関わりが深く、これは弟時茂に継承されていった。六波羅時代に培った政治的感覚や政務一般の才能は鎌倉に帰ってから発揮されたと言ってよいであろう。

鎌倉に帰ってからの後半生は、有能な政治家、政務に長けた執権としての姿が見られる。「吾妻鏡」では、時宗を顕彰する余り、長時の記事は淡泊であるが、実際の政務の執行の様子は、残された古文書等から推察することが可能であろう。

しかし、長時は権力者ではなかった。垸飯を初めとする鎌倉幕府の行事の中で、将軍との主従制に関わることは、最終的には出家した時頼やその嫡子時宗が沙汰していた。その意味で、長時は時宗の代官と言うよりは、得宗の代官として政務を忠実に執行した人物と評価できるであろう。

〔注〕

（1）「鎌倉年代記」、「関東評定衆伝」。「北条系図」（前田育徳会所蔵「関東開闢皇代並年代記事」所収）に見える通称の「陸奥次郎」と、「保暦間記」が陸奥守重時二子としていることなどから重時二男と判断した。「武家年代記」も重時二男、但し嫡子とする。長子は為時であったが早世したと推定される。以上『北条氏系譜人名辞典』「北条長時」（下山忍執筆分）による。なお、「明月記」（国書刊行会）嘉禎元年（一二三五）十月十六日条に「駿河守重時最愛嫡男八歳疱瘡死去、其宅已穢、悲歎乳母夫妻左衛門尉出家云々」とあり、これが為時であろう。

（2）「吾妻鏡」同日条、四月十一日条。

（3）長時の母について、「北条時政以来後見次第」（前田育徳会所蔵）は「母入道大納言家治部卿、中宮大夫進平基親女」、「平氏系図」（前田育徳会所蔵「帝皇系図」所収）は「中宮大夫平時親女」、野辺本「北条氏系図」（福島金治「野辺本北条氏系図について」『宮崎県史』史料編中世1、宮崎県史しおり）は「入道大納言家、後年治部」、「系図纂要」平氏5（北条流）は「入道大納言平時親女」と注記する。森幸夫「御家人佐分氏について」（『金沢文庫研究』二九三、一九九四年九月）によれば、平時親は誤記で、平基親が正しいとする。なお、長時の弟時茂の母について、野辺本「北条氏系図」は備後局とするが、「鎌倉年代記」・「北条九代記」は、長時と同母とする。以上『北条氏系譜人名辞典』「治部卿」（菊池紳一執筆分）による。

（4）「玉葉」同日条。

（5）「玉葉」同年四月六日条に「家司基親」とある。

（6）『花押かがみ』二、平基親項。

（7）この娘は、康元元年（一二五七）九月十六日から赤班瘡ができ、愛染王供等の祈禱のかいもなく、同十月十三日早世した。三歳であったという（「吾妻鏡」同日条）。以上、『北条氏系譜人名辞典』「北条時頼女」（菊池紳一執筆分）による。

（8）杉橋隆夫「北条時政の出身――北条時定・源頼朝との確執――」（『立命館文学』五〇〇、一九八七年）、同「牧の方の出身と政治的位置――池禅尼と頼朝と――」（『古代・中世の政治と文化』所収、一九九四年）などによる。なお、『静岡県史』（通史編1、一九九四年）、『静岡県の歴史』（一九九八年）も参照されたい。

この杉橋説に関しては、細川重男・本郷和人「北条得宗成立試論」（『東京大学史料編纂所研究紀要』一一、二〇〇一年三月）では両者の婚姻の時期について批判を加え、「時政が牧の方を妻に迎えたのは、やはり頼朝の政権が誕生した後のことだったのではなかろうか」とする。一方、宝賀寿男「杉橋隆夫氏の論考「牧の方の出身と政治的位置」を読む」（ホームページ「古樹紀之房間」樹童等の論評・独り言・雑感、二〇〇二年八月）では婚姻そのものについて全面的に否定する。論文の批評にインターネットのホームページの論説を引用することには是非があろうが、杉橋氏の説には検討すべき課題を多く含んでいることは確かであろう。その中で「吾妻鏡」の記載（例えば「武者所牧宗親」）について考えを示していないなど、宝賀氏の考えに頷かれる部分もある。

（9）北条氏の女性は、諸史料や系図の上から約百六十名程が知られているが、彼女たちの嫁ぎ先を分類するといつくかの傾向が見えてくる。

公家との通婚の例を見てみると、検討すべき課題はあるが、時政の後妻牧の方が平忠盛の妻池禅尼の姪、あるいはその周辺の女性であったとすれば、京都の公家とも親交があったと考えられる。そのためか子女が公家に嫁した例が多く見られる。時政の女は中納言源国通・大納言三条実宣・藤原師家・坊門忠清などに、義時の女もこの傾向は変わらず、源頼朝の妹婿一条能保の子息実雅・能基や西園寺実有に嫁している。承久の乱以降は、泰時女が藤原実春に嫁し、源国通の養女になり、また六波羅探題として長く在京した時房・重時の系統にも公家に嫁した女性が多く見られる。一方飛鳥井家のように鎌倉に下った公家に嫁した女性もいる。鎌倉後期には公家に嫁す例は少なくなり、重時流に数人見られるだけである。一方、公家から北条氏に嫁した女性は見られない。公卿や諸大夫層の娘が、本来侍身分であった北条氏に嫁すことはほとんどなかったと考えられる。

一方、源氏の場合を見ると、初代執権時政の長女政子とその妹阿波局は、源頼朝・全成兄弟に嫁ぎ、その他の娘も頼朝の従兄弟足利義兼と頼朝の信頼が厚かった平賀義信の子朝雅に嫁いでいる。義時以降では、源家三代が途絶え、平賀氏（大内氏）が没落すると、足利惣領家代々や、その庶子家にあたる斯波・渋川等の一族と婚姻関係を結ぶようになっている。

御家人との婚姻を見てみると、時政の女は、武蔵の畠山重忠・稲毛重成、下野の宇都宮頼綱、伊予の河野通信等に嫁している。武蔵武士の二人は、秩父氏の一族で武蔵の有力者であり、北条氏が武蔵国に勢力を延ばすのに核になったと考えられる。宇都宮氏と北条氏は幕初の頼綱の時から、泰綱・経綱・景綱・貞綱と相互に婚姻を結んでいるのが特徴である。しかし、義時以降、北条氏から御家人に嫁す女性は少なくなり、得宗家では三浦泰村に嫁いだ泰時の女がいるだけである。

鎌倉中期からは、北条氏一族内での婚姻が増加する傾向がある。義時の子朝時と弟時房の女が従兄弟同士で婚姻関係を持ったのをはじめ、泰時の女が時房の子朝直、ついで朝時の子光時に、時氏の女が時定・時隆に嫁ぐ例などがある。鎌倉後期になると得宗家内部や有力庶子家の婚姻が多く見られる。例えば、貞時の妻は従兄弟の宗政の女、貞時の女は師時・熈時に嫁いでいる。これは、時代が下るに従って一族間の結合を深める必要が生じてきたからと考えられよう。以上、北条氏研究会「北条氏系図考証」(『吾妻鏡人名総覧』、一九九八年、吉川弘文館)、北条氏研究会編『北条氏系譜人名辞典』(二〇〇一年、新人物往来社)、北条氏研究会編『北条時宗の謎』(二〇〇一年、新人物往来社)等による。

(10)叙留である。「関東評定衆伝」文永元年条、「武家年代記」康元元年条による。「鎌倉年代記」康元元年条では任右近将監とする。

(11)叙爵の時期は、経時は十四歳、時頼は十七歳であり、長時の同母弟時茂は十七歳であった。長時を祖とする赤橋氏は、重時流(極楽寺流)の嫡流であり、長時・義宗・久時・守時と四代続いて引付衆を経ることなく評定衆となっている。守時を除く三代はいずれも二十代前半で六波羅北方に就任するのを通例とした。叙爵年齢も十六・十七歳(守時は十三歳)と若く、歴代得宗に次ぐものである。一番引付頭人、寄合衆を経て執権に至る家であり、その家格は得宗家に次いで高いものであった(細川重男『鎌倉政権得宗専制論』)。

(12)六波羅南方は、時盛の鎌倉下向以降、文永元年(一二六四)十月に時輔が補任されるまで在任せず、重時、長時、時茂と六波羅北方のみで京都の治安維持等にあたっていた。

(13)「吾妻鏡」同年六月三日条には「今日若狭前司泰村南庭有落書注檜板、其詞云、此程世間のさハく事、何ゆへとかしらて候、御辺うたれ給うへき事なり、思ひまいらせて、御心えのために申候云々、若州為身存凶害仁所為之由称之、即破却訖、然而申入左親衛御方云、就閭巷謳歌、察人之内議、身上事非無其怖、於泰村者、更雖不存野心、被催総物（マヽ）忩国々郎従等有来集事、定為讒訴之基歟、依之可（マヽ）有御不審者、早可令追下、若又有可被誡侘上事者、無衆力者、不可支御大事、進退宜随貴命云々、敢不及氷疑之旨、有御返事云々、凡去月夜中、俄出彼館、令還本所給以来、泰村甚歎息、朝暮費心府、已忘寝食云々」と緊迫した状況にあり、二日後に宝治合戦が勃発する。

(14)「葉黄記」によると、前年の寛元四年（一二四六）六月六日関東より飛脚が到来し、前将軍藤原頼経の近習に対する時頼の処置が報じられた。いわゆる寛元の政変（「吾妻鏡」五月二十五日条）の結果が伝えられたのである。六月十一日には頼経の上洛も報じられ（七月十一日鎌倉を発し、二十八日入洛）、九条道家の立場は微妙なものになっていった。同書八月二十七日条によれば、記主葉室定嗣は関東の時頼よりの私信を披露したい旨、北条重時より招きを受け、訪ねている。この時頼の手紙の内容は「大納言入道上洛遁世之儀也」と「関東申次之仁、追可計申之由也」ということであった。即日定嗣は後嵯峨院に奏聞し、翌日院が了解した旨を重時に伝えている。十月十三日条では、時頼の使者（安藤光成）が上洛し、「関東申次可為相国之由、是定云々」と太政大臣西園寺実氏を関東申次に指名したことを報じている。そしてこの日、徳政を行うことを院に申し入れるとともに、武士の終夜の洛中守護を停止している。京都大番役改変の動きが始まっていたのである。

(15)「葉黄記」同年六月五日条、同九日条等参照。「吾妻鏡」同年六月五日条によれば、時頼は重時に左記の二通の消息と事書一通を認めている。

（上略）申刻被実検死骸之後、被進飛脚於京都、遣御消息二通於六波羅相州、一通奏聞、一通為令下知近国守護地頭等也、又事書一紙同所被相副也、左親衛於御所休幕被申沙汰、其状云、

若狭前司泰村・能登前司光村以下舎弟一家之輩、今日巳剋已射出箭之間及合戦、終其身以下一家之輩及余党等被誅

罰候畢、以此趣可令申入冷泉太政大臣殿給候、恐々謹言、

六月五日　　　　左近将監

謹上　相模守殿

追啓礼紙申状云、

毛利入道西阿不慮令同心之間被誅罰畢、

若狭前司泰村・能登前司光村并一家之輩余党等、兼日令用心之由有其聞之間、被用意候処、今日五日巳剋令射出箭之間及合戦、其身以下一家之輩余党等被誅罰訖、各存此旨不可馳参、且又可相触近隣之由、普可令下知西国地頭御家人給之状、依仰執達如件、

六月五日　　　　左近将監

謹上　相模守殿

事書云、

一、謀叛輩事

為宗親類兄弟等者、不及子細可被召取、其外京都雑掌、国々代官・所従等事者、雖不及御沙汰、委尋明随注申追而可有御計者、

(16)「葉黄記」同日条。

(17)「尊卑分脈」では、「宝治元七六上洛北方、建長八五二十四下向、康元元十二十二補執事」とする。なお、この時に重時が長時に与えた教訓が「六波羅殿御家訓」である。桃裕行『武家家訓の研究』、筧泰彦『中世武家家訓の研究』等を参照されたい。

(18)「葉黄記」同十三日条。

(19)上述の久保田論文第二章参照。久保田氏は、丹波国吉富庄の境界相論に関する「神護寺文書」を素材にして勅裁の伝

達経路を明らかにしている。なお、西園寺実氏は公卿であり、当時の慣習として、実氏から直接に諸大夫の長時宛てに書状が出されることはなく、その家司中原友景の奉書で伝達されるのは当然であった。

(20)上述の久保田論文第二章参照。
(21)「葉黄記」同八月十一日・十二日・十三日・十六日条等参照。
(22)「吾妻鏡」同年二月二十日条。
(23)「吾妻鏡」同日条。
(24)「吾妻鏡」同日条。
(25)「吾妻鏡」三月十九日、四月一日条。
(26)森茂暁「幕府への勅裁伝達と関東申次」（『金沢文庫研究』二七三、一九四八年）及び「関東申次施行状の成立」（両論文ともに『鎌倉時代の朝幕関係』所収、一九九一年）。
(27)「吾妻鏡」同日条。連署の北条政村（泰時弟）は、同年三月十一日に辞任して出家した北条重時（泰時弟）に替わって三月三十日に就任している（「吾妻鏡」）。
(28)「吾妻鏡」同日条。
(29)「吾妻鏡」正嘉元年閏三月二日条、同九月二十四日条等。
(30)「吾妻鏡」正嘉二年正月八日条、同三月二十日条等。
(31)本論文集所収。
(32)ちなみに、北条時頼発給文書の内、Aの終見は建長八年（一二五六）十月三日、Bの終見は建長八年八月十一日、Cの終見は（建長八年）九月二日である（川島論文表I参照）。
(33)『鎌倉遺文』⑪八一四五号〜八一四八号文書。
(34)川島氏は、上述論文で、I型〜IV型に分類している。I型は宛所に「A国B住人」とあり、次行に「補任地頭職事」

との事書が続き、更に次行に地頭職を充行われた人物が記される。あらたに所領・所職を充行う場合に用いられた。Ⅱ型・Ⅲ型・Ⅳ型の将軍家政所下文はいずれも「譲与安堵」を内容とするもので、宛所には、Ⅱ型は「A国B住人」、Ⅲ型は「人名」が記され、Ⅳ型は空白のものである。

(35)「薩藩旧記五入来本田文書」(『鎌倉遺文』⑫九一一二号文書)。

(36)注(33)、(35)の五通以外に、『鎌倉遺文』(⑪⑫)から十二通の将軍家政所下文が知られるが、川島氏の分類に従えば、Ⅰ型は八四九三号文書の一通、Ⅱ型は八一六八号・八四〇六号・八四四六号・八四五四号・八七一四号文書の五通、Ⅲ型は八三一八号・八三二八号・八七八四号・八八〇七号・九〇六一号・九〇六三号文書の六通で、Ⅳ型は見られなかった。

(37)「小早川家文書」(『鎌倉遺文』⑪八一二六号文書)。

(38)川島氏は、前述の論文の中で、「Ⅰ型は、事書の冒頭に当事者の属する国名・庄園名から書き起こし、訴人名と論人名とが記され、係争地・係争所職などが示され、「……事」、或いは係争点が複数あれば「……条々」で結ばれる。そしてこの表記の事書は地頭御家人対本所(多くは雑掌)や非御家人との相論の下知状にみえている」「Ⅱ型は、最初から訴人の名前と論人の名前から書き起こし、係争地・係争所職などが次に示されるというものである。この書き方の裁許状は、相良頼氏と相良頼重との相論というように、地頭御家人の一族内相論の裁許の場合に用いられた書式であるようである」「Ⅲ型は、Ⅰ・Ⅱ型とは異なっている。訴人の所属する国名より書き出し、訴人である寺名とその主張の要約が事書となっており、論人は示されていない。事実書にも他の型にみえる「対決之処」という文言もなく、事実書をみてもわかるように訴人の主張を受け入れ裁定が下されている」と述べる。

(39)「熊谷家文書」(『鎌倉遺文』⑫九〇九九号文書)。

(40)これ以外に、『鎌倉遺文』(⑪⑫)から十六通の関東下知状が知られるが、川島氏の分類によれば、Ⅰ型は八一三四号・八二六三号・八三三四号・八三九七号・八四八七号・八六九四号・八七七五号・八九七四号文書の八通、Ⅱ型は八九三九号・八九七一号・九〇九三号文書の三通、Ⅲ型は八八八二号文書の一通、Ⅳ型は八四五二号・八五五七号・八七一三号文書の三通、その他は八九〇四号文書（八九〇五号文書は案文）の一通である

(41)川島論文の「表2—4・北条時頼が将軍の意志を奉じた文書」では、書き止めが「依仰執達如件」「仍執達如件」である文書も北条重時・同時頼連署奉書としているが、これらの宛所を幕府進止下にあると推定することも可能ではなかろうか。一考を要する。

(42)『鎌倉遺文』⑪八〇五六号文書。

(43)「新編追加」所収（『鎌倉遺文』⑫九〇八〇号文書）。

(44)これ以外に、『鎌倉遺文』から五十一通の関東御教書が知られるが、六波羅北方時茂に対する八〇八五号・八〇九三号・八〇九四号・八〇九六号・八〇九七号・八一五一号・八三八八号・八四二八号・八五四七号・八六一一号・八六一二号・八六二九号・八六七二号・八七〇四号・八七八三号・八八二一号・八九六四号・八九七九号・八九八〇号・八九八六号・九〇六二号文書（二十一通）、守護に対する八一九〇号・八二〇三号・八二八一号・八三四六号・八三四七号・八五二六号・八五六二号・八五九五号・八六三八号・八八〇一号・八八二八号・九〇七三号文書（十二通）、御家人に対する八〇九五号・八一九九号・八二七四号・八三一九号・八三四九号・八六〇八号・八七二五号・八七六七号・八七八一号・八八四六号・八九六五号・九〇七八号文書（十二通）、その他八〇六二号・八〇六三号・八〇六六号・八三二四号・八四一九号・八九九三号文書（六通）がある。

(45)(ア)は『鎌倉遺文』⑪八三三〇号文書（八三三一号文書は八三三〇号文書と一具でその礼紙書と推定される）、(イ)は同⑫八八〇〇号文書。

(46)関東御教書は文応元年六月十二日条、同八月十二日条、弘長元年二月二十五日条、同三年八月二十五日条、同九月十日条に引用があり、関東評定事書は正嘉二年五月十日条、文応元年正月二十三日条、同六月四日条、同十二月二十五日条に引用がある。多くの記事が「為人庶疾疫対治、可致祈禱之由、今日、被仰諸国守護人云々、其御教書云」「今

日、有被仰遣于六波羅事、其御教書云」「海道駅馬御物送夫事、御使上下向、毎度依犯定数、為土民及旅人愁之由、頻達上聴之間、今日、所被仰六波羅也、其状云」といった例が多く、評定が行われたことすらも記されていない。

(47)関東御分国（関東知行国）については、近年では七海雅人「鎌倉幕府の武蔵国掌握過程」（『三田中世史研究』一〇号、二〇〇三年十月）があり、同論考の注(2)、注(3)に関連する論考が列挙されているので参照されたい。なお、拙稿「鎌倉幕府の武蔵国支配」（『与野市史調査報告書』第四集、一九七九年）、同「武蔵国における知行国支配と武士団の動向」（『埼玉県史研究』第一一号、一九八三年）、同「『吾妻鏡』における「関東御分国」について」（『平成元〜三年度科学研究費補助金研究成果報告書　『吾妻鏡』の総合的研究参照』、一九九二年）等も参照されたい。

(48)「吾妻鏡」寛喜三年四月二日条によれば、河越重員が武蔵国留守所惣検校職の掌る四箇条について、先例通り執行したい旨を執権であり武蔵守でもあった北条泰時に申請しており、泰時は岩原経直に命じて留守所に調査を命じている。注(47)七海雅人論文参照。

(49)注(47)七海雅人論文では、この記事について、「時政の武蔵守任官は確認できないから、この時の彼の立場については、国務管掌権の行使（代行）者と考えることができる」と評価しているが、「国務管掌権」なる新しい概念を用いる必要はないと思われる。ここでは、侍所の別当和田義盛が奉行している点に注目して北条時政が守護に補任されたと判断しておきたい。源頼朝の時代は、武蔵国は鎌倉殿膝下の国として、またその知行国として、前述のような他国とは異なった支配が行われていた。武蔵の御家人は守護に従うのではなく、鎌倉殿のいわゆる旗本として戦いに参加していた。武蔵国には、「管国御家人統率権」を持った守護は置かれなかった。

なお、佐藤進一氏は、鎌倉時代を通じて武蔵国の守護を直接記す史料や守護の検断権を推察させる手がかりもないが、「諸国守護に与えられた管国御家人統率権、および行政職的権限については一、二の徴証が見出される」と述べ、「吾妻鏡」貞永元年二月二十六日条や寛喜三年四月二日条をもって「管国御家人統率権」（守護の権限）の例としている（佐藤進一『増訂鎌倉幕府守護制度の研究』武蔵の項、一九七一年）。しかし、この時武蔵守北条泰時は同時に執権でもあり、堤の修固は幕府政所の行った国務沙汰のひとつとして行ったものと考えるべきであろう。佐藤氏は前述の時政に関する「吾妻鏡」の記事には触れていない。

(50)以上は「吾妻鏡」による。

(51)永井晋「鎌倉初期の武蔵国衙と秩父氏族」（『埼玉県立歴史資料館紀要』七、一九八五年）、同『鎌倉幕府の転換点』（二〇〇〇年）。

(52)「吾妻鏡」承元元年二月二十日条に「時房朝臣去月十四日任武蔵守之間、国務事、任故武蔵守義信入道之例、可被沙汰之旨被仰下云々」とあり、故武蔵守平賀義信の例を遵守するよう命じられている。「吾妻鏡」建暦二年（一二一二）二月十四日条では、武蔵国の国務興行の沙汰として、時房が郷々の郷司職を補任したことについて、泰時が多少疑問を抱き上申したことが記されている。結局、入道武蔵守義信国務の例に任せて沙汰するよう命じられるが、泰時は納得していないようである。これは当時幕府内において、国守による武蔵の国務について議論があり、その権限は制限されていたことを示している。

(53)「吾妻鏡」では承元元年任とするが、金沢正大「武蔵守北条時房の補任時期について」（『政治経済史学』一〇二、一九七四年）、同「十三世紀初頭に於ける武蔵国々衙支配」（『政治経済史学』二二二）によって、「吾妻鏡」の記事には編者の作為があり、承元四年に補任されたことと、その間の武蔵守が足利義氏であったことを確認している。時房の武蔵守任官の時期に編者の作為があるとしても、ここではその職権については先例を踏襲していたと考えたい。「吾妻鏡」建暦二年二月十四日条の武蔵国国務の興行沙汰についての議論も注目される。この記事について、佐藤進一『増訂鎌倉幕府守護制度の研究』では「現任国司が国務を執行する原則（武蔵国において）は当時なお堅持されていたと言えよう」と評価するが、注(47)七海雅人論文では触れていない。なお、関東御分国（将軍家知行国）武蔵国の国務沙汰の解釈については問題も多く、別稿を期したいと思う。

(54)前述の拙稿「武蔵国における知行国支配と武士団の動向」及び「国司一覧」（『日本史総覧』所収）参照。

(55)「吾妻鏡」貞永元年二月二十四日条。「武藤左衛門尉資頼奉行之」とあるが、通称から「景頼」の誤記と推定される(『吾妻鏡人名索引』)。景頼は、太宰少弐藤原資頼の孫、頼茂の子にあたる(『尊卑分脈』)。
(56)「吾妻鏡」寛喜元年十二月十日条。
(57)「吾妻鏡」寛喜二年正月二十六日条及び貞永元年二月二十六日条。
(58)「吾妻鏡」延応元年六月六日条。七海雅人は前述の論文(注〈47〉参照)では、武蔵守時直の父として時房が国務を執っていると理解しているが、知行国制の考え方を導入するよりも、連署(政所別当)として担当していると理解したい。
(59)「吾妻鏡」寛元三年五月二十二日条。
(60)「吾妻鏡」宝治元年六月二日条。
(61)「関東評定衆伝」。
(62)「吾妻鏡」建保元年五月五日条。
(63)佐藤進一『鎌倉幕府訴訟制度の研究』(一九九三年)。なお、以下の叙述については、森幸夫「北条氏と侍所」(『國學院大学大学院文学研究科紀要』一九、一九八八年)も参照した。
(64)おそらく、大江能範が後の御所奉行、伊賀光宗が小侍所の職掌を担うことになったと考えられる。
(65)「吾妻鏡」には泰時を顕彰する記事が多く見られるが、これもそのひとつで、侍所別当就任と記載したものであろう。
(66)「吾妻鏡」承久元年七月二十八日条。
(67)「吾妻鏡」寛喜二年三月二日条。
(68)「吾妻鏡」文暦元年六月三十日条。この時実泰は、小侍所別当は重職であるので、幼い実時(十一歳)には譲与し難いと申し出ているが、泰時の強い要請により補任されている。
(69)「吾妻鏡」文暦元年七月二十七日条及び八月一日条。当時経時も実時と同じ十一歳であった。

（70）「吾妻鏡」嘉禎二年十二月二十六日条。
（71）「吾妻鏡」同年六月一日条、六月十七日条、六月十八日条、十一月十八日条。
（72）「吾妻鏡」同年六月十六日条、同十八日条。
（73）「吾妻鏡」同年七月六日条。
（74）「吾妻鏡」同年正月二十日条、七月二十三日条。
（75）『史学雑誌』一〇六編九号（一九九七年）。
（76）もとは北条義時の旧跡（小町亭）であり、北条政子の生前の居所でもあった。
（77）第四章①執権参照。
（78）注（75）秋山論文。「吾妻鏡」文応元年三月二十一日条。
（79）「吾妻鏡」正嘉元年六月二十三日条。この日、将軍宗尊親王は納涼のため「相模太郎殿山内泉亭」を訪れ、翌日時頼の「最明寺殿」で鞠会を行っている。
（80）「吾妻鏡」文応元年十二月二十六日条。なお、五章②将軍の御行始を参照されたい。
（81）小川信先生古稀記念論集『日本中世政治社会の研究』（続群書類従完成会、一九九一年）所収。
（82）上記永井論文第五章及び表二参照。
（83）文応元年（一二六〇）元旦の時頼の沙汰の時は、「両国司幷評定衆以下人々着布衣出仕」、翌弘長元年（一二六一）も「両国司以下着布衣出仕」、同三年も「相州以下着布衣出仕如常」とある（「吾妻鏡」）。時頼出家後は、元旦の時頼入道沙汰の時は執権・連署以下評定衆が伺候することが恒例とされていた。
（84）「吾妻鏡」は弘長二年と文永元年の記事を欠いており、長時が沙汰したか不明であるが、弘長二年は服喪で沙汰しなかった可能性が高く、文永元年は沙汰した可能性がある。
（85）「吾妻鏡」治承四年十二月二十日条、寿永元年正月三日条、文治三年正月十二日条、建久元年正月三日条、建久三年十一月五日条等参照。
(86)「吾妻鏡」建仁三年正月二日条、承元四年正月二十六日条、建暦元年正月十五日条、建保元年八月二十六日条等参照。
(87)「吾妻鏡」安貞二年正月八日条、寛喜元年正月九日条、寛喜二年正月四日条、文暦元年正月三日条、延応元年正月三日条、仁治元年正月一日条等参照。
(88)「吾妻鏡」寛元元年正月五日条、寛元二年正月一日条参照。
(89)以上「吾妻鏡」の各条参照。
(90)「吾妻鏡」より、宝治元年以降の将軍の御行始を列記すると左記のようになる。

宝治元年正月三日　時頼亭（左親衛御亭）
宝治二年正月三日　時頼亭（左親衛御亭）
建長三年正月一日　時頼亭（相州御第）
建長四年正月三日　時頼亭（相州第）
建長五年正月三日　時頼亭（相州第）
建長六年正月一日　時頼亭（相州御亭）
康元元年正月五日　時頼亭（相州御亭）
正嘉元年正月一日　時頼亭（相州禅室亭＝最明寺亭か）
正嘉二年正月二日　時頼亭（相州禅室御亭）
文応元年正月一日　（時頼亭か）
弘長元年正月一日　時頼亭（相州禅室亭）
弘長三年正月一日　時頼亭（相州禅室亭）
文永二年正月三日　時宗亭（左典厩御亭）

文永三年正月二日　時宗亭（相州御亭）

また、御行始以外の将軍の御成をみると、左記のようになる。

正嘉元年六月二十三日　時宗山内泉亭に入御
同　　　二十四日　最明寺邸に入御
正嘉二年六月十一日　時頼邸に入御
文応元年二月十四日　時頼邸に入御
文応元年四月三日　将軍夫妻、極楽寺の重時邸に入御
弘長元年四月二十四日　将軍夫妻、極楽寺の重時邸に入御
同　　七月十二日　将軍夫妻、最明寺第に入御
同　　十月四日　将軍、最明寺第に入御
文永二年六月二十三日　将軍、最明寺第に入御
同　　七月十六日　将軍、政村小町亭に入御
同　　七月二十三日　将軍、山内亭に入御

多くの場合、垸飯における序列の、第一～第三に当たる時頼・重時・政村邸が御成の対象であったことが見て取れる。

(91)「吾妻鏡」同日条。この時、一の馬（北条義政）、二の馬（北条時村）に続いて、三の馬を「相模三郎時利」（のちの時輔）が牽いている。馬牽役を次代を担う極楽寺流の義政（執権長時の弟）、政村流の時村（連署政村の子）、そして時頼の長男で時宗の庶兄にあたる時利が担当していることは、将来、得宗時宗の補佐役を暗示しているようにも見える。北条一族あげて時宗の元服を祝っている様子がうかがえる。

(92)「吾妻鏡」同年二月二十五日条及び三月一日条。なお、二所詣については、岡田清一「鎌倉幕府の二所詣」（東北学

院大学中世史研究会『六軒丁中世史研究会』一〇、二〇〇四年、のち『鎌倉幕府と東国』に所収）に詳しい。将軍宗尊親王の二所詣は初めてのことで、これまでの四回は奉幣使の派遣であった。
(93)「吾妻鏡」正嘉元年十二月十六日条、同十八日条、同二十九日条等参照。この日の人々行列は二階堂行方が、随兵行列は平盛時が奉行している。
(94)「吾妻鏡」弘長三年八月十五日条。廻廊に着したのはこの三人で、北条業時、時輔、顕時は桟敷に祗候している。
(95)「鎌倉年代記」文永元年条。文応元年十一月の将軍宗尊親王の二所詣の時も、長時、時宗二人が供奉している（「吾妻鏡」同年十一月二十二日条）。
(96)「吾妻鏡」文応元年七月六日条。
(97)「吾妻鏡」文応元年八月七日条、同十二日条、同十七日条等。

北条政村及び政村流の研究

――姻戚関係から見た政村の政治的立場を中心に――

山野井　功夫

一　はじめに

北条政村は執権義時の四男として、元久二年（一二〇五）六月二十二日に生まれた。母は義時の後妻である伊賀朝光の女（伊賀氏）で、政村は泰時・朝時・重時らの異母弟にあたる。(1)政村は執権時頼・長時のもとで連署を務めた後、文永元年（一二六四）からは幼少の得宗時宗を連署に据え、一門の長老として執権を務めることとなった。そして、蒙古の国書が到来した文永五年（一二六八）、政村は十八歳となった時宗に執権職を譲り、自らは再び連署に就任した。鎌倉幕府歴代の執権経験者で再び連署となった例は他にはない。政村は文永の役の前年にあたる文永十年（一二七三）五月に死去するが、公家の吉田経長が日記に「東方の遺老也、惜しむ可し、惜しむ可し」と記した(2)ように、多難な時期の政治運営に政村の存在は欠くべからざるものであったと思われる。

政村に関する論考には、田口卯吉氏や瀬野精一郎氏、渡辺晴美氏らの先論がある。(3)本稿では、政村の姻戚関係を中心に、時頼・時宗政権における政村及び政村流の果たした役割について、若干の考察を試みたいと思う。

二　政村の経歴

政村は建保元年（一二一三）十二月二十八日、三浦義村を烏帽子親として元服し、その一字を授かり相模四郎政村と号した。(4)元仁元年（一二二四）六月、父北条義時が急死し、嫡子泰時が六波羅探題として京都にあったことから、伊賀氏は兄で政所執事の伊賀光宗と謀って三浦義村を抱き込み、娘婿にあたる一条実雅を将軍に擁立するとともに、実子の政村を執権に立てて幕政の実権を握ろうとした。しかし、この企ては失敗し、泰時の執権就任と関係者の処罰をもって終り、政村は兄泰時の厚情により事件への連座を免れた。(5) このことは、その後の政村の重厚な性格や得宗家に対する忠実な政治姿勢へとつながっていくことになる。

その後、政村の官位は順調に昇進した。(6) 延応元年（一二三九）十月、三十五歳の政村は評定衆に加えられ、初めて幕政の中枢に参画する。翌年からは評定衆の筆頭を占め、幕政の最有力メンバーの一人となった。北条一門で評定衆となったのは嘉禎二年（一二三六）の北条朝時（四十四歳）が最初だが就任直後に辞退しており、実質的には嘉禎三年（一二三七）の北条資時（時房の三男・三十九歳）が最初である。この時には政村とともに北条朝直（時房の四男・三十四歳）も評定衆に加えられ、北条一門の評定衆は一挙に三人となった。政村が長く幕府の要職に就くことがなかったことを伊賀氏の変と結びつける向きもあるが、以上のことからも政村の評定衆就任は遅いものではなく、むしろ一門の実力者として大抜擢された人事であったといえよう。執権泰時にしてみれば、嫡男時氏はすでに病死し、次男時実は家人に殺害され、嫡孫経時はまだ若年であった。経時の執権職継承とその政権安定のため、最も頼りにしたのが評定衆である三人と、六波羅探題として京都に駐在していた同母弟の重時であったはずである。

寛元四年（一二四六）三月、その経時が病により執権職を退き、弟時頼が執権に就任した。その年に起こった北条光時（朝時の嫡子）と前将軍藤原（九条）頼経らによる時頼排斥の陰謀（宮騒動）や、翌宝治元年（一二四七）の宝治合戦において、政村は時頼を支持して幕政の安定と得宗の地位の確立に努めた。「吾妻鏡」は時頼亭で政村と北条実時（実泰流）・安達義景らを交えた「内々の御沙汰」があったことを伝えている。(7) これは「深秘の沙汰」ともいい、やがて得宗専制政治における幕政最高決定機関となる「寄合」の始まりでもあった。建長元年（一二四九）の引付衆新設に伴い一番頭人を兼任し、康元元年（一二五六）には出家した兄重時の後任として連署に就任した。政村五十二歳のことである。同年十一月、時頼が出家して北条長時（重時の嫡子）が新執権となると、政村は引き続き連署としてこれを補佐した(8)。

文永元年（一二六四）八月に長時が病没すると、得宗の時宗が若年であったため、政村が執権となり、時宗は連署に就任した。政村六十歳である。政村は文永元年十二月に従四位上に叙され、同二年三月、相模守を時宗に譲って自らは左京権大夫に転じ、同三年三月には正四位下に叙された。北条一門の中でも正四位下に叙されたのは時房・泰時と政村に限られ、政村の政治的地位の高さがうかがえる(9)。

政村の執権就任は、あくまで時宗成人までの中継ぎ的なものであるが、だからといって政村をワンポイントリリーフ的にみなすのは誤りであろう。反得宗勢力を封じ込めるためにも、一門の長老としての政村の実力と政治的手腕が必要であったのである。しかし一方で政村は、相模守の地位を時宗に譲ったように、政権簒奪の野心ありと疑惑の目で見られることのないよう細心の注意を払っていたようである。かつて政治的陰謀の渦中に巻き込まれた体験を有し、かつ数多くの権力抗争を経験・見聞してきたためであろう。

文永五年（一二六八）閏正月、蒙古の国書が到来すると、政村は三月、十八歳となった時宗に執権職を譲り、みずからは再び連署に就任した。蒙古襲来という多難な時期に、政村は若年の時宗を補佐して防衛体制の強化に努めた。時宗の執権在任中には得宗専制政治の傾向が強まり、得宗の私邸で開かれる寄合（深秘の沙汰）において幕政の枢機が審議されるようになったが、政村は一門の北条実時や得宗外戚の安達泰盛とともに常にその中心メンバーであった。

三　政村の女をめぐる姻戚関係

政村の妻は二人が知られる。[10]本妻は将軍藤原（九条）頼経に仕えていた中将と呼ばれた女房である。新妻は三浦重澄の女で、出家して大津尼と号した。[11]三浦重澄の女の所生である三男の時村が嫡男となっていることからみても、新妻が正室であったとみてよい。

子は男子が正室を母とする嫡男時村・政長・政頼、庶腹とみられる時通（時道、あるいは通時）・厳斎（厳政）・宗房・政方らがおり、女子も数人が知られる。

長女[12]は北条実時（実泰流）に嫁ぎ、[13]通称を金沢殿、夫の死後は金沢禅尼と呼ばれた。顕時・実政を生む。[14]実時は和漢の学に通じ、金沢文庫を創始した人物として有名である。政治家としても有能であり、かつ得宗家に対する忠誠心が厚いことから幕閣の一員として、また得宗家のブレーンとして重く用いられた。寛元四年（一二四六）の宮騒動では、二十三歳の実時は政村や安達義景とともに執権で得宗の北条時頼の私邸で開かれた秘密会議（後の寄合）に出席して、事件の処理について談合している。政村の女との間には宝治二年（一二四八）に嫡子顕時が誕生しているので、この結婚は宮騒動の前後であったと思われ、時頼を中心とした得宗勢力の結束強化を意図する結婚であったと推測できる。

次女は文永二年（一二六五）七月十六日に北条宗政に嫁ぎ、その所生に師時がいる。[15]宗政は北条時宗の同母弟である。父時頼の意志により、兄弟の序列では時宗とともに庶兄の時利（後の時輔）を超えて「時宗──→宗政──→時利──→宗頼（庶腹）」と定められており、[16]若年の頃から将来は兄時宗のブレーンとなるべく位置づけられていた。宗政と政村の女との結婚は宗政が十三歳の時である。その後、宗政は引付衆を経ずに二十歳で評定衆に加えられ、翌年には三番引付頭人を兼ねた。その後も筑後守護・一番引付頭人・長門守護などの要職を歴任して兄時宗を助け、弘安四年（一二八一）八月九日、二十九歳で没した。

三女は安達義景の六男顕盛に嫁いで宗顕を生んだ。[17]義景は父景盛とともに宝治合戦で三浦氏を滅ぼし、北条得宗家の外戚としての安達氏の地位を磐石とした人物である。義景の妹は北条時氏に嫁して経時・時頼らを産み、夫時氏の死後は出家して松下禅尼と称した。義景は執権北条時頼の右腕として幕政を主導し、その女は後に北条時宗の正室となり「堀内殿」と称し、貞時を産んだ。[18]政村の三女と顕盛とが結婚した頃には義景は亡くなっていたと思われるが、義景の嫡子泰盛は得宗時宗の義兄としてその政権基盤を支える最重要人物であった。また、泰盛の妻は得宗の支持勢力である北条重時の女である。顕盛自身は兄泰盛・時盛とともに早くから幕政に参与し、引付衆・評定衆を務めた。

四女は北条業時（重時流）に嫁ぎ、時兼を産んだ。[19]業時は重時の七男で、引付衆・評定衆・引付頭人を経て、弘安六年（一二八三）四月に執権北条時宗のもとで連署に就任した。翌七年四月に時宗が三十四歳の若さで病没すると、十四歳で執権職を継承した北条貞時を補佐した。重時流は時房流や政村流とともに執権・連署を務めた有力庶子家であり、得宗家に対する忠誠心が厚い。時宗の母は重時の女であるから、業時は時宗の叔父にあたる。政村の女と業時との結婚は、業時の年齢や子時兼の誕生年から文永二年（一二六五）頃とみられる。その前年に執権政村・連署時宗の体制がとられており、この結婚にも政村を中心とした時宗支持基盤の強化という意図があったものと推測できる。

五女は北条時茂（重時流）に嫁いで時範（時信）を生んだ。[20]時範の子の範貞からは常葉氏を称するが、これは政村が鎌倉の常盤（常葉）に所有した屋敷が、政村の女を経由して時範に伝わったためであろう。[21]時茂は重時の四男で、康元元年（一二五六）四月、六波羅探題北方に任じられて上洛し、在職十五年で京都において死去した。文永元年（一二六四）、時宗が連署に就任すると、その庶兄時輔が二十年以上不在であった南方探題に任じられた。時輔は弟時宗の得宗としての地位を脅かしかねない存在と警戒されて、京都へ遠ざけられたのである。時茂には時輔が反得宗勢力と結びつかないように監視する役目が課されていたのである。[22]

四　時宗政権における嫡子時村らの役割とその姻戚関係

時村は政村の嫡男（三男）[23]で、初名を時遠という。母は三浦重澄（三浦胤義、または義村ともいう）の女で大津尼と称した。[24]二階堂行義の女を妻とした。[25]

時村は引付衆・評定衆を歴任した後、父政村が死去した翌月の文永十年（一二七三）六月には二番引付頭人に任じられた。そして、建治三年（一二七七）十二月、六波羅探題北方として上洛した。「建治三年記」によれば、時村の要請によるのであろうか、六波羅の政務内容全般が明文化されている。新探題時村のもと、六波羅は対蒙古防衛体勢強化の面からも、その機構と機能の充実がはかられた。その後、執権時宗の死や霜月騒動を経て、弘安十年（一二八七）に六波羅探題を辞して関東に下向し、一番引付頭人に任じられた。そして、正安三年（一三〇一）八月に連署に就任したが、嘉元三年（一三〇五）四月、侍所頭人の北条宗方（得宗貞時の従兄弟）によって討たれた。[26]

このように、時村は政村の嫡子として、時宗政権下で得宗家を支える重要な存在として活動した。特に、時村の六波羅探題就任が、これまでの多くの探題とは異なり、評定衆・二番引付頭人などの要職を歴任し、三十六歳という円熟した年齢であったことからも、蒙古の再来襲を目前にした緊迫した情勢の中で、西国御家人の指揮・統率や朝廷と

の折衝などにおいて、彼に課せられた使命の大きさがうかがえる。(27)

政村の子のうち、時村以外で時宗政権下での活動が知られるのは四男の宗房と五男の政長である。このうち、政長の家系が政村流の中で時村の家系に次ぐ席次を占めていく。

宗房は通称を新相模四郎といい、弘安元年（一二七八）三月に引付衆に加えられた。同七年四月、北条時宗の死に際して出家し、法名を道妙といった。(28) 宇都宮経綱の女を妻とした。(29)

政長は通称を新相模五郎という。母は三浦重澄の女、妻は長井時秀の女である。(30) 弘安元年（一二七八）三月、引付衆に任じられた。その後は同七年正月に評定衆に加えられ、同九年六月には五番引付頭人となっている。

五　姻戚関係から見た政村の政治的立場

政村を時頼政権から時宗政権への単なる〝中継ぎ〟、あるいは両政権における〝補佐役〟とみなす見解に対して、渡辺晴美氏は政村を両政権を側面から支えた影の実力者ととらえ、その主体的な政治的役割を高く評価された。また、川添昭二氏も政村の執権時代を、「執権時宗体制実現へ向けての過渡的政治形態」としながらも、「政村の政治制度に占める位置や政村を中心とする婚姻関係等から見て、政村政権としての独自性は看過されてはならない」と評価されている。(31) 本稿では、姻戚関係を中心に、時頼・時宗政権における政村及び政村流の果たした役割について考察を試みてきた。

前述したように、政村は執権義時の四男として誕生したが、父義時の死に際して起きた伊賀氏の変では、母伊賀氏や伯父伊賀光宗らの企てに巻き込まれて、心ならずも兄泰時と対立する立場となった。また、三浦義村を烏帽子親とし、三浦重澄（または胤義、あるいは義村）の女を妻とするなど三浦氏と密接な関係にあったことから、北条得宗家と三浦一族との対立が尖鋭化していく中で、政村は苦悩を強いられたものと思われる。

それでは、政村自身が相手を主体的に選択したであろう子息や子女の婚姻相手は、どうであったろうか。まず、政村の女であるが、次女は得宗家の北条宗政（時宗の弟）に、長女は実泰流の北条実時に、四女と五女はそれぞれ重時流の北条業時と北条時茂に嫁いだ。また、三女は得宗家を支える外戚安達泰盛の弟顕盛に嫁いでいる。このように、政村はその慎重な言動と老練な政治的手腕に加えて、姻戚関係を通じて政権基盤の強化に努めたのである。しかし、それは決して自らが政権を奪取しようという野心に基づく行動ではない。そのことは、政村の女の嫁ぎ先が得宗家を支持する北条一門と得宗家外戚の安達氏であったことからも明らかである。政村の〝婚姻政策〟の意図は、政村を軸とした北条実時・重時流北条氏・安達氏らの相互結合を強化し、得宗である時宗を支持する権力基盤を確立することにあったのである。

そのことは、政村の子息の結婚相手を見ることで、一層の説得性が生まれてくる。政村の子息のうち、その妻が判明しているのは嫡男（三男）の時村と四男の宗房・五男の政長である。時村は二階堂行義の女を、宗房は宇都宮経綱の女を、政長は長井時秀の女を妻に迎えた。このことを前提に「吾妻鏡」を読むと、興味深い記事に行き当たる。すなわち、「吾妻鏡」宝治二年（一二四八）八月一日条は、時頼が長井泰秀の屋敷に渡り、二階堂行義や宇都宮泰綱らと囲碁に興じたことを記している。長井泰秀は評定衆を務め、宝治合戦などの政争では一貫して執権北条時頼を支持してきた人物で、時秀はその嫡男にあたる。二階堂行義も宝治合戦では時頼に味方し、三浦光村の軍勢と激しく戦っている。また、宇都宮泰綱の母は北条時政の女で、自身は北条朝時の女を妻に迎え、経綱はその所生である。長井氏

政村流及びその姻族の時頼・時宗政権における地位

姓名	政村との関係	時頼執権就任時（一二四六・三・二三）	時頼執権退任時（一二五六・一一・二二）	時宗連署就任時（一二六四・八・一一）	時宗執権就任時（一二六八・三・五）	文永の役時（一二七四・一〇）	弘安の役時（一二八一・六）	時宗死去時（一二八四・四・四）	備考
北条政村	本人	評定衆（42）＊一番引付頭人（45）	連署（52）	執権（60）	連署（64）	死去（一二七三・五・二七）			
北条時村	三男（嫡子）	（5）	（15）	（23）	（27）＊引付衆（28）↓評定衆（29）・二番引付頭人（32）	評定衆・二番引付頭人（33）＊六波羅探題北方（36）	六波羅探題北方（40）	六波羅探題北方（43）	評定衆・一番引付頭人（46）↓寄合衆（48）↓連署（60）
北条宗房	四男（庶出）						引付衆	引付衆・出家	
北条政長	五男（嫡出）		（7）	（15）	（19）	＊引付衆（29）	引付衆（32）	評定衆（35）	五番引付頭人（37）
北条実時	長女の婿	小侍所別当（23）＊引付衆（29）↓評定衆（30）	評定衆・三番引付頭人（33）	評定衆・二番引付頭人（41）	評定衆（45）＊二番引付頭人（46）	評定衆・一番引付頭人（51）	死去（一二七六・一〇・二三）		実泰流。北条実泰嫡子。
北条顕時	長女の子		（9）＊小侍所別当（10）	小侍所別当（17）＊引付衆（20）	引付衆（21）	引付衆（27）＊評定衆（31）	評定衆（34）	評定衆・四番引付頭人（37）	流罪・出家（38）↓執奏（46）↓四番引付頭人（46）↓三番引付頭人（49）
北条実政	長女の子		（8）	（16）	（20）	＊異国征伐の大将として九州に下向（27）	＊長門守護（35）	長門守護（36）	鎮西探題（48）
北条宗政	次女の婿		（4）	（12）	＊評定衆（20）・三番引付頭人（21）	評定衆・三番引付頭人（22）	評定衆・一番引付頭人（29）	死去（一二八一・八・九）	時宗同母弟。

北条業時	四女の婿	（6）	（16）	＊引付衆（25）↓廃止	＊引付衆（29）	引付衆（34）＊評定衆（36）・三番引付頭人（37）	評定衆・一番引付頭人（41）＊連署（43）	連署（44）	重時流。北条重時七男
北条時茂	五女の婿	＊小侍所別当（14）	六波羅探題北方（16）	六波羅探題北方（24）	六波羅探題北方（28）	死去（一二七〇・一・二七）			重時流。北条重時四男
安達顕盛	三女の婿	（2）	（12）	（20）	＊引付衆（25）	引付衆（30）＊評定衆（34）	死去（一二八〇・二・八）		安達義景六男
二階堂行義	時村の岳父	評定衆（44）	評定衆（54）	評定衆（62）	評定衆（64）	死去（一二六八・閏正・二五）			二階堂行村三男
長井時秀	政長の岳父		引付衆	＊評定衆	評定衆	評定衆	評定衆	評定衆・出家	長井泰秀嫡男

（　）内はその時の年齢。　＊は各当該時期後の就任を示す。

や二階堂氏は幕府官僚の家系でその一族の多くは文筆・文芸に秀でており、宇都宮氏も下野の雄族である一方で、宇都宮歌壇を生み出すほどの文芸に長けた一族である。時頼が長井泰秀・二階堂行義・宇都宮泰綱らと囲碁に興じたのは、彼らが文化・教養に優れていたことにもよろうが、三人が時頼にとって信頼できる人物であることがその前提にあったはずである。政村の三人の子息がそれぞれの女、あるいは孫娘を妻に迎えたことは、これら有力外様御家人との結びつきを強化し、来るべき時宗政権の支持基盤を強固なものにしていく狙いがあったものと推測できる。

六　おわりに

このように、時頼～時宗政権期に起きたさまざまな政治的困難において、政村はその個人的な政治力に加えて、姻戚関係によって培った有力な政治勢力を背景に、常に得宗支持勢力の最有力者であり続けたのであった。

本稿は、政村の姻戚関係を中心に、政村及び政村流が時頼～時宗政権において果たした政治的役割を考察してきたものであるが、渡辺晴美氏や川添昭二氏らの先論を概ね踏襲・補強した内容であったと思う。この問題を検討していく上では、「吾妻鏡」のさらなる精密な読み込みに加え、政村等の発給文書を詳細に分析していくことも必要である。また、政村は歌人としても優れ、「新勅撰和歌集」から「新後拾遺和歌集」までの勅撰和歌集（十三代集のうちの十二集）に合計四十首が入集している。これは北条氏の中では最も多い数であり、嫡子の時村も十四首の入集を数える。和歌会や和歌のやり取りを通して政村やその一流の交友関係を明らかにしていくことも必要な手法と考えるが、これらについては今後の課題としたい。

因みに、最後にその後の政村流で顕著な活動をした人物をあげると次の通りである。

〈時村の子孫〉

北条凞時　弘安二年～正和四年（一二七九～一三一五）

父は政村の嫡男時村の子の為時。母は不詳。得宗北条貞時の女を妻とした[32]。評定衆・四番引付頭人・長門探題を務める。嘉元の乱では、凞時は貞時の命によって北条宗方を討ち、祖父時村の仇をとって名声をあげた。その後は一番引付頭人、さらには寄合衆として幕政の枢機に参画した。応長元年（一三一一）十月に連署に、正和元年（一三一二）六月に執権に就任したが、幕政の実権は内管領長崎高資にあった。同四年七月、病を理由に執権職を退いて出家し、間もなく病没した[33]。

北条茂時　生年未詳～正慶二・元弘三年（?～一三三三）

凞時の長男で、母は得宗北条貞時の女[34]。一番引付頭人を経て、元徳二年（一三三〇）七月、執権北条守時のもとで連署に就任した。正慶二・元弘三年（一三三三）五月二十二日、得宗北条高時とともに鎌倉東勝寺で自害し、鎌倉幕府滅亡に殉じた。

〈政長の子孫〉

北条時敦　弘安四年～元応二年（一二八一～一三二〇）

政長の子で、母は長井時秀の女。[35] 徳治元年（一三〇六）八月、引付衆となる。延慶三年（一三一〇）七月、六波羅探題南方に任じられ、正和四年（一三一五）六月に北方に転じた。この時期には、持明院統と大覚寺統の皇位をめぐる対立が一応の和解をみた文保の和談（文保元年・一三一七）があり、時敦は南方探題の北条維貞（時房流）とともに朝廷と関東の交渉の仲介にあたった。元応二年（一三二〇）五月、京都において卒した。[36]

北条時益　生年未詳～正慶二・元弘三年（?～一三三三）

時敦の長男で、母は不詳。元徳二年（一三三〇）七月、六波羅探題南方に任じられた。元徳三・元弘元年（一三三一）八月の元弘の変後、各地に反幕勢力が蜂起すると、時益は北方探題の北条仲時（重時流）とともにその鎮圧にあたった。正慶二・元弘三年（一三三三）五月、足利尊氏の軍に敗れた時益・仲時らは、持明院統の光厳天皇を奉じて関東への脱出をはかるが、時益は京都東山で戦死した。[37]

〔注〕

（1）「吾妻鏡」同日条。政村は義時と伊賀氏との間に誕生した最初の子で、政村の元服の儀を伝える「吾妻鏡」建保元年（一二一三）十二月二十八日条は、「相州（義時）鍾愛の若公」と記す。なお、政村を義時の四男とするのはその通称によるが、系図上は四郎政村・五郎実泰の弟にあたる六郎有時の生年が、「関東評定衆伝」(『群書類従』第四輯)によれば正治二年(一二〇〇)であり、政村や実泰よりも年長になる。史料上の誤りがあるのか、それとも兄弟間に出生に関する事情があるのであろうか。

(2)「吉続記」文永十年(一二七三)閏五月四日条。また、七日には政村の死により朝廷の議定が延引され、十二日には朝廷より鎌倉に弔問の使者が派遣された(各同日条)。

(3)政村に関する直接的・間接的な研究としては、田口卯吉「北条政村」(『史学雑誌』一〇―一〇 一八九九年)、三浦周行「北条時宗と同政村」(『日本史の研究』新輯二 一九〇四年)、瀬野精一郎「北条政村」(『鎌倉将軍執権列伝』秋田書店 一九七四年)、渡辺晴美「北条時宗の家督継承条件に関する一考察――『吾妻鏡』文永元年条欠文理由及び文永九年二月騒動との関連において――上・下」(『政治経済史学』一一〇・一一一 一九七五年)、「得宗専制体制の成立過程――文永・弘安年間における北条時宗政権の実態分析――(Ⅰ)(Ⅱ)(Ⅲ)(Ⅳ)」(『政治経済史学』一二五・一三九・一六二・一六五 一九七六~八〇年)、「北条時頼政権の成立について」(『政治経済史学』二二二 一九八五年)、「寛元・宝治年間における北條政村(Ⅰ)(Ⅱ)」(『政治経済史学』二三二・二五五 一九八五・八七年)、「北條政村の研究(Ⅰ)(Ⅱ)(Ⅲ)」(『政治経済史学』三四四・三七〇・三八七 一九九五~九八年)、川添昭二「北条時宗の連署時代」(『金沢文庫研究』二六三 一九八〇年)、『北条時宗』(人物叢書 吉川弘文館 二〇〇一年)などがある。

また、政村流の系譜に関するものには、北条氏研究会編「北条氏系図考証」(『吾妻鏡人名総覧』吉川弘文館 一九九八年)、同編『北条氏系譜人名辞典』(新人物往来社 二〇〇一年)などがある。本稿において、人物の系譜・経歴等について特に出典を記していない場合は、両書に拠る。

政村は歌人としても知られ、その面では外村展子『鎌倉の歌人』(かまくら春秋社 一九八六年)がある。

(4)「吾妻鏡」同日条。なお、「陸奥」は父義時が陸奥守であったことによる。

(5)伊賀氏の変に関しては、高田豊「元仁元年鎌倉政情の一考察――北条義時卒去及び伊賀氏陰謀事件をめぐって――」

（『政治経済史学』三六　一九六六年）、奥富敬之「鎌倉幕府伊賀氏事件の周辺」（『文科研究誌』（日本医大）二　一九七三年）、永井晋「伊賀氏事件の基礎的考察」（『国史学』一六三　一九九七年）などがある。

(6)二十六歳で式部少丞となり、叙爵して陸奥式部大夫と名乗った。三十二歳で右馬権頭に任じられ、三十三歳で従五位上、三十四歳で正五位下に叙された。

(7)「吾妻鏡」寛元四年（一二四六）五月二十六日条他。

(8)この頃、政村の位階は従四位下、官職は陸奥守から相模守に転じている。得宗以外で相模守に就任した者は、執権在任中の師時（義時流）・基時（重時流）・守時（重時流）、連署で後に執権となる煕時（政村流）の他は、連署の時房（義時弟）と重時（泰時弟）らに限られる。政村の相模守就任は、この時期の政村の幕政における政治的地位の高さを示すとともに、時頼から時宗への執権職継承の過程でこれから政村が果たすべき役割をも暗示している。

(9)渡辺晴美「北條政村の研究(Ⅱ)」（前掲）による。

(10)弘長二年（一二六二）に北条時頼に招かれて鎌倉へ下向した叡尊の日記である「関東往還記」四月十三日条に「同室（政村）入道大納言家中将」、七月八日条に「相州妻両人本妻中将給法名如教、新妻左近大夫時村母、給法名遍如」と記述がある。

(11)新妻である時村の母は三浦重澄の女であることが二点の「北条系図」（『続群書類従』第六輯上、以下群A・群Bと表記）から知られ、「系図纂要」も時村の母を「大津尼、三浦重澄女」と記す。また、「佐野本系図」は重澄の女を「北条政村室」とし、時村・政長・政頼らの母とする。しかし、「三浦系図」（『続群書類従』第六輯上）は大津尼を三浦胤義の女とし、「北条政村室也、時村母」と記載する。「諸家系図纂」及び「系図纂要」の三浦氏の項も「三浦系図」と同様の記載である。さらに、「浅羽本系図」は三浦義村の女として「北条政村室、時村母」を、胤義の女として「大律（津）尼」を載せるなど、諸系図により異同がある（『大日本史料』第五編之二一、宝治元年（一二四七）六月五日条による）。なお、重澄は義村の弟で、宝治合戦で義村の子の泰村とともに法華堂で自害した。また、胤義も義村の弟で、承久の乱で後鳥羽上皇方に参じ、東山で自害した。いずれにしても、妻が三浦氏の出身であったことは、義村

（宝治合戦以前に死去）を烏帽子親としていたこととあわせて、宝治合戦における政村の立場を微妙にしたかとも思われるが、政村は冷静に対応し、一貫して得宗時頼を支持した。

(12) 群A・群Bの記載順による。次女以下も同じ。母はいずれも不詳である。なお、「北条系図」（東京大学史料編纂所影写本）は政村の女として六人を載せ、長女のみに「宗政（実時カ）妻」と注記する。群A・群Bが載せる五人の他に、政村にはもう一人女がいた可能性があるが、それ以上のことは不明である。

(13) 群A・群Bの注記に「越後守実時妻」とある。

(14) 野津本「北条系図、大友系図」（田中稔「史料紹介　野津本『北条系図、大友系図』」「国立歴史民俗博物館研究報告」第五集）には顕時・実政の注記に「母政村女」とあり、「関東往還記」弘長二年（一二六二）七月八日条にも「越州（実時）室相州（政村）女顕時母」とある。

(15) 「吾妻鏡」同日条。また、群A・群Bの注記に「左近大夫宗政妻」とある。師時の母を政村の女とするのは「系図纂要」・前田育徳会所蔵「平氏系図」（「帝皇系図」のうち）の記載による。

(16) 「吾妻鏡」弘長元年（一二六一）正月四日条。

(17) 群A・群Bの注記に「城六郎兵衛顕盛妻」とあり、「系図纂要」にも同様の記載がある。また、宗顕の母を政村の女とするのは「尊卑分脈」（第二編、魚名流）の記載による。

(18) 「尊卑分脈」（第二編、魚名流）。「堀内殿」は父義景が亡くなったとき二歳であり、二十一歳年上の兄泰盛の養女として養育された。

(19) 群A・群Bの注記に「弾正少弼業時妻」とある。また、「吾妻鏡」文永三年（一二六六）三月十一日条に、「弾正少弼業時朝臣室左京兆（政村）姫君男子御平産」とある。業時の子の時兼が永仁四年（一二九六）に三十一歳で没しているので、この時に誕生した男子は時兼とみてよい。

(20) 群A・群Bの注記に「陸奥守時茂妻」とある。また、「関東往還記」弘長二年（一二六二）七月十八日条も、政村の女が時茂に嫁したことを記す。時範（時信）の母を政村の女とするのは、野津本「北条系図、大友系図」・「鎌倉年代記」・「北条九代記」の記述による。

(21)勅撰集の「新後撰和歌集」は、「平時範がときは《（常葉）》の山荘にて、寄花祝といふ事をよめる」として、宇都宮景綱の和歌一首を載せる。

(22)時輔は文永五年（一二六八）三月、時宗が執権に就任するとこれに不満を持ち、北条氏庶子家の中でも反得宗色の強い名越一族（朝時流）に接近していったとみられる。同九年二月に北条（名越）時章・教時兄弟が鎌倉で誅殺されると、時輔も時宗の命を受けた六波羅探題北方北条義宗（重時流）に攻められ敗死した（二月騒動）。なお、義宗は長時の子で、在京中に死去した叔父時茂の後任として文永八年に京都に着任した。

(23)時村の経歴及びその後の時村流の地位から、時村を政村の嫡男とした。また、三男としたのは「桓武平氏系図」（『続群書類従』第六輯上）・「系図纂要」・「吾妻鏡」に「新相模三郎」とあることによる。ただし、「将軍執権次第」と「武家年代記」は「政村二男」とする。

(24)注(11)参照。

(25)「尊卑分脈」（第二編、乙麿流）による。二階堂行義は泰時・経時・時頼・長時政権下で評定衆を務めた。また、宝治合戦では時頼に味方し、永福寺から法華堂に向かおうとする三浦光村（泰村の弟）の軍勢と遭遇し、両軍に多数の負傷者を出す激戦を演じた。

(26)この事件を嘉元の乱といい、細川重男「嘉元の乱と北条貞時政権」（『立正史学』六九号　一九九一年）、高橋慎一朗「北条時村と嘉元の乱」（『日本歴史』五五三号　一九九四年）などの研究がある。

(27)しかし一方では、時村が安達泰盛と御内人との対立が深まる中で泰盛派と目され、そのために鎌倉から遠ざけられたとする見方もある（高橋氏前掲論文）。前年の安達時盛（泰盛の弟）の突然の出家、同年の連署北条義政（重時流・姉妹が泰盛の妻）の出家と信濃国塩田への隠棲などと関連づけて考えれば、興味ある指摘である。因みに、時村の姉妹（政村の三女）が泰盛の弟の顕盛に嫁し、その所生である宗顕が霜月騒動で自害している。
(28)「関東評定衆伝」は弘安元年（一二七八）以降、引付衆として「相模式部大夫平政長」と「同右馬助平宗房」の名を続けて記載する。「吾妻鏡」では同流の名が続く場合、一般に「同」の文字を使用するようである。兄弟の順が逆であることに若干の不自然さをおぼえるが、政長の母が正妻の三浦重澄女であるのに対して、宗房はおそらくは庶腹であったと思われ、そう考えれば納得がいく。
(29)「尊卑分脈」（第一編、道隆流）は、宇都宮経綱の女に「土左守平宗房上（室）」と注記する。ただし、前田育徳会所蔵「平氏系図」・正宗寺本「北条系図」は別に時房流の時隆の子として土佐守宗房を載せ、前田育徳会所蔵「平氏系図」はさらに「法名道妙」と注記する。北条一門に宗房が二人いることは不自然ではないが、官歴・法名まで同じというのは疑問である。いずれかに誤記があるのであろうが、「関東評定衆伝」弘安七年（一二八四）条の引付衆「同右馬助平宗房」の注記に「三月任土佐守、四月出家、法名道妙」とあることから、誤記は時房流の宗房にあるものと思われる。宇都宮経綱は下野の大族宇都宮氏の惣領泰綱の子である。母は北条朝時の女、妻は北条重時の女で、経綱の女二人はそれぞれ北条宗房と北条宗宣（時房流）に嫁いだように、北条氏と極めて強固な姻戚関係を結んでいた。
(30)母は「佐野本系図」（『大日本史料』第五編之二二、宝治元年（一二四七）六月五日条所収）による。妻は「鎌倉年代記」による。長井時秀は時頼・長時・政村・時宗政権下で引付衆・評定衆を務め、時宗卒去を機に出家して法名を西規といった。
(31)渡辺・川添両氏前掲論文。
(32)正宗寺本「北条系図」に「貞時聟」との記載があり、諸系図も北条貞時の娘を「相模守凞時室」とする。また、「保暦間記」も「右馬権頭凞時ト申ハ、是モ貞時ノ聟也」と記す。
(33)没年と享年は「系図纂要」・「将軍執権次第」・「鎌倉年代記」・「武家年代記」による。
(34)母は「北条時政以来後見次第」による。

(35)母は「北条九代記」による。

(36)没年は「尊卑分脈」（第四編桓武平氏）・「系図纂要」・「鎌倉年代記」・「武家年代記」・「将軍執権次第」・「北条九代記」・「常楽記」（『群書類従』第二十九輯）による。生年は没年からの逆算による。

(37)没年は諸系図及び「太平記」巻九による。なお、仲時もやがて進退に窮まり、近江国番場（滋賀県米原市）の蓮華寺において、従う四百余人の武士とともに自害した。

北条時章・教時について

磯川いづみ

一　はじめに

本稿で与えられているテーマは、北条時頼から時宗にかけての朝時流(1)についてである。朝時流は泰時の次弟朝時から始まる系統で、時政の名越邸を継承したところから一般には名越氏と呼ばれる。このころの朝時流は、寛元四年（一二四六）の宮騒動(2)、文永九年（一二七二）の二月騒動(3)という大きな事件に関わった時期と言える。また朝時流といえば、執権・連署・探題といった要職についておらず、最高でも公時の寄合衆であったことは大きな特徴と言えよう。

鎌倉時代前中期における朝時流の研究は、宮騒動・宝治合戦が得宗専制成立の指標とする説(4)があることから、多くの蓄積がある(5)。とりわけ川添昭二氏の一連の研究(6)により、朝時流の祖である朝時は、当時の執権泰時に対して「相対的独自性(7)」を持っていたこと、朝時の長男光時は、藤原頼経の側近の中心的人物だったことが知られている。それに対し次男の時章は、「まさに二心無き者(8)」であり、弘長三年（一二六三）十一月二十二日に時頼が没後、出家した記事を根拠に、時頼の支持者であったと評価している。このときの出家の理由は、宮騒動の際に処罰されなかった恩であるという(9)。

基本的に川添氏の説を筆者は首肯する、しかし、時章の評価について論拠に弱い点があると思われる。そのため本稿では宝治合戦以後の時章と教時を中心に、時頼政権・時宗政権期(10)のなかでどのような立場であったのかを再検討したい。

二　基本情報

1　時章について

最初に宝治合戦後、家督を継承する時章について、辞典類[11]に記載される基礎的情報を確認しよう。

時章は、朝時の次男として建保三年（一二一五）に生まれ、母は大友能直女である。妻室には二階堂行有女と二階堂行方女がいる。宝治元年（一二四七）に評定衆、建長三年（一二五一）に三番引付頭人、康元元年（一二五六）に二番引付頭人、弘長三年出家、文永元年一番引付頭人、同三年引付廃止に伴い頭人を辞職、同六年一番引付頭人に就任、同九年鎌倉で殺害される。そして「吾妻鏡[12]」の初見は、暦仁元年（一二三八）十二月二十五日である。

まず「吾妻鏡」の初見についてである。天福元年（一二三三）正月三日の垸飯は、沙汰人が朝時で、馬を引いているのが越後太郎・越後次郎・越後三郎・越後四郎である。「越後」は朝時の官途越後守からきている。『吾妻鏡人名索引』では、越後太郎を光時、越後四郎を時幸と比定している。とすれば、越後次郎を時章と比定[13]できよう。さらに、文暦元年（一二三四）正月一日の垸飯でも「越後太郎　同次郎」とあり、越後太郎は光時と比定されている。となれば、「同次郎」は時章でよいと思われる。

以上のことから、従来の暦仁元年十二月二十五日以前の天福元年正月三日、文暦元年正月一日にも所見があると言える。

次に妻室についてである。時章の子公時の母とされる「隠岐守行有」[14]女と、時章室とある二階堂行方女[15]である。隠岐守行有は、二階堂行有のこととされていて、承久三年（一二二一）生まれである。公時は嘉禎元年（一二三五）生まれであり、行有が十四歳の時に、孫の公時が生まれたことになり、年齢的に符合しない。また行有の官途は尾張守・備中守であり、隠岐守に任官したという記録は管見に触れない。では一方の行方女が、公時の母なのだろうか。行方は建永元年（一二〇六）生まれであり、年齢的に行方女が公時の母という可能性もないだろう。

では誰に比定するのが可能であろうか。そこで行有に冠された受領名隠岐守に注目してみたい。二階堂氏で隠岐守に任官しているのは、行有の祖父行村である。行村は、東使や評定衆に就任するなど、その後の二階堂氏の隆盛を作り上げた人物の一人である。行村は久寿二年（一一五五）生まれで基行・行義・行久・行方と四人の子が知られる。四人の生年は正治元年（一一九九）～建永元年（一二〇六）であり、この方が年齢についての整合性がとれよう。これらから系図上行村に女は認められないものの、行村女の可能性が高いのではないだろうか。

2　教時・時基・公時について

次に教時である。教時は朝時の六男で、母は北条時房女である。妻室には重時女（重時流）が知られるが、早くに没したようである。康元元年に引付衆、文永二年に評定衆になっている。守護の明証はなく、二月騒動で時章と一緒に殺害される。教時については後述したい。

時基は、朝時の七男で、母は未詳である。妻室には貞時女（得宗流）・二階堂行久女が知られる。文永十年に引付衆、弘安元年（一二七八）に評定衆、同六年に三番引付頭人、同七年時宗死没により出家、永仁元年（一二九三）の引付廃止に伴い頭人を辞職、同二年三番引付頭人に復帰、同四年には二番引付頭人、同五年三番引付頭人、正安元年（一二九九）頭人を辞職している。時基にも守護の明証はない。

最後に公時である。公時は時章の次男で、母は前項で述べたように二階堂行村女と推測した。妻室には、北条重時女が知られる。文永二年引付衆、翌三年引付廃止に伴い辞職、同六年に再び引付衆、同十年に評定衆、建治元年（一二七五）に四番引付頭人、弘安四年に三番引付頭人、同六年に二番引付頭人、同七年時宗死没のため出家、永仁元年引付廃止に伴い頭人を辞職し執奏に就任、同二年に二番引付頭人となり、同三年には寄合衆の明証がある。守護職は越中・越後・大隅が知られる。

本稿では、時基と公時についての詳細な検討を行えないが、役職の変遷を見ると、両者とも文永十年に役職が上がっている。後に時基が貞時女を妻に迎え、公時は寄合衆になることからも、両人とも二月騒動の影響をまったく受けず、朝時流が反主流派などとは言えない状況になっていることがわかる。

三　時章と時頼・時宗政権

1　時章と時頼政権

本節では、時章が時頼政権でどのような立場にあったのか検討していくことにしたい。

宝治元年七月に時章は評定衆に就任している。この当時評定衆は、宮騒動・宝治合戦で後藤基綱・千葉秀胤・三善康持・毛利季光・大江忠成・三浦泰村・三浦光村が罷免（殺害含む）されており、その補充がなされたのである。時章が宮騒動に際し、陳謝し時頼等に許されたあと、正式に朝時流の家督として認められたものと思われる。

時章は、建長三年には資時（時房流）の死没に伴って三番引付頭人となる。以後、康元元年に政村（政村流）が連署になるまで、引付頭人は一番政村、二番朝直（朝直流）、三番時章で固定する。「吾妻鏡」に記載される将軍供奉・

垸飯の序列等は、かなり正確に記録されており、[16]常に政村・朝直・時章の順に記載されているはずである。たしかにこの時期の政村は、ほとんど執権・連署の次位に記載されており、御家人筆頭の立場にあったことがわかる。では、朝直と時章についてはどうであろうか。

「吾妻鏡」で、時章が評定衆に就任した宝治元年から、政村が連署に就任する康元元年までで、朝直・時章両方が掲載されている条を見てみると、十五カ所[17]あることがわかり、そのうち朝直が先に記されている所は九ヵ所、時章が先に記されているのが六カ所[18]となる。康元元年以降になると政村が連署になり、朝直が一番、時章が二番、実時が三番引付頭人と、朝直・時章の順番が固定[19]されていることがわかる。朝直は、武蔵守・正五位下に任じられており、寄合衆ではないものの、それに次ぐ地位を保っていた[20]とされる人物である。このため、「吾妻鏡」の記載からは、何となく朝直の方が上位であるように考えられていたのではなかろうか。しかし、康元元年正月五日条の「以前両三年者、相州（時頼）令撰沙汰之給、而於今者、可被計下旨、就令申之給」という記述は、もっと注意深く検討することが必要であろう。すなわち、同条以降において朝直＝一番、時章＝二番という順番の固定がなされたということは、宗尊親王の意志と捉えることができ、宗尊が積極的な意志を持って行列や座次を決定したのである。その一方で、同年以前の決定権は時頼にあったことが明示されている。このように考えると、同年以前において朝直と時章の順番が一定していないのは、時頼の何らかの意志が働いていたとも捉えることができる。さらにうがった見方をすると、時章が政村の次位に記されることは、朝直に比肩しうることを示しており、時章もまた寄合衆に次ぐ地位であったと考えることもできよう。

康元元年以前の序列の最終決定権が時頼にあったことを重視した際、秋山氏の指摘は注目される。すなわち氏は、時頼政権期について、重時流が「北条氏権力の制度的根拠を確保していた」[21]とし、武蔵守と相模守の就任状況から、朝直と重時が時頼を支えていたとする。この点を踏まえて、改めて重時流の婚姻関係を見てみると、前述のように重時女が時章の子の公時室になっている。婚姻の時期は明確でないが、おそらく建長年間あたりであろう。[22]その時期は朝直と時章の序列が拮抗しているころである。

時頼政権を考える上で、重時女と時頼の婚姻が非常に重視されてきた。[23]重時女と公時の婚姻も注目すると、時章が時頼政権のなかに包摂されていると思われる。このような重時と時章の関係も考慮すると、時頼の序列の決定に重時や朝直の意志が反映されていた可能性はないだろうか。傍証がないため、これ以上の指摘は差し控えるが、注意しておくべき点であると思われる。

時頼政権期における時章は、評定衆・引付頭人と順調に階段を昇り、寄合には参加していないものの、役職同様に政権運営に携わっていた。時章の出家は、政権の一翼を担っていたがための行為と言えよう。

2　時章と時宗政権

本節では、時宗政権の中でも時宗が連署だった時期に焦点を当て、時頼政権と時宗政権で時章の立場がどのように変化していったのかみていくことにしたい。

弘長元年に重時が、同三年に時頼が没し、さらに文永元年、一番引付頭人の朝直と執権の長時（重時流）が相次いで没する。そこで連署だった政村が執権になり、時宗が連署に就任した。時頼没後の動揺を防ぐため、越訴機関を整備し、評定衆・引付衆の増員が図られた。[24]二番引付頭人だった時章は一番引付頭人に昇格している。[25]これで評定衆に北条氏が四名（うち朝時流二名）、引付衆に北条氏が四名（うち朝時流一名）となった。北条氏の大幅な起用が目立っており、なかでも朝時流の占める割合が高くなったことがわかる。

このように文永元年・二年と評定衆・引付衆が増員されてきたなかで、同三年三月になり引付が廃止され、重事は執権・連署が直接聴断し、細事は問注所の扱いとなった[26]。翌四年には、越訴奉行が廃止された。村井章介氏は、これまで実務能力を必要としていた引付衆の性格が、北条氏にとっての出世階段の一つへと変化したことで、機能低下を引き起こし廃止されたとする。そして評定衆は、聴断するための補佐役に格下げされた[27]と述べている。ここで時章は引付頭人から評定衆の一人になっている。

文永六年には引付制度が復活し、時章が再び一番引付頭人になっている。これは前年に元と高麗の国書が届き、危機感を覚えた政権が北条氏一門に協力を要請し、政治を行うことを示したものといわれている[28]。またこの年は「世上騒乱[29]」と表現されており、具体的に何を指しているかは不明であるものの、幕府内では何か不安定な状態であったことが判明する。このとき評定衆・引付衆合わせて北条氏は十名、内訳は朝時流三名、実泰流・重時流二名、時房流・政村流・朝直流一名である。やはり朝時流の人数が多いことは注目されよう。

政村の執権就任は、時宗へのつなぎのようにみられていたこともあったが、そうではないとの指摘が川添氏と渡辺晴美氏によってされている[30]。その点を確認するために、時頼政権の構成員と時宗政権の構成員[31]を比較してみよう。最も違うのは重時・朝直が死んだことである。二人の死後、政権の構成員が補充されていないように思われる[32]。すなわち、政村・実時が重時・朝直の権限を包摂していったと推測できる。とくに執権に就任した政村には、連署時宗を補佐するという意味でも、政権内での発言力があったとみてよいのではないか。

また政村の婚姻関係は、重時流・実泰流・得宗傍流・安達氏と、時宗政権の構成員と重なっていること、朝時流との血縁関係がないことが、特徴として挙げられる。政村が、朝時流との関係を持っていなかったことは、時宗政権内で大きな意味を持っていると思われる。

四　教時と将軍

朝時流の特徴として、将軍と親しい関係にあるので反時頼・時宗政権的であるといわれ、教時もそれに該当するとされている。果たして本当に将軍と親しいことが、反政権的であることに結びつくのか、再検討してみたい。

京都から親王が下向してくることで、摂家将軍以上に京都の文化が鎌倉に流れ込んできた。蹴鞠や和歌はこのころ隆盛期を迎える(33)。とくに宗尊親王は、自身の歌集を編むなど、和歌を大変好んだことが知られており(34)、鎌倉歌壇の中心人物であった。宗尊親王は、和歌や蹴鞠を開催することで御家人と個人的な関係を形成してきたといわれている(35)。ここで蹴鞠会と和歌会の参加者と将軍との関係をみていくことにする。

まず蹴鞠についてである。宗尊親王は蹴鞠を好み、鞠会を開催し、自らも参加している(36)。弘長三年正月十日には「旬御鞠之奉行」二十七名が定められている。北条氏は十名おり、朝時流が教時・時基・公時と三名確認できるところは、注目される(37)。また教時の蹴鞠参加回数が多いことも注目される(38)。

次に和歌である。宗尊親王は頻繁に和歌会・連歌会を開催している(39)。北条氏の中では、時盛・朝直流を除く時房流の人が多く登場し(40)、さらに、政村の名も頻出する。政村は自邸で和歌会や歌合を開いており(41)、勅撰集に四十首入集するなど、歌人としても知られている(42)。弘長元年三月二十五日には、近習の人々の中から殿上人二名のほか、時広・時(43)

通（時房流）・後藤基政[44]・押垂範元・鎌田行俊の七名が歌仙に選ばれている。

このような和歌や蹴鞠の集まりは、いくら政治運営とは無関係なものであっても、回を重ねていくことで、制度化されていく部分がある。源頼家が蹴鞠を好んだことは著名であり、そのメンバーは時房・比企能員といった特定の近習グループであった。頼家の例を、時宗政権が認識していたかどうかは定かでない。しかし将軍と特定の御家人が結びつくと、政権運営に支障を来すことは明らかであり、時宗政権は危機感を抱いたと考えられる。後藤基政を引付衆から六波羅評定衆に転出させたのは、対策の一つだろう。

改めて本章の対象である朝時流を、和歌に関する記述の中で探すと、誰一人として現れない[48]。これまで宗尊親王と親交があるとされていたことから考えれば意外なことである。和歌と蹴鞠のメンバーがほぼ共通であるのに、教時を含めた朝時流が蹴鞠にしかあらわれないのはもう少し注目すべきである。政村のように、和歌を通して将軍と席を共にする者がいることからも、文化的サロンの交流を背景に朝時流のみを反政権的と強調する従来の見方は、再考されるべきであろう。

また教時が反時宗政権的とされた理由の一つとして、文永三年七月四日に宗尊親王が帰洛する際、抗議の示威行動をとったことが挙げられる。『吾妻鏡』をみると、六月下旬より近国の御家人が鎌倉に集まり始めていることが明確となる。近国の御家人が鎌倉に群参するのは、鎌倉で何かが起きるという情報が伝わったからであろう。そのような状況のなか、鎌倉にいた御家人は何をしていたのか。『吾妻鏡』には、教時の行動以外、御家人の動向がまったく記されていない。こうして見ると、教時の抗議行動を浮かび上がらせるために、『吾妻鏡』の編者が意図的に特記した可能性[49]も指摘できよう。

以上のことから、教時は蹴鞠を通して宗尊親王と親しい関係であったことは判明するものの、朝時流全体が宗尊親王と親しかったとは言い切れないことになる。また和歌や蹴鞠のメンバーを見てわかるように、将軍と親しいことが、必ずしも反政権的であるとは言えないのである。

五　おわりに

宝治合戦以降の時章と教時を中心に検討してきた。時章は、時頼を支持していただけでなく、時頼政権の構成員であった。そして重時と時章の関係から、引付頭人としての序列よりも重視されていた可能性を指摘できた。また時頼政権と時宗政権の構成員の違いが、時章の立場を変化させたと考えた。時宗政権が、政策や政権運営について時頼政権と違う方向性を持っていたことは、先学の得宗専制に関する研究史で指摘されていることである。屋上に屋を架すようなものであるが、朝時流という北条氏の一庶家に対して、政権の交代がどのような意味を持つのか考えてみた次第である。

教時については、宗尊親王と親しくなったツールとして蹴鞠を挙げた。殺害された理由として、将軍との関係が挙げられるものの、二月騒動に宗尊親王が関与していないことは、研究史で指摘されている。教時の殺害理由は、いまだ不明と言わざるを得ない。

時宗政権の検討といいつつ、時宗が連署だった時期までしか検討できなかった。その後の時宗政権と朝時流の関係は、今後の課題としたい。

〔注〕

（1）北条氏の庶子家は、泰時の代にほとんど分かれるため、泰時の兄弟の名を取って○○流（朝時流・重時流・政村流・実泰流）と表記する。義時の弟の時房の系統は、時房の子時盛の系統を時盛流、朝直の系統を朝直流とし、それ以外を時房流と総称する。また北条氏家督の系統を得宗流とし、得宗流のなかで嫡流でない者は、得宗傍流と表記する。

（2）研究者によって呼び方は様々であるが、ここでは、「鎌倉年代記裏書」（『増補続史料大成』別巻）に表記されている「宮騒動」とする。宮騒動については、拙稿「北条氏庶家名越氏と宮騒動」（『鎌倉』八六　一九九八年）を参照。

（3）名称は「保暦間記」（佐伯真一・高木浩明編著『校本　保暦間記』重要古典籍叢刊二　和泉書院　一九九九年）に拠る。二月騒動の研究は、渡辺晴美「北条時宗の家督継承条件に関する一考察（上）（下）――「吾妻鏡」文永元年条欠文理由及び文永九年二月騒動との関連において――」（『政治経済史学』一一〇、一一一　一九七五年）、渡辺晴美「得宗専制体制の成立過程（Ⅰ）（Ⅱ）（Ⅲ）（Ⅳ）――文永・弘安年間における北条時宗政権の実態分析――」（『政治経済史学』一二五、一三九、一六二、一六五　一九七六年、七七年、七九年、八〇年）、川添昭二「日蓮と二月騒動――自戒叛逆難、日蓮と北条時宗の一節」（同『日蓮とその時代』山喜房佛書林　一九九九年、初出一九七九年）、細川重男「相模式部大夫殿――文永九年二月騒動と北条時宗政権――」（同『鎌倉北条氏の神話と歴史――権威と権力――』日本史史料研究会　二〇〇七年、初出二〇〇二年）などがある。細川氏は上記論文中で研究史の詳細な検討を行っている。また、二月騒動を伝える史料については、拙稿「二月騒動の史料再考」（『段かづら』三・四　二〇〇四年）を参照。

（4）奥富敬之『鎌倉北条氏の基礎的研究』（吉川弘文館　一九八八年）、村井章介「十三～十四世紀の日本――京都・鎌倉」（同『中世の国家と在地社会』校倉書房　二〇〇五年、初出一九九四年）。上横手雅敬「鎌倉幕府と公家政権」（同『鎌倉時代政治史研究』吉川弘文館　一九九一年、初出一九七五年）では、得宗専制成立二段階論を唱えており、

その第一段階として宮騒動・宝治合戦を挙げている。得宗専制論の研究史は、細川重男『鎌倉政権得宗専制論』（吉川弘文館　二〇〇〇年）、秋山哲雄『北条氏権力と都市鎌倉』（吉川弘文館　二〇〇六年）に詳しい。

（5）研究文献は、「参考文献」・「北条氏関連論文目録」（北条氏研究会編『北条氏系譜人名辞典』新人物往来社　二〇〇一年）参照。最近の研究で本稿に直接関わるものは、その都度挙げていきたい。

（6）川添『日蓮とその時代』、川添『北条時宗』（吉川弘文館　二〇〇一年）。

（7）川添昭二「北条氏一門名越（江馬）氏について」（『日蓮とその時代』、初出一九八七年）三三八頁。

（8）川添「北条氏一門名越（江馬）氏について」三四七頁。

（9）川添「北条氏一門名越（江馬）氏について」。秋山氏は、北条氏一門の所領や守護職を検討しているなかで、朝時流もその対象としている。朝時が守護であった筑後や大隅を含む鎮西では、独自の裁判権を持って下知状を発給していることから、朝時の幕府内における特別な立場を指摘する。秋山氏によると訴訟を起こした在国の御家人は、西遷した地頭御家人の圧迫から逃れるための窓口として、朝時を頼ったのである。そのため朝時には、背景として権力が必要になり、将軍権力との接近を欲したと述べている（「北条氏所領と得宗政権」『北条氏権力と都市鎌倉』、初出二〇〇〇年）。

（10）本稿でいう時頼政権とは時頼が執権に就任した寛元四年から、没する弘長三年まで、また時宗政権は、時宗が連署に就任した文永元年から、没する弘安七年までで、政権運営に直接参加したであろう人々を指す。通常引付衆・評定衆が構成員ということになるが、ここでは深秘の沙汰や寄合に参加した人々、すなわち時頼政権では時頼・重時・政村・実時・安達氏・北条氏被官、時宗政権では時宗・政村・実時・安達氏・北条氏被官を想定している。

（11）本章では下記の文献に拠った。御家人制研究会編『吾妻鏡人名索引』（吉川弘文館　一九九二年）北条氏研究会編「北条氏系図考証」（安田元久編『吾妻鏡人名総覧――注釈と考証――』吉川弘文館　一九九八年）、細川重男「鎌倉政権上級職員表（基礎表）」（『鎌倉政権得宗専制論』）、『北条氏系譜人名辞典』。

(12)新訂増補国史大系本を使用する。以下、本文・注ともに、出典を示さず日付のみで記しているものは、「吾妻鏡」の記事である。

(13)併せて、「越後三郎」は時長と比定できる。

(14)「関東開闢皇代并年代記事」(前田育徳会尊経閣文庫所蔵)の公時の項に「母隠岐守行有」とあり、「野津本北条系図」(『国立歴史民俗博物館研究報告』五所収)の公時の項には、「母行有女」とある。

(15)「尊卑分脈」及び「系図纂要」の二階堂行方女の項に、「尾張守時章室」とある。

(16)「吾妻鏡」のなかで、行列の並び順や座次相論の記事が掲載されていることは、序列が正確に記載されている根拠になろう。

(17)時章が評定衆に就任した宝治元年から、政村が連署に就任する康元元年までで、朝直・時章両方が掲載されている条を選んだ。宝治二年十月六日、建長二年正月十六日、同年三月二十五日、同年四月四日、建長三年十一月十三日、建長四年四月一日、同年四月十四日、同年八月一日、同年十二月十七日、建長五年正月三日、建長六年正月一日、同年正月二十二日、康元元年正月一日、同年正月五日、同年正月十四日条である。

(18)建長二年正月十六日、同年四月四日、同年八月一日、同年十二月十七日、建長五年正月三日、同年正月二十二日条。

(19)康元元年から朝直が没する文永元年までで、朝直・時章両方が掲載されている条を選んだ。正嘉元年(一二五七)正月一日、同年十月一日、同二年正月二日、文応元年(一二六〇)正月一日、同年三月二十一日、弘長元年正月一日、同年正月七日、同年二月七日、同三年正月一日、同年八月九日条である。

(20)朝直は泰時女を妻室としており、婚姻関係からも得宗流に近い関係にある。朝直流の研究は、渡辺晴美「北条一門大仏氏について(上・下)——時房流北条氏の検討——その二」(『政治経済史学』一〇四、一〇五　一九七五年)。朝直については石井清文「暦仁元年、大仏朝直の武蔵守就任と父北条時房」(『武蔵野』七三—一　一九九五年)、倉井理恵「北条朝直の政治的立場——泰時・経時期を中心に——」(『駒沢大学史学論集』二七　一九九七年)などがある。

秋山「北条氏一門と得宗政権」のなかでも、遠江守護としての朝直流が触れられている。
(21)秋山「北条氏一門と得宗政権」一四二頁。
(22)公時と重時女との間に時家が生まれている。時家の生年は未詳のため、公時の生年である嘉禎元年から推測した。
(23)秋山氏だけでなく、渡辺「北条時宗の家督継承条件に関する一考察」でも、時頼政権における重時の存在を強調している。
(24)北条氏だけ抜粋すると、文永元年十一月十五日に時広（時房流）が引付衆になっている。同二年六月十一日に引付衆だった時広・教時が評定衆に昇格し、義政（重時流）・公時・業時（重時流）・宣時（朝直流）が引付衆に就任している（「関東評定衆伝」『群書類従』四輯）。
(25)「関東評定衆伝」。二番引付頭人は実時、三番引付頭人は安達泰盛である。
(26)「追加法四二九条」（佐藤進一・池内義資編『中世法制史料集』一　二〇〇一年）。
(27)村井「執権政治の変質」（『中世の国家と在地社会』初出一九八四年）。網野善彦『蒙古襲来』上（小学館ライブラリー　一九九二年、初出一九七四年）では、越訴奉行の実時・泰盛はそのままであったことから、時章が頭人だった一番引付を廃止するのが目的であったのではないかとする。しかし時章を外すことだけのために、政治制度を根本的に変えてしまうようなことをするのか、という疑問が残される。岡邦信「鎌倉幕府後期における訴訟制度の一考察――引付廃止と「重事直聴断」をめぐって――」（同『中世武家の法と支配』信山社　二〇〇五年、初出一九八六年）では、評定衆・引付衆に朝時流が増えたことに注目し、文永期が幕府内部の権力不安定期にあたり、若い時宗を政村が執権として助けて、危機を乗り越えるために行ったこととしている。また文永三年の引付廃止と「重事直聴断」する制度は、執権・連署だけでなく問注所にも多大なる負担をかけるため、永続的な制度ではなかったのではないか、と述べている。文永の引付廃止自体は、得宗専制のさまざまな研究でも取り上げられている。本稿ではそこまで検討出来ないので、朝時流に対する影響という一点に絞ってみていくことにしたい。

(28)新田英治「鎌倉後期の政治過程」(『岩波講座日本歴史』六　中世二　一九七五年)。なぜ文永六年なのか、という疑問には、研究史をみても今のところ明確な答えはない。

(29)「(前略)文永六年より何事と候わす世上騒乱之間、人之上歟、身之上歟、安不更に難弁時分に候き(後略)」とある。弘安八年十二月二十一日付金沢顕時書状案(賜蘆文庫文書所収称名寺文書、『鎌倉遺文』㉑一五七六六号)。本文書は、百瀬今朝雄「北条(金沢)顕時寄進状・同書状案について」(同『弘安書札礼の研究——中世公家社会における家格の桎梏——』東京大学出版会　二〇〇〇年、初出一九九〇年)によって、永和(一三七五〜七九)頃の訴訟のために作成されたと立証されている。後世の作成だったとしても、文永六年が「世上騒乱」だったと記憶(記録)されるような年であったことを示す史料としては、有効だろう。

(30)川添「北条時宗の研究」では、政村が、康元元年の連署就任後、没するまで政所別当を兼帯し、時宗が政所別当になれたのは、政村没後であったこと、また政村を中心とする婚姻関係から、政村政権の独自性を指摘している。渡辺晴美「寛元・宝治年間における北条政村(Ⅰ)(Ⅱ)」(『政治経済史学』二三二、二五五　一九八五年、八七年)、同「北条政村の研究(Ⅰ)(Ⅱ)(Ⅲ)」(『政治経済史学』三四四、三七〇、三八七　一九九五年、九七年、九八年)も参照。

(31)前注(10)参照。

(32)安達氏や北条氏被官の発言力は、時頼政権よりも時宗政権の方が強いであろうから、本来は人数だけでなく、彼らも含めて検討する必要がある。しかし、政権運営に携わる人数が減れば、一人あたりの負担が増えることは明らかであるため、今回は人数の比較に限定した。

(33)川添昭二『鎌倉文化』(教育社　一九七八年)、外村展子『鎌倉の歌人』(『鎌倉叢書』五　かまくら春秋社　一九八六年)など参照。

(34)樋口芳麻呂「宗尊親王初学期の和歌——東撰和歌六帖所載歌を中心に——」(『国語国文学報』二二　一九六九年)、

同「『中書王御詠』考」（山崎敏夫編『中世和歌とその周辺』笠間書院　一九八〇年）、中川博夫「弘長元年の宗尊親王（一）――『宗尊親王家百五十番歌合』の詠作について――」（『古典研究』一　一九九二年）、中川博夫・小川剛生「宗尊親王年譜」（『言語文化研究』一　一九九四年）、小川剛生「宗尊親王の和歌の一特質――「六帖題和歌」の漢詩文摂取をめぐって――」（『和歌文学研究』六八　一九九四年）などのほか多数の研究がある。

(35)宗尊親王帰洛は、「将軍御謀叛」（「新抄」文永三年七月九日条、『続史籍集覧』一　一九六九年）とも京都に伝わる。「世を乱らんなど思ひよりける武士の、この御子の御歌すぐれて詠ませ給ふに、夜昼いとむつましく仕うまつりけるほどに、おのづから同じ心なるものなど多くなりて」（「北野の雪」『増鏡』第七　講談社学術文庫）という記述は、宗尊親王と教時の関係を表していると指摘する研究もある（渡辺「北条時宗の家督継承条件に関する一考察（下）」）。

(36)「吾妻鏡」正嘉元年四月九日、六月一日、六月二十四日、同二年七月四日~十一月十九日（百日御鞠）、文永二年正月十五日条。

(37)そのほかに、清時（時房流）・時広・宣時・業時・顕時（実泰流）・時村（政村流）・時輔（得宗傍流）がいる。

(38)建長五年三月十八日、正嘉元年四月九日、六月二十四日、正嘉二年七月四日~十一月十九日（百日鞠会）、文永二年正月十五日。ちなみに時基は正嘉元年四月九日条に参加しているものの、公時が蹴鞠に出席した記事は「吾妻鏡」ではみえない。

(39)「吾妻鏡」で和歌会・連歌会・歌合を開催したとの記述は、「吾妻鏡」建長五年五月五日、康元元年五月五日、同年七月十七日、正嘉二年七月十五日、同年九月二十九日、弘長元年正月二十六日、同年五月五日、七月十二日、同三年二月二日、二月八日、八月七日、八月九日、八月十一日、文永二年十月十七日、十月四日、十月十九日、十二月五日、同三年三月三十日条である。そのほか、宗尊親王や周辺の人々の歌の詞書を見れば、もっと増えるだろう。

(40)渡辺晴美「北条時房の子孫について」（『政治経済史学』三〇〇　一九九一年）。

(41)「吾妻鏡」建長三年二月二十四日、弘長三年二月八日、文永二年十二月五日条。

(42)西畑実「武家歌人の系譜――鎌倉幕府関係者を中心に――」(『大阪樟蔭大学論集』一〇　一九七三年)。

(43)北条氏で唯一歌集が残存している人物である。「越前々司平時広集」として『私歌集大成』四　中世Ⅱ、『桂宮本叢書』八に翻刻がある。井上宗雄「平親清の娘たち、そして越前々司時広」(同『鎌倉時代歌人伝の研究』風間書房一九九七年、初出一九八九年)参照。

(44)鎌倉歌壇最大の歌集である「東撰和歌六帖」の撰者といわれ勅撰集にも入集している。中川博夫「後藤基綱・基政父子――(一)その家譜と略伝について、(二)その和歌の事績について――」(『芸文研究』四八、五〇　一九八六年)、同「後藤基綱の和歌」(『中世文学研究』二三　一九九七年)参照。「東撰和歌六帖」は『続群書類従』第十四輯下と福田秀一「祐徳稲荷神社寄託中川文庫本「東撰和歌六帖」(解説と翻刻)」(『国文学研究資料館紀要』二　一九七六年)に収載されている。

(45)年頭の鞠始に限ってみると、源頼家・源実朝期にも行われている(「吾妻鏡」建仁二年正月十日、同三年正月二日、建暦二年三月六日条)。半ば幕府の公式行事化していたのだろうか、時頼・政村・朝直・長時といった執権・連署クラスも参加している。

(46)「吾妻鏡」寛元四年八月十二日条。

(47)川添昭二「北条時宗の研究――連署時代まで――」(『日蓮とその時代』、初出一九八二年)。

(48)教時らの父朝時の歌は存在する(「如願法師集」四二八『新編国歌大観』)。

(49)「吾妻鏡」には、欠年条があることなどから「曲筆」があったといわれることがある。全条を検討したわけではないが、内容を書き換えるというよりは、何を載せ、何を載せないかというところで、編纂者が取捨選択を行った可能性があると考えている。

得宗家庶子北条時輔の立場

遠山久也

はじめに

北条得宗家が鎌倉幕府の実権を握る過程において、他の有力御家人との（時には将軍とも）対立があり、彼らを排斥しつついわゆる得宗専制体制を築いていく。

得宗家の他氏排斥は、時に同族に及ぶこともあった。北条時宗の時代にも、執権就任前に二月騒動があり、同族の名越氏及び時宗の異母兄時輔が殺害されている。

北条時宗が政権を握るためには、側室の子とはいえ、兄の時輔の存在は軽視できるものではなかったであろう。本稿では、不明な点が多い北条時輔について、生誕後の鎌倉における生活、六波羅探題南方として上洛し、二月騒動で討たれるまでの動向に着目し、北条時宗の時代の鎌倉幕府にとって、得宗家の庶子である北条時輔の存在はいかなるものであったかを検討してみたいと思う。

一　出自

時輔は、宝治二年（一二四八）、執権北条時頼の長男として誕生し、幼名を宝寿と名付けられた。(1) 執権の長男誕生にもかかわらず、「吾妻鏡」には、「左親衛妾幕府女房男子平産云々、今日被授字、宝寿云々」と記されているだけである。それに対し、弟の時宗（幼名正寿丸）は、出産以前から誕生の時が予言されており、数々の平産の祈禱がなされ(2)、建長三年（一二五一）五月の誕生の日には、「御一門之老若、総而諸人参加不可勝計」と記され(3)、兄時輔と大きく差をつけている。また、建長五年正月、時宗の同母弟の福寿（のちの宗政）の誕生の際にも「加持若宮別当僧正隆弁、験者清尊僧都云々、僧正参会、清尊并医陰両道等者、皆産以後馳参」と見え[4]、時宗同様正室の子の誕生として周囲を賑わしている[5]。

父の時頼は、時氏の子で、時輔の誕生の時は二十一歳である。寛元四年（一二四六）三月二十三日より、病気の兄経時に替わり、五代執権に就任している[6]。

母は時頼の妾で、出自・生年は不詳で、『吾妻鏡』には「幕府女房」と記されている[7]。「野辺文書」の「北条氏系図[8]」には「讃岐局執行□□」、「鎌倉年代記[9]」には「将軍家讃岐[10]」、「武家年代記[11]」には「讃岐局　御所女房」、「北条氏系図[12]」には「家女房」とある。康永元年（一三四二）十一月十日付岩屋寺院主祐円目安状案[13]によれば、出雲国横田庄内岩屋寺田畠山野等を寄進した本主として、「関東最明寺禅門後室」「式部大夫時輔母儀」と記され、法名を「岩屋堂禅尼妙音」と称したことが見える。それによると、正和二年（一三一三）十二月二十八日に他界したとされる。

乳母夫には、得宗被官とみられる諏訪入道蓮仏（盛重）が任命された[14]。

二　鎌倉における時輔

時輔の元服（首服）は、康元元年（一二五六）八月に行われた。「相州御息被加首服、号相模三郎時利後改時輔、加冠足利三郎利氏後改頼氏[15]」とあり、加冠役の足利利氏（後の頼氏）の一字を受けて相模三郎時利と称する[16]。時利（時輔）は時頼の第一番目の男子であったが、嫡出子でなかったため「三郎」を通称とし、弟時宗・宗政[17]の次に位置づけられたのである[18]。時輔はこの序列の通り、行事において兄弟で並ぶ場合は、三番目に位置していた[19]。

さて、時輔はどのような人物であったか。彼の人物像がわかるものはほとんど見あたらない。ただし、何点かの史料から彼に対する武士としての評価は低くはないことがうかがえる。

例えば、康元元年八月、将軍宗尊親王が御出し、流鏑馬が行われた時の記事がある。その際の射手以下の役として「殊被撰其人、所謂相模三郎時利、陸奥六郎義政、足利三郎利氏、武蔵五郎時忠、三浦介六郎頼盛等為其最」[20]と見られるようにこの時の射手以下の役は、殊に選ばれた中でも最たる人であった。その筆頭として相模三郎時利（時輔）がいた。また、弘長元年（一二六一）四月極楽寺第における笠懸の射手にも選ばれている。[21]さらには、次のような記事もある。弘長三年正月、「旬御鞠之奉行」を定められたが、「三月　六月　九月　十二月　上旬」の中に、二条侍従基長・佐々木泰綱らとともに「相模三郎時輔」の名が見える。この役は「皆是所被撰堪能也」[22]とされているように、時輔は鞠についても堪能であった。

このように鎌倉での時輔は、得宗家の庶子としてふさわしく、弓・蹴鞠などの芸に長じた人物として存在した。弘長三年八月には将軍（宗尊親王）の鶴岡参宮に供奉しているが、[23]その後の鎌倉における時輔の動向は不明である。翌年（文永元年）は、時輔が六波羅探題に赴く年に当たるが、「吾妻鏡」はこの年の記事を一年分欠いている。そのため、彼が上洛に到るまで鎌倉で何があったのかは全くわからない。[24]ここに隠されている何らかの経緯を経て、時輔は六波羅へ赴くことになる。

三　時輔の任官叙位

時輔は上洛、六波羅探題南方就任とともに、昇進しているようである。「鎌倉年代記」によれば、上洛した翌年の文永二年（一二六五）四月二十一日に従五位下式部丞に叙任されている。[25]

式部丞は幕府内においても北条氏でも執権・連署クラス、他の御家人であれば相当な有力者でないと任じられることのない官職である。「職源鈔」(26)は、式部丞について「可然之諸大夫任之」と記し、諸大夫の中でも然るべき者が任ぜられることを示している。この官職につける者（諸大夫層）は幕府内おいて、京下りの吏僚層や清和源氏・北条家などのような有力な者に限られることから、時輔は庶子ではあるが、得宗家の者として然るべき地位にあったことが伺える。

さらに式部丞は、「官職秘鈔」(27)によれば、「凡諸司助、以公卿二合為最、是可任式部丞之故也」と見えるように諸司の助を経て任官されるコースがあった。時輔も文永二年の式部丞任官の前に、諸司の助を経ている可能性が伺える。(28)その後、文永二年十月十二日付六波羅宛の関東御教書(29)には「相模式部大夫」と記され、北条時茂と連署の同年十月二十日付六波羅問状(30)には、「散位」と称しているから、文永二年十月には式部丞を辞していることがわかる。(31)

このような得宗家としてしかるべき官途についた時輔の六波羅探題南方での立場はいかなるものか次に検討してみたい。

四　六波羅での時輔

「鎌倉年代記」・「武家年代記」によれば、文永元年（一二六四）十一月（「鎌倉大日記」は十月）九日、六波羅探題南方に任じられて上洛している。以後没する文永九年まで六波羅探題を勤めた。六波羅南方は欠員が多く、北条時盛が仁治三年（一二四二）に退任して以来二十数年ぶりの着任であった。時輔が六波羅南方在任中、北方には文永七年正月二十七日まで重時の子時茂(32)が、時茂死後の不在の期間を経て、同八年十二月より義宗が就任した。(33)

南北六波羅の比較、職掌などについては、六波羅からの発給文書、または六波羅への発給文書による考察から、解明が進められている。(34) それらの成果を借りて、時輔の立場と当時の六波羅南方についての考察を加えてみたい。

時茂存命中の六波羅探題の発給文書の発給者は、時茂・時輔の連署、(35) 六波羅宛の関東御教書の宛所は、時茂宛(36)もしくは時茂・時輔の両者宛(37)である。このことから時茂存命中は北方である時茂主導とまではいかないが、時輔単独の任務遂行はないと考える。

ところが、時茂が文永七年正月死亡すると、以後時輔が一人で六波羅探題の職務を勤めている。その間、他の六波羅探題を勤めた者と同様、関東御教書を受給してその任務に当たっている。(38)

しかし、その期間は長くは続かず、文永八年十二月には義宗が北方として任じられる。再び六波羅探題は、南北両方が存在することになるが、その翌年二月には、時輔は義宗により討たれてしまう。この義宗・時輔の在任中は、両者による六波羅探題としての活動は見あたらない。ここから推測してみると、義宗就任の時にはすでに、名越氏・時輔殺害の準備は進められており、義宗は時輔の監視もしくは討手としての立場として六波羅に向けられたと思われる。

時輔死後の六波羅探題は、建治二年までは義宗一名が継続して勤め、義宗退任以後、建治三年（一二七七）より、北方北条時村と南方北条時国という体制となり、六波羅探題南北両方が、（時に欠員があるものの）ほぼ常置となる。(39)

時輔在任中の六波羅探題は、未だ南北両方という体制は確立されていないという時期であった。その時期に南方に就任した時輔は、北方の監視下におかれながら、その職務を遂行していた。時茂死後の時輔単独勤務の六波羅探題は、幕府にとって非常に危険な状況であったといえよう。

別表

文書名（鎌倉遺文番号）	年（西暦）月日	発給者表記（実名）	発給者2表記（実名）	宛所表記（実名）	宛所2表記（実名）	出典	備考	事書
六波羅御教書案（三一三三）	欠年6月28日	陸奥守時茂（北条時茂）	散位時輔（北条時輔）	大炊御門（大炊御門家嗣）		禰寝文書	付貞応2年	大隅国禰寝院南俣地頭清綱申名主等不従所勘由事
関東御教書（九二九二）	文永2年（一二六五）5月10日	左京権大夫（北条政村）	相模守（北条時宗）	相模式部大夫（北条時輔）	陸奥左近大夫将監（北条時茂）	長門熊谷家文書		熊谷図書助直時法師与舎弟左衛門三郎祐直法師相論条々内
関東御教書（九三六八）	文永2年（一二六五）10月12日	左京権大夫（北条政村）	相模守（北条時宗）	相模式部大夫（北条時輔）	陸奥左近大夫将監（北条時茂）	禰寝文書		匣馬入道西願申大隅国佐汰村文書等事
六波羅問状（九三七三）	文永2年（一二六五）10月20日	左近将監（北条時茂）	散位（北条時輔）	白魚彌二郎（白魚弘高）		肥前青方文書		肥前国御家人青方太郎吉高申抑留所従三人由事
六波羅問状案（九三七四）	文永2年（一二六五）10月20日	（欠落）	散位（北条時輔）			肥前青方文書	欠落、前号と同一文書の案なるや未詳	肥前国御家人青方太郎吉高申□留所従三人由事
六波羅施行状（九四〇六）	文永2年（一二六五）11月19日	左□（北条時茂）	散□（北条時輔）	上総前司（大曾禰長泰カ）		九条家文書		備前国小豆嶋常陸□（國小鶴南カ）庄丹波国多紀庄預□（所カ）職事
六波羅御教書案（九四三四）	文永2年（一二六五）12月10日	左近将監時茂（北条時茂）	散位時輔（北条時輔）	大夫法眼御房		大和薬師院文書		播磨国大部庄地頭代左衛門尉資宗申條々狼藉由事
六波羅召文案（九五一〇）	文永3年（一二六六）3月3日	左近将監（北条時茂）	散位（北条時輔）	白魚彌二郎（白魚弘高）		肥前青方家譜		肥前国御家人青方太郎吉高申被抑留所従等由事

六波羅下知状（九五三六）	文永3年（一二六六）5月24日	左近将監平（北条時茂）	散位平（北条時輔）			出雲北島家文書		出雲国神魂社領大庭田尻保地頭職事
六波羅御教書案（九五四三）	文永3年（一二六六）6月18日	左近将監（北条時茂）	散位（北条時輔）	地頭代（伊藤行村）		東大寺文書4—13		東大寺領美濃茜部庄預所申年貢已下條々事
六波羅召文案（九五七四）	文永3年（一二六六）9月29日	左近将監（北条時茂）	散位（北条時輔）	白魚彌二郎（白魚弘高）		青方家譜		肥前国御家人青方太郎吉高申被抑留所従三人由事
関東御教書（九五八五）	文永3年（一二六六）10月28日	左京権大夫（北条政村）	相模守（北条時宗）	相模式部大夫（北条時輔）	陸奥左近大夫将監（北条時茂）		保阪潤治氏所蔵手鑑	庄四郎入道信願申狼藉事
六波羅御教書案（九六〇五）	文永3年（一二六六）12月6日	左近将監（北条時茂）	散位（北条時輔）	地頭（長井泰茂）		東大寺文書4—13		美濃国茜部庄雑掌申請所已下條々事
六波羅御教書案（九七一三）	文永4年（一二六七）5月30日	左近将監（北条時茂）	散位（北条時輔）	地頭（湯浅成仏）		高野山文書又続宝簡集78		紀伊国阿弖河庄雑掌申年貢事
六波羅請文（九七一六）	文永4年（一二六七）5月30日	左近将監平時茂（北条時茂）	散位平時輔（北条時輔）	平三郎左衛門尉（盛時カ）		神宮文庫所蔵山中文書		
六波羅御教書案（九七四二）	文永4年（一二六七）7月26日	左近将監（北条時茂）	散位（北条時輔）	地頭代（伊藤行村）		東大寺文書4—13		東大寺領美濃國茜部庄雑掌申年貢以下非法事
六波羅御教書案（九七六二）	文永4年（一二六七）9月4日	左近将監（北条時茂）	散位（北条時輔）	地頭代（伊藤行村）		東大寺文書4—13		東大寺領美濃国茜部庄雑掌申致新儀非法之由事
六波羅御教書案（九七六七）	文永4年（一二六七）9月19日	左近将監（北条時茂）	散位（北条時輔）	大宰少弐入道（武藤資能）		肥前深堀家文書		肥前国彼杵庄内戸町浦地頭時光申当庄惣地頭代押領杉浦致狼藉由事
六波羅御教書案（九七九五）	文永4年（一二六七）11月2日	左近将監（北条時茂）	散位（北条時輔）	地頭代（伊藤行村）		東大寺文書4—13		東大寺領美濃国茜部庄雑掌申致新儀非法之由事

六波羅御教書案(九八一二)	文永4年(一二六七)12月6日	陸奥守(北条時茂)	散位(北条時輔)	地頭(湯浅成仏)		高野山正智院文書		紀伊国阿弖川庄雑掌申去年年貢并当年所当事
六波羅御教書案(九八一七)	文永4年(一二六七)12月10日	左近将監(北条時茂)	散位(北条時輔)	地頭代(伊藤行村)		東大寺文書4—13		東大寺領美濃国茜部庄雑掌申押妨所務抑留年貢由事
関東評定事書(九八三八)	文永4年(一二六七)12月26日			相模式部大夫(北条時輔)	陸奥守(北条時茂)	新編追加		以所領入質券令売買事、以所領和与他人事
六波羅御教書(九九〇二)	文永5年(一二六八)3月28日	陸奥守(北条時茂)	散位(北条時輔)	守護代		高野山文書又宝簡集30		紀伊国丹生屋村地頭代為久申高野山領名手庄沙汰人百姓等
北条時輔書状(九九〇三)	欠年3月30日	散位(北条時輔)		兵衛大夫		近江多賀神社文書	文永7～8年カ	近江国多賀社神官等申八坂庄民対捍神事由事
六波羅御教書案(一〇二三七)	文永5年(一二六八)4月28日	陸奥守(北条時茂)	散位(北条時輔)	石川七郎(石川義秀)		東大寺文書4—13		東大寺衆徒等申美濃国茜部庄所務事
六波羅御教書(一〇二九〇)	文永5年(一二六八)8月20日	陸奥守(北条時茂)	散位(北条時輔)	都甲左衛門入道(大神惟家)		豊後国都甲文書		豊後国都甲庄地頭職被譲妻女由事
関東御教書(一〇三七〇)	文永6年(一二六九)1月30日	左京権太夫(北条政村)	相模守(北条時宗)	相模式部大夫(北条時輔)	陸奥守(北条時茂)	禰寝文書		大隅国御家人佐汰九郎宗親子息阿古丸代憲光申所領事
六波羅御教書(一〇三七六)	欠年2月12日	陸奥守(北条時茂)	散位(北条時輔)	久我中将(久我具房)		久我家文書	付文永6年	近江国田根庄雑掌申一代一度検注事
六波羅御教書案(一〇三八九)	文永6年(一二六九)2月24日	陸奥守(北条時茂)	散位(北条時輔)	若狭四郎入道(定蓮、忠清)		東寺百合文書ェ		若狭次郎兵衛入道跡大番役事
関東御教書(一〇四五〇)	文永6年(一二六九)6月24日	左京権大夫(北条政村)	相模守(北条時宗)	相模式部大夫(北条時輔)	陸奥守(北条時茂)	禰寝文書		大隅国御家人佐汰九郎宗親子息阿古丸代憲光申所領事

六波羅下知状（一〇四五四）	文永6年（一二六九）7月5日	陸奥守（北条時茂）	散位（北条時輔）	地頭		東寺百合文書エ		若狭国太良庄雑掌申号大番用途令譴責段別銭之由事
六波羅挙状（一〇四六三）	文永6年（一二六九）7月25日	陸奥守平時□（北条時茂）	散位平時□（北条時輔）	平左衛門尉（平頼綱カ）		肥前深堀家文書		
六波羅御教書案（一〇四八六）	文永6年（一二六九）9月7日	陸奥守（北条時茂）	散位（北条時輔）	石川七郎（石川義秀）		東大寺文書4―13		東大寺衆徒申美濃国茜部庄請所以下事
六波羅御教書（一〇四九五）	文永6年（一二六九）9月20日	陸奥守（北条時茂）	散位（北条時輔）	守護代（藤原盛定）		禰寝文書		大隅国御家人佐汰九郎宗親子息阿古丸代憲光申所領事
六波羅下知状（一〇五〇七）	文永6年（一二六九）10月7日	陸奥守平（北条時茂）	散位（北条時輔）			近江多賀神社文書		近江国多賀神官兼御家人左衛門尉宗信左兵衛尉忠直并盛仲代子息僧快□等与日吉社領八坂（号勝手）庄官資眞法師（法名慈願）右馬允行長左兵衛尉家員及行実等相論神事勤否事
関東御教書（一〇六二九）	文永7年（一二七〇）5月26日	左京権大夫（北条政村）	相模守（北条時宗）	相模式部大夫（北条時輔）		禰寝文書		大隅国御家人佐汰九郎宗親子息阿古丸代憲光申所領事
六波羅御教書写（一〇六六九）	文永7年（一二七〇）8月13日	散位（北条時輔）		地頭（佐野富綱）		石清水文書		八幡宮領淡路国鳥飼別宮雑掌申所務事
関東御教書（一〇六八四）	文永7年（一二七〇）8月29日	左京権大夫（北条政村）	相模守（北条時宗）	相模式部大夫（北条時輔）		新編追加		国々狼藉事
六波羅御教書案（一〇七〇〇）	文永7年（一二七〇）閏9月11日	散位（北条時輔）		地頭（長井泰茂）		東大寺文書4―13		東大寺領美濃国茜部庄雑掌申年貢以下事

関東御教書（一〇七六三）	文永7年（一二七〇）12月25日	左京権大夫平朝臣（北条政村）	相模守平朝臣（北条時宗）	相模式部大夫（北条時輔）		禰寝文書		大隅国御家人佐汰九郎宗親子息阿古丸代憲光申所領事
六波羅御教書案（一〇七八五）	文永8年（一二七一）2月21日	散位（北条時輔）		地頭代（菅原秀氏）		東大寺文書4―13		東大寺領美濃国茜部庄雑掌申年貢事
六波羅御教書案（一〇八五三）	文永8年（一二七一）7月27日	散位（北条時輔）		武田五郎次郎（信時）		東寺百合文書ほ		安芸国新勅旨雑掌申為守護代時定被押領田地并色々物由事
関東御教書案（一〇九〇一）	文永8年（一二七一）10月16日	左京権大夫（北条政村）	相模守（北条時宗）	相模式部大夫（北条時輔）		禰寝文書		大隅国御家人佐太九郎宗親子息阿古丸申宗親遺領事
関東御教書案（一〇九〇三）	文永8年（一二七一）10月16日	左京権大夫（北条政村）	相模守（北条時宗）	相模式部大夫（北条時輔）		禰寝文書		大隅国御家人佐太九郎宗親子息阿古丸申当国佐太村事

五　時輔と二月騒動

時輔の最期と関わりの深い二月騒動について「保暦間記」には次のように記されている。

同（文永）九年二月六波羅ノ代官ハ時宗カ兄也、式部丞時輔ト申、舎弟ニ越ラレテ年来謀反ノ志有ケルカ、此事顕テ関東ニモ同十一日尾張入道見西時章遠江守教時誅セラレ畢、見西ハ無罪ノ間討手大蔵次郎左衛門尉渋谷新左衛門尉四方田瀧口左衛門尉石河神次左衛門尉薩摩左衛門三郎等首ヲハ子ラレ畢、教時カ討手ハ賞罰モナカリケリ、中御門中将実隆召籠レヌ其外人太多損シタリ、同十五日式部丞時輔モ六波羅ニテ誅セラル[40]、

文永九年二月七日、鎌倉で騒動が起こり、十一日に北条（名越）時章が自刃し、教時が討たれると、時輔は同月十

五日に、時宗の命を受けた六波羅探題北方北条義宗に攻められ、「鎌倉年代記」・「武家年代記」によれば、この時死亡、享年二十五歳であった。[41]

「保暦間記」に従えば、この事件は北条時輔が、「舎弟ニ越ラレテ年来謀反ノ志」を持っていたことが、露顕したことによって起こったということになる。この騒動で討たれた名越氏は、時輔と通じていた証拠はない。時章(見西)は「無罪」であり、そのため討手が首をはねられ、さらに教時の討手には賞罰がなかったことがそれを証明している。この騒動は、時輔の「謀反の志」が、朝時以来得宗家と対立を続けてきた名越氏討伐にも利用された結果となった。時輔としても合戦の準備をしていた様子もなく、得宗側に先手を打たれたような形の結末である。

六　時輔の周辺の人々

さて、「謀反ノ志」があったとされる時輔であるが、得宗家に対抗するために、名越氏の他に頼れる勢力はあったのであろうか。当時の時輔にとって、親族の得宗家を敵に回した場合、親族以外に頼りにできるとすれば、加冠役の足利利氏(頼氏)、妻の父親の小山長村[42]、乳母の諏訪蓮仏(盛重)が挙げられるが、足利頼氏は弘長二年(一二六二)、小山長村は文永六年(一二六九)に死去しており[43]、その後の彼らとの協力関係は見られない。乳母夫の諏訪蓮仏については、宝治二年七月の記事を見ると、「始行宝寿公御方雑事、日来依辞申閣之」[44]とあり、乳母夫としての勤めに対してあまり前向きでない。その後諏訪蓮仏の乳母夫としての活動は、史料上現れていない。本来であれば、彼らが時輔にとって最も頼れる存在であってしかるべきなのであろうが、時輔の上洛の際にはすでに、時輔との関係は切り離されているようである。

数少ない後見役の存在としては、南条頼員が挙げられる。彼は唯浄注進状案（「高野山文書宝簡集」三三[45]）に見える。これによると「阿弖河庄新雑掌従蓮」を指して「彼仁者、相模式部大夫後見南条新左衛門尉頼員舅」と記されている。つまり、南条頼員は阿弖河庄の雑掌従蓮の聟で時輔の後見であることがわかる。

頼員は、鎌倉において、康元二年正月、北条時頼亭における将軍御行始の際、時輔（当時は時利）とともに御引出物の三御馬を引いており[46]、時輔が鎌倉にいた頃より、時輔とともに行動していたことが見られる。そして、六波羅探題においても、文永六年七月五日付時茂・時輔連署の六波羅下知状案[47]に奉行人として南条左衛門尉の名が見られ、少なくとも時輔の在任中に、六波羅奉行人を勤めていたことがわかる[48]。しかし、それ以上のことについて、特別な時輔との関わりは見られず、詳細については不明である。

このほか、時輔と三浦一族とのつながりを伺わせる記事が若干見られるので触れておきたい。例えば「三浦系図」によると、佐原光盛の子で盛連の孫に当たる佐原盛信は、「文永九年二月依為北条時輔縁者自害」とあり、時輔との何らかの縁があったことを示している。また、佐藤進一氏によると、時輔は伯耆の守護を勤めていて、その後「三浦遠江次郎左衛門」と称する人物に引き継がれたとされている[49]。また、時輔の死後、次男[50]が頼りにした者も「三浦介入道」という者であった。このようなわずかな記事であるが、必ずしも単なる偶然としては、片付け難いのではないだろうか。しかし、残念ながらここで更にこれらを関連づけるものが見つからないので、彼らとのつながりは今後の課題ということで止めておきたい。

おわりに

北条得宗家が幕府において権力を確固たるものにし、専制化が進む過程において、一般の御家人だけでなく得宗以外の北条氏も排斥の対象となった。その中に得宗家の庶子であった北条時輔も含まれていた。彼は兄弟の中の序列としては弟二人の下位に位置づけられていたものの、得宗家の一人として決して、軽視されていたわけではなく、むしろ有力かつ有能な存在であったといえる。蒙古という未知の国が接近している状況の中で、西国への関心が高まっていた時期における六波羅南方への就任は、閑職への左遷ではあったものの一方では幕府にとって非常に危険な存在でもあった。日蓮が時輔を評して「日本国をかためるべき大将とも[51]」と述べているように、時輔に期待を寄せる人々も少なくはなかったであろう。しかし、時輔の生まれ育った宝治から文永にかけての時期は、まさに得宗家の専制体制の確立期にあたり、時頼から時宗へと引き継がれていく得宗家の執権としての立場を確固たるものとするためには、時輔は幕府の支持者というよりも、むしろ幕府への対抗勢力として名越氏らと同様の存在と見なされたのである。その結果として、幕府の実権を握る立場に立つこともなく、謀反の主謀者として名越氏と共に歴史上から姿を消すことになる。

〔注〕

(1)「吾妻鏡」宝治二年五月二十八日条。以下「吾妻鏡」は『新訂増補国史大系』による。
(2)「吾妻鏡」建長二年十二月五日、同三年正月八日、同十七日の各条。
(3)「吾妻鏡」建長三年五月十五日条。
(4)「吾妻鏡」建長五年正月二十八日条。

（5）その他の弟五郎宗時、六郎政頼、七郎宗頼、時厳らについては、出生時の状況も母親も不明。
（6）『吾妻鏡』寛元四年三月二十三日条。経時の子は二人いたが、二人とも幼少のため、執権職は時頼が嗣ぐことになった。『系図纂要』によると、この二人の子は隆時（後改隆政）・頼助といい、二人とも僧籍に入り、執権となることはない。
（7）前掲注（1）。
（8）野辺本「北条氏系図」（福島金治「野辺本北条氏系図について」『宮崎県史』史料編中世1、宮崎県史しおり）。
（9）『続史料大成』、以下同じ。
（10）当時の将軍は頼嗣。在職は、寛元二年（一二四四）から建長四年（一二五二）。「将軍家女房讃岐」の名は、経時の子隆時の母の名としても見える（『系図纂要』）。一方、「鎌倉大日記」（『続史料大成』、以下同じ）には、時輔について「経時子」と記されている。どこかで混乱があったのかもしれないが、時輔が経時の子で隆時と同母兄弟という説があったのだろうか。
（11）『続史料大成』、以下同じ。
（12）『続群書類従』第六輯上所収二番目の「北条氏系図」。
（13）『南北朝遺文』中国四国編②一二〇六号。
（14）『吾妻鏡』宝治二年六月十日条。
（15）『吾妻鏡』康元元年八月十一日条。
（16）時輔の名は文応元年（一二六〇）正月一日より『吾妻鏡』に現れ、時利の名は同年十一月二十七日を最後に、以後は見られなくなる。両方の名が混用されているこの年に改名した可能性は高い。
（17）宗政の母も正室である。
（18）『吾妻鏡』弘長元年（一二六一）正月四日条に、時頼の子息の序列を時宗・宗政・時輔・宗頼の順とすることとなった記事が載せられている。「凡太郎殿可被着兄之上由被仰之」とあり、父時頼の命により兄弟の序列において、太郎時宗は、兄三郎時輔の上に着すように改められたとされている。時輔は元服の時に少なくとも時宗・宗政という二人の弟が誕生していたにもかかわらず、「三郎」と呼称されており、弘長元年以前より、兄弟の序列は定まっていたかのように記されている。
(19)この兄弟の序列を示す例は以下の記事に見られる。「吾妻鏡」文応元年正月十一日条に将軍鶴岡参宮の御後（六位）。同年十一月二十一日条に将軍家二所御精進始の供奉人。弘長元年一月七日条に将軍鶴岡参宮の前駆（布衣）など。
(20)「吾妻鏡」康元元年八月十六日条。
(21)「吾妻鏡」弘長元年四月二十五日条。この日は、小笠懸も行われた。「近代強不翫此芸之間、凡無堪能之人、」という状況の中で時頼は、鎌倉にいる時宗を召し、的を射させた。時宗の射た矢が、「中于的串一寸許之上、的如塵而挙于御烏帽子上、」という見事な様子に「諸人感声動揺暫不止、将軍家御感及再三、禅室至吾家夫相当于可受継器之由被仰、」と後継者時宗を絶賛する記事が描かれており、目の前にいた時輔にとっては皮肉な結果であった。
(22)「吾妻鏡」弘長三年正月十日条。
(23)「吾妻鏡」弘長三年八月十五日・十六日の各条。
(24)渡辺晴美「北条時宗の家督継承条件に関する一考察（上）――『吾妻鏡』文永元年条欠文理由及び文永九年二月騒動との関連において――」（『政治経済史学』一一〇　一九七五年）参照。
(25)「吾妻鏡」正嘉二年正月二日条に、将軍家の御行始の六位の供奉人に相模三郎時利の名が見える。この時までには、すでに六位に叙されているようである。
(26)『群書類従』第五輯。
(27)前掲注(26)。
(28)三代執権北条泰時が修理亮、連署北条時房が主殿権助を経ている。青山幹哉「王朝官職からみる鎌倉幕府の秩序」

（『年報中世史研究』一〇　一九八六年）参照。

（29）『鎌倉遺文』⑬九三六八号。

（30）『鎌倉遺文』⑬九三七三号。

（31）前田育徳会所蔵「平氏系図」に「三郎式部大輔」、「鎌倉大日記」に「式部大輔」とあるが、他に時輔の式部大輔任官の記事はない。式部大輔は正五位下に相当する（「官位令」）。また、「職源鈔」によれば、「近代儒中二位三位帯之。」とあり、公卿の任官するべき官職であり、北条氏で式部大輔に任官することはありえない。式部丞を辞して後の任官はなかったと思われる。おそらくは、「式部大夫」または「式部丞」の誤りであろう。

（32）時茂の六波羅探題着任は、康元元年十月二十七日（「吾妻鏡」同日条）。

（33）「鎌倉年代記」。

（34）南北六波羅についての比較については、森幸夫氏が「南北両探題についての基礎的考察」（『国史学』一三三　一九八七年。のち『六波羅探題の研究』続群書類従　二〇〇五年）において、永仁の徳政令以後、北条宗宣が執権探題となり、それ以後南方も常置されるようになることから、南方の重要性も無視できないことを指摘している。発給文書に関する研究については、佐藤秀成「六波羅探題発給文書の伝達経路に関する若干の考察」（『古文書研究』四一・四二合併　一九九五年）、久保田和彦「六波羅探題発給文書の研究――北条重時・時盛探題期について――」（『鎌倉遺文研究Ⅰ　鎌倉時代の政治と経済』　一九九九年）、同「六波羅探題発給文書の研究――北条時氏・時盛探題期について――」（『年報三田中世史研究』七　二〇〇〇年）、熊谷隆之「六波羅探題発給文書に関する基礎的考察」（『日本史研究』四六〇　二〇〇〇年）などがある。

（35）別表参照。熊谷氏前掲論文には、時茂単署のものも紹介されている。

（36）別表参照。

（37）『鎌倉遺文』⑬一〇二三六号。

(38)別表参照。
(39)熊谷氏前掲論文参照。
(40)（　）内の年号及び読点は筆者による。
(41)「保暦間記」によれば、「時輔遁テ吉野ノ奥へ立入テ行方不知」とあり、時輔はこの時討たれず吉野山中に逃げ込み行方不明となったという。
(42)「吾妻鏡」正嘉二年四月二十五日条。
(43)『北条氏系譜人名辞典』参照。
(44)「吾妻鏡」宝治二年七月九日条。
(45)『鎌倉遺文』⑯一一九八八号。
(46)「吾妻鏡」康元二年正月一日条。
(47)『鎌倉遺文』⑭一〇四五四号。六波羅下知状案という『鎌倉遺文』による文書名は、端裏書によるものであろう。
(48)広峰長祐注進状写（『鎌倉遺文』⑯一一八九〇号、摂津広嶺胤忠氏文書、年は未詳で「文永八月廿日」と記載）に広峰兵衛尉の子息治部大夫が宿直を勤仕したことを南条左衛門尉に上申していることが見える。森幸夫氏は、「六波羅探題職員ノート・補遺」（『国学院雑誌』九一―八　一九九〇年）において、これは宿直勤仕の終了証明を六波羅探題に求めたものとし、南条頼員を六波羅検断奉行人と推測している。
(49)佐藤進一『増訂鎌倉幕府守護制度の研究』（東京大学出版会　一九七一年）。
(50)時輔には少なくとも男子が二人あった。「桓武平氏系図」（『続群書類従』第六輯上）には名前の記載がない子が二人示されている。「鎌倉年代記（裏書）」によると正応三年（一二九〇）十一月、「六波羅李部時輔次男、憑三浦介入道忍来、仍搦進之、歴種々拷訊、同十一月被刎首」とあり、時輔の次男が三浦介入道という人物を頼って現れたところを生け捕られ、首を刎ねられている。

(51)日蓮書状（日蓮聖人遺文、『鎌倉遺文』⑯一二二八五号）。この「大将」なる人物が時輔であると『鎌倉遺文』は比定している。しかし、この人物が打ち殺されたのが「かへる年の二月十一日」とあるため、この日に討たれた名越時章の可能性が高い。ただし、「大将とも」とあり、複数の人物を表しているため、時章とともに時輔も含まれると考えられる。

〔追記〕

本稿の脱稿後、北条時輔について取り上げられた研究として、細川重男「相模式部大夫殿――文永九年二月騒動と北条時宗政権」（『再興中世前期勉強会会報　段かづら』二、二〇〇二年。のち『鎌倉北条氏の神話と歴史――権威と権力――』日本史史料研究会、二〇〇七年に収録）、角田朋彦「『保暦間記』という史料――北条時輔逃亡伝説を題材に――」（『再興中世前期勉強会会報　段かづら』二）、今野慶信「北条時輔の母――出雲国横田荘と京都・鎌倉――」（『再興中世前期勉強会会報　段かづら』三・四、二〇〇四年）、磯川いづみ「二月騒動の史料再考」（『再興中世前期勉強会会報　段かづら』三・四）、今野慶信「讃岐局妙音の棟札」（『再興中世前期勉強会会報　段かづら』五、二〇〇五年）が、また時輔関係の史料について、「北条時輔関係史料目録」（『再興中世前期勉強会会報　段かづら』二）および「北条時輔関係史料目録補遺」（『再興中世前期勉強会会報　段かづら』三・四）が公表された。本稿の論旨と関連するものであり、併せて参照していただきたい。

極楽寺流における北条義政の政治的立場と出家遁世事件

下山　忍

はじめに

北条義政は、極楽寺流北条氏の祖である重時の六男である。[1] 重時に始まる極楽寺流は、政村流や時房流とともに得宗を支える北条氏一門として発展を遂げた家系である。義政も文永十年（一二七三）に政村死去の後を受けて連署となり、翌年におこる文永の役を挟む多難な時期に執権時宗を支えたが、建治三年（一二七七）に突然出家遁世した。このいわゆる「出家遁世事件」の真相が謎に包まれていることから、義政についての先行業績の多くはこれに触れており、[2] 後述するように、得宗権力確立のための粛正説、安達泰盛・平頼綱対立の影響説、時宗との確執説などが想定されている。本稿では、先学が余り触れていなかった極楽寺流北条氏内部の問題として「出家遁世事件」を捉えるとともに、それを含めて義政の政治的立場の解明を試みたい。

一　誕生から連署就任まで

義政は仁治三年（一二四二）生まれと考えられる。[3] 母は家女房少納言局。[4] 父重時の六波羅探題（北方）在職が寛喜二年（一二三〇）から宝治元年（一二四七）までであるから、義政は京都で生まれ、幼少の間は京都で過ごしたものであろう。「北条時政以来後見次第」には童名多門（多聞）とある。

義政の兄弟には、諸系図から為時、長時、時茂、業時、忠時と女子九人が知られる。長時は、六波羅探題（北方）から評定衆を経て執権となり、時茂はその長時の後を受けて六波羅探題（北方）、義政は引付衆・評定衆を経て連署、業時も同じく引付衆・評定衆を経て連署となっている。夭折したと思われる為時には幕府官職への就任は見られないが、忠時は引付衆に就任している。このうち、長時に始まる家系は「赤橋家」、時茂に始まる家系は「常葉家」、義政に始まる家系は「塩田家」、業時に始まる家系は「普恩寺家」[5]と呼ばれている。女子について言えば、北条時頼の妻（時宗・宗政の母）、宇都宮経綱の妻、北条（名越）教時の妻、北条（名越）公時の妻、安達泰盛の妻、波多野義重の妻、源具親の妻などが知られる。

義政の活動を示す最初の記録は、『吾妻鏡』建長六年（一二五四）六月十八日に鎌倉で騒動があった際に警固のために執権時頼のもとに駆けつけている記事である。義政は、この時十三歳であった。十五歳になった建長八年（一二五六）からは年始の儀をはじめ、幕府の公式行事の交名にその名を列ねている。正嘉元年（一二五七）十二月二十四日に幕府廂番が創設された時には一番衆になり、同年十二月二十九日に幕府格子番が改編された時に六番衆となった。格子番も廂番も将軍御所に宿直し警固にあたる役目で、小侍所に属した。正元二年（一二六〇）正月二十日に幕府昼番が創設された時にも三番衆となった。昼番とは、昼間のみ交替で勤務する職務と思われるが、歌道・蹴鞠・管弦・右筆・弓馬・郢曲など一芸に長じた者を選抜したとある[6]から、その芸をもって将軍宗尊親王の相手を勤めたものであろう。極楽寺流は、家祖重時の影響もあって歌人を多く輩出するが、義政もその中の一人であり、弘長元年（一二六一）正月には将軍宗尊親王の歌会にも出席していることなどを見ると、歌道をもって選ばれたものであろうが[7]、康元元年（一二五六）に将軍宗尊親王御前で催された流鏑馬の儀式では、名手五人の中にその名を連ねているので、弓馬の道にも通じていたのであろう。他の北条氏一門諸氏にも共通することであるが、義政もこうした将軍を中心とする儀礼的行事等にも十分耐えうる能力を身につけていたものと思われる。

そもそも極楽寺流は、家祖の重時が連署として時頼を補佐し、その女子が時頼に嫁いで時宗・宗政の兄弟を生んで

極楽寺流略系図

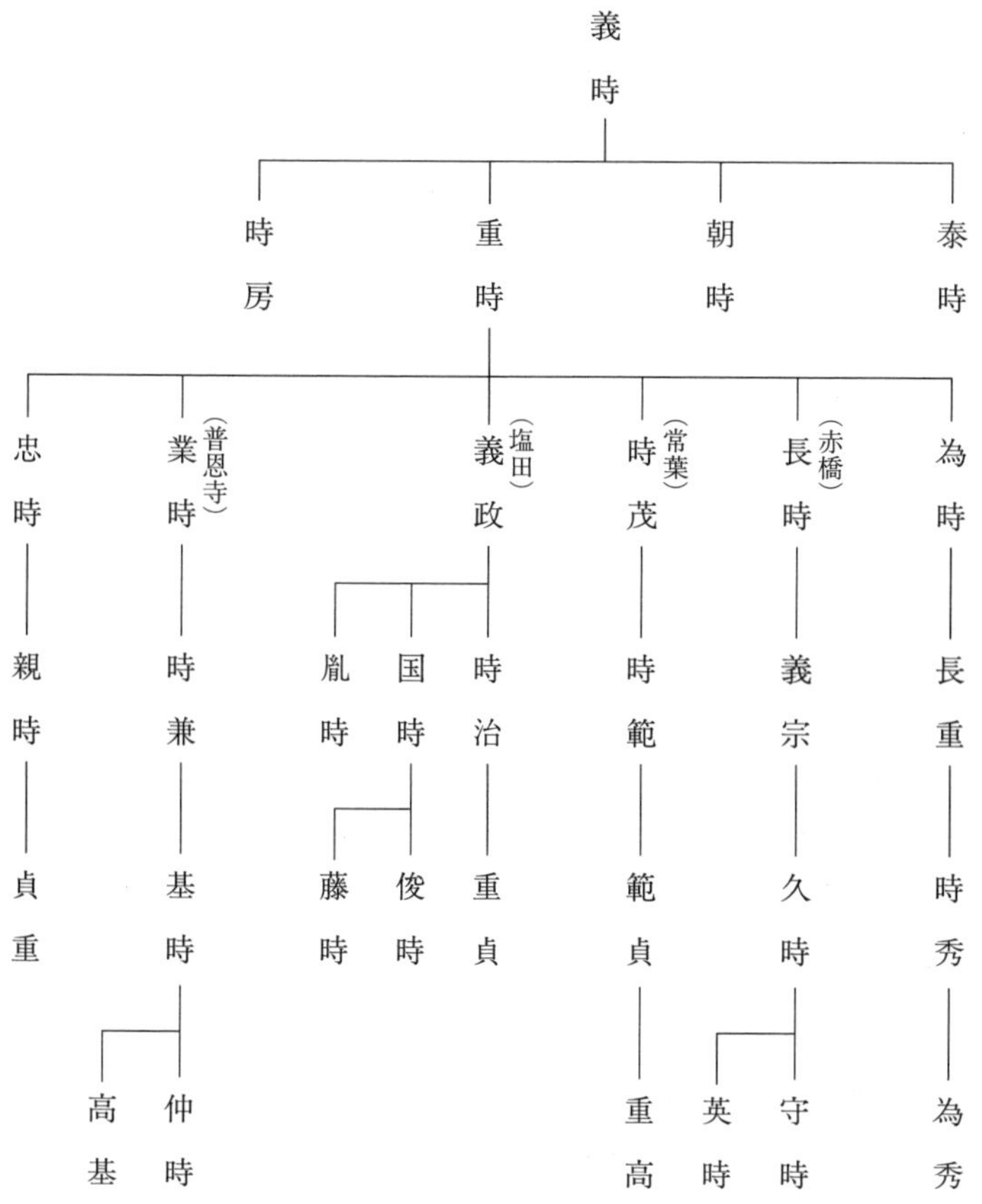
義時
泰時
朝時
重時
時房
為時
長重
時秀
為秀
（赤橋）長時
義宗
久時
守時
英時
（常葉）時茂
時範
範貞
重高
（塩田）義政
時治
重貞
国時
俊時
藤時
胤時
（普恩寺）業時
時兼
基時
仲時
高基
忠時
親時
貞重

いる。舅として、外戚として幕府で重きをなしたことは想像に難くない。得宗家の無二の補佐役をもって任じたとも言える。その地位を継承したのは、嫡子の長時である。康元元年（一二五六）の重時出家に際して京都から召還されると、評定衆、さらに執権となった。連署ではなく、執権となった理由は「吾妻鏡」が「家督《（時宗）》幼稚之程眼代也」と記しているように、執権職と得宗の地位が分離していなかったこの段階ではいわばイレギュラーで、出家した前執権時頼と父重時の後見のもとに、名目上のトップではあるが、実質的な「補佐役」（得宗家の意を受けて決済を行う代理）を期待されたものであると思われる。弘長元年（一二六一）の重時死去、弘長三年（一二六三）の時頼死去を受けて、時宗を「補佐」する長時の活動が続くはずであったのだが、長時自身、文永元年（一二六四）に死去してしまった。長時の嫡子義宗はまだ十三歳であり、評定衆はおろか引付衆の経歴もないので執権の候補者たりえなかった。六波羅探題北方として京都にいた二十四歳の時茂は候補者の一人であったとは思われるが、この年にはのちに「二月騒動」で誅されることになる時宗の異母兄時輔の六波羅探題南方就任もあり、その監視・掣肘を期待されていた北方を交替できる政治状況はなかったと思われる。そこで、結果的に、極楽寺流は、得宗家の補佐役ナンバーワンの地位を政村に譲ることになった。政村はすでに康元元年（一二五六）から長時の連署であったが、文永元年（一二六四）から文永五年（一二六八）までは執権として、文永五年（一二六八）から文永十年（一二七三）は再び連署として時宗を支えることになる。

　義政は、文永二年（一二六五）六月の引付衆就任を経て、文永四年（一二六七）十一月に三十二歳で評定衆となる。極楽寺流としては長時の死去以来四年間空席だった評定会議への出席を果たすことになった。義政が政村の死去に伴って連署になるのが文永十年（一二七三）であるから、その前提としての引付衆・評定衆就任であろう。文永九年

（一二七二）の段階での北条氏一門の評定衆には、「二月騒動」で誅される時章五十八歳・教時三十八歳（名越家）を除いても、実時四十九歳（金沢家）、時広五十一歳（時房流）、時村三十二歳（政村流）がいた。義政が同年齢の政村の嫡子時村より先んじて連署になっていることは、北条氏内部における極楽寺流の位置付けを考える上で興味深い。

この間、六波羅探題北方であった兄の時茂は文永七年（一二七〇）に死去しており、義政の連署就任は、いわば極楽寺流の代表としての意味合いが強かったと言えよう(8)。但し、極楽寺流の嫡流である長時の子義宗は、六波羅探題（北方）として在京しており、義政連署就任時は二十一歳になっていた。極楽寺流が保持した信濃守護職も重時の後は義宗（その間に長時在職の可能性も高いが）、久時と相伝されており、「家督《時宗》幼稚之程眼代也」とされた長時と時宗と同様の関係が義政と義宗の間にあったとしても不思議ではない。文永九年（一二七二）には時輔を討つことを時宗から命じられており、その信頼も厚かったことなどを考え合わせると、あるいは、適当な時期での義政から義宗への連署交代という展開も予め想定されていたかもしれない。

二　連署としての活動

義政は、文永十年（一二七三）六月八日に連署に就任した。建治三年（一二七七）四月四日病により出家。同年五月に信濃善光寺を参詣した後に遁世・逐電。同年六月に「所帯収公」され、弘安四年（一二八一）十一月二十七日に信濃国塩田庄で四十歳で死去している。連署としての在任期間は約四年間ということになる。

表1は義政連署期の幕府発給文書一覧である。1から36は時宗・義政連署の文書、①から⑬は時宗単署の文書である。この中には①、②、③、⑧のような書状も含まれているが参考のために挙げた。当該期に義政単署の文書はなか

表１　北条義政連署期の幕府発給文書一覧

No.	年	月　日	文書名(出典)	連署・単署の別	鎌倉遺文	宛所(立場)
1	文永10(1273)	6.25	関東御教書案(書陵部所蔵八幡宮文書35)	時宗・義政連署(在判)	鎌⑮11352号	大友頼泰(豊後守護)
2		7.2	関東御教書案(東寺百合文書ホ)	時宗・義政連署(在判)	鎌⑮11357号	北条義宗(六波羅探題北方)
3		7.30	関東御教書案(久我家文書)	時宗・義政連署(在判)	鎌⑮11367号	北条義宗(六波羅探題北方)
4		8.5	関東御教書(筑前宗像神社文書)	時宗・義政連署(花押)	鎌⑮11378号	北条義宗(六波羅探題北方)
5		8.10	関東下知状案(高野山文書又続宝簡集58)	時宗・義政連署(在判)	鎌⑮11383号	不詳(高野山か？)
6		8.20	関東御教書(壬生家文書)	時宗・義政連署(花押)	鎌⑮11398号	北条義宗(六波羅探題北方)
7		9.1	関東御教書案(肥前青方文書)	時宗・義政連署(在判)	鎌⑮11405号	青方能高(地頭？)
①		10.19	北条時宗書状(塙不二丸氏文書)	時宗単署(花押)	鎌⑮11438号	
8		11.14	関東御教書案(高野山文書又続宝簡集105)	時宗・義政連署(在判)	鎌⑮11463号	不詳(相論の当事者)
9		12.17	関東御教書(長府毛利家文書)	時宗・義政連署(花押)	鎌⑮11503号	庄四郎太郎(参決のための召還者)
10		12.22	関東御教書写(内閣文庫本鶴岡神主大伴氏所蔵文書)	時宗・義政連署(在判)	鎌⑮11504号	不詳(鶴岡八幡宮神主？)
11	文永11(1274)	1.20	関東御教書(長門熊谷家文書)	時宗・義政連署(花押)	鎌⑮11523号	木田見長家(論人)
12		2.20	将軍(源惟康)家政所下文(出羽市河文書)	政所職員のうち、時宗・義政のみ署名(花押)	鎌⑮11547号	不詳(地頭か？)
13		3.4	関東御教書案(保坂潤治氏所蔵文書)	時宗・義政連署(在判)	鎌⑮11567号	不詳(永福寺薬師堂供僧か？)

14		5.6	関東下知状案 (山城醍醐寺文書)	時宗・義政連署(在判) 不詳(醍醐寺か？)	鎌⑮11652号
15		5.21	関東下知状 (肥前後藤家文書)	時宗・義政連署(花押) 不詳(地頭か？)	鎌⑮11660号
16		6.15	関東御教書 (出羽市河文書)	時宗・義政連署(花押) 市河左衛門三郎	鎌⑮11671号
17	文永11 (1274)	6.19	関東下知状 (石清水文書)	時宗・義政連署(花押) 不詳(石清水八幡宮か？)	鎌⑮11677号
18		11.1	関東御教書案 (東寺百合文書ヨ)	時宗・義政連署(在判) 武田信時(守護)	鎌⑮11741号
19		11.1	関東御教書案 (大友文書)	時宗・義政連署(在判) 大友頼泰(守護)	鎌⑮11742号
20		11.3	関東御教書案 (長府毛利家文書)	時宗・義政連署(在判) 大友頼泰(守護)	鎌⑮11743号
21		11.21	関東下知状 (筑後草野文書)	時宗・義政連署(花押) 不詳(地頭か？)	鎌⑮11755号
22		12.3	関東御教書 (前田家所蔵古蹟文徴)	時宗・義政連署(花押) 大輔律師	鎌⑮11767号
23	文永12 (1275)	2.10	関東御教書案 (宮寺縁事抄筥崎造営事)	時宗・義政連署(在判) 少弐経資(守護)	鎌⑮11812号
24		4.23	関東御教書 (長府毛利家文書)	時宗・義政連署(在判) 庄四郎太郎	鎌⑯11872号
25	建治元 (1275)	5.12	関東御教書案 (東寺百合文書ヨ)	時宗・義政連署(在判) 武田信時(守護)	鎌⑯11910号
26		5.20	関東御教書案 (東寺百合文書ゐ)	時宗・義政連署(在判) 武田信時(守護)	鎌⑯11913号
27		6.18	関東御教書案 (東寺百合文書ゐ)	時宗・義政連署(在判) 武田信時(守護)	鎌⑯11929号
28		6.20	関東御教書案 (近江菅浦文書)	時宗・義政連署(在判) 北条義宗(六波羅探題北方)	鎌⑯11930号
29		7.5	関東御教書 (長門熊谷家文書)	時宗・義政連署(在判) 不詳(地頭か？)	鎌⑯11945号
30		7.17	関東御教書案 (大友文書)	時宗・義政連署(在判) 不詳	鎌⑯11962号

31		8.14	関東御教書案 （児玉韞採集文書5津川七左衛門所持）	時宗・義政連署（共に判なし）	鎌⑯11994号
				少弐経資（守護）	
32		9.14	関東御教書案 （近江胡宮神社文書）	時宗・義政連署（在判）	鎌⑯12021号
				佐々木泰綱（守護か？）	
33		9.27	関東御教書案 （近江菅浦文書）	時宗・義政連署（在判）	鎌⑯12026号
				北条義宗（六波羅探題北方）	
②		10.21	北条時宗書状案 （兼仲卿記裏文書）	時宗単署（在判）	鎌⑯12065号
				祭主隆蔭	
③		10.21	北条時宗書状案 （豊前宮成家文書）	時宗単署（判なし）	鎌⑯12066号
				宇佐公有（大宮司）か？	
④	建治元 （1275）	10.21	関東御教書案 （豊前宮成家文書）	時宗単署（判なし）	鎌⑯12067号
				宇佐公有（大宮司）	
⑤		10.29	将軍（源惟康）家政所下文 （肥前武雄鍋島家文書）	政所職員のうち時宗のみ花押　義政判なし	鎌⑯12077号
				山代栄（地頭）	
⑥		12.8	関東御教書案 （東寺百合文書ア）	時宗・義政連署（義政判なし）	鎌⑯12170号
				武田信時（守護）	
⑦		12.10	将軍（源惟康）家政所下文 （出羽中条家文書）	政所職員のうち時宗のみ花押　義政判なし	鎌⑯12171号
				大見肥後四郎左衛門尉行定（地頭）	
34	建治2 （1276）	閏3.11	将軍（源惟康）家政所下文 （陸奥留守文書）	政所職員のうち、時宗・義政のみ署名（花押）	鎌⑯12300号
				左衛門尉家政（地頭）	
35		6.5	関東御教書 （阿波徴古雑抄名西郡城内村幸蔵所蔵）	時宗・義政連署（花押）	鎌⑯12353号
				北条義宗（六波羅探題北方）	
⑧		7.26	北条時宗書状 （大和春日神社文書）	時宗単署（裏花押）	鎌⑯12429号
				右馬権頭入道（院）	
36		8.2	関東下知状案 （紀伊金剛三昧院文書）	時宗・義政連署（いずれも判なし）	鎌⑯12437号
				宰相阿闍梨法禅（相論の当事者）	

⑨		8.24	関東御教書案（東寺百合文書ア）	時宗・義政連署（義政判なし）	鎌⑯12450号
				武田信時（安芸守護）	
⑩		8.25	関東下知状（和泉田代文書）	時宗・義政連署（義政判なし）	鎌⑯12451号
				（相論の当事者）	
⑪		8.27	将軍（源惟康）家政所下文（島津家文書）	政所職員のうち、時宗のみ署名（花押）	鎌⑯12454号
				島津久時	
⑫		12.26	関東下知状（諸家文書纂4三刀屋文書）	時宗・義政連署（義政判なし）	鎌⑯12454号
				左兵衛尉源助親（地頭）	
⑬	建治3（1277）	正月日	関東下知状（近江朽木文書）	時宗・義政連署（義政判なし	鎌⑰12660号
				（相論の当事者）	
※		9.7	関東御教書案（薩摩比志島文書）	時宗単署（在判）	鎌⑰12845号
				島津久経	

ったので、義政の発給文書は1から36の三十六通である。全て連署（政所別当も含む）としての立場からのもので、形式的には関東御教書（案・写）が二十八通、関東下知状（案）が六通、将軍家政所下文が二通である。(9)

しばしば指摘されているように、義政の連署在任期間に連署義政の署判のない文書が散見する。時期的には、建治元年（一二七五）十月二十一日から同年十二月十日までの四通（書状を加えると六通）は時宗のみの署判である。建治二年（一二七六）閏三月十一日の将軍家政所下文と六月五日の関東御教書の二通には義政の署判も見える。同年八月二日の関東下知状案には時宗・義政とも署判がない。八月二十四日の関東御教書案からは連署の署判を加えていない。以後は「武蔵守平朝臣」等と連署の存在は示すものの執権時宗の署判のみの発給文書となる。九月七日の関東御教書からは完全に時宗単署の形式になっており、連署の欠席ではなく、非設置を示している。

このことから義政は、建治元年（一二七五）十月頃から二〜六カ月間幕府に出仕しておらず、建治二年（一二七六）閏三月には一旦復帰し四〜五カ月ほど政務を務めるものの、[10] 七月ないし八月には再び出仕しなくなり、[11] そのまま出家、遁世・逐電していることが分かる。約四年間の在任期間のうち、実際に連署として活動したのは二年半程度である。

それでは、連署としての義政の政治的活動はどのようなものであったろうか。表2は、『中世法制史料集』をもとにまとめた義政連署期の諸法令である。評定事書のほか守護や六波羅探題宛ての文書、守護から在地武士宛ての文書もある。文永十一年（一二七四）十一月一日「蒙古人禦戦事」に始まる諸法令は、同年十月の蒙古襲来（文永の役）の緊迫した状況を伝えている。連署としての活動の中心は蒙古襲来への対策に向けられたであろうことは論を俟たないが、注目されるのは、義政が出仕しなくなった建治元年十月以降に「異国征伐用意事」、「異国発向用意条々」という攻撃策が打ち出されている点であろうか。

それ以外にも注目されるもの散見する。文永十年（一二七三）七月十二日評定の「奉行人清撰事」では、同日評定の引付奉行人の曲直につき頭人が廉察することを命じるなど綱紀粛正を図っている。「質券所領事」は御家人所領保護を意図し、質入れした所領を無償で取り戻させることを命じたもので、この評定の結果をもとに、八月三日に守護に国別の調査を命じる関東御教書が発給されていることも分かる。この件は文永四年（一二六七）十二月二十六日の評定でも審議されている内容であり、[12] 義政も評定衆の一人として関与していた問題でもあった。

また、建治三年（一二七七）六月十六日付の「諸人官途事」は、義政遁世逐電後の初めての法令であるが、官途については評定を経ずに決定するという内容であり、時宗の専制化の傾向がすでに読み取れる。

表 2　義政連署期の諸法令

年	月　日	内　　容	宛所等	鎌倉遺文	中法史
文永10 (1273)	7・12	質券所領事	評定	⑮11362号	452条
	7・12	奉行人清撰事	評定	⑮11361号	453条
	7・12	問状御教書事	評定	〃	454条
	7・12	召符事	評定	〃	455条
	7・12	未処分所領相論配分事	評定	〃	456条
	7・12	諸人訴訟事	評定	〃	457条
	11・16	本御家人並地頭補任所々質券売買所々等注進事	少弐資能→山代孫三郎	(なし)	458条
	11・16	国々悪党事	武田信時→長田郷地頭	(なし)	459条
文永11 (1274)	正・8	質券売買所々注進事	少弐資能→大島弥次郎	(なし)	460条
	6・1	他人和与事	評定	⑮11667号	461条
	6・1	依当知行仁罪科被召所領事	評定	⑮11668号	462条
	11・1	蒙古人禦戦事	武田信時(安芸守護)	⑮11741号	463条
	11・1	蒙古人禦戦事	大友頼泰(豊後守護)	⑮11742号	464条
	11・3	(蒙古襲来時の軍勢催促)	大友頼泰(豊後守護)	⑮11743号	(なし)
文永12 建治元 (1275)	2・4	蒙古警固結番事	少弐資能→竹井又太郎	(なし)	465条
	5・12	長門国警固事	武田信時(安芸守護)	⑯11910号	466条
	5・20	長門国警固事	武田信時(安芸守護)	⑯11913号	467条
	6・18	蒙古牒使来着時事	武田信時(安芸守護)	⑯11929号	468条
	6・20	西国新関河手事	北条義宗(六波羅探題)	⑯11930号	469条
	7・17	異賊襲来可致忠節事	大友頼泰(豊後守護)	⑯11962号	470条
	9・27	門司赤間以下所々関手事	北条義宗(六波羅探題)	⑯12026号	471条
	10月以前	諸人越訴事	評定事書	⑯12079号	472条
	12・8	異国征伐用意事	武田信時(安芸守護)	⑯12170号	473条
建治2 (1276)	3・5	異国発向用意条々	大友頼泰→野上太郎	(なし)	474条 475条
	7・7	医陰両道輩棄本道為御家人養子知行御領事	評定	⑯12397号	476条
	8・24	異国用心事	武田信時(安芸守護)	⑯12450号	477条
建治3 (1277)	6・16	諸人官途事	評定	(なし)	478条
	10・2	兵粮料並在京武士拝領所々事	寄合	(なし)	479条

三　出家遁世事件

義政出家遁世の事情を最もよく伝えているのは、「建治三年記」である。これは、幕府問注所執事の三善（太田）康有の政務日記であるが、同時代史料として、[13]状況を最もよく伝えていると思われるので、煩を厭わず引用したい。

四月四日、晴、（中略）未時許武州令賜出家暇、申時令遂素懐給云々、
六月二日、晴、武蔵入道殿、去月廿二日御遁世、令赴善光寺給、御家中人々、日来猶以不存知、今日始披露之間、内外仰天之由、土持左衛門入道行正参山内殿参申入云々、
六月五日、晴、武州禅門御遁世之間、為被留申、被立御使工藤三郎右衛門入道道恵云々、御遁世、去月二十二日之由、披露之処、定日者廿八日云々、

ここから読み取れる事実は以下の通りである。建治三年（一二七七）四月四日に武州（義政）が出家した。五月二十二日に遁世して善光寺に赴いた。その事実が、六月二日に初めて知らされたので「内外仰天」し、土持左衛門入道行正[14]が山内殿（時宗）に報告した。六月五日に、義政の遁世を慰留するために時宗が工藤三郎右衛門入道道恵を使者に立てた。恐らくは、その時のやり取りの結果、遁世は五月二十二日ではなく、実際は五月二十八日ということが分かった、ということである。ここには、所帯収公についての記述はない。

所帯収公について記しているのは、「建治三年記」をもとに書かれたと思われる「北条九代記」や「関東評定衆伝」である。五月二十八日に遁世し、[15]善光寺に詣でた後に塩田庄に籠居したことと、建治三年六月に所帯を収公されたことが記されている。許可を得ない、いわゆる「自由出家」については、幕府法の禁じるところであったが、[16]義政の場

合は「賜出家暇」とあるように将軍（執権）の許可を得ており、これには該当しなかったことは指摘しておきたい。

義政の場合、この後も子孫（塩田家）が鎌倉幕府滅亡に至るまで活躍しており、すでに黒坂周平氏によって明らかにされているように、例えば元亨三年（一三二三）の北条貞時十三回忌にあたっても義政の子時治は「砂金五十両・銀剣一」、国時も「銭百貫文」という供物をしている。[17] 国時・時治も国時の子俊時も評定衆や引付頭人を務めており、義政後の塩田家が鎌倉における邸宅等の活動拠点を持たなかったことは考えにくい。塩田庄など信濃における経済基盤や鎌倉の屋敷地等は、義政の出家にあたって国時や時治らに譲与されていたのではないだろうか。連署や武蔵守などの公職にしても出家とともに辞しているはずであるが、もし所帯収公があったとしても、そうした公職などに止まったのものではないだろうか。[18]

四　遁世の背景

義政出家遁世の背景について、「関東評定衆伝」はその理由を「依病」と記している。これは、先に見た「北条時政以来後見次第」の「所労」とも合致し、四年後の弘安四年（一二八一）には死去していることを考えると、口実などでなく実際に病気であったと思われる。しかし、連署の突然の出家遁世は、「内外仰天」とあるように、政治的影響の大きいものであった。[19] この背景について先学の業績からいくつかの説がある。これらについて考えてみたい。

（一）得宗権力確立のための粛正説

佐藤進一氏は、文永五年（一二六八）から弘安七年（一二八四）までの時宗政権の十六年間は、文永・弘安両度の外敵侵入とそれへの対策に触発されて幕府政治・対王朝政策に一大転換が行われた激動期であったが、この時期の得宗による一族粛正が得宗の絶対的優位を確立することになったとし、義政の出家遁世事件も文永九年（一二七二）二月の「二月騒動」での時輔や名越時章・教時の誅殺や、弘安七年（一二八四）四月の佐介時光佐渡配流・時国常陸配流などと同列に扱い、所領没収という処分を同族統制上の見せしめにしたとする。[20] また、渡辺晴美氏も、外圧を契機として得宗権力の絶対性を確立していく画期が「二月騒動」であり、その後文永十年（一二七三）から時宗死去の時期は「得宗専制体制」強化の第二段階にあたり、そのための粛正が続いたが、義政の出家遁世とその前年の安達時盛の遁世もその中で理解できるとする。[21]

執権時宗期に得宗権力が確立していくという結論自体には異論はないのだが、義政の場合、「自由出家」ではなく、しかも遁世に際しては慰留されている。さらに、前述のように、所帯収公についてもなかった可能性も高く、あったとしても信濃における経済的基盤や鎌倉における屋敷地等を含むものではなく、連署や武蔵守などという公職に限られたとすれば、それが、はたして他の北条氏一門に対する「見せしめ」になりえたのかという点に疑問が残る。

（二）安達泰盛・平頼綱対立の影響説

網野善彦氏は、前年の安達時盛の遁世同様に、義政の出家遁世も安達泰盛と平頼綱の対立の中で起こったものとする。義政の同母姉妹（重時女）は泰盛の妻であり、泰盛と近かった義政の立場は極めて微妙であり、そこから逃れるためのものであったとする。[22] 村井章介氏もほぼこれと同様の見解を示し、出家遁世とそれ以前の政務に関わらなかったことも安達泰盛と平頼綱の権力闘争の影響であるとする。[23]

この時期に、安達泰盛と平頼綱の対立が抜き差しならないものになっていたことは、二月騒動の処理をめぐる展開を見ても分かる。連署としての義政にかかる心理的圧迫もかなりのものであったと思われる。同母姉妹が安達泰盛に嫁していたことは[24]、その圧迫を一層深刻なものにしたことは十分考えられる。

（三）時宗との確執説

石井清文氏は、「入来院文書」に見られる渋谷定仏の子息与一重貞と七郎頼重をめぐって時宗と義政の対立があったとし、出家遁世を時宗による事実上の鎌倉追放令であるとした[25]。筧雅博氏も、重貞と頼重を定仏が勘当したことを義政が撤回させようとしたことが叶わなかったことに触れ、時宗と義政の関係が互いに相容れないものとなっていたとする[26]。

この件は次のようなものである。渋谷氏は相模国の御家人であるが、同時に北条氏の被官とも言える立場も有していた。渋谷定仏（重経）の子息三人を時宗に奉公させようとしたが、その命に背いて「他の御方」に仕えてしまった子息二人を勘当、このことを時宗に知らせてほしいと建治三年（一二七七）四月五日に諏訪真性に書状を差し出した[27]。五月十二日に義政が定仏のもとに木島道覚を使者として送り、重貞の勘当を許すように申し送っているが、定仏はこれに翻意せず勘当を解くことはなかった[28]。義政の出家が四月四日であり、遁世が五月二十二日であることから、この件を直接の原因であるとするのである。

しかし、郷道哲章氏によれば、義政は調停役にすぎず「他の御方」は義政でなかったという読み取りも可能であるという[29]。木島道覚は（定仏の意に反して）勘当が解かれたと重貞に伝えるが、重貞はすぐにかつて譲られた所領の刈田を行っている。これに対し定仏はかつての譲状は反古で、これは狼藉であるとしているのである。[30]「他の御方」が義政であったかどうかは別として、要するにこの一件は、渋谷氏の相続の問題に義政が関与し、あるいは巻き込まれたというところに本質があり、時宗と義政の間に微妙な感情の齟齬があったのは事実であろうが、それ以上のものは考えにくいのではないだろうか。

五　極楽寺流にとっての義政出家遁世事件

義政の出家遁世事件について、前節とは視点を変えて、極楽寺流北条氏内部の問題として捉えるとどうなるだろうか。北条氏諸家の家格秩序については、すでに細川重男氏の詳細な研究があり、極楽寺流の諸家については、赤橋家と普恩寺家が「寄合衆家」（惣領が執権・連署・寄合衆に就任する最高家格）、常葉家と塩田家が「評定衆家」（惣領が引付衆以上、引付頭人以下の要職に就任する、寄合衆に次ぐ家格）という位置付けである。[31]

表3は、極楽寺流北条氏（重時流）の重時以降守時の世代までの父、母、妻、婿（女子の婚家）、叙爵年齢、幕府の役職とその年齢を一覧表にしたものである。重時の男子六人について見ると、赤橋家・常葉家・塩田家・普恩寺家の家祖である長時・時茂・義政・業時と他の二子の扱いは違っている。夭折した為時はもとより忠時も叙爵年齢や引付衆への就任年齢でのこの段階で明確な区別がある。長時・時茂・義政・業時について比べると、叙爵年齢こそ大きな違いはないが、長時と時茂が十代で六波羅探題に就任しているのに対し、その職と同格と考えられる評定衆への就任年齢は義政は二十六歳、業時は三十六歳とその扱いが異なっている。それは、長時・時茂の六波羅探題就任がそれぞれ重時の連署就任、長時の執権就任に対応するものであったという政治状況は配慮しなければならないが、長時の場

表3　極楽寺流各家世代別血縁比較表

	家別	父	母	妻	女婿	経歴等（年齢）
重時		義時	比企朝宗女	苅田義季女 平基親女 少納言局 備後局	北条時頼 宇都宮経綱 北条教時 波多野義重 源具親	叙爵（26） 六波羅探題北方（33） 連署（50） 没（64）
為時		重時	苅田義季女	未詳	唐橋通清 （母は北条義時女） 斯波宗氏 （母は北条義時女）	
長時	赤橋	重時	平基親女	北条時盛女 （時房流）	北条業時	叙爵（16） 六波羅探題北方（18） 評定衆（27） 執権（27） 没（35）
時茂	常葉	重時	平基親女 （備後局）	北条政村女	北条宗宣（時房流） 足利家時	小侍所別当（14） 六波羅探題北方（16） 叙爵（17） 没（30）
義政	塩田	重時	少納言局	未詳	未詳	叙爵（18） 引付衆（24） 評定衆（26） 引付頭人（28） 連署（32） 没（40）
業時	普恩寺	重時	備後局	北条政村女 北条長時女	未詳	叙爵（19） 小侍所別当（24） 引付衆（25） 評定衆（36） 引付頭人（37） 連署（43） 没（47）
忠時		重時	未詳	未詳	未詳	叙爵（28） 引付衆（33） 没（36）
義宗	赤橋	長時	北条時盛女 か？	未詳	未詳	叙爵（16） 六波羅探題北方（19） 評定衆（25） 没（25）
時範	常葉	時茂	北条政村女	未詳	未詳	叙爵（20） 引付衆（22） 六波羅探題北方（40） 没（44）

国時	塩田	義政	未詳	未詳	未詳	評定衆 引付頭人
時治	塩田	義政	未詳	未詳	未詳	評定衆 引付頭人
時兼	普恩寺	業時	北条政村女	未詳	未詳	評定衆(21) 引付頭人(21) 没(31)
親時		忠時	未詳	未詳	未詳	
久時	赤橋	義宗	未詳	北条宗頼女	洞院公守 北条貞規(宗政の孫)	叙爵(17) 六波羅探題北方(22) 評定衆(27) 引付頭人(30) 寄合衆(33) 没(36)
範貞	常葉	時範	未詳	未詳	未詳	引付衆 評定衆 六波羅探題北方 引付頭人
俊時	塩田	国時	未詳	未詳	未詳	評定衆 引付頭人
基時	普恩寺	時兼	未詳	未詳	未詳	叙爵(14) 六波羅探題北方(16) 評定衆(20) 引付頭人(20) 執権(30) 没(48)
守時	赤橋	久時	北条宗頼女	未詳	未詳	叙爵(13) 評定衆(17) 引付頭人(19) 執権(32)
重高	常葉	範貞	未詳	未詳	未詳	
仲時	普恩寺	基時	未詳	未詳	未詳	六波羅探題北方(25) 没(28)

合は母の出自の高さが影響しているのであろう。長時の母は平基親の女と考えられるが[32]、平基親は従三位に叙された公卿である。時茂の母には二説あるが、六波羅探題への就任年齢や、臨時とはいえ十四歳で小侍所別当を勤めていることなどからは長時の同母弟と考えられる[33]。為時の母である苅田義季[34]の女との違いは明らかである。また、義政の母「少納言局」、業時の母「筑前局[35]」は、いずれも重時が六波羅探題として在京中に娶った女性であろう。この二人の女性は、その呼び名からはいずれも諸大夫層の娘と推定されるが、若干の身分差があったのではないだろうか。一歳年長の業時が義政の「弟」とされているのはそのためであろう[36]。忠時の母は未詳であるが、出自でその兄弟の母を凌ぐことはなかったであろう。すなわち、確認される重時の六子では、夭折した為時（夭折しなくても同じ結果だったと思われるが）を除いて、長時・時茂と義政、義政と業時、業時と忠時の間には厳然とした差があったことが確認できる。

そう考えると、のちの赤橋家・常葉家・塩田家・普恩寺家の家格秩序から考えて、嫡流の赤橋家は順当であるにしても、普恩寺家の飛躍が注目される。表3を概観すると、直接的には家祖の執権及び連署就任という経歴が子孫の家格に影響を与えたということが分かる。生存中は長時に次ぐ扱いを受けていた時茂は、六波羅探題北方在職中に死去し、執権・連署への就任がなかった。そのためにその常葉家は「評定衆家」にとどまった。義政は連署に就任はしたが、出家遁世事件のために子孫がその経歴を継承することができなかったので、塩田家は「評定衆家」にとどまったのである。これに対して、長時や時茂はもとより、義政と比べても扱いの低かった業時は、義政の「出家遁世事件」の後に連署となったが、これが普恩寺家が「寄合衆家」となっていく契機であった。

六　義宗の鎌倉下向

それでは、誕生時に長時や時茂はもとより、義政と比べても扱いの低かった業時がなぜ連署に就任できたかという点について考えてみたい。本稿では、すでに義政の連署就任は、極楽寺嫡流の義宗までの中継ぎとしての性格があったことを推定したが、義宗は建治二年（一二七六）十二月四日に五年間の六波羅探題の任務を終えて鎌倉に下向している。先に見たように、義政が幕府に出仕しなくなった時期は建治二年七月ないし八月であるから、その三〜四カ月後である。恐らくは連署交代を視野に入れた時宗の命令によるものだったと思われる。そして、義宗は翌建治三年（一二七七）六月十七日に評定衆に就任した。「建治三年記」によれば、この日に早速御教書を書き進めたという。連署就任のためのステップである。引付衆を経ないで評定衆に就任することが異例であったためか「関東評定衆伝」はわざわざその旨を記している。義政の遁世が五月二十八日、慰留の使者派遣が六月二日であったことを考えると、その直後の措置ということが分かる。義政の立場に即して考えると、病気のために幕府への出仕ができなくなった段階での義宗下向は、自分の役割が終わったことを一層自覚するのに十分だったであろう。義政が出家遁世した直接的な動機は、この義宗下向ではなかったかと筆者は考えている。

しかし、八月十七日に突然義宗の死去という事態が起こる。「建治三年記」は申の刻に死去しているというだけで、その死因については一切触れていない。七月二十三日の評定で発言し、八月五日には上野国雑人奉行に命じられるなど政務を順調にこなしていたのだから、二十五歳という年齢も合わせ考えると、文字通りの急逝であったと言える。これを受けての八月二十九日の幕府人事異動の慌しい様子を描く「建治三年記」が、義宗の死因について全く触れずに無機的に記しているところに、逆に不自然さすら感じるが、ここではそれ以上立ち入ることを差し控えたい。

ともかく、義政の後任の連署に義宗を据えるという時宗の政権構想はここに頓挫したわけである。時宗がその後六年間連署を置かずに執政したことは、義宗の死と無関係でないとする川添昭二氏の指摘もある。[37] そして六年後の弘安六年（一二八三）に連署に就任したのが業時であった。すでに義政遁世後の八月二十九日の幕府人事異動で、業時は三番引付頭人[38]となっていた。宗政（得宗家・時宗弟）が一番、宣時（時房流）が二番であった。北条氏一門の評定衆には他に公時（名越家）がいるが、これを除いた先の三人がこの段階での連署候補ということになろう。業時が一番引付頭人になるのが弘安四年（一二八一）八月である。これは宗政の死を受けての人事異動であり、連署の最有力候補となったことを意味した。時宗が六年間連署を任命しなかった理由は、予定していた義宗の急逝ということが大きいが、もう一つ考えられるのは、宗政との関係である。すなわち、時宗は信頼していた同母弟宗政を連署に据えたかったが、[39] 流石に執権・連署とも得宗家から出すことが憚られたのではないだろうか。想像をたくましくするならば、得宗家に権力を集中しようと画策する平頼綱とそれを阻止しようとする安達泰盛の政治的対立の図式の中で読み取ることも可能である。さて、業時が満を持して連署に就任するのが弘安六年（一二八三）四月であり、これは時宗の死の一年前であった。業時が連署に就任しえた理由は、この段階での極楽寺流の代表であったことで、それは義政の出家遁世と義宗の急逝によってもたらされたものであった。

七　義政と業時

一歳年長の業時が義政の弟とされるような誕生時における厳然とした扱いの差については先に見た。そして、二十六歳で評定衆に就任する義政に対し、三十六歳の業時というように見ると、その差はそのまま継続したと思いがちである。しかし、業時が正嘉元年（一二五七）に廂番衆や格子番衆に就任するのも義政と同時であり、正元元年（一二五九）の叙爵も義政と同時であった。正元二年（一二六〇）の昼番衆就任も同時である。文永二年（一二六五）に引付衆となるまでは全く並んでいる。『吾妻鏡』を見ると、多くの供奉関係の記事に義政・業時が共に登場しているが、恐らく二人は相互に相手を意識せざるをえない微妙な感情を持っていたのではないだろうか[40]。しかし、父重時としては、嫡流の長時に極楽寺流の次代を託せばよく、義政・業時兄弟の昇進に差をつける必要はなかった。このことが、義政・業時が並んでの昇進の理由であろうか。

それでは、文永二年（一二六五）六月の義政・業時の引付衆の同時就任をどう考えればよいだろうか。重時は弘長元年（一二六一）に死去しており、長時も文永元年（一二六四）に死去していた。結論から言えば、筆者は、長時のあとを受けて執権となった政村の意志が大きかったのではないかと考えている。義政・業時の引付衆就任は、幕府の大幅な人事異動の中で行われた。それまで北条氏一門の評定衆には時章（名越）と実時（金沢）がいたが、これに時広（時房流）と教時（名越）が引付衆から昇格して加わったのである。新たな引付衆にはその「家枠」を埋める形で時房流から宣時、名越から公時が就任したが、これに加えて義政・業時も引付衆となったのは、第一義的には将軍派（名越）に対する得宗派の増員としての意味が大きいと思われる。この時の極楽寺流には、六波羅探題北方の時茂が連署ないし評定衆に就任できる地位にいたが、先に見たように時輔の六波羅探題南方就任との関係もあって、京都を離れることができなかったため、義政・業時の引付衆就任となったのであろう。政村の子息時村もこの段階で引付衆になりうる地位にいたと思われるが、何らかの理由で実現しなかった[41]。

義政にはないが、業時にはさらに小侍所別当としての活動も見られる。文永元年（一二六四）の時宗の連署就任に連動して、宗政とともに小侍所別当となっていたのである。[42] この二人に共通するのは、いずれも妻が政村の女であったという点である。小侍所は御家人の宿直・供奉などを掌る機関で、その別当は代々北条氏が勤めた。弘安年間以降は、執権へのステップともなる重要なポストであり、時宗の同母弟である宗政は順当であるとしても、業時には抜擢の感が否めない。そこに政村の意志を感じるのである。

さて、文永四年（一二六七）に義政は評定衆に就任する。極楽寺流の「家枠」を埋めたということになる。ここまでは、ほぼ並んで昇進し、さらに小侍所別当という面では優越すらしていた業時であるが、やはり兄弟の序列が大きかったのか、他の理由によるものか義政の後塵を拝したことになる。引付は、文永三年（一二六六）三月から文永六年（一二六九）四月まで廃止されているので、引付衆の地位もなくなった業時との差はここで大きくついたということになる。業時はどのような思いを持ったであろうか。そして、義政は、文永七年（一二七〇）兄時茂の死去の年に駿河守となり、[43] 文永十年（一二七三）には、政村の死を受けて、連署・武蔵守となったのはすでに見たとおりである。

その業時が評定衆に列せられるのが建治二年（一二七六）三月である。義政が連署の業務に復帰するのが閏三月であるから、業時の評定衆就任を聞いて復帰したということになる。想像をたくましくすれば、病気の中で自らの地位を守ろうという義政の執念すら感じ取ることもできる。しかし、義政は、病状の悪化によるものか、七～八月には再び出仕しなくなった。そして、先に見たように、義宗が十二月に五年間の六波羅探題の任務を終えて鎌倉に下向している。この年の十月には実時も死去しており、小林計一郎氏は、実時の死が義政の出家のきっかけの一つであったと推定されているが、[44] 筆者は、それ以上に業時の評定衆就任、義宗の下向が大きく影響を与えたと考えている。建治三年（一二七七）五月五日の業時の越後守任官も二、三日後の義政の遁世と無関係ではあるまい。

むすびにかえて

さて、本稿では、北条義政について、従来注目されてきた「出家遁世事件」を含めて、その政治的立場の解明を試みたつもりである。結論的に言えば、義政は、長時の死後、極楽寺流の「惣領」とでもいうべき立場になり、その中で連署にも就任した。それは、時茂の死去や生母の身分による兄弟の序列によって得たものであったが、嫡流の義宗の「眼代」的な意味合いが強く、それは義宗によって、あるいは年長の異母弟業時によって代わり得る地位でもあった。そして、そうした極楽寺流内部の動きの裏に政村の影が見え隠れする。その中で「出家遁世事件」は起きたのである。こうした極楽寺流内部の問題を当時の安達泰盛・平頼綱の対立の事象の中にどう位置付けていくのかは今後の課題であるが、業時の動きにそれを解くヒントがあるのではないか、というように考えていることを付記し、むすびにかえたい。

〔注〕

（1）「極楽寺流略系図」参照。重時の六男ということについては、諸系図等に拠った。「北条系図」（前田育徳会所蔵「関東開闢皇代並年代記事」所収）、「系図纂要」、「吾妻鏡」には「北条六郎」とあり、野津本「北条系図」（『国立歴史民俗博物館研究報告』第五集）、「桓武平氏諸流系図」（『中条町史』）も「六郎」とする。「鎌倉大日記」は重時四男とするが、これは実質的な意味であろう。四男時茂と六男義政の間の五男についてては不明である。なお、これらの記述については、北条氏研究会編「北条氏系図考証」（安田元久編『吾妻鏡人名総覧』吉川弘文館　一九九八年）と北条氏研究会編『北条氏系譜人名辞典』（新人物往来社　二〇〇一年）に拠った。また、これ以後の記述についても、特に註記のない場合においても、これら二書を参考にしたことを予めお断りしておきたい。

(2)黒坂周平「塩田北条氏と信濃守護（一）」（『信濃』二五―一二　一九七三年）、黒坂周平「塩田北条氏と信濃守護（二）」（『信濃』二六―二　一九七四年）、網野善彦『蒙古襲来』（小学館　一九七四年）、石井清文「建治三年における鎌倉幕府連署武蔵守北条義政の出家遁世事情――極楽寺流塩田氏の消長について――」（『政治経済史学』一四六一九七八年）、佐藤進一『日本の中世国家』（岩波書店　一九八三年）、黒坂周平「塩田北条氏の研究」（黒坂周平先生喜寿記念論文集『信濃の歴史と文化の研究（二）』　一九九〇年）、川添昭二「日蓮と極楽寺流北条氏――北条義政を中心に――」（同『日蓮とその時代』　山喜房佛書林　一九九九年）、村井章介『北条時宗と蒙古襲来』（NHKブックス　二〇〇一年）、筧雅博『蒙古襲来と徳政令』（講談社　二〇〇一年）、川添昭二『北条時宗』（吉川弘文館二〇〇一年）等がある

(3)没年齢より逆算した。

(4)義政の母については、「北条時政以来後見次第」、野辺本「北条系図」、前田育徳会所蔵「平氏系図」（尊経閣文庫所蔵「帝皇系図等」のうち）、「関東往還記」に記載がある。

(5)普恩寺という家名は基時が創建した寺院の名に因む。現在は廃寺で、所在地も未詳である（貫達人・川副武胤著『鎌倉廃寺事典』有隣堂　一九八〇年）が、高時以下北条氏一門が自害した東勝寺と同じ葛西谷にあった可能性があるとの指摘もある（盛本昌広「普恩寺と北条基時」〈『六浦文化研究』四　一九九三年〉）。表記としては、諸史料から普恩寺、普園寺、普音寺の三通りがある。「尊卑分脈」、「関東開闢皇代並年代記事」等が「普園寺」、正宗寺本「北条系図」等が「普音寺」としているが、本稿では「太平記」、前田育徳会所蔵「平氏系図」、「系図纂要」、「北条時政以来後見次第」等に従い「普恩寺」とした。原田伊佐男氏の御教示によれば、普恩、普園、普音のうち、仏教語として最

という。

も一般的なのも、諸橋『大漢和辞典』や平凡社『大辞典』にも立項され「あまねきめぐみ」の意味を持つ普恩である

（6）「吾妻鏡」正元二年正月二十日条。

（7）義政は勅撰集に九首載せられた歌人である。宗尊親王期を頂点として鎌倉歌壇も隆盛を極めており、京都歌壇を圧する勢いすらあったという。極楽寺流は歌人の家ともいうべく、勅撰歌人を八人も輩出しているが、為時流と業時流（普恩寺家）からは出ていない。義政の歌風は二条家流であり、武人らしく淡々と無常の視点で風雅の世界へのめり込もうとする詩情が見られるという。兄長時も十二首を勅撰集に選ばれた歌人であるが、その作風は歌枕を中心に組み立てており、二人の作風は異なるという（滝沢貞夫「塩田北条氏と和歌」〈『長野』一二五号　一九八六年〉参照）。

（8）石井進氏は、六条若宮造営注文の分析から、こうした義政の立場を「惣領」としている。ここでは極楽寺流は「陸奥入道（重時）跡」、「武蔵入道（長時）跡」として表現されており、それらの諸家の負担を義政が取りまとめて上納している。なお、ここでは北条氏は、「相模守」（時宗）、「武蔵守」（義政）、「修理権大夫（時房）跡」、「左京権大夫（政村）跡」、「遠江入道（朝時）跡」、「駿河入道（有時）跡」。「越後守」の七家に分割されていることが分かる（「中世の古文書を読む――建治元年六条若宮造営注文の語るもの――」、国立歴史民俗博物館編『新しい史料学を求めて』所収、吉川弘文館　一九九七年）。

（9）建治三年（一二七七）十二月十七日付某書下を『鎌倉遺文』は北条義政下知状（⑰一二九三七号）としている。遠江国浜名郡那賀庄の百姓召還につき守護代に命じている内容で、発給者の立場は守護と考えられる。これは建治三年十二月十五日付関東御教書を受けての文書ということから、その宛所である「武蔵前司」を義政と考えたことから来ている判断と思われるが、遠江守護は代々時房流（大仏氏）が継承しており、この「武蔵前司」は北条宣時である。よって、建治三年十二月十七日付某書下（⑰一二九三七号）を本稿では義政発給文書に加えない。

（10）石井清文氏、村井章介氏は建治元年十月以降の義政の政務への関与について否定的に考えられている。この解釈は、

二通の文書をどう考えるかということによるが、筆者は、当該時期文書の絶対数が少ない中での二通は無視できないと考え、義政が当該時期の政務に関与していたと解釈したい。

(11)「北条時政以来後見次第」には建治二年(一二七六)七月以降「所労」とあり、この発給文書からの推定と整合する。

(12)『中世法制史料集』追加法四三三条。

(13)「建治三年記」については、伊藤一美校注『建治三年記注釈』(文献出版 一九九九年)を参照のこと。

(14)伊藤一美氏は、『続史料大成』の翻刻本の土持は土岐の読み違いであるとしている(前掲『建治三年記注釈』)。

(15)五月二十八日遁世としているのは「北条九代記」であり、「関東評定衆伝」は五月二十二日である。この二書はほとんど同様の記述であるが、この日付だけ異なっているのは興味深い。「北条九代記」の記主の方が、より正確に「建治三年記」を読み取っていたということになる。

(16)仁治二年(一二四一)十一月十七日「不蒙御免許企遁世後猶知行所領事」(『中世法制史料集』追加法一六九条)では自由出家の後も所領を知行していることを禁じている。また、弘安八年(一二八五)十二月二十四日「猪股右衛門四郎入道蓮覚自由出家由事」(『中世法制史料集』傍例九七条)をもとに、弘安八年の時点で自由出家の禁止が明確にされたという見解もある(『中世政治社会思想上』岩波書店 一九七二年)。

(17)黒坂周平「『建治三年日記』の史的背景――とくに北条義政入信の事情について――」(黒坂周平先生喜寿記念論文集『信濃の歴史と文化の研究(二)』 一九九〇年)、『上田市誌歴史編 上田の荘園と武士』(二〇〇一年)参照。

(18)村井章介氏は、この時に筑後守護職も義政から収公されたとの見解をとっている(「蒙古襲来と鎮西探題の成立」、同氏『アジアの中の中世日本』所収 校倉書房 一九八八年)。しかし、この見解の前提となるのは、「東大寺図書館蔵、凝然自筆『梵網戒本疏日珠鈔』巻八紙背文書」中のいわゆる「守護交代注文」(以下「守護交代注文」とする)の「武蔵守」を義政とした上で、「建治三年記」の七月四日条で後任の「武蔵守」である宗政に交代したとする読み取りである。村井氏は「守護交代注文」の成立を建治元年(一二七五)十一月頃との推定のもとにこれを考えられているが、本稿前節で見たように、義政は建治元年十月頃から幕府に出仕していない（翌年閏三月には一旦復帰しているが）ことを考えると、蒙古襲来に備えての守護大量人事異動という性格付けに説得力を欠くと言わざるを得ない。また、時宗の弟宗頼に長門・周防の二カ国が与えられているのに対して、同じ弟（しかも年長の同母弟）である宗政に全く与えられていないというのも不自然である。断定はさけたいが、「守護交代注文」の成立を建治三年（一二七七）七月四日以降とし（しかも一斉補任ではない可能性が高い）、佐藤進一氏の見解（『鎌倉幕府守護制度の研究』東京大学出版会　一九七一年）通り「武蔵守」を宗政とした方がよいように思う。また、村井氏は、「守護交代注文」の石見守護職の「武蔵式部大夫」を武蔵守の現任者の子という理由から義政の子息某としている。しかし、系図上確認される義政の子息の時治・国時・胤時の中には「式部大夫」にあたる人物はいない。筆者は、その通称から北条朝房（時房流朝直の子）ではないかと考えている。

(19)同時代人である日蓮は、義政の出家遁世を「一門皆ほろぼさせ給」というように、重時・長時・時茂・義宗の死などの文脈の中で、極楽寺流の衰退と認識し、それを日蓮を圧迫したことへの因果応報と解釈している（川添昭二「日蓮と極楽寺流北条氏」、『法華』七七―九　一九九一年、のち同『日蓮とその時代』所収）。

(20)佐藤進一『日本の中世国家』（岩波書店　一九八三年）。

(21)渡辺晴美「得宗政権の成立過程Ⅳ―文永・弘安年間における北条時宗政権の実態分析―」（『政治経済史学』一六五号　一九八〇年）。

(22)網野善彦『蒙古襲来』（小学館　一九七四年）。

(23)村井章介『北条時宗と蒙古襲来』（NHKブックス　二〇〇一年）。

(24)重時女子（安達泰盛妻）を義政と同母妹とするのは「野辺文書」を根拠としている。

(25)石井清文「建治三年における鎌倉幕府連署武蔵守北条義政の出家遁世事情――極楽寺流塩田氏の消長について――」（『政治経済史学』一四六　一九七八年）。石井氏は、この事件は「極楽寺流翼賛体制」から得宗家への権力集中の中で捉えるべきであると言われているので、本稿の整理で言えば「得宗権力確立のための粛正説」にも挙げてもよいかもしれない。

(26)筧雅博『蒙古襲来と徳政令』(講談社　二〇〇一年)。

(27)渋谷定仏(重経)書状案(鎌遺⑰一二六九九号)。

(28)渋谷定仏(重経)置文案(鎌遺⑰一二七六三号)。

(29)郷道哲章「渋谷一族の争いと執権時宗・連署義政の立場」(『長野』二一八号　二〇〇一年)。ここで郷道氏は、「他の御方」を北条得宗家の御内人ではないかと推定しているが、「御方」という敬称からはやはり北条氏一門の方が考えやすい。

(30)渋谷定仏(重経)置文案(鎌遺⑰一二七六三号)、渋谷定仏(重経)置文案(鎌遺⑰一二八八四号)。

(31)細川重男『鎌倉政権得宗専制論』(吉川弘文館　二〇〇〇年)。

(32)長時の母については、「関東評定衆伝」、「系図纂要」、前田育徳会所蔵「平氏系図」・野辺本「北条氏系図」には平時親女とあるが、これらは「北条時政以来執権次第」にある平基親女の誤記であるという(森幸夫「御家人佐分氏について」(『金沢文庫研究』二九三号　一九九四年)。

(33)時茂の母について、野辺本「北条氏系図」は「備後局」とするが、「鎌倉年代記」、「北条九代記」は、長時と同母とする。小侍所別当就任については、「吾妻鏡」建長六年三月二十日条。この時の別当は北条(金沢)実時であったが、母の死去に伴う重服(服忌)のために臨時に時茂が任命されたのである。

(34)苅田義季は中条家長の弟にあたる。和田義盛の子となって平姓に改姓した(北条氏研究会編『北条氏系譜人名辞典』新人物往来社　二〇〇一年)。

(35)業時の母については「北条時政以来後見次第」に従った。野辺本「北条系図」には「備後局」とあり、これに従えば時茂の同母弟ということになる。しかし、「鎌倉年代記」、「北条九代記」等によれば、没年からの逆算で時茂と業時は同年齢であり、同母の可能性は皆無ではないにしても低いと言わざるを得ない。

(36)「北条時政以来後見次第」、「北条九代記」、「鎌倉年代記」、「武家年代記」は、いずれも業時は弘安十年（一二八七）に四十七歳で死去とあり、逆算すれば仁治二年（一二四一）生まれとなり、義政の一歳年長となる。しかし、「吾妻鏡」等に見える呼び名は義政が六郎、業時が七郎である。これは嫡流の太郎時宗に対し年長の舎兄時輔が三郎と呼ばれた得宗家の状況を想起させる。桃裕行氏は義政・業時兄弟の順序が長幼の序と違う理由について、こうした生母の尊卑のほかに元服の前後の事情の可能性も想定している（「北条重時の生涯」、桃裕行著作集三『武家家訓の研究』所収　思文閣出版　一九八八年）。

(37)川添昭二『北条時宗』（吉川弘文館　二〇〇一年）。

(38)「建治三年記」同日条による。「関東評定衆伝」は、宣時と業時をともに二番引付頭とするが、これは業時の方が誤りである。「関東評定衆伝」の翌弘安元年では宣時が二番、業時が三番となっている。

(39)義時の任じられた相模守・陸奥守や泰時の任じられた駿河守・武蔵守は、その由緒もあって、北条氏にとって大きな意味を持つ官職であった。とりわけ、鎌倉中期以降は相模守・武蔵守は両国司と呼ばれ、執権・連署を指す代名詞となっていた。事実、義政も連署就任直後に武蔵守に任じられている。義政の遁世直後の建治三年（一二七七）六月十七日に宗政が武蔵守に任じられていることは、その当時、義政の後任という意味合いの強いものと認識されたことであろう。一番引付頭人（評定衆筆頭）の宗政は、実質的な連署であったという見方すら成り立つのではないだろうか。

(40)「吾妻鏡」建長六年（一二五四）七月二十日条に、鶴岡放生会の随兵に義政の名が挙がったが、義政はこれに対して業時を代わりに勤仕させると回答している。この時期には、将軍宗尊親王の頻繁な御家人召集に対して「故障」等を理由に辞退する武士の例が散見するが、筆者が注目しているのは、義政が自らの代理に業時を勤仕させるという上位者としての態度をとった点にある。八月十五日の鶴岡放生会の随兵には実際に業時の名が見える。

(41)長時のあとを受けて執権となった政村は、極楽寺流に配慮したのであろうか。また、のちに時村が安達泰盛派と目されていることから、安達泰盛・平頼綱対立の中での人事とも考えられるのであろうか。

(42)義政が極楽寺流の「惣領」的に地位になったのは、この時茂の死去と駿河守任官の時点であろう。

(43)「吾妻鏡」文永二年十一月十六日条。文永二年十二月十八日条。

(44)小林計一郎「北条氏と信濃――蒙古襲来と連署北条義政を中心に」『長野』二一八号　二〇〇一年)。

北条実政と建治の異国征伐

永井晋

一　はじめに

建治元年（一二七五）十一月、北条実時の子実政が異国征伐を命じられて鎮西に下った。ただ、実政の鎮西下向を記した「帝王編年記」は、建治元年の鎮西下向をもって初代九州探題就任と誤認したため、実政鎮西下向に関する位置付けが不明確なものとなった。(1)建治元年の異国征伐は相田二郎著『蒙古襲来の研究』第四章「異国征伐の壮挙」で本格的に論じられているが、この論考で北条実政の鎮西下向は言及されていない。北条実政の鎮西における位置付けを明確にしたのは、村井章介「蒙古襲来と鎮西探題の成立」（『史学雑誌』八七—四号　一九七八年）・瀬野精一郎「鎮西探題と北条氏」（『金沢文庫研究』二五六号　一九七九年）である。村井・瀬野は「梵網経戒本疏日珠抄」紙背文書の「諸国守護職注文」にみえる「越後守」を北条実時と人名比定し、実政を実時の守護代と位置付けている。相田二郎以来、異国征伐の準備については詳細に論じられてきたが、その軍事編成は海津一朗「合戦の戦力数――鎌倉幕府の高麗出兵計画を素材として――」（『日本史研究』三八八号　一九九四年）によって初めて本格的な分析が行われた。海津は九州全域から動員したと仮定して二三〇〇騎から五七〇〇騎という軍勢の規模を想定し、高麗遠征の目的を元の前線基地破壊と考えた。北条実政が建治元年に異国征伐のために鎮西に下向したのであれば、その役割は遠征軍の幹部以上のものと考えてよいであろう。本稿は、この疑問点の整理を出発点として、北条実政の鎮西下向とその位置付けについて考えていきたい。

二　高麗遠征と北条実政

はじめに、建治元年と年代推定される「諸国守護職注文」をみてみよう。

諸国守護職注文（東大寺図書館所蔵梵網経戒本疏日珠抄紙背文書、『横須賀市史　史料編　古代・中世1』一三七五号）

（前欠）
本給人信濃判官（二階堂行忠）入道
　長門国
本給人周防前司（藤原親実）　相模修理亮殿（北条宗頼）
　周防国　同
本給人大友（頼泰）出羽前羽（司）　「北六ハラ殿」（異筆）
　筑後国　武蔵守殿（北条宗政）
本給人少卿（少弐資能）入道
　肥前国　越後守（北条実時）
同
　肥後国　城介殿（安達泰盛）
本給人伊藤三郎（伊東祐綱の周辺カ）左衛門
　石見国　武蔵式部大輔殿（北条朝房カ）

本給人後藤判官《(後藤基頼)》
越前国　足利上《(吉良満氏)》総守《(介)》（ママ）
本給人相模式部《(北条時輔)》大輔殿
伯耆国　三浦遠江《(佐原経光)》次郎左衛門□
能登国　備前二郎《(北条宗長)》殿
尾張《(名越時章)》入道□

この注文に記載された守護職交替は、元との本格的な戦争に備えた西国守護の軍事力強化をめざしたものと推測されている。成立年代は、「梵網経戒本疏日珠抄」にある凝然自筆の奥書から弘安六年（一二八六）九月十八日が下限と確定するので、弘安の役以前の守護職交代を示した交名とみることに問題ない。村井章介はこの注文の作成年代を建治元年、「越後守」を北条実時に比定した。(2)「帝王編年記」巻第廿六の九州探題北条実政にある割註「建治元年十一月、為異賊征伐下向鎮西、十七歳」が根拠となっている。(3)北条実時は所労により建治元年五月に六浦別業に隠居したので(4)、実政は正員の実時に代わって赴任し、実時卒去後に正員の守護に昇格したと考えられている。(5)対元戦争の準備のために鎮西に下向した北条実政の帯びた任務が、本当に守護職に限定されるのかが問題である。

建治元年、鎌倉幕府は元との戦争の準備を異国征伐と異国警固の二本立てで進めようとした。鎌倉幕府はこの軍事行動を進めるにあたって、既存の組織を使おうとしたので、鎮西奉行少貳経資・大友頼泰が事業の中心に据わることになった。また、元との戦争は国家事業と認識されたため、鎌倉幕府は本所一円地住人とよばれる御家人以外の人々にも軍勢催促をかけていた。組織外の人々を動かすためには、太宰府や国衙といった朝廷の地方機関の協力は必須であり、鎮西奉行と太宰少弐を兼務する少弐経資に仕事が集中していくことは必然的な流れといえた。現存する異国征伐・異国警固の関係資料に少弐経資の名が頻出するのは、朝廷と鎌倉幕府の命令系統の中で現地側の担当者として名前が出てくるためである。ただ、以下の史料からわかるように、少弐経資・大友頼泰の仕事は異国征伐・異国警固の運営であり、軍事指揮権ではなかった。

関東御教書案（「鎌倉幕府法」追加法四七三号）

明年三月比、可被征伐異国也、梶取・水手等、鎮西若令不足者、可省充山陰・山陽・南海道等之由、被仰太宰少弐経資了、仰安芸国海辺知行之地頭御家人本所一円地等、兼日催儲梶取・水手等、経資令相触者、守彼配分之員数、早速可令送遣博多者也者、依仰執達如件、

建治元年十二月八日　武蔵守

相模守在判

武田五郎《(信時)》次郎殿

この関東御教書は、少弐経資が異国征伐の準備を進める上で、梶取・水手が不足していると判断した場合、山陰・山陽・南海の諸道にも催促を行ってよいと指示したことを安芸国守護武田信時に伝えている。前提には、少弐経資が高麗遠征の水軍を編成するため、鎮西の領主が提出した交名にもとづいて水主・梶取を集めている事実がある。少弐経資は鎮西における広域行政の現場責任者として、朝廷と幕府の命令系統に位置付けられているので、双方の書類に目を通せる立場にある。博多にあって戦争を準備する上で、最適の人物といってよいであろう。

安達泰盛が守護を勤める肥後国の場合、「異国征伐事、今年二月廿日太宰少弐殿御奉書案、同廿八日城二郎（安達盛宗）殿御奉書案、已上三通、謹以拝見仕候了」(6)と、鎌倉幕府の命令は鎮西奉行少弐経資と守護代安達盛宗を通じて、石清水八幡宮の関係者と推定される本所一円地住人の持蓮に伝えられた事が確認される。命令系統は「鎌倉幕府→少弐経資→安達盛宗→持蓮」であり、持蓮は安達盛宗が編成する肥後国の軍勢に属することになるのであろう。鎮西奉行大友頼泰が豊後国御家人野上資直に出した「異国発向用意条々」は、鎮西の領主に伝えられた具体的な指示を明らかにしている。

異国発向用意条々（『中世法制史料集』「鎌倉幕府法」追加法四七四・四七五号）

一　所領分限、領内大小船呂数并水手・梶取交名年齢、可被注申、兼又以来月中旬、送付博多之様、可相構事、

一　渡異国之時、可相具上下人数年齢、兵具、固被注申事、

以前条々、且致其用意、且今月廿日以前、可令注申給、若及遁避者、可被行重科之由、其沙汰候也、仍執達如件、

建治二年三月五日　　前出羽守（大友頼泰）（花押）

野上太郎（資直）殿

大友頼泰は、管国の領主に対し、領内にある船の数と規模（櫓数）及び水主・梶取の名簿、出陣する軍勢の名簿と装備を一覧にして提出することを求めている。この交名を整理すれば、高麗遠征軍の戦力を明確な数値として把握できることになる。(7)一方、建治二年（一二七六）三月十日の少弐経資石築地役催促状には「異国警固之間、要害石築地事、高麗発向之輩之外、課于奉行国中、平均所致沙汰候也」(8)と記されている。この文言から、鎌倉幕府が一国平均役

に準じた方法で、鎮西の領主達に対元戦争の負担を求めていたことがわかる。手順としては、まず御家人・本所一円地住人を問わず高麗遠征軍の要員を抽出し、残った人々に対して定率で異国警固の石築地建設を賦課するものである。高麗遠征を命じられた御家人・本所一円地住人は博多に集結して出陣を待ち、異国警固を命じられた御家人・本所一円地住人は石築地の建設と防備にあたることになった。ここに、高麗遠征の軍勢催促と異国警固の体制整備が同じ範囲で負担されたと考えられることになる。先に引用した「鎌倉幕府法」追加法四七三号から明らかなように、少貮経資は鎮西で軍船が不足した場合、山陰・山陽・南海道諸国に臨時の賦課をかける権限が与えられている。実施に至らなかったものの、高麗遠征は鎮西を越える広汎な範囲に軍勢催促が行われたことを推測してよいであろう。高麗遠征軍の目的が領土の占領を意図した侵攻か日本遠征の意図を挫くための防御的攻勢かは見解の分かれるところであるが(9)、実政が高麗に攻め込む軍勢を指揮する立場にあったことは動かないと考えてよい。

既にみてきたように、鎮西において少貮経資・大友頼泰が大きな行政的役割を果たしたことは動かないであろう。「帝王編年記」の傍注「為異賊征伐下向鎮西」が伝えるように、北条実政は高麗遠征軍の要員であり、彼が有した権限は軍事指揮権と考えてよい。博多が高麗遠征軍の進発基地である以上、遠征の準備が太宰府・鎮西奉行の手を煩わせながら進められていったのは自然な流れといえよう。しかし、ひとたび進発してしまえば、鎮西奉行の分担は、鎌倉からの命令の中継、後続する軍勢の派遣、兵糧などの物資輸送といった後方の仕事に限定されることになるのではないだろうか。現状では、建治の高麗遠征軍の指揮官級の人物と推定できる人物が北条実政以外に確認されていないことこそ注目してよい。

異国警固のために鎮西に下向した御家人達の中には、千葉介頼胤・宇都宮通房・安達盛宗のように、鎌倉幕府草創以来の有力御家人が含まれている。高麗遠征軍を指揮できるのは、東国から派遣された有力御家人やその子弟に対して抑えがきき、かつ博多や高麗に長期滞在しても支障のない人物でなければならない。高麗は太宰府や鎮西奉行の職権が及ぶ領域ではないので、少貳氏・大友氏が家として持つ権威で高麗遠征軍を束ねることは難しい。親王将軍が神仏と交感する神聖な存在である以上は、将軍家の後見として鎌倉幕府の首席を務める北条氏一門の誰かがこの役を引き受けなければならないことになろう。[10]そこに、「帝王編年記」に記された前執権北条政村の外孫で引付一番頭人北条実時の子実政が、高麗遠征軍の大将軍であることの現実味を帯びてくる。

金沢北条氏にしても、実政を高麗遠征軍の指揮官として派遣する以上は、それなりの軍勢を鎮西に入れなければならない。[11]北条実時・顕時時代の被官の重臣は、平岡氏と鵜沼氏である。このうち、鵜沼国景は伊勢国守護代として在国している。[12]北条実政の補佐役として鎮西に下った平岡氏が守護代を勤めた重臣であることは、先行の諸論文によって明らかにされている。[13]当初の目的が異国征伐である以上、実政と平岡氏の鎮西下向はその目的が達成されるまでの期間と考えてよいであろう。ところが、異国征伐が沙汰止みとなり、博多に駐留する軍勢の目的が異国警固に一本化されたことにより、実政以下の人々の鎮西駐留は豊前国守護として異国警固を勤める事に切り替えられた。それにより、元との戦争が終わるか守護職交替がない限り、鎮西に駐留することになったのである。

三　異国征伐の延期

建治二年（一二七六）七月二日、北条実時は鎮西に滞在する実政に書状を送っている。[14]この書状は家訓・置文の別名をもつように、人の上に立つ者の心得を説いている。[15]

鎌倉幕府の政策から高麗遠征が消えていくのは、建治二年八月二十四日に安芸国守護武田信時に出された二通の関東御教書の頃からである(16)。この御教書は、長門国警固を安芸国の御家人并本所一円地住人に命ずること、神官といって警固役を勤めない高藤二入道に重ねて催促を行う事を指示している。この時期には異国征伐が語られなくなっていることから、八月以前に沙汰止みになっていたと考えてよいだろう。北条実時書状は、鎌倉に戻れなくなった実政に、さまざまな事を言い聞かせた書状と考えてよいであろう。

北条実時書状写は「聯句集」の紙背に断簡が残ったもので、家臣の器量の見極め方を説いた条文の後半部分と「一、所領配分落居セザル事」の二条が現存する。この二条は家政運営の要諦を説いたものであるが、ここに見える基本姿勢は守勢である。その意味で、この書状を高麗進攻を成功させるための助言と見ることはできないだろう。北条実時は実政の鎮西駐留が定まった頃に、この書状を書いたと考えてよい。

建治二年五月、北条実時は嫡子顕時に「施氏尉繚氏解義」を書写させている（識語編一四一七号）。書状の締めの文言、「病モ日ニソヘテ重ク、年歳ツモリ候テ、今ハ手モフルヒ、目モミヘス候ヘトモ、カンナ（仮名）ニ、自筆ニカキテ候也」は、実時の体調が日に日に悪くなっていく中で、実政に最後に伝えるべき事を自筆で書き残した事を示している。

北条実時が帯びていた豊前国守護職が実政に譲られたことは、次の六波羅御教書案で確定する(17)。

六波羅御教書案（『鎌倉遺文』一三六〇八号　豊前永勝院文書）

八幡宇佐中尾寺座主神基申、豊前国御家人野仲二郎入道正行以下輩、刈取封戸并向野郷等寺田致狼藉由事、大宮司状副解状具書、如此、子細見状、早可明申之旨、可被相觸彼輩候、仍執達如件、

弘安二年六月一日　　左近将監（北条時国）判

陸奥守（北条時村） 判

越後六郎殿（北条実政）

北条実時の卒去によって正員の守護となった越後六郎実政は、異国警固のため鎮西に在国することになった。通常の守護と異なるのは、金沢家の重臣平岡氏をはじめとした多くの被官を伴ってそのまま鎮西に駐留したことであろう。金沢北条氏の博多駐留経費は、守護領をはじめとした鎮西の所領からまかなわれたと推測してよいであろう。異国征伐という臨時の役割によって鎮西に入った実政は、豊前国守護に任命されたことにより、鎌倉幕府の統治機構の中に明確に位置付けられたのである。

弘安六年（一二八三）、北条実政は豊前国守護から長門国に駐留して、異国警固番役の御家人を指揮する長門周防守護に転出した。防長二カ国守護が長門国警固番を指揮する要職であることから、実政は異国警固番役を束ねる要人の一人として位置付けられたと考えてよいであろう。弘安七年九月十日には博多に設立された鎮西特殊合議制訴訟機関が設置され、現地側の担当者に大友頼泰・少弐経資とともに、安達盛宗が入ったことと同列に論じてよいのかもしれない(18)。その後、弘安九年に鎮西談義所が成立し、鎮西の訴訟は博多で沙汰を行うこと、大友頼泰・少弐経資・宇都宮通房・渋谷重郷の寄合によって尋成敗することが定められた(19)。永仁元年（一二九三）に、北条兼時・北条時家が異国警固のために博多に進駐した。鎮西探題の成立はこの年とする説と、北条実政が博多に転出した永仁四年とする説の両説があるが、どちらも鎮西探題が六波羅探題に準じた形で整備されたのは、実政の時代とする点では見解の相違をみていない(20)。北条実政は永仁四年から出家を遂げる乾元元年（一三〇二）九月までその役職を勤めた。その間、越後九郎（時直カ）も鎮西に派遣され、大隅国守護代北条時直の守護代には、金沢貞顕の重臣として活躍した賀島季実の一族と思われる賀島季村が見える。(21) 北条実政の博多下向に始まる対元戦争への対応は、金沢北条氏の有力な分家鎮西金沢氏を誕生させることになる。

四　おわりに

以上、建治元年（一二七五）の北条実政鎮西下向から鎮西探題として博多に腰を据えるまでの経緯について推測を重ねた私見を述べてみた。

北条実政は、異国征伐を命じられて鎮西に下向した。当初の目的は高麗遠征であったため、実政は平岡一族を始めとした金沢家の軍勢を率いて鎮西に入ったものと思われる。建治の異国征伐の史料で他に有力武将の名が上がらないことから考えても、実政には大将軍の可能性を考えてもよいのであろう。

しかし、建治の異国征伐が沙汰止みになると、実政は北条実時が帯びた豊前国守護職を引き継ぎ、異国警固のために鎮西に駐留するようになった。北条実時置文の別名を持つ北条実時書状写は、遠征軍の大将軍として博多に入った実政の博多長期駐留が確実視されるようになった時に、訓戒のために書かれたものと考えてよいであろう。その後、北条実政は長門周防守護に転出し、異国警固番役のひとつ長門警固番を勤め、重鎮としての地位を固めていった。その上で、永仁四年に鎮西探題として博多に赴任するのである。この北条実政の経歴が、鎮西金沢氏を成立させることになった。北条実政鎮西下向当初の活動について推測を重ねた憶論であるが、金沢北条氏の研究の一助になれば幸甚である。

〔注〕

(1)北条実政に関する研究は、長門周防守護補任以後の動向に関する言及は多いが、鎮西下向当時の事に触れているのは、川添昭二「鎮西探題北条実政について」(『金沢文庫研究』五六~五八号　一九六〇年)ぐらいである。

(2)越後守が守護職に補任された国名の誤記については、佐藤進一著『鎌倉幕府守護制度の研究』越前国項。村井章介は「蒙古襲来と鎮西探題の成立」(『史学雑誌』八七―四号　一九七八年)でこの注文を建治元年と年代推定し、越後守を北条実時に比定している。

(3)鎮西に所領を持つ東国御家人に対し、鎮西に下って異国警固を行うことを命じたのは文永九年である(『中世法制史料集』「鎌倉幕府法」追加法四四七号)。北条実政がこの時に鎮西に下らず、異国征伐を命じられて建治元年に下向したことは、彼が高麗遠征軍の要人だった事を示している。

(4)「関東評定衆伝」(『群書類従』第四輯)。

(5)瀬野精一郎「鎮西探題と北条氏」(『金沢文庫研究』二五六号　一九七九年)。

(6)持蓮請文(『鎌倉遺文』一二二六二号)。異国征伐に関する史料が肥後国に集中する理由については相田二郎前掲書参照。

(7)海津一朗「合戦の戦力数――鎌倉幕府の高麗出兵計画を素材として――」(『日本史研究』三八八号　一九九四年)。石井謙治は『図説和船史話』(至誠堂　一九八三年)で、準構造船の積石数は櫓一本あたり二十石程度で試算できると述べている。

(8)『鎌倉遺文』一二二六〇号。

(9)海津一朗は、高麗遠征の目的を「朝鮮海域の制海権確保と高麗軍事施設の破壊」と明確に位置付けている(『蒙古襲来――対外戦争の社会史――』四七頁　吉川弘文館　一九九八年)。一方、村井章介著『北条時宗と蒙古襲来』「第三

章　蒙古襲来のなかで」は「戦役に疲れた高麗の弱みにつけこんだ冒険的侵略主義以外のものは認めがたい」と評価している。両書とも一般書であるため、著者の見解が明快に述べられている。

(10)拙稿「鎌倉幕府将軍家論――源家将軍と摂家将軍の関係を中心に――」（『国史学』一七六号　二〇〇二年）。

(11)金沢家が鎮西に派遣した被官の規模は明らかでないが、永仁元年に異国警固のために鎮西に下った名越時家の軍勢は五百余騎と伝えられている（「実躬卿記」正応六年四月八日条）。

(12)天野氏は、宝治合戦で天野政景の子供達が三浦泰村に与している（野口実「慈光寺本「承久記」の史料的価値に関する一考察」（『京都女子大学宗教文化研究所研究紀要』一八号　二〇〇五年）。鵜沼氏は北条実時の側にいたために、宝治合戦で三浦氏につかなかったのであろう。鵜沼国景が弘安元年には伊勢国守護代に在任していたことは、六波羅探題下知状（『金沢文庫古文書』五二一七号）によって確認できる。

(13)鎮西に下った平岡一族は、川添昭二「鎮西評定衆及び同引付衆・引付奉行人」（『九州中世史研究　第一輯』一九七八年）、村井章介前掲論文、福島金治「金沢北条氏の被官について（増補版）」（『金沢北条氏と称名寺』所収　一九九七年）で整理されている。

(14)北条実時書状の本文は、貫達人「北条実時の置文について」（『三浦古文化』二八号　一九八一年）・「中世法制史料集第四巻　武家家法II」法令・法規十四号の翻刻がよい。

(15)貫達人註(14)論文。

(16)『鎌倉遺文』一二四四九号・一二四五〇号。

(17)村井は、建治三年十一月十五日付豊前国守護平某御教書案（『鎌倉遺文』一二九〇四号）の発給人を北条実政と比定している（村井註(2)論文）。

(18)『中世法制史料集』「鎌倉幕府法」追加法五六二号。

(19)『中世法制史料集』「鎌倉幕府法」追加法五九四・五九五号。

(20)鎮西探題の成立については、北条兼時・時家の鎮西下向を成立の契機とする永仁元年説と、北条実政を初代とする永仁四年説がある。兼時・時家の鎮西下向が異国警固であり、かつ、鎮西の御家人并本所一円地住人に対する軍事指揮権をもっていたことは、『中世法制史料集』「鎌倉幕府法」追加法六三四号の関東御教書から明らかである。見解の相違は、北条兼時・時家の鎮西における主導権を軍事に限定するか、鎮西探題の前身として裁許権まで含んでいたと推定するかにある。前者は佐藤進一『鎌倉幕府訴訟制度の研究』(目黒書店　一九四六年)、後者は川添昭二「鎮西惣奉行所――北条兼時・時家の鎮西下向――」(『金沢文庫研究』二〇〇号　一九七二年)。その淵源をどこに求めるかの問題は別として、北条実政の時代に鎮西探題の制度が整えられた事については議論が分かれていない。

(21)『鎌倉遺文』二〇〇四五号。

第二節　御家人（外様）

安達一族

鈴木宏美

一　安達泰盛の父祖

安達盛長（保延元年～正治二年：一一三五～一二〇〇）

安達氏の始祖は、藤九郎盛長である。「吾妻鏡」[1]治承三年（一一七九）三月二日、武蔵国慈光山（現埼玉県比企郡都幾川村西平）に流人源頼朝が鐘を奉納する使者となったのが初見である。出自は、「尊卑分脈」に、小野田とあることから、三河国宝飯郡（現愛知県豊橋市賀茂町）小野田庄（賀茂別雷神社領）小野田氏の庶流であったという細川重男氏説をとりたい。[2]建久五年（一一九四）十月十七日の記事に「歯御療治事、頼基（丹波）朝臣注申、其上献良薬等、藤九郎盛長伝進之、彼朝臣者、参河国羽渭庄（現愛知県御津町灰野）為関東御恩、所令領知也」（（　）内は筆者注記）とある。

この取次ぎは守護たる地位に基づくものと解せられる。したがって盛長は建久五年以前に三河守護となった。[3]なお盛長の娘を妻とする源範頼は、元暦元年（一一八四）以降、建久元年以前まで、三河守であったから、[4]国衙の一般行政と守護の警察機能が範頼・盛長によって統一的に担当されていたのであろう。正治元年（一一九九）十月に三河国における盛長の代官善耀が、伊勢大神宮領六カ所を押領したと神宮から訴えられているので、正治元年までは、三河守護であったことが確認できる（三河守護はこの後、暦仁元年〈一二三八〉までの間に、足利氏に移る）。時代は下るが、安達氏が三河に勢力をもった証拠の一つに、文永八年（一二七一）に泰盛が三河国小松原寺（現愛知県豊橋市）に奉納した馬頭観音像懸仏がある。[5]

挙兵以前から頼朝に仕え、挙兵に当たっては、相模国（現神奈川県）内の源氏累代の御家人たちをめぐって参加を呼びかける使となり、千葉介常胤のもとにも赴いている。盛長の従僕が挙兵の夜、討伐の相手、山木兼隆の雑色を釜殿で捕えたという記事があるところから、盛長は頼朝と同一邸内にいたか、あるいはごく近くに住んでいたと思われる。また絵師邦通（「洛陽放遊客」と称せられる）を頼朝に推挙して、山木判官の館の絵図を描かせているから、頼朝に仕える以前から、京都との関係を持っていたことがうかがわれる。このあたりの、および以後の「吾妻鏡」の安達盛長に関する記事は詳しく、後述する安達氏と親しい金沢氏による「吾妻鏡」の編纂と、安達氏に伝わる家伝の提供を思わせる。盛長はほとんど身ひとつで頼朝に近侍していたのであり、盛長以前の分流についての史料はなく、三浦・千葉などの豪族とはまったく異なる。

盛長は上野国とも早くから関係を持った。佐藤進一氏は上野の初代守護を比企能員とし、安達盛長は上野国奉行人であって、のちにその職掌が上野守護に転化してゆくと説かれた(6)。その後、義江彰夫氏は、比企能員が奥州鎮圧の出兵時、上野・信濃の御家人を統率しているのは、北陸道軍全体を指揮する「大将軍」の地位にあったと見ることもでき、安達盛長が上野国奉行人＝上野国守護であったといい(7)、さらに山本隆志氏は、比企能員の守護権行使の明徴はない、と言い切り、安達盛長が公権を上野に行使するのは、元暦元年（一一八四）以降とする(8)。

結論として、盛長は、最初は上野国奉行人であったが、その権限は、源頼朝の東国支配権の上野国内執行であって、国衙・寺社への命令権を含み、御家人を統括するものであって、後の大犯三カ条に限定される守護の権限より、むしろ広汎な内容を持っていた。上野国奉行職は、子の景盛に継承されたが、承元以前のある時期に上野守護と言い換えられてゆくのである。

承元四年（一二一〇）には、故足利忠綱遺領の上野国散在の名田を調査して幕府に報告し、建保元年（一二一三）の泉親衡の謀反計画に加わった上野の武士渋川義守（現群馬県渋川市の住人）を預けられている（もっとも、義守は和歌十首を読み、歌人将軍実朝がそれに感じて、死刑を免れるのであるが）。

その後、安達氏は景盛・義景・泰盛と、霜月騒動で安達氏が滅び去るまで、同国守護を保持した。以下、安達氏が四代にわたって、同国内に扶植した権力の指標として、①上野国内での安達氏の被官、②上野国内の安達氏所領について述べる。

①上野国内での安達氏の被官

元久二年（一二〇五）六月、武蔵国二俣川（現横浜市）での畠山重忠軍との戦いに参加した景盛は、飽間太郎・玉村太郎・与藤次の上野武士を従えていた。時刻から見て、この三人は、鎌倉の安達屋敷に詰めており、そこから参戦したと考えられる。このうち飽間氏は、上野国碓氷郡飽馬郷（現群馬県安中市）の在地領主である(9)。玉村氏は、玉村御厨（現群馬県玉村町）を名字の地とし、「蒙古襲来絵詞(10)」には、竹崎季長を安達屋敷に招き入れる玉村右馬太郎泰清、肥後守護代安達盛宗の手の者、玉村三郎盛清が見える。また「東巌安禅師行実(11)」には、安達泰盛が「執事玉村」に命じて鎌倉和賀江に聖海寺を建てさせ、東巌禅師はここに数年とどまったことを記す。他に片山（現群馬県多野郡吉井町）の住人片山氏がいる（後述(12)）。

②上野国内の安達氏所領

○板鼻別宮（現高崎市八幡町）預所職(13)・地頭職

板鼻別宮は、石清水八幡宮の末社であった。地頭職は（貞永元年）石清水八幡宮文書目録に「一通　元久元年七月　関東地頭右衛門尉景盛安居頭用途物請文」とあるによる(14)。

板鼻は信濃と鎌倉を結ぶ交通ルート上にある宿であり、道はここから分岐して上野府中──→下野（東山道）へと向かう。陸上・水上の交通の要地である。
○上野国春近領
安達義景は建長元年（一二四九）に、上野国春近領小深郷（比定地未詳）預所職と勾田村（現群馬県前橋市）を河内国観心寺庄（現大阪府河内長野市）と交換した。[15]義景は上野国春近領の預所であったと推定できる。御家人が預所職に補任される例は珍しく、関東において本所側の代表者としての預所職が有力御家人である場合には、その所領は関東御領と推定しうることが多い。上野国の春近領は関東御領であり、同時に守護領でもあった。上野国春近領の判明する地は、萩原春近、片山春近[16]で、国府近辺にある。他国の例から見て、春近領はもっと多かったであろう。
○大室庄（現前橋市）
安達泰盛の兄、景村領である（後述）。
○淵名庄（現伊勢崎市北半部・境町付近）
秀郷流藤原氏（淵名兼行の子孫）によって平安末期に開発され、藤姓足利氏が治承・寿永の内乱で没落してから、中原氏―→小山氏―→足利氏と伝領された。霜月騒動の年に尼浄泉が淵名寺領内善仏屋敷を拝領、のちに北条高時が袖判の下知状で裁許を下している。[17]従って、鎌倉末期には得宗領であり、その以前には守護人安達氏領であったのではないかと推測される。

さて盛長は文治五年、奥州合戦に従軍し、陸奥国安達庄（現福島県二本松市）の惣地頭職を与えられたと推定される。安達庄の初見は仁平元年（一一五一）、太政官厨家便補保になったのが初見である。遠藤巌氏によって二百五十町歩と推定されている。安達絹（縑《かとり》、目を細かく織った固織物）の産地でもあった。[18] 毛越寺建立に際し、奥州藤原基衡が南都仏師に送った品々のなかに、安達絹千疋がある。正治元年（一一九九）十月二十八日の「吾妻鏡」にはじめて安達藤九郎盛長と記載される。以後安達が名字の地となる。盛長は武蔵国比企郡（現埼玉県比企郡）に所領を持つ比企尼の三人の娘の長女を妻としていた。[19] 比企尼はもともと京都で頼朝の乳母であって、「吾妻鏡」によると、武蔵国に下向して、流人頼朝に二十年間、生活費を送り続けたという。遠藤巌氏は、次のように述べる。盛長の妻丹後内侍は、内侍として朝廷に仕え、和歌に長じ、近衛家家司惟宗広言《ひろとき》との間に島津忠久ら二人の子をもうけながら、関東に下って頼朝の子を身籠り、懐妊中の政子を思いやって、盛長の正室となった。この子が景盛であり、その出生の秘密はなかば公然の観を呈し、景盛が出羽城介に抜擢された血筋上の理由であり、霜月騒動の遠因ともなったと。[20] 新史料を提示されての見解ではないが、前後の状況を考え合わせると、有り得たかもしれない。[21]

挙兵前後の盛長については、「真字本（妙本寺本）曾我物語」に詳しい叙述がある。[22] 流人時代の頼朝と恋仲になった政子が、伊豆走湯山権現（現静岡県熱海市伊豆山）に逃げ込んだ。盛長は暁の夢告に見た話をする（巻三・十六オ）。

（上略）朝夕恪勤不去御前云藤九郎盛長与侍付一所夜暁、盛長打驚参佐殿《（頼朝）》御前、今夜君御為腊蒙御示現候、君渡足柄山矢倉嶽（大きくそびえたつ特異な山容を持ち、箱根山の外輪山でも人目を引く山）候、伊保房懐銀瓶子、実近敷御畳、盛綱金折敷居銀御盃、盛長銀銚子入御酒進候、君三度御召候後、参筥根候、左御足践奥州外浜《そとがはま》（現青森県陸奥湾の西岸、当時の日本国の東の果て）右御足践西国鬼界嶋（現鹿児島県、南の果て）、左右御袂宿月日、小松三本為御粧《かざり》向南歩候申見進候、（下略）

（　）内は石井進『鎌倉びとの声を聞く』による。

また同書の巻四・六一オに

仰鎌倉殿出御世御在、夢引出物盛長成上野国惣追捕使、賜出羽国、被成秋田城介、今世申城殿、

とある。上述したように、盛長は早くから上野国奉行人となり、上野国寺社一向管領の権を持った。「曾我物語」は箱根山に住んだ唱道者たちが、全国にひろめたのであるが、上野国所縁の神人団は同国中の寺社を、ある時は語りの素材として、ある時は語りの場ともしたであろう。「神道集」は上野国と深い関係にある八話を収録するが、「真字本曾我物語」と「神道集」は密接な関係があり、両者に共通する管理者群の存在が考えられている。さらに「賜出羽国、被成秋田城介」とあるのは後述するように、秋田城介が空職ではなかったことを示す。また「今世申城殿」とあることから、「仮名本曾我物語」の成立は南北朝期であるが、「真字本曾我物語」の成立は仁治三年（一二四二）を上限とし、弘安八年（一二八五）を下限とすると想定される。

頼朝は正月の行始に政子を伴い、たびたび盛長邸をおとずれた。安達亭は、甘縄にあった。甘縄というのは相当広い地域で、安達亭は、少なくとも安達泰盛の時代には、無量寺谷の入り口付近にあったと特定できる。無量寺谷には無量寿院という寺があり、安達義景十三回忌が行われているから、ここは義景の持仏堂的な寺院であったろう。(23)盛長時代の亭は明らかではないが、頼朝の度々の渡御先になっているから、幕府の付近だったと推定する。

建久四年（一一九三）八月、源範頼が謀反の嫌疑で伊豆国に配流されたとき、盛長の娘が範頼の妻であったのに、安達氏は連座しなかった。義経が討たれたときには、妻の実家、河越氏が連座している。範頼の処分は「ひとえに配流の如し」と表現され、公然と叛旗を翻した義経とは異なるためもあろうが、盛長の保身の巧みさがうかがわれる。

頼朝の死により出家、法名蓮西。文治二年十二月にはすでに宿老と称せられており、正治元年（一一九九）四月、

将軍源頼家から実権を奪うため、十三人の合議制ができた時には、その一人に加わっていた。同年八月、子景盛が愛妾を源頼家に奪われ、恨んでいるという讒言により誅されようとした時、政子は景盛の家に行き「私がまずその矢に当たろう」と身をもって庇った。この時、盛長は六十五歳で、おそらく同じ家に住んでいたと思われる。頼朝とわびしく暮らしていた頃の盛長の記憶が、政子には、はっきり残っていたのであろう。正治二年四月二十六日死歿。六十六歳（「尊卑分脈」）。生涯、無官であった。

付記　埼玉県鴻巣市糠田放光寺に、伝安達盛長坐像が伝わる。法体であり、寄木造り、玉眼、彩色（剥落）、眼光鋭い厳しい面立ち、肩幅の広い骨太の体軀、大きく逞しい両手先など、無骨な中にも生彩に富んだ表現をみせている。作風、構造から、南北朝期は下らないと考えられる。「伝」であって、盛長とこの地の関連は考えられないが、中世関東の在地で作られた肖像彫刻として、出色の作例である。（林宏一『埼玉地方史』一〇　口絵解説より一九八一年）。

安達景盛（？～宝治二年：？～一二四八）

九郎、藤九郎、右衛門尉と呼ばれる。正治元年七月十六日、「吾妻鏡」に登場する最初から安達と称する。上述したように、頼家に殺されようとしたし、頼家は流罪先の伊豆からの書状で、景盛を罰するよう要求している。比企氏の乱の時、景盛の異父兄である丹後内侍と惟宗広言との間の子、惟宗（島津）忠久は、比企一族に連座して、大隅・薩摩・日向三カ国の守護を罷免されており、忠久の同母弟若狭忠季は若狭国内の所領を没収され、おそらくは守護職も失ったと推定される。しかし安達氏はなんら処分を受けていない。安達氏は源頼家をめぐる比企グループから、早めに離反し、北条氏との関係を密にしていたのであろう。

源実朝の治世となり、元久二年（一二〇五）閏七月、義時が平賀朝雅を討つ時、義時の邸に集まった重臣中に景盛が見え、同年八月、宇都宮頼綱謀叛の噂がある時も、政子の邸に大江広元らと集まって評議している。建仁三年（一二〇三）右衛門尉に任じ、承元四年（一二一〇）以前に上野守護に任命される。おそらく正治二年の父盛長の死後、受け継いだのであろう。

建保元年（一二一三）二月には、学問所番に選ばれた。同六年には、出羽介（「吾妻鏡」では出羽権介）となり、出羽城介（秋田城介）に任じられ、景盛は恐悦してこれを受けた。鎌倉時代の秋田城介については、空職であり、単なる武門の名誉に過ぎない、というのが従来の通説であった。

遠藤巌氏は、いくつかの根拠により、鎌倉時代にも秋田城介は機能していたと主張される(24)。

父盛長は上述したように、奥州合戦後、安達庄を与えられており、それを景盛に伝えた。次男大曾根時長は大曾根庄（現山形県山形市）の地頭となる。小鹿島庄（現秋田県男鹿市）は奥州合戦の恩賞として、橘公業に与えられていたが、橘公業の子二人が、宝治合戦の折、安達氏の私兵として動員されているのは、小鹿島庄の惣地頭職が、秋田城介・安達氏に移管されていたからであろう。

中世秋田城の実態は、古代秋田城とその周辺の長年の発掘調査の進展によって、ようやく解明の糸口がつかめるようになった。秋田城の内外築地・政庁遺構などは、十一世紀中ごろ、完全に廃絶、替わってその南東に隣接する鵜ノ木地区から十三世紀～十四世紀頃の遺物――珠洲系陶器・古銭・輸入陶磁器（青磁・白磁）・かわらけ――を伴う遺構（建物跡・井戸跡・墳墓等）が出土する。また秋田城の西南に接する後城地区からは、十三～十六世紀末のさまざまな遺物――青磁・白磁・染付け・珠洲系陶器・瀬戸美濃陶器・古銭・鉄製品・木製品等――を伴う遺跡が出土し、三段階の変遷を経つつ中世を通じて集落が営まれ、寺院や墳墓が造られていたことが判明した。少なくとも十三世紀初頭に秋田城介が復活し、安達氏がこれに補任された時期と重なる形で、秋田城隣接地が再稼動し始めている[25]。これは安達氏が、その国家的任務である蝦夷沙汰を執行するため、秋田城隣接地のどこかに拠点を置いた可能性を暗示する。秋田城周辺は旧雄物川（現在は埋め立てられ、国道七号線になっている）[26]の河口にあった。安達氏最後の秋田城介安達高景が、鎌倉幕府滅亡後、名越高如と共に反乱を起こした際、秋田城今湊を根拠地とした[27]ことも秋田城が存続していたこと、湊に面していたことを証する。

北条得宗家は、陸奥国津軽・外浜・糠部等の広大な惣地頭職を握り、いわゆる津軽安藤氏を蝦夷（北狄）沙汰代官に起用した。蝦夷（北狄）沙汰権とは、奥州地方および北海道のアイヌとの交易管轄権、日本海をはさんだオホーツク海沿岸のギリヤークなど諸民族との交易権・外交権を意味した。

一方、考古学の成果から、交易相手であるアイヌ民族の当時の状況を見ると、十二世紀～十三世紀には、青森県北部から北海道にかけての擦文文化と、北海道のオホーツク海沿岸のオホーツク文化が、両立しているが、やがて擦文文化優勢となる。擦文文化は、擦文式土器と金属製品を特徴とするが、前者は本州の影響をうけ、後者は日本社会との交易によって、流入したものである。一方、オホーツク文化は、中国の東北部からロシアの極東地域に展開した靺鞨文化や女真文化との関係が深い。オホーツク文化を担ったのは、ギリヤーク人であった。擦文文化の末期、津軽海峡以南の地に鎌倉幕府の権力が及ぶと、アイヌと本州社会との交易は質量ともに増加する。新たな日本社会は、その後のアイヌの文化や社会のあり方に、それ以前とは比較にならないほど、大きな影響を与えていく。日本社会からは、蕨手刀・大刀・鉄鍬先・鉄鎌・針・須恵器・米など、アイヌ社会からは、鷹・鷲の羽根・あざらし皮・干鮭・鹿皮などがもたらされた。また北海道のギリヤーク人は、これら日本産製品を大陸に持参して、青銅製装飾品・牙製の婦人像や熊像・骨角器・貂その他の毛皮と交換していた[28]。これらの交易の結果、十三世紀末、擦文文化とオホーツク文化はともに姿を消し、近世的なアイヌ文化に変容する。

文献史料は残っていないが、夷島《えぞがしま》との交易・貢納品の扱いや諸葛藤への対応、および湊での夷船・京船の管理・統制において、津軽安藤氏と共に、秋田城介がある程度の役割を果たしていたことは、推定できよう。

安達氏は子義景・孫泰盛と秋田城介に任じられ、城氏と呼ばれるようになる。後年、安達泰盛は高野山奥院に後嵯峨天皇の菩提を祈る石碑を建立した。その文に「秋田繁機之城務」のかたわら、寸陰を惜しんで学問に励んだことを嘉して、天皇から「三史（史記・漢書）・文選」を賜わったとある。これも秋田城介が空職でなかった傍証となろうか。この碑文を多賀宗隼氏は「或は泰盛自選か」と評される[29]。

しかし東北地方は鎌倉幕府にとって、関東と同じく特別行政地区であり、北条氏所領の分布密度が高かった[30]。その中で見ると、遠藤巖氏のいう安達氏関連の所領は散在しており、一部にすぎない。たとえば橘氏は嘉禎年間（一二三三～三八）に西国に移住し、その後小鹿島庄は得宗被官安藤氏の勢力下にあったと推定される。また代々の安達惣領は鎌倉に住み、秋田城隣接地には代官が派遣されていたのであろう。概観すると秋田城介安達氏の役割は、いわば北条氏の奥州支配の一環であって、あまりに高く評価することはできない。

建保元年（一二一三）の和田氏の乱後、同四年に景盛は和田義盛方であった土屋義清の地頭請所となっていた上総国武射北郷（現千葉県東金市・山武市）の地頭職を拝領している[31]。弟の大曾根時長が恩賞を受けているので、安達一族はこの乱で北条氏に与したと推定できる。

景盛は建保六年四月、従五位下に叙され、十月には順徳天皇皇子（後の仲恭天皇）誕生祝賀の使者として上洛した。承久元年（一二一九）正月二十八日、実朝の死により出家、大蓮房覚智（覚地）と号した。嘉禄二年（一二二六）には、実賢僧正から受法した(32)。

やがて高野山に入り、禅定院に止住していたが、三代将軍の菩提を弔うため、政子にすすめて、金剛三昧院を建てた。貞応二年頃完成(33)。初代長老に退耕行勇を推薦したのは、景盛であり、以後、長老職は、景盛が推薦し、幕府が任命した(34)。金剛三昧院の寺領は、高野山塔頭のなかで、もっとも多く、幕府の力を背景に、高野山内で隠然たる勢力を保ち、住侶数百人に及んだ。特に筑前国粥田庄（現福岡県宮若市・直方市）は、建久図田帳によると、六百八十町の規模をもち(35)、景盛が寄進をやめるよう忠告したが、政子が押し切って寄進したほどであり、当院本領と称せられた(36)。

建保元年（一二一三）頃、三井寺唐院の造営を御家人が分担したのであるが、築地などの工事がはかどらない。この件に関する書状に「藤九郎右衛門尉〈景盛〉ハ如当時者、雖為無沙汰、広博人候也、定様候歟」とある(37)。景盛は、ここのところ関係していないが、学識がひろく、全体を承知している人物だから、その力を借りようというのであろう。

出家しても政治には参画しており、承久の乱の時、有名な政子の言葉を居並ぶ御家人たちに告げたのは景盛であった。合戦では北条時房に属して戦った。

高野山が、元仁二年（一二二五）ころ、神護寺領桛田庄（現和歌山県伊都郡かつらぎ町）を侵犯しようとして相論になった時、高野山の僧証悟は、「城入道に付て、種々構申候」と非難されている。鎌倉幕府の重鎮である安達景盛が止住していることは、高野山にとって、力強い後盾であったろう(38)。

安達一族（鈴木）

また嘉禄二年（一二二六）八月、吉野金峯山の中心である蔵王堂が焼失し、理由はよく分からないが、吉野と高野山との相論になった。朝廷は、両山の僧を召還した。高野山の僧は上洛して、八十余日在京したが、吉野側が出頭しないので、空しく帰山した。この間、高野入道景盛は、ただ一人、高野山に残留したという。高野山の相論の場合、必ず関与すべき景盛が出てこないのが、いぶかられたのであろう。(39)

景盛は、嘉禄三年七月始めから、十月末までかかって、空海の著と信じられていた「雑問答」を自身で書写し、八年後の文暦二年（一二三五）に移点を終えた。「雑問答」は一万八千字ある。(40)これは、景盛の仏教信仰の深さを示している。

また自分の所領を高野山に寄進もした。承久の乱の勲功賞として、与えられた河内国讃良庄（現大阪府四条畷市・大東市）の預所職兼地頭職(41)を、寛喜元年（一二二九）に、高野山禅定院護摩用途として、寄進した。(42)当庄は、元順徳上皇領であり、幕府が後高倉院に献じたが、それは、本家職であったろう。元領家は、河内国守護で、承久の乱の折、京方の主将の一人であった藤原秀康と考えられる。

明恵房高弁と景盛との関係については、承久の乱の後、京方の公家・武士およびその妻子が、多く栂尾に隠れたため、景盛が明恵を六波羅にいた泰時の元へ連行し、明恵が高僧であることを聞き知っていた泰時が驚いて上座に明恵を招じ、この件をきっかけにして、泰時も景盛も明恵に帰依したと伝える。しかし、このエピソードは、「明恵上人伝記」（以下「伝記」と略称）によるもので、「高山寺明恵上人行状」（以下「行状」と略称）にはない。「行状」の古い写本は施無畏寺蔵の二冊（中巻を欠く）のみであるが、漢文の同名の「行状」の写本があり、その奥書には、明恵の高弟喜海の和字の記録を本としたという。(43)一方、「伝記」は、喜海の作に仮託されているが、内容から、成立は南北朝頃まで下がると見られ、説話を多く含んでいる(44)。

明恵の「夢記」(45)承久二年（一二二〇）十一月二日条に「得関東尼公之消息哀傷、其夜夢云」とある。これは、政子の手紙と推定されるから、泰時は、政子から明恵の徳を聞き知っていたであろう。泰時は、承久の乱後、三年間、京にとどまったのだから、その間に明恵の教えを受けたと考えうる。「明恵上人歌集」(46)には、泰時と明恵二人の贈答歌が四回収められていて、二人の深い心の通い合いを物語る。明恵が重態になって、後事を覚厳に託した書状のなかに「関東御辺にも可令言上給候」とあるのも(47)、泰時を指すのであろう。

一方、景盛については、同じく「明恵上人歌集」に、明恵から贈られた歌一首、覚智が答えた歌二首が見られ(48)、上人の臨終には高野山から駆けつけている(49)から、明恵に帰依していたことは、確実である。しかし、それが、承久の乱の前からであるとはいえない(50)。

貞応元年（一二二二）～元仁元年（一二二四）頃、京方だった大内惟信の跡をうけて、摂津守護であった。

その娘（松下禅尼）は北条泰時の嫡子時氏の正妻となり、経時・時頼を生んだ。この二人が相次いで執権となったため、景盛は外祖父として権勢を誇るようになる。寛元四年（一二四六）三月、執権経時は弟時頼に執権職を譲り、閏四月に死没した（二十三歳）。これを機に、幕府内部で北条氏と比肩しうる唯一の勢力であった三浦一族と、安達氏との対立が表面化した。景盛は宝治元年（一二四七）、高野山から鎌倉に帰り、子義景・孫泰盛と密議をこらし、和平策をとる時頼をも巻き込んで、三浦氏を倒した（宝治の乱）。同乱後、安達氏は有力御家人の筆頭となった。景盛はふたたび高野山に戻り、同二年五月十八日、同山で死没した。

安達義景（承元四年～建長五年：一二一〇～一二五三）

義景は「売り家と唐様で書く三代目」ではなかった。通称は城太郎。義景の活動がはじめて史料上で確かめられるのは、安貞元年（一二二七）三月で（十八歳）、その後は将軍頼経出御の際の随兵や笠懸・犬追物・流鏑馬の射手にたびたび選ばれている。義景の「義」は、執権北条義時からの一字拝領であろう。優れた射手であったらしく、関東射手似絵にも入選している。正月の垸飯の諸役も勤めている。寛元二年（一二四四）六月、新将軍頼嗣の御行始は、義景の甘縄の邸であった。

なお貞永元年（一二三二）、義景は常陸国中郡庄（現茨城県桜川市・筑西市）の惣地頭職を得、それを子泰盛に伝えた(51)。中郡庄は弘安の大田文では田数三百八十二町余、嘉元の大田文では二百八十三町余の大庄である(52)。

嘉禎三年（一二三七）十一月二十九日、秋田城介に任じられる（二十八歳）(53)。暦仁元年（一二三八）正月、将軍頼経が上洛する際、出門のために、義景の甘縄邸に臨んだ。延応元年（一二三九）評定衆となる（三十歳）。仁治二年（一二四一）九月、幕府は武蔵国を開発することとし、義景の所領同国鶴見別荘をその本拠地と定め、十一月には、将軍頼経がそこに赴いた。鶴見郷（現神奈川県横浜市鶴見区）には父景盛の時代から安達氏に仕える鶴見平次がいた。交通の要衝であり、鎌倉街道の下道あるいは奥街道につながるポイントであった(54)。

同三年正月には幕府の使者として二階堂行義とともに上洛し(55)、邦仁親王（後の後嵯峨天皇）を四条天皇の後嗣とする幕府の意思の実現に成功した（三十三歳）。この時、途中から引き返して、「もし次の皇嗣がすでに決まっていた場合には」と泰時に尋ね、その問題を考えていなかった泰時は義景の深慮に感嘆したという(56)。

もっともこの時、前摂政九条道家や准三后西園寺公経など、朝廷の大勢は、順徳天皇の皇子忠成王の即位を当然としていたが、前内大臣土御門定通の妻が、泰時・重時（当時の六波羅探題）の姉妹であったため、定通は曾孫にあたる土御門天皇の皇子邦仁王の即位を願い、幕府に働きかけていたとの噂があり、朝廷も一枚岩ではなかった[57]。しかし、「皇代暦」に「関東両使城介義景・前出羽守行義、参上禅閤（前摂政九条道家）、義景自路次指分其勢、令候土御門殿承明門院（邦仁王の祖母）」[58]とあるのは、幕府が直接皇位決定を土御門皇子に伝えたことを語るものであって、幕府自ら皇位決定権者として行動したと見るべき可能性が強い[59]。

甥にあたる北条経時・時頼の兄弟が相次いで執権に就任すると、伯父として幕政の枢機にあずかった。寛元四年三月、時頼の執権就任直後から、その邸でしばしば開いた「深秘の沙汰（後の寄合）」にも北条（金沢）実時や北条政村らと出席している。前将軍頼経の京都送還も寄合で決まった。同年五月に北条（名越）光時らが前将軍頼経を擁して時頼打倒を謀った宮騒動は、機先を制した時頼の勝利に終わるが、この時、義景は光時方の鎮圧に当たっている。宝治の乱については上述した。乱の直後、時頼とはかって六波羅探題の北条重時を連署に迎えることとし、重時にその旨を伝えたのは義景であった。建長四年（一二五二）四月、五番引付頭人に任ぜられた（四十三歳）。しかし建長五年五月、病気になる。病状は脚気と喘息で食事も摂れなかったという。そのため出家、法名願智。高野山に入る。同年六月三日、四十四歳で死去。義景には八人の男子があり、評定衆に三名、引付衆に三名が任命され、一門は繁栄した。

義景の四人の娘の一人が北条時宗に嫁いでいるほか、各々有力者に嫁しており、末娘が幕府の重鎮北条朝直の妻の一人となっていることが、石井進氏によって指摘されている[60]。

二　安達一族

安達頼景（寛喜元年～正応五年：一二二九～一二九二）

泰盛の庶兄。通称城次郎。関戸を称する。武蔵国多摩郡関戸村（現東京都多摩市）を与えられ、名字の地とするか。「吾妻鏡」では仁治二年（一二四一）正月、笠懸の射手として見えるのが最初である（十三歳）。頼景の「頼」は北条時頼から与えられたのかも知れない。以後、四十七カ所の所見がある。多くは供奉関係である。供奉人の序列を見るとなかなかに重んじられている。建長四年（一二五二）宗尊親王が鎌倉に下ったとき、無事に到着したことを京に知らせる使者となっている。建長五年、引付衆、正嘉元年（一二五七）丹後守となる。頼景は泰盛の二歳上の庶子で、弘長三年（一二六三）から後藤基政（歌人で、「東撰和歌六帖」の選者）とともに、六波羅詰めを命じられた。引付の経験がある者が京都に派遣されたのは、これが最初であり、表面上は六波羅探題の訴訟機関整備のためというが、それ以外の政治的配慮が伏在していたのかも知れない[61]。北条時輔が六波羅南方に任じられる一年前である。文永九年（一二七二）の二月騒動で、時輔が討たれると[62]、頼景は、京都から鎌倉に下るよう命じられ、二カ所の所領を没収されて閉塞した（「関東評定衆伝」弘長三年条）。時輔は時宗の庶長子であり、頼景と泰盛の関係に似る。二月騒動に連座したのは反泰盛的であったことを意味し、霜月騒動で、頼景とその子が生きのびたのは当然である。

安達景村（生没年未詳）

泰盛の兄。通称城三郎。大室と称する。上越国境、谷川岳の南東に広がる上野国勢田郡大室庄（現群馬県前橋市）が安達家の所領で、名字の地である。「吾妻鏡」には、建長二年八月から正嘉二年（一二五八）六月まで九回見える。ほとんど供奉関係で、引付衆になっていない。男子が二人あり、太郎左衛門尉泰宗と、三郎次郎義宗である[63]。二人とも「吾妻鏡」には見えず、義宗は霜月騒動で死亡した。孫娘（泰宗娘）は、北条貞時の妾となり、高時を生んだ。彼女は大方殿と呼ばれ、永仁元年（一二九六）五月以前に三河国碧海庄上青野郷（現愛知県岡崎市）の地頭職を持っていた。[64] また常陸国北郡（現在地不詳）をも持つ。大方殿は、日元貿易にも出資していた。[65] 自身の公文所もあり、のちには金沢貞顕の執権就任に反対するほどの権勢を持っていた。

安達時盛（仁治二年～弘安八年：一二四一～一二八五）

泰盛の弟。通称は城四郎、城四郎左衛門尉。「吾妻鏡」には三十四回見え、ほとんど供奉の記事で、それも泰盛といっしょに供奉していることが多い。妻は二階堂行義の娘。廂衆・昼番衆を勤め、射芸・蹴鞠に巧みであり、犬追物・御鞠奉行をしている。ことに詠歌に優れていた（後述）。書もよくし、昼番衆決定の清書をしている。時盛の「時」は北条時頼の「時」によるか。弘長三年（一二六三）時頼の死により出家、法名道洪。[供]「外記日記」によると、文永三年七月、将軍宗尊親王が廃された件に関し、二階堂行忠とともに上洛。[66] 文永四年には評定衆となる。ところが建治二年（一二七六）二月、ひそかに遁世。所領は没収され、泰盛兄弟は時盛を義絶して、縁を切った。翌年の連署北条義政の出家と関係があるのかも知れない。本郷和人氏は平頼綱派の攻撃によると推定される。兄弟の義絶は時盛が得宗家の当主、時宗の勘気を受けた可能性を考えさせる。弘安八年（一二八五）、高野山において死亡（四十五歳）。子息時長は霜月騒動の折、自害している。

安達重景（?～弘安八年：?～一二八五）

城五郎、城五郎左衛門尉が通称。建長四年四月を初見として弘長元年八月まで「吾妻鏡」に十二カ所見える。格子番・廂衆。ほかはほとんど供奉の記事である。出家した（他の兄弟と同じく、弘安七年四月の時宗の死に殉じたものか）。霜月騒動で常陸において、自害した。

安達顕盛（寛元三年～弘安三年：一二四五～一二八〇）

泰盛の弟。母は飛鳥井雅経の娘城尼。北条政村の娘を妻としており、泰盛に次ぐ地位にあったと見られる。通称は城六郎、城六郎兵衛尉、城六郎左衛門尉。「吾妻鏡」には三十三回見える。文永六年、引付衆となる。同八年左衛門尉、同十一年三月、加賀守に任じられ、弘安二年以前に加賀守を辞する。弘安元年三月十六日、評定衆となり(67)、同三年二月、三十六歳で死没。「尊卑分脈」は三十歳とする。子息宗顕は霜月騒動のとき殺されたが、孫の時顕は、安達氏の復権を果たし、安達家の家督は顕盛の一流に引き継がれた。

安達長景（?～弘安八年：?～一二八五）

城弥九郎、城九郎が通称であるが、泰盛の通称が九郎であるから、正しくは弥九郎である。母は顕盛と同じ。「吾妻鏡」に二十一回見える。文永十一年八月、前将軍宗尊親王の病気見舞に上洛する(68)。妻は二階堂行忠の娘である。建治元年、竹崎季長が安達泰盛から、とくに馬を与えられるとき、弟の長景は同席していた(69)。弘安元年十一月、左衛門少尉、引付衆となり、同二年三月美濃守となる。この頃、比叡山の衆徒、日吉・祇園社の神人が、神輿、神木をかついで入京し、六波羅の武士と合戦になり、朝廷は、各々の寺社に荘園などを寄進して、事態を収拾し、防いだ武士が罰せられるということが、繰り返されていた。弘安六年七月一日、長景は舅の二階堂行忠とともに上京し、蒙古が今年秋、来襲するとの噂があり、武士一人でも大切な時期であるから、武士が防がなかったからといっての処罰は止めて欲しいとの幕府の意向を伝えた(70)。

同七年四月、時宗の死に殉じて出家。法名智海。霜月の乱に巻き込まれて死亡。

安達時景（?～弘安八年：?～一二八五）

通称城十郎、十郎判官。母は顕盛と同じ。「吾妻鏡」に五回見える。弘安五年十一月、引付に加えられる。同七年四月、同じく時宗の死により出家、法名智玄。霜月騒動で自害。武蔵国古尾谷荘（現埼玉県川越市古谷本郷）の預所と地頭職を兼任していた(71)。

弘義阿闍梨（寛喜三年～？：一二三一～？）

正嘉元年（一二五七）に二十七歳で、泰盛と同年であるから、異母兄弟であろう。醍醐寺に入っていた(72)。

最近、秋山哲雄氏は、東国御家人は、完全に都市領主化したのではなく、一族間分業として、鎌倉、在地所領あるいは京都での活動を続けていたことを立証された(73)。

これを安達一族に適用してみると、安達氏は有力御家人であるから、多勢が鎌倉に住み、幕府儀礼に参加することを期待されていた。泰盛の七人の兄弟のなかで、次郎頼景（名字の地が、武蔵国多摩郡関戸であるから、領地に戻っていても、召集されやすかったろう）、四郎時盛、六郎顕盛は、「吾妻鏡」に現れる回数が多く、鎌倉在住と考えうる。三郎景村は、上野国大室庄に在国、五郎重景は、常陸国のどこかの領主だったらしく、同じく在国、九郎長景、十郎時景も在地領主であったが、弘安年間、相次いで引付衆に登用されてから、鎌倉にいるようになったと考えられよう。

大曾根時長（生没年未詳）

時長について「吾妻鏡」は六回しか載せず、安達とも大曾根とも時長とも述べず、「尊卑分脈」によって知られることが多い。盛長の次男、母は景盛と同じく丹後内侍。「吾妻鏡」の初見は建久元年（一一九〇）正月で、九郎藤次（藤九郎盛長の子次郎の意味）が、飛脚として上洛している。その任務は重く、鷲羽一櫃を後白河法皇に年賀として贈ることであった。「去年可被進之処、自奥州遅到云々」という。前年の文治五年七月から奥州合戦が始まっており、同年十二月、頼朝は法皇からの藤原泰衡追討の賞を辞退し、代わりに陸奥・出羽二国の管掌を願っている。

この方針のもと、盛長には陸奥国安達庄、弟時長には出羽国村山郡大曾根庄が与えられたと推定される。時長が運んだ鷲羽は奥州一向管領の象徴であった。大曾根庄は十二世紀前半、摂関家領であり、奥州藤原氏が管理していた。仁平三年（一一五三）、本家の左大臣藤原頼長が年貢増徴を要求したときに、藤原基衡は大曾根庄分として、水豹皮《あざらし》五枚を提供している。[74] 山形県内陸部の大曾根庄で海豹がとれるはずはない。十二世紀から蝦夷地との交易が行われていたのである。建暦三年（一二一三）五月、和田氏の乱の恩賞として、武蔵国長井庄（現埼玉県熊谷市）を与えられた。長井庄には利根川の渡しがあり、武蔵から上野への交通の重要拠点であった。

その後、時長の昇進はめざましく、評定衆となり（「尊卑分脈」、「関東評定衆伝」には見えない）、「吾妻鏡」終見の建保元年（一二一三）九月には、幕府の駒御覧に殿上人二人に混じって瓦毛（黄白間色）の馬一疋を賜っている。

旧大曾根庄の柏倉明源寺（現山形市柏倉）には、治承二年（一一七八）に安達盛長が山寺立石寺で源氏再興を祈り、当地に一宇を建て、毘沙門山真妙寺と称したとの寺伝がある。真妙寺はのちに本沢に移り、境内には毘沙門堂と守護寺柏蔵院が残ったという。寺伝は信じられないが、大曾根氏は、安達盛長を始祖と仰いでおり、毘沙門堂は代々の氏寺だったのであろう。

大曾根長泰（建暦元年～弘長二年：一二一一～一二六二）

時長の長男。長泰以下は明らかに大曾根を名乗る。通称は太郎兵衛尉、太郎左衛門尉など。「吾妻鏡」に出る回数も増え七十五回に及ぶ。供奉人、垸飯列席、馬牽役などが多かったが、なかなかの切れものであったのであろう、宝治元年（一二四七）八月十七日、徳政の興行と後嵯峨上皇への二庄の献上について、朝廷に申し入れを行う使者として、二階堂行泰とともに、兵四、五百騎を率いて上洛している。[75]

建長元年（一二四九）、引付に加えられ（三十八歳）、死亡するまで引付衆であったが、評定衆には任命されなかった。建長六年十月、上総介となり、正嘉二年（一二五八）に辞して上総前司となる。大曾根氏では、長泰、長経、宗長、長顕がそれぞれ他氏を間にはさみながら任官している。上総介はそれ自体、上総国の実効支配を伴うものではなかった。こうした例はあまり見られないが、北条氏の相模守・武蔵守や安達氏の出羽介（城介）、中原氏の摂津守などがある（菊池紳一「房総三か国の国司について――鎌倉時代を中心に――」（『千葉県史研究』一一　二〇〇三年）。弘長二年（一二六二）八月、五十二歳で死亡した(76)。

大曾根盛経（生没年未詳）

時長の次男で長泰の弟。通称は大曾根次郎兵衛尉、大曾根次郎左衛門尉。「吾妻鏡」に嘉禎二年（一二三六）から弘長元年まで三十一回見えるが、記事の内容は兄長泰と同じで、二人いっしょに出ることも多い。弘長元年九月、盛経の家が焼けたとの記事がある。引付に加えられなかった。なお盛経の娘は「尊卑分脈」には「稲毛禅尼」とある。稲毛は、武蔵国で、安達義景のところで上述した鶴見郷（現神奈川県川崎市）に近い。

大曾根長経（貞永元年～弘安元年：一二三二～一二七八）

長泰の長男。通称は太郎左衛門尉、上総太郎左衛門尉。「吾妻鏡」には建長三年（二十歳）から弘長元年まで二十七回出る。建治二年（一二七六）二月、上総介に補任された（四十五歳）。文永六年に引付衆となり、弘安元年六月、四十七歳で死亡するまで引付に属し、上総介であった。

大曾根宗長（?～弘安八年：?～一二八五）

長経の子で、弘安七年十二月、上総介に任ぜられた。弘安六年六月、引付衆となったが、霜月騒動で自害した。

大曾根義泰（生没年未詳）

長泰の子。長経の弟。三郎左衛門を称するが、次男である。通称は大曾根上総三郎、大曾根上総三郎右（左）衛門尉。上総とはこの場合「上総介の子」の意味である。「吾妻鏡」には正嘉元年から弘長元年まで十六回出る。廂御所番・格子上下番を勤めたのち、弘安七年、引付衆となる。その時、すでに出家していて法名は覚然である。霜月騒動で死亡した。

大曾根景実（生没年未詳）

長泰の四男。通称は上総四郎。「尊卑分脈」には四郎左衛門尉とある。「吾妻鏡」の弘長元年条に三回見える。

大曾根長頼（生没年未詳）

「尊卑分脈」「系図算要」によれば、盛経の子。通称は左衛門太郎・太郎左衛門尉。「吾妻鏡」には建長四年から弘長三年まで二十五回出る。

その他、大曾根氏には義泰の子の盛光と景泰、嫡流宗長（大曾根時長の曾孫）の子長顕・長義など一族は多いが、史料がない。ただ宗長の長男の長顕は、安達氏復権後、上総介に任官し、北条氏滅亡に殉じたことが「尊卑分脈」によって分かる。

なお秋山哲雄氏のいう一族間の分業体制については、大曾根氏の場合、はっきりしない。

三　安達一族と和歌

安達一族は、当時の武士一般と同じく、京文化にあこがれ、和歌を詠んだ。二代景盛と明恵上人との和歌の贈答については、上述した。三代目の義景は、勅撰和歌集中の「玉葉和歌集」(77)（以下、紙幅の都合で「玉葉集」のように記す。）に一首を残す。義景の妻の一人は飛鳥井雅経（蹴鞠の家を形成し、かつ「新古今集」の撰者の一人）の娘であって、兄弟教雅・教定の二人のうち、関東に下った教定が蹴鞠の家を継承するのを支えた。その関係もあってか、子どもたちにも詠歌が多い。

頼景が「続古今集」「続拾遺集」「玉葉集」「続千載集」に各一首、私撰集の「閑月集」(78)二首の計六首。

時盛が勅撰和歌集の「続拾遺集」四首、「新後撰集」五首、「玉葉集」一首、「続千載集」二首、「続後拾遺集」三首、「新千載集」二首、「新後拾遺集」一首の計十八首、私撰集・歌合では「弘長元年七月七日宗尊親王家百五十番歌合」(79)に十首、「夫木抄」(80)に一首、合計二十九首の多くを残す。歌書の収集にも努めていた。(81)時盛が文永十一年（一二七四）、使節として上洛するとき、餞別のため、関東の好士十二名の自讃歌三十首による百八十番の歌合が行われ、御子左派の総帥二条為家が隠名判を加えたという。(82)

顕盛は「玉葉集」一首、「続千載集」二首、「弘長元年七月七日宗尊親王家百五十番歌合」に十首（顕盛は当時十七歳）、うち重複歌一首を除き、合計十二首、長景は「続拾遺集」二首のほか、私家集「長景集」(83)百六十九首、合計百七十二首を残す。鎌倉武士は多く私家集を編んだであろうが、残存するのは、宇都宮朝業の「信生法師集」、北条時広の「時広集」、それにこの「長景集」のみである。藤原為氏家での詠歌が多いのは、為氏が正元元年（一二五九）宇都宮に下向して、「新和歌集」を編んだ頃なのであろうか。時景は「続拾遺集」一首である。

安達氏らの和歌は、すべて京歌壇の影響下にあって、類型的である。一首を掲げる。

検非違使になりてよみ侍りける　　藤原長景

「続拾遺集」雑上　一一六四

うれしさも涙なりけり我が袖は　うき時ばかりぬるるものかは

泰盛の和歌は一首も残っていない。泰盛は京文化に深くなじんだ学識深い人であったのに。この原因は、

①泰盛が後嵯峨上皇から「二史（史記・漢書）・文選」を賜わるように、漢学にかたむいていたこと。

②時盛・顕盛のように、宗尊親王に和歌を通じて親しむことを、苦々しく思っていた（言うまでもなく、宗尊親王は反得宗派の中核にされていた）。

と考えられる。

四　安達泰盛とその政策

1　安達泰盛の成育歴

泰盛は優れた三代の父祖にもまさって、政治的資質と文武の才に恵まれていた。通称は城九郎、曾祖父盛長の九郎にあやかったのであろう。寛喜三年（一二三一）生。母は小笠原時長の娘。時長は安達氏歴代の地盤である上野国に近い信濃国佐久郡伴野庄（現長野県佐久市付近）の地頭である。同庄は中世信濃では、最も広大・肥沃な水田地帯であり、建武二年には八千貫余という他庄とは桁違いの年貢高を誇る。(84) 正妻は北条重時の娘である。最近紹介された「入来院家本平氏系図」には、次のように記す。(85)

重時——女　号藤岡
　　　　泰盛妻離別
　　　　時村同離別即出家

最初の夫を霜月騒動で失い、次の夫も嘉元の乱で殺された女性である。

泰盛の公職面での履歴は、十四歳で、寛元二年（一二四四）六月、上野国役であった京都大番役の番頭を勤めたのが、最初である。上野守護父義景の名代であり、すでに安達氏の惣領後継者に擬せられていた。建長五年（一二五三）十二月、引付衆となり、同六年十二月、秋田城介に任じられる（二十四歳）。康元元年（一二五六）四月、五番引付頭人となり、同年六月、評定衆に加えられる（二十六歳）。以後、弘長二年（一二六二）六月、引付が三番に縮小された時、引付頭人を辞めたが、文永元年（一二六四）六月、三番引付頭人に復活、弘安七年（一二八四）、時宗の死により出家するまで、評定衆兼引付頭人を勤め続けた。泰盛は一貫して幕府の訴訟に携わっていた。弘長二年（一二六二）の引付編成替以後、北条氏以外で引付頭人を務めたのは、彼ひとりである。文永元年十月、北条実時とともに越訴奉行となる。越訴とは鎌倉幕府の訴訟法で、敗訴人が判決が誤っていると言って、再度訴訟を起こすことをいった。文永四年四月に同職が廃止されるまで勤めた。寄合にも有力な構成員として出席し、とくに文永三年六月二十日には得宗時宗、北条政村、北条実時と泰盛の四人だけで、宗尊親王廃立を密議した。泰盛が二十二歳年下の妹を養女として時宗に嫁がせたことが、権力の根幹であった。建治三年十二月、時宗の嫡子貞時が七歳で元服したとき、外祖父泰盛は烏帽子を持参する役をつとめた(86)。

騎射に優れ、幕府の儀式の射手にたびたび選ばれている。馬の名手であったのだが、「徒然草」一八五段に見える逸話は、厩から引き出す馬が足をそろえて厩の入り口の敷居をゆらりと越えると、泰盛は「気の立っている馬だ」と言って乗らず、足を伸ばしたままで敷居に蹴り当てると、「にぶい馬だ」と言って乗らなかったというのであって、荒馬を乗りこなしたという程の話ではない。泰盛の観察眼の鋭さと、慎重さは、政治家としても発揮された。

また書道にたけ、日蓮は「此仰は城殿（泰盛）の御計なり、城殿と大がく殿は知音にてをはし候、其故は大がく殿は坂東第一の御てかき、城殿は御てをこのまるゝ人なり」[87]と述べている。大学三郎は、日蓮の鎌倉での檀越であり、入信が古く、教団の重鎮であった。泰盛は宝治二年（一二四八）九月には十八歳で「番帳并御文清書」役の一人に選ばれた。また公家書道を代表する世尊寺家の世尊寺経朝が鎌倉に下向した時、「心底抄」「右筆条々」の二書を贈られている[88]。御鞠奉行でもあった。泰盛は武術に優れるだけでなく、文化的素養も身につけた武士であった。

後嵯峨上皇から「二史（史記・漢書）」と「文選」を賜わった。文永十年、後嵯峨上皇一周忌に当たり、泰盛は高野山奥院に五輪卒塔婆を建て、上皇から上記の書を賜わった旨を刻んだ（上述）。

弘安二年（一二七九）には関白鷹司兼平に馬二匹、剣一腰、砂金五十両を贈っている[89]。

泰盛の娘について。娘は北条（金沢）顕時の妻となった。彼女は、無学祖元に釈迦像と楞厳経を頼んだと言う[90]。祖元の来日は弘安二年で、同九年には没しているから、弘安三年から、霜月騒動の間のことと推定できる。さらにこの記事は、「仏光国師語録」で、弘安八年の達磨忌上堂（十月五日）の三つあと、冬至小参（十一月十八日か）の二つ前にあるので、十一月十七日に起こる霜月騒動の直前かと考えうる。無外如大または無着と号し、京都松木嶋の地に資寿院を創建した。無外如大の娘は、足利貞氏の妻となり、「釈迦堂殿」または、同じく無着と呼ばれた[91]。

2　安達泰盛と仏教

泰盛が学び、かつ保護したのは、真言密教と臨済宗であった。当時の真言宗は、密教化しており、教義の差ではなく、法流により、野沢《やたく》根本十二流（小野流六派、広沢六派）に分かれていた。法流によるのであるから、複数の派から伝法灌頂を受けることができる。当時、東大寺は真言化、密教化していて、戒壇院流も関東に教線を延ばしていた。

以下、泰盛と真言宗各派および臨済宗との関係を、断片的ながら拾い集める。なお仏教に関する叙述は、ほとんど福島金治氏の業績に導かれたものである。

○真言宗醍醐寺三宝院流（小野流の中心）

弘安三年には、鎌倉に下った三宝院流の実勝から灌頂を受け、沙金六十両[92]・馬二匹その他という莫大な施物を贈っている[93]。馬と砂金に、秋田城介として出羽国を支配する泰盛の姿を見ることは、たやすい。

○真言宗高野山流

将軍実朝の未亡人（坊門信清の娘）は、実朝の菩提のために建立した京都の遍照心院に宛てた置文に、寺の維持を泰盛に委嘱したことを記している[94]。遍照心院の開山長老廻心房真空（元久元年～文永五年：一二〇四～六八）は、かつては安達氏と関係の深い高野山金剛三昧院の第五世長老であり、晩年の文永四年（一二六七）には、六十四歳の高齢で安達泰盛に招かれて鎌倉甘縄にあった安達氏の氏寺・無量寿院の長老となった。真空を実朝の未亡人に推薦したのも、おそらくは泰盛であったろう[95]。泰盛が、祖父景盛以来縁のある高野山から高野版を興していたことが思いあわされる。

密教では、聖経を神聖視して、秘蔵する傾向があった。しかし、東大寺・西大寺で、建長頃（一二四九～五六）に開版が始まり、時を同じくして、高野山でも出版事業が始まった。活字はまだ発明されていないから、版木を彫る。高野版の嚆矢は、判明する限りでは、建長三年（一二五一）の「即身成仏義」であった。泰盛の資金援助で行ったことが刊記で分かる仏典は、次の通りである。

●「御請来目録」

建治三年丁丑七月廿八日於金剛峯寺信芸書　為続三宝慧命於三会之出世　広施差利益於一切衆生是則守大師遺戒兪令遂小臣之心願謹以開（マヽ）開印版矣

建治三年丁丑八月　日

従五位上行秋田城介藤原朝臣泰盛

（以下、識語と署名ほぼ同じ。省略する）

●「大日経疏《だいにちきょうしょ》」廿帖

弘安二年己卯四月　日

●「金剛頂瑜伽経」三帖

弘安二年己卯十二月　日

●「供養次第法疏」二帖

弘安三年庚辰七月　日

●「不思議疏」二巻

弘安三年庚辰七月　日

●「大毘盧遮那経供養次第法疏」二帖

弘安三年庚辰七月　日

●「蘇悉羯羅《そしつじから》経」三巻

弘安三年庚辰八月　日

●「悉曇字記」一帖

弘安三年庚辰《かのえたつ》十一月　日

このうち、大日、金剛頂、蘇悉羯羅は、「真言三部経」といわれる真言宗の根本聖典であって、泰盛が深く真言宗を理解していたことを示す。これらの版木は、注文に応じて、印刷費をとって販売もされた。文応元年（一二六〇）、正安二年（一三〇〇）、元応二年（一三二〇）の「版木目録」、ならびに「摺写価値目録」があって、鎌倉後期における高野版の版木の種類と各版本別の摺賃が分かる。(96)

○仁和寺御流（広沢六流のうち）

泰盛は、関東での仁和寺法流の保護者であった。仁和寺の第十代法助（開田准后、九条道家の子）は、頼助（北条経時の子、経時が二十三歳で早世したため、時頼の計らいで、僧となった）への手紙で、次のように述べる。(97)

九代道深法親王が死去の後、西園寺実氏らが仁和寺に凶害を加えようとしたので、安達義景を通じて北条時頼に訴え、事なきを得た。頼助は北条氏でただ一人の僧侶であり、時宗の配慮で私の門弟になったのだから、関東護持に勤めよ。伝法、書籍・霊宝・道具の管理などは、泰盛に相談して進めるように。

関東に伝えられた仁和寺御流の重書は、一時安達泰盛に預けられたのである。(98)

また弘安七年（一二八四）秋、観助（宗尊親王とともに鎌倉に来た廷臣、土御門顕方の孫）が頼助の師にあたる開田准后法助からの伝法を望んで、上洛しようとし、安達泰盛に相談していたところ、同年十一月に開田准后が没してしまった。この上は鎌倉で灌頂を受けるしかないと、翌八年四月、鶴岡八幡宮の別当坊で仁和寺の権大僧都□高□から、観助の灌頂が行われた。(99)泰盛は法会の儀式の相談役ともなっており、実質的なパトロンとみられる。(100)儀式に参列した公卿は、源家以来の将軍に連なる縁の人々が多く、当時の執権貞時の周辺の人はみえない。

○仁和寺西院流

「鎌倉鷲峰法流伝来記」(101)は、鎌倉二階堂覚円寺における真言法流伝来の委細を記したものであるが、次の記事がある。

（上略）宏教老後依御室召令上洛間、自筆重書誂城禅閤、置甘縄無量寿院（今ノ万寿寺是ナリ）依長途労無幾獲麟、然間聖教等不測当寺（覚苑寺）長老法爾（律宗派ニ云、法爾房ハ戒光寺ノ第二世浄因上人ノ弟子云々）管領、後城別駕夌（ーハ歿歟腐気也）亡時、法爾（覚苑寺ノ住）長老又令逐電、（下略）

〔送り仮名省略、（　）内の割書は、高慈の注である。高慈は、書写者の一人で、延亨四年〈一七四七〉以前の人〕

すなわち泰盛は仁和寺西院流の聖教も一時、甘縄無量寿院に置き、管理していたのである。法爾は、泰盛の護持僧であり、「西院流伝法灌頂相承血脈鈔」では、二十二代能禅から付法を受けた覚仁である。(102)

安達氏は曾祖父盛長以来、甘縄に邸を構えていたが、佐介ケ谷の松谷《まつがやつ》にも泰盛の別荘があり、付近にあった松谷寺は、安達氏が外護していたと思われる。霜月騒動の時、泰盛が午前中までいたという「松か上」もこの別荘であろう。松谷寺は山号を松谷山、寺号を正法蔵寺という。(103)東大寺戒壇院の円照門下の東国での拡大拠点であり、同時に西院流の重要拠点であった。寺領としては、伊豆国馬宮庄（現静岡県田方郡函南町一帯）上方地頭職が判明している。(104)松谷寺は松室房とも呼ばれたらしい。(105)安達義景邸を寺院にした無量寿院とは、丘一つをへだてた位置にあり、一九三九年の調査では、短いトンネルで接続していた。松谷正法蔵寺では、嘉暦四年（一三二九）・元弘四年（一三三四）に、素慶が「大般若経」を出版しており、また、年次は不明ながら、鎌倉期に「一切経」を刊行したことが分かる。

○臨済宗

臨済宗の東巌恵安（嘉禄元年～建治三年：一二二五～一二七七）が、延暦寺衆徒に迫害されて、鎌倉に来たとき、泰盛はこれに帰依し、執事玉村に命じて鎌倉和賀江に聖海寺を建て、東巌恵安を開山とした(106)。

以上、通観すると、泰盛と仏教との関係は、厚い信仰心というより、教義を深く学んだという印象を受ける。目立つのは、泰盛が天台宗にあまり親しまなかったことである。幕府は天台宗山門派との関係は薄く、鎌倉仏教界の頂点に立つ鶴岡八幡宮寺別当の地位は、初代に皇族出身の円暁を迎えて以来、五代まで寺門派が続いたあと、真言宗東寺派の定豪が就任、以後この両派が独占した。山門派も頼朝が創建した勝長寿院別当を継承し、日光山（現栃木県日光市）の別当を兼務していたのである。しかし、泰盛はこの両派と師檀関係に入らなかった。

3　安達泰盛と学問

泰盛は南家儒学にも親しんでいた。九条家本「文選」巻二十三には、弘安三年（一二八〇）九月十八日に、前式部少輔藤原諸範《もろのり》が秋田城務（安達泰盛）に南家秘説を授けたとある。当時の鎌倉では、藤原南家が、関東伺候の儒者として認められていた。建長四年（一二五二）四月、宗尊親王が将軍として鎌倉に入ると、翌年、後嵯峨上皇は、藤原（南家）茂範に将軍侍読として鎌倉に下向するよう命じた。茂範は文応元年（一二六〇）五月、松下禅尼が施主となって行った安達義景三回忌の願文を起草している。

しかし茂範は鎌倉に十二年間しか滞在せず、文永元年（一二六四）には、京都に戻った。その嫡子広範は、父在任中から鎌倉にいて、正嘉元年（一二五七）には鎌倉大慈寺供養願文を書いている。広範は京と鎌倉を度々往復しており、文永九年七月以前には、帰京した。継承したのは、茂範の弟、諸範であった。永井晋氏は「尊卑分脈」二―四七

○頁の官職傍注から、諸範が改名して相範《すけのり》となったと推定される。(107) 相範は霜月騒動で、泰盛方として殺された。

儒学への傾倒は泰盛が親しかった北条実時と共通するが、同時に泰盛は当時、北条政村をリーダーとする日本古典と和歌への関心を持つグループにも属していた。弘安五年以後、京都から「源氏抄」を入手しようとした書状が残っている。(108) ただし上述したように、歌会に参加した記録は残っていない。

泰盛は当代一流の知識人であった。知識人は政治家たりうる。しかし教養は、革新的政策を打ち出すのには、むしろ障害になるのではあるまいか。まして、蒙古襲来に対し、独創的な軍事指揮官であることは、難いのではなかったか。

4　安達泰盛の政策

二回の蒙古襲来の折、泰盛は北条時宗を補佐していたのであるが、泰盛の対蒙古認識は、時代の制約を免れていない。高麗使藩阜が文永五年（一二六八）、蒙古国書を携えて、大宰府に到着してから、泰盛の死——弘安八年（一二八五）にいたるまで、蒙古の脅威は、鎌倉幕府最大の問題であった。幕府には国際問題に対する現実的理解がなかった。それは文永八年に届いた三別抄からの救援を求める書状を朝廷同様、幕府も理解できなかった点に端的に現れている。蒙古からの度重なる牒状・牒使への態度も、当初は緩慢であり、のちにはあまりに武断的である。

貞応二年（一二二三）から安貞元年（一二二七）にかけて、対馬・壱岐・松浦党の武士は、たびたび高麗を侵攻していた。幕府首脳は、松浦党の武士、あるいは大陸を往来する商人、禅僧から、大陸の激動、高麗の惨状、蒙古軍の戦法についての情報を得られたはずである。文永十一年の第一次日本侵攻までに幕府のしたことは、

①九州に所領をもつ東国御家人に現地に赴くよう命令すること。

②鎮西御家人の相伝地と質券売買地を把握して、大田文を作成させ、蒙古との合戦費用を臨時御公事として割り当てること。

であった。しかもこの二つは実行が遅れ、文永の合戦を戦った人々は、ほとんど鎮西の御家人であった。また蒙古軍の集団戦法についての情報はまったくなかった。

①蒙古軍は太鼓・どらを合図とする集団戦法である。小集団で一騎討ちの功名をめざして駆け入る武士は取り籠められて討たれる。

②馬を射てはならないという鎌倉武士の不文律は通じない。

③蒙古の矢は毒矢で、矢の力は日本の鎧では防げない。

④蒙古の「てっぽう」と呼ばれる武器は、殺傷力はないが、馬を驚かす。

などについて、事前の知識がなかったから、日本軍は一日で大宰府まで退却を余儀なくされた。なお戦闘は四、五日続いたとする見解がある(109)。

蒙古軍が、この戦いを威力偵察として撤退したのは僥倖であった。

泰盛は北条政村、北条実時、御内人平頼綱・諏訪盛綱らとともに、時宗を補佐していたのであって、上記の幕府の蒙古対策の欠陥に一半の責任がある。泰盛も時代の子であり、それを超えてリアルな政策を打ち出す政治的・軍事的天才ではなかった。ただし第一次襲来の報を受けた幕府は、文永十一年十一月一日、鎌倉幕府史上の画期となるような法令を発した。それは各国守護に本所領家一円地の住人をも動員する権限を与えるものであった(110)。重大な措置であるにもかかわらず、朝廷の勅許を得る手続きをとった形跡がない。実際には、この法令が出た十一月一日より前に、九州では蒙古軍が撤退してしまっており、本所領家一円地の住人が実戦に臨むことはなかったのであるが。

弘安四年の第二次襲来においては、前回の経験によって博多湾岸に急遽築造された石築地が五十余日を持ちこたえたが、元軍が指揮者間の反目のため、一ヵ月を空費して、台風に遭うことがなく、また上陸地を変更していたら、やはり日本は蹂躙されていたであろう。この台風も僥倖であった。

また蒙古再度の来襲直後の弘安四年閏七月九日、幕府から朝廷に対して、

○諸社職掌人、警護本社、

○本所一円地庄官可向戦場事、可被　宣下之由、先日武家申行候歟、(111)

との申し入れが行われ、実行された。幕府は以後、異国警護のためには、本所領住人を徴発しうることとなった。この強行措置を主導したのは誰か明らかではないが、安達泰盛がその決定グループの一員であったことは、間違いない。

文永二年、高野山の覚斅《かくこう》が、参道の町石（一町＝百九メートルごとに目印の石を建てる）建立を思い立った時、泰盛はこれを援助し、みずから五基の町石を寄進した他、勧進に勧めた。町石の現在数は二百十六、建立当初のものが八十％を占め、施主・被供養者あわせて三百十名の名を読み取ることができる。(112)安達一族では弟頼景の子長宗が一基、時盛と顕盛が各一基、計八基である。

北条氏は松下禅尼（尼真行と表記されるが、被供養者から判断）三基、執権時宗三基、宗政二基、篤時一基、評定衆時基一基、義宗二基、時茂一基、義政一基、連署業時一基、政村二基、時広一基、時盛一基、盛房一基、頼助一基、計十四名、二十一基に及ぶ。評定衆である名越公時、大仏宣時、金沢顕時が寄進していないことが、注目される。

幕府文筆系職員の家系では、二階堂氏四基（うち評定衆は行忠・行有）、三善康有一基である。

霜月騒動で泰盛側とみなされた諸豪族をみると、評定衆の武藤景頼二基、景頼の妻である比丘尼蓮阿一基、同頼泰一基、泰盛の義兄弟で評定衆の長井（大江）時秀が二基、大江（海東）忠成が一基、大江広元の妹の孫重教の妻宝親が一基、下野守護であり評定衆の宇都宮景綱一基、同一族の塩屋泰朝が藤原（木村カ）長綱と連名で一基、常陸守護小田氏の支族田中知継一基。他の有力御家人では足利家時一基、小山時長一基、宗像氏業（宗像浄恵）一基、結城朝宏・広綱・秀村が各一基、河越経重一基。これらの氏族では町石寄進者に惣領が多く、霜月騒動での死者には庶子が多い傾向がある。

御内人平頼綱その人二基、さらに諏訪盛綱一基。霜月騒動で平頼綱側に加わった佐々木氏信が二基、同政義が一基。僧侶のうちで経歴が分かる者は、実宝《じっぽう》[113]、覚済《かくぜい》[114]、勝尊[115]、聖基《しょうき》[116]、勝信[117]。朝廷では、後嵯峨天皇をはじめとする公家（ただし藤原仲房、神祇伯資継などで、高位の者はいない）。「十方施主・十方檀那」というのは、侍身分以下の者であろうが、五基に過ぎない。以上から見ると町石寄進者の中核は、北条一門・幕府官僚・有力御家人・高位の僧であって、政治性の強い勧進である。なお町石の碑文の揮毫は、上述した世尊寺経朝と考えられる。

泰盛の五基のうち二基には「（上略）建以石面二基之支提、是即今歳之陽仲春之天、云関東、云洛陽、或十一日、或十五日、際交戦之場、致夭死之輩、答此善根、宜証菩提、于時文永九年晩夏五月（日カ）、仍経銘曰（下略）」と、同文が刻み込まれている。二月騒動は、十一日に名越時章・教時兄弟が殺され、ついで十五日、京都で時宗の異母兄時輔が討たれた事件で、反得宗派を平頼綱ら御内人が討ったが、時章を殺した御内人五人は首を刎ねられた[118]。

泰盛は二月騒動の死者、おそらく数十人のために、二基の町石を建てた。しかし二回の蒙古襲来による数千人以上の死者の影は、高野山には届いていないのである[119]。

高野山町石完成は弘安八年十月、発願から二十一年を経ていた。高野山の大塔で落慶供養が大規模に行われ、[120]全国から御家人が集まった。おそらく表では鎌倉幕府の総力を挙げて高野山を擁護し、興隆する作業だったはずなのに、現実には安達氏の権威を示す最後のセレモニーとなった。霜月騒動が一ヵ月後に起こったのは、偶然ではなく必然的であった。

泰盛は上野守護を父から受け継いだほか、文永九年から同十一年の間に肥後守護に任ぜられ、滅亡までその職にあったと思われる。弘安の役では、子盛宗を守護代として九州に派遣し、泰盛自身は御恩奉行として、鎌倉に止まり恩賞の沙汰に当たった。御恩奉行は形式上、将軍の主従制的支配権を代行していた。御恩の付与は評定を経ず直接将軍の認可を仰ぐシステムであった。建治三年（一二七七）六月、泰盛の松谷別荘に問注所執事三善康有が来て、「肥前（マヽ）肥後国安富庄」（現熊本県熊本市）の地頭職を将軍が時宗に与える旨の下文を書いた。[121]得宗であっても、将軍が恩賞を与えるときは、御恩奉行泰盛を通じて行われるのである。宗尊親王の将軍期には、将軍自身が主従制的支配権を一部保持していたが、文永三年（一二六六）、三歳の惟康王が将軍となると、執権時宗が御恩沙汰の実権をにぎった。事実、安富庄についても、時宗の内意を受けて行われたのである。ただし時宗の急死後、得宗貞時は、十四歳であったから、推挙は泰盛によって行われたと想定できよう。文永の役で、一番駆けの勲功を立てながら、将軍への注進にもれた肥後の御家人竹崎季長が鎌倉に赴いて御恩奉行の泰盛に直訴し、その取り計らいで肥後国海東郷（現熊本県下益城郡小川町海東）地頭職を賜わったことは、有名であり、季長が描かせた「蒙古襲来絵詞」[122]には泰盛の姿が活写されている。この絵詞に「ときの御をんふきやう　あきたのしやうのすけとの《やすもり》の御まへにて」とあるのが、泰盛の御恩奉行在任を直接示す唯一の史料である。なお御恩奉行としての活動と解釈できる例は、他にも二、三見出される。[123]直訴した季長に対する泰盛の質問は一々急所を突いており、泰盛の優れた政治性を感じさせるが、反面、「先例」を重んじる一種の官僚的な匂いがある。そして絵詞の後半は突然「無足の御家人」に対する泰盛の厚い同情に転化する。泰盛は引付頭人として、多くの所領訴訟を取り扱い、没落してゆく御家人たちを知り抜いていた。[124]

御恩奉行の職務は、御家人たちが渇望する官途にも及んだ。建治三年六月、官途については今後、評定会議にかけることを止め、御恩に準じて将軍が直接に判断することとした。また名国司を望む時、今までは諸大夫（五位の侍）は無料で、侍は成功銭が必要だったが、今後は両者から均等に納めさせることとした。将軍源惟康は、このとき十四歳であるから、内実は時の得宗時宗の意向により、形式は御恩奉行泰盛の手を経たと考えられる。[125]

建治元年（一二七五）の「六条八幡宮造営注文写」がある。文永・弘安の役の中間に当たり、ほとんど全国の御家人に造営役を銭で割り当てたものである。泰盛は「鎌倉中」におり、「城入道《（義景）》跡」と表記されて、百五十貫文を割り当てられている。城一族では他に「上総前司《（大曾根長泰）》跡」二十五貫文があるのみ。これを他の氏と比べると、北条氏は時宗の五百貫文を始めとして、七口十三人で千六百四十貫、全体の四分の一を占める。豪族御家人の例では、足利氏二百貫、小山氏百二十貫など、幕府吏僚層では、二階堂氏二口二百貫、長井氏百八十貫など。もって安達氏の経済的基盤のほどを知り得よう。[126]なお新興勢力の御内人をみると、平右衛門入道跡（安東蓮聖であろう）十五貫文、平左衛門入道跡（平頼綱）八貫文、諏訪兵衛入道跡（諏訪盛重）六貫文、小野沢左近入道跡（仲実）三貫文と、いずれも少ない。すべて鎌倉中である。御内人の経済力は、昔ながらの御家人領からではなく、流通経済からの収入や、全国荘園の所職請負などによっていたのであろう。

この造営注文写には、次の特色がある。

①建長二年（一二五〇）の閑院内裏造営注文では、有力御家人が各々建物を分担しているが、二十五年後には、銭で割り宛てられている。貨幣経済の浸透を示す。

②西国の御家人数が極端に少ない。例えば丹波国一名、備前国二名、紀伊国二名である。中国地方西部、四国、九州は除かれているが、（蒙古襲来に備えるためであろう）その国々でも同じであったろう。（畿内とその周辺地域が除かれている理由は分からない。）幕府膝下の武蔵国においても、有力ながら非御家人である者がいる。

③負担者四百六十九名のうち、「〇〇跡」と表記される者が、四百二十九名に及ぶ。御家人支配が惣領制に依拠しているためである。「〇〇」が父である場合、例えば安達氏では、「城入道《義景》跡」とあるから、泰盛が惣領として、頼景、景村、時盛ら弟たちに割り当てた総額を納める。幕府にとって、徴収や督促の手間は省けたであろう。しかし、この「〇〇」が、九十年前の鎌倉幕府草創期の祖先の名である例が武蔵国では、「〇〇跡」八十一名のうち十八名に及ぶ。幕府は御家人の代替わり、御家人の所領移動を把握していない。(127)

こうした問題点が後の泰盛による弘安新制の「新御家人を創出し、将軍を主君として確立する」方針を招いたのであろう。

泰盛は建治年中以降、書札礼で、北条一門に準ぜられた。(128)

上述した常陸国中郡庄平沢郷（現茨城県桜川市）にあった栄福寺（現在地不詳）の院主職について、前院主と現院主とが争ったとき、弘安二年十二月二十三日、泰盛は中郡庄地頭として、裁許状を下している。(129)この文書によって、泰盛が北条氏・足利氏と同じく、家政機関を整え、自領内の相論については、独自に裁許していたことが分かる。

弘安三年十一月、鶴岡八幡宮上下が焼けた。泰盛はその造営奉行となり、翌年十一月二十九日には、落慶供養が行われた(130)。

泰盛の男子には、盛宗と宗景がいた。盛宗は父の守護代として、肥後に下り、宗景が嫡子として、秋田城介を継いだ。盛宗は、庶兄だったかも知れない。

弘安五年、嫡子宗景が二十四歳の若さで評定衆に加わり、同年七月には、泰盛が陸奥守となった（五十二歳）。陸奥守はこれまで大江広元と足利義氏を例外として、北条氏に独占されていた官途であった(131)。陸奥・出羽には守護が設置されなかった。北条一門は陸奥国の各地に所領を持っていた(132)。陸奥五十四郡のうち二十郡、約三分の一が北条氏領であり、東北地方は鎌倉幕府にとって関東と同じく特別行政区であった。また泰盛の陸奥守在任は、二年間に過ぎず、弘安七年八月には、北条業時に移行しているから、実効支配は伴わなかったであろう(133)。同年十月十六日には宗景が秋田城介に任官した。同七年四月、時宗の死により出家して法名を覚真《心》と名乗り（五十四歳）、五月には五番引付頭人の職をも宗景に譲った(134)。鎌倉中諸堂の修理などは五方引付が分担するところであったが、そのうち法華堂の担当は五番に割り当てられた。鎌倉で法華堂といえば、頼朝の墓所である。安達氏は鎌倉武士の精神的支柱をその手に掌握しようとしていた(135)。

弘安七年五月、高野山の検校祐信は、巻数に添えた手紙を安達宗景宛に送った(136)。この時、時宗の嫡子貞時はまだ執権職についておらず、幕府の頂点は（形式的な将軍を除けば）、空白の状態だった。連署業時は四十四歳の壮年であるが、前年四月に就任したばかりで、それほど重みはなかったろう。時宗の生前はこうした巻数は時宗に宛てられている(137)。つまり宗景は時宗死後の空白期に、執権の職務を代行していたと村井章介氏はみる(138)。しかし高野山は景盛以来、安達氏と関係の深い寺である。幕府の頂点が空白であったため、秋田城介宗景に宛てて、披露してもらおうと考えたのではないか。この一通の文書から、宗景が執権の職権をすべて代行していたとは、結論できないであろう。もう一点、宗景の権力を示す文書がある。弘安七年五月、元瑜の権僧正推挙を宗景が行っている。鎌倉在住僧の僧官推挙は将軍・得宗が行う事項である。(139)

時宗死後、二カ月たった弘安七年五月から翌年十一月の霜月騒動までのわずか一年半余に『中世法制史料集』一巻に集められた鎌倉幕府追加法八百七十三カ条のうち、九十余カ条が集中している。それらは幕府政治の抜本的改革をめざす重要な法案を含み、全体として「弘安徳政」と呼ぶにふさわしい内容を持つ。その推進者は法令上に名前が記されてはいないが、貞時の外祖父である泰盛その人と考えられる。

弘安七年五月二十日に出された「新御式目」三十八ヵ条は、その中核をなすものである。二つに分かれているため、宛先が将軍か得宗かについて諸説があるが、(140)諸伝本の検討と、「殿中」と「御所」の用例分析から、前半は得宗貞時、後半は将軍惟康親王に宛てられたとする細川重男氏説に従いたい。これらの法令は、

①九州の名主に安堵の下文を賜うこと（『中世法制史料集』一　追加法五一四・五六二・五六九条。以下書名略）。これは大量の新御家人の創出、本所一円地の武家領への割きとりを結果する。

②流通経済の統制（追加法五四〇～五四三条）。これは流通に寄生して富を得ていた御内人の反感を買う。

③三人の実務官僚を九州に派遣し（追加法五四四・五六二条）、九州の守護三人と組み合わせて、各三カ国を管轄させた。六人の中に北条氏は一人も入っていない。守護三人が自分の管国でない国を担当したことは、公平を期すためであったろうが、効果を削いだ。泰盛の原理主義的思考の破綻を示す。

前後に例を見ないラディカルな政策は①である。村井章介氏は、蒙古襲来という国難に直面し、国政に占める幕府

の地位を一気に飛躍させる必要と条件とが生まれ、その実現のために御家人支配の正当性すら持たない得宗に代わって、泰盛が選択したのが、将軍を制度的にも実体的にも最高の権力を保持する主君として確立するという方向であった、と指摘する。(141)

また弘安七年八月十七日に発布された新制十一条は、幕府訴訟制度発達史上、画期的意義を持つと評価される。(142)同年八月三日に引付勘録（判決草案）が一個と定められ、引付頭人に召文・問状の権利が委譲されたことをいい、所務沙汰機関としての引付が確立した。

弘安新制の影響は、公家に及んだ。意欲的な亀山上皇は、公家徳政に取り組んだ。弘安八年七月十一日、常陸国に、在庁・公人・供僧という国衙の構成員の名田畠が、沽却・寄付・質入などで流失しているのを、本主の子孫に取り戻させるという院宣が施行されている。(143)これは常陸に限らなかったであろう。また霜月騒動の四日前に亀山院政は二〇ヵ条の制符を発した。(144)朝廷における、はじめての本格的訴訟立法であった。

内管領平頼綱の権力は寄合の一員・侍所所司・得宗公文所所司であるからというよりむしろ、貞時の乳母夫であることにより、(145)泰盛の権力は評定衆・寄合衆であることよりむしろ貞時の外祖父であることによる。二派の権力争いは鎌倉幕府の機構外での暗闘であった。両者の得宗権力との相異なる関係は、両者の対立を引き起こしながらも、時宗の時代には蒙古問題もあって、かろうじて均衡が保たれていた。しかし時宗の死により、両者は権勢を争って互いに幼い新執権貞時に讒言しあった。「保暦間記」によれば、頼綱は宗景がにわかに藤原から源姓に改姓したことを理由に、将軍となろうとする企てがあると貞時に訴えたと言う。宗景が、巻数を受け取っていること、僧官の推挙を行ったことは、確かに越権行為であったろう。

五　霜月騒動

弘安八年（一二八五）十一月十七日、霜月騒動（弘安合戦、奥州禅門合戦とも言う）が起こった。午前中まで「松か上」の別宅にいた泰盛は、状勢の不穏なのを見て午後に塔ノ辻の安達氏の邸に出かけたという。塔ノ辻とは小町大路と横大路との交わるあたり、将軍の御所や貞時の館の間近かである。情勢に対応して、まだ十五歳の幼主貞時の身柄を押さえようとしたのであろうが、頼綱側の攻撃を受け、泰盛に付き従う人々のあいだに「死者卅人、手ヲイハ十人許《バカリ》」にいたる。至近距離からいっせいに矢が放たれたのであろう。

細川重男氏は、最近「霜月騒動再現」を発表された[146]。氏は①泰盛が通常の出仕に四十人以上を連れていくことはない。②将軍御所が炎上、焼失していること[147]。③一時、貞時が逃亡したと伝えられること[148]。の三点から、泰盛側も奇襲にあったのではなく、塔ノ辻には松か上からと、甘縄からの両軍勢が合流したのであり、市街戦が展開したと推定する。

事件の十三日前、同月四日に「平左衛門《頼綱》申入之、城奥州禅門誅討之時也、御高名珍重々々」という「門葉記」の「冥道供七」の記載があり、頼綱の依頼で怨敵撲滅を目的とする「冥道供」の祈禱を行ったという[149]。計画的なクーデターであり、全国各地の得宗被官へも事前に使者が派遣されていたと考えられる。

泰盛方として倒れた人々および平頼綱方の武士については、多賀宗隼氏、石井進氏をはじめ諸氏が言及している。また細川氏のレジュメには、「霜月騒動犠牲者」の綿密な表があるので、それを基本とし、史料表記名その他を加えて掲げる。

表1　霜月騒動犠牲者

類別1	類別2	史料表記名	人名	家系	地位	備考	典拠
鎌倉で死亡した者	安達	陸奥入道	安達泰盛	安達家惣領	寄合衆、評定衆、上野・肥後守護		分脈二―二六六、間記、鎌裏、梵A、C、D
		秋田城介	安達宗景	泰盛嫡子	五番引付頭人、評定衆		分脈二―二六七、間記、鎌裏、梵A、C、D
		前美濃入道	安達長景	泰盛弟	引付衆		分脈二―二六七、梵A、B、D
		前上総守・上総介	大曾根義泰	安達氏庶流	引付衆		分脈二―二六八、梵A、D
		大曾根太郎左衛門入道	大曾根長頼	安達氏庶流			分脈二―二六八、梵D
		城三郎次郎	大室義宗	泰盛甥			分脈二―二六六、梵F
			安達時長	泰盛甥			分脈二―二六七
		城左衛門太郎		安達氏			梵F
		城左衛次郎		安達氏			梵D
		城七郎兵衛尉		安達氏			梵F
	信濃	伴野三郎	伴野盛時？	小笠原氏			分脈三―二四〇、梵F、「小笠原三家系図」（続群5下）
		小河原四郎	小笠原長廉？	小笠原氏			梵F、分脈三―二三六
		小笠原十郎	小笠原泰清	小笠原氏			梵A、分脈三―二三六
		鳴海三郎	鳴海長時	小笠原氏庶流		尾張国鳴海庄（現名古屋市南区）の武士？	梵F、分脈三―二四六
	甲斐	武田小河原四郎		甲斐武田氏庶流？			梵F
		秋山人々		甲斐武田氏庶流？			梵F、分脈三―二三三

	三科蔵人		甲斐三科氏？			梵A、姓氏三—五七六八
常陸	筑後伊賀四郎左衛門尉	小田景家	常陸守護八田氏庶流田中氏			梵A、分脈一—三七二、鏡弘長三・八・九
	同子息	小田知員？	景家子息			梵A
	田中筑後四郎	田中知泰	常陸守護八田氏庶流田中氏			梵A、分脈一—三七一
	田中筑後五郎左衛門尉		常陸守護八田氏庶流小田氏			梵A、分脈一—三七一（注1）
	行方《なめかた》少二郎		常陸大掾氏庶流行方氏？		常陸国行方郡（現茨城県茨城郡行方郡）の武士？	梵D
武蔵	足立太郎左衛門尉	足立直元	武蔵足立氏			梵A、梵D、鏡弘長三・八・九
	綱島二郎入道				武蔵国橘樹郡綱島郷（現横浜市港北区）の御家人	梵D、姓氏二—三八〇四
	池上藤内左衛門尉				武蔵国荏原郡池上（現東京都大田区）の御家人	梵D、姓氏一—二八六
	九郎秀貞	青木秀貞	武蔵七党丹党	鎌倉で自害		「丹党系図」（埼）
上野	五郎左衛門尉基重	片山基重	武蔵七党児玉党	春近領片山領主		「児玉党系図」（埼）
相模	城十郎判官入道	安達時景	引付衆	ユヤマで自害（注2）		梵A・B・C、分脈二—二八七
	芦名四郎左衛門尉	三浦芦名泰親	三浦芦名氏			梵A、梵D、「三浦系図」（続群6上）一六頁
	同六郎	芦名六郎左衛門尉	三浦芦名時守		泰親弟	梵A、「三浦系図」一六頁
		五郎左衛門尉盛次	三浦盛次		泰親弟	「三浦系図」一六頁

		小早川三郎左衛門尉		土肥流小早川氏			梵A
		鎌田弥藤二左衛門尉		山之内首藤鎌田氏？			梵F、姓氏一-一七〇六、三-六三五三
鎌倉で死亡した者	伊豆	伊東三郎左衛門尉		伊東工藤流伊東氏、伊豆国田方郡伊東庄（現静岡県伊東市）を名字の地とする	元石見守護		梵D、梵G
		□□（伊東か）太郎左衛門尉		伊東三郎左衛門尉の同族であろう			梵A
		和泉六郎左衛門尉	天野景村	伊東工藤流天野氏			梵A、梵D、「天野系図」（続群6下）（注3）
		有坂三郎		伊東工藤流有坂氏？			梵A、「工藤二階堂系図」（続群6下）三〇七頁
	その他	殖田又太郎入道	殖田泰広	広元流大江氏庶流		二十二歳。現名古屋市天白区植田	梵A、梵D、分脈四-九九、「大江系図」（続群7下）六七頁
			殖田盛広	泰広子息			「大江系図」（続群7下）六七頁
			殖田泰元	泰広子息			「大江系図」（続群7下）六七頁
			佐々木宗清	佐々木氏庶流		殖田泰広の叔父佐時の孫	「佐々木系図」（続群5下）二九八頁
			中島義泰	秀郷流藤原氏荒木氏			「荒木系図」（続群6下）二六五頁
		加賀太郎左衛門尉		不明			梵D、梵F
		加賀六郎		不明			梵D、梵F
		勢多加丸	佐藤氏	河村流	降弁僧正弟子	御所方で討死、十九歳	「秀郷流系図」河村（続群5下）

逃亡			小笠原泰房	小笠原盛時の子		三河国大陽寺庄（現豊橋市石巻中山町付近）へ逃亡	「小笠原三家系図」（続群5下）一二四頁
「非分」に誅せられた者	安達	大曾根上総前司	大曾根宗長	安達氏庶流	引付衆		鎌裏に「非分被誅輩」とある。以下同。分脈二―二六八、梵A、梵D
	幕府中枢	懐島隠岐入道	二階堂行景（道願）	政所執事二階堂氏庶流	引付衆		鎌裏、分脈二―五〇八、間記、梵D、梵F
		大宰少弐	武藤頼泰	武藤景頼の子			鎌裏、梵A、梵D、分脈二―三九一
	信濃	伴野出羽入道	伴野長泰	小笠原氏嫡流		泰盛外祖父小笠原時長の孫。泰盛の母の実家（注4）	鎌裏、分脈三―三四一、間記、梵A、梵D
			伴野盛時	長泰子息			分脈三―三四〇
			伴野長直	長泰子息			分脈三―三四〇
	相模	三浦対馬前司	三浦頼連	三浦芦名佐原氏	伯耆守護？		鎌裏、間記、梵D、梵F、「横須賀系図」（続群6上）、「系図纂要」8上一七頁
	三河	足利上総三郎	吉良貞氏（注5）	足利氏庶流吉良満氏（越前守護）の子息			鎌裏、分脈三―二六五、梵F
	甲斐	南部孫次郎		武田氏庶流		甲斐国巨摩郡南部郷（現山梨県南巨摩郡南部町）の御家人？	鎌裏、分脈三―三三三、梵D
	その他	刑部卿相範（注6）	藤原相範	儒者	関東祗候廷臣		鎌裏、間記
地方	安達		安達盛宗	泰盛子息	肥後守護代	博多で自害	分脈二―二六六
		城五郎左衛門尉	安達重景	泰盛弟		常陸で自害	分脈二―二六七、梵F
		城太郎左衛門尉	安達宗顕	泰盛甥		遠江で自害	分脈二―二六七、梵F

地方	安達	太郎入道修道房		泰盛の庶長子		八塔寺（現岡山県備前市吉永町）に逃れたが、捕縛され、六波羅で溺死させられる。	「峰相記」（続群28上）二四六頁
	安達	太郎入道子		泰盛の孫		父と共に八塔寺（現岡山県備前市吉永町）で捕えられ、殺される。	「峰相記」（続群28上）二四六頁
	尾張		足助重房	三河国御家人		討死し、父重澄の所領が没収される。	「尾張国那古野庄（現愛知県名古屋市）領家職相伝系図」（『愛知県史』資料編八―五一四）
	陸奥	足利宗家	斯波宗家	足利氏庶流　斯波氏三男		討死	「最上系図」（続群5上）三六〇頁
	常陸	加志村自性	伊賀行継	二階堂庶流　伊賀氏		常陸国久慈東郡加志村（現茨城県常陸大宮市）地頭職を失う。	『茨城県史』中世編　一三〇頁、分脈二―五三二、遺文㊲二八五三二
	信濃	同（伴野）彦二郎		小笠原氏		信濃で自害	梵F
	幕府中枢	武藤少卿左衛門尉	武藤景泰	武藤景頼の系統	引付衆	武蔵で自害	梵A
行方不明	信濃		大倉行房	小笠原氏庶流			分脈三―三四七
配流	幕府中枢	越後守顕時	金沢顕時	北条金沢氏当主	評定衆、四番引付頭人	泰盛女婿、下総埴生庄（現千葉県栄町・成田市）に蟄居	鎌裏、武裏、梵E、分脈四―二二
失脚			長井時秀	広元流大江氏嫡流	評定衆	泰盛妹婿	分脈二―二八七
			長井宗秀	広元流大江氏嫡流	引付衆	泰盛妹の子	分脈二―二八七
			宇都宮景綱	下野宇都宮氏嫡流	評定衆	泰盛妹婿	分脈二―二八八

太田時連	康信流三善氏	問註所執事	弘安八・三・廿七 摂津親致が執事就任	鎌記三三頁
矢野倫経	康信流三善氏	評定衆	弟倫景と交代したと推測される	細川重男『鎌倉政権得宗専制論』四一四頁

表2 霜月騒動での平頼綱方

史料表記	実名	出典	備考
対馬入道子		梵E、分脈三-四三〇頁	佐々木氏信の子頼氏
	千葉胤宗	「千葉大系図」（『改定房総叢書』九-八〇頁）	軍兵を率いて幕府を警備
左衛門尉源頼綱	朽木（佐々木）頼綱	遺文㉑一六一九八、「佐々木系図」（続群5下）二九三頁（「追討城陸奥守之賞任出羽守」）、遺文㉑一六三〇六	弘安恩賞として常陸国真壁郡本木郷（現茨城県桜川市）拝領、次男に霜月騒動で使用した太刀を譲る。
	京極（佐々木）氏信	「佐々木系図」（続群5下）二九八頁	上総国武射（現千葉県東金市・成東市）を得る（注7）
	朽木（佐々木）義綱	多賀宗隼氏引用「佐々木系図」（「弘安八年城陸奥守追討之時抽軍忠」）	頼綱の子
	京極（佐々木）頼氏	「佐々木系図」（続群5下）二九八頁（「追討城陸奥守之賞豊後守」）、分脈三-四三〇頁	氏信の子
	京極（佐々木）宗綱	多賀宗隼氏引用「佐々木系図」（「追討城陸奥守当能登守叙従五位下」）	頼氏の弟
	今川国氏	「今川家譜」（続群21上）一四三頁	太刀討の功により遠江国引間庄（現静岡県浜松市）を賜る。
	広峰長祐	遺文㉑一五七四三	播磨国御家人、関東御事により参上

浅羽兼直	埼	児玉党、武蔵国御家人、「弘安合戦、正応合戦有賞」
佐志浄覚	遺文㉜二五〇九六	たまたま鎌倉にいて軍忠により肥前国小城郡高木郷（現佐賀県佐賀市）半分を得る。
渋谷一族（注8）	「峰相記」（続群28上）二四六頁	太郎入道修道房を捕える。

表1・表2　凡例（略号）

1、熊谷直之氏所蔵「梵網戒本疏日珠鈔裏書」所収の文書の略称は梵A～梵Gとし、各々の対応関係は下記の通りである。

梵A：『鎌倉遺文』㉑一五七三四号（以下、『鎌倉遺文』は「遺文」と略称）、『神奈川県史』資料編　古代・中世(三)一〇一六号（以下『神奈川県史』資料編は「神」と略称）
梵B：遺文㉑一五七三五号、神一〇一七号
梵C：遺文、神になし。多賀宗隼「弘安八年「霜月騒動」とその後」［史料補遺］（『論集中世文化史』上 公家武家編による　法蔵館　一九八五年）
梵D：遺文㉑一五七三六号、神一〇一八号
梵E：遺文㉑一五七三七号、神一〇一九号
梵F：遺文㉑一五七三八号、神一〇二〇号
梵G：東大寺図書館蔵「梵網戒本疏日珠鈔裏書」（佐藤進一『増訂鎌倉幕府守護制度の研究』一〇四頁所引による）

2、表1・表2における各史料名の略称は、下記の通りである。

「吾妻鏡」＝鏡（数字は年・月・日）　『姓氏家系大辞典』＝姓氏
「鎌倉年代記」＝鎌記　『続群書類従』＝続群（数字は輯）
「鎌倉年代記裏書」＝鎌裏　「尊卑分脈」（新編増補国史大系）＝分脈（数字は巻数、頁）
「系図纂要」＝纂要（数字は巻数、頁）　「武家年代記裏書」＝武裏
「諸家系図纂」（『新編埼玉県史』別編4）＝埼　「保暦間記」＝間記

○表Ⅰ・表Ⅱ注記

（注1）常陸国田中庄（現茨城県つくば市田中付近）の地頭であろう。田中庄は弘安二年（一二七九）の大田文に三百町とある大庄園である。元弘三年（一三三三）以後の足利尊氏への恩賞地目録では、北条泰家の旧領であり、霜月騒動以後、北条氏領となったと思われる（比志島文書、『神奈川県史』資料編3　古代・中世〈3上〉　三一四一号）。

（注2）ユヤマとは、相模国愛甲郡飯山（現神奈川県厚木市湯山、緑ケ丘三丁目）の飯山観音堂である。「飯山《いやま》」または「湯山《ゆやま》」と記す。「新編相模国風土記稿」（『大日本地誌体系』三、雄山閣、一九三三年）所収の縁起では、「建久年中、源頼朝秋田城介義景をして、造営を加へしめしと云」といい、付近の金剛寺（華厳山遍照院）には、安達盛長の墓と伝える五輪塔がある。盛長の墓というのは、愛甲郡三田《さんだ》村（現神奈川県厚木市）にもある。三田村は盛長の領であり、同村の八幡社は盛長の勧請という。飯山は広大な毛利庄の一部であり、毛利季光が三浦氏の乱で滅びたのち、安達家の所領となったか。飯山観音堂の別当寺は長谷寺であり、古義真言宗。古鐘があり、銘には「華厳山金剛律寺」とある。この鐘は金剛寺から移動したらしい。年未詳二月一日修道書状（熊谷直之氏所蔵文書、『鎌倉遺文』㉑一五七三九号）は、修道が飯山に入寺したことを、東大寺の順観房に知らせる手紙である。順観房が東大寺の僧であることは、正応四年（一二九一）七月日東大寺年預賢俊定文（東大寺文書四ノ八十、『鎌倉遺文』㉓一七六五四号）の交名からも分かる。

（注3）菊池紳一「鎌倉時代の天野氏の系図について」（『吾妻鏡人名総覧』第Ⅱ部所収、吉川弘文館　一九九九年）。

（注4）「尊卑分脈」の泰盛の注記に「母小笠原六郎源時長女」とある。

（注5）従来越前守護吉良満氏とされていたが、「尊卑分脈」によれば、満氏は弘安七年四月に出家しており、その子貞氏の傍注に「吉良三郎」とあるためである。webサイト、前田幸孝「史跡草紙」上杉家時の注(56)による。

（注6）文章道の家、藤原南家の出身。兄茂能は建長五年（一二五三）院宣により関東に下向、将軍宗尊親王に仕えた（『鎌倉遺文』⑪七七一三号）。

「勘仲記」弘安六年（一二八三）七月二十日条、小除目の記事に、

刑部卿藤相範 茂範卿舎弟、経廻関東、

とある。『増補史料大成』（臨川書店　一九八一年）。注(107)参照。

（注7）弘安八年十一月二十三日将軍源惟康家政所下文案（史料編纂所影写本佐々木文書二）。日付から見て勲功賞とする。

（注8）福島金治「西国の霜月騒動と渋谷氏」（『綾瀬市史研究』8、二〇〇二年）参照。

なお、「梵網戒本疏日珠鈔」は東大寺戒壇院の僧凝然(150)の著作であるから、霜月騒動の一次情報の受け手は、東大寺の僧であった。並んだ被害者のうち、北条実時の子顕時にのみ、「越後守殿被召籠」と殿の敬称が付されているので、発信者は、金沢氏と親近な関係者と考えられる。

泰盛方はさらに「五百人或自害」とも「此外武蔵、上野御家人等自害者、不及注進」ともあって、泰盛派の勢力の

大きさを知ることができる。鎌倉での戦いは一日で終わったので、全国的に頼綱派による泰盛派の狙い撃ち、いわばテロが荒れ狂ったものと思われる。表1の配流・失脚項に見るように、泰盛の娘婿にあたり、評定衆・四番引付頭人であった北条（金沢）顕時、妹婿で評定衆の要職にあった長井時秀、その子引付衆宗秀、同じく妹婿の下野国の豪族で評定衆だった宇都宮景綱も、ともに縁者として流罪または罷免となった。評定衆矢野倫経も弟倫景と交代したと、細川重男氏は推定する。結局、評定衆五名、引付衆七名が死亡または失脚した。事件がたちまち地方に広がったことは、表1から知られる。肥後国では、守護代であった泰盛の子盛宗をめぐって合戦があった。盛宗は博多で討たれたが、少弐景資が泰盛方に与して筑前の岩戸（現福岡県筑紫郡那珂川町）で挙兵し、これに九州各国の御家人の一部が味方する岩戸合戦が起こった。しかしこれも景資の兄少弐経資や肥前守護北条時定の率いる大軍に鎮圧され、景資は自殺した。岩戸合戦は霜月騒動の地方波及では、最大のものであった[151]。

泰盛の上野国守護職は直ちに得宗の手中に収められ、平頼綱自身が守護代の地位につく。この騒動は、泰盛方御家人対頼綱方御内人の戦いとは言い切れないが、平頼綱方で豪族というと、判明する限り佐々木・今川・千葉に限られ、かつその庶流であり、泰盛方とは比較にならない。なお北条宣時が乱後、評定衆中の重鎮として、頼綱の讒奏を是認したとの仮説があるが、保留としたい[152]。

この乱で安達・大曾根氏の女子、幼年者はほとんど例外なく殺害を免れている。頼綱一派の殺戮から、女子と子どもたちを守ったのは、泰盛の妹で時宗の妻となり、貞時を生んだ潮音院尼であったであったろう[153]。女子のうち、特筆されるのは、宗景の妻である。彼女は安達家当主の妻であったのに、生き延びたのみならず、頼綱派粛清後の永仁六年（一二九八）、幕府から、下総国田部郷半分（現千葉県香取市）を与えられている[154]。

潮音院尼の所領については、時宗の妻としての所領と安達家からの所領とが混在していよう。判明する限りでは、

●肥後国守富庄（現熊本県下益城郡富合町）地頭職の一部を持つ(155)。
●丹波国成松保（現兵庫県氷上郡氷上町）(156)。
●出羽国寒河江庄内五個郷（現山形県西村山郡河北町）。これは時宗の遺領であったろう。時宗の菩提寺である円覚寺に寄進された(157)。

また潮音院尼は、当時の慣習に基づいて、遠江国笠原庄（現静岡県菊川市・袋井市）の地頭職を受け継いでおり、安達家を再興した安達時顕に、同庄を譲った。泰盛派の遺領が蒙古襲来合戦の恩賞に宛てられたことは、よく知られているが、その残りの一部は、この例から推して、潮音院尼に与えられたと考えられる(158)。

泰盛は得宗家の外戚という枠に留まることなく、幕府が曝された蒙古襲来という試練と格闘し、「弘安徳政」という壮大な政治的実験を試みて挫折したのである。霜月騒動は北条氏による他氏排斥の最後の戦いであり、以降、他の豪族は中央政局に立つこともなく、立とうともせず、五十年後の北条氏滅亡まで息をひそめた。佐藤進一氏は、信濃の伴野氏・尾張の足助氏の例をあげて、霜月騒動で敗残の憂き目にあった各地の御家人が、五十年後の元弘争乱に当たり、北条氏打倒に参加していると説かれた(159)。

弘安八年十一月十七日、因幡国（現鳥取県）を遊行していた一遍上人は、

城の禅門のほろひける日は、聖、因幡国におはしけるか、空をみ給て「鎌倉におおきなる人の損するとおほゆるそ」との給けり、

と伝えられる(160)。

また同時代人である尾張国長母寺（現名古屋市東区矢田町）住持無住の「雑談集《ぞうだんしゅう》」には「城ノ禅門、威勢先祖ニ越テ人多ク随キ、其企不遂」という。「雑談集」は嘉元二年（一三〇四）に起筆、翌三年に擱筆されているから、霜月騒動から十九年後の記述である。(161)

二〇〇三年、本郷和人氏は「霜月騒動再考」(162)を発表された。その論旨は多岐にわたるが、(163)注目されるのは、安達泰盛派は、「撫民」「公平」を掲げ、「統治」をよりよく行おうとして、御家人の拡大をめざし、平頼綱派は御家人の既得権益を守り、徳政令を推進する。この二派の暗闘が文永三年（一二六六）以後十九年間続き、その結末が霜月騒動であったという点である。

永仁の徳政令が発令されるや四十年にわたって改められなかったこと、この間の幕府の政策は、得宗貞時の専権期以外は、御内人によって主導されていたことは、本郷氏の指摘通りである。

鎌倉時代後期における北条氏一門の守護分国の増大は、つとに佐藤進一氏によって立証された。(164)守護正員は蒙古対策のためなどの例外を除き、任地に赴くことはなかったから、在地支配は御内人に委ねられた。守護領が国衙付近に集中しつつ、港湾および街道筋、神人（交通・商業に携わる）の居住地を含むことは、古く石井進氏によって指摘されている。(165)北条氏所領の増大は、北条氏守護国以外でも著しかった。(166)

北条氏領は主要な港を押さえ、三つ鱗の旗を掲げた船は日本海と瀬戸内海を往来していた。平頼綱の権力はその従兄弟長崎光綱が継いだか。長崎氏の所領は検出しうるかぎりでは、全国十三カ所に散在している。(167)長崎氏ら支配層は鎌倉政権の要職についていたのであるから、所領経営が代官に任されていたのは当然である。北条氏領の経営も代官である御内人に委ねられた。御家人身分のまま御内人になる例が多いことは、よく知られている。宝治合戦後の御家人は多かれ少なかれ得宗被官的な側面を有しているという見方すらある。[168] しかし北条氏領において、御内人は新参の権力者であり、徳政令による沽却質券地回復によって、利益を受ける者であったとは考えがたい。また弘安徳政の五六二条（名主職事）は佐藤進一氏の理解によると、沽却質券地の回復という徳政令の面を持つ。[169] さらに平頼綱政権は再発令ではあるものの、正応三年（一二九〇）中に、六カ条の撫民令を発している。[170]

以上の検討から、私は本郷説について、泰盛が暴力的で残忍な東国武士のなかで「統治」を標榜したという指摘は認めうるが、平頼綱派が徳政令を興行して御家人の利益を守ろうとしていたという論旨は認められない。

「吾妻鏡」が、誰によって、何を材料として編纂されたかについては、明治・大正期の星野恒氏、和田英松氏、八代国治氏以来、多くの研究がある。[171] 石井進氏は、それらを踏まえて、次のように述べる。[172]

「吾妻鏡」は、すぐれた政治家であり、泰盛とともに蒙古襲来にあたって時宗を支えた北条（金沢）実時が創めた金沢文庫と深い関係にある。泰盛と親しく、嫡子顕時に泰盛の娘を迎えるという実時の立場からすると、北条政権を擁護するのみならず、安達家の言い伝えを多く含む「吾妻鏡」を編纂したのは当然である。「吾妻鏡」の前半はほぼ文永年間（一二六四〜七五）までに作られ、後半は正応三年（一二九〇）から嘉元元年（一三〇四）までにできたとする見解が有力であるが、前半と後半の間に、ちょうど霜月騒動による顕時の失脚、流罪の期間がはさまるので、顕時の復活後、中断していた「吾妻鏡」編纂事業が再開され、その後、後半部が完成したと理解できる。

応長元年（一三一一）十月以前に成立し、その後加筆された「沙汰未練書」の奥書は、同書を時宗が弘安元年に作成し、泰盛が同三年に清書したとの仮託を持つ。早く網野善彦氏は「平頼綱の滅亡後、御家人層に広く起こってきた『時宗・泰盛の時代に対する追憶の生みだした伝説』[173]」と解し、後藤紀彦氏は内閣文庫所蔵「武家書法式」第十二冊に収める同書の詳しい奥書を紹介し、網野説を肯定しつつ、安達氏と血縁関係の深かった二階堂氏の家督争いの一助として謀作されたとする。(174)

六　安達氏の復権

安達時顕（?～元弘三年：?～一三三三）

安達氏の復権は早かった。平頼綱の専権は七年半しか続かず、成人した北条貞時が頼綱を討つと、貞時は霜月騒動の敗北者たちの復権を図った。上述したように、安達一族の幼児は、殺戮を免れたので、再興安達氏の惣領となりうるのは、泰盛の嫡男宗景の子の貞泰と、泰盛の弟顕盛の孫時顕の二者があった。多賀宗隼氏は、貞泰は乱後、金沢流北条氏に保護されたのであろうという。(175)

一方、時顕は北条政村の曾孫にあたり、伯父時村・政長の保護下に成長したと想像される。時顕もまた金沢流北条氏の庇護をうけたとする考え方もある。金沢顕時は、妻が泰盛の娘であったため、霜月騒動に連座し、下総国埴生《はぶの》庄《しょう》（現千葉県栄町・成田市）で蟄居生活を送り、出家して法名を恵日といった。安達時顕は、顕時およびその嫡子貞顕と極めて親しく、貞顕の弟時雄（顕雄）の娘を妻とした。顕時は永仁元年（一二九三）鎌倉へ召し返され、執奏、ついで引付頭人となった。しかし復帰期間は五年たらずで、引退したらしく、その嫡子貞顕は、顕時が没した翌年の乾元元年（一三〇二）、六波羅探題に就任しており、政権中枢にあった北条時村の勢力には及ばなかったという細川重男氏の指摘に従う。(176)

時顕は霜月騒動の時、まだ襁褓もとれたばかりの幼児で、乳母に抱かれて戦場を逃れた。(177)その後の彼の前半生はまったく不明で、嘉元二年（一三〇三）に史料に現れるときは、すでに秋田城介に任じられている。[178] 徳治元年（一三〇六）二月に幕府の使者として上洛しており、[179] 同二年正月にもふたたび上洛している。[180] 同三年、将軍久明親王が廃された時、親王は上洛したいと七月八日に秋田城介時顕を介して北条氏に伝えている。[181] 延慶二年（一三〇九）以前に寄合衆となる。[182] なお正和元年（一三一二）五番引付頭人となり、以後、短い中断期間を除き、元徳元年（一三二九）五月、引退するまで、十六年間、引付頭人であった。[183] これは北条一門が引付頭人をほぼ独占する当時、彼の政治的地位の高さを物語るものである。おそらく正安三年（一三〇一）八月の北条貞時出家に際して入道し、法名を延明といった。

安達時顕は延慶三年（一三一〇）十月、長井道漸とともに使節として上洛した。時顕は得宗貞時の命により、尾張一国の軍勢を率いていた。尾張国守護は、正和三年（一三一四）以前に中条氏から名越氏に交代していると言われる。おそらく延慶三年にはすでに名越氏の手にあったのであろう。前年に入洛していた延暦寺神輿の沙汰を行うのだろうとか、謀反人の沙汰を行うのだろうとかの噂が流れた。しかし二人は僧兵を攻撃せず、逆に山門傲訴の原因となった仁和寺の頼助の説得にかかり、園城寺の益信僧正の大師号を辞退させて、[184] 事態を収拾した。

得宗貞時は、応長元年（一三一一）十月に死去したが、「保暦間記」によれば、貞時は九歳の嫡子高時を内管領長崎円喜（高綱）と時顕に託したという。時顕は二十歳代後半と推定され、まだ引付頭人にもなっていない。「保暦間記」は、時顕を高時の「舅」とする。貞時死亡の時、すでに舅であったかどうかは分からないが、時顕の娘は高時の正妻となった。[185] 正和五年（一三一六）七月の北条高時執権就任を議した寄合の席では、時顕と長崎円喜が指導的立場にあったことが知られ、[186] 同記の記事を裏付ける。

やがて安達時顕の権力は、金沢北条氏を凌ぐようになる。細川重男氏は、高時政権における①人事権、[187] ②闕所処分権、[188]③官途推挙権[189]が、いずれも長崎高綱と安達時顕の手にあった、という。[190]

時顕の所領を見ると、文保二年（一三一八）八月二十八日には私領播磨国在田上荘（現兵庫県加西市）を、高野山金剛三昧院に寄進している。[191]在田上荘の年貢は、貞応元年（一二二二）の史料によると三百三十四石、その他であって、[192]相当な規模の庄園である。寄進状に「潮音尼と貞時の恩に報いるため」とあるので、上述した時宗室潮音尼は、笠原庄の他の所領も時顕に譲ったのであろう。

越後国白川庄（現新潟県阿賀野市）の地頭であったと推測できる。[193]また文保三年（一三一九）には、肥前国東妙寺（現佐賀県神埼郡吉野ヶ里町）に対し、田地一町を阿弥陀院の免田として、安堵している。[194]

能書家としても知られ、元亨三年（一三二三）の北条貞時十三回忌供養に際し、京下りの公家衆と共に供養の願文を清書する三人のうちの一人となった。また北条一族や有力御家人と並んで法華一品経一巻を調進し（銭三十貫文を要する）、砂金百両、銀剣一腰を進物とした。[195]ついで翌四年には父母の菩提を弔うため大和の法華寺（現奈良県奈良市）に一切経を施入し、そのうちの大般若経三百三十帖がいまも同寺に伝わる。[196]一切経の奥書はすべて一人の手によって記されており、おそらく時顕自身であろう。この一切経は奥書によると、元で刷られ、輸入されたもので、費用を正確に知ることはできないが、銭三百貫文を上回ると考えられる。これを独力で寄進した時顕の財力がうかがわれる。[197]しかし安達氏の守護国上野・肥後は、霜月騒動後、得宗分国となっており、名字の地陸奥国安達庄も得宗領となったと推測される。[198]従って時顕の財力は、おそらく彼が幕政の中枢にあったことにより、新たに入手した諸所領によったものであろう。

元徳二年（一三三〇）頃、時顕は、六波羅引付頭人伊賀兼光の昇叙に反対している。伊賀兼光は、僧文観を通じて後醍醐天皇と結んでおり、建武新政では雑訴決断所、窪所、記録所、恩賞方などに登用される人物であり、時顕は、その情報をつかんでいたのであろう(199)。

ただし嘉暦の騒動では、長崎氏と安達時顕は対立した(200)。また大覚寺統と持明院統のいずれかを支持するかについても同様であった(201)。しかし、それは暗闘にとどまり、安達氏が打倒されるには至らなかった。

正中元年（一三二四）十月の正中の変発覚に際しては、後醍醐天皇の弁明書を奉じ、鎌倉に下った勅使万里小路宣房に対して、長崎円喜（高綱）とともに幕府を代表して、面会している(202)。また嘉暦四年（一三二九）七月二十六日の金沢貞顕書状によれば、時顕は法勝寺執行であり、後伏見上皇の近臣である浄仙を扶持しており、持明院統を支持して、関東申次――六波羅探題――鎌倉幕府という正式のルートを無視するに到った(203)。時顕と高綱は、高時成人後も、相並んで幕府の頂点に君臨していた。

霜月騒動で族滅した安達氏の政治力・経済力は時顕の時代にいたって、往年の力を回復したといってよい。では安達時顕が二十歳代で政権の中枢に復帰し、その権力を幕府倒壊まで保持しつづけることができたのはなぜか。それには得宗貞時の母（義景の娘）も高時の母（義景の孫大室泰宗の娘）も安達一門の出であったことが大きく作用しているであろう。上述したように、高時の正妻は時顕の娘であった。細川重男氏は、得宗貞時が永仁二年（一二九三）に「弘安合戦（霜月騒動）」の賞罰を停止し(204)、時宗時代に戻ることを理想としたためという。内管領は長崎氏、外戚は安達氏という先例主義が、当時の朝廷同様、鎌倉時代末期の幕府をおおっていた(205)。

時顕は幕府滅亡の時、鎌倉の東勝寺で子息顕高とともに、高時に殉じた。

安達高景（生没年未詳）

時顕の嫡子。讃岐権守。嘉暦六年（一三二六）三月以前に評定衆。[206] 元徳三年（一三三一）正月、五番引付頭人に任ぜられた。[207] この年九月二日、「関東両使秋田城介高景、出羽入道々蘊《二階堂貞藤》」が光厳天皇の即位を促すため、上洛しているので、[208] これ以前に秋田城介に補任されていることが分かる。この使者任命も、父時顕が徳治二年に上洛した先例を踏襲するものであった。元弘元年（元で至順二年）、元の禅僧の一人、竺田悟心から、別号の偈を与えられている。[209]

鎌倉で北条一族が滅びた時、奥羽地方に難を逃れ、元弘三年（一三三三）冬、北条（名越）時如とともに、小鹿島（現秋田県男鹿市）・秋田城今湊を根拠地として、反朝廷の兵を挙げた。[210] 大光寺城（現青森県平川市）、石川城（現青森県弘前市）に転戦し、持寄城（現青森県弘前市）に立て籠った。建武元年（一三三四）十一月十九日、朝廷方に降伏して、奥州北部の反乱が鎮まった。[211] その投降者名簿には、[212] 工藤・大光寺曾我・高橋ら北条氏被官のほかに、乙辺地（岩手県盛岡市乙部の武士か）、野辺（青森県野辺地町の武士か）、恵蘇（岩手県稗貫郡石鳥谷町江曾の武士か）のように、奥羽地方生え抜きの土豪らしい者の名前が見える。[213]

安達顕高（?〜元弘三年：?〜一三三三年）

高景の兄弟。元徳二年頃、引付衆になることを望んだが、[214] この望みが叶ったかどうかは分からない。当時の官職は式部大夫である。[215] 父と共に、東勝寺で自刃した。[216]

その他の安達庶子

時顕は再興安達氏の惣領であったが、庶子家で生き残った人々も、復権を果たした。

施薬院使長周《丹波》注進状[217]は、正和四年（一三一五）三月八日の鎌倉大火の被災者——すべて幕府中枢の要人ばかり——を伝えるが、その中に泰盛の弟時盛の孫師顕が「城越後権介師顕」、同弟重景の子師景が「城加賀守師景」と記されている。当時の幕府での役職はわからないが、二人は幕府要人であった。「太平記」巻十「高時以下於東勝寺自害事」には「城加賀守師顕」（官職は師景の誤記か）と、師景の子高茂（「尊卑分脈」による）が「同（城）美濃守高茂」と見える。時盛・重景の二系統は鎌倉末期に政権に加わっていた傍証になろう。常陸国片穂庄（現茨城県つくば市東部・土浦市西部）の地頭職の一部を持っていた城加賀入道道誓は、おそらく師景であろう。[218]

霜月騒動で死亡した大曾根宗長の子である長顕は上総介に任官しているうえに、「元弘討死」とあって北条氏滅亡に殉じており（上述）、復権を果たしていた。さらに安達有時（カ）が、系図には見えないものの、上述の北条貞時十三回忌供養に銀剣一、馬一匹を献じている。かつての正嫡宗景の子貞泰は、正中二年（一三二五）両親の供養のため六浦庄内富岡八幡宮に大般若経を奉納している。金沢氏の庇護のもとにあって、相当の経済力を回復していたと考え得る。[219]

おわりに

霜月騒動の研究は、多賀宗隼氏によって開拓されたが、[220]以後三十年近く空白期があった。石井進氏の「霜月騒動おぼえがき」（初出一九七三年）[221]を嚆矢として、鎌倉後期政治史の研究が進展した。一九九九年に川添昭二氏『日蓮とその時代』が上梓された。[222]二〇〇〇年のNHK大河ドラマが「北条時宗」であり、時宗を語るには安達泰盛に触れないわけにいかないので、石井進氏『鎌倉びとの声を聞く』、村井章介氏『北条時宗と蒙古襲来』の好著を得た。細川重男氏の大著『鎌倉政権得宗専制論』が二〇〇〇年に出版されたこともあって、安達氏研究は深みを加えた。非力な私には新しい見解を加えることができず、従来の研究をまとめるに留まった。それも多くの方々の助力あってのことである。

私は病のため、ほとんど歩けなくなっているので、大半の記述を刊本史料に頼らざるを得ず、必要な史料閲覧は北条氏研究会の人々の助力をあおぐことが多かった。安達氏と真字本「曾我物語」についての論文をコピーしてくださった山西明氏、東北中世史関係の論文を集めてくださった七海雅人氏、大学三郎について懇切な御教示をいただいた川添昭二氏、いつもながら企画・編集の一切を引き受けられ、その上、粗稿に綿密な校訂を加えて下さった菊池紳一氏に厚くお礼を申し上げる。

追記

このつたない論文の祖形は、二〇〇一年にできていた。出版を承諾していただいていた出版社が二社、続けて廃業したり、同人の原稿が揃わなかったりして、七年を経た。二〇〇六年十一月、福島金治『安達泰盛と鎌倉幕府――霜月騒動とその周辺』（有隣新書）が刊行された。主題と方法がほぼ同じであるため、全面的改稿が必要となった。福島金治氏の同書による部分はあまりに多いので、一々注記しなかったが、明記してお礼を申し上げる。むしろ福島氏と見解を異にする部分のみを言挙げした感があり、失礼をお詫びする。しかしその仕事も、家人の病気のため、途中で諦めなくてはならなくなった。

御助力いただいた多くの方々、途中からの面倒な作業を進んでお引受けくださり、校訂していただいた菊池紳一氏に、不完全な仕上がりを心からお詫び申し上げる。

〔注〕

（1）「吾妻鏡」（『新訂増補国史大系』　吉川弘文館　一九七二年）文治五年六月二十九日条。

（2）細川重男『鎌倉政権得宗専制論』（吉川弘文館　二〇〇〇年）。

（3）佐藤進一『増訂鎌倉幕府守護制度の研究』（東京大学出版会　一九七一年）。以後、守護に関する記事はすべて同書による。

（4）「吾妻鏡」文治元年四月二十四日条に、九州にいた範頼が三河国司を辞し、その辞状が鎌倉に着いたという記事がある。しかし同三年五月十三日条では、三河守範頼が国役を怠って、頼朝から叱責されているので、文治元年の辞表は受理されなかったと考える。以下、「吾妻鏡」による記事は注記を略する。

（5）『豊橋の寺宝Ⅰ　東観音寺展』（豊橋市美術博物館　二〇〇〇年）、これは福島金治「西国の霜月騒動と渋谷氏」（『綾瀬市史研究』8　二〇〇三年）の引用による。泰盛は自分と馬の守護を馬頭観音に願っている。

（6）注（3）に同じ。

（7）義江彰夫「頼朝挙兵時代の守護人成敗」（『歴史学研究』四六九　一九七九年）。

（8）山本隆志「安達氏の上野国経営」（『群馬県史研究』一六　一九八二年）および『群馬県史』通史編3　中世　第二章同氏執筆部分（一九八九年）。

（9）福島金治氏は、弘安九年（一二八六）十一月二十九日将軍源惟康家寄進状（集古文書所収伊豆走湯山東明寺文書、『神奈川県史』資料編2　一〇四二号）では「相模国千葉郷内飽間二郎左衛門尉□」（現神奈川県小田原市千代）の跡地が伊豆山権現の別当寺密厳院に寄進されていることを根拠に、飽間氏が泰盛時代まで、安達氏の被官であって、霜月騒動による所領没収と見る。しかし、この文書は『神奈川県史』が「本文書は検討の余地がある」と付記するように、形式・文言から見て、偽文書である。むしろ正慶元年（一三三二）の「楠木合戦注文」（国立国会図書館本）の幕府方に、飽間一族がみえるから、霜月騒動を生きのびたと考えられる。

(10)「蒙古襲来絵詞」(『日本の絵巻』一三　中央公論社　一九八八年)。

(11)「東巌安禅師行実」(『続群書類従』九上　続群書類従完成会　一九七四年)。また霜月騒動後の弘安九年、上野国北玉村は没収され、北条時宗墓堂仏日庵の仏事用途に宛てられている。弘安九年正月二十二日鎌倉幕府奉行人連署奉書(円覚寺文書、『鎌倉市史』史料編二　吉川弘文館　一九七二年)。のち同村は得宗領となった。文保元年十一月二十七日円覚寺文書目録(同前)の中に(弘安九年カ)十二月二十七日北玉村所出物注進奉書がある。

(12)「児玉党系図」(『新編埼玉県史』別篇4　年表・系図、一九九一年、「諸家系図纂」による)の片山基重の注に「弘安乱、城入道一味シテ被誅」とある。

(13)預所職については以下による。(元久二年カ：一二〇五カ)正月三十日関東御教書写および同日北条時政書状写(『石清水八幡宮史』史料第五輯、「榊葉集」からの引用であるが、『続群書類従』二上の「榊葉集」とは細部に違いがある)。

(14)『鎌倉遺文』⑥四四三〇号。

(15)年未詳五月七日安達義景書状(山口県鍵谷文書、『群馬県史』資料編6　中世2　二四九)、弘安七年十一月二十日関東下知状(長府毛利文書六、『鎌倉遺文』⑳一五三六一号)、また建長元年十月三十日将軍頼嗣家袖判下文(旧万代亀四郎氏所蔵手鑑、現山口市歴史民俗資料館所蔵、史料編纂所写真帳『鎌倉遺文』⑩七一一八号)。さらに元弘三年六月二十九日後醍醐天皇綸旨(河内観心寺文書、『鎌倉遺文』㊶三二三〇四号)。

(16)南北朝期の史料であるが、「頼印大僧正絵詞」(『群馬県史』資料編6　中世2　一二二〇、一九六四年)静嘉堂文庫本　上第五巻に「上野国萩原春近」。下第五巻に「上野国片山ノ春近」とある。

(17)正和二年(一三一三)十二月二十三日北条高時袖判下知状(東京大学文学部所蔵相模文書、『鎌倉遺文』㉜二五〇八七号)。

(18)遠藤巌「二本松市の鎌倉・南北朝時代」（『二本松町史　一　原始・古代・中世・近世』　一九九九年）。なお、同氏「官務家領陸奥国安達荘の成立」（『中世南奥の地域権力と社会』岩田書店　二〇〇一年）参照。
(19)比企氏については、「吉見系図」（『新編埼玉県史』別編4　年表・系図　一九九一年）による。
(20)注(18)に同じ。
(21)頼朝落胤説は島津忠久・大友能直にもみられ、よくある話なのであるが、前後の状況とは、
①文治二年（一一八六）六月十日、頼朝はおしのびで甘縄に丹後内侍の病を見舞っている。「吾妻鏡」編纂の時、安達家の家伝が取り込まれたのであろうが、他に例がない。
②「保暦間記」は泰盛の子宗景が源氏に改姓したと伝える。これが事実であるならば、他の史料から先例を重んじ、慎重な性格であったと推定できる泰盛が、宗景を阻止しなかったことは、前提がなければ、不自然である。
(22)以下は、早く角川源義「妙本寺本曾我物語攷」（貴重古典籍叢刊3『妙本寺本曾我物語』角川書店　一九六九年）によって指摘され、山西明「真名本『曾我物語』と安達氏――その成立に関連して――」（笠間叢書三三六『曾我物語生成論』　笠間書院　二〇〇一年）によって深められた。
(23)秋山哲雄『北条氏権力と都市鎌倉』（吉川弘文館　二〇〇六年）。また高橋慎一朗「安達邸はどこにあったか」（『中世の都市と武士』、吉川弘文館　一九九六年）。秋山哲雄氏の御教示による。
(24)遠藤巌「秋田城介の復活」（高橋富雄編『東北古代史の研究』　吉川弘文館　一九八六年）。
①平安期の有職書「侍中群要」「西宮記」「北山抄」「江家次第」にはすべて「出羽城介」と表記され、鎌倉期の「除目抄」、南北朝期の「職原鈔」では「秋田城介」と表記される。
②通常除目で出羽介を任じ、さらに臨時除目のさいに宣旨を下して、出羽（秋田）城介に補任する。
③出羽城介は鎮守府将軍とともに「受領の官にあらざる」も、受領と同様の扱いを受ける特別受領である。
④介として正規の受領となるのは、親王任国の上総介・常陸介・上野介だけであるが、一国で正規の守とともに特別

受領となった出羽城介こそ、介の唐名「別駕」にふさわしく、それ故に鎌倉期「別駕」といえば専ら秋田城介を指した。

⑤前九年合戦以後百五十年もの間、出羽城介の補任は中絶するが、その間も秋田城在庁は再編強化されていた。

⑥発掘調査でも「勅使館」地区の構造物は、十二世紀以後と見なされ（『昭和四十七年度秋田城跡発掘調査概報』）、中世秋田城が古代秋田城の周辺にあったと考え得る。

(25)市村高男「中世出羽の海運と城館」および伊藤武士「出羽府中と秋田城」（『中世出羽の領主と城館』高志書院　二〇〇二年）。

(26)『青森・岩手・秋田の城郭』（『日本城郭大系』2　新人物往来社　一九八〇年）。

(27)元弘四年（一三三四）二月日曾我光高言上状（斎藤文書、『大日本史料』六編之一　東京大学出版会　一九六八年）。

(28)榎森進「「蝦夷地」の歴史と日本社会」（『日本の社会史』1　岩波書店　一九八七年）、榎森進「アイヌ民族の去就（北奥からカラフトまで——周辺民族との「交易」の視点から）」（『北から見直す日本史』大和書房　二〇〇一年）。

(29)多賀宗隼「秋田城介安達泰盛」（『鎌倉時代の思想と文化』目黒書店　一九四六年）。

(30)豊田武・遠藤巌・入間田宣夫「東北地方における北条氏の所領」（『東北大学日本文化研究所研究報告』別巻七　一九七〇年）。

(31)建保四年（一二一六）八月二十六日鎌倉幕府奉行人奉書案（九条家本「中右記」元永元年秋巻裏文書、『千葉県の歴史』資料編　中世4（県外文書1）　二〇〇三年）に、「景□（盛カ）給其跡」とあり、宛先は「藤九郎右衛門尉殿」である。なお『鎌倉遺文』には、宛先を欠く。この文書が九条家に伝えられたのは、おそらく九条家が本家職を持っていたためであろうが、鎌倉時代末期に裏を返して祖先の日記を筆写するのに使われたのは、その時は本家職が有名無実になっていたためか。

(32)「野《や》沢《たく》血脈集」によると、景盛は行遍僧正に受法を頼んだが、荒入道であるからと断られた。のち、実賢から法を受けたので、奔走して貧道無縁であった実賢を大僧正、東寺一長者に任じたという（『大日本史料』五之三一　建長元年九月四日　実賢死亡記事による）。また醍醐寺蔵本「伝法灌頂師資相承血脈」（築島裕氏の翻刻による。『醍醐寺文化財研究所研究紀要』一　一九七八年）は、醍醐寺を中心とする真言宗の血脈であって、嘉暦四年（一三二九）の記事を下限とし、鎌倉末期の書写と認められる。この種の血脈中ではもっとも詳細である。それには、

勝賢、、
●大僧正実賢――覚智「同土」大蓮房　俗名盛景（マゝ）［号城／入道］「嘉禄二三九　師五十一　六口」

（土は壇の略。［　］内は割注、「　」内は朱書である）

とある。

(33)貞応三年（一二二四）九月十八日関東下知状（金剛三昧院文書、高野山文書刊行会『高野山文書』五　一九三六年、『鎌倉遺文』⑤三二八四号）。
(34)寛元元年（一二四三）八月二十二日前但馬守定員奉書（金剛三昧院文書）。金剛三昧院二代長老隆禅を辞めさせ、後任者は、覚智（景盛）から推薦させると、将軍頼経から、執権経時に伝達する。『鎌倉遺文』⑨六二二七号。
(35)筑前国図田帳は残っていないが、正中二年（一三二五）四月五日鎮西下知状（金剛三昧院文書、高野山文書刊行会『高野山文書』五、『鎌倉遺文』㊲二九〇七九号）に引用されている。
(36)弘安四年（一二八二）三月二十一日関東御教書（金剛三昧院文書、高野山文書刊行会『高野山文書』五、『鎌倉遺文』⑲一四二六九号）に当庄の由来として記される。
(37)田中稔「醍醐寺所蔵『諸尊道場観集』紙背文書」（上）（『醍醐寺文化財研究所研究紀要』六　一九八四年）の（三八）某書状。
(38)（元仁元年カ）二月十四日定円書状（山城神護寺文書、『鎌倉遺文』⑤三三四四号）。
(39)「明月記」嘉禄二年八月十二日条（国書刊行会　一九一二年）。

(40)多賀宗隼「覚智筆「雑問答」」(『論集　中世文化史』法蔵館　一九八五年)。
(41)承久三年(一二二一)十二月二十二日関東下知状案(金剛三昧院文書、高野山文書刊行会『高野山文書』五、『鎌倉遺文』⑤二八九八号)。
(42)寛喜元年八月二十五日関東御教書案(金剛三昧院文書、高野山文書刊行会『高野山文書』五、『鎌倉遺文』⑥三八六三号)。
(43)「行状」の奥書の年紀は、建長七年(一二五五)七月八日(『大日本史料』五編之七)。
(44)田中久夫『明恵』(吉川弘文館人物叢書　一九九七年)。
(45)「明恵上人夢記」(『大日本史料』五編之七)。
(46)「明恵上人歌集」一二七～一三四(『新編国歌大観』四　私家集編II　角川書店　一九八六年)。
(47)寛喜三年(一二三一)十月十日高弁書状案(高山寺文書五、『大日本史料』五編之七)。
(48)「明恵上人歌集」(前掲注〈46〉)。

このあかつき禅堂のなかにいる、禅観のひまにまなこをひらけば、ありあけの月のひかりまどのまへにさしたり、わがみはくらきところにてみやりたれば、すめるこころ月のひかりにまぎるるここちすれば

一〇八　くまもなくすめるこころのかゝやけば
　　　わがひかりとや月おもふらむ

四月廿日　　高弁

下山院主御房《景盛》

御返　　覚智　大蓮房

一〇九　くまもなき心のうちの光こそ
　　　まことの月のかげにありけめ

安達一族(鈴木)

一一〇　おろかなる我身はおもひしらずとも
　　ありあけの月のかげにもらすな

(49)「行状」（『大日本史料』五編之七）。また「定真備忘録」には、景盛は異香を感じて、明恵のもとへ行ったと伝える。（『大日本史料』五編之七）。

(50)福島金治『安達泰盛と鎌倉幕府』（有隣新書　二〇〇六年）は、明恵著「華厳仏光三昧観秘宝蔵」が承久三年作で、「大蓮房」に付属されたものであることを、景盛が乱以前から明恵の弟子であった証とされる。たしかに、金沢文庫蔵の同書零本の奥書に「但件本奉附属大蓮房以彼本所書留也、以彼所校本書写之」とある。しかし「華厳仏光三昧観秘宝蔵」の脱稿は、承久三年十一月九日である（『大正新修大蔵経』七二巻）。承久の乱は同三年五月～六月であるから、乱以前からの弟子との立証はできない。

(51)安達義景（?）下文（加茂部文書六、『茨城県史料』中世篇Ⅲ）。同文書を『鎌倉遺文』⑥四四〇五号は「某袖判下文」としている。袖判を義景とするのは、やや疑わしいが、「大中臣氏略系図」中郡経元の部分の裏書に「義景城介家人也、于時住京」とあることを傍証とする（網野善彦「桐村家所蔵「大中臣氏略系図」」、『日本中世史料学の課題』所収　弘文堂　一九九六年）。石井進氏は「沙石集」巻二ノ二「薬師之利益事」に「文永末ノ比」の常陸国中郡の「地頭家城ノ介」と記されていることから、安達泰盛を地頭とする（「鎌倉時代の常陸国における北条氏領の研究」『茨城県史研究』一五　一九六九年）。

(52)嘉禎元年から二年にわたっての、興福寺領大住庄（現京都府京田辺市）と石清水八幡宮領薪庄（同府京田辺市）との境相論は、京都をゆるがす大事件に拡大した。幕府は大和に守護を置き、奈良への糧道を封じる強硬手段をとって、興福寺衆徒を屈服させた。騒動が収束しかけた嘉禎二年十一月十五日、幕府は、「基綱・義景」に南都の悪党（ここでは、衆徒の張本）の弾圧を命じている（『春日社記録』一所収「中臣祐定記」『増補続史料大成』　臨川書店　一九五五年）。

基綱は後藤氏である。父基清は在京御家人の雄であり、承久の乱に上皇方となった。当時、基綱は初代評定衆の一人であったが、この年の二月十四日には、宇治で、興福寺衆徒と交渉して、一応鎮静させており、在京していたと思われる。

この史料に見える義景については、二説がある。

①福島金治氏　安達氏とする。

②『春日社記録』一の傍注は、天野氏とする（おそらく、編者永島福太郎氏による注であろう）。

この二説を検討する。天野義景は、源頼朝挙兵以来の功臣、天野遠景の孫である。父政景が承久の乱の功績により、貞応元年（一二二二）に長門守護に任じられた跡を、仁治三年（一二四二）以降、継承する（菊池紳一「天野氏の系図について」、『吾妻鏡人名総覧』第Ⅱ部所収　吉川弘文館　一九九八年）。従って、天野義景は、父政景の代官として在京し、六波羅探題によって動員された可能性はある。

一方、安達義景は、父景盛が同じく承久の乱の功績により、三年ほど、摂津国守護であったし（貞応元年〜元仁元年：一二二二〜一二二四）、河内国讃良庄の預所職・地頭職を与えられていたが、寛喜元年（一二二九）に高野山禅定院に寄進してしまい、この時は、保持していない。

天野、安達両氏は共に、「不退在京奉公」の在京人ではない。後年になるが、建治元年の「六条八幡宮造営注文」では、両氏とも「鎌倉中」に分類されている。（なお後藤氏が、「鎌倉中」にも「在京」にも見えないのは、いぶかしい。）安達義景は五番引付頭人の重職にあり、派遣されるのはどうか、とも思うが、評定衆後藤基綱が派遣されているのであるし、この命令は、幕府から出ているので、六波羅からではない。結論として、どちらであるかの決め手がない。

（53）「関東評定衆伝」建長五年条（『群書類従』四　続群書類従完成会　一九八三年）。以下同書による記事は注記を略する。

(54)「安達泰盛と霜月騒動」（『有隣』三六七　有隣堂　一九九八年）。
(55)「経光卿記抄」正月十九日条（『大日本史料』五編之一四　東京大学出版会　一九八二年）。
(56)「五代帝王物語」（『群書類従』三　帝王部　続群書類従完成会　一九八三年）および「白峰山縁起」（『大日本史料』五編之一四）。
(57)「平戸記」仁治三年正月十七日条（『増補史料大成』臨川書店　一九六五年）。
(58)『大日本史料』五編之一四。
(59)佐藤進一「鎌倉幕府政治の専制化について」（『日本中世史論集』岩波書店　一九九一年）。
(60)石井進『鎌倉びとの声を聞く』（NHK出版　二〇〇〇年）。結城文書所収「城氏系図」（浦和市結城錦一氏旧蔵、現福島県白河市集古苑所蔵）。
(61)細川重男「相模式部大夫殿――文永九年二月騒動と北条時宗政権――」（『段かづら』2　再興中世前期勉強会　二〇〇二年）。
(62)「帝王編年記」巻二六　文永九年条（『新編増補国史大系』吉川弘文館　一九六五年）。
(63)「尊卑分脈」（『新訂増補国史大系』吉川弘文館　一九八〇年）第二編二八六頁。以下、同書は編・頁を省略する。
(64)①「親玄僧正日記」永仁元年八月二日条（史料編纂所写真帖）。貞時の正妻は北条宗政の娘であり、家格は明らかに宗政の方が高い。平禅門の乱は、永仁元年四月で、貞時は二十三歳、高時の誕生は嘉元三年（一三〇三）である。明言はできないが、泰宗娘は、安達氏の復権以前から貞時の妾であった可能性がある。とすれば、大室義宗は霜月騒動で倒れたが、大室泰宗の系統は生き残ったのであろう。
②常陸国北郡は弘安・嘉元の大田文によると、国府の北方に広がる二十二の郷からなり、総計二百七十二町である（元弘三年六月頃足利氏恩賞目録　比志島文書　『神奈川県史』資料編3　古代・中世〈3上〉三二四一号）。および石井進「鎌倉時代の常陸国における北条氏所領の研究」（『茨城県史研究』一五　一九六九年）。

③大方殿の所領に称名寺所有の材木が流れ着いた時、金沢貞顕は尾藤演心に相談したが、「自分にはどうにもならない。大方殿の公文所に話してほしい」と言われて困惑している（文保元年カ月日不明金沢貞顕書状、『金沢文庫古文書』三二三号、『鎌倉遺文』㉞二六一八九号）。

(65)永仁六年（一二九八）四月二十四日、鎌倉幕府関係者の荷を積んだ唐船が、五島列島の樋島（日ノ島、現長崎県新上五島町）で難破し、付近の百姓や武士が積荷を奪った。漂着船の積荷はその場所の地頭の物になるのが、当時の慣習法であったが、寛喜三年（一二三一）に禁止されていた（『中世法制史料集』一「追加法」三二）。鎌倉から使者が派遣され、調査に当たった。積荷のなかに、大方殿の分として、金（円金と砂金）百二十八切、水銀十七筒、銀釵五腰、その他があった（永仁六年六月二十七日恵存御物以下注進状案　『史料纂集』「青方文書」一―七二号　続群書類従完成会　一九八六年、『鎌倉遺文』㉖一九七二二号、及び同年六月二十九日関東使者義首座注進状案、同書一―七三号、『鎌倉遺文』㉖一九七二四号）。

また建武二年（一三三五）九月十八日太政官符案（神宮文庫所蔵御鎮座伝記裏文書、『四日市市史』史料編　古代・中世　一四一号）は、後醍醐天皇が伊勢神宮に、伊勢国内の北条氏領を寄進する文書である。その中に「原御厨崇演後妻跡　上野御厨同」とある（それぞれ現三重県鈴鹿市東庄内町・同県津市）。しかし崇演後妻が大方殿であるか、疑う余地があるので付記に留める。

(66)「外記日記」文永三年七月二十一日条（別称は「新抄」、『続史籍集覧』一　臨川書店　一九八四年）。「外記日記」については、川添昭二氏の御教示による。

(67)「関東評定衆伝」建治元年条には、引付衆の項がなく、顕盛は評定衆として見えるが、その後は引付衆と記されているから、弘安元年の記事を採用する。

(68)「美濃前司長景集」一四六、（『私家集大成』4　中世II　明治書院　一九七五年）。

文永十年（十一年）八月のはしめ、中務卿親王御悩のよしきこへ侍しかは、御とふらひの御使にみやこへのほり

侍し程に、七月廿九日（八月一日）、御かくれにて、むなしくかへりくたりてのち、行勇律師かもとへつかはし侍
し

一四六　おもひやれみやこの秋のそてのつゆ
　　　ことしはふかき人のなみたに

長景は京に送還された宗尊親王の病気見舞いの使者として上京したが臨終に間に合わなかった。宗尊親王と親しかったのであろう。ただし一四六の詞書には、年月日に誤りがある。

(69)『蒙古襲来絵詞』（『日本の絵巻』一三　中央公論社　一九八八年）。

(70)「公衡公記」弘安六年七月一日、十日、二十一日条（『史料纂集』続群書類従完成会　一九六八年）。二人は、中御門経任の関東申次任命を不可として、公衡の継承を望み、同十日、西園寺実兼と公衡父子に馬三頭と砂金五十両を献上した。

(71)石井進「武蔵国古尾谷荘と児玉郡池屋のことなど——埼玉県関係文書拾遺——」（『新編埼玉県史だより』一八　一九八五年）。時景は、荒廃していた古谷本郷八幡社を弘安元年（一二七八）に造営し、梵鐘を鋳たという。

(72)「報恩院入壇資」（『続伝灯広録』）。多賀宗隼「秋田城介安達泰盛」（『鎌倉時代の思想と文化』目黒書店　一九四六年）引用による。

以上の安達泰盛の兄弟についての記述は川添昭二「安達泰盛とその兄弟」（『日蓮とその時代』山喜房　一九九九年）によるところが大きい。

(73)秋山哲雄『北条氏権力と都市鎌倉』第一部第三章　都市鎌倉の東国御家人（吉川弘文館　二〇〇六年）。

(74)「宇槐記抄」仁平三年九月十四日条（『台記』三、『増補史料大成』臨川書店　一九八二年）。

(75)「葉黄記」宝治元年八月十七日、十八日、十九日条（『史料纂集』続群書類従完成会　二〇〇四年）。
十七日（中略）関東使者筑前々司（二階堂行泰）、、行念（行盛）子歟　大曾根左衛門尉長泰義景（安達）親昵云々、入洛、其勢四五百騎云々、

大曾根長泰は、義景の従兄弟に当たる。記主葉室定嗣には、大曾根長泰とは何者であるか分からず、六年前、四条天皇歿後の皇位継承に介入するため上京した、安達義景が記憶に残っていたのであろう。二人は翌十八日、後嵯峨上皇の院に参り、肥前国神崎庄（現佐賀県神埼市）と筑前国宗形（宗像）庄（現福岡県宗像市）を上皇に献じた。二庄はそれぞれ大庄である。肥前国神崎庄は、実態を反映する数字であるかは疑問であるが、正応五年（一二九二）に「院御領神崎庄三千町」とあり、宗像社領は、文永十一年（一二七四）に、五百三十八町と称せられる。前者の地頭職、後者の領家職が、三浦泰村の手にあったが、この年六月の三浦氏滅亡によって幕府に没収されていた。しかし、院領としての実態は不明である。この上洛は三浦氏の乱の事後処理の意味を持っていたのだろう。

(76)没年齢は「尊卑分脈」による。

(77)以下「勅撰和歌集」はすべて『新編国歌大観』一　勅撰集編（角川書店　一九八三年）による。

(78)『新編国歌大観』六　私撰集編II（角川書店　一九八八年）。

(79)『新編国歌大観』十　歌合他編（角川書店　一九九二年）。

(80)『新編国歌大観』二　私撰集編（角川書店　一九八三年）。

(81)図書寮蔵十一冊本八代集「後拾遺集」上巻奥書に「此本者道洪法師夢想書」とあり、下巻奥書には「此本者道洪法師城四郎左衛門入道依夢想之告進先人文書等内也」とある（松田武夫『勅撰和歌集の研究』　日本電気通信社出版部　一九四四年）。

(82)「寂恵法師文」5ウ。「寂恵法師文」は尊経閣文庫に宝永三年（一七〇六）の透写本を残すのみの孤本である。書写・解読してくださった同文庫主幹の菊池紳一氏に深くお礼申し上げる。

(83)「美濃前司長景集」一四六（『私家集大成』4　中世II　明治書院　一九七五年）。

(84)建武二年十月二十一日信濃伴野庄年貢以下注文（大徳寺文書丙箱、大日本古文書『大徳寺文書』二―六四三号　一九七一年）。

(85)山口隼正「入来院家所蔵平氏系図について」（下）（『長崎大学教育学部社会科学論叢』六一　二〇〇二年）。これは系図草案であるが、従来知られている北条氏諸系図と比較すると、人名・注記が的確であり、その上、いずれの系図にも見えない人名がかなりあり、とくに女性の嫁ぎ先を詳しく記す。鎌倉末期の成立と思われる。

(86)「建治三年記」（『増補続史料大成』　臨川書店　一九七八年）。

(87)弘安元年大学三郎御書（『昭和定本日蓮聖人遺文』立正大学宗学研究所編　一九五二年）。また岡元錬城「日蓮聖人と秋田城介泰盛」上（『日蓮主義研究』七　一九八二年）。

①この大学三郎御書は断片であって、断簡一九七・「大尼御前御返事」三八二と接続し、宛先は大尼御前である。大学三郎は文永八年の法難のときには、日蓮に「身をすててかたうとして候人」であり、泰盛と書を通じて親しかった。日蓮の信者宛書状で、漢文体なのは七通のみであり、その一通が大学三郎宛である。（建治元年：一二七五）七月五日大学三郎殿御書（『昭和定本日蓮聖人遺文』二巻　一八六　立正大学宗学研究所編　一九五二年）参照。大学三郎は日蓮信者のなかで、識字能力が高かった。また、大学三郎は日蓮の葬儀に仏像を奉じて参列している（高木豊　史料紹介　日興筆「日蓮聖人御遷化記録」『日蓮教学研究所紀要』二三　一九九六年）。この大学三郎御書は、泰盛が何らかの祈禱を大学三郎を通じて日蓮に依頼し、拒絶されたと解しうる文言を含んでいる（『日蓮聖人遺文辞典』歴史篇　立正大学日蓮教学研究所　一九八五年）。

②大学三郎は比企能員の子、比企能本《よしもと》であり、鎌倉市妙本寺の開祖であるという説がある（筧雅博『蒙古襲来と徳政令』　講談社　二〇〇一年、『鎌倉市史』社寺編妙本寺項、『国史大辞典』妙本寺項、『角川日本地名大辞典』神奈川県　妙本寺項、平凡社　日本歴史地名大辞典『神奈川県の地名』妙本寺項、その他）。しかしこれらは、身延山三十六世六牙院日潮著の「本化別頭仏祖統紀」（享保十六年：一七三一）に淵源し、潤色を重ねた結果である。比企一族最後の地は、大蔵御所の小御所であって、現在の比企ケ谷妙本寺ではない。現妙本寺にある比企一門塚塔、一幡袖塚塔は、享保十四年の建立である（石川修道「滝口法難における日蓮聖人の

方人《かたうど》考——大学三郎と比企谷について」　『大崎学報』一五七　二〇〇一年）。
以上の大学三郎についての記述は川添昭二先生のご教示による。多量の史料・論文のコピーをお送りいただいた先生に厚くお礼申し上げる。

(88)多賀宗隼「世尊寺家書道と尊円流の成立」および「秋田城介安達泰盛」（『鎌倉時代の思想と文化』　目黒書店　一九四六年）。

(89)「勘仲記」弘安二年二月二日条（『増補史料大成』臨川書店　一九八一年）。

(90)「仏光国師語録」巻三（『大日本仏教全書』四十八巻）に「越州太守夫人」として見える。

(91)資寿院置文（貞和五年〈一三四九〉六月十一日　夢窓疎石　相国寺慈照院蔵　『日本高僧遺墨』二毎日新聞社　一九七〇年）の写真版による。資寿院は、のちの相国寺所轄の崇寿院であり、二回焼失して移転した。なお山家浩樹「無外如大と無着」（『金沢文庫研究』三〇一　一九九八年）参照。

(92)「実勝授法記」賜蘆文庫所収称名寺文書

法尒帰依之故ニ施物送給也、
泰盛秋田城介弘安三年於関東□訖
御布施鞍置馬一疋、裸馬一疋、宿衣二領、小袖三十、銀劔二腰、沙金六十両被送訖、□年実勝上洛、

『神奈川県史』資料編2（一〇八五号）、『群馬県史』資料編6および『群馬県史』通史編3　中世は「沙金六千両」とするが誤りである。史料編纂所影写本を照合して下さった秋山哲雄氏にお礼を申し上げる。

(93)右史料に見える法爾は当時、真空のあとを嗣いで安達氏の氏寺無量寿院の長老であった。文永九年（一二七二）、甲斐国の覚日房という僧が、室生寺岩窟内の舎利を盗掘し、鎌倉に下って、法爾にこれを伝えたという（西岡芳文「尊経閣文庫所蔵『古書雑記』について——翻刻と紹介」、『金沢文庫研究』二九九　一九九七、および同氏「日本中世の

安達一族（鈴木）

〈情報〉と〈知識〉」『歴史学研究』七一六　一九九八年）。

なおこの件について「遍智院（実勝）法印灌頂記」（『続群書類従』二六上　釈家部　続群書類従完成会　一九五七年）は次のように伝える。遍智院は醍醐寺の塔頭である。

泰盛　号城介、

弘安三年九月三日、於関東授之、

法爾、　城介帰依僧、

弘安三年九月十四日、於関東無量寿院授之、　重授、

法爾は、泰盛の帰依僧であるから、日付は遅れるが、重授である。法爾は、醍醐寺の出身で、相模国飯山放光寺（現神奈川県厚木市）の開山でもあった。東大寺別所知足院（現奈良県奈良市）で円照の法を相伝していた。さらに醍醐寺蔵本「伝法灌頂師資相承血脈」（築島裕翻字『醍醐寺文化財研究所研究紀要』一　一九七八年）によれば、

実運、、

顕果―――
「号金剛王院
三宝院」

●――実賢　大夫僧正　醍醐座主　一長者　右馬権頭基輔（息）―
金剛王院大僧正
「建久七―五―三［壬／午］入壇　廿一　師五十九
色十二ロ」

（中略）

親快、、

法印実勝―――覚仁　法尓上人

とある。

（――及び、、等は原本の略字である。なお略字で筆者が判別できるものは漢字に置き換えた。［　］は原本では割書となっているが、印刷の便宜のため築島氏が加えた。この醍醐寺蔵本「伝法灌頂師資相承血脈」は、鎌倉時代

後期の書写と推定され、真言宗各派の血脈を詳しく記している。）
(94)文永九年十二月日源実朝室（坊門信清女）置文案（山城大通寺文書、『鎌倉遺文』⑮一一一七二号）。
(95)『女人・老人・子ども』（〈日本の中世〉細川涼一執筆分　中央公論新社　二〇〇二年）。
(96)多賀宗隼「秋田城介安達泰盛」（『論集中世文化史』上　法蔵館　一九八五年）および水原尭栄『高野版の研究』（上弦書洞　一九二一年）。
(97)年月日未詳法助置文案（仁和寺文書、『鎌倉遺文』⑳一五一四五号）。
(98)勧修寺蔵「阿闍梨灌頂義軌事　自他流奥義等」の二二「広沢四巻二帖事」に、
　　已上四巻一帖ハ佐々目ノ頼助僧正ノ法流相論時、正教等城介等預之畢、
とある。伊藤聡氏の翻刻による（『勧修寺論輯』創刊号　勧修寺聖教文書調査団　二〇〇四年）。
なお仁和寺と泰盛の親しさを示す手紙がある。法親が、金沢実時に宛てたもので、「二階堂に戻った。今日、安達泰盛に会った。委細はお逢いした時に伝える」と言う内容である（〈文永十年カ〉七月二十一日法親書状　蓬左文庫所蔵金沢文庫本斉民要術裏文書、『鎌倉遺文』⑮一一五七七号）。福島金治氏は、法親は法親王の略で、仁和寺第十一代の性助と推定する。この文書の続きであろう年欠七月三十日法親書状（仁和寺文書、『鎌倉遺文』未収録）がある。これにも「泰盛に逢って今帰った」という。性助は鎌倉に来て、実時や、泰盛と交流していた。
(99)「観助受灌頂記（仮題）」（安部康郎・福島金吾・山崎誠編『守覚法親王と仁和寺御流の文献学的研究』資料編　勉誠出版　二〇〇〇年）の翻刻による。
　　弘安八年〈乙酉〉卯月廿五日婁｜水｜、天晴風静、法務法印権大僧都□高□満四十、於関東八幡宮別当坊、令授伝法灌頂於権律師（大納言）観助庶子（カ）、（裏書）「山科大納言入道孫雅方中将息、二条坊門内府猶子也」（中略）旧年秋比被□□（法助）開田准后之処、初度伝法尤可奉扶持、受者相共企上洛者可宜之由御返報、此事、受者雖被申合奥州禅門子細間、准后去十一月廿一日、俄令帰国寂給、為法為宗、不可不傷嗟、於今専於当国可遂其節之由必然之上□同二月廿八日婁｜水｜、被始

安達一族（鈴木）

加行畢（下略）

(100)また注(99)同書に、

（上略）御布施以下事、毎事可為省略、先整行列儀（中略）可省略之由、依被奥州禅門計申也云々、（下略）、

とある。なお注(93)に掲げた醍醐寺蔵本「伝法灌頂師資相承血脈」には、

法印守海――――頼助 佐々目大僧正、

とある。

(101)熊原政男「金沢文庫書誌の研究」（『金沢文庫研究紀要』一　一九六一年）。

(102)田島光男「西院流伝法灌頂相承血脈鈔について」（『三浦古文化』四〇　一九八六年）の翻刻による。

第廿二代能禅法印『号大慈心院』徳行并附法弟子 ―――― 覚仁 无量寿寺　長老　号法爾房　律　无三摩耶戒

法爾は真言律僧であった。ただし、法爾の附法は弘安九年四月であって、霜月騒動後になる。

(103)福島金治「鎌倉松谷正法寺小考」（『年報中世史研究』三〇　二〇〇五年）。

(104)文和三年閏十月二十六日関東公方〈足利基氏〉御教書（金沢文庫文書、『神奈川県史』資料編3　古代・中世（3上）　四二七〇）。

(105)仁和寺所蔵の「胎蔵界伝法作法奥書」「金剛界伝法灌頂作法奥書」「三摩耶戒作法〇仮題奥書」の各々に寛元五年（一二四七）正月に「於相州松室坊書写畢」とある。（『神奈川県史』資料編1　古代・中世（1）　三七九、三八〇、三八一号　一九七〇年）。

(106)「東巌安禅師行実」（『続群書類従』九上、続群書類従完成会　一九八一年）。

(107)永井晋「平安・鎌倉時代の南家儒流」（『栃木史学』九　一九九五年）。

(108)「光源氏物語本事」末尾。

関東城介奥州、平嶋入道をもちて、春日局近衛北殿官人讃岐局琵琶伶人のたよりにて被送状之、源氏抄事、たひ〳〵申候に、なにともうけ給らす、心もとなきやうに候、かまへてこの便宜に一見候やうに候はゝやと、冷泉とかやへつたへ申されて、又右の事いかに候そう（マヽ）あるかと、

かすかとのゝ御つほねへ　　　やすもり（後略）

（今井源衛「了悟「光源氏物語本事」翻刻と解題」、『改定版源氏物語の研究』未来社　一九八一年）による。

(109)服部英雄「中世史料論」（『日本史講座』4　東京大学出版会　二〇〇四年）。

(110)「追加法」四六三条（佐藤進一・池内義資編『中世法制史料集』一　岩波書店　一九五五年）。

(111)「壬生官務家日記抄」弘安四年閏七月二十一日条（『元寇史料集』二　国民精神文化研究所編　一九三五年）。

(112)町石銘文の読み取りは、すべて愛甲昇寛『高野山町石の研究』（高野山大学内密教文化研究所　一九七四年）、再録『中世町石卒塔婆の研究』（ビジネス教育出版社　一九九四年）に依拠。実名比定にも同氏によるところが多く深謝する。なお、八田洋子「「高野山町石」鎌倉武士の一断面」（『歴史考古学』五〇　歴史考古学研究会　二〇〇二年）により、実名比定に多くの訂正を加えることができた。三書については、青木忠雄氏のご教示に預かった。

(113)実宝（寛元二年～?：一二四四～?）。右大臣藤原公基の子。仁和寺で、開田准后法助に学ぶ。正応二年（一二八九）に東寺三長者、同五年（一二九二）に東寺長者八十一世となる。

(114)覚済（安貞元年～乾元二年：一二二七～一三〇三）。師は実賢・勝尊。山本流の祖。宝治二年（一二四八）醍醐寺座主四十五世。正応五年（一二九二）東寺長者八十世。翌永仁元年（一二九三）醍醐寺座主四十七世再任。

(115)勝尊（生歿年不詳）。摂政藤原師家の子。実賢に伝法灌頂を受け、寛元三年（一二四五）醍醐寺座主三十四世。

(116)聖基（元久元年～文永四年：一二〇四～一二六七）。東南院で三輪を学び、広沢流の伝法灌頂を受ける。元仁元年（一二二四）勧修寺《かんじゅじ》長吏。仁治三年（一二四二）東寺長者。弘長二年（一二六二）東大寺別当。

(117)勝信（嘉禎元年～弘安十年：一二三五～一二八七）。関白九条道家の子。師は、聖基。建長五年（一二五三）勧修寺

長吏。弘安四年（一二八一）東大寺別当。勧修寺長吏。翌年東寺長者。町石落成供養の導師を勤めた。

(118)二月騒動後の御内人の処分については、①泰盛の主導であったとする説（川添昭二『日蓮とその時代』山喜房　一九九九年、および注〈60〉石井書）、②時宗主導とする注〈61〉細川説とがある。aその時、二十二歳であった時宗が、「非情・酷烈の指導者として世人に対し演出して見せた」という②の主張はやや首肯しがたいこと、b時章は誤殺とされながら、その守護分国である筑後・肥後・大隅三カ国は奇怪にも没収され、各々大友頼泰・安達泰盛・千葉宗胤に分与されており、北条氏に与えられていないことの、ab二点から、①を採用する。

(119)鈴木宏美「安達泰盛の支持勢力――高野山町石を中心に――」（『埼玉地方史』一〇　一九八二年）。

(120)高野山町石率都婆供養請定（『高野山文書続宝簡集』二九　『鎌倉遺文』⑳一五七二二号・一五七二三号）。

(121)注(86)に同じ。

(122)『蒙古襲来絵詞』（『日本の絵巻』一三　中央公論社　一九八八年）。

(123)建治二年八月二十七日安達泰盛添状（島津家文書、『鎌倉遺文』⑯一二四五七号）。また（文永九年）十月二十二日安達泰盛書状案（金剛三昧院文書、高野山文書刊行会『高野山文書』五、『鎌倉遺文』⑮一一一二九号）。（弘安三）九月十一日安達泰盛書状（尊経閣文庫所蔵『武家手鑑』所収、『鎌倉遺文』⑲一四〇九九号）。

(124)村井章介氏によれば、泰盛の御恩奉行在任は文永九年（一二七二）十二月以前から弘安徳政までである。同氏「安達泰盛の政治的立場」『中世東国史の研究』（東京大学出版会　一九八八年）。

(125)「追加法」四七八（注〈110〉同書）。この法令にある「直被聞食、内々可御計」の主語を、①五味文彦氏、細川重男氏は得宗時宗とし、②福島金治氏は、将軍源惟康とし、村井章介氏も泰盛が将軍権力を代行していたと見る。建治三年時点で、時宗は二十七歳、源惟康は十四歳であるから、①をとる。

(126)海老名尚・福田豊彦「田中穣氏旧蔵典籍古文書『六条八幡宮造営注文』について」（『国立歴史民俗博物館研究報告』四五　一九九二年）および『東京都古代中世金石文集成　一　古文書編』一四二号（角川書店　一九九三年）。

(127)鈴木宏美「「六条八幡宮造営注文」にみる武蔵国御家人」（岡田清一編『河越氏の研究』、名著出版　二〇〇三年）。

(128)「公文翰林抄」は伊勢神宮の書札例であるが、六波羅探題北方北条時茂あての書状文例の付記として、

此一門（北条氏）人々許へ遣状、謹上之字略之、恐々謹言ト書之、城介許へ遣状、恐々之字略之、謹言ト書之、「城介許へノ状、自建治年中被載恐々、」

とある（『千葉県の歴史』資料編　中世5　県外文書2　記録典籍　三重県　二〇〇五年）。

(129)網野義彦「中郡庄の新資料」『日本中世史料学の課題』（弘文堂　一九九六年）。

(130)「北条九代記」下、弘安三年および四年条（『続群書類従』二九上　続群書類従完成会　一九五七年）。また「官公事抄」（東京大学史料編纂所謄写本）にも「鎌倉八幡宮遷宮造営奉行秋田城介泰盛」とある。

(131)「勘仲記」弘安五年七月十四日条は、六波羅探題北条時村の陸奥守の任を解いて、泰盛を新任した不自然さを指摘している（『増補史料大成』臨川書店　一九八一年）。

(132)北条氏研究会編『北条氏系譜人名辞典』第II部「北条氏所領一覧」（新人物往来社　二〇〇一年）。

(133)弘安八年十月十六日に提出された豊後国大田文案（平林本、『鎌倉遺文』⑳一五七〇〇号）に「国領三重郷百捌拾町　地頭　新　陸奥守殿」とある。三重郷は、現大分県大野市を中心とし、新臼杵市・南海郡宇目町の一部を含む。豊後国大田文（内閣文庫本、『鎌倉遺文』⑳一五七〇一号）に「新田陸奥守殿」とあるので、『鎌倉遺文』はこれを新田基氏に比定する。しかし新田基氏は陸奥守になったことはないし、この頃の新田氏は幕府に冷遇されていて、その可能性はない。『大分県の地名』（平凡社）その他はこれを泰盛とする。しかし本文に記したように、陸奥守は、弘安七年八月八日に北条業時が遷任しており、この大田文の調査時期によるが、「地頭　新　陸奥守殿」は、業時と理解するのが、妥当ではなかろうか。業時が弘安六年に連署に就任していることも、傍証になろうか。

〈付記〉

旧仙台城内、今は東北大学理学研究科付属植物園にある板碑に「弘安十年」「禅定比丘陸奥州主」とある。これは、泰安達一族（鈴木）

盛の供養塔であると、七海雅人氏が言われ、石井進氏が引用されて、有名になった（七海雅人「『蒙古の碑』ノート」、「東国文化研究会板碑シンポジュウム資料」一九九九年、石井進『鎌倉びとの声を聞く』二〇〇〇年）。しかしその後、入間田宣夫氏から、被供養者は陸奥国留守職留守家広と見られるとの批判を受け、七海氏はこの見解を撤回されたので（七海雅人「第三回東北中世史研究会サマーセミナー資料」二〇〇一年）、付記にとどめる。

(134)「鎌倉年代記」弘安七年条（『増補続史料大成』臨川書店　一九八六年）。

(135)追加法五七〇条。注(110)同書。

(136)高野山検校祐信注進状（高野山文書宝簡集一八、『鎌倉遺文』⑳一五一九六号）。

(137)年欠（建治元年）十一月二十一日北条時宗巻数請取状（「勘仲記」弘安元年十一月巻紙背文書、『鎌倉遺文』⑯一二一二九号）。

(138)村井章介『北条時宗と蒙古襲来』（ＮＨＫ出版　二〇〇一年）。

(139)海老名尚「鎌倉の寺院社会における僧官僧位」（福田豊彦編『中世の社会と武力』　吉川弘文館　一九九四年）。

(140)弘安御式目の奏上対象に関する各説

	前半十八カ条	後半二十カ条	備考・出典
網野善彦説	将軍源惟康	同上	「『関東公方御教書』について」（『信濃』二四―一　一九七二年）
五味文彦説	得宗貞時	同上	「執事・執権・得宗」（石井進編『中世の人と政治』吉川弘文館　一九八八年）
古沢直人説	「公方」の語の検討		下からの呼称であり東国では幕府をさす。（『鎌倉幕府と中世国家』（校倉書房　一九九一年）

南基鶴説	将軍の私的領域	形式的には将軍 実質的には得宗	『蒙古襲来と鎌倉幕府』（臨川書店　一九九六年）
細川重男説	得宗	将軍	『鎌倉政権得宗専制論』（吉川弘文館　二〇〇〇年）
近藤成一説	将軍源惟康	同上	『モンゴルの襲来』（吉川弘文館　二〇〇三年）

(141)注(138)に同じ。

(142)佐藤進一『鎌倉幕府訴訟制度の研究』（初版　畝傍書房　一九四三年、再版　岩波書店　一九九三年）。

(143)弘安九年二月日常陸国留守所下文案（常陸総社文書、『鎌倉遺文』㉑一五八三〇号）。

(144)後宇多天皇宣旨（石清水文書、『鎌倉遺文』㉑一五七三二号）。

(145)乳母夫であることは、正応四年（一二九一）中山寺本「教行信証」刊記「当副将軍相州太守（北条貞時）平朝臣乳父平左金吾禅門（頼綱）法名杲円」による（重見一行『教行信証の研究：その成立過程の文献学的考察』　法蔵館　一九八一年）。

(146)細川重男「霜月騒動再現」（再興中世前期勉強会三月例会レジュメ　二〇〇四年）。なお、このレジュメは、永井晋氏の御好意により、入手できた。

(147)「鎌倉年代記裏書」「武家年代記裏書」（『増補続史料大成』臨川書店　一九八六年）。

(148)熊谷直之氏所蔵「梵網戒本疏日珠鈔裏書」。この部分は『鎌倉遺文』および『神奈川県史』資料編　古代・中世（2）に収めず、多賀宗隼「弘安八年「霜月騒動」とその後」（史料補遺）（『論集中世文化史』上　法蔵館　一九八五年）所引による。

(149)百瀬今朝雄「元徳元年の中宮御懐妊」（『弘安書札礼の研究』　東京大学出版会　二〇〇〇年）。「門葉記」（青蓮院本、東京大学史料編纂所写真帳）の「冥道供」七　日光僧正源恵項。なお、支物（礼物）は一万疋＝百貫文である。福島

安達一族（鈴木）

金治氏が十万貫文とされるのは、何かの間違いであろう。

(150)凝然（仁治元年～元亨元年：一二四〇～一三二一）は、東大寺戒壇院の華厳宗学僧で、文永五年（一二六八）に弱冠二十九歳にして日本仏法の概要を簡潔に述べた「八宗綱要《はっしゅうこうよう》」という名著を著わした学僧である。「八宗綱要」は、八宗について集大成した上に批判を加えた客観的な論を展開している上、当時まだ社会的に公認されていなかった禅宗と浄土宗についても略説しており、仏教初学者の必読の書とされた。以来、八十二歳で没するまで、著作は百二十部、千二百巻に及んだという。著作のかたわら、戒壇院をはじめ、唐招提寺、法隆寺その他地方諸寺の復興につとめ、禅爾、禅明など弟子の学僧を育てた。当代一流の学僧である。

(151)川添昭二「岩戸合戦再論」（論集日本歴史4『鎌倉政権』有精堂　一九七六年）。

(152)この見解は古く山川智応「武蔵守宣時の人物事蹟位地権力と其の信仰」（『日蓮聖人研究』二　新潮社　一九三一年）によって主張され、二〇〇〇年、細川重男氏によって再評価された。注(2)同書。山川智応氏の論文コピーをお送りくださった細川重男氏に、お礼を申し上げる。

(153)注(2)に同じ。

(154)永仁六年（一二九八）八月二十一日関東下知状（法隆寺文書、『千葉県の歴史』資料編　中世5）には「城介宗景後家」と明記する。この文書がなぜ法隆寺に伝えられたかは、全く分からない。

(155)

①年月日未詳三聖寺《さんしょうじ》文書惣目録（『豊後国大野庄史料』九九号　吉川弘文館　荘園史料叢書　一九七九年）のなかに次の記載がある。なお、大野庄は現大分県豊後大野市西部にあたる。

一結　肥後国守富庄榎津国庁本札西倉等
吉田殿并潮音院殿御寄進状等 在小目録入唐錦袋

三聖寺（現京都市東山区）は東福寺の塔頭のひとつであり、時宗が弘安六年、北条氏の祈願所とした。これは時宗の遺領であろう。
②（年未詳）十月二十九日北条高時書状（山城三聖寺文書、『鎌倉遺文』㊶三二一八〇号）。

(156)
①嘉元四年（一三〇六）三月二十八日覚山志道北条時宗後室安達氏寺領寄進状案（円覚寺文書、『鎌倉市史』史料編二　吉川弘文館　一九七二年）丹波国なり松の保を、鎌倉建長寺正続庵に寄進する。
②（徳治二年：一三〇七）十二月十一日崇演（北条貞時）書状（円覚寺文書、『鎌倉市史』史料編二　上掲）。
③正和五年（一三一六）四月二十三日円成貞時後室安達氏書状案（円覚寺文書、『鎌倉市史』史料編二　上掲）。
④（年未詳）十二月二十一日安達時顕等連判書状（円覚寺文書、『鎌倉市史』史料編二　上掲）。

(157)
①永仁三年（一二九五）後二月二十五日北条氏（貞時）執事奉書（円覚寺文書、『鎌倉市史』史料編二　上掲）。
②元応二年（一三二〇）十二月二十五日相模円覚寺文書目録（円覚寺文書、『鎌倉市史』史料編二　上掲）。

(158)「笠原荘一宮記」（『静岡県史』資料編5　中世一　四八七　一九八九年）の「笠原社地頭代々次第」によると、高松社領笠原庄は、平家没官領であり、甲斐源氏の一条忠頼、佐原義連、毛利季光、安達義景、安達泰盛、潮音尼と伝領された。佐原義連以後は、預所・地頭を兼帯して社務・庄務を行ったのであり、関東御領と推定される。文保二年（一三一八）には安達時顕が笠原庄の訴訟を裁許している（安達時顕裁許状「中山家文書」『鎌倉遺文』㉟二六八五六号）。なお、石井進「関東御領研究ノート」（『石井進著作集』四　岩波書店　二〇〇四年参照。

(159)佐藤進一「鎌倉幕府政治の専制化について」（『日本中世史論集』　岩波書店　一九九〇年）。

(160)「一遍上人絵伝」（日本の絵巻二〇、中央公論社　一九八八年）。

(161)『雑談集』愚老述懐（山田昭全・三木紀人校注〈中世の文学〉三弥井書店　一九七三年）。

(162)本郷和人「霜月騒動再考」『史学雑誌』一一二―一二（二〇〇三年）。

(163)他の論点を示す。
①極楽寺流北条重時が浄土宗の影響を受け、「撫民」の提唱者であった。
②二月騒動は泰盛派に対する頼綱派の攻撃であった。
③霜月騒動はかつての比企氏の勢力範囲、北関東地方と南関東地方の戦いの側面を持つ。
④泰盛派は後嵯峨上皇・亀山上皇による朝廷の訴訟制度整備を支持し、頼綱派は反対する。
(164)佐藤進一『増訂鎌倉幕府守護制度の研究』（東京大学出版会　一九七一年）。
(165)石井進「鎌倉時代「守護領」序説」（『日本中世国家史の研究』岩波書店　一九七〇年）。
(166)注(132)同書。
(167)注(2)同書。
(168)細川重男「書評『北条氏系譜人名辞典』」（『日本歴史』六四九　二〇〇二年）。
(169)注(160)同書。鎮西名主職安堵令（追加法五六二条）の「不知行過廿箇年者同前（不及沙汰）」について、不知行二十箇年以内ならば安堵すべしという反対解釈を導きうる。また同時に発せられた鎮西神領興行令には沽却質券地の取り戻しを含むと解せられる。
(170)追加法六一五・六二一・六二二・六二三・六二四・六二五の各条は、諸公事の百姓への宛課を禁じ、人売りを禁止する。細川重男「飯沼大夫判官と両統迭立――「平頼綱政権」の再検討――」（『白山史学』三八　二〇〇二年）。
(171)星野恒「吾妻鏡考」（『史学雑誌』一―一　一八八九年）。和田英松「吾妻鏡古写本考」（『史学雑誌』二三―一〇　一九一二年）。八代国治『吾妻鏡の研究』（吉川弘文館　一九一三年）。
(172)注(60)同書。
(173)網野善彦『蒙古襲来』（小学館『日本の歴史』　一九七四年）。
(174)後藤紀彦「沙汰未練書の奥書とその伝来」（『年報中世史研究』二　一九七七年）。

(175)多賀宗隼『論集中世文化史』上（法蔵館　一九八五年）。
(176)細川重男「秋田城介安達時顕」（『白山史学』二四　一九八八年）。
(177)文保元年（一三一七）十一月十七日安達宗顕三十三年忌表白文（『金沢文庫古文書』六九二九号）。ただし『金沢文庫古文書』は「安達泰盛」としている。宗顕とするのは、神奈川県立金沢文庫『北条顕時展図録』（二〇〇一年）による。『鎌倉遺文』㉞二六四三一号も宗顕とする。
(178)嘉元二年二月二十九日秋田城介安達時顕書状案（金剛三昧院文書、高野山文書刊行会『高野山文書』は、安達宗景とするが、誤りである。『鎌倉遺文』㉘二一七五六号）。また、嘉元三年（一三〇五）と推定される二月十四日の金沢貞顕書状に「別駕女房御事」とある（『鎌倉遺文』㉙二二一〇七号）。この書状は『鎌倉遺文』㉙二二一八七号、㉘二一八八五号と接続する。この三通の接続および以下の金沢貞顕（崇顕）書状については、永井晋「金沢貞顕書状概論」（『鎌倉遺文研究』一三　二〇〇四年）による。
(179)「校本　歴代皇紀」（『改定史籍集覧』一八　臨川書店　一九〇一年）。
(180)「校本　一代要記」（『改定史籍集覧』一　通記二　臨川書店　一九八三年）。
(181)「武家年代記裏書」徳治三年条（『増補続史料大成』臨川書店　一九八六年）。
(182)佐藤進一「鎌倉幕府職員表復元の試み」（『鎌倉幕府訴訟制度の研究』付録　岩波書店　一九九三年）。
(183)注(183)同書によると、正和元年（一三一二）から元亨二年（一三二二）まで、五番引付頭人であり、元亨三年、一時、頭人を辞めるが、正中元年（一三二四）に旧に復し、嘉暦二年（一三二七）四番頭人に移る。その証として、
①嘉暦三年七月二十三日関東下知状（熊谷家文書　東京大学史料編纂所影写本）によると、継目裏三カ所に安達延明の花押がある。『鎌倉遺文』㊴三〇三二一号には裏花押の記載なし。
②嘉暦三年八月八日沙弥某（花押により延明）奉書（史料編纂所影写本　飯野文書一―三一）。なお、『飯野八幡宮文書』（『史料纂集』　続群書類従完成会　一九八三年）口絵写真二四参照。『鎌倉遺文』㊴三〇三三四号。

(184)肥後和男翻刻「延慶三年記」（『史潮』七―三　一九三七年）十月十七日条。同記については、細川重男氏の御教示に預かった。
(185)『系図纂要』三「安達」に（時顕）女相模入道高時室とある。
(186)（正和五年）金沢貞顕書状（『金沢文庫古文書』一三四号、『鎌倉遺文』㉞二五八八一号）。
(187)嘉暦元年（一三二六）三月十六日、金沢貞顕は連署であったのに、自身の執権就任をその日の朝まで知らなかった（年月日欠金沢貞顕書状、『金沢文庫古文書』三七四号、『鎌倉遺文』㊳二九三九〇号）。また金沢貞顕は六波羅南方探題である子息貞将が鎌倉に戻れるよう、長崎高綱・高資父子に頼み、さらに安達時顕に頼んでいる（年月日欠金沢崇顕書状、『金沢文庫古文書』七二六号、『鎌倉遺文』㊵三〇九五〇号）。
(188)（正中二年）金沢貞顕書状（『金沢文庫古文書』三五五号、『神奈川県史』資料編2　古代・中世〈2〉二四六九）。『鎌倉遺文』には収めない。
(189)（元徳二年）五月十九日金沢貞顕書状（大阪青山短期大学付属文学歴史博物館所蔵）。福島金治「岡田忠久氏所蔵金沢称名寺文書について」（『金沢文庫研究』二八三　一九八九年）参照。金沢貞顕の次男貞冬の官位昇進について「城入道・長崎入道はかり相計候」とある。
(190)注(2)同書。
(191)安達時顕寄進状案（金剛三昧院文書、『鎌倉遺文』㉟二六七六七号）。
(192)貞応元年七月二十三日北条義時下文（朽木文書、『鎌倉遺文』⑤二九八一号）。
(193)（年欠）十一月二日金沢貞顕書状（『金沢文庫古文書』二九一号、『鎌倉遺文』㊳二九四一四号）。
(194)文保三年正月三十日安達時顕免許状写（肥前鍋島家本東妙寺文書、『鎌倉遺文』㉟二六九四四号）。
(195)元亨三年十月二十六日北条貞時十三年忌供養記（円覚寺文書、『鎌倉市史』史料編二　吉川弘文館　一九七九年）。
(196)安達時顕写経願文（『弘文荘待賈古書目』三十一、『鎌倉遺文』㊲二八七五八号）。

(197)田中稔「秋田城介時顕施入の法華寺一切経について」(『鎌倉幕府御家人制度の研究』吉川弘文館　一九九一年)。

(198)『福島県史』通史編一　原始・古代・中世(一九六九年)。ただし安達高景領とする考えも成り立ちうる(遠藤巌『二本松町史』原始・古代・中世・近世　一九九八年)。

(199)佐藤進一・網野義彦・笠松宏至『日本中世史を見直す』。(元徳元年)十一月二十二日崇顕(金沢貞顕)書状(『金沢文庫古文書』四一四号、『鎌倉遺文』未収)および(元徳元年)七月九日同書状(『金沢文庫古文書』三四一号・三九九号、『鎌倉遺文』㊲二九一八〇号・㊴三〇六五七号)。佐藤進一氏は、伊賀兼光が六波羅引付への出仕を止めてしまうのを、昇叙が実現しなかったためと理解される。

(200)嘉暦の騒動について。正中二年(一三二五)十一月、北条高時の妾常葉御前(得宗被官五大院氏の妹)が、高時の長男邦時を産んだとき、安達一門は慶賀に参上しなかった。そして翌正中三年三月、高時が重病で出家し、執権職を辞したとき、長崎氏は中継ぎの執権を立てて、四カ月の幼児邦時につなげようとし、安達時顕は外戚の地位を保つため、高時の同母弟泰家を推したが、果たせなかった。金沢貞顕書状(『神奈川県史』資料編2　二四四八号、『鎌倉遺文』㊳二九二五五号)による。

(201)嘉暦四年(一三二九)、幕府は後醍醐天皇譲位問題への対案を決めないまま、二階堂道蘊を上洛させた。道蘊は五月ころから幕府の方針を逸脱し、安達時顕を味方につけて、持明院統を支持した(嘉暦四年と推定される七月二十六日金沢崇顕書状、『金沢文庫古文書』四三六号・六八七六号重出、『神奈川県史』資料編2　二七五〇号、『鎌倉遺文』㊴三〇六七七号)。また筧雅博「道蘊・浄仙・城入道」(『三浦古文化』三八　一九八五年)参照。

(202)『花園天皇宸記』三(『史料纂集』続群書類従完成会　一九八六年)元亨四年(一三二四)十月三十日条裏書。宣房が後日の出仕で時顕を恐れる様は、嘲弄を招いたという。

(203)(嘉暦四年)七月二十六日金沢崇顕書状(『金沢文庫古文書』四三六号・六八七六号重出、『神奈川県史』資料編2古代・中世(2)二七五〇号、『鎌倉遺文』㊴三〇六七七号)。

(204)追加法六三二（『中世法制史料集』一　岩波書店　一九七二年）。
(205)注(2)同書。
(206)正中三年三月十六日金沢貞顕書状（『金沢文庫古文書』三七四号、『鎌倉遺文』㊳二九三九〇号）。
(207)注(183)に同じ。
なお、○元徳三年（一三三一）四月二十九日秋田城介（高景）奉書（永光寺文書、史料編纂所写真帳および『花押かがみ』四　鎌倉時代三、『鎌倉遺文』㊵三一四四二一号）。
○元徳三年十二月二十七日関東下知状（東寺文書射、史料編纂所影写本、高橋敏子氏のご好意により閲覧できた）。高景が継目裏花押を加えている（『鎌倉遺文』㊵三一五七四号は裏花押について触れない）。
○正慶元年（一三三二）十一月二十四日秋田城介（高景）奉書案（類聚神祇本源裏文書、史料編纂所影写本は、原本が巻子本のため裏花押が読めない）。
(208)「鎌倉年代記裏書」元徳三年九月二日条（『増補史料大成』臨川書店　一九八六年）。また「光明寺残篇」元弘元年九月十八日条（光明寺文書、『史料纂集』続群書類従完成会　一九八五年）。
(209)注(141)田中稔氏論文引用　梅沢彦太郎氏所蔵　竺田悟心墨蹟別称偈。
(210)注(27)に同じ。
(211)「元弘日記裏書」建武元年十一月条（内閣文庫本）。
(212)建武元年十一月十九日津軽降人交名注進状（南部文書、『大日本史料』六編之二）。
(213)佐藤進一『南北朝の動乱』（「日本の歴史」9　中央公論社　一九六五年）。
(214)年月日未詳金沢崇顕書状（『金沢文庫古文書』三五九号、『鎌倉遺文』㊴三〇八七七号）。
(215)注(215)および「尊卑分脈」二。
(216)「太平記」および「系図纂要」三　安達。

(217)「公衡公記」正和四年三月十六日条(『史料纂集』続群書類従完成会　一九六九年)。
(218)建武四年(一三三七)九月二十二日足利尊氏袖判下文写(杉橋隆夫「四天王寺所蔵「如意宝珠御修法日記」同紙背(富樫氏関係)文書について」二-七、『史林』五三―三　一九七〇年)による。杉橋氏によると、本文書は近年、四天王寺が他から購入したものであって、歴史的に四天王寺とはおそらく関わりがない。なお『茨城県史』中世編(一九八六年)で、網野義彦氏は、城加賀入道道誓を時顕とされるが、『系図纂要』三　安達には、師景の傍注に、加賀守とある。また時顕の法名は延明である。
(219)安達貞泰大般若経寄進状(慶珊寺現蔵、『鎌倉遺文』㊲二九一六一号~二九一六六号)。
(220)多賀宗隼「北条執権政治の意義――後期を中心として――」、同「秋田城介安達泰盛」(『鎌倉時代の思想と文化』目黒書店　一九四六年)。前者は「弘安八年「霜月騒動」とその後――執権政治の一考察」と改題して『論集　中世文化史』上(法蔵館　一九八五年)に再録されている。
(221)石井進「霜月騒動おぼえがき」(『神奈川県史だより』四　一九七三年、再録『鎌倉武士の実像』平凡社　一九八七年)。
(222)川添昭二『日蓮とその時代』(山喜房　一九九九年)。

佐原氏と三浦介家

磯川いづみ

一　はじめに

三浦氏は、桓武平氏で源頼朝挙兵以前から清和源氏と主従関係を結んでいた。治承四年（一一八〇）頼朝の挙兵時に、三浦義明は「吾為源家累代家人、幸逢于其貴種再興之秋也、盍喜之哉、所保已八旬有余也、計余算不幾、今投老命於武衛《（頼朝）》、欲募子孫之勲功、汝等急退去兮、可奉尋彼存亡、吾独残留于城郭[1]」すと言い残し、討死する場面が「吾妻鏡」によって、劇的に描かれている[2]。以後、三浦義澄・義村が宿老・評定衆として重きをなし、鎌倉殿や執権を支えてきた。三浦泰村の代になり、宝治元年（一二四七）六月、安達氏の挑発により起こされた宝治合戦で、三浦宗家[3]は滅亡することとなった。その後三浦氏の名跡「三浦介」は佐原盛連の五男盛時が継ぎ[4]、紆余曲折を経て近世までその命脈を保っている。

そのような三浦氏には、さまざまな庶子家が存在していた。「三浦系図[5]」を見るだけでも、義明の兄弟から津久井・葦名[6]・岡崎、義澄の兄弟から杉本・大多和・多々良・長井・佐原など、多数見ることができる。すなわち三浦氏は平安時代末期から、庶子家の独立傾向が強かったことがわかるのである。これは三浦氏に限ったことではなく、千葉氏などにも見られることである。

鎌倉時代の三浦氏の研究は数多あり[7]、研究されつくした感がある。とりわけ、『新横須賀市史』資料編古代・中世Ⅰ、Ⅱ（それぞれ『市史Ⅰ』・『市史Ⅱ』と略記する）が刊行されたことで、三浦氏の史料のほとんどを通覧できるようになった。また同書には、特徴ある史料を取り上げた「資料を読む」があり、そこには詳細な解説が付され、本稿もそれに多くを負っている。そのため今回は、二つの点に絞ってみることにしたい。一つは佐原氏と三浦介家の所領について、『市史Ⅰ』・『市史Ⅱ』に依拠しながらまとめることとする。[8]もう一つは、幕府が三浦氏を含めた御家人に課すさまざまな関東御公事のうち、建長二年（一二五〇）の閑院内裏の修造、建治元年（一二七五）の六条八幡宮造営、弘安四年（一二八一）の鶴岡八幡宮再建を取り上げ、佐原氏及び三浦介家に当てはめてみるとどうなるのか、具体的に見ていくことにする。

二　基本情報

1　宝治合戦以前の佐原氏

最初に、宝治合戦以前の佐原氏、すなわち初代義連とその次男盛連、三男家連について、簡単に事績をまとめてみたい。

義連は、義明の十男である。養和元年（一一八一）四月七日、源頼朝は御家人のうち「殊達弓箭之者亦無隔心之輩」十一名に頼朝の寝所を警護させることを定めている。この十一名について、細川重男氏は「家子」の原型であったとしている。[9]また文治五年（一一八九）二月二十八日に頼朝に伺候していた義連・結城朝光・梶原景季・八田朝重は「近臣」と表現されている。[10]その他『吾妻鏡』には、頼朝から信頼されていたことを示す記事が散見される。

義連は、紀伊・和泉の守護になっている。[11]紀伊・和泉は三浦宗家が守護となっていた河内とともに京都の喉元にあたる重要な国であり、水運と関わりの深い三浦氏にとってこの両国を押さえていたことは大きいだろう。[12]

続いて盛連である。彼は、義連の次男で三浦義村女を妻にしていた。[13]義村女はもとは北条泰時室で嫡男の時氏を生み、その後盛連との間に光盛・盛時・時連が生まれている。盛連は当時、六波羅探題であった時氏に従って在京していたようで、藤原定家は盛連のことを「酔狂」と評したり、「悪遠江」と記している。[14] 天福元年（一二三三）五月、幕府によって殺害されたとの噂がたった。「明月記」には「関東遠江守《盛連》被誅云々、不拘制止京上、於途中被害、在京之時悪事犯乱非例人之故乎」とあり、鎌倉にいた盛連が幕府側の制止にもかかわらず上洛しようとしたため、途中で殺害されたと記されている。[15]

盛連は和泉国で守護の権限の一つである、大番催促の権限を持っていた。[16] これは守護であった義連から引き継がれたものであろう。

そして家連であるが、彼は義連の三男で、「吾妻鏡」では安貞二年（一二二八）から寛元元年（一二四三）まで確認され、肥前守に任官している。義連の子で受領名が確認できるのは、家連の肥前守と盛連の遠江守である。

家連は紀伊国守護になっている。同国の守護職は承久の乱（承久三年〈一二二一〉）後、一時的に義村が保持するものの、貞応二年（一二二三）には家連が守護職を得ている。[17] 義連がかつて紀伊国守護となっていた時と同様、家連が紀伊国守護となることの意味は大きいだろう。

2 宝治合戦後

宝治合戦の時に佐原氏は分裂し、北条時頼方につく者と泰村方につく者とに分かれる。盛連系統は時頼方、家連・政連系統は泰村方となる。[18] ここでは、北条氏方についた盛連の子六人のうち、義村女を母に持つ光盛・盛時・時連の事績を略述しよう。

光盛は盛連の四男である。「吾妻鏡」では暦仁元年（一二三八）二月以降遠江次郎左衛門尉、建長六年には、遠江守として表記される。これは、父盛連の仮名である次郎、盛連の官途であった遠江守を継承したものと考えられる。これらのことから、光盛は佐原氏の家督を継承したといえる。光盛は将軍藤原頼嗣の近習番と、宗尊親王の御格子番に結番されている。建長四年四月十四日条の光盛の記載に、「三浦葦名」と傍注が付されている。すなわち「吾妻鏡」が編纂された頃には、光盛の系統で葦名を称した人物がいたということを指摘できる。[19]

次に盛時についてである。彼は盛連の五男で、寛元二年正月以降は遠江五郎左衛門尉、寛元四年十月以降は三浦五郎左衛門尉、宝治元年十二月からは三浦介と表記されており、三浦介の名跡を継承している。寛元四年十月十六日条には、「三浦五郎左衛門尉」と表記されている。[20]しかし、三浦宗家が健在なこの時点で「三浦」を称するのは不自然であり、「吾妻鏡」の誤記と考えられよう。寛元四年十二月には、盛時は時頼の被官となり地頭代に補任されている。[21]宝治合戦で時頼方につくのは、合戦前に決まっていたことだろう。

宝治元年十一月十六日、盛時は前日に行われた鶴岡放生会で、波多野義重の下位とされたことについて、隻眼の義重の下では面目を失すると異議を申し立てた。一方の義重も家の規模では三浦氏に劣らないし、隻眼は承久の乱での武勲であると主張した。結局義重が五位であることを理由に、彼が上位となった。上杉和彦氏は、御家人の座次について、正安元年（一二九九）までは客観的な基準が存在せず、座次相論が起きた場合は、将軍や執権・連署などが当事者の合意を得られるように決定していたという。[22]この点を裏付けるように、盛時と義重の場合も時頼・北条重時・北条実時が「評定」を行っている。また永井晋氏は、この記事から盛時は三浦宗家の社会的地位を継承できなかったこと、供奉の位置から光盛よりも低い地位に留まったことを指摘している。[23]

そして時連である。[24]彼は盛連の六男で、寛元二年八月以降に遠江六郎左衛門尉、康元元年（一二五六）以降遠江判官と表記され、検非違使に任官している。[25]また建長四年九月二日には東使として上洛している。そして光盛とともに藤原頼嗣の近習番に結番されている。この系統が後に横須賀氏となる。

このように、光盛が佐原氏を、盛時が三浦介を継承し、時連が東使で検非違使になるなど、兄弟三人ともに引き立てられている。この処遇には、三浦介を有名無実化し、佐原氏の力を分散させるものだという意見がある。[26]しかし、宝治合戦で三浦宗家が滅亡し、三浦氏の勢力は大幅に衰退し、盛時が時頼の被官となっているのだから、これ以上の勢力縮小をはかる必要はないと思われる。かつて泰村の弟光村は、東使で[27]検非違使であった。[28]泰村は三浦介を称した記録は残っていないものの、三浦宗家の家督であった。時頼など政権中枢の人々は、三浦宗家の後継者が佐原氏であることを示すために、三浦宗家と同じ処遇をしたのだろう。[29]

そして光盛・盛時・時連は、康元元年十一月二十三日に時頼が出家した際、結城氏・二階堂氏三兄弟とともに「有所慕」て出家した。自由出家として出仕を止められたためか、それ以後三人の記述は「吾妻鏡」から消えることとなる。[30]

出仕を止められた盛時に替わって、三浦介となったのは盛時の子頼盛であった。「吾妻鏡」では、頼盛は康元元年七月十七日が初見であり、弘長三年（一二六三）七月十三日以降、「三浦介」として登場する。供奉の記事がほとんどである。

正応三年（一二九〇）十一月、二月騒動で殺害された北条時輔の次男が頼盛を頼り、謀反を企てたとして幕府に捕えられ首を刎ねられた。[31]このとき時輔の次男が頼盛を頼った理由については、頼盛と時輔の関係が史料上見いだせないため不明であるが、[32]少なくとも正応三年の段階で頼盛が三浦介を称していたことは間違いない。

三　宝治合戦後の所領

1　佐原氏の所領

最初に初代義連から、宝治合戦後に佐原氏を継承した光盛以降、葦名氏の所領を見ていくことにしたい。義連は遠江国笠原庄の地頭であった。この地には、熊野社を勧請した神社（現中山神社）と港湾施設が存在しており、紀伊と三浦半島を結ぶ接点の一つになっていたという。[33]

嘉禎三年（一二三七）六月一日、盛連の妻矢部禅尼が和泉国吉井郷を賜うとあり、それは「前遠江守盛連依令譲附」るという。同日条に見える「御下文」はおそらく吉井郷地頭職の安堵状と思われる。さらに、宝治二年十二月五日付関東下知状[34]によれば、「和泉国山直郷四箇里内包近領」の地頭は「遠江前司盛連後家」であったという。したがって盛連は、和泉国吉井郷および山直郷に所領を有していたと考えられる。和泉に所領があるのは、義連が守護であり、盛連も守護の一部の権限を持っていたことで、国衙領の一部を所領としたためだろう。

盛連の弟家連は、承久の乱後、紀伊国南部庄の地頭であった。[35]領家の高野山に対して、勤めを果たしていなかったようで、家連だけでなく、子の光連に地頭職が相伝されたあとも、たびたび地頭職を停廃するよう訴えられている。また近江国押立保の地頭の可能性があり、[36]「地頭家連」に公卿勅使駅家雑事が課されている。

光盛の系統は、鎌倉後期から南北朝期にかけて北遷し、最終的に黒川を本拠地として戦国大名蘆名氏として栄えていく。『市史Ⅱ』をみると、その変遷をたどることができる。室町期に入ってからの史料であるが、蘆名氏の一族と思われる「沙弥聖喜」が子の蘆名盛久に充てた譲状[37]がある。この中には、南北朝期以降に獲得し、相伝された「陸奥国会津郡守護職」といった蘆名氏の家職のほかに、陸奥国内はもとより、越後や京都の屋地といった所領がある。そして譲状の最後に、「一　相模国三浦郡葦名郷・同山口郷幷鎌倉屋地、一所大倉尺迦堂谷、一所亀谷石切、信濃国木嶋郷、周防国九賀保日前郷、下総国白井庄、此外所々本訴地、是等者、雖為不知行、為後日之訴訟、相副手続（継）証文、譲与子息之五郎盛久所也」とあり、不知行地の中に葦名郷が含まれているのである。葦名氏が、葦名郷をいつごろ所領としたかは、明確ではない。後掲する【史料一】に記載されていないことから、三浦介家には伝領されなかったことは確実である。佐原から葦名へ苗字を変えていくことや、後掲の【史料二】にあるように、佐原盛連跡の差配を光盛が行うといった点から、宝治合戦後、光盛が獲得し伝領されたと考えられる。

このほか、実名が不詳であったり、どのような権限を持っていたか不明であるものの、佐原氏の所領であったことが判明するものを挙げる。

①「佐原太郎左衛門跡後家地」である「綾小路以北東洞院以西」の二戸主と、「三浦後家地」である「四条以南高倉以東」の二戸主を、八坂寺へ替地として寄進するという内容の史料が残っている[38]。京都に屋敷地を持つということは、京都大番役などで在京する機会があるため、何ら不思議ではない。しかし、代官を置いて管理することを考えると、ある程度の規模の御家人にならないとできないことだろう。佐原氏の場合は、盛連が在京人であり、三浦宗家は朝廷との関わりが深かったこともあって、京都に屋地を持っていたと思われる。

②佐原氏の一族真野氏の所領が丹後国大内郷にあり[39]、外題安堵を求めている。関連史料がないため、その後所領がどうなったかは不明である。

③鎌倉最末期、丹後国竹野郡木津郷には、「三浦安芸前司」（後述する泊船庵の檀那と思われる）の城があり、熊谷氏

の軍勢により破却されたという。(40)

④夢窓疎石は、横須賀の泊船庵に文保二年（一三一八）から元亨三年（一三二三）まで滞在し、上総へ向かう。その際、檀那の「三浦安芸前司貞連」（複数人確認され、どの人物かは特定できないが横須賀氏系と思われる）のもとに赴いている。このことから、泊船庵のあった横須賀市東部に、「三浦安芸前司貞連」の所領があったことになる。また檀那とあることから、彼が夢窓疎石を庇護していたのではないかといわれる。

⑤夢窓疎石は、横須賀に来る以前、土佐国吸江寺に滞在している。この土佐滞在も横須賀氏系の庇護があったのではないかという。(41)

2　三浦介家の所領

宝治合戦で、泰村方についた人々の所領は没収され、時頼方の人々に恩賞として与えられた。三浦介家の所領が史料上にまとまって残っているのは、鎌倉幕府滅亡後である。

【史料一】足利尊氏下文(42)（小田部庄右衛門氏所蔵宇都宮文書）

（足利尊氏）（花押）

下　　三浦介平高継

可令早領知相模国大介職幷

三浦内三崎・松和・金田・菊名・網代・

諸石名、大礒郷（淘綾郡）、在高麗寺、俗別当職、東坂間（大住郡）、

三橋、末吉、上総国天羽郡内古谷・吉
野両郷、大貫下郷（天羽郡）、摂津国都賀（兎原郡）
庄、豊後国高田庄（大分郡）、信濃国村井郷（筑摩郡）内
小次郎知貞跡、陸奥国糠部内五戸、
会津河沼郡議（蟻）塚并上野新
田父介入道々海跡本領事
右以人、為勲功之賞充行也者、守
先例、可致沙汰之状如件、
建武二年九月廿七日

足利尊氏が、当時の三浦介である高継に所領を安堵した下文である。平高継とは、三浦介家の盛時から数えて四代目の子孫である。本文中の割注「父介入道々海」は、高継の父時継を指している。これらの所領は、どこまで遡れるものなのか、研究史をたどりながら見ていくことにしたい。

Ⓐ相模国　山田邦明氏は、三崎～諸石名は、三浦半島の南端部にあたり、一円的に支配していたとする。そしてこのような状況が生まれた原因を宝治合戦に求め、合戦後に三浦宗家から没収した土地の一部を与えたと推測している。[43]

次いで大磯郷である。建長四年、宗尊親王が鎌倉に下向する際の宿駅と経営者を書き上げた「宗尊親王下向記」[44]に、「おゝいそ　みうらのすけ」とある。これらの宿駅の経営は、守護または地頭御家人に宛てられることから[45]、「おゝいそ」（大磯）の地頭は、この時の三浦介である盛時だったと考えることができよう。

また、文永元年（一二六四）には、石清水八幡宮寺領の古国府預所が安居頭役を怠ったとして石清水側から訴えられている[46]。この史料から、当時の三浦介頼盛が「古国府」の預所だったことが判明する。「古国府」とは、古い国府、すなわち大住郡国府近くにあった八幡宮[47]、平塚八幡宮を指している[48]。三浦氏は、平安期以来在庁官人であり、宝治合戦までは相模国守護を勤めていた。次の東坂間もそうであるが、国府の近くに所領があるのは不思議なことではないだろう。もとは三浦宗家の所領だったところだろうか。ただ、古国府が【史料一】に載っていないところを見ると、鎌倉時代後期には、三浦介家の手を離れてしまったようである。

Ⓑ上総国　古谷郷・吉野・大貫下郷とも、現在の富津市にあたり、岩瀬川沿いで富津湊の近くにあるという[49]。もともと三浦氏は房総半島に所領を持っていたことから、おそらく自由に行き来していたのだろう。

Ⓒ摂津国都賀庄　摂関家領の庄園であること以外、詳細は不明である。下司職の安堵だろうか。

Ⓓ豊後国高田庄　文永十年に、頼盛が地頭であったことが判明している[50]。弘安八年九月の図田帳[51]には、高田庄二百町のうち、百八十町の地頭が頼盛である。また牧村二十町の領家が頼盛となっている。

Ⓔ信濃国村井郷　延慶二年（一三〇九）に、頼盛の子時明が「出雲国金沢郷」の替地として「村井小次郎知貞跡」があてがわれている[52]。村井知貞は当時まだ存命であり、このような事態になった理由は不明である。嘉暦四年（一三二九）には、諏訪上宮五月会の流鏑馬の負担をしている[53]。この負担は村井知貞跡に課されたものと思われる。

Ⓕ陸奥国糠部五戸　「北条時頼下文」[54]により、地頭の時頼が、盛時を地頭代に補任している。また、盛時が時頼の被官だったことを示す史料でもあり[55]、宝治合戦で、盛時が時頼方につく大きな理由となったことが判明する。

Ⓖ河沼郡蟻塚・上野新田　蟻塚は福島県会津坂下町、上野新田は福島県喜多方市内にあたるという[56]。光盛の系統は、

鎌倉末期から南北朝期にかけて関東から会津へ北遷する。これらの所領もその起点の一つになったのだろう。

Ⓗ【史料一】以外では、建武二年（一三三五）に、高継が鶴岡八幡宮に「上総国真野郡椎津郷」の「田地壱町」を寄進している[57]。上総国馬野郡椎津郷が三浦氏の所領だった形跡は、今のところ不明であるが、少なくとも何らかの権限があったようである。

『市史Ⅰ』・『市史Ⅱ』に依拠しながら、鎌倉期の佐原氏と三浦介家の所領を挙げてみた。全国に所領が散在していることには、改めて驚かされる。

四　佐原氏と三浦介の関東御公事

次に、佐原氏・三浦介家が負担した関東御公事[58]について考えていきたい。三浦氏を含めて幕府が御家人に課した大規模な公事を通覧すると、興味深い点が存する。閑院内裏の修造については、「閑院内裏造営雑事目録[59]」（以下「建長目録」と略称する）が残されている。ここでは「佐原遠江前司跡」に対して賦課されている。また、次の大規模な公事である建治元年の六条八幡宮の造営では、「六条八幡宮造営注文[60]」（以下「建治注文」と略称）が残されており、やはり「佐原遠江前司跡」に賦課されている。さらに弘安三年十月・十一月の火災で全焼した鶴岡八幡宮再建では、北条氏や有力御家人が雑掌を務めている[61]（「弘安遷宮」と略称）。ここにおいては「天野肥後跡」と「三浦介」が宮内の三島社の雑掌を勤めている。

これら三つの公事に関する研究のうち、三浦氏を直接取り上げたものは、管見の限り湯山学氏[62]だけである。氏は「建治注文」で賦課された相模国出身の武士団の貫高を比較し、三浦氏は圧倒的に多い貫高を負担しており、三浦氏の財力が大きかったことを指摘している。

このほか上記の公事を比較した研究としては、福田豊彦氏・七海雅人氏・盛本昌広氏の研究がある。(63)福田氏は、「建長目録」に記された御家人の過半数が「建治注文」にも見られることを述べている。つまり「建長目録」と「建治注文」で使われた御家人名簿は、基本的に同じ表記をしている感があることを指摘しているのである。七海氏は、「弘安遷宮」の雑掌の人名比定と「建治注文」との異同を一覧化した。そこでは「弘安遷宮」における「三浦介」の人名比定を行わなかったものの、「建治注文」の「佐原遠江前司跡」に該当するとしている。さらに盛本氏は、「弘安遷宮」の雑掌の人名比定を行い（「三浦介」には人名比定をしていない）、その結果、「弘安遷宮」の上棟担当者名の多くは建長後期から弘長年間の間に死亡しており、なおかつ「建長目録」の造営者と多くが一致していることを述べている。すなわち、建長二年・五年に行われた八幡宮修理の担当者を受け継いでいるという。

以上三氏の指摘を踏まえ、次の【史料二】を見てみよう。

【史料二】関東御教書(64)（小田部庄右衛門氏所蔵宇都宮文書）

御公事間事、於遠江前司盛連（佐原）跡者、
可為次郎左衛門尉光盛支配之由、被定下了、
至兄弟等新給相模国所々者、為大介
沙汰、随分限令支配、自今以後、相具盛連跡、
可被勤仕之状、依仰執達如件、
建長元年八月十日　相模守（北条時頼）（花押）

陸奥守《北条重時》（花押）

三浦介殿《盛時》

【史料二】は、佐原盛連跡の関東御公事（閑院内裏修造を指すと思われる）について、盛時は光盛の差配に従うこと、相模国内の新給の所領（宝治合戦の恩賞で三浦宗家の旧領を含む）[65]については、大介の沙汰として盛時が差配するように、とされている。そして今後、盛連跡と併せて盛時が勤めるよう命ぜられている。

【史料二】が出された背景を考えてみよう。「某跡」賦課の関東御公事に関係する「追加法二三七条」[66]が、寛元二年に出されている。この条は、「勤仕之輩」のうち、「父祖之跡知行」は分限に随って勤めること、また父祖の跡でなくても勲功の所領を始めとする特別の御恩地は、父祖の跡に加えて勤仕することが定められている。これを【史料二】に当てはめてみると、「新給相模国所々」が勲功の所領に相当し、盛連跡と併せて公事を勤めるというように読み取れる。

そこで重要なのは、「勤仕之輩」にあたる佐原氏＝主語が誰なのかということである。【史料二】の宛所が盛時であるので、素直に考えれば盛時であるが、佐原氏を継承したのは光盛である。この時期（「建長目録」が発給される段階）に盛時に対し御教書が発給されたのはなぜなのだろうか。もちろん時頼の被官になったことで、時頼とのパイプが太かったこともあろう。しかしそれだけでなく、彼は三浦介を継承したことを重視したのではなかろうか。つまり三浦介は三浦氏の惣領であり、三浦介家が佐原氏よりも上位にあることを示すためには、幕府の命令＝御教書の存在が必要だったのではないか[67]。その結果、「建長目録」段階では「遠江前司盛連跡」に関して、光盛が差配するよう定められたものの、「自今以後」は、盛時＝三浦介家惣領が、「遠江前司盛連跡」をも差配するように規定されたのである。

このように見たとき「建治注文」の「佐原遠江前司跡」は、誰が差配したのかが問題となる。それを検討するために、光盛以降の佐原氏と三浦介家について簡単に見ていきたい。

嘉元四年（一三〇六）の新編追加傍例には、光盛の子経光を「葦名遠江前司子息次郎左衛門入道」と表記[68]しており、「葦名遠江前司」は光盛を指していることがわかる。すなわち、光盛の子の世代で佐原氏は、苗字の地を相模国葦名に移し始め、すでに葦名を称していた可能性が高い。「建治注文」の段階で、佐原氏惣領を称していたかどうかも疑問視されよう。

また、光盛の子息の段階で、光盛の系統は徐々に衰退に向かったと思われる。前述した嘉元四年新編追加傍例では、光盛の子泰盛は、経光に対する悪口の咎で召し籠められたり、光盛の子盛信は、二月騒動で北条時輔の「縁者」だったため「自害」している[69]。したがって、光盛の系統が「建治注文」に見える「佐原遠江前司跡」を差配していなかったように見受けられる。

一方、頼盛であるが、前章で触れた豊後国図田帳[70]には、「地頭職三浦介殿」や「領家職三浦介殿」といった記述が見られる。この図田帳に「殿」と敬称がついているのは、ほかに北条氏と同国守護の大友氏だけであり、三浦介家の地位の高さを表していると言える。また二章で述べたように、正応年間までは鎌倉にいて三浦介を称していた。これらを考慮すると、盛時が三浦介家惣領は佐原氏惣領よりも上位であると認識していたように、頼盛も同様の意識を持っていたと考えることもできよう。

さらに、【史料二】が現在に至るまで保存されていたという事実は重要である。本来関東御教書は「幕府の意思を伝えるための文書」であり、「限時的効力を持つにすぎない」文書[71]である。そのため、今後こうしなさいという指示が関東御教書でなされたとしても、それを守らなければいけないという拘束力は強くなかったと考えられる。しかしながら三浦介家にとっては、盛連跡を三浦介が差配する証拠になると見なされて残されたのではなかろうか。とすれば、「建治注文」の「佐原遠江前司跡」は盛時の子頼盛が差配していたと考えることも可能であろう。

以上のことから、「建長目録」の「佐原遠江前司跡」は光盛、「建治注文」の「佐原遠江前司跡」は頼盛が差配し、「弘安遷宮」の「三浦介」は頼盛が雑掌を勤めたといえる。

四　おわりに

以上、佐原氏と三浦介家の所領を『市史Ⅰ』・『市史Ⅱ』に拠りながらまとめ、某跡賦課の関東御公事を、実際に誰が差配するのか検討した。

所領については、【史料一】を挙げ、宝治合戦後の三浦介家の所領であるとして、関連する史料を挙げた。いつどのような権限を獲得したのかが不明なものもあり、史料を博捜することで、獲得または収公の契機が見つかることもあると思われる。また某跡賦課の関東御公事については、全体を論じることも重要であるが、個別具体的に検討する必要があると考え、あえて本稿において詳述した次第である。(72)

散在している全国の所領と、京都や鎌倉の間を人やモノが行き来していたはずである。三浦氏の水運について、本稿では触れることはできなかった。筆者の今後の研究課題としたい。

〔注〕

（1）「吾妻鏡」治承四年八月二十六日条。討死したのは翌日である。「吾妻鏡」は新訂増補国史大系本を使用する。年月日のみで記している記事の出典は「吾妻鏡」である。

（2）高橋秀樹「三浦介の成立と伝説化」（『三浦一族研究』七　二〇〇三年）。

（3）本稿では、庶子家を含む三浦一族全体を三浦氏とする。また宝治合戦までの宗家（泰村まで）を三浦宗家とし、宝治合戦以後、三浦介を継承する佐原盛時の系統を三浦介家と表記する。

（4）盛時が「三浦介」と称する初見は「吾妻鏡」宝治元年十二月二十九日条。

（5）『群書系図部集』四。なお、安池尋幸「鎌倉時代後期の御家人佐原家庶流をめぐって」（『横須賀市博物館研究報告（人文科学）』四二　一九九七年）によると、同系図に一部改竄がみられるという。『新横須賀市史』資料編古代・中世Ⅱには、三浦氏の種々の系図が掲載されている。

（6）葦名（蘆名）の表記について、「吾妻鏡」では「葦名」とあり、戦国大名の蘆名氏は「蘆名」を用いる。本稿では相模にいる間は「葦名氏」とし、会津に本拠地を移動させてからは、「蘆名氏」と表記する。地名は「葦名郷」と表記するので「葦名」とする。史料を引用した場合は、史料に従う。

（7）主なものとしては、「参考文献」・「北条氏関連論文目録」（北条氏研究会編『北条氏系譜人名辞典』新人物往来社　二〇〇一年）、中里行雄編「三浦一族関係文献目録」（『三浦一族研究』各号）、「三浦半島郷土史の動向」（『三浦半島の文化』各号）、「三浦氏関係文献目録（Ⅰ）、（Ⅱ）」（『三浦半島の文化』五、六　一九九五年、九六年）などを参照。また鎌倉期の三浦氏に関する史料は、三浦一族研究会編『三浦一族史料集　吾妻鏡編』Ⅰ～Ⅳ（二〇〇一～二〇〇四年）、『新横須賀市史』資料編古代・中世Ⅰ（二〇〇四年）、資料編古代・中世Ⅱ（二〇〇七年）を参照。最近、鈴木かほる『相模三浦一族とその周辺史――その発祥から江戸期まで――』（新人物往来社　二〇〇七年）が刊行された。

本稿では直接関わるもののみ、本文・注で随時取り上げることとする。
(8)宝治合戦以前の三浦氏の所領のうち、『市史Ⅰ』で判明する分は、真鍋淳哉「院政・鎌倉期の三浦一族――『新横須賀市史』の刊行を記念して――」(『三浦一族研究』一〇 二〇〇六年)に一覧と地図が掲載されている。
(9)細川重男「右京兆員外大尹――北条得宗家の成立――」(同『鎌倉北条氏の神話と歴史――権威と権力――』日本史史料研究会 二〇〇七年、初出二〇〇一年)。同書では、頼朝の「家子」について「御家人、あるいは御家人の子弟の中から、特に頼朝と個人的に親しい者を選抜して作られたグループであり、頼朝個人の親衛隊とでも言うべきものではなかったか」(二十三頁)と述べている。
(10)この四名は「吾妻鏡」養和元年四月七日条の「祗候衆」十一名に含まれている。
(11)佐藤進一『増訂鎌倉幕府守護制度の研究』(東京大学出版会 一九八八年)
(12)高尾一彦「淡路国への鎌倉幕府の水軍配置(上)(下)」(『兵庫県の歴史』七、八 一九七二年)、綿貫友子「中世前期東国における太平洋海運の状況」(同『中世東国の太平洋海運』東京大学出版会 一九九八年、初出一九九〇年)、石丸熙『海のもののふ三浦一族』(新人物往来社 一九九九年)など参照。
(13)出家後は矢部禅尼と呼ばれている。
(14)『市史Ⅰ』七六九、九〇四号。
(15)『市史Ⅰ』九〇二号。盛連は在京していることが多いため、史料があまり残っておらず真偽の程は不明である。
(16)『増訂鎌倉幕府守護制度の研究』。
(17)『増訂鎌倉幕府守護制度の研究』。
(18)石渡隆之氏は、宝治合戦における佐原氏の分かれ方から、宝治合戦の直前には、佐原氏は一つにまとまっていたわけではなかったこと、そして佐原氏全体を統率できる人物がいなかったため、どの系統が佐原氏一族の覇権を握るのかが、宝治合戦にあらわれたのだろうと述べている(「宝治合戦後の三浦氏諸流の展開」三浦大介義明公八百年祭実行委員会編『三浦大介義明とその一族』一九八〇年）。
(19)「吾妻鏡」建長二年十二月二十七日条、建長四年四月三日条。
(20)盛時は笠懸の射手として登場する。ただし、同じく射手として「若狭前司」（三浦泰村）もおり、三浦宗家の結末を知っている「吾妻鏡」編纂者によって、誤記された可能性もあろう。御家人制研究会編『吾妻鏡人名索引』（吉川弘文館　一九九二年）では、宝治元年五月二十九日条の「三浦五郎左衛門尉」と併せて、盛時と比定している。一方、『市史Ⅰ』・『三浦一族史料集』Ⅲでは、両日とも三浦泰村の弟資村と比定している。資村は文暦元年（一二三四）七月二十六日の初出以来、ほとんど「駿河五郎左衛門尉」と表記されている。宝治元年五月二十九日条は、陸奥国津軽で大魚が見つかり、不吉なことが起きる前兆であることを時頼に知らせたものである。津軽は盛時が地頭代を勤めている（後述）。さらに資村は宝治合戦で泰村方として死んでおり（「吾妻鏡」宝治元年六月二十二日条）、不吉の兆を時頼に注進することは考えにくい。これらのことから寛元四年十月十六日条・宝治元年五月二十九日条の「三浦五郎左衛門尉」は『吾妻鏡人名索引』の通り盛時であろう。
(21)寛元四年十二月五日付北条時頼下文（「宇都宮文書」『鎌倉遺文』⑨六七六八号、『市史Ⅰ』一一四四号）。
(22)上杉和彦「鎌倉幕府の座次に関する覚書」（『日本歴史』六四八　二〇〇二年）。
(23)永井晋「『吾妻鏡』にみえる鶴岡八幡宮放生会」（『神道宗教』一七二　一九九八年）。
(24)湯山学「三浦横須賀氏に関する考察」（『三浦一族研究』創刊号　一九九七年）を参照。
(25)『市史Ⅰ』一三一一号。
(26)鈴木かほる「鎌倉後期の三浦佐原氏の動向」（『三浦一族研究』四　二〇〇〇年）。
(27)『市史Ⅰ』八六九・九二三号。光村の場合は、将軍頼経との関係から抜擢されたと考えられる。東使については、森茂暁「「東使」とその役割」（『鎌倉時代の朝幕関係』思文閣出版　一九九一年、初出一九八七年）参照。
(28)『市史Ⅰ』八七三・八九九・九〇〇号。

(29)蘆名盛隆は、織田信長に依頼して、三浦介を朝廷から補任してもらっている(『市史Ⅱ』二五八〇〜二五八二)。鎌倉期には自称だった三浦介を、朝廷に補任してもらうこと自体、本来矛盾がある。しかし戦国期になっても、蘆名氏にとって三浦介という称号には意味があり、ある種の名誉と考えられていたことになろう。

(30)『吾妻鏡人名索引』では、「吾妻鏡」弘長元年正月五日条の「遠江守」を光盛と比定しているものの、記事の内容から、北条時直の誤りと考えられる。『市史Ⅰ』・『三浦一族史料集』Ⅳは、同日条を採録していない。また、光盛の没年は正元元年(一二五九)という(『市史Ⅰ』一三七二号解説)。

(31)「保暦間記」(佐伯真一・高木浩明編著『校本保暦間記』重要古典籍叢刊二　和泉書院　一九九九年)には、「同(正応三=筆者注)十一月ニ、先六波羅平時輔次男、秘ニ三浦介頼盛ヲ頼テ、謀叛ノ企有由スル間、搦進ケレハ、同月首ヲ刎ラレケリ」、「鎌倉年代記裏書」(『増補続史料大成』五一)には、「六波羅李部時輔次男、憑三浦介入道忍来、仍搦進之、歴種々拷訊、同十一月被刎首」とある。

(32)二月騒動を伝える史料については、拙稿「二月騒動の史料再考」(『再興中世前期勉強会会報　段かづら』三・四合併号　二〇〇四年)で検討した。三浦氏と時輔の関係を探してみると、光盛の子盛信は時輔の「縁者」として自害し、佐原広明は「時輔生害」のため出家している(『市史Ⅰ』一三七三・一三七四号)。また伯耆守護は、討たれるまで時輔が守護を勤め、建治前後に盛時の弟時連の子である葦名頼連または行連が補任されたとある(『増訂鎌倉幕府守護制度の研究』)。この点について『市史Ⅰ』一三七五号解説と湯山学「鎌倉後期における相模国御家人について——主として北条氏との関係を中心に——」(『相模国の中世史』下　私家版　一九九一年、初出一九七九年)では、伯耆守護を光盛の子経光とし、村井章介(「蒙古襲来と鎮西探題の成立」『アジアのなかの中世日本』校倉書房　一九八八年、初出一九七八年)では、伯耆守護に時輔ではなく北条政長を宛てている。

(33)正治二年六月付佐原義連寄進状写(「中山文書」『鎌倉遺文』②一一四六号、『市史Ⅰ』四一二号)。綿貫友子「遠江・駿河国における湊津と海運」(『中世東国の太平洋海運』、初出一九九〇年)、高橋秀樹「紀伊と三浦を結ぶ遠江国笠原荘」（『市史Ⅰ』）を参照。
(34)「久米田寺文書」（『鎌倉遺文』⑩七〇一五号、『市史Ⅰ』九五五号）。なお、史料文言は『秋季特別展　久米田寺の歴史と美術　仏画と中世文書を中心に』（岸和田市立郷土資料館展示図録　一九九九年）掲載の写真にて確認した。
(35)承久三年十二月二十四日付関東下知状案（「高野山文書続宝簡集十九」『鎌倉遺文』⑤二九〇一号、『市史Ⅰ』六八九号）など。
(36)年未詳小槻淳方書状（「民経記貞永元年十月巻裏文書」『鎌倉遺文』⑥四二〇一号、『市史Ⅰ』七二八号）。
(37)永享六年六月五日付沙弥聖喜譲状（「首藤石川文書」『市史Ⅱ』二〇八四号）。真鍋淳哉「会津芦名氏と三浦半島葦名郷」（『市史Ⅱ』）を参照。
(38)正安元年五月十八日付関東御教書案（「法観寺文書」『市史Ⅰ』一四二四号）。
(39)嘉暦元年七月二十四日付真野宗明申状案（「称名寺文書」『鎌倉遺文』㊳二九五三六号、『市史Ⅰ』一四七一号。安池尋幸「鎌倉時代後期の御家人佐原氏庶流をめぐって」、伊藤一美「佐原氏庶流真野左衛門尉平宗明「申状」案の成立とその背景」（『三浦一族研究』六　二〇〇一年）参照。
(40)元弘三年五月二十日付熊谷直経代同直久軍忠状（「熊谷家文書」『鎌倉遺文』㊶三二一七六号、『市史Ⅰ』一四九九号）。
(41)『市史Ⅰ』一四四八～五〇、一四五四・五五、一四五八、一四六五・六六号及び一四六五号解説。
(42)『市史Ⅱ』一五五一号。湯山学「南北朝・室町時代の三浦一族——永享の乱まで——」（『相模国の中世史』下、初出一九七一年）では、三橋を平塚市山下に、末吉を平塚市徳延に比定している。本文は、山田邦明「三浦介家の所領のひろがり」（『市史Ⅱ』）掲載の写真による。
(43)「三浦氏と鎌倉府」（『鎌倉府と関東——中世の政治秩序と在地社会——』校倉書房　一九九五年、初出一九九二年）。
(44)『続国史大系』五。『市史Ⅰ』は未掲載である。

(45)『増訂鎌倉幕府守護制度の研究』尾張項。

(46)文永元年十一月二十二日付関東御教書写(「榊葉集」『鎌倉遺文』⑫九一八四号、『市史Ⅰ』一三六九号。

(47)所在地は、平塚市四之宮、平塚八幡宮付近、伊勢原市三ノ宮、秦野市御門説があった。近年の発掘調査により平塚市四之宮説でほぼ確定的となっている(『平塚市史』11下別編考古(2) 二〇〇三年)。

(48)森幸夫「中村氏の成立と三浦氏」(『三浦一族研究』一一 二〇〇七年)。ちなみに保元三年十二月三日付官宣旨(「石清水文書」『神奈川県史』資料編一古代中世1 古代八一七)にある「相模国 旧国府別宮」は、石井進「相武の武士団」(『鎌倉武士の実像』平凡社 一九八七年、初出一九八一年)により平塚八幡宮に比定されている。森氏は八幡宮と三浦氏の関係が、源義朝の大庭御厨侵入事件から始まると述べている。

(49)山田邦明「三浦介家の所領のひろがり」。

(50)文永十年五月十三日付豊後高田庄地頭代盛実請文案(「宮内庁書陵部八幡宮関係文書」『鎌倉遺文』⑮一一二六〇号、『市史Ⅰ』一三七七号。

(51)弘安八年九月晦日付豊後国田代注進状案(「国立公文書館内閣文庫所蔵文書」『鎌倉遺文』⑳一五七〇〇号、『市史Ⅰ』一三九五号)、弘安八年九月晦日付豊後国図田帳(「国立公文書館内閣文庫所蔵文書」『鎌倉遺文』⑳一五七〇一号、『市史Ⅰ』一三九六号)。

(52)延慶二年八月二十四日付将軍政所下文(「宇都宮文書」『鎌倉遺文』㉛二三七五五号、『市史Ⅰ』一四四〇号)。『市史Ⅰ』では、金沢郷の現在地を島根県八雲村としているが、国立歴史民俗博物館編『日本荘園資料』(吉川弘文館 一九九八年)では、出雲国阿用庄内とし、現在地を島根県大東町に比定している。

(53)嘉暦四年三月付関東下知状写(「矢島文書」『鎌倉遺文』㊴三〇五五二号、『市史Ⅰ』一四七六号)。

(54)前注(21)。

(55)湯山学「鎌倉後期における相模国御家人について」、奥富敬之『鎌倉北條氏の基礎的研究』(吉川弘文館 一九八八年）一六五頁、山田邦明「北条時頼と佐原盛時」（『市史Ⅰ』）。「北条氏被官一覧」（『北条氏系譜人名辞典』新人物往来社　二〇〇一年）では、「左衛門尉平盛時」を北条氏被官とするものの、氏は比定されていない。
(56)山田邦明「三浦介家の所領のひろがり」。
(57)建武二年十月二十三日付三浦高継寄進状（「鶴岡八幡宮文書」『市史Ⅱ』一五五六号）。『市史Ⅱ』の解説によると、椎津は内海に面した場所であるという。
(58)関東御公事の研究は多いため、最近の研究として清水亮「鎌倉幕府御家人役賦課制度の確立過程」（同『鎌倉幕府御家人制の政治史的研究』校倉書店　二〇〇七年、初出一九九六年・二〇〇二年）を挙げておく。同書には、関東御公事の研究史がまとめられている。また、御家人役の「某跡」賦課については、石田祐一「惣領制度と武士団」（『中世の窓』六　一九六〇年）参照。
(59)「吾妻鏡」建長二年三月一日条（『鎌倉遺文』⑩七一七九号、『市史Ⅰ』一二六七号）
(60)「六条八幡宮文書」（国立歴史民俗博物館所蔵田中穣氏旧蔵典籍古文書）、福田豊彦「「六条八幡宮造営注文」と鎌倉幕府の御家人制」（『中世成立期の軍制と内乱』吉川弘文館　一九九五年、初出一九九三年海老名尚氏と共同執筆）、『市史Ⅰ』一三七九号。
(61)「弘安四年鶴岡八幡遷宮記」（『神道大系』神社編二〇鶴岡所収、『市史Ⅰ』一三九一号）。解題に拠れば、正和四年（一三一五）以降に「鶴岡八幡宮仮殿遷記」と「鶴岡八幡宮御遷宮記」を書写し編纂されたものという。現在では巻首・巻末が失われている。
(62)「三浦一族シンポジウム報告」（『三浦一族研究』六　二〇〇二年）一〇六～一〇七頁の湯山学氏発言部分。
(63)福田豊彦「「六条八幡宮造営注文」と鎌倉幕府の御家人制」、七海雅人「鎌倉幕府の御家人役負担体系」（『鎌倉幕府御家人制の展開』吉川弘文館　二〇〇一年、初出一九九七年）、盛本昌広「関東御公事と鎌倉幕府財政」（『鎌倉』九三　二〇〇一年）。

(64)『鎌倉遺文』⑩七一〇四号、『市史Ⅰ』一二六三号。『市史Ⅰ』掲載の写真で史料文言及び改行を確認した。岡田清一「鎌倉政権下の両総」(同『鎌倉幕府と東国』続群書類従完成会　二〇〇六年、初出一九七三年・七五年)、山田邦明「佐原光盛と三浦介盛時」(『市史Ⅰ』)を参照。

(65)清水亮「関東御公事の制度的成立と承久の乱――御家人所領の把握を中心に――」(『三田中世史研究』三　一九九六年)。

(66)佐藤進一・池内義資『中世法制史料集』一　鎌倉幕府法(岩波書店　二〇〇一年)。

(67)二章で述べた『吾妻鏡』宝治元年十一月二十六日条と注(23)永井氏の指摘は、盛時の立場を物語っているだろう。そして建久元年(一一九〇)の源頼朝上洛の際、千葉常胤は子息や親類を随兵とすることができたものの、同六年の再度の上洛の時は、嫡子胤正が千葉介を継承しているにもかかわらず、郎従を随兵とするしかなかった。常胤は親権を行使することで、統率していたが、常胤没後は、それぞれが独立した御家人となった、という岡田清一「鎌倉政権下の両総」の指摘は、佐原氏及び三浦介家にも当てはまる。

(68)新編追加傍例(嘉元四年八月七日「放埒輩令安堵事」『市史Ⅰ』一四三七号)

(69)前注(32)。

(70)前注(51)。

(71)佐藤進一『新装版新版古文書入門』(法政大学出版局　二〇〇三年)一五五頁。

(72)個別の研究では、岡田清一「御家人役の一様態――『吾妻鏡』正嘉二年三月一日条の検討――」(『鎌倉幕府と東国』、初出一九九八年)、高橋典幸「御家人役「某跡」賦課方式に関する一考察――「深堀文書」の人名比定から――」(『鎌倉遺文研究』七　二〇〇一年)がある。

第三節　得宗被官（御内）

得宗被官平氏に関する二、三の考察

森　幸　夫

はじめに

平盛綱にはじまる得宗被官平（長崎）氏は、内管領（家令・執事）職をほぼ世襲して幕政の中枢に参画していった。平頼綱や長崎高綱・高資父子が主人である得宗を凌ぐ権力を握り、専制を極めたことは周知の事実である。本稿はこのような得宗被官平氏について、出自の検討やその発展の要因など、二、三の問題につき考察するものである。(1)

一　得宗被官平氏の出自再考

以前筆者が山川智応氏の所説(2)を継承して、平頼綱の父祖平盛綱を平家一門出身と考えたのに(3)対し、細川重男氏は「得宗家執事長崎氏」(4)で拙稿を批判されて、主達（北条氏の年来郎従で伊豆の住人）出身説を再提出された。拙稿に対する主要な批判点は二つあり、次の通りである。

①「鶴岡八幡宮寺供僧次第」に北条時政・義時父子によって供僧に推挙された平家一門出身者が見えており、これにより筆者は北条氏によって庇護されていた平家一門の存在の可能性を推測したが、細川氏は「『鶴岡八幡宮寺供僧次第』等に見える平家出身者は全員が僧侶となっている」としてこれを否定する。(5)

②「吾妻鏡」宝治元年（一二四七）五月二十七日条の「主達一人号五郎四郎」の記述から、筆者は主達を無位無官の凡下身分ととらえ、左衛門尉に任官した平盛綱は侍身分であり、明らかに凡下とは身分を画す存在であると考えたのに対し、細川氏は「御家人にも無位無官の者は少なくない。そもそも北条時政が幕府成立以前は無位無官である。さらに同じ「主達」でも、その内部には格差があったはずである」として批判された。(6)

まず①について反批判を述べるならば、私見は供僧名のみを記した「鶴岡八幡宮寺供僧次第」によって立論したものであり、「『鶴岡八幡宮寺供僧次第』等に見える平家出身者は全員が僧侶となっている」のは当然であり、細川氏の批判は適切なものとは思われない。②に関しても筆者は主達が無位無官であることよりも、無位無官の凡下身分に属することを重視しているのであり、批判が的外れに感じられる。筆者は平盛綱やその子平盛時が左衛門尉に任官し活動している宝治元年という時期でさえ、主達が凡下身分に属していたことを示したかったのである。「同じ「主達」でも、その内部には格差があったはずである」とされるが、「吾妻鏡」承元三年（一二〇九）十一月十四日条に拠れば、北条義時は主達を「可准侍之旨」、すなわち侍身分に準ぜられるよう将軍実朝に願い出て却下されているのであり、主達が凡下身分であったことは明白である。[7]「内部には格差があった」としても、主達に侍身分と凡下身分の者が存在したわけではなく、主達は全て凡下身分であり、北条氏との主従関係内で完結する忠功に基づく序列が存在したにすぎないであろう。

また細川氏は前掲論考において「太平記」巻十「長崎高重最期合戦事」に見える「桓武第五ノ皇子葛原親王ニ三代ノ孫、平将軍貞盛ヨリ十三代、前相模守高時ノ管領ニ、長崎入道円喜（高綱）ガ嫡孫、次郎高重」との長崎高重の名乗りから、得宗被官平氏流の長崎氏の氏文読みにもかかわらず、「高重は主君高時の系譜を長々と語り、自分の家系については当時存命の祖父高綱にしか触れていない」とし、平氏（長崎氏）＝主達出身説を補強された。[8]しかしこれは「平将軍貞盛ヨリ十三代」の語句を「前相模守高時」に懸かる詞として解釈するからであって、「平将軍貞盛ヨリ十三代」と「前相模守高時ノ管領ニ」の語句をともに、「長崎入道円喜」に懸かるそれとして読めば、むしろ逆に長崎氏の先祖を物語る氏文読みとなる。系図等に拠れば、長崎高綱はまさに「平将軍貞盛ヨリ十三代」目に当たっている。[9]「前相模守高時ノ管領ニ」の句が、この氏文読みに不可欠であったため、一見変則的なそれになってしまったのである。高重の氏文読みは、細川氏の主張とは逆に、むしろ得宗被官平氏が桓武平氏貞盛流を称していた証拠の一つといえるだろう。以上の検討によって、得宗被官平氏は平家一門出身者と考えて支障はなく、細川氏の得宗被官平氏＝主達出身説は成り立ちがたいと考える。

では主達出身者から、幕府内でも活動するような得宗被官となった存在は皆無であったかといえば、そうではあるまい。管見では広瀬氏がそのような存在であったとみられる。「吾妻鏡」建永元年（一二〇六）六月二十一日条に、幕府南庭で相撲を取った一人に「広瀬四郎助弘相州侍」が見える。[10]「相州」とは北条義時であり、広瀬助弘はその「侍」であった。ここでいう「侍」とは郎等・郎従とみられ、助弘は義時の郎等・郎従であったことがわかる。この助弘こそ「吾妻鏡」承元三年十一月十四日条にいう「相州（北条義時）年来郎従」の主達の一人であったとみてよいのではなかろうか。

北条義時は元久二年（一二〇五）閏七月二十日、父時政の地位を継承して執権に就任していた。[11]しかし義時が政所別当として確認できるのは承元三年十二月以後であり、[12]また侍所別当職を手に入れるのも和田義盛を滅ぼした建保元年（一二一三）五月のことである。[13]「相州侍」広瀬助弘が所見する建永元年六月当時、義時が執権といえるような地位に就いていたかどうかは定かではない。つまり当時の義時の政治的地位は幕府内で卓越していたわけではなく、被官も少数であったとみられる。確認できるのは金窪行親一人にすぎない。[14]ただし行親は、義時被官でありながら御家人身分も保持していた。[15]「相州侍」の広瀬助弘とは明らかに異なる身分であった。してみると助弘は、広瀬という名字の由来の地がはっきりしないものの、「相州年来郎従」で「伊豆国住民」の主達であった可能性が高いと考えられよう。

「吾妻鏡」には広瀬氏に関して他に所見がなく、北条氏が幕府内で覇権を築く、泰時から時宗期の動向はまったく不明である。ようやく、元亨三年（一三二三）十月に行われた北条貞時の十三回忌の供養記[16]に「執事代広瀬四郎入道」として再び姿をみせる。「執事長崎左衛門尉・執事代広瀬四郎入道」と見えており、執事（内管領）長崎高資の部下でその代官を務めていたらしい。四郎の通称が共通するから、この広瀬四郎入道は、建永元年の広瀬四郎助弘の子孫と考えてよいと思われる。このように広瀬氏は、主達出身者で鎌倉末期に得宗被官としての活動が確認される極めて稀な存在なのであった。しかしその執事代という地位は職務内容がはっきりしないものの、内管領長崎高資の代官であり、決して高いものではなかったといえる。そして何よりも四郎入道という、無位無官であった点が広瀬氏の地位や身分を示唆していよう。

この一例のみを以て即断することは慎まねばならないが、主達出身の御内人は得宗家内部でもさほど高い地位を占めることはなかったのではなかろうか。やはり幕政にも関与した得宗被官の主要メンバーは、「本御家人」といわれた御家人出身者たち[17]であったと考えられる。先にみた金窪氏をはじめ、安東・南条・尾藤・工藤・諏訪氏ら主な得宗被官は何れも御家人出身なのである[18]。元仁元年（一二二四）閏七月に設置された北条氏家令に就任した尾藤景綱は「武蔵守秀郷《（藤原）》、玄番頭知忠四代孫[19]」という名門の出身で、本来尾藤氏は頼朝以来の御家人であった[20]。また尾藤氏や平・長崎氏と並んで最有力得宗被官とみられる諏訪氏も、諏訪大社の神官出身の名族であった[21]。北条時頼の時代以降、ほぼ得宗被官筆頭の地位を占めた平・長崎氏も、尾藤氏や諏訪氏同様、相応の出自を有していたと考えるべきである。主達出身者とは考えがたい。拙稿で述べたように、平資盛の遺児かどうかは措くとして、平家一門出身者とみてよいと考える。

二　得宗被官平氏発展の要因

次に得宗被官平氏発展の要因について考えてみよう。平氏は盛綱・盛時・頼綱の三代にわたり侍所所司に任じられ、(22)内管領（家令・執事）も兼任して得宗被官第一の地位を占めた。特に頼綱が、霜月騒動後、若年の得宗貞時を擁して専権を振るったことはよく知られている。本節では平氏が如何にして得宗家内において筆頭の被官となったかを探ってみたい。やや微細に立ち入る嫌いもあるが、平氏と歴代得宗との関係に即してこの問題を考えてみる。

元仁元年（一二二四）閏七月、北条氏嫡流の地位安定のため、家令が始置され、尾藤景綱がこれに任じられた。家令の職掌は明確でないが、得宗家第一の被官が任じられたと考えられ、のちの内管領の前身をなすものとみられる。景綱は文暦元年（一二三四）八月の死去直前までこの職にあり、次いで平盛綱がこれに任じた。(23)景綱の家令在職期には景綱の発給文書は見出せず、一方で盛綱による得宗の意を奉じた奉書が所見するから、(24)景綱の家令在職期、盛綱はこれに準ずる地位にあったと考えられている。細川重男氏はこの盛綱の地位を「原＝執事」と位置付けられ、文暦元年に至り、盛綱は家令と「原＝執事」、さらに侍所所司の職をも兼ね、執事（内管領）に就任したと考えている。(25)内管領を家令の発展したものとみるか、家令＋侍所所司が核となった職とみるかなどの点で問題が残るが、確かに盛綱は家令職と侍所所司職を兼帯したとみられ、(26)景綱以上の職権を行使し得る存在となったことは疑いない。しかし仁治三年（一二四二）六月、北条泰時が没し、嫡孫の経時が得宗となると、沙弥右蓮なる人物が執事（内管領）奉書を発給しており、盛綱は内管領職を退いたようである。(27)経時の時代となり、平氏は内管領職を失ったのである。ただし、盛綱・盛時父子は次の北条時頼政権下で重用されており、寛元四年（一二四六）閏四月の経時から時頼への家督交代に伴い、平氏は再び得宗家内でトップの被官に返り咲いたように思える。時頼の得宗継承により平氏は内管領として復活したのである。

そもそも盛綱は、北条泰時が時頼に付した御内人であったらしい。無住の「雑談集」（第三巻五「愚老述懐」）には、

> 故最明寺《北条時頼》ノ禅門幼少ノ時、遊ニ堂作リ仏作リナドセラレケルヲ、平左衛門入道《盛綱》・諏訪入道《盛重》ナド、「弓矢トラセ給御身ハ、弓矢ノ御遊コソ候ハメ。所詮ナキ御事也」ト制シケルヲ、祖父泰時「ナシニ制スル。我夢ニ見タル事アリ。先世須達長者、祇園造シ時ノ、東北ノ角ノ番匠ノ引頭ガ、生レタルト見ヘタリ。様有ル物ナルベシ」ト、申サレケルニ（後略）

とあり、幼少の時頼が弓矢の遊びを好まず、「堂作り仏作り」に夢中になっているので、平盛綱・諏訪盛重両人が将来を案じて止めさせようとしたところ、祖父の泰時が夢を引き合いに出し、そのまま時頼の好きにさせたという逸話が載せられている。平盛綱と諏訪盛重とが時頼の養育にあたったらしいことがわかる。盛綱は、経時が家督継承後の仁治三年十月一日に、時頼の意を奉じて安堵下文を発給しているから[28]、家督ではない時頼に仕えていたことが明らかである。時頼の養育にあたった関係から盛綱は、泰時の死後は経時よりはむしろ時頼に仕えたと考えられる。時頼は父時氏が六波羅探題在職中の安貞元年（一二二七）五月十四日に京都で生まれているから[29]、盛綱がその養育を担当したのは、少なくとも時氏帰東後の寛喜二年（一二三〇）四月以後のことであろう[30]。時頼四歳のころである。その立場は恐らく、乳母夫[31]であったと考えてよいと思う[32]。

この平氏と得宗との養育関係は後の代にも引き継がれていく。平・長崎氏は、頼綱が貞時の、高綱が高時の乳母夫であったことも知られている[33]。時頼・時宗・貞時・高時と続く得宗四代のうち、三代までの養育に平・長崎氏が係わ

っていたのである。とすると、ただ一人乳母夫が不明な時宗の場合も、父時頼の例に鑑みて、平氏一族が乳母夫であった可能性は高いとみなくてはなるまい。盛綱とともに時頼養育にあたった諏訪盛重が、時頼の長男で時宗の庶兄時輔の乳母夫を命じられたこと[34]を考え併せると、時宗の乳母夫は平氏一族が承り、それは盛綱の子盛時であった可能性が高いのではなかろうか。再三の辞退が認められず、庶子時輔の乳母夫となった諏訪氏に対して、平氏は嫡子時宗の乳母夫に就いたことで、得宗とのミウチ関係においても第一の地位を築いたといえよう。平・長崎氏は、時頼以降代々の得宗の乳母夫を務めることで、得宗とのミウチ関係を重ねていった。その関係を基盤にして、時頼時代以降は内管領職をほぼ世襲し、得宗家内で第一の地位を占め続けたのである。

三　鎌倉のなかの得宗被官平氏

得宗被官のなかでも主要な人々は主人である得宗の亭内に宅を構えていた。元仁元年（一二二四）六月、父義時の死去に伴い京都から鎌倉へ戻った北条泰時は、一旦由比辺に宿した後、小町西北亭に移ったが、その郭内には被官関実忠と尾藤景綱の宅があった。[35]また嘉禎二年（一二三六）十一月、御所の移転に伴い、泰時は御所北方の新造亭に移るが、その南門東脇に尾藤景氏の宅が建てられたのをはじめとして、諏訪・万年・安東・南条氏ら錚々たる御内人が主人泰時亭を囲むように宅を構えた。当時得宗家令の重職にあった平盛綱もその南門西に宅を構えた。[36]彼ら得宗被官たちは主人泰時から亭内に宅地を与えられ、居宅を構えたのであった。鎌倉の得宗亭はやがて、得宗とその被官による政治運営の中心地の一つとなっていくとみられる。

一方、鎌倉の北方に連続する、得宗家の所領山内荘内にも主要な得宗被官は館を構えていた。山内荘内の得宗亭は泰時の「山内巨福礼別居[37]」、時頼の「山内最明寺御亭[38]」、時宗の「山内泉亭[39]」等が知られ、時宗時代には「山内殿」で何度か寄合も行われている[40]。得宗の代替わりによる移転も考えられるから、その所在地を明示することはできないが、ごく大雑把にいえば、現在建長寺や円覚寺・浄智寺等の得宗家建立の寺院が所在する、北鎌倉地域にあったことは間違いない。得宗披官の居宅としても、尾藤氏や伊具・諏訪・武田氏らのそれが知られ[41]、平「頼綱山内館[42]」の存在も確認できる。鎌倉の場合と同様に、得宗を中心とした居住形態が展開していたとみられる。時宗期はまさに「山内殿」が武家政治の中心地と化していたのである。

ところで、平頼綱入道杲円が得宗貞時によって討たれたことを記す、「親玄僧正日記」永仁元年（一二九三）四月二十二日条には次のようにある。

廿二日天晴、寅始《初》殿中以外■《騒》動、可被打平禅門（頼綱）之故也、寅刻打手武蔵七郎等押《寄》懸火及合戦、合戦以前平左衛門宗綱令参云々、父子違逆之上者、不可被御不審之由種々申之間、以安東新左衛門尉重綱問答、其後宇津宮入道（景綱）預了、杲然（頼綱）并飯沼（助宗）・左（佐）野左衛門入道於一所自害之由風聞了、A経師谷、其次B小野《町》放火了、其次C笠井屋形報《放》火了、於経師谷火中死去之輩九十三人云々、太守（北条貞時）女子二人同死去了、（後略）

注目したいのは後半部分で、頼綱一族の鎌倉内での活動拠点が窺える。まずA経師谷。「於経師谷火中死去之輩九十三人云々、太守女子二人同死去了」と特記されており、主戦場となった場所で、頼綱やその子助宗、及び佐野左衛門入道某が自害したのは同所とみられる。頼綱の館が存在したと考えてよいであろう。戦闘の巻き添えで焼死した北条貞時女子二人はここで頼綱一族に養育されていたのであろう。次いで放火されたB小町とC笠井屋形が見えている。先述したように、小町の御所北方には泰時亭とそれを囲むように平氏ら得宗被官の居宅が存在していたが、同所は時頼時代に泰時の弟重時の亭となっており[43]、頼綱が滅ぼされた永仁元年の時点では平氏宅は同所には存在しなかったであろう。従ってここでいう小町とは、かつて泰時が穢れを避けるために移徙した平盛綱の「小町宅」[44]と同じ場所を指していると考えるのが自然であろう。頼綱誅殺に際しては、謀叛人の居館ということで放火されたとみられる。ただし詳しい場所は不明である。C笠井屋形は葛西谷に所在した館という意味であろう。葛西谷は現宝戒寺背後の東勝寺のあった谷名である[45]。鎌倉幕府滅亡の際、高時ら北条一門や御内人が城塞化したこの谷に引き籠り、東勝寺で自害したことは「太平記」（巻十「高時并一門以下於東勝寺自害事」）等でよく知られている。ここでいう笠井屋形は、かつて宝戒寺の寺地付近に存在した得宗亭ではあるまいか。この得宗（貞時）亭内には、盛綱宅が泰時亭内に存在したのと同様に、頼綱宅があったと考えられる[46]。得宗亭内に存在した頼綱居宅が、やはり謀叛人跡ということで放火されたとみられる。

さて、ここまで述べてきたことをまとめると、頼綱時代の内管領平氏は、鎌倉及び準鎌倉ともいえる山内荘内に四箇所もの居宅を有していたことが明らかとなった。①小町、②葛西谷、③経師谷、④山内である。①小町宅は盛綱の時代から確認でき、平氏の本宅とみてよいであろう。小町の得宗（泰時）亭内に、この小町本宅とは別に居宅を構えていたことを考慮すると、得宗から与えられた居館とみるよりも、御家人として将軍から給与されたものと考えてよいのかもしれない[47]。②葛西谷宅は、先にみたように、得宗貞時亭内にあった頼綱宅とみられる。元来は御所北方の泰時亭内の南門西側に平氏宅が存在したが、得宗亭が同所から現宝戒寺の寺地付近に移ったため、亭内にあった平氏宅も同地付近に移ったとみられる。葛西谷宅は、御内人要人として得宗に近仕するための居宅であったといえる。頼綱時代に所見する④山内宅も、時宗の山内殿近辺に存在したとみられ、頼綱が得宗の山内入りに従い、出仕する際の居館と考えられる。①小町宅が御家人身分としての、②葛西谷宅・④山内宅が得宗被官としての平氏を象徴する居宅であるといえよう。それでは、③経師谷宅は平氏の如何なる性格を反映した居館なのであろうか。この点を次に探ってみよう。

経師谷は長勝寺の東側の谷と考えられている。(48) 現在の鎌倉市材木座二丁目と同大町五丁目の境界付近の谷がこれに該当するとみられる。頼綱・助宗父子らはここで滅亡したのである。ただし、同地周辺の場としての性格を考えると、頼綱・助宗父子がここに居館を構えていたのはやや奇異な感じがする。それは何故かといえば、経師谷付近はその地名が示すとおり、表具師らの職人が集住していた地域とみられ、また日蓮が鎌倉で最初に草庵を構えたとされる松葉谷にもほど近く、商・職人ら一般庶民中心の居住地域であったように考えられるからである。少なくとも御家人ら武士のみを中心とした居住地域であったとは考えがたい。頼綱の経師谷宅は、先述した他の三箇所の宅に比べると、政治的場としての性格が希薄で、商工業地区ともいえる特殊な場所に位置しているように思える。このような地域に平氏宅が置かれたのは、同地域周辺の場としての特質に由来しているとみなければなるまい。

貞永元年（一二三二）八月、鎌倉の海岸に人口の港和賀江島が築かれ、大量の物資が海上輸送され鎌倉にもたらされるようになっていた。島は、北条泰時の援助を受けた勧進聖往阿弥陀仏によって造られたが、得宗側の造営担当奉行は頼綱の祖父盛綱であった。(49) また盛綱は得宗家の浜御蔵の管理にも携わっていたことが、「吾妻鏡」寛元三年（一二四五）五月二十二日条から窺える。平氏は得宗代官として、その造営を担当した和賀江島や得宗家浜御蔵などの管理に関与していた可能性が高いとみられる。(50) 海を通じて、和賀江島周辺には様々な富がもたらされ、一つの商業圏を形成していた。経師谷に隣接する長勝寺付近では、商家にあたる小町屋の遺構が発掘されており、同地周辺は和賀江商業圏の一部と考えられている。[51]経師谷の平氏館は、得宗家の被官平氏が和賀江島周辺の物流等に関与するための拠点となっていたと考えられるのではあるまいか。地理的にみれば経師谷は、名越切通しへ向かう谷の入口付近に位置していて海からやや離れているが、[52]これは倉庫地帯となった浜地を避けたものと考えれば問題はない。経師谷の平氏宅は、いってみれば、和賀江島周辺に集まる富を獲得するための拠点の役割を果たしていたのではなかろうか。推測に頼った部分が多く、確証も得ていないが、経師谷周辺の場としての特質を考慮すると、このように位置付けることも可能であると考える。

おわりに

得宗被官平氏は平家一門の流れを汲む存在であった。平盛綱が北条時頼の乳母夫となって以降、得宗とのミウチ関係を重ね、得宗被官筆頭の地位を占め続けたのである。また平頼綱の時代になると、鎌倉やその北方の山内に四箇所もの居宅を有していたことも明らかになった。

大摑みにいえば、北条泰時の時代の平氏は、尾藤氏と同様に、その血筋の良さ故に内管領（家令）に任命されたといえるのであるが、北条時頼の時代以降の平（長崎）氏は、得宗とのミウチ関係に基づき、内管領（執事）を世襲したと考えられるのである。本来は傍流である時頼の執権就任、そしてその得宗としての権力の確立、これらの、どちらかといえば偶然的要素の積み重ねとともに、平氏は得宗被官筆頭として発展の途を歩んでいったのである。

〔注〕

（1）得宗被官平氏に関する研究は、北条氏研究会編『北条氏系譜人名辞典』の「たいらもりつな　平盛綱」「たいらもりとき　平盛時」「たいらよりつな　平頼綱」「たいらむねつな　平宗綱」（何れも森執筆）の項を参照されたい。
（2）山川氏「平左衛門尉頼綱の父祖と其の位地権力及び信仰」（『日蓮上人研究』一　一九二九年）。
（3）拙稿「平・長崎氏の系譜」（安田元久氏編『吾妻鏡人名総覧』所収　一九九八年）。
（4）細川氏『鎌倉政権得宗専制論』（二〇〇〇年）第一部第四章。初出一九八八年。
（5）細川氏前掲書、一七九頁注（21）。
（6）同一八〇頁注（24）。
（7）この点に関しては田中稔氏「侍・凡下考」（『史林』五九-四　一九七六年）が既に検討を加えている。
（8）細川氏前掲書、一四〇・一四一頁。
（9）『尊卑分脈』第四篇所収の平氏系図に拠れば、貞盛―維衡―正度―正衡―正盛―忠盛―清盛―重盛―資盛―盛綱と十代が続き、これに盛時―光綱―高綱の三代を加えれば、十三代となる。なお細川氏は、盛時を光綱の父（高綱の祖父）とはせず、光盛に比定している（細川氏前掲書、二二一～二二九頁）が、この代数に変化はない。ちなみに同系図に拠ると、北条高時は平貞盛から十六代目である。
（10）対戦相手は「石井次郎（和田）義盛近親侍」であった。
（11）「吾妻鏡」同日条。
（12）詫摩文書、承元三年十二月十一日付将軍源実朝家政所下文案（『鎌倉遺文』③一八二一号）。この点に関しては、岡田清一氏「執権制の確立と建保合戦」（安田元久先生退任記念論集刊行委員会編『日本中世の諸相』下巻所収　一九八九年）参照。

（13）「吾妻鏡」同月五日条。
（14）元久元年七月二十四日、義時の命を受け、前将軍源頼家の家人等を討っており（「吾妻鏡」同日条）、この頃には義時被官となっていたとみられる。
（15）「吾妻鏡」承久元年二月十九日条に「金窪兵衛尉行親以下御家人」と見える。
（16）円覚寺文書、『神奈川県史』資料編2古代・中世（2）二三六四。
（17）「吾妻鏡」仁治二年十一月二十七日条。
（18）蓬左文庫所蔵金沢文庫文書本斉民要術紙背文書の文永八年四月日付越中石黒荘山田郷雑掌申状（『鎌倉遺文』⑭一〇八二五号）に、安東「蓮聖重代為武家御家人」りと見える。また国立歴史民俗博物館所蔵田中穣氏旧蔵典籍古文書の建治元年五月日付六条八幡宮造営注文（『北区史』資料編古代中世1、一九九四）に、諏訪兵衛入道跡（鎌倉中）・南条七郎左衛門入道跡（伊豆国）・工藤右衛門尉跡（甲斐国）が見え、御家人役を負担していることがわかる。なお尾藤氏については後述参照。
（19）「吾妻鏡」同月二十九日条。
（20）「吾妻鏡」元暦元年二月二十一日（尾藤知宣）・文治五年七月十九日（同知平）・建久元年十一月七日・建仁三年九月二日（同知景）条。『尊卑分脈』第二篇三九五頁に拠れば、知宣・知景は兄弟で、知平は知宣の子、景綱は知景の子である。なお岡田清一氏「御内人尾藤氏について」（『武蔵野』五二―二　一九七四年）参照。
（21）小林計一郎氏「諏訪氏と神党」（『信濃中世史考』所収　一九八二年、初出一九六七年）、石井進氏「中世の諏訪信仰と諏訪氏」（『文化財信濃』二四―二　一九九七年）等、参照。
（22）拙稿「北条氏と侍所」（『国学院大学大学院紀要』文学研究科一九　一九八八年）。
（23）「吾妻鏡」同月二十一日・二十二日条。
（24）細川重男氏「得宗家公文所と執事」（細川氏前掲書第一部第三章、初出一九九八年）所掲の表2得宗袖判執事奉書と

表3得宗家執事奉書を参照。
(25)細川氏前掲書、一〇六～一〇八頁。
(26)注(22)拙稿参照。
(27)細川氏前掲書、一〇九・一一〇頁。
(28)斎藤文書（『鎌倉遺文』⑧六一一一号）及び新渡戸文書（同⑧六一一二号）。
(29)「吾妻鏡」同月二十三日条。
(30)同月十一日に鎌倉に下着している（「吾妻鏡」同日条）。
(31)「乳母夫」の語は、「吾妻鏡」建永元年十月二十日条に見える、源頼家遺児善哉（公暁）の「御乳母夫三浦兵衛尉義村」の用例に倣い使用する。基本的には養育者・後見者の意味と考えられる。
(32)なお時頼より三歳年上の兄経時の乳母夫は、寛喜二年当時得宗家令職にあった尾藤景綱が務めたのではなかろうか。ちなみに景綱は、安貞元年に死去した泰時の二男時実の乳母夫であった（「吾妻鏡」同年六月十八日条）。
(33)頼綱—貞時は重見一行氏『教行信證の研究』（一九八一年）八三頁、高綱—高時は「鎌倉殿中問答記録」（『改定史籍集覧』第二七冊所収）の元応元年九月四日の記事を参照。なお高時の子邦時の乳母夫も長崎三郎左衛門入道思元であった（金沢文庫文書、（正中二年）十一月二十二日付金沢貞顕書状、『鎌倉遺文』㊳二九二五五号）。
(34)「吾妻鏡」宝治二年六月十日・七月九日条。
(35)「吾妻鏡」同月二十七日条。
(36)「吾妻鏡」同年十二月十九日条。
(37)「吾妻鏡」仁治二年十二月三十日条。
(38)「吾妻鏡」正嘉二年六月十一日条。
(39)「吾妻鏡」正嘉元年六月二十三日条。

(40)「建治三年記」十月二十五日・十二月十九日条。

(41)尾藤氏は田中文書、(年月日未詳)尾藤某寄進状(『鎌倉遺文』⑫九〇一八号)、伊具・諏訪氏は「吾妻鏡」正嘉二年八月十七・十八日条、武田氏は「親玄僧正日記」(ダイゴの会により『中世内乱史研究』一四〜一六に翻刻)永仁元年十二月二十七日条を参照。

(42)「建治三年記」十二月二十七日条。

(43)鎌倉における北条氏亭については秋山哲雄氏「都市鎌倉における北条氏の邸宅と寺院」(『史学雑誌』一〇六―九　一九九七年)に拠った。

(44)「吾妻鏡」嘉禎二年十二月二十三日条。

(45)日本歴史地名大系14『神奈川県の地名』の「葛西ケ谷」、及び角川日本地名大辞典14『神奈川県』の「かさいがやつ　葛西ケ谷」の項を参照。

(46)「とはずがたり」巻四に、「相模守(貞時)の宿所の内にや、角殿とかやとぞ申し」た、頼綱宅が見えている。頼綱が討たれる四年前の正応二年の記事である。

(47)得宗被官平氏が御家人身分を保持していたことは六条八幡宮造営注文に平左衛門入道跡(鎌倉中)が見えることから明らかである。なお注(3)拙稿で平盛綱が承久頃に御家人に列したと推定した。

(48)注(45)の『神奈川県の地名』の「経師ケ谷」、及び『神奈川県』の「きょうじがやつ　経師谷」の項参照。

(49)「吾妻鏡」同年七月十五日・八月九日条。

(50)和賀江島の管理については極楽寺の関与も知られている(極楽律寺要文録、貞和五年二月十一日付将軍足利尊氏書状案写、『神奈川県史』資料編3古代・中世(3上)四〇一四)。

(51)大三輪龍彦氏編『中世鎌倉の発掘』(一九八三年)所収の「安達泰盛館跡と長勝寺遺跡」及び「千葉地・諏訪東・江ノ電ビル遺跡」の座談会における、大三輪氏の発言(四二・九四頁)を参照。

(52)ただし「吾妻鏡」建長五年十二月二十二日条に「経師谷口失火、北風頻扇、余炎迄浜御蔵前」とあるように、経師谷と浜地とは、火災が起こると風向きによっては類焼するような位置関係にはあった。

（二〇〇二・一・二一脱稿）

平姓安東氏の研究

――安東蓮聖像の再検討を中心に――

永井　晋

一　はじめに

本稿は、鎌倉時代中後期に畿内で活躍した得宗被官安東蓮聖について考察を進めるものである。

安東氏に関する従来の研究は、京都五条に館を構えた在京被官平姓安東氏と、津軽十三湊に館を構えた津軽安藤氏を同族とみなして考察を進めたことによって大きく混乱した。現実には、畿内で活躍した安東氏は平姓を名乗り、駿河国安東郡が苗字の地であったと推定できる。一方、津軽安藤氏は安倍氏の末裔を称していた。通常の人名考証の手順を踏むのであれば、この両氏は別の家系として扱われ、同族として見なしうる史料が存在してはじめて、一族と見なすか否か考証に入ることになる。ところが、畿内安東氏と津軽安藤氏に関する初期の研究は、この両氏をはじめから同族とみなして研究を進めた。このことについては平山久夫氏が早くに疑義を呈したが、地方史への掲載論文であったため、研究動向に影響を与えるにはいたらなかった(1)。この時期に語られた安東蓮聖のイメージは、鎌倉幕府の基盤を形成した御家人が貨幣経済の全面的展開の奔流に飲み込まれて貧富の差が拡大していく中で、有徳人として名を残した得宗被官であった。また、安東蓮聖は土木や流通に通じた経済通であり、御家人・得宗被官・摂津国守護代・和泉国久米多寺開基といくつもの顔を持ち、論者によってさまざまな側面が取り上げ方をされた。このイメージは、津軽安藤氏の側から平姓安東氏を別系と考える研究が進められたこと、畿内で活躍した平姓安東氏が得宗家の在京被官として京都に常駐したことが明らかにされたことによって崩れることになった(2)。

ところで、鎌倉で活動した安東氏には、安東忠家を嚆矢とする平姓安東氏と安東忠成を嚆矢とすると思われる藤原姓安東氏の二系統がある。また、駿河国安東郡を苗字の地としたと思われる平姓安東氏には鎌倉山内に館を構えた安東平右衛門の一族と、上洛して京都五条に館を構えた在京被官安東蓮聖の一族があった。鎌倉の一族と在京被官の一族は同族と思われるが、現在のところ系譜を明らかにする史料はない。

本稿では、得宗家とともに勢力をのばした平姓安東氏のうち、安東蓮聖を中心に京都五条で活躍した在京被官安東氏について考察を進めていく。なお、本稿では『金沢文庫古文書』（神奈川県立金沢文庫編）・「泉州久米田寺文書」（『岸和田市史史料集』第一輯）に収録された古文書はその文書番号を使い、その他の古文書は『鎌倉遺文』の文書番号で表記した。

二　得宗家と平姓安東氏

北条氏と平姓安東氏との関係は、北条義時と安東平次兵衛尉忠家の関係をはじめとしてよいであろう。両家の関係は、北条時政が駿河守護に補任された頃まで遡及することも考えられるが、現段階では時政時代の関係を示すものはない。

建保元年（一二一三）二月十六日、鎌倉幕府は安念法師の白状によって明らかになった謀反人を捕縛し、囚人として御家人に預けた。そのなかで最重要人物とされた和田義盛の嫡子和田平太胤長を預けられたのが、金窪行親と安東忠家である。同年四月二日、北条義時は和田胤長の荏柄天神社前の屋地をこの二人に分与した。北条義時は事を荒立てることによって和田義盛を挑発したのであり、安東忠家と金窪行親は和田義盛の怒りが自分達に向けられることを承知で危険な役割を引き受けたといえる。(3)この二人は、北条義時の腹心と見てよいだろう。「吾妻鏡」建保元年（一二一三）八月三日条には、「今日申剋、御所上棟也、相州以下諸人群参、其時剋、無由緒而俄有騒動、御家人等競走、相州仰行親・忠家等被鎮之間、無程各静謐云々」と記され、安東忠家は金窪行親に次ぐ被官の有力者と見てよいであろう。北条義時の腹心としての安東忠家の活動は、建保七年（一二一九）正月二十七日の源実朝暗殺事件で公暁の首実検に立ち合ったことを最後に見えなくなる。「吾妻鏡」は、北条義時の勘気を蒙って駿河国に籠居したと伝える(4)。この条文によって安東忠家の苗字の地が駿河国と確定できるので、駿河国安東郡と推測することはははずれてはいないだろう。承久の乱で、安東忠家は北条泰時の手に属して六月十四日の宇治川渡河戦の先陣を勤め、忠家をはじめとした安東隊の多くの者が濁流に流されて命を落とした。「吾妻鏡」には、安東忠家の手に属した伊予玉井四郎が対岸に渡り、敵を討ち取ったと記録されている(5)。

平姓安東氏は、安東忠家の後、安東蓮聖の世代まで史料に表れてこない。この間、得宗家の当主は北条泰時・経時・時頼の三代を数え、得宗被官の重臣も諏訪・平（長崎）・尾藤といった諸家に固まっていった。安東忠家の後、平姓安東氏は相州鎌倉山内に館を構えた安東平右衛門の一族と上洛して京都五条に館を構えた安東蓮聖の系統に分かれていったが、義時時代のように重臣として扱われることはなかった(6)。

三　安東蓮聖の活動

安東蓮聖の初見は、北条時頼の使者として西大寺長老叡尊の元を訪れた弘長二年（一二六二）のことである(7)。同時期、平姓安東氏の一族と思われる安東刑部左衛門入道盛勝が北条政村の嫡子時村献上の馬の引手を勤めた(8)。平姓安東氏が再び姿を表すのに二世代を要したことは、承久の乱における一族の被害が大きかったことを示しているであろう。

安東蓮聖上洛の時期は明らかでないが、文永元年（一二六四）以前とみてよい。安東蓮聖の都での活動には、得宗家の在京被官という職務上の立場と安東家の家長という公私にわたるふたつの側面があった。

始めに、得宗被官の立場からその活動を見てみよう。文永十年（一二七三）四月二十四日、得宗家公文所は安東蓮聖を摂津国多田院造営惣奉行とした事を伝える下知状を発給した。「為遼遠之間」というのがその理由である。(9) 多田院造営は、用途未進という問題を抱えながらも、安東蓮聖の指導のもとに進められていった。(10) 弘安四年（一二八一）三月二十三日の多田院金堂供養注進状には、奉行を勤めた本田政所安東二郎入道の名が見える。(11) 安東氏は、この造営によって多田院に所職を獲得し、多田院長老叡尊をはじめ、律宗との関係を深めていった。律宗との密接な関係は、安東氏が畿内で幅広い活動を展開していく基盤となっていった。

また、安東蓮聖は六波羅探題の使者として祇園社に馬を献納したり、(12) 六波羅探題北条兼時が兼務した摂津国守護代を勤めた。(13) 正安三年の「沙弥蓮聖請文」では丹波国吉富新庄と同国五箇庄の治水問題で請文を作成し、「実躬卿記」紙背文書には某庄を没収地と認定して使者を入部させ、庄園雑掌使者を追却させたという訴状が残されている。(14) 安東蓮聖は、得宗家の手足となって京都五条を中心に活動していたのである。

一方、安東蓮聖は有徳人としての顔を見せている。名古屋市蓬左文庫所蔵「斉民要術」の紙背に残る仁和寺菩提院了遍との相論文書はその一端をうかがわせる。(15)

この相論の経緯を整理すると、次のようになる。菩提院法印行遍は、安東蓮聖から銭一五〇貫文を借用し、その返済には越中国石黒庄山田郷と周防国二嶋庄の年貢を充てることを約束した。ところが、行遍は文永元年十二月十五日に入滅し、(16) 菩提院はその弟子了遍に継承された。そのため、安東蓮聖は請求先を了遍に改めた。了遍は一条実有の子、一条実有は北条義時の女を妻に迎え、二人の間に権大納言公持・権大納言公藤の兄弟が誕生していた。了遍の実家一条家と得宗家は、婚姻関係によって密接に結びついていたのである。また、了遍が文永四年に伝法灌頂を重受した仁和寺御室開田准后法助は、九条道家の子で四代将軍九条頼経の猶子となっていた。この訴訟に法助が関わってきたのは、鎌倉に対して交渉のルートをもっていたためであろう[17]。法助は、安東蓮聖に利子の破棄を認めさせ、元本一五〇貫文のみの返済とした。一五〇貫文の返済は、菩提院法印了遍が一二〇貫文、伏見法印が三〇貫文と定めた。ところが、借銭の返済は進まず、安東蓮聖は横川の大進僧都暹尋と語らい、近江国堅田で山田郷の年貢運送船の船荷を没収した。安東蓮聖の側から見れば貸付の担保とした庄園年貢の差し押えであったが、山田郷雑掌は年貢押領として幕府に訴えた。一九七〇年代の研究は、この年貢差し押えをもって安東蓮聖が流通に深く関わったと評価した。しかし、堅田における年貢船勝載物の押収は元本回収の目途がたたないなかでの強硬手段であり、堅田浦を支配した横川の協力を得ることによってはじめて可能であった[18]。この相論から、安東蓮聖が貸上げにも手を広げた有徳人であることは認められても、流通に通じた人物とする評価は成立しない。

また、安東蓮聖は祇園社とも密接な関係を結んでいった。「八坂神社記録」には、建治四年（一二七八）二月二十六日条に大般若経供料三六貫文を祇園社に納めたことが見え、四月二十日条には祇園社務が「平右衛門入道桟敷」に赴いたことが見える。

乾元元年、安東蓮聖は数百貫の私財をつぎ込んで福泊島を築き、この湊は兵庫島をしのぐ繁栄を見せたと伝えられる。これは久米多寺長老顕尊が手掛けた事業であるが、顕尊が入滅したため、安東蓮聖が引き継いで完成させたものであった。福泊島の築港が完成した後、安東家は福泊島の地子六〇貫文を久米多寺経蔵の造営に宛てたと伝える[19]。このことは、安東蓮聖の福泊島築港が律僧の協力を前提として行われたこと、安東家は流通が生み出す利益に着目した土地開発を行ったことを意味している。鎌倉の極楽寺が和賀江島を管理したように、律宗は土木や港湾業務に関するノウハウを持っていた[20]。安東蓮聖は多田院や久米多寺を通じて築いた律僧との密接な関係によって、これらの事業を行ったのである。安東蓮聖が得意としたのは金融や開発といった分野であり、直接に流通を手掛けていたとはいえないのである。安東蓮聖が流通に通じていたように見えるのは、彼が親しくしていた山僧や律僧のもつノウハウを活用していたためといえよう。

四　安東氏と律僧

建治三年（一二七七）十月十五日、安東蓮聖は東大寺の実玄から泉州久米多寺別当職を買得し、行円房顕尊を長老に招いて律院とした[21]。熊野詣を機に発願したと伝えられるが、和泉国多田院造営において律宗との関係は確認されるので、それ以前からの関係が前提となっていたと考えてよいであろう。久米多寺の本所は九条家で、「久米田寺文書」には久米多寺別当職を帯びる安東蓮聖に寺役を課けたことを伝える九条家政所家司の書状が残されている[22]。安東蓮聖を中興檀那とした久米多寺は、その基盤が固まるまで安東蓮聖を九条家との窓口にしていたのである。

称名寺三代長老湛睿所持本の紙背文書には、「五条」という地名が数多く見える。一例をあげると、「古題加愚抄」紙背にある順英書状は「土生以下之沙汰事、五条に候つる程は、与行覚房申談候、今者入海印寺候之上、五条にも他行にて候、無申合方候歟」（『金沢文庫古文書』一四五六、以下金文一四五六のように略す）と伝える。順英は、行覚房と和泉国土生郷のことを五条で相談をしていたというのである。また、湛睿に宛てた頼照の書状は「五条より便風に取可進候也」（金文二二一五）・「廿四日五条罷着候了」（金文二二一六）と伝える。これらは、久米多寺の僧が京都五条を拠点に活動したことを示している。この五条は、「五条旦那」と呼ばれた安東氏の館と考えてよいであろう。[23] 久米多寺の住僧は五条の安東氏館を都の宿所として利用し、鎌倉方面と書状をやりとりする際にも書状集配の場所として利用したことがうかがえる。[24] 久米多寺は律僧独自のネットワークによって情報伝達を行っていたが、安東氏が鎌倉と往来させた使者にも書状を託していたと考えてよいのである。

若い頃久米多寺で修行し、下総国千田庄東禅寺長老を経て称名寺三代長老に就任した湛睿は、畿内の律僧と頻繁に書状をやりとりしていた。妙本は称名寺長老湛睿に対し、「久米多長老、彼五条之平右衛門入道師壇不浅候なる、自然之事も候はん時は、御口入尤可然之由被申候、能様秘計本望候、委細之旨、仙舜房可被申候」（金文二〇七五）と伝えた。妙本は鎌倉に下向する仙舜房に湛睿への書状と口上を託し、久米多寺長老は安東氏と親しいから口入してもらえるだろうと伝えたのである。また、湛睿がやりとりしていた書状の中に、「先度自五条便宜捧愚状候き、定参著候歟」（金文四八六四）、「五条隆円房方へ」（金文四七二三）など、東禅寺や称名寺と京都五条の間でやりとりしている事を伝える書状が複数見られる。久米多寺の律僧は、安東家の五条館を積極的に利用していたのである。このような親密な関係が、安東蓮聖の活動にも幅をもたせていったことは考えてよいであろう。

そのような紙背文書群の中に、次のようなものが含まれている。「華厳経随疏演義鈔」の包紙に使われた文書の断簡である。

金文四〇四〇号　氏名未詳書状

六月二十日御札、同晦日到来候、

委細承候了、五条禅門他界

事、世上不定、雖不及申候、

当時□□□候、彼子息等幼少（後欠）、

安東助泰を「五条旦那」と呼んだ文書のあることから安東氏が五条の通称で呼ばれていたことが確認されるので、年代から見て五条禅門は安東蓮聖をさしていると考えられる。「泉州久米多寺隆池院由緒覚」は安東蓮聖の卒去を元徳元年（一三二一）六月十九日と伝えるので、この書状に見える「六月二十日御札」はその翌日のものと見ることができる。[25] この書状は、発信から受取に十日を要している。畿内から鎌倉周辺に送られたものであろう。湛睿所持本の包紙に使われたことから、東禅寺にいた湛睿はこの書状によって五条禅門卒去の知らせを受けとったと考えられる。[26]安東蓮聖の没年は九十一歳であり、亡くなった年を元徳元年とすると、嫡子安東助泰は四十五歳となる。「彼子息幼少」が安東助泰を指していないことは明らかであるから、蓮聖には助泰以外にも多くの子息がいたと考えてよいのであろう。これらの情報が下総国にいた湛睿の元に届いたことは、湛睿が久米多寺や畿内の律僧と密接な関係を維持していたことを示している。鎌倉幕府滅亡後、称名寺二世長老釼阿は中継ぎとして湛睿を三世長老に指名した。[27] 湛睿が、元弘の乱を生き延びて京都で活動した安東氏や畿内の律僧と人脈をもっていたためであろう。湛睿の後、称名寺長老は釼阿の弟子である実真・什尊が勤めることになる。

五　おわりに

以上のように、承久の乱後の平姓安東氏復興の時期に登場したのが、鎌倉の安東平右衛門と安東蓮聖である。安東平右衛門は得宗家の申次を勤めて地位を上昇させ、諏訪・尾藤・長崎といった得宗家執事を出す家の次に位置する家格に復活した[28]。安東蓮聖は得宗家の在京被官として京都に常駐し、畿内で有徳人として財力を蓄えていった。

従来、安東蓮聖は貨幣経済の発達の中で流通によって富を蓄えていった有徳人とイメージされてきたが、その根拠となる史料を詳細に再検討すると、安東蓮聖は流通の舞台となる重要な港湾に金融や開発の分野で登場し、流通そのものを手掛けていないことが明らかになった。安東蓮聖が富を築いたのは金融と開発であり、流通ではないのである。その意味で、安東蓮聖に対する従来の評価は変える必要がある。

また、安東蓮聖の活動を一回り大きくしたのは、得宗家の在京被官という立場が経済活動にスケール・メリットをもたらし、また山門や律僧がもつ流通・土木のノウハウを経営に取り込んでいったためということができる。

このように、安東蓮聖は代銭納の時代に突入した荘園経済のなかで新たに身につけなければならない経済感覚、すなわち生産が富を生み出す経済から生産と流通が富を生み出す経済への構造転換に鋭く対応して富を築き上げた人と評価することができる。

〔注〕

(1)豊田武「安東氏と北条氏」(『弘前大学国史研究』三〇　一九六二年)。石井進「九州諸国における北条氏領の研究」(『荘園制と武家社会』　一九六九年)。納富常天「泉州久米田寺について」(『金沢文庫研究紀要』七　一九七〇年)。平山久夫「安東氏を中心とした津軽中世史序説」(『北奥古代文化』五　一九七三年)。山口隼正「鎮西料所豊前国天雨田荘と安東氏」(『日本歴史』三一四　一九七四年)。福田豊彦「播磨国福泊と安東蓮聖」(『兵庫県の歴史』一三　一九七五年)。

(2)津軽安藤氏については、外山至生「中世『蝦夷』支配の変遷と津軽安藤氏の展開」（『北奥古代文化』一三　一九八二年）。小口雅史「津軽安藤氏の歴史とその研究」（『津軽安藤氏と北方世界』一九九五年）。平姓安東氏については、註一論文の他に田中一松「南叟慧居士像と安東蓮聖像」（『国華』八二〇　一九六二年）。筧雅博「道蘊・浄仙・城入道」（『三浦古文化』三八　一九八五年）。森幸夫「六波羅探題職員ノート」『三浦古文化』四二　一九八七年）。
(3)『吾妻鏡』建保元年二月十六日条・同四月二日条。
(4)『吾妻鏡』承久三年五月二十五日条。
(5)『吾妻鏡』承久三年六月十四日条・同十八日条、「承久記」。『吾妻鏡』承久三年六月十四日条は宇治川の増水によって「流急未戦、十之二三死」と伝える。「古今著聞集」巻第九「宇都宮頼業於水底脱鎧事」は、この渡河戦にまつわるエピソードである。
(6)細川重男「得宗家公文所と執事」（『古文書研究』四七　一九九八年）。
(7)「興正菩薩感身学正記」弘長二年十一月八日条（『西大寺叡尊伝記集成』所収）。
(8)『吾妻鏡』正嘉二年正月一日条。「泉州久米田寺文書」三八号（戸田芳実編『岸和田市史史料集』第一輯）。馬の引手と献上者との間には、被官関係が結ばれている事例が多くみられるので、安東盛勝の一族が常葉家の被官となっていたことは想定される範囲とし、確証のとれる史料の出現をまつのがよいであろう。
(9)『鎌倉遺文』一一二五一号。
(10)『鎌倉遺文』一一五〇二号。
(11)『鎌倉遺文』一四二七一号。
(12)『八坂神社記録』「社家記録七」建治四年三月二十九日条。
(13)『鎌倉遺文』一五〇五九号。
(14)菊池紳一「尊経閣文庫所蔵文書と『鎌倉遺文』」（『鎌倉遺文研究』一四　二〇〇四年）。「実躬卿記」乾元元年十二月記紙背文書2ウ。

(15)『金沢文庫古文書』五二〇四・五二〇五・五二〇六・六九五三・六九五七・六九七三の各号。この相論の過程をみると、安東蓮聖が文永元年以前から上洛していたことは確認してよいと考えられるので、田中稔「為替に関する新史料――興福寺本『因明短釈、法自相』紙背文書」(『日本歴史』一〇三)の尊栄書状に見える「五条殿」も安東蓮聖と比定してよいであろう。

(16)「東寺長者補任」宝治二年条(『群書類従』第四輯補任部)。

(17)「血脈類集記」・「野沢血脈集」・「仁和寺諸院家記」(『仁和寺史料寺誌編』一)・「了遍所領等譲状」(『鎌倉遺文』一四七七六号)。

(18)網野善彦「中世の堅田について」(『年報中世史研究』六　一九八一年)。

(19)細川涼一「鎌倉仏教の勧進活動――律宗の勧進活動を中心に――」(『論集日本仏教　四鎌倉時代』雄山閣　一九八八年)。「峰相記」(『大日本仏教全書』所収)。「泉州久米多寺隆池院由緒覚」(納富常天前掲論文に翻刻)。

(20)山河均「西大寺流律宗と開発」(『叡尊・忍性と律宗系教団』二〇〇〇年)・藤沢典彦「律と石」(『叡尊・忍性と律宗系教団』二〇〇〇年)。

(21)顕尊については、納富常天前掲論文及び『久米田寺の歴史と美術』(岸和田市立郷土資料館　一九九九年)参照。

(22)「泉州久米田寺文書」一六〜一八号。

(23)「泉州久米田寺文書」四一号。「当流口伝」紙背文書七号には、「得宗家・安東氏・律宗」のラインで五条橋を管理していたことをうかがわせる文言がある(拙稿「元徳年間の新出金沢貞顕書状について――熙允書写本『当流口伝』紙背文書の紹介――」『金沢文庫研究』三〇七号　二〇〇一年、に翻刻)。

(24)拙稿「鎌倉時代後期における京都・鎌倉間の私的情報交換――六波羅探題金沢貞顕の書状と使者――」(『歴史学研究』七二六)参照。得宗家の在京被官安東氏が鎌倉と使者を往来させたことは予想すべきことであろう。

(25)安東蓮聖の没年は二説ある。元徳二年正月二十九日没と伝えるのは、明極楚俊賛をもつ重要文化財『安東蓮聖像』の裏書である。この日から数えると、重文『安東蓮聖像』の「右、金吾蓮聖居士遺像、令嗣円恵居士請賛、元徳二年庚午春仲上瀚六日、前住雙林明極楚俊書」という明極楚俊の賛文は初七日にあたることになる。一方、安東蓮聖を元徳元年六月十九日としたのは「泉州久米多寺隆池院由緒覚」（納富常天前掲論文に翻刻）である。通説はこの違いを魚魯の誤りとし、『安東蓮聖像』裏書の日付が正しいとしてきた。ただ、裏書も由緒覚も江戸時代の記録である。

ところで、久米多寺開基の安東氏は京都の五条に館を構え、「五条檀那」（「泉州久米田寺文書」四一号）・「五条禅門」（『八坂神社記録』）と呼ばれていた。「氏名未詳書状」（『金沢文庫古文書』四〇四〇号）を安東蓮聖の卒去を伝えたものと推定することが可能であるとすれば、「泉州久米多寺隆池院由緒覚」が正しい命日を伝えていることになる。安東蓮聖を元徳元年没とすると、生年は逆算して延応元年（一二三九）となる。

(26)この書状を安東蓮聖卒去と見た場合、前後の時期の奥書は『金沢文庫古文書』識語編二一一三号及び五一一四号となり、湛睿が東禅寺と称名寺を行き来していたことがわかる。

(27)『灌頂印明』（三七一函）は、嘉暦元年、称名寺二世長老釼阿が下総国東禅寺長老として赴任する湛睿に授けた本である。この本は釼阿の師益性法親王の所持本で、釼阿もまた益性法親王が京都に帰る正和五年に授かっている。釼阿がこの本を授けたことは、湛睿の赴任が戻ることのない一方通行であったことを意味している。ところが、鎌倉幕府滅亡によって釼阿は直弟子の什尊を三世長老に指名できなくなり、湛睿を呼び戻したと考えてよいだろう。

(28)「親玄僧正日記」永仁二年正月十日条（『内乱史研究』一六号　一九九五年）。細川重男前掲論文。

第三章　北条氏とその時代

北条氏所領の認定とその集積・ゆくえ

川島孝一

はじめに

鎌倉幕府政治史のなかで北条氏一族が果たした役割の大きさはいうまでもないことであり、その北条氏の活動を支えていたのは全国に散在する膨大な所領であった。この北条氏の所領については別掲の一覧のように早くから多くの研究が積み重ねられてきた。その視点をいま大別してみると、次のようになるであろう。

1. 国別・地域別による北条氏所領の検出とその特徴
2. 個別庄園における北条氏の支配
3. 時政・義時など世代ごとによる北条氏所領の検出
4. 北条氏所領の支配構造について
5. 称名寺・円覚寺などと北条氏所領との関係
6. 守護領としての北条氏所領

このように各視点から様々な論点などが提示されてきたのであるが、特に北条氏所領の検出については、奥富敬之氏が作成した「得宗領（含北条氏一門領）一覧」（『国史大辞典』得宗の項、以下「奥富一覧」と略称）が、これまでの到達点を示していよう。

ところで今日『鎌倉遺文』・『南北朝遺文』をはじめとした各種の史料集や、自治体史の史料集の刊行などによって、北条氏所領の検出も全国的に見渡せるようになってきた。そこで本稿は筆者が収集した史料をもとに、「奥富一覧」を前提とし、その補足追加を試み、併せて北条氏被官人の所領をも加え、今後の研究の基礎としていきたい。なお被官人の所領といっても、御家人が被官人化したケースはよく見られるところであり、御家人としての所領と被官人として北条氏より給付された所領とを区別しなければならないが、現実にはそれを見極めることはかなり難しい。そこで今回は敢えて、被官人と認定できる人物・一族の所領は網羅的に取り上げることとし、今後の検討課題にしたい。

併せて北条氏の所領集積の経緯と、幕府滅亡後の北条氏所領のゆくえの様子を瞥見していくことにしたい。

なお本稿は先に筆者が作成した北条氏研究会編『北条氏系譜人名辞典』所収の「北条氏所領一覧」を補足修正するものである。

一　北条氏所領の認定

本章では五畿七道の国別に「奥富一覧」に追加補足できる所領を中心に、被官人の所領をも含めて、これまでの諸成果を取り入れながら検討していきたい。なお追加補足する必要のない国については省略する。

A、畿内

1．山城国

「奥富一覧」に四カ所が記されているが、なおいくつかの所領を加えることができる。

・法性寺大路二橋没官領一所・三聖寺竹田・芹河散在没官領地頭職六カ所

これらの地はいづれも文永十年（一二七三）玄海なる僧侶より三聖寺へ寄進されたものであるが、それらの寄進状には「最明寺殿より相承し候て(1)」や「自故最明寺殿相伝領掌(2)」などの文言が見えている。すなわち、最明寺殿北条時頼より玄海に相伝された所領が、三聖寺領となったのである。

・桂新免

永享四年（一四三二）足利義教が広隆寺に寺領として安堵した文書に、「桂宮院領山城国桂新免得宗領」[3]と見えている。

・京中の地

京都市中については、「吾妻鏡」から北条時政が平家没官の地を拝領していることが知られるが、承久の乱後六波羅の地に六波羅探題が設置され、京中の警備・朝廷との折衝・西国御家人の統括など重要な役割を果たすことになった。北条氏は六波羅探題の職を独占するとともに、京都市中への勢力をも浸透させていたようである。筧雅博氏の紹介された建仁寺の塔頭両足院に伝わった史料によれば、鎌倉末期の延慶年間に北条師時は「京都地三条南・室町東」などのいくつかの地を被官人能登入道に与えている。なかには諏訪左衛門尉の跡地もみえ、得宗・被官人の勢力が京都市中の末端にまで及んでいた。[4]

2．大和国

「奥富一覧」は波多庄一カ所を掲げるが、被官人の所領として、次の所領を挙げることができる。

・近内庄

建治元年（一二七五）近江日吉社の用途契約状のなかに、「又於預所得分者、任安東平右衛門入道知行之例、可被取之」[5]と見え、かつて北条氏被官と推定されている安東平右衛門入道が近内庄預所を知行していたことが判明する。

3．河内国

「奥富一覧」は八尾則光名・大窪庄を挙げるが、次の二カ所を追加できる。

・天河

森幸夫氏が「師守記」の記事をもとに、淀川水系上に立地した天河の地理的・歴史的環境及び北条氏との関係を論じている。(6)

・楠葉牧

元徳元年（一三二九）頃と推定される金沢顕時書状に「駿河大夫将監顕義領河内国くすハの御牧事、所務以下事、何様候哉」(7)の記載が見えている。「駿河大夫将監顕義」は実泰流の北条顕実の子である。そして当所については福島金治氏が、将軍御所用途調達所領として金沢氏の一流が鎌倉での儀礼用となる土器生産を掌握していたことなどを指摘している。(8)

4．和泉国

「奥富一覧」には和泉国の記載はないが、いくつかの北条氏及び被官人の所領が確認できる。

・横山庄

弘安四年（一二八一）の関東御教書に、「当院庄園永不可有窂籠子細事」のなかの一カ所として「泉州横山庄二位家月忌領」(9)が見える。この横山庄が二位家（北条政子）の月忌領として設定されていた。純粋な北条氏所領ではないものの北条氏関係の地としておきたい。

・木島庄

暦応四年（一三四一）に足利尊氏が今川頼貞に勲功の賞として充行った所領の一つに、「和泉国木嶋庄上下得宗跡」(10)がある。木島庄が鎌倉時代には得宗の所領であったことが判明する。

・中村新庄・包近名・寺本

被官人の所領としては、久米田寺と深い関係をもっていた安東蓮聖の孫高泰が祖父の久米田寺への寄進地を確認した文書が伝わっている。それによると、

一、中村新庄山直郷内

一、包近名上下同郷内

一、寺本散在諸郷

一、但馬国二方庄(11)

とあり、山直郷を中心とした地に、安東氏と関わりの深い所領が広がっていた。

5．摂津国

「奥富一覧」に四カ所の記載があるが、次の五カ所を追加することができる。

・野鞍庄

嘉禄二年（一二二六）三月二十八日の文書によれば、「掃部助時盛」の所領摂津国野鞍庄地頭職が将軍藤原頼経によって停止されているのが見える。(12)「掃部助時盛」は北条時房の子で、貞応元年（一二二二）八月掃部権助に任官し、元仁元年（一二二四）六月六波羅探題南方に就任した。

・長江庄

長江庄は承久の乱の原因ともなった所領として有名である。「承久記」（慈光寺本）によれば、度重なる後鳥羽上皇よりの地頭改替要求に対して、北条義時は次のように述べている。

如何ニ、十善ノ君ハ加様ノ宣旨ヲバ被下候ヤラン、於余所者、百所モ千所モ被召上候共、長江庄ハ故右大将ヨリモ義時ガ御恩ヲ蒙始ニ給テ候所ナレバ、居乍頸ヲ被召トモ、努力叶候マジ[13]、

義時にとって故右大将（頼朝）より拝領したという由緒をもつこの庄園は、他の所領とは違って特別な思いが込められていた様子が窺える。軍記物という史料の性格を考えておかねばならないが、義時が頼朝より御恩として拝領したという伝承があった。

・都賀庄

建武二年（一三三五）九月二十七日の足利尊氏下文に、三浦高継が勲功の賞として何カ所かの所領が充行われている。

（花押）

下　三浦介高継

可令早領知、相模国大介職并三浦内三崎松和（輪）・金田・菊名・網代・諸石（磯）名、大磯郷在高麗寺俗別当職、東坂間三橋末吉、上総国天羽郡内古谷・吉野両郷、大貫下郷、摂津国都賀庄、豊後国高田庄、信濃国村井郷内小次郎知貞跡、陸奥国糠部郡五戸、会津河沼郡議（蟻カ）塚并上野新田父介入道々海跡本領事

右、以人為勲功之賞、所宛行也者、守先例、可致沙汰之状如件、

建武二年九月廿七日[14]

三浦高継は相模国三浦氏の庶流で佐原義連の流れを汲み、「義連―盛連―盛時―頼盛―時明―時継―高継[15]」と続く。盛時は寛元四年（一二四六）に北条時頼よりこの史料にも見える陸奥国糠部郡五戸の地頭代職に補任され北条氏と被

官関係を結ぶとともに[16]、宝治合戦で三浦本宗家が滅亡した後、この一流が「相模国大介職」を継承した。高継の父時継は「三浦系図」によると、建武二年（一三三五）に起こった中先代の乱に際し北条時行方に荷担したため、尾張の熱田で捕えられて、京都の六条河原で誅されたという。一方子の高継は足利尊氏方についたようで、父誅殺の直後尊氏よりこの文書によって「相模国大介職」や「父介入道々海跡本領」をはじめとする全国に散在する三浦氏の所領を安堵されたのである。これらの所領群の鎌倉時代における三浦氏との関係を考えなければならないが[17]、相模国・上総国及び会津河沼郡の所領に関しては、その地理的位置からして三浦氏の所領であった可能性は高い。しかし摂津国都賀庄に関する鎌倉時代の史料には三浦氏との関係を確認することは出来なかった。しかしここに記されている他の所領の性格を考え合わせると、都賀庄も鎌倉時代以来の三浦氏の所領であったと推定することができるかもしれないが、被官人としての所領であるかは不明である[18]。

・善源寺東方

建武四年（一三三七）七月二十五日に足利尊氏が多田院に寄進した文書に、諏訪三郎左衛門跡地として善源寺東方地頭職が見える[19]。

・美作庄

建武五年（一三三八）正月十日に足利尊氏が東寺へ寄進した文書に、安東平次右衛門入道の所領である摂津国美作庄が見える[20]。

B、東海道

1．伊賀国

「奥富一覧」に予野庄（北条時房領）が挙げられており、追加はない。

2．伊勢国

「奥富一覧」に二十六カ所挙げられているほか、稲本紀昭氏「伊勢国における北条氏一門領(21)」・福島金治氏「金沢称名寺と伊勢・鎮西——伊勢国高角大日寺をめぐって——(22)」などの研究によって次の所領を追加することができる。

・笠間吉富保

稲本氏は「御鎮座伝記紙背文書(23)」所収の太政官符に記されている「笠間吉富保右馬助家時□〔跡〕」をもとに、「右馬助家時」を北条維貞の子家時に比定し、吉富保は笠間庄に隣接していたものと推定している。

・芝田郷

稲本氏は「御鎮座伝記紙背文書」に記されている「三重郡芝田郷長崎弥四郎左衛門尉泰光跡」をもとに、「長崎弥四郎左衛門尉泰光」は孫四郎左衛門尉泰光の誤記とされ、被官人長崎氏の所領と指摘している。

・五百野御厨

稲本氏は「御鎮座伝記紙背文書」に記されている「五百野御厨南□左□門尉高直跡」の記載をもとに、「南□左□門尉高直」を、「太平記」巻第二の「俊基朝臣再関東下向事」で日野俊基を鎌倉で受け取った南条左衛門高直、同書巻第十で北条守時の侍大将として彼に自害を勧めた南条左衛門高直と同一人物とし、当所領は有力得宗被官人南条高直の所領とした。

・高角御厨

福島氏は前掲論文において、西大寺の末寺である高角大日寺と金沢氏・称名寺との関係を究明され、「大日寺のある高角御厨には、伊勢国守護である金沢氏一族の貞助の得分が設定」されていたと指摘している。

・智積御厨内平松

福島氏は前掲論文において、嘉元二年（一三〇四）の六波羅下知状[24]（福島氏は関東下知状とする）を引き、伊勢国某寺（「小□□」）が地頭代兵部法橋の年貢抑留と堤破壊について、守護代の金沢氏被官鵜沼氏を通じて排除していることを指摘され、その「寺領平松」は智積御厨内にあり、某寺も称名寺末寺である可能性が高く「金沢氏所領に準じ」ていたと指摘している。

3．志摩国

「奥富一覧」には記載がないが、福島金治氏は次の地を金沢氏所領と推定している。[25]

・荒島

福島氏によれば、元亨二年（一三二二）志摩国荒島住人右衛門三郎なる人物が夜討強盗に及んだ際に、五月五日に「荒島地頭代」に追捕を命じ、さらに閏五月十五日桑原神兵衛尉・山田又三郎入道の両名に調査を依頼した「守護代親政」[26]は、嘉暦・元徳年間に金沢貞顕の書状を搬送などをしているところから金沢氏被官人と想定する。そして守護代が直接地頭代に命じているところから、「荒島地頭」を金沢氏一族とみ、守護代はその被官人と推測している。

4．尾張国

「奥富一覧」に五カ所が挙げられているが、網野善彦氏は次の北条氏所領・被官人所領を推定している。[27]

・尾塞村武松名

網野氏は石清水八幡宮所蔵「菊大路家文書」に伝わる尾塞氏の所領相論に関わる史料をもとに、尾塞氏の所領の北条氏所領化、尾塞氏の北条氏被官化を推測している。

その根拠となった史料は、「尾張国尾塞村重書案」[28]と題する七通の写の連券で、その目録を掲げると次のようになる。

①元久二年（一二〇五）三月二十二日　関東下知状断簡
②年欠　三月二十六日　相模守書状
③年欠　十二月九日　修理権大夫書状
④年欠　二月十三日　武蔵守書状
⑤年欠　十二月八日　氏名未詳書状
⑥嘉禎四年（一二三八）十月十三日　尾塞某置文
⑦文永九年（一二七二）正月二十三日　沙弥某書状

このうち②から⑤までが尾塞氏の所領である内匠保・尾塞村松武名の申状についての添状である。このうち網野氏は、特に③④⑤の文書に注目している。

③尾塞兵衛尉季親申尾張国尾塞村松武名事、訴状進覧之、子細見状候歟、此事頻歎申候之間、度々執申候、可有御計候、恐々謹言、

十二月九日　修理権大夫在判

謹上　武蔵前司殿

④おせきの左衛門尉（季重）子息兵衛尉（季親）申状、見給候了、此事以外御沙汰候之事にて候間、たやすく難申御返事候、入見参候ハ者、仰次第を申へく候也、恐々謹言、

二月十三日

武蔵守在判

⑤尾塞左衛門尉（季重）申本領間事、折帋一見候了、此条当時給主並国へ相尋候上、可被沙汰候也、恐々謹言、

十二月八日　在判

これらの文書は年代も比定できず、互いに関連する史料であるのかも定かではない。特に⑤の文書は差出人を比定することはできず、また充名も不明である。網野氏はこの文書に記されている「給主」に着目し尾塞氏の北条氏被官化を示唆したが、また別の解釈も可能であると思われ、これら断片的な史料のみでは尾塞氏の所領の北条氏所領化や北条氏被官化を説くには、根拠としてはやや弱いように思う。

・杜庄

当地については建武二年（一三三五）後醍醐天皇が夢窓上人に充行った所領に、「尾張国杜荘合田左衛門尉跡[29]」と見えている。網野氏はこの「合田左衛門尉」を北条氏被官人と推定している。

・御器所保

網野氏は延文五年（一三六〇）の史料にみえる「愛智御器所御方、山田御器所別給等[30]」より、御器所保地頭職の一方が山田郡にもあり、別給の存在を指摘し、「近江番場宿蓮華寺過去帳」に「御器所安東七郎経倫」という北条氏被

官人が見えることから、当地を北条氏所領とした。

・山田庄

網野氏によれば、山田庄地頭に安堵されたと思われる山田重忠は、承久の乱に際し京方についたため子息重継とともに討たれ、孫兼継も配流され、その所領も没収されたと推定している。そして重忠のもう一人の孫重親は山田庄内「八事迫」に所領をもち、その子重泰は「奉公関東法光寺入道」とあるように得宗北条時宗に奉公し、重泰の弟泰親は三浦氏の旧領「尾張国上菱野村地頭」を、その弟親氏は「下菱野村地頭」を与えられていることがわかり[31]、山田庄との関係を指摘している。

・千竈郷

当地は得宗被官人千竈氏の本領であり、その所領形態については小田雄三氏が詳細な分析を加えている[32]。

・大県社

奥富氏は建長二年（一二五〇）の九条道家の処分状にみえる「尾張国大県社件庄、関東尼品承久大乱之刻、所志給庄内也[33]」を引き、承久三年（一二二一）までは北条政子の所領であったとされた[34]。

5．三河国

「奥富一覧」に五カ所が提示されているが、次の地を追加することができよう。

・碧海庄上青野郷

「親玄僧正日記」によると、「参河国碧海庄上青野郷地頭職事」が「大方殿（北条貞時妻）分」より、「長光」なる人物に与えられており[35]、それまで「大方殿（北条貞時妻）」が地頭職をもっていたことが判明する。

6．遠江国

岡田清一氏は「遠江国と北条氏」（『金沢文庫研究』二八〇）において北条氏所領を検討され、また「奥富一覧」に十一カ所挙げられているが、さらに次の地を加えることができよう。

・笠原庄

「中山文書」所収の「笠原荘一代記」[36]なる記録に「一、当荘地頭御次第」という一項があり、「城陸奥入道殿」（安達泰盛）に続いて「潮音院殿、当御代」の記載がある。「潮音院殿」は北条時宗の妻であり、安達氏よりこの荘園を継承したものと思われる。女性の所領を北条氏所領とするには問題があるかもしれないが、北条氏一族の所領として加えておきたい。

・羽鳥庄内貴平郷

当地について岡田氏は、建武四年（一三三七）に足利尊氏が遠江国府八幡宮へ寄進していることをもとに、北条氏の旧領という確証はないとしつつ、足利氏が遠江国内に得た所領は建武政権によって没収された旧体制のものが多いことから北条氏所領であったとされた。[37]しかし元弘没収地には北条氏与党の所領もあったはずであり、この寄進状のみから北条氏所領とするには根拠が薄いように思われる。

7．駿河国

「奥富一覧」の他、奥富氏の「鎌倉末期・東海道宿駅地域の地頭――相模・伊豆・駿河の分――」[38]で、東海道周辺地域の北条氏所領を検出している。以下に被官人の所領をも含めて簡単に紹介したい。

・鮎沢御厨

奥富氏は結城宗広の所領「鮎沢御厨内大沓間屋敷[39]」に着目し、宗広が御厨内の一部しか所領としていなかったことから、この御厨の地頭は宗広以上の人物と想定した。そして宗広が北条得宗領の地頭代職に補任されているという遠藤巌氏の指摘をもとに、この御厨の地頭職を得宗領と推定した。

・岡部御厨

奥富氏は岡部御厨内岡部の地の地頭について判然とはしないとしつつ、「狩野系図」のなかに岡部を冠する者がいることと、その系図中の人物の子孫と思われる興津虎石が得宗被官人であることから得宗領と推定した。

・長田庄手越

奥富氏は地頭は判然としないとしつつ、長田庄を取り巻く周辺の益頭庄・蒲原庄・入江庄などが得宗領化していることと、「狩野系図」のなかにそれぞれの地名を冠している人物の存在から、得宗領としての可能性を示唆した。

・蒲原庄

奥富氏は鎌倉末期、蒲原庄内関島が得宗被官人南条時光の所領になっていること[40]、更に辿って「宗尊親王鎌倉御下向記」にこの庄内の宿の設営に北条時頼があたっていることなどをもとに得宗領と推定した。

・阿野庄

奥富氏は阿野全成の所領であったと思われる当地は、全成の子孫が絶えた後、その妻である北条時政の娘阿波局が伝領し、北条氏所領化していったものと推測している。

・浅服庄

当地は得宗被官人千竈時家が、嫡子貞泰へ譲与した所領のなかに「するかのくにあさはたのしやうのうち[41]」と見えている。

・鎌田郷

正応五年（一二九二）被官人片穂惟秀が認めた譲状に「するか国かまたのかうししきはんふん」[42]とあり、当郷の郷司職半分を有していたことが判る。

・富士上方上野郷

延慶二年（一三〇九）、南条時光が嫡子時忠へ譲与した所領の一つに「駿河国富士上方上野郷」[43]が見えている。特に当郷については「うへのゝかうのうちを、めん〳〵にゆつり候をは、かれらかゆつり状にまかせて、うちわたさるへし」とあるように、他の諸子にも分配されたようである。

8．伊豆国

「奥富一覧」には九カ所が記載されている。その外に追加すべき所領には次の所がある。

・桑原郷

この地には治承四年（一一八〇）石橋山の合戦で戦死した北条時政の子宗時の墳墓があり、建仁二年（一二〇二）時政は「夢想告」によって訪れている。[44]

・阿多美郷

奥富氏は当地について「吾妻鏡」の記事を引き、建仁三年（一二〇三）九月六日の仁田忠常が殺害されてより建保元年（一二一三）の北条泰時が走湯山へ寄進するまでの約十年間は、泰時の所領であったことを指摘している。[45]

・奈古谷□

当地については南北朝期の足利尊氏と直義の所領目録に直義の分として、「伊豆奈古谷□[46]」と見えている。最後の一字分が虫損で判明せず、恐らくは前記と同じく「同」の文字があり、旧領主の北条氏の名前が記されていたかもしれないが、確かなことは不明である。

・川原谷郷山中

奥富氏は前掲「鎌倉末期・東海道宿駅地域の地頭――相模・伊豆・駿河の分――」のなかで、「宗尊親王鎌倉御下向記」の記事をもとに、山中宿の設営に狩野新左衛門尉が担当していることをもとに、被官人狩野氏の所領として当地を推定している。狩野氏は徳治年間以降、北条氏の被官としての徴証が見られるが[47]、何時の頃より北条氏との関係を深めていったかは不明である。

・安富郷国吉名

当地は嘉元二年（一三〇四）の曾我泰光が子息光頼へ譲与した文書に「いつのくにやすとミのかう、くによしのミやう[48]」と見え、曾我氏が姻戚関係を通じて得た所領であることが指摘されている[49]。

・南条

当地については延慶二年（一三〇九）の南条時光が「南条左衛門三郎」へ譲与した文書に「いつの国なんてふの南方たけ正みやうのうち[50]」と見え、北条氏被官人南条氏の名字の地である[51]。

9．甲斐国

「奥富一覧」には五カ所が提示されるが、そのうち山梨郡の項に「塚原」と「小岡郷（郡未詳）」を「七郎跡」として北条氏所領としている。この根拠となった史料は次の文書である。

奉進　柏尾山

甲斐国小岡郷内上野小七郎跡并塚原同人跡事　合田畠六町余

右、為御敵初雁五郎当寺炎上之間、不退行法令陵遅之者也、仍為将軍御祈禱寄進如件、

建武四年七月十六日　　　陸奥守（花押）

柏尾山衆徒中(52)

これは斯波家長が柏尾山大善寺に所領を寄進した文書であり、そのなかには「上野小七郎」なる人物が見えている。この「上野小七郎」と関係しそうな通称をもつ人物を探してみると、「三島神社文書」延文六年（一三六一）六月一日畠山国清書下に、三島社領となった伊豆国郡宅郷内の跡地の一つに「佐介上野守跡」（マヽ）(53)が見え、また同文書の延文六年六月二十五日鎌倉公方足利基氏寄進状案に「佐介上野介」(54)が見える。とすれば、この「上野小七郎」も北条氏佐介流につらなる人物であろうか。但し父が上野介の場合、通称を「上野」とすることが多いが、この通称のみでは佐介北条氏とは断定できない。

・八代庄

福島金治氏が紹介された新出の「金沢文庫文書」徳治二年（一三〇七）の称名寺寺用配分状に「八代庄米三十石銭二十五貫文」(55)と見え、金沢北条氏所領であったことが判明する。

10．相模国

相模国は鎌倉幕府の膝下であり、その国守も北条義時以来代々北条氏得宗が独占していた。また幕府の所在地であ

る鎌倉の地を中心に交通上・軍事上の要地を北条氏が押さえていたことは、しばしば説かれてきたことである。北条氏所領については「奥富一覧」の他、同氏の「武蔵・相模における北条氏得宗」[56]や「相模国得宗領の個別的研究一・二・三」[57]などによって明らかにされているが、さらに次の地を加えることができる。

・大庭御厨

筧雅博氏は、大庭御厨内に北条時頼の子である正寿・福寿より命名された「聖（正）福寺」のあることに着目し、かつて鎌倉権五郎景政（正）によって開発され、大庭氏によって伝領された大庭御厨は、十三世紀半ばには北条氏得宗の支配下にあったことを指摘している。[58]

・正観寺上畠并小福礼中山上散在小畠

弘安七年（一二八四）得宗家の奉行人が出した文書に「正観寺上畠（除正観寺）并小福礼中山上散在小畠等」を円覚寺の菜園とすることが命じられている。[59]得宗家が発給していることから当地は得宗家の管理下にあったものと思われる。

・由伊地

弘安八年（一二八五）北条貞時は閇伊三郎左衛門十郎なる者に、「由伊地壱戸主」を領知するよう命じている。[60]

・大介職并三浦内三崎・松和・金田・菊名・網代・諸石（磯）名・大磯郷・東坂間・三橋・末吉

被官人三浦氏の所領として、前掲（摂津国の項）の三浦高継が足利尊氏より安堵された下文に、「相模国大介職并三浦内三崎・松和（輪）・金田・菊名・網代・諸石名・大磯郷（在高麗寺俗別当職）・東坂間・三橋・末吉」などの地が見える。

・狩野庄

奥富氏は前掲の「鎌倉末期・東海道宿駅地域の地頭――相模・伊豆・駿河の分――」において、「宗尊親王鎌倉御下向記」に記されている関本宿の設営者「かの〻志んさゑもん」を当庄の地頭とし、徳治二年（一三〇七）五月の円覚寺毎年四日大斎番文[61]に狩野氏が見えることから得宗被官人の所領と認定した。

・二宮河勾庄

奥富氏は前掲の「鎌倉末期・東海道宿駅地域の地頭――相模・伊豆・駿河の分――」において、「宗尊親王鎌倉御下向記」に見える二宮河勾庄内の大磯宿を設営した「みうらのすけ」を三浦盛時と比定し、盛時は得宗被官人であることから、当地を得宗領かまたは得宗被官人の所領とした。

11．武蔵国

武蔵国は時房以来国守を北条氏が独占し、大きな影響力をもっていた国である。北条氏の所領については「奥富一覧」や前掲の「武蔵・相模における北条氏得宗」において明らかにされているが、さらに次の所領を追加することができる。

・石坂郷

建治三年（一二七七）正月日関東下知状に「駿河彦四郎有政」とその姉「平氏号弥鶴」とが「亡父時賢遺領武蔵国比企郡南方石坂郷田畠在家」を争っている[62]。有政は有時流の北条一族であり、系図では有基の子として見えている。但し「亡父時賢」が系図と一致しない。が法名の可能性もあり、後考を期したい。

・麻生郷

当地について「奥富一覧」には記載がないが、奥富氏前掲「武蔵・相模における北条氏得宗」において、「比志島文書」年月日欠足利尊氏・直義所領注文の記載をもとに、甘縄流北条顕実の子時顕の旧領と指摘している。

・赤塚

「奥富一覧」に「（郡未詳）桑塚」が挙げられているが、根拠となっている「比志島文書」年月日欠足利尊氏・直義所領注文について、『南北朝遺文』中国・四国編等は「赤塚」と読んでおり、『鹿児島県史料』旧記雑録拾遺・諸氏系譜三では「桑《（赤カ）》塚」としている。ところでこの足利尊氏・直義所領注文という史料の性格については、既に桑山浩然氏が考察を加えられており、[63]それによれば建武の新政成立直後、後醍醐天皇が小槻氏や岩松氏などの諸氏へ旧北条氏所領を恩賞配分として分与されているように、この目録はその際に足利氏へ与えられた所領注文と思われ、「元弘三年六月を距ること遠くない時期に、建武政府より足利氏に賜った恩賞地の目録」とされた。

ところでこの史料を見てみると、書き上げられた所領の下に「泰家跡」、もしくは「貞直」などと旧領主の名が記されており、旧北条氏所領であることが判明する。なかにはそのような注記がない所領もある。が「武蔵久良郡」や「肥後国健軍社」のように、この目録に注記がなくても、他の史料によって旧北条氏所領と判明するものもあり、この目録に記されている所領はすべて旧北条氏所領とみなしてもよいかもしれない。

・高麗郡東平沢

正慶二年（一三三三）の沙弥某の奉書に、曾我左衛門太郎入道光称が祖母尼蓮阿并亡母尼慈照の遺領「武蔵国高麗郡東平沢内田畠屋敷并賀作波多村内田地」の安堵を申請していることが見えている。[64]この所領は被官人曾我氏のもとに姻戚関係を通じて伝来してきたものであり、光称の祖母蓮阿は高麗景実の女子であり、それが蓮阿女子慈照へと伝えられ、光称が相伝しようとしたころには相論になっていたことがわかる。[65]

・大谷郷

「奥富一覧」および奥富氏前掲「武蔵・相模における北条氏得宗」おいて、当地を北条氏所領とする。その根拠となった史料は建武元年（一三三四）に足利直義が三浦時継法師に恩賞として充行った文書で、そこに「武蔵国大谷郷下野右近将監[66]」と見えている。奥富氏はこの「下野右近将監」を「姓を冠せずして、この時期に通用する人物」として北条氏一族と推測した。しかし北条氏一族のなかで「下野」を称した人物は見あたらず、北条氏一族の者と考えるのには躊躇を覚える。

12・安房国

「奥富一覧」に北郡一カ所を挙げる。

・北郡

奥富氏は弘安八年（一二八五）の霜月騒動によって二階堂氏より幕府に没収され金沢北条氏所領となったと推定するが、確たる史料は見あたらない[67]。

・天津

奥富氏は被官人工藤氏の所領として、天津の地を推定している[68]。この地は「日蓮聖人註画讃[69]」に、日蓮が安房国東条松原で東条景信に襲撃された際、これを救った人物が「檀那工藤左近丞」であり、「天津之宿所」で治療したという。工藤氏のなかに天津の地に何らかのゆかりをもつものがあったようである。

13・上総国

上総国の北条氏所領については、「奥富一覧」の他、夙に岡田清一氏によって検出されているが[70]、被官人の所領として次が追加できる。

・大貫下郷・古谷郷・吉野郷

被官人三浦氏の所領として、前掲の建武二年（一三三五）に足利尊氏によって三浦高継が勲功の賞として安堵された所領に「上総国天羽郡内古谷・吉野両郷、大貫下郷[71]」がある。

・武射郡内小松村

岡田氏は観応三年（一三五二）足利尊氏が造営料所として宝戒寺へ寄進した所領の一つに、「上総国武射郡内小松村工藤中務右衛門跡[72]」とある記事をもとに、当地を被官人工藤氏の所領とした。

・梅佐古

岡田氏は建武二年（一三三五）足利尊氏が篠村八幡宮へ社領を寄進した文書に見える「上総国梅佐古粟飯原五郎跡[73]」をもとに、被官人粟飯原氏の所領とした。

14．下総国

下総国の北条氏所領については、「奥富一覧」の他、岡田清一氏によって検出されているが、次の所領が追加できる。

・下河辺庄高柳郷

正慶元年（一三三二）の金沢貞将袖判盛久奉書に見える「下河辺庄高柳郷[74]」が、金沢北条氏の所領に加えることができる。

・大須賀保内毛成村・草毛村

岡田氏は延慶元年（一三〇八）の関東下知状の記載から、大須賀胤氏より神了義へ沽却された「下総国大須賀保内毛成・草毛両村[75]」を被官人神了義の所領としている。[76]

・大方郷

文永年間と思われる香取神宮の「造宮記録断簡」に、「三鳥居一基　作料官米百石　大方郷本役也、仍地頭諏方〔訪〕三郎左衛門入道真性造進之[77]」と見えている。岡田氏は「真性」の実名は不明とされるが[78]、『北条氏系譜人名辞典』諏訪盛経の項を見ると、当該人物に比定でき被官人諏訪氏が当郷の地頭であったことが確認できる。

15．常陸国[79]

当国について「奥富一覧」には十六カ所示されており、また既に石井進氏[80]によっても北条氏所領が検出されている。「奥富一覧」には載せられていないが、石井氏が指摘した被官人の所領に次の地がある。

・方穂庄

この庄園が北条氏や被官人の所領とする具体的な史料は存在しないが、石井氏は片穂氏が得宗の被官人であり、その出身地がこの片穂庄であると推定している。

C、東山道

1．近江国

「奥富一覧」には六カ所示されているが、さらに次の諸所が史料の上で確認することができる。

・小椋庄

年月日欠の近江鯰江庄百姓等申状（断簡）に「相模四郎左近大夫殿御領小□〔椋カ〕庄[81]」が見える。ここに見える「相模四郎左近大夫」と称された人物として、北条時頼の子宗政がいる。宗政は相模四郎を通称とし、文永二年（一二六五）四月二十三日従五位下左近将監に叙任されている。

・湯次庄

湯次庄については、年月日欠の断簡文書に次のような記載がある。

　近江国湯次庄雑掌与地頭武蔵入道々明後室代道智・定俊・道然等相論年貢未進事

　右、地頭年々

　略之[82]

ここに見える「地頭武蔵入道々明」は、北条時宗の同母弟宗政のことで、湯次庄地頭は宗政の「後室」であった。

・栗太郡正楽ミやう田

被官人の所領として、曾我光称（光頼）が「そかのいぬなりまろ」へ譲与した「あうミの国くりもとのこほりの内、正楽ミやう田三丁、ならひニ在家[83]」や、方穂惟秀が「ありわう」に譲与した「あふミ国しやうら□〔くのみやうのうちカ〕なかむら参町[84]」が確認できる。

2. 美濃国

「奥富一覧」の他に、網野善彦氏が美濃国の荘園公領を検討したなかで触れている。[85]

・蒔田庄

奥富氏は「吾妻鏡」寛喜二年（一二三〇）六月十六日条の蒔田庄での降雪に北条泰時が脅えた記事をもとに、「明徴はないが、得宗領だったものと思われる[86]」と推定している。しかしこの記事のみを根拠にするには弱く、この所領については「奥富一覧」には掲載されてはいない。

3．信濃国

「奥富一覧」では十二カ所が掲げられており、また湯本軍一氏「北条氏と信濃国」[87]・「信濃国における北条氏領」[88]においては北条氏所領を検証している。以下に湯本氏が認定した北条氏所領を簡単に紹介したい。

・佐久伴野庄

嘉暦四年（一三二九）の諏訪五月会流鏑馬頭・花会頭・御射山頭の番役を定めた関東下知状案には、多くの北条氏関係者やその所領が列記されているものとして著名である。そのなかに「五番五月会分」の項目に「御射山左頭、佐久郡伴野庄大沢・鷹野郷　駿河守跡」が、また「七番五月会分」には「御射山左頭、佐久郡伴野庄三塚・小宮山両郷遠江守跡」が、「十一番五月会分」には「佐久郡伴野庄桜井・野沢・臼田郷　丹波前司跡」[89]と見えている。ここに記されている人物の実名比定は難しいが、湯本氏はこの文書の用例から単に受領名しか記されていないのは、特別な場合を除き、北条氏一族の者と見なしうると指摘している[90]。

・大井庄長土呂郷

前掲の嘉暦四年（一三二九）の関東下知状案に「一番五月会分」のなかに「流鏑馬、大井庄内長土呂郷　薩摩五良左衛門尉」が見えている。湯本氏は前掲「信濃国における北条氏領」において、「吾妻鏡」文治四年（一一八八）六月四日条をもとに大井庄の地頭を北条時政とし、その後は大井氏や薩摩氏が知行者として現れる。そして薩摩氏は工藤祐経の後裔で、その子祐長が薩摩守になり、その子孫は薩摩氏を称した。工藤氏が得宗被官人であるところから、薩摩氏も工藤氏と同じように北条氏の殊遇を受けただろうとした。同氏も指摘しているように、薩摩氏には建武二年

（一三三五）に薩摩刑部左衛門入道なる人物が坂木北条に城郭を構え、北条時行方とともに足利尊氏方の総大将村上信貞と合戦に及んでおり、(91) 北条氏の被官人とみてよいであろう。

・志賀郷

前掲の嘉暦四年（一三二九）の関東下知状案に「五番五月会分」のなかに「流鏑馬、志賀郷　諏訪左衛門入道」が見えている。諏訪氏は得宗被官人としてその活動が確認される一族で、湯本氏は前掲「北条氏と信濃国」において、この「諏訪左衛門入道」を時光と比定している。

・浦野庄西馬越郷

湯本氏は前掲「北条氏と信濃国」において、貞和三年（カ）（一三四七）の足利尊氏が当地を武蔵国金陸寺へ寄進した文書に「薩摩十郎《（マヽ）》跡半分」(92) をもとに、北条氏被官人薩摩氏の所領とした。

・仁科庄

前掲の嘉暦四年（一三二九）の関東下知状案に「十番五月会分」として「仁科庄　遠江入道」(93) が見える。この「遠江入道」をいま具体的な人物に比定することは難しいが、北条時政・朝時が「遠江入道」と称されていたことが知られている。「遠江」というおそらく受領名であろうが、これを冠して呼ばれる人物は北条氏一族の者で相違ないと思われる。

・坂木郷南条・北条

湯本氏は前掲「北条氏と信濃国」において、南条は前掲の嘉暦四年の関東下知状案に「七番五月会分」に「坂木南条薩摩十郎左衛門尉跡」が見え、北条は前掲の「薩摩刑部左衛門入道」なる人物が坂木北条に城郭を構えた記載をもとに、被官人薩摩氏の所領とした。なお「薩摩十郎左衛門尉」は祐広に、「薩摩刑部左衛門入道」は祐氏に比定している。

・保科御厨

湯本氏は前掲「北条氏と信濃国」において、建武二年(一三三五)の中先代の乱に際して、「保科弥三郎」なる者が「四宮左衛門太郎」と共に北条時行方として、守護小笠原貞宗の軍勢と合戦に及んでいることを指摘している。(94)前掲の薩摩氏と同じようにこの保科氏も北条氏被官人と考えてよいと思われ、当地はその名字の地と推測される。

・小井郷

当地は正中二年(一三二五)の曾我光称の譲状に「しなのゝ国こいの郷内一丁ならひニ在家一宇等」及び津軽沼楯村が片穂氏より曾我氏に伝領されているのが確認できる。(95)

・狩田中条

湯本氏は前掲「北条氏と信濃国」において、前掲の嘉暦四年(一三二九)の関東下知状案に「六番五月会分」として「御射山左頭、狩田中条、矢野伊賀入道」の記事をもとに、矢野氏には北条氏被官人になっている者があることより、北条氏と縁故の深い一族とした。(96)

・中野御牧

当地は「吾妻鏡」に「尾藤太知宣」が源頼朝に旧領安堵を申請し安堵された所領の一つに見え、(97)尾藤氏はのちに「御内人の筆頭たる地位(98)」を占めていくが、その後の当地と尾藤氏との関わりは不明である。

・志久見郷

湯本氏は前掲「信濃国における北条氏領」において、当郷の根本領主は中野氏であったが中野能成の時に所領を没収され、貞応三年（一二二四）北条泰時は北条重時の所領となっていた当郷地頭職を能成へ返還するよう命じている史料[99]をもとに、その間は北条重時の所領であったと指摘している。そして中野氏は、その後北条氏への接近を強めていくという。

4．上野国

「奥富一覧」には四カ所が示されているが、次の所領について検討を加えたい。

・佐貫庄内板倉郷

「奥富一覧」には「佐貫荘内板倉郷」が示されているが、その根拠となった史料は次の文書である。

上野国佐貫庄内板倉郷事、先日被寄進当山了、彼御寄進状并奉書等、可令進給之由、被仰下候也、仍執達如件、

永仁元年十月六日　　左衛門尉（花押）

走湯山衆徒御中[100]

奥富氏はこの文書を「得宗家公文所奉書」と判断したようであるが、この文書を理解するためには、差出人の「左衛門尉」を誰に比定するかにかかっている。『鎌倉遺文』・『静岡県史』資料編の編者はいずれも「二階堂行貞」に比定している。「二階堂行貞」は永仁元年（一二九三）十月十九日二階堂行藤に替わるまで幕府政所執事を勤めており、[101]とすればこの文書は「得宗家公文所奉書」というよりも「鎌倉幕府政所執事奉書」といいうるものである。文中の「御寄進状」・「被仰下候也」の主体も鎌倉将軍と理解できるのではないだろうか。[102]

5．下野国

「奥富一覧」には二カ所が提示されているが、次の所領について検討したい。

・阿曾沼郷

「奥富一覧」に「安蘇郡阿曾沼郷」が示されているが、その史料については江戸時代末の万延元年（一八六〇）七月に編纂された『常陸誌料』内の「関城繹史」延元元年（一三三六）七月条の次の記事をもとにしていると思われる。[103]なお割書には編者による出典と按文が付されている。

○七月、北条氏族、阿曾沼伊時、起兵常陸（下野）阿曾沼、応官軍、足利義詮、遣加子松鶴丸攻之鶴岡社務記、按阿曾沼下野阿蘇郡地、今称浅沼、是伊時称越後左衛門大夫将監、亦食信太荘、見東寺文書、蓋以其食地本国併誤阿曾沼為本国耳

北条氏の一族である越後左衛門大夫将監と称した伊時なる者が、下野国阿曾沼にて挙兵したというのである。ところでこの記事の根拠となった「鶴岡社務記録」には「阿曾沼伊時」のことは見えず、[104]また諸種の「北条氏系図」にも「伊時」なる人物は見えず、[105]また「越後左衛門大夫将監」なる通称も見あたらない。[106]したがってこの地は、北条氏所領の伝承地というべきものであろう。

6．陸奥国

陸奥国の北条氏所領の検出については、早く遠藤巌氏「東北地方における北条氏の所領」第二章北条氏所領の検出[107]で先鞭がつけられ、奥富敬之氏「陸奥国得宗領の研究」[108]・「陸奥国得宗領の研究（続）」[109]・「奥富一覧」にほぼ集成された感がある。諸氏の研究などによって北条氏による地頭代職をはじめとする諸職の補任、北条氏被官人の譲状やその他の史料によって北条氏所領と認定できるものと、直接明記した史料は存在しないが、傍証などによって北条氏所領と

推定されたところもある。そこで以下で遠藤氏が推定された北条氏所領について若干の検討を試みてみたい。

・依上保

遠藤氏は左記の「伊勢結城文書」建武元年（一三三四）四月十六日陸奥国宣案から、旧北条氏所領と推定している。

（北畠顕家カ）
御判

依上保、可有御知行事、　綸旨如此、先退前給人代官、年貢不散失之様、可被加下知之旨、国宣候也、仍執達如件、

建武元年四月十六日　　大蔵権少輔清高奉

上野入道殿[110]

この文書は元弘没収地である依上保の「年貢不散失之様、可被加下知之旨」を「上野入道」（結城宗広）に命じたものであり、「前給人代官」（被没収者）は明らかではないが、北条氏関係者と推定している。鎌倉幕府の滅亡後北条氏をはじめとした幕府側に荷担した武士の所領は建武政権によって没収され、それは元弘没収地と称された。元弘没収地には北条氏・被官人の所領だけではなく、幕府・北条氏に与同した御家人の所領も含まれていたはずである。「前給人代官」は北条氏関係者に限定するよりは、北条氏関係者を含めた幕府・北条氏に与同した者と考えることもできるであろう。

・安積郡

遠藤氏は「秋田藩採集文書」四所収の赤坂忠兵衛光康家蔵文書、文和三年（一三五四）七月日石河光隆着到状写[111]を写真版で検討し、『大日本史料』が掲げる年紀「文和三年」は「元弘三年」の誤読と判断している。そして同文書の、

去五月廿三日、於奥州安積郡佐々河城、致塩田陸奥禅門子息陸奥六郎、同渋川七郎以下家人、土持二郎入道・同六郎左衛門入道等合戦、

の記事から、佐々河城が石河光隆ら近隣の武士の攻撃を受けているのは、そこが北条氏所領であり、「佐々河城が南奥における北条氏陸奥支配の最大拠点」であったとし、安積郡地頭職を徴する史料はないものの、「安積郡地頭職は北条氏（塩田氏）の掌握するところであった」としている。室町時代に鎌倉公方足利満兼が奥州の守りのために笹川御所としたことはよく知られているが、笹川御所の地理的位置付けが鎌倉時代のこの「佐々河城」にまで溯れるかは別途検討が必要であろう。しかし遠藤氏も引用している金沢貞顕書状に「塩田陸奥入道、明年諏〔訪〕方七月頭役之間、暇申て奥州所領へ下向候て、去十三日来臨候き」(112)とあるように、塩田陸奥入道（国時）は奥州にも自身の関係する所領を有していたことが判明する。それが「安積郡地頭職」であったか否かは定かではないが、「佐々河城」は拠点の一つにはなりえたであろう。

・岩瀬郡

遠藤氏は「有造館本結城古文書写」（延元四年〈一三三九〉九月十六日藤原英房書状写に見える「河東郷内大栗・猪森両郷、道存（二階堂時藤）家人矢部又次郎、自白河被預置之由令申、未渡候」(113)を論拠に、この両所を元弘没収地とし、陸奥国府官人藤原英房に充行われていた分とされ、さらに「自白河被預置」を理由に北条氏没収地と推定している。そして河東郷内に塩田村があることから塩田北条氏との関係、及び塩田北条氏が隣接する安積郡佐々河城を拠点にしたこと、さらに南北朝・室町期にかけて南奥支配の拠点であった岩瀬郡内の稲村も北条氏所領であったと推測された。

しかし南北朝・室町期に南奥支配の拠点の一つであった稲村が、その役割を鎌倉時代にまで遡及できるかという点、

また佐々河城が北条氏の拠点であっても、稲村が同じように鎌倉時代にその拠点であったという徴証はないなど難点が多い。

・安達庄

遠藤氏によれば、霜月騒動で安達氏が滅亡後、北条氏がその地頭職を握ることになったのではないかとの推定をし、「南北朝期にこの地方が奥州探題の拠点となったことは、これが足利氏の料所であったことを推測させ、その前提は鎌倉幕府滅亡によって北条得宗の所職を継受したものかと憶測される」とする『福島県史』第一巻・通史編1・原始・古代・中世（曾我伝吉氏執筆）の記述を引き、「単なる憶測以上のものがあろう」とされた。しかし安達庄については北条氏に関連する史料もなくまた、元弘没収地のすべてが北条氏所領であったわけではない。南北朝期にそれぞれの拠点となった地が旧北条氏所領であったのか、慎重に考える必要があると思われる。

・標葉郡

『奥羽編年史料所引伊佐早文書』所収永仁三年（一二九五）十二月三日義基譲状案によれば「右衛門尉義基」が「陸奥国標葉郡総地頭職」などを嫡子義章に譲与している。[114] 遠藤氏はこの義基は三浦和田一族の関沢氏と推定している。

ところで、「相馬岡田文書」に、次の文書が伝えられている。

□〔陸〕奥国標葉郡内於中田□〔村〕、□〔標〕葉五郎四郎清直安堵御判、為後日謹言上、仍安堵御判下知如件、

元亨四年六月二日

相模守（花押）[115]

この文書は様式や文体が異例で後世の写とも考えられ、内容を全面的に信用するには検討が必要である。内容は標葉郡内の住人標葉五郎四郎清直に同郡内中田村を、北条高時が安堵したものであり、北条高時と標葉五郎四郎清直との主従関係が知られよう。郡内に得宗被官人の所領があったことは推定できるが、標葉郡の地頭が北条氏であったかどうかはわからない。

・宇多庄

遠藤氏は、結城宗広・佐竹貞義にそれぞれ勲功賞として当庄が充行われており、本主権を主張するものがいないこと、庄内の地頭が結城氏の統率に入っている点などより、北条氏が宇多庄地頭であったと推定された。勲功賞として当庄が充行われているということは、当庄が没収地であったためであるが、元弘没収地のすべてが北条氏所領ではないことも合わせ考える必要があろう。

・伊達郡内の地

鎌倉時代後期の永仁五年（一二九七）、伊達時長が「伊達郡内桑折郷田在家」を鎌倉幕府より安堵されており[116]、さらに建武元年（一三三四）その子孫と思われる伊達政長は伊達郡内の「長江彦五郎跡」を北畠顕家より拝領している[117]。そして建武五年（一三三八）には足利尊氏より次の文書によって当知行地半分が安堵されている。

（足利尊氏）
（花押）

下　伊達長門権守政長

可令早領知当知行地半分除吉野新院朝恩并得宗領事

右人依参御方、所宛行也、早守先例、可知沙汰之状如件、

建武五年後七月廿六日[118]

遠藤氏は、「太平記」に北条泰家が奥州へ逃れるに際して、伊達氏の一族が案内者として召具されている記事を引き、伊達氏のなかに北条氏被官となっていた者がいたことを指摘し、この文書の「得宗領」は「吉野新院朝恩」と併記されているところから、「鎌倉期以来の知行地（地頭代職）であった」とされた。この文書は地名が記されてはおらず具体性に欠けるところがあるが、伊達政長が伊達郡内に所領を有していたことはそれまでの経過で明らかであり、足利尊氏より安堵されたのは「除吉野新院朝恩并得宗領」の「当知行地半分」である。この「当知行地半分」が伊達郡内の「当知行地」であるかそれ以外の地であるか定かでない難点もある。

・亘理郡

亘理郡坂本郷についての史料に次の文書がある。

武石四郎左衛門入道々倫申、奥州曰（亘）理郡坂本郷事、至正和年知行云々、而依子息左衛門五郎軍忠、云本領、云恩賞、任先例可被知行之状、依仰執達如件、

建武四年二月六日　氏家 道誠在判

武石四郎左衛門入道殿[119]

遠藤氏はこの文書をはじめとして、

①康永二年（一三四三）八月三日付石塔義房充行状写[120]

武石新左衛門尉に亘理郡坂本郷半分并長戸呂村を勲功の賞として、同郡鵲谷郷の替として充行う。

②文和二年（一三五三）四月二十日付吉良貞家書下写[121]

武石但馬守に亘理郡坂本郷内給所村・摩尼谷上下村・精進谷村等を充行う。

③観応二年（一三五一）十月二十五日付吉良貞家書下写[122]

武石但馬守に亘理郡坂本郷の半分を充行う。

④年欠三月二十四日付某預ケ状[123]

亘理郡内某所を兵粮料所として預け置く。

などの史料をもとに、坂本郷は「先祖相伝所領として安定せず、剰さえ兵粮料所に指定されることは、北条氏没収地の故」とされ、さらに徳治二年（一三〇七）五月の円覚寺毎月四日大斎番文に見える「五番、亘理四郎左衛門尉[124]」を「武石四郎左衛門入道々倫」と推定した。なお岡田氏はこの「亘理四郎左衛門尉」を武石宗頼に比定し、亘理郡へ移住した武石氏の一流が被官人化しているとしている。[125] ただし徳治二年五月の円覚寺毎月四日大斎番文で見える「亘理四郎左衛門尉」は亘理郡を拠点とする人物にまちがいはないであろう。

・志田郡

遠藤氏によれば暦応五年（一三四二）六月、遠田郡篦峯寺別当三位律師幸明並衆徒が造営のために足利氏より得た「遠田玉造両郡棟別御教書」（『篦峯寺一山記録』第八巻所収）という文書中に「雖被成下名取志田両郡、地頭給主等依用捨之異議不同、未成宿願、然者下賜遠田玉造両郡御教書」と見えているという。そしてここに記されている名取・遠田・玉造の各郡を北条氏所領と認定した上で、暦応年間に足利氏が「棟別銭」を課すことができたのは北条氏からの没収地であったからであるとし、志田郡も北条氏所領であったであろうと推定した。厳密にいえば元弘没収地は北条氏所領だけではないので、他の徴証が必要であろう。

・葛西氏領五郡二保

五郡二保というのは、牡鹿・岩井・伊沢・江刺・気仙の五郡と興田・黄海の二保のことである。遠藤氏によれば、文治五年（一一八九）に葛西清重がこれらの地頭職を源頼朝より拝領して以来、葛西氏が支配する所領であり、平泉中尊毛越両寺諸社法会神事等の済物を葛西氏の責任で納入する「宗役所」でもあった。下って建武元年（一三三四）八月の中尊寺衆徒等言上状に見える「毎年六箇度大法会仏神事物諸郡済物等、近年一向無沙汰之上、依怙亦為尫弱之処、或被押領相州之一族以下地頭等[126]」から、ここに記されている「相州之一族以下地頭等」を北条一族に比定し、北条一族およびその被官人が五郡二保内に地頭として浸透していたと推定した。

ところで、この五郡二保のうちに岩井郡平泉保中尊寺があり、その別当に「越後助法印盛朝相州一族」が補されているように[127]、中尊寺には北条一族の勢力が及んでいたことは確かである。

・奥玉保

奥玉保は鎌倉中期のものと推定される二階堂氏知行注文に見え、二階堂氏の所領であったことが判明する[128]。遠藤氏は正応四年（一二九一）八月坂上国長の起請文に見える「おくたまのほうないにをいて、かみの□（御カ）ために、いさゝかの御うしろくらきこと、みかくし（見隠）、きゝかくし（聞隠）つかまつるましく候[129]」の、「かみの□（御カ）ため」を北条氏得宗とされた。さらに先の二階堂氏知行注文に「万寿御前御方」の分として記されている「安房国北郡内下尺万郷」が、二階堂信濃入道の所領から金沢称名寺領になっていることをもとに[130]、「奥玉保もいつしか金沢称名寺領にな」り、坂上国長は金沢北条氏の代官であったと推定した。この坂上国長については金沢氏の被官人であるのか定かではなく、他の傍証が必要であると思われる。

・久慈郡

遠藤氏によれば、久慈郡は元弘没収地であることと、地理的に得宗領糠部郡東門種市や得宗領閉伊郡に隣接することなどをもとに、「久慈郡地頭職も北条氏管轄下」にあったと推定した。しかしこの地についても、北条氏所領とするに足る決定的な史料には欠ける。

・会津河沼郡議（蟻カ）塚・并上野新田父介入道々海跡本領

前掲（摂津国の項）の建武二年（一三三五）に足利尊氏が三浦高継に勲功の賞として安堵した所領に「陸奥国糠部内五戸、会津河沼郡議（蟻カ）塚、并上野新田父介入道々海跡本領」[131]が被官人三浦氏の所領として見える。「上野新田父介入道々海跡本領」について、安池尋幸氏は「陸奥国河沼郡内」の「上野新田」と解釈したが、[132]鈴木かほる氏は「実相寺文書」応安二年（一三六九）二月二十七日蘆名詮盛寄進状や三浦佐原氏に関わる伝承などをもとに、「上野新田」を耶麻郡「加納庄内上野村」（現福島県耶麻郡熱塩加納村米岡上野）に比定した。[133]

・津軽柏木郷

「金子文書」、建永元年（一二〇六）十一月三日北条義時下文（『入間市史』中世史料・金石文編）は、次のようにある。

（北条義時）（花押）

□□柏木郷事、□（於）□（有カ）限所当者、可弁済□之□也者、其雑公事早可免除之状□（如）□（件）、

建永元年十一月三日

この史料について菊池紳一氏は、北条義時の時代に津軽平賀郡一帯が得宗領になっていたことが想定されるとし、かつ文頭の欠損文字の二字目は「軽」と判読できることから、「津軽柏木郷」と推定した。[134]但し比定地は未詳である。

7．出羽国

「奥富一覧」は、寒河江庄・屋代庄・平賀郡・大泉庄の四カ所が表示され、また岡田清一氏は、寒河江庄・小田嶋庄・山辺庄・大山庄・大泉庄・海辺余部内宗太村・屋代庄の七カ所を北条氏所領と推定している[135]。これらの推定地について次に若干検討してみたい。

・小田嶋庄

岡田氏は、足利尊氏が工藤中務右衛門の旧領上総国武射郡内小松村と東根孫五郎の旧領出羽国小田嶋庄内とを宝戒寺に寄進していることから[136]、工藤氏が得宗被官人であることを理由に東根孫五郎も得宗被官人と推定し、その所領小田嶋庄内も北条氏所領とされた。尊氏が寄進したこれらの旧領は元弘没収地と思われるが、東根孫五郎が北条氏被官人であったかどうか判然とせず、他の実証が必要であろう。

・山辺庄

岡田氏は、貞治三年（一三六四）八月十日に仁木義長が倉持兵庫助入道に「出羽国山辺庄内塔見参分壱」を勲功の賞として預け置いていることをもとに[137]、倉持氏が足利氏被官人であること、かつ山辺庄が尊氏発願の安国寺所在の庄園であることから北条氏旧領と判断した。しかし安国寺所在の庄園が北条氏の旧領に限られていたのかなどの疑問もあり、他の論証が必要であろう。

・大山庄

岡田氏は、「相馬文書」貞治三年（一三六四）九月十一日沙弥真季打渡状に、「出羽国下大山庄内漆山郷、大□□〔曾祢〕庄内門田・飯沢・前明□〔石〕」が相馬讃岐守胤頼に打渡されていることから[138]北条氏所領と推定した。しかしこの所領の打渡状のみから北条氏所領と判断するには難しいと思われる。

・大泉庄

岡田氏は、明徳五年（一三九四）二月二十二日足利義満御判御教書案で「出羽国大泉庄・越後国上田庄」が、亡父民部大夫入道々昌（上杉憲顕）の康安元年（一三六一）十月二日の安堵を承けて、上杉憲方に安堵されていること[139]を根拠に、越後国上田庄が北条氏所領であったことから、同様に併記されている出羽国大泉庄も北条氏所領であったと推定した。そして鎌倉前期には「大泉氏を含む武藤氏」が安達氏と姻戚関係を有しており、霜月騒動で武藤氏が敗死した後の北条氏所領化を想定している。しかし安堵状に併記されていることをもって北条氏所領とするのは根拠が薄く、他の傍証が必要ではないかと思われる。

・海辺余部内宗太村

建武三年（一三三六）十二月十一日足利直義下文は、安保光泰法師の本領武蔵国安保郷内屋敷在家をはじめ、「出羽国海辺余部内宗太村」や「信濃国室賀郷」などの地頭職を安堵した文書[140]である。岡田氏はこの史料より「信濃国小泉庄内室賀郷」が北条氏所領であったことから、同様に併記されている「出羽国海辺余部内宗太村」も北条氏所領と推定した。

ところで、この下文には安保光泰法師に「武蔵国安保郷内屋敷在家・同国枝名内塩谷田在家・同国太駄郷、出羽国海辺余部内宗太村、播磨国西志方郷、信濃国室賀郷等地頭職」が安堵されているのであるが、その事実書には「任代々譲状并正安三年十二月十日・正慶二年二月二十九日外題安堵状等、可領掌」とある。とすれば、これらの所領は安保氏が鎌倉時代以来相伝してきた御家人としての所領と考えるのが妥当であろう。

・屋代庄

岡田氏は「集古文書」所収年未詳四月九日付後醍醐天皇綸旨によって、「出羽国屋代庄地頭職」が楠木正成に充行われていること[141]や、長井氏や霜月騒動との関連から北条氏所領としての可能性を示唆した。この所領も元弘没収地と思われ、北条氏所領と認定するにはより慎重にならざるをえない。ただ「奥富一覧」でも示されているように、屋代庄八幡宮において能海なる僧によって「三周義釈」が書写されており[142]、それが金沢文庫に伝わっていることから、称名寺・金沢氏との関連も考えられるかもしれない。

・平賀郡

「奥富一覧」において、「忠時跡」として平賀郡を北条氏所領に加える。その根拠となったのは、次に掲げる足利義詮下文であろう。

（義詮）
（花押）

下　平賀出羽前司貞宗法師法名賢成

可令早領知出羽国平賀郡惣領職肥前守忠時跡事

右、為勲功之賞、所宛行也、早守先例可致沙汰之状如件、

延文四年四月廿日[143]

ここに見える「肥前守忠時」であるが、北条氏一族で「忠時」は二名確認できるが、「肥前守」の官途を帯した人物は見られない。ところでこの文書を正面から検討した遠藤巌氏は、「出羽国平賀郡惣領職」を没収された「肥前守忠時」を金沢氏一族が鎮西探題として肥前国守護職を相伝知行していることから肥前守の官途を受ける条件を想定し、

金沢貞将の子忠時に比定した。そして「平賀郡惣領職」を「地域統制に関わる総領職」とし、北条氏が姻戚関係を通じて平賀郡地頭職を獲得し、その郡内支配を確立するために「平賀郡惣領職」を称したと説いた。[144]

D、北陸道

1．若狭国

当国については「奥富一覧」に五十カ所が示されており、また石井氏によって鎌倉末期における北条氏の守護領形成の様子が発表されている。[145]更に石井氏はその論文の注で次の三カ所を可能性のある所領として指摘している。

・宮河保・宮河新保

文永二年（一二六五）に作成され鎌倉時代末期に朱書が加えられたといわれる「若狭国惣田数帳案」のなかの宮河保・新保の項に、次のような記載がある。

（前略）
宮河保五十町壹反五十歩加賀茂出作田五町壹反六十歩定
『国領』　『地頭備前守殿御跡』
（中略）
新保十五町二反二百九十歩
『国領』　『地頭備前守殿御跡』
（中略）

（後略）[146]　　（『　』は朱書）

ここに朱書で記されている『地頭備前守殿御跡』というのは、「殿御跡」という敬称が付されているところから、北条氏一族のものとみてよいであろう。北条氏一族のなかで「備前守」の官途を帯びた者は十三人おり、具体的に人物を比定することは今の時点では難しい。

・佐古庄

足利尊氏が建武四年（一三三七）に今川頼貞に充行った所領を暦応四年（一三四一）に安堵した文書に「越後国金津保并小河庄内下条美作前司跡、和泉国木嶋庄上下得宗跡、若狭国佐古庄、越中国大家庄掃部助八郎跡地頭職[147]」と見えている。各所領の下にそれぞれ旧領主の名称を記すという形式が採られているが、「若狭国佐古庄」は次の「越中国大家庄」の旧領主と同じとみてよいであろう。石井氏は「掃部助八郎」を北条氏一族の人物と推定したが、具体的に人物を比定する事は難しい。ただ「若狭国惣田数帳案」には「佐古出作」が守護領（得宗領）と見えているので、当庄が北条氏一族の所領になっていた可能性はあるであろう。

2．越前国

「奥富一覧」に大蔵庄・山本庄・牛原庄の三カ所が掲げられているが、さらに次の所領を追加することができる。

・小山庄・泉庄

建保四年（一二一六）の源実朝書状に「越前国小山・泉庄事、地頭義時朝臣可遣代官之由、令下知候了[148]」とあり、北条義時がこの両庄の地頭であった。

・主計保半分

建武四年（一三三七）に足利尊氏（カ）が豊田種治に勲功の賞として充行った「主計保半分」は「長崎左衛門入道跡[149]」と見え、北条氏被官人長崎氏の所領であったことが判明する。

2．加賀国

・得橋郷

「奥富一覧」では、軽海郷・笠野南方・大野庄の三カ所が記されているが、なおいくつかの所領を追加できる。

徳治三年（一三〇八）に南禅寺領加賀国得橋郷地頭代興範と白山中宮佐羅別宮雑掌貞清との相論の裁許状のなかに、「当郷地頭職者、六波羅代々料所[150]」と見えており、六波羅探題の料所の一つであった。六波羅探題は承久の乱後、代々交代で北条氏が任じられており、六波羅探題という所職に付属する所領ではあるが、北条氏所領に準じてもよいと考える。

・北英田保・山上郷

「如意宝珠御修法日記紙背文書」によれば、建武四年（一三三七）四月足利尊氏は「加賀国北英田保名越遠江前司跡・同国山上郷阿蘇遠江守跡等地頭職」を富樫介高家に兵粮料所として預け置いている[151]。「名越遠江前司」は、名越流で遠江守になった人物として北条公篤が挙げられ、「阿蘇遠江守」を称した人物として北条随時が比定できよう。尊氏は北条氏没収地を兵粮料所として富樫介高家に預け置いたのである。

・山城庄・管谷

「金沢文庫文書」徳治二年（一三〇七）の称名寺寺用配分状[152]に「山城庄米三十二石銭三十貫文」と、「管谷米十石銭十二貫文」との二カ所が見える。

3．能登国

「奥富一覧」に、若部保が挙げられているが、その他に次の二カ所が加えられる。

・諸橋保

「吾妻鏡」建長三年（一二五一）五月二十七日条に、北条時宗誕生に際して、その祈禱の賞として時頼は「若宮別当法印」に能登国諸橋保を与えている。時頼が自らの裁量で処理できる所領ということは、この地に北条氏が何らかの権利をもっていたものと思われる。

・仏木

「金沢文庫文書」徳治二年（一三〇七）の称名寺寺用配分状に「仏木米五石銭五貫文[153]」と見えており、金沢北条氏所領であることが判る。

4．越中国

「奥富一覧」には、堀江庄・岡成名の二カ所が掲げられているが、次の所領が追加できる。

・石黒庄広瀬

弘長二年（一二六二）円宗寺領越中国石黒庄における相論で雑掌と対峙した当事者に「□定朝・左近将監時定・藤四郎宗定[154]」が見える。「左近将監時定」は政村流北条氏の時村の子に「時定」がいる。この人物はのちに為時と改名するが、この史料のなかで「地頭時定」とも見えており、石黒庄内の地頭であった。

・大田保

「金沢文庫文書」徳治二年（一三〇七）の称名寺寺用配分状に「大田保米五十二石銭四十八貫文[155]」が見え、太田保内赤田村は金沢氏被官大江氏の保持するところであった。

5．越後国

越後国の北条氏所領については、「奥富一覧」の他に岡田清一氏が北条氏所領の検討をしている。[156]このなかで推定地が指摘されているので簡単に紹介したい。

・国衙領（荒河保・沼河郷・荒蒔保・蒲原津・五十嵐保・千屋郡国衙職・松山保・保倉保）

岡田氏によれば、嘉禄元年（一二二五）に北条朝時が越後守に補任されることによって名越流による越後国支配が維持され、その後、国衙在庁支配権は国守から守護に移行されたとする。そして守護による国衙在庁支配権は国衙領支配に拡大されたであろうから、国衙領は北条氏所領になったという。鎌倉幕府滅亡後、新田義貞が国守と守護を兼帯し、その後上杉憲顕が守護となり国衙領を支配していった。そこから上杉氏が支配した国衙領を追うことによって、鎌倉時代の北条氏所領を検出することが可能であるとされたのである。

なお、松山保について岡田氏は、「仁木文書建武四年（一三三七）四月二十一日附「将軍足利尊氏御判御教書」によると、仁木義有は勲功の賞によって「越後国松山保右馬権頭義時跡」を給与された」とするが、この文書は足利尊氏の袖判下文であり、『兵庫県史』では「右馬権頭茂時跡」と読んでいる。[157]「右馬権頭茂時」とは政村流北条凞時の子で、元弘三年（一三三三）得宗北条高時とともに、鎌倉東勝寺で自害している人物であろう。

・上田庄内闕所未給分・参分壱

岡田氏は右記の上杉憲顕とその子憲方が足利直義や義満から与えられたり、安堵された所領から当所を旧北条氏所領と推定するが、北条氏との具体的な関わりは記されていない。

・妻有庄

岡田氏によれば当庄も上杉房方が憲方代として沙汰付けられており、上杉氏の所領であるところから旧北条氏所領と推定した。前掲の上田庄とともに具体的な北条氏との関係を示す史料はないが、上杉氏が鎌倉時代に越後国内に所領を全くもたず、その後北条氏が支配した国衙領が付与されたことから、国衙領のみならず北条氏所領であった庄園も上杉氏に与えられた可能性があると指摘している。

6．佐渡国

「奥富一覧」に次の所領が追加できる。

・波多郷

元亨三年（一三二三）北条維貞が本間有綱に「佐渡国波多郷内本間十郎左衛門入道忍蓮女子跡山城左衛門入道旧妻・次郎兵衛尉女子跡号小田并女子・孫太郎入道跡代官職」に安堵している。[158] 本間氏は北条氏被官人であり、地頭代職として安堵されている。

E、山陰道

1．丹波国

「奥富一覧」に示されている成松保の他に、次の所領を追加することができる。

・由良庄

文治二年（一一八六）九月、源頼朝は北条義時に由良庄の「義時知行」の停止を命じており、[159] それ以前までは義時が知行していた。

・夜久郷

元弘三年（一三三三）五月の内蔵寮領目録によれば「一、御服月料国」の一つに夜久郷が見え、その注記に「安東平次右衛門入道称得宗領」して代銭を押領している記事がある。(160) 実際得宗領であったか不明であるが、安東平次右衛門入道は得宗被官人であり、摂津国美作庄にも所領をもっていたことが判明している（摂津国参照）。

・野口庄内牧外方

この地についての史料に、次の北条時頼の発給した文書がある。

可令早平清度致沙汰丹波国野口庄内牧外方下司代職事

右、以人為彼職、任先例可致沙汰旨、依尼御前仰下知如件、

宝治二年八月八日

（花押）(161)

北条時頼が尼御前（時頼母、松下禅尼）の仰せを奉じて、平清度を野口庄内牧外方下司代職に補任した文書である。下司代職を補任するということは、尼御前が下司職を保有していたのである。女性のもつ所領であり、あるいは安達氏の所領であるかもしれないが、時頼が加判している点を考え、取り敢えず北条氏所領に加えておきたい。

2. 丹後国

・大石庄

「奥富一覧」には表示がないが、次の所領を加えることができる。

正中二年（一三二五）十一月の大江顕元申状に「御物奉行同料所丹後国大石庄[162]」と見え、大江顕元が金沢氏に安堵を求めている。福島金治氏によれば当地は「六波羅探題管轄で鎌倉用途調達をになう人物の給分提供の場」であり、六波羅料所が被官人に預けられているところから、地頭職は金沢氏流の貞顕・貞将と伝領され、現実には得分掌握のみではなかったかと述べられている。[163]

3．但馬国

「奥富一覧」に小佐郷（恒富名・一分方・二分方）と太田庄が掲げられているが、さらに次の所領が追加できる。

・鎌田庄

弘安八年（一二八五）に注進された但馬国大田文は、一国規模で庄郷や荘園領主・地頭などが一瞥できる。この大田文に松尾社領として「下三江庄　五拾四町三反三百分号鎌田庄[164]」が見える。この下三江庄（別名鎌田庄）は、永仁六年（一二九八）正月北条貞時袖判果暁奉書によって建長寺へ寄進されており、[165]寄進以前は得宗領であったことが判明する。

・二方庄

得宗被官人の安東氏の所領として、安東蓮聖の孫高泰が檀那として久米田寺に所領を寄進した文書に「但馬国二方庄[166]」が見える。

4．因幡国

「奥富一覧」に因幡国についての記載はないが、次の所領を北条氏所領に加えることができる。

・千土師郷

元徳元年（一三二九）十二月の鎌倉幕府の裁許状によれば「東六郎盛義所領内因幡国千土師郷東方上村三分一得分事」が、去る元亨元年（一三二一）六月二十二日に称名寺へ寄進されていたことが判る。[167]この所領の打ち渡しに際しては金沢氏の被官大江顕元が関わっており、金沢氏の在京被官が現地掌握を行なっていた。[168]福島金治氏によれば、当地の年貢は「京着結解」として京都・西国方面での用途調達の場であったという。[169]

5．出雲国

「奥富一覧」は四カ所を掲げるが、次の諸所が追加できる。

・神立社

「千家文書」に文永八年（一二七一）十一月日の関東御教書が伝わっている。この文書は案か写で且つ前欠のため全体像が摑みにくいが、杵築社に奉納する相撲頭役などを二十番に編成し、国内の国衙領・庄園の面積に応じて割り当てたものである。その一節には次のような記載がある。

十四番二百六十一丁二反半

相撲九十二丁五反六十歩

竹矢郷六十二丁五反六十歩相撲衆〔模殿カ〕　須佐郷三十丁三反小同

神立社[170]同

「奥富一覧」は竹矢郷の領主を示す注記である「相撲衆」を『新修島根県史』の編者と同じように「相模殿」の誤記と考え、次の須佐郷の注記「同」とともに北条氏所領とした。しからばその次に記されている「神立社同」の割書「同」も前記の領主名を承けているものとすることができる。

・赤江保
年欠九月二十六日の長井貞秀書状に「南方料所出雲国赤江保本主返給候了、為其替、周防国竈戸関被進候キ」(171)とあるように、赤江保は六波羅探題南方の料所であった。
・揖屋庄
被官人安東氏の所領として、前掲の「千家文書」の関東御教書案に「揖屋庄三十一丁安東宮内左衛門尉」と見えている。

F、山陽道

1．播磨国

「奥富一覧」には、在田上下庄・土山庄・福居庄・五箇庄の四カ所が指摘されているが、被官人の所領として次を挙げることができる。
・鵤庄
建長五年（一二五三）八月三日の法隆寺牒に、播磨国鵤庄下司職をめぐる相論において、下司桑原貞久の死後、その妻尼浄心が「平新左衛門盛時」に譲与したことを法隆寺より訴えられている。(172)訴訟文書の一節で注意が必要であるが、ここに見える「平新左衛門盛時」は得宗被官人平盛時に比定できるかもしれない。

2．美作国

「奥富一覧」は美作国についての記載はないが、次の所領を北条氏所領の伝承地として加えることができる。
・富田庄

同時代の確実な史料ではないが、「真如堂縁起」によると、北条泰時が嘉禎四年（一二三八）に上洛した際に、北条政子・義時などの菩提のために、「美作国富田庄之内藤田里地頭職」を真如堂へ寄進したという。[173] 他の史料でこれを確認することはできないが、北条氏所領の伝承地の一つとしておきたい。

3．安芸国

「奥富一覧」には記載がないが、次の所領が追加できる。

・可部庄東方

嘉元元年（一三〇三）の鎌倉幕府の裁許状によると「可部庄東方地頭代源秀」なるものが、三入庄への乱入を停止されている。[174] この源秀は同文書に「東方地頭遠江修理亮後家代官源秀」とあり、可部庄東方の地頭は「遠江修理亮後家」である。「遠江修理亮」と称された人物には、朝時流朝時の子時幸、実泰流実時の子実政、義時流時厳の子定宗が見出せる。時幸は年代的に無理があると考えられ、実政・定宗の両者ともに決定には欠ける。いずれにしろ「遠江修理亮」は通称などより北条氏一族の者を想定することができよう。

4．周防国

「奥富一覧」に下得地保一カ所が載せられているが、次の所領が追加できる。

・竈戸関

（年欠）九月二十六日の長井貞秀書状に「南方料所出雲国赤江保本主返給候了、為其替、周防国竈戸関被進候キ」[175]と見え、出雲国赤江保にかわって周防国竈戸関が六波羅探題料所になったことが判る。

・麻合別府

被官人の所領としては、文和二年（一三五三）四月五日に足利義詮が「周防国麻合別府曾我左近将監跡」を小野資村に恩賞地として与えており、[176]北条氏被官人曾我氏の旧領が判明する。

5．長門国

「奥富一覧」の他に、次の所領が追加できる。

・粟野村符中南浜

元徳二年（一三三〇）十月二十八日北条時直が「当国粟野村符中南浜在家」を長門国串崎村若宮へ大般若経転読料所として寄進している。[177]

G、南海道

1．紀伊国

「奥富一覧」に隅田庄一カ所が掲げられているが、次の所領が追加できる。

・神野真国庄

「高野山文書」の嘉禄三年（一二二七）の史料に、北条時氏が「神野真国庄地頭職」を高野山に返付する書状[178]が伝わっている。この神野真国庄は承久の乱の結果、本家職・領家職を幕府に没収され、そののち本家職は後高倉上皇へ返付され、領家職は高野山へ寄進された。地頭職も時氏より高野山へ返付され、高野山の一円直務支配が確立したと[179]いわれている。

・千住名

康永二年（一三四三）と推測される文書に、玉置庄司貞頼の申状として「紀伊国千住名遠江式部大夫跡事」[180]が見える。北条氏一族に「遠江式部大夫」と称された人物は何人か見えるが比定は難しい。しかし通称などより北条氏一族の者と推定できるかもしれない。

・池田庄・田中庄

この二つの庄園については、すでに岡田清一氏が北条氏被官人になる以前の尾藤氏の所領として指摘している。[181]それによれば『吾妻鏡』寿永三年（一一八四）二月二十一日条に、木曾義仲より安堵の下文をえた「尾藤太知宣」が、さらに源頼朝より信濃国中野牧とともに、この二カ所が安堵されているが、その権利内容等は明らかではないという。尾藤氏が被官人化する以前の所領ではあるが、参考として掲げておきたい。

2．讃岐国

・塩飽庄

当庄については具体的な史料は欠けるが、塩飽氏の名字地とみてまちがいないであろう。塩飽氏は北条氏と密接な関係を持つようになり、被官人としての活動が知られる。[182]さらにその活動の一端には、「若狭国惣田数帳案」の恒枝保の項の朱書に「地頭得宗御領、公文御家人井口二郎入道跡恒枝五郎伝領之処、就塩飽新右近訴、被付地頭分之間、依五郎訴申、重新被御沙汰最中也[183]」とあるように、若狭国における北条氏所領拡大の先鋒となっており、「若狭国惣田数帳案」の諸所に塩飽氏一族の動向が見えている。

3．伊予国

「奥富一覧」に久米良郷・久米郡国清名・久米郡良生名の三カ所が挙げられているが、次の所領を追加することができる。

・三島社

「三島社領主次第」に、

一、建久八年四月四日、三嶋地頭始御補任、北条四郎殿御名義時、相模守殿御事也、御代官藤七盛房下着、上下廿九人、(184)

という記事が見出せる。奥書に正和五年（一三一六）に書写した旨の記載があり、箇条書きで三島神の垂迹から嘉禎元年（一二三五）までの領主などが書き上げられており、慎重な検討が必要であるが、伝承という意味をも含めて提示しておきたい。

・玉生出作

観応元年（一三五〇）に足利尊氏が河野善恵に充行った所領に「伊予国久米郡闕所分、同国玉生出作得宗跡等地頭職」が見えている。(185)

・野口保

当保については、正中元年（一三二四）大江顕元が「伊予国久米郡惣政所并野口保地頭御代官職」の安堵を申請した文書(186)があり、この大江顕元は北条氏一族金沢氏の被官人であることが知られている。(187)そして山内譲氏によれば、ここで安堵を求めている久米郡惣政所職とは金沢氏の久米郡地頭職全体を統括する地位であり、野口保地頭御代官職は久米郡地頭職が分割されたものであろうと推定している。(188)

4・土佐国

「奥富一覧」に、大忍庄・下津中山の二カ所を掲げるが、被官人安東氏の関係地として次の所領が追加できる。

・長徳寺

正中二年（一三二五）六月二日に、吾橋山河副内長徳寺の院主職をめぐる相論について「安東殿」が裁許を下している[189]。この文書は書下し年号の日下には「沙弥（花押）」とあり、端裏書にも「安東殿御下知長徳寺」と記されている。いまこの「安東殿」の実名を比定することは難しいが、被官人と推定される安東氏が「吾橋山河副内長徳寺」に対して裁許を下せる立場にあったことが確認できる。

F、西海道

九州地方の北条氏所領についてはすでに石井進氏の成果があり[190]、この論考と「奥富一覧」とを照合しながら追加できる所領を指摘していきたい。

1．筑前国

・嘉摩郡内下山田

暦応四年（一三四一）足利尊氏が筑前国景福寺へ土地を寄進した文書に「当国（筑前国）嘉摩郡内下山田四十町尾藤宇左衛門尉跡[191]」とあり、被官人尾藤氏の所領が確認できる。

・芦屋津

今野慶信氏は、筑前国芦屋津に所在する芦屋寺が得宗被官人宿屋氏から蘭渓道隆へ寄進されている書状をもとに、芦屋津は遠賀川河口両岸に跨った地にあり、得宗家がその港湾支配にあたっていたと指摘している[192]。

2．筑後国

・河北庄

嘉禄三年（一二二七）八月の某下文によれば、筑後国河北庄における「越後守朝時朝臣」の地頭職が停止され北野神社の進止とされている。[193]「越後守朝時朝臣」は、北条義時の次男で名越流北条氏の祖であり、嘉禄元年（一二二五）九月に越後守に任官している。

・小家庄

建武二年（一三三五）の島津道恵代道慶目安状写に、筑後国小家庄地頭職の「本主志田三郎左衛門尉」は「関東両国司・右馬権頭（北条茂時）持時重代祇候人也」と称されており、[194]被官人の所領であることが確認できる。

3．豊後国

・大佐井郷・梨子村

永和元年（一三七五）九月二日の足利義満が大友親世に勲功賞として与えた所領のなかに、「同国（豊後）大佐井郷同領（得宗領）、同国内梨子村同領[195]」が見えており、前代の得宗領跡が配分されていることがわかる。

4．肥後国

・色見・山鳥

建治元年（一二七五）十月十二日の成阿書状によると、「色見・山鳥は、地頭職ヲ右京権大夫義時、故西宮入道とのにさりまいらせたる所にて[196]」と見えるように、色見・山鳥の地頭職を北条義時が保持していたことが確認できる。

・詫摩東郷

「詫摩文書」の肥後国内庄々名々坪付注文に、

一、詫广東郷

健軍宮二百三拾丁五段

四至内廿丁

（中略）

行寄百四拾弐丁五反本家源少将入道、預所北条殿(197)

と見えるように、健軍宮領の詫摩東郷のうち「行寄百四拾弐丁五反」分の預所職が北条氏であった。

・永吉庄内中神村・播（横）瀬村

「平川文書」の平河道照申状という史料は北条氏が在地武士を圧迫していく過程を示した著名な文書であるが、その係争地となったのが「同国球磨郡永吉庄内中神・播（横）瀬両村」の地頭名主職であり、その訴訟当事者が「備前々司入道殿御代官行性」なるものであった(198)。この「備前々司入道殿」は大仏流北条朝直の子朝房であり、最終的には北条氏がこの球磨郡の預所地頭両職を兼帯していく(199)。

5. 日向国

・高知尾庄

建長六年（一二五四）四月二十六日の鎌倉幕府の裁許状によると、熊野山領日向国高知尾庄雑掌進士高村と地頭高知尾政重が争った相論は、「於奥州（北条重時）方有其沙汰」と見え、北条重時の関わりが想定でき、かつその相論の論点の一つに雑掌進士高村が「背安東法橋明尊時□（例カ）、」くと見えるように、被官人安東氏の関わりも見出せる(200)。しかし北条氏所領であったかどうかは明らかではない。

6．大隅国

・肝付郡百三拾町

観応二年（一三五一）九月六日に足利直冬が「大隅左近将監高元」に勲功の賞として充行った文書に「同国（大隅）肝付郡百参拾町名越尾張守跡[201]」が見えており、名越高家の旧領が恩賞地として配分されている。

・菱刈郡久富名

嘉元三年（一三〇五）九月二十六日の薩摩国御家人莫禰勤行養子平氏と大隅国御家人曾木宗茂が大隅国菱刈郡久富名内田畠屋敷などを争った裁許状に、「当郡惣地頭名越遠江国司[202]」と見え、名越教時が惣地頭であったことが判る。

・正林頭[203]・武元名・東郷[204]・重富名・用松名・主丸名・用丸名・元行名・政枝名・三郎丸名・秋松名[205]

以上の地は、田中健二氏によって指摘された鎌倉時代後期に大隅国守護北条氏によって形成された「守護私領」である。「守護私領」について同氏によれば、これらの所領は国衙周辺に集中し大部分が国衙領に含まれ、その知行者は守護所の構成員で、守護所より雑公事などが賦課され、守護の経済的基盤になっていたという[206]。

全国にわたる北条氏所領および被官人の所領について、これまで収集しえた各種の史料と先学の諸成果を検討し、補足追加できうる所領などを指摘してきた。そのなかで文書・記録などの記事の信憑性を考えた場合、難しい問題をかかえた史料をどう扱っていくか判断に苦しむものもみられる。特に寺社などの縁起類の記述や、後世の編纂物などの記載をそのまま無批判に受け入れてよいかとの問題もある。他の傍証があれば問題はないが、伝承を文字化したとも想定できようし、寺社の権威付けのための創作や伝承の文字化した場合もあろう。寺社の縁起類を含めて、後世の編纂物の記事にはより深い検討の必要性が痛感される。

北条氏所領のなかに被官人の所領を加えたことには異論もあろうかと思われるが、北条氏と被官人との主従関係を考えた場合、主人による従者への所領の給付ということを一つの前提としている。むろん被官人によっては所領を媒介としないものもあったことは想定できるし、また被官人の系譜によっては主家北条氏の関与しえない所領があることは確かであり、[207]被官人の系譜や北条氏とその所領との関係は今後さらに深めていかねばならない課題であろう。

二　北条氏所領の集積とそのゆくえ

1．北条氏所領の集積

そもそも伊豆国の一豪族から出発した北条氏は、鎌倉幕府の発展とともに自己の所領を集積していったが、それは北条氏の幕府内での勢力拡大と並行して、経済的基盤の拡大を図っていったといえよう。これまでの先学によって個々の北条氏所領の検討の中で、その獲得の契機について若干は触れられているが、ほとんど大部分の所領についてはよほどの史料的幸運にでも遭わないかぎり、北条氏が所領を獲得する経緯を知ることは難しいのが現状である。そこでこれまでの諸成果をもとに、北条氏所領の集積の要因を次にまとめてみたい。

鎌倉時代前期の時政・義時・泰時の時代における北条氏所領については、すでに奥富敬之氏が網羅的に検討されている。[208]この時期において北条氏所領獲得の契機となった第一のものは、合戦・兵乱後の恩賞による配分であったであろう。いま鎌倉幕府が合戦・反乱などによって得た没収地を挙げてみると、次のようなものがあった。
1、治承・寿永の内乱による、主に平家方よりの没収地

2、奥州合戦（大河兼任の乱も含む）での没収地
3、梶原景時排斥事件での没収地
4、比企能員の乱での没収地
5、伊勢平氏の乱での没収地
6、泉親衡の乱での没収地
7、和田義盛の乱での没収地
8、承久の乱での没収地
9、三浦泰村の乱での没収地
10、霜月騒動での没収地

初代将軍源頼朝没後の幕府内の内訌の中で、北条氏は時政以来の執権の立場を背景とし、有力御家人を幕府から排除しつつ自己にとって有利な所領の拡大を図っていったことは想像に難くない。また「三千余所」といわれるほど大量に発生した承久の乱後の没収地への配分にも、北条氏は当然その主導権を握っていたであろう。北条時房は伊勢国だけでも守護職及び同国内の十六カ所の所領を獲得していたのである(209)。

その後、大量の没収地が生じるような事件は、時頼の時期の三浦泰村の乱と、貞時の時代の霜月騒動が挙げられる。この二つの事件の起きた時は、北条氏による執権・連署を中心とした体制が固まっていた時代であり、三浦氏・安達氏及びその与党の守護職や所領は幕府によって没収され、その配分もまた北条氏が中心になって執行していたにちがいない。

表１　北条氏所領となった関東御領

番号	国名	庄　郷　名	関係者名	年・月・日	備　考
1	陸奥	好島庄紙谷郷	神了義	延慶元・12・25	
2	常陸	真壁庄竹来郷			
3	常陸	大窪郷内片倉村			
4	武蔵	足立郡	北条泰家		
5	駿河	益頭庄	北条時政	文治４・６・４	
6	駿河	大岡庄	北条泰家	元弘３・７・19	
7	駿河	富士郡			
8	信濃	諏訪社	諏訪氏		
9	遠江	笠原庄	北条時宗夫人		
10	尾張	富吉庄	北条遠州禅門	延慶４・５・１	
11	尾張	大縣社	北条政子	建長２・11・日	
12	尾張	篠木庄	北条貞時	正応６・６・25	円覚寺へ寄進
13	尾張	御器所保	安東経倫		
14	美濃	高城西郡	北条泰時	貞永元・11・13	
15	美濃	大久礼	北条泰時	貞永元・11・13	
16	伊勢	原御厨	北条貞時	永仁６・10・17	
17	河内	大窪庄	北条貞時	永仁６・10・17	
18	加賀	得橋郷	六波羅探題料所	徳治３・５・２	
19	越前	山本庄	北条貞時	永仁６・10・17	
20	但馬	鎌田庄	北条貞時	永仁６・正・13	建長寺へ寄進
21	淡路	志筑庄	北条時房	貞応２・４・日	
22	筑前	宗像社	得宗	文和２・12・25	
23	筑前	怡土庄	北条維貞	建武４・12・28	
24	筑前	三原庄	北条宗長カ	正中２・３・日	
25	筑後	竹野新庄	北条高時	年欠・12・22	
26	筑後	竹井庄	得宗	元徳２・３・日	
27	肥前	西坊所保	越後孫四郎	康永２・11・26	
28	肥前	坊所保	越後孫四郎	建武元・12・25	
29	肥前	山田庄	北条時定	弘安９・閏12・28	
30	肥前	高木西郷	北条時定	弘安９・閏12・28	
31	日向	国富庄	北条泰家		

※関東御領は、筧雅博氏「関東御領考」(『史学雑誌』93－４）の「関東御領国別一覧表」による。
※関係者名は、その所領に何らかの権利を有する人物である。
※年月日は、北条氏所領としてみえる年月日である。

表2　北条氏の政所別当一覧（政所下文による）

No.	名　前	政所下文に見える在任期間	没年月
1	北条義時	承元3年(1209)12月11日　～建保5年(1217)8月22日	元仁元年　6月
2	北条時房	承元4年(1210)2月9日　～延応元年(1239)9月26日	仁治元年　正月
3	北条泰時	年月日欠(貞応元(1222)カ)～仁治3年(1242)4月5日	仁治3年　6月
4	北条朝直	仁治2年(1241)5月1日　～寛元元年(1243)9月21日	文永元年　5月
5	北条経時	仁治3年(1242)10月23日　～寛元元年(1243)9月21日	寛元4年閏4月
6	北条重時	建長3年(1251)8月3日　～建長7年(1255)8月22日	弘長元年　11月
7	北条時頼	建長3年(1251)8月3日　～建長8年(1256)10月3日	弘長3年　11月
8	北条政村	建長8年(1256)7月3日　～文永9年(1272)8月25日	文永10年　5月
9	北条長時	正嘉元年(1257)9月14日　～文永元年(1264)6月13日	文永元年　8月
10	北条時宗	文永2年(1265)5月25日　～弘安6年(1283)12月20日	弘安7年　4月
11	北条義政	文永11年(1274)2月29日　～建治2年(1276)8月27日	弘安4年　11月
12	北条業時	弘安6年(1283)7月23日　～弘安10年(1287)2月18日	弘安10年　6月
13	北条宣時	弘安10年(1287)10月8日　～正安元年(1299)12月6日	元亨3年　6月
14	北条貞時	弘安7年(1284)7月8日　～正安元年(1299)12月6日	応長元年　10月
15	北条時村	乾元2年(1303)2月3日　～	嘉元3年　4月
16	北条師時	乾元2年(1303)2月3日　～延慶2年(1309)8月24日	応長元年　9月
17	北条宗宣	延慶2年(1309)8月24日　～	正和元年　10月
18	北条高時	文保元年(1317)12月21日　～元亨3年(1323)6月20日	元弘3年　5月
19	北条貞顕	文保元年(1317)12月21日　～元亨3年(1323)6月20日	元弘3年　5月
20	北条守時	正慶元年(1332)12月1日　～	元弘3年　5月
21	北条茂時	正慶元年(1332)12月1日　～	元弘3年　5月

※人名比定には『北条氏系譜人名辞典』を参照した。
※政所下文に見える在任期間は初見と終見である。

第二には、守護の地位を利用した所領の集積である。すでに石井進氏によって明らかにされた如く、一国単位に配置された守護は、従来の国衙機構を吸収し、国衙機構の税所などの地位を背景に国内において守護領を形成していった。[210]さらに田中健二氏によって指摘されているように、鎌倉時代後期の大隅国では、守護北条氏が現地の在庁官人や郡司などを守護所構成員に組み込み、「守護私領」を設定していった。[211]手段・方法は国によって違いこそあれ、守護による北条氏所領化への動きは各地でみられたであろう。

第三には、関東御領への進出である。いうまでもなく関東御領は鎌倉殿を本所に仰ぎ、鎌倉幕府の財政を支えてきた荘園である。表1は北条氏所領化した関東御領をまとめたものであるが、全国に散在する関東御領を北条氏は時機を捉えては自己の所領に組み込んでいったのである。このような関東御領への進出を可能にした要因の一つには、北条氏による政所別当職の就任がその背景にあったことは想像に難くない。表2は北条氏が署判を加えている政所下文を整理し作成したものであるが、時政以来北条氏は政所別当の地位に得宗以下一族の者をおき、政所の職掌を握っていったのである。

政所は一般に鎌倉幕府の財政を担当する機関といわれており、その当初より「御領乃貢結解勘定事」[212]がその職掌の一つにあり、関東御領よりの年貢などの納入状況を職務として把握しており、そのための基本台帳である「諸国田文」も、政所で管理されていた。[213]「諸国田文」を掌握し、関東御領の所在や年貢の納入状況など様々な情報を、北条氏は別当として把握しており、機会を捉えては、関東御領への影響力を浸透させ自己の所領化を進めていったことはまちがいない。

第四には、幕府法違反などによる御家人の罪科跡の没収地の取り込みである。寛元年間の相良氏の一族内相論に際して、相良頼重が密懐の科で、相手方の相良長頼が「狼藉」の科によって、双方の所領が没収されるという裁許[214]が下されたことがある。その没収地である肥後国人吉庄半分は、得宗領に組み込まれていった。[215]これは一例にしかすぎないが、訴訟裁判の結果生じた没収地をも、北条氏は少しの瑕瑾をも見逃さずに自己の所領拡大を図っていったのである。

第五には、在地住人からの北条氏の権威を求めての寄進による集積である。建久二年（一一九一）遠江国河村庄は「本主三郎高政」が「愁訴」のために北条時政に所領を寄附している。[216]また肥後国志岐氏はその所領を元久・建暦年間に北条氏へ寄進し、代々代官職として支配にあたっていた。[217]このような動きは在地において、特に周辺より自己の所領が脅かされそうになった場合、その権威を北条氏に頼み、寄進を通じて所領の保護を図ると共に、自らは北条氏被官人の一員ともなり自己の勢力拡大をも企てていったに相違ない。

以上のように北条氏はいわゆる没収地（兵乱後・罪科跡）や、守護・政所など地位・役職などを基礎としてあらゆる機会を捉えては、北条氏所領に取り込んでいったのである。そして全国的に設定された北条氏の所領をみるとき、その背景には強権的な政治力があったことはまちがいないであろう。

2．北条氏所領のゆくえと充行い

元弘三年（一三三三）五月、足利尊氏によって六波羅探題が陥落し、同月二十一日新田義貞に攻撃され高時以下北条氏一族は自害し鎌倉幕府は滅亡した。その結果全国に広がっていた北条氏の所領はいわゆる「没収地」となった。鎌倉幕府滅亡にともなって生じた大量の没収地は元弘没収地とも呼ばれた。そこには旧北条氏所領はもとより元弘の内乱のなかで鎌倉幕府方に与同した武士の所領も含まれていたはずである。桑山氏が旧北条氏所領が室町幕府の料所に直結しないことを指摘し[218]、石井氏は常陸国の事例として、南北朝内乱期において南朝方の拠点になった旧北条氏所領の存在を指摘しているが[219]、北条氏所領のゆくえを全面的に考察した研究は乏しい。もっとも、鎌倉時代において北条氏によって強引に奪われた所領について、幕府滅亡が伝わるとすぐにかつての領主が旧領の回復運動を起こしていったことは周知の事実である。ただすべての北条氏所領がその対象になった訳でもあるまい。

そこでここでは建武政権下と初期室町幕府下で、旧北条氏所領と判明する所領がどのようなゆくえをたどっていったかを探っていきたいと思う[220]。表3・4は史料上に「～跡」と見える旧北条氏所領がだれに配分されたかを建武政権と足利尊氏とに分けて作成したものである。建武政権による旧北条氏所領の補任をみてみると、元弘三年五月二十一日に鎌倉幕府が滅亡すると、その八日後には後醍醐天皇綸旨によって北条高時の旧領若狭国国富庄の地頭職の知行が小槻匡遠に命じられている[221]。もっともこの国富庄領家職は平安後期以来、官務家領庄園として代々小槻氏が相伝しており、また一方では元亨年間以前に北条得宗家が地頭職を掌握していた。小槻氏は幕府の滅亡を契機に、国富庄の領家職・地頭職兼帯を図ろうとしたとみられる。

その約二カ月後の七月十九日には、後醍醐天皇より綸旨によって岩松経家に陸奥より土佐に至る九カ所の旧北条氏所領が配分されている[222]。中世文書の当事者主義という観点からみれば、この間に岩松経家はこの旧北条氏所領の所在を認識していたというわけになる。その一つ、甲斐国安村別府はその後他者より押妨を受けたようで、応永三十三年(一四二六)岩松経家の孫満長が「還補御裁許」を求めた申状に「為先代泰家法師跡、以　綸旨拝領之間、最異于他者也」とその由緒を述べるとともに、具書として「一通　同年(元弘三年)七月十九日　綸旨」を添えている[223]。岩松

表3　建武政権による北条氏旧領補任地（年月日順）

No.	国名	庄郷名	旧領主	拝領者	年月日	文書名	出典	刊行史料集	北条氏
1	若狭	国富庄	高時法師跡	小槻匡遠	元弘3・5・29	後醍醐天皇綸旨案	壬生家文書	壬生家文書二	得宗
2	伊勢	笠間庄	惟貞跡	岩松経家	元弘3・7・19	後醍醐天皇綸旨	由良文書	静岡県史・中世2	大仏流
3	土佐	下中津山	泰家法師跡	岩松経家	元弘3・7・19	後醍醐天皇綸旨	由良文書	静岡県史・中世2	得宗
4	駿河	大岡庄	泰家法師跡	岩松経家	元弘3・7・19	後醍醐天皇綸旨	由良文書	静岡県史・中世2	得宗
5	甲斐	安村別府	泰家法師跡	岩松経家	元弘3・7・19	後醍醐天皇綸旨	由良文書	静岡県史・中世2	得宗
6	陸奥	会津	顕業跡	岩松経家	元弘3・7・19	後醍醐天皇綸旨	由良文書	静岡県史・中世2	
7	遠江	大池庄	高家跡	岩松経家	元弘3・7・19	後醍醐天皇綸旨	由良文書	静岡県史・中世2	名越流
8	遠江	渋俣郷	泰家法師跡	岩松経家	元弘3・7・19	後醍醐天皇綸旨	由良文書	静岡県史・中世2	得宗
9	陸奥	泉荒田	泰家法師跡	岩松経家	元弘3・7・19	後醍醐天皇綸旨	由良文書	静岡県史・中世2	得宗
10	播磨	福居庄	惟貞跡	岩松経家	元弘3・7・19	後醍醐天皇綸旨	由良文書	静岡県史・中世2	大仏流
11	伊豆	北条宅	高時	覚海円成	元弘3・7・25	後醍醐天皇綸旨写	祇樹林歴鑑録	静岡県史 中世4付録1	得宗
12	常陸	東岡田郷	詫間式部大夫跡	臨川寺	元弘3・8・7	後醍醐天皇綸旨	臨川寺文書	大日本史料 6―1	
13	越中	堀江庄	秋時跡・公篤法師跡	祇園社	元弘3・11・19	後醍醐天皇綸旨案	八坂神社文書	増補八坂神社文書下巻一	名越流
14	備後	因島	泰家法師跡	浄土寺	元弘3・11・30	後醍醐天皇綸旨	浄土寺文書	K㊷三七二	得宗
15	陸奥	糠部郡九戸	右馬権頭茂時跡	結城親朝	元弘3・12・18	北畠顕家下文	結城神社文書	福島県史 古代中世資料	政村流
16	筑後	竹野新庄四ヶ郷	高時法師	西大寺	元弘3カ・12・22	後醍醐天皇綸旨	西大寺文書	大和古文書聚英	得宗
17	豊後	岩室村	高政跡	塚崎貞重	建武元・11・25	後醍醐天皇綸旨	入江文書	入江文書	実泰流
18	豊前	宇佐郡御沓村	泰家法師跡	狭間正供	建武元・12・22	雑訴決断所牒案	柳河大友文書	大分県史料26	得宗

19	淡路	掃部庄	高時法師跡	弘誓院	建武2・2・10	後醍醐天皇綸旨	随心院文書	大日本史料 6―2	得宗
20	肥後	大浦・皆代	高政跡	詫磨宗直	建武2・6・1	雑訴決断所牒	詫摩文書	大分県史料12	実泰流
21	日向	島津庄日向方 柏原別府・新保	英時跡	二位法眼	建武2・6・21	後醍醐天皇綸旨	古文書纂所収文書	宮崎県史・中世2	重時流
22	備前	日笠庄	佐介越前□□法師法名勝阿領知分	小槻匡遠	建武2・8・26	太政官符案	続左丞抄	新訂増補 国史大系27	佐介流
23	伊勢	安枝名	武蔵入道閑宗後妻分	伊勢神宮	建武2・9・2	太政官符案	御鎮座伝記紙背文書	四日市市史 史料編	
24	伊勢	石津庄	桜田大夫法印貞源分	伊勢神宮	建武2・9・2	太政官符案	御鎮座伝記紙背文書	四日市市史 史料編	
25	伊勢	栗真庄一方	季時跡	伊勢神宮	建武2・9・2	太政官符案	御鎮座伝記紙背文書	四日市市史 史料編	
26	伊勢	吉藤・柳・□利・光吉名	近江守宣直法師跡	伊勢神宮	建武2・9・2	太政官符案	御鎮座伝記紙背文書	四日市市史 史料編	
27	伊勢	栗真庄一方	時種跡	伊勢神宮	建武2・9・2	太政官符案	御鎮座伝記紙背文書	四日市市史 史料編	
28	伊勢	柳名跡	恵清跡	伊勢神宮	建武2・9・2	太政官符案	御鎮座伝記紙背文書	四日市市史 史料編	
29	伊勢	大塚庄	桜田大夫法印貞源分	伊勢神宮	建武2・9・2	太政官符案	御鎮座伝記紙背文書	四日市市史 史料編	
30	伊勢	長尾庄内嫡子分	上野介直俊跡	伊勢神宮	建武2・9・2	太政官符案	御鎮座伝記紙背文書	四日市市史 史料編	
31	伊勢	栗真庄一方	貞熙跡	伊勢神宮	建武2・9・2	太政官符案	御鎮座伝記紙背文書	四日市市史 史料編	

32	伊勢	黒田御園	式部大夫高房跡	伊勢神宮	建武2・9・2	太政官符案	御鎮座伝記紙背文書	四日市市史 史料編	
33	伊勢	窪田庄弐佰拾余町	相模守時煕後妻分	伊勢神宮	建武2・9・2	太政官符案	御鎮座伝記紙背文書	四日市市史 史料編	
34	伊勢	上野御厨	崇演後妻跡	伊勢神宮	建武2・9・2	太政官符案	御鎮座伝記紙背文書	四日市市史 史料編	得宗
35	伊勢	南黒田五分壱	駿河守範貞跡	伊勢神宮	建武2・9・2	太政官符案	御鎮座伝記紙背文書	四日市市史 史料編	重時流
36	伊勢	栗真庄秋永名	茂時跡	伊勢神宮	建武2・9・2	太政官符案	御鎮座伝記紙背文書	四日市市史 史料編	政村流
37	伊勢	笠間吉富保	右馬助家時□（跡）	伊勢神宮	建武2・9・2	太政官符案	御鎮座伝記紙背文書	四日市市史 史料編	時房流
38	伊勢	安楽	近江守宣直法師跡	伊勢神宮	建武2・9・2	太政官符案	御鎮座伝記紙背文書	四日市市史 史料編	時房流
39	伊勢	林庄	下総守直（重カ）房	伊勢神宮	建武2・9・2	太政官符案	御鎮座伝記紙背文書	四日市市史 史料編	時房流
40	伊勢	河曲庄	近江守宣直法師跡	伊勢神宮	建武2・9・2	太政官符案	御鎮座伝記紙背文書	四日市市史 史料編	時房流
41	伊勢	園	近江守宣直法師跡	伊勢神宮	建武2・9・2	太政官符案	御鎮座伝記紙背文書	四日市市史 史料編	時房流
42	伊勢	岡田庄	貞規後妻跡	伊勢神宮	建武2・9・2	太政官符案	御鎮座伝記紙背文書	四日市市史 史料編	得宗
43	伊勢	池田東西	近江守宣直法師跡	伊勢神宮	建武2・9・2	太政官符案	御鎮座伝記紙背文書	四日市市史 史料編	時房流
44	筑後	竹野庄内古国府並米納堀切等	高時法師	西大寺	（建武2）・12・26	後醍醐天皇綸旨	西大寺文書	大和古文書聚英	得宗

45	常陸	吉田郡内 吉田郷地頭分	家時跡	吉田社	延元4・3・23	北畠親房御教書写	彰考館所蔵吉田薬王院文書	茨城県史料 中世編Ⅱ	時房流
46	肥後	郡浦	泰家法師跡	阿蘇惟時	興国3・6・27	後村上天皇綸旨写	阿蘇家文書	阿蘇文書之二	得宗
47	肥後	甲佐	高家・万寿丸等	阿蘇惟時	興国3・6・27	後村上天皇綸旨写	阿蘇家文書	阿蘇文書之二	名越流

表4　足利尊氏方による北条氏旧領補任地（年月日順）

No.	国名	庄郷名	旧領主	拝領者	年月日	文書名	出典	刊行史料集	北条氏
1	肥前	坊所保	越後孫四郎跡	塚崎光明	建武元・12・25	大友貞載施行状写	後藤家事蹟（東大史料編纂所架蔵）		
2	肥前	河副庄三分一	遠江前司為定（マヽ）	高城寺	建武3・8・11	一色道猷安堵状案	高城寺文書	佐賀県史料集成 第二巻	
3	尾張	枳頭子庄	名越遠江入道跡	園城寺	建武4・2・晦	足利尊氏寄進状	園城寺文書	園城寺文書 第2巻	名越流
4	加賀	山上郷	阿蘇遠江守跡	富樫高家	建武4・4・11	足利尊氏下文案	如意宝珠御修法日記紙背文書	加能史料 南北朝Ⅰ	
5	加賀	北英田保	名越遠江前司跡	富樫高家	建武4・4・11	足利尊氏下文案	如意宝珠御修法日記紙背文書	加能史料 南北朝Ⅰ	名越流
6	越後	松山保	左馬権頭茂時跡	仁木義有	建武4・4・21	足利尊氏下文	仁木文書	兵庫県史 中世1	政村流
7	加賀	笠野南方	名越遠江前司息女跡	富樫高家	建武4・5・18	高師直施行状	保阪潤治氏所蔵文書	加能史料 南北朝Ⅰ	名越流
8	越後	紙屋庄	得宗領	大友氏泰	建武4・5・22	足利尊氏下文	柳河大友文書	大分県史料26	得宗
9	美濃	中河御厨	得宗領	小笠原政長	建武4・8・13	足利尊氏下文	小笠原文書	岐阜県史 古代中世4	得宗

10	筑前	怡土庄	維貞朝臣跡	大友氏泰	建武4・12・28	足利尊氏下文	柳河大友文書	大分県史料26	大仏流
11	備後	因島	相模左近大夫将監入道恵清跡	東寺	建武5・正・10	足利尊氏寄進状	東寺文書射13-18	東寺文書聚英	得宗
12	豊前	平島	備前兵庫入道宗演跡	田口泰昌	建武5・正・23	足利尊氏下文	鶴原泰嗣氏所蔵文書	N九①二三〇	
13	信濃	太田庄内大蔵郷	貞顕跡	島津宗久	建武5・正・24	足利尊氏下文	島津家文書	島津家文書之一	金沢流
14	相模	弘河郷	備前入道跡	鶴岡八幡宮	暦応2・4・5	足利尊氏寄進状	鶴岡八幡宮文書	静岡県史 中世2	
15	和泉	木島庄上下	得宗跡	今川頼貞	暦応4・9・15	足利尊氏下文写	今川家古文書	岸和田市史・6	得宗
16	薩摩	加世田別符	相模六郎時敏跡	島津宗久	康永2・3・26	足利尊氏下文	島津家文書	島津家文書之一	
17	紀伊	千住名	遠江式部大夫跡	玉置貞頼	康永2カ・10・4	沙弥某奉書案	和佐家文書	和歌山県史 中世史料2	
18	肥前	西坊所保内	越後孫四郎跡	松浦御厨小次郎	康永2・11・26	一色道猷充行状	松浦山代家文書	佐賀県史料集成 第十五巻	
19	播磨	福井庄西保内左方	修理大夫維貞跡		貞和元・11・19	赤松円心請文	吉川家文書	吉川家文書之二	大仏流
20	越後	奥山庄内金山郷	越後入道恵日女子跡	三浦貞宗	貞和2・7・19	室町幕府下知状案	三浦和田氏文書	新潟県史 中世2	金沢流
21	陸奥	黒河郡南迫村	時村女子跡	石堂入道	観応元・7・6	吉良貞家請文	留守文書	栃木県史 中世3	政村流
22	遠江	浜松庄	越後守跡	詫磨宗直	貞和6・8・晦	足利直冬下文	詫摩文書	大分県史料12	
23	伊予	玉生出作	得宗跡	河野善恵	観応元・12・6	足利尊氏下文写	臼杵稲葉河野文書	愛媛県史 古代中世	得宗
24	豊前	吉田庄	大夫家時跡	宇都宮公景	観応2・正・30	一色道猷充行状	佐田文書	熊本県史料 中世篇第二	大仏流
25	大隅	肝付郡百参拾町	名越尾張守跡	大隅高元	観応2・9・6	足利直冬下文	鹿児島大学牛屎文書	N九③三一七九	名越流

26	薩摩	河辺郡	得宗跡	二階堂行雄	観応3・正・21	足利直冬下文	二階堂文書	鹿児島県史料 旧記雑録拾遺	得宗
27	伊豆	郡宅郷	佐介上野介	三島社	延文6・6・25	足利基氏寄進状案	三島神社文書	静岡県史 中世2	佐介流
28	常陸	伊佐郡内平塚郷	越前々司時綱跡	鹿島社	応安元・⑥・12	足利義満寄進状写	鹿島神宮文書	茨城県史料 中世Ⅰ	時房流
29	豊後	佐賀郷	得宗領	大友親世	永和元・9・2	足利義満下文	柳河大友文書	大分県史料26	得宗
30	豊後	内梨子村	得宗領	大友親世	永和元・9・2	足利義満下文	柳河大友文書	大分県史料26	得宗
31	豊後	大佐井郷	得宗領	大友親世	永和元・9・2	足利義満下文	柳河大友文書	大分県史料26	得宗

経家は後醍醐天皇より旧北条氏所領の一部を与えられていたことは、この史料からも裏付けられる。

伊勢国においては、建武二年（一三三五）九月、豊受太神宮祢宜等去月日解状に基づいて後醍醐天皇は同社に旧北条氏所領など三十二カ所を寄進している。この時作成された太政官符には所領名に旧領主名が注記されており、北条氏一族の人物に何人かの比定が可能である。推定も含めると三十二カ所のうち二十四カ所（但し一カ所は官符に引用された綸旨によって確認される）の旧北条氏所領が判明する。その内訳を人物比定のできる所領をもとに、仮に得宗家・時房流・政村流・重時流に分けてみると次のようになる。即ち得宗家六カ所・時房流十カ所・政村流二カ所・重時流二カ所である。時房流が他の諸流を圧倒しているが、これは先にも触れた承久の乱後、北条時房が獲得した同国内の十六カ所の所領の多くが、その子孫に継承されていったことを示している。

このように建武政権のもとでは、小槻氏・岩松氏・伊勢神宮などが史料上旧北条氏所領を獲得していった主体として確認することができる。いわば公家・武士・神社などの申請によって旧北条氏所領は配分されていったのである。

足利尊氏は建武二年十二月後醍醐天皇と決別し、武家政権再興への歩みをはじめていく。[224] それまで専ら建武政権が行なってきた旧北条氏所領についての補任・寄進は足利尊氏によってなされるようになる。表4は足利方による旧北条氏所領への補任地をまとめたものであるが、建武三年（一三三六）八月十一日の一色道猷安堵状をはじめとして足利方の旧北条氏所領を恩賞としての充行い・寺社への寄進が始まっていく。後醍醐天皇方との戦いが各地で展開されていくなかで、足利方はその都度勲功のあった配下の武士に恩賞として旧北条氏所領を充行っていった。それは内乱のなかで「敵方所領」として足利方の武士によって没収された所領を充行ったものであり、そのなかに旧北条氏所領が含まれていたはずである。そして足利方は、旧北条氏所領を含む「敵方所領」を配下の武士の申請に任せて無条件に充行っていったわけではない。

（押紙）「従是知行方」
被尋下候播磨国福井庄闕所事、西保内左方八十石者、修理大夫維貞跡也、先朝御代建武元年、吉河左衛門尉経清、以本領之号申賜之処、当御代、為御敵於山田丹生寺城討死候畢、次東保内宿院村得分三十五石、同御代以矢部六郎左衛門尉跡雖被宛行、矢部孫三郎為凶徒丹生寺城没落之時、令遂（逐）電畢、次同保内木屋村得分三十余石者、入江孫五郎入道跡也、彼仁自竹下合戦遂（逐）電之由承及候、此所々闕所之条、無子細候、此条偽申候者、可罷蒙　仏神御罰候、以此旨可有御披露候、恐惶謹言、

貞和元年十一月十九日　　沙弥円心請文（裏花押）[225]

この請文は室町幕府よりの闕所地の調査命令を承けて、播磨国守護赤松円心が福井庄内の闕所地を調査し、それを認め幕府へ提出したものである。福井庄内には「西保内左方」・「東保内宿院村」・「同保内木屋村」の三カ所の闕所地が

認められ、そのうち「西保内左方」は北条維貞の旧領を後醍醐天皇より吉河経清が「本領」と称して安堵されたが、この経清は足利方の敵となり、山田丹生寺で討ち死にしたという。他の「東保内宿院村」・「同保内木屋村」の二カ所も敵方闕所地として報告されている。これらの闕所地はこの六年以前すなわち康永二年（一三四三）より同族の吉川経朝が充行いを幕府に申請していたのであるが、なかなかうまく事が運ばなかったようである。貞和四年（一三四八）吉川経朝は福井庄の由緒を記した「御下文并手継証文案」と前掲の「守護赤松入道円心請文案」を具書として、「由緒地当庄内庶子等跡闕所左方・小（木）屋・宿院等」の充行いを幕府に求めている。[226] その申状によれば、闕所地と判明しても「高尾寺（神護寺）僧」が介入して「於彼闕所者可付寺家」しと決定されてしまい、それでもあきらめきれない経朝は、「被分彼闕所、経朝与寺家可宛給半分之由、先度属内奏方」して働きかけても、今度は「本奉行人斎藤左衛門大夫于今不及披露之条、不便次第也」という状況になってしまい、「懸命地者、依多年疲労、令売買、於恩賞者、于今不給之間、愁歎無極者也」と懇望している。[227] このようにたとえ本領の由緒を主張しても、寺家の介入を招き闕所地の拝領さえも思うままにならなかった様子が窺える。

ところでこの福井庄の場合は、北条維貞旧領→吉河経清→神護寺という所領の移動のなかで、吉川経朝はこの所領が「敵方所領」であり、かつ「由緒地」であるという理由で充行いを申請しているのである。しかし各地で南朝方との合戦が繰り返されているなかで、現実にはたんに「敵方所領」というだけの主張によって、旧北条氏所領もそのなかに包含され充行いの対象となっていったことは想像に難くない。南北朝の内乱のなかで、旧北条氏所領は「敵方所領」の一部として、没収・充行いを繰り返しつつ解体していったのである。

おわりに――北条氏所領研究の今後――

本稿では意識的に触れなかったものがある。それは全国の各所に残る北条時頼の廻国伝説[228]を代表とする北条氏の伝承地と所領との関係である。各地に伝わる膨大な伝承地には、文書史料には現れない北条氏との関わりあいがあったはずである。それが直接には所領と結びつかない場合もあるかもしれないが、北条氏一族の活動を考える際に何らかの示唆を与えてくれるものと思われる。

今日まで北条氏所領に関する研究は後掲の一覧にみるように、膨大な量に及んでいる。それらの研究史をふまえ、若干の課題を提示してまとめにかえたい。

第一に、所領と一概に記しても、その実態はきわめて不明瞭な場所が多く、東北地方にみられるように、広大な面積の土地に「郡地頭職」として支配を展開するものが存する一方、畿内周辺の所領に指摘されているように、「料所」として得分権のみを保有するものまで、その内実はきわめて多面にわたっている。北条氏が得ていた所職・権利の実態を究明するためには、乏しい史料を駆使しながらそれぞれの地域史のなかにおける北条氏の位置・役割を検討していく必要があろう[229]。これまで東国・九州地方での究明は進んでいたが、畿内・西国地方での研究の蓄積が待たれる。

第二に、北条氏一族内における所領の意味である。かつて石井進氏は常陸国中郡の移動のありかたなどを例として、「一門領も広義の得宗領といってさしつかえない」と記され、北条氏所領を得宗領と一門領を区別せず一括して捉えうると述べられた。これに対して石関真弓氏[230]や秋山哲雄氏[231]などが反論を述べられ、得宗による所領・所職に対する一族統制はみられないことを指摘された。

ところで全国に散在する得宗領やその他の一門領を、史料の残存状況を考慮すれば単に数だけで論じることはできないことはいうまでもない。それぞれの所領に対する補任・没収や相伝性をも含めた支配のありかたもあわせ考えることも重要である。それは先の所職とも絡んでくるが、北条氏所領を一律に捉えることはできないのは勿論であり、個々の所領の状況を見極めながら北条氏所領全体を見通すことが必要であろう。

第三に、北条氏所領における被官人所領の実態究明の深化である。曾我氏については小口雅史氏が、千竃氏については小田雄三氏が厳密な史料批判をもとに整理されているが、工藤氏・安東氏・三浦氏などの一族単位での所領支配のありかたや北条氏との関係等の再検討が必要であろう。先にも触れたが、一概に被官人といっても、その実態は御家人であり、また被官人でもあるといった多面的なものであり、所領の譲与に際しても北条氏との主従関係に規定される所領とそうでない所領もあり、その性格もそれぞれの所領に則して検討されねばならないであろう。

これまで北条氏所領の所在地の分布から、北条氏が政治・経済・軍事・交通などの要地を掌握していたことなどが地域ごとに指摘され、その前提として北条氏所領の確定がなされてきた。本稿で日本全国を見通しての北条氏所領の確定を試みてきたが、全国に配置された北条氏の所領の分布からあらたな研究の基礎を提示することができたのではないかと思う。

〔補記〕

成稿後、次の論考が発表されたので掲げておきたい。

1．「新編弘前市史」編纂委員会編『新編弘前市史』通史編1（古代・中世）の別表に「地頭代・地頭職の伝領」が付されており、津軽方面の北条氏所領の伝領も含まれている。

2．伊藤一美氏「源義朝『沼浜御旧宅』地考」（『日本歴史』六六八）は、「比志島文書」月日欠足利尊氏・同直義所領目録に見える「相模国」の「沼須郷」を、「沼浜」とし、源義朝の旧宅のあった「沼浜」の地は鎌倉幕府・北条氏によって管理・伝領されていたとする。

3．秋山哲雄氏『北条氏権力と都市鎌倉』第二部北条氏所領と得宗政権・第二章北条氏所領の成立と展開で、時期ごとにおける北条氏所領の推移が論じられている。

4．小森正明氏「常陸国久慈西郡と金沢称名寺について――瓜連の歴史的位置と替用途をめぐって――」（佐藤博信氏編『中世東国の社会構造』中世東国論下、所収）は、得宗領瓜連の地と性格と称名寺経営における替用途について論じている。

5．松浦義則氏「太良荘の得宗検注について」（『史学研究』二一七）・「得宗支配下の太良荘領家方」（『福井大学教育地域科学部紀要』第Ⅲ部社会科学六一）は、「一円進止」を志向する得宗地頭の専制的性格などを指摘している。

6．鈴木由美氏「書評と紹介・岡田清一著「鎌倉幕府と東国」」（『古文書研究』六四）において「武蔵国佐々目郷美作権守知行分」の「美作権守」を、「鎌倉市中央図書館所蔵神田孝平氏旧蔵文書」、建武元年十一月二十七日太田貞宗寄進状に「前美作権守貞宗」とみえる太田貞宗の可能性を示唆している。

〔注〕

（1）「万寿寺文書」、文永十年六月一日玄海寄進状（竹内理三氏編『鎌倉遺文』⑮一一三三六号）。

（2）「田中繁三氏文書」、文永十年六月一日玄海寄進状（『鎌倉遺文』⑮一一三三五号）。
（3）「広隆寺文書」、永享四年四月十六日足利義教御判御教書（『岐阜県史』史料編・古代中世4）。
（4）『蒙古襲来と徳政令』（講談社版『日本の歴史』一〇）。
（5）「春日大社文書」、建治元年五月九日日吉社彼岸用途契約状案（『春日大社文書』第三巻、春日社季頭銭借状案のうち）。
（6）「得宗領河内国天河をめぐって」（『ヒストリア』一二七）。
（7）「金沢文庫文書」、（年月日欠）金沢貞顕書状（『神奈川県史』資料編2・古代中世2）。
（8）「金沢北条氏・称名寺の所領経営と在地社会——畿内近国地域の領主を中心に——」（『年報中世史研究』二六）。
（9）「金剛三昧院文書」、弘安四年三月二十一日金剛三昧院寺家申状並外題安堵（『高野山文書』第三巻）。
（10）「今川家古文書」、暦応四年九月十五日足利尊氏下文写（『岸和田市史』6・史料編1）。
（11）「久米田寺文書」、（年欠）十一月十八日安東高泰置文（戸田芳実氏編『泉州久米田寺文書』岸和田市史史料・第一輯）。
（12）「醍醐寺文書」、嘉禄二年三月二十八日藤原頼経下文（『兵庫県史』史料編・中世8）。
（13）栃木孝惟氏他校注『保元物語・平治物語・承久記』（新日本古典文学大系43）。なお、後鳥羽上皇が愛妾亀菊に与えようとした所領は、慈光寺本では「長江庄」、古活字本では「長江・倉橋ノ両庄」、前田本では「倉橋ノ庄」と、諸本によって異同がある（『保元物語・平治物語・承久記』脚注参照）。
（14）「宇都宮文書」、建武二年九月二十七日足利尊氏下文（『福島県史』第七巻・資料編二・古代中世資料）。
（15）「三浦系図」（『続群書類従』第六輯上・系図部）。
（16）「宇都宮文書」、寛元四年十二月五日北条時頼下文（『鎌倉遺文』⑨六七六八号）。
（17）三浦氏の「大介職」の意味およびその所領内容については、安池尋幸氏「十一・二世紀における相模の国衙軍制と

三浦一族」（『横須賀市博物館研究報告（人文科学）』四〇）参照。
(18)室町幕府内での高継の活動の一端に「三浦介高継侍所管領之時」とみえている（「八坂神社文書」、暦応二年十二月十七日足利直義下知状写、『新修八坂神社文書』中世編）。
(19)「多田神社文書」、建武四年七月二十五日足利尊氏寄進状（『兵庫県史』史料編・中世1）。
(20)「東寺文書」、建武五年正月十日足利尊氏寄進状（上島有氏編『東寺文書聚英』）。
(21)『ふびと』三八。
(22)清水真澄氏編『美術史論叢・造形と文化』所収。
(23)この史料は稲本氏の前掲論文で全文が翻刻され、その後『鈴鹿市史』第四巻・史料編一、『四日市市史』第七巻・史料編・古代中世に翻刻されている。本稿では『四日市市史』掲載の史料を参照した。
(24)「金沢文庫文書」、嘉元二年十二月十六日六波羅下知状（『神奈川県史』資料編2・古代中世2）。
(25)前掲「金沢北条氏・称名寺の所領経営と在地社会――畿内近国地域の所領と領主を中心に――」。
(26)「光明寺文書」、元亨二年五月五日志摩守護代左兵衛尉某奉書（『光明寺文書』第一）、同元亨二年閏五月十一日志摩守護代親政書下案（『光明寺文書』第一）。
(27)『日本中世土地制度史の研究』第三部・第二章・尾張国。
(28)「菊大路家文書」（『石清水文書』之六〈大日本古文書〉）。なお『新編一宮市史』史料編六にも掲載されている。
(29)「南禅寺文書」、建武二年七月六日後醍醐天皇綸旨案（『南禅寺文書』上巻）。
(30)「臨川寺重書案文」、延文五年十月十七日足利義詮御判御教書案（『愛知県史』資料編8・中世1）。なお網野氏はこの文書を「左中将某契諾状案」とし、「愛智御器所郷方」と読んでいる。
(31)以上は『尊卑分脈』第三篇・清和源氏山田氏の項。
(32)小田氏「嘉元四年千竃時家処分状について――得宗・得宗被官・南島諸島――」（『年報中世史研究』一八）。

(33)「九条家文書」、建長二年十一月日九条道家初度惣処分状（『九条家文書』一、九条道家初度惣処分状等のうち）。
(34)奥富氏「鎌倉北条氏所領増減過程の数量的考察」（『日本歴史』四七〇）。
(35)「親玄僧正日記」正応六年八月二日条（『内乱史研究』一四・一五・一六）。
(36)『静岡県史』資料編5・中世一。
(37)岡田氏、前掲「遠江国と北条氏」。
(38)竹内理三先生古稀記念会編『続荘園制と武家社会』所収。
(39)「伊勢結城文書」、（年月日欠）結城宗広知行得宗領注文（『福島県史』第七巻・資料編二・古代中世資料）。
(40)「大石寺文書」、正和五年三月十六日南条時光（大行）券契証判注文（『静岡県史』資料編5・中世一）。
(41)「千竃文書」、嘉元四年四月十四日千竃時家譲状（『鹿児島県史料』旧記雑録拾遺・家わけ六）。
(42)「原本所在不明文書」（新渡戸・宮崎・斎藤文書）、正応五年三月二十六日片穂惟秀譲状（『青森県史』資料編・中世1・南部氏関係資料）。
(43)「大石寺文書」、延慶二年二月二十三日南条時光譲状（『静岡県史』資料編5・中世一）。
(44)「吾妻鏡」建仁二年六月一日条。
(45)奥富氏「鎌倉北条氏所領増減過程の考察――時政の時代を中心として――」（竹内理三先生喜寿記念論文集刊行会編『荘園制と中世社会』所収）。
(46)「比志島文書」、（年月日欠）足利尊氏・直義所領注文（『鹿児島県史料』旧記雑録拾遺・諸氏系譜三）。
(47)『北条氏系譜人名辞典』北条氏被官一覧。
(48)南部光徹氏所蔵「遠野南部家文書」、嘉元二年五月二十四日曾我泰光譲状（『青森県史』資料編・中世1・南部氏関係資料）。
(49)小口雅史氏「津軽曾我氏の基礎的研究」（『弘前大学国史研究』八九）。

(50)「大石寺文書」、延慶二年二月二十三日南条時光譲状（『静岡県史』資料編5・中世一）。
(51)奥富氏「得宗被官家の個別的研究（その一）――南条氏の場合（一）――」（『日本史攷究』一）。
(52)「大善寺文書」、建武四年七月十六日斯波家長寄進状（『山梨県史』資料編4・中世1）。家長が陸奥守を称したのは建武四年四月よりであり、北畠顕家を追って建武三年から四年にかけて、駿河・甲斐・相模・下総・安房・常陸・上野・陸奥などの東国一帯を対象として、軍勢催促・感状授与・恩賞挙進・所領安堵・濫妨停止・寺領寄進等の権限を行使し、足利義詮の執事として活動した（小川信氏『足利一門守護発展史の研究』第二編第一章斯波氏の興起と分国の形成）。
(53)『静岡県史』資料編6・中世二。
(54)『静岡県史』資料編6・中世二。
(55)「金沢文庫文書」、徳治二年三月二十一日称名寺寺用配分状（福島氏「新出金沢文庫文書について――翻刻と紹介――」『金沢文庫研究』二九三）。以下「新出の金沢文庫文書」の引用は同紹介による。
(56)『日本歴史』二八〇。
(57)『神奈川県史研究』一一・一二・一九。
(58)前掲『蒙古襲来と徳政令』。
(59)「円覚寺文書」、弘安七年九月九日得宗家奉行人連署奉書（折紙）（『神奈川県史』資料編2・古代中世2）。
(60)南部光徹氏所蔵「遠野南部家文書」、弘安八年正月二十三日北条貞時下文写（『青森県史』資料編・中世1・南部氏関係資料）。
(61)「円覚寺文書」、徳治二年五月日円覚寺毎月四日大斎番文（『神奈川県史』資料編2・古代中世2）。
(62)『朽木文書』第二。
(63)「室町幕府の草創期における所領について」（『中世の窓』一二）。

(64)南部光徹氏所蔵「遠野南部家文書」、正慶二年三月二十八日沙弥某奉書（『青森県史』資料編・中世1・南部氏関係資料）。
(65)小口氏、前掲「津軽曾我氏の基礎的研究」。
(66)「芦名古文書」、建武元年四月十日足利直義下知状（『福島県史』第七巻・資料編二・古代中世資料）。
(67)奥富氏は「安房国北郡地頭職の転変――和田・三浦・安達三乱後の処分――」（日本史攷究会編『日本史攷究』）において、北郡地頭職が三浦氏から二階堂氏へ移り、さらに北条得宗家の所領になったと推定した。しかしその論理は、弘安八年の安達氏の乱で二階堂行景が誅されるが、二階堂氏の所領の一つである相模国懐島郷がのち大仏流北条氏の所領になっていること（「比志島文書」、（年月日欠）足利尊氏・直義所領注文）をもとにしたものであり、それが北郡も同様であったかは、他の傍証が必要である。
(68)「得宗被官家の個別的研究（その二）――工藤氏の場合――」（『日本史攷究』一七）。
(69)『続群書類従』第九輯上・伝部所収。なお本書は十五世紀末から十六世紀初めにかけての成立とみられ、その表現には日蓮の伝説化・超人的偶像化がみられるという（『群書解題』第二）。
(70)「鎌倉政権下の両総――北条氏領の成立と御家人の動向――」（『國學院雑誌』七四―七）、「両総における北条氏領――補遺――」（『房総の歴史』三）。
(71)「宇都宮文書」、建武二年九月二十七日足利尊氏下文（『福島県史』第七巻・資料編二・古代中世資料）。
(72)「宝戒寺文書」、観応三年七月四日足利尊氏寄進状案（『千葉県史料』中世編・県外文書）。
(73)「三宝院文書」、建武二年九月二十四日足利尊氏寄進状（『千葉県史料』中世編・県外文書）。
(74)注(55)、「金沢文庫文書」、正慶元年七月五日金沢貞将袖判盛久奉書（折紙）。
(75)「円覚寺文書」、延慶元年十二月二十五日関東下知状（『神奈川県史』資料編2・古代中世2）。
(76)岡田氏、前掲「両総における北条氏領――補遺――」。

(77)「香取神宮文書」、（年月日欠）造宮記録断簡（『千葉県史料』中世篇・香取文書）。
(78)岡田氏、前掲「鎌倉政権下の両総――北条氏領の成立と御家人の動向――」。
(79)常陸国の北条氏所領について、かつて筆者が担当した『北条氏系譜人名辞典』の「北条氏所領一覧」の「真壁文書」を出典とする十カ所は人名の誤認であり削除する。
(80)「鎌倉時代の常陸国における北条氏所領の研究」（『茨城県史研究』一五）。
(81)「東大寺所蔵建治元年跋華厳宗香薫抄草裏文書」、（年月日欠）近江鯰江庄百姓等申状（『鎌倉遺文』⑩七六八〇号）。
(82)「勧修寺家文書」、（年月日欠）関東（カ）下知状断簡（『鎌倉遺文』㉟二七五一二号）。この文書は表記からみて写しのようである。
(83)南部光徹氏所蔵「遠野南部家文書」、正中三年五月二十七日曾我光称譲状（『青森県史』資料編・中世1・南部氏関係資料）。
(84)岩手大学附属図書館所蔵「新渡戸文書」、正応五年三月二十六日方穂惟秀譲状（『青森県史』資料編・中世1・南部氏関係資料）。
(85)『日本中世土地制度史の研究』第一部第三章、美濃国。
(86)「鎌倉前期における北条氏所領増減過程の研究――泰時・経時の代を中心として――」（安田元久先生退任記念論集刊行委員会編『中世日本の諸相』下巻、所収）。
(87)『信濃』一九―一二。
(88)『信濃』二四―一〇。
(89)「守矢文書」、嘉暦四年三月日関東下知状案（『信濃史料』第五巻）。
(90)湯本氏、前掲「北条氏と信濃国」。
(91)「市河文書」、建武二年九月二十二日市河経助軍忠状（『新編信濃史料叢書』第三巻）。

(92)「相州文書所収仏日庵文書」、貞和三年(カ)正月十一日足利尊氏寄進状写(『神奈川県史』資料編3・古代中世3上)。
(93)この記事は「守矢文書」では「□庄遠江入道」とあるが、「矢島文書」嘉暦四年三月日関東下知状写(『鎌倉遺文』㊳三〇五五二)では「仁科庄遠江入道」とあり、ここでは矢島文書の記載による。
(94)「市河文書」、建武二年七月日市河助房等着到状(『新編信濃史料叢書』第三巻)。
(95)南部光徹氏所蔵「遠野南部家文書」、正中三年五月二十七日曾我光称譲状(『青森県史』資料編・中世1・南部氏関係資料)。なお小口氏前掲「津軽曾我氏の基礎的研究」。
(96)佐藤進一氏『鎌倉幕府訴訟制度の研究』第三章第一節付説二。
(97)「吾妻鏡」寿永三年二月二十一日条。
(98)岡田清一氏「御内人〝尾藤氏〟に就いて」(『武蔵野』五二—二)。
(99)「市河文書」、貞応三年十一月十一日関東下知状、(貞応三年)十一月十三日北条泰時書状(『新編信濃史料叢書』第三巻)。
(100)「走湯古文一覧」、永仁元年十月六日二階堂行貞奉書写(『静岡県史』資料編5・中世一)。
(101)細川重男氏『鎌倉政権得宗専制論』鎌倉政権上級職員表(基礎表)では諸史料を比較検討している。その二階堂行貞・二階堂行藤の項参照。
(102)『静岡県史』資料編5・中世一も「二階堂行貞、将軍久明親王の上野国佐貫庄内板倉郷寄進を伊豆国走湯権現に伝える」の綱文を立てている。
(103)『関城町史』史料編Ⅲ・中世関係史料。
(104)「鶴岡社務記録」建武三年条(『鶴岡叢書』第二輯)。
(105)諸種の北条氏の系図を校合した北条氏研究会編「北条氏系図考証」(安田元久氏編『吾妻鏡人名総覧——注釈と考証

——』所収）には見えていない。
(106)『北条氏系譜人名辞典』北条氏通称一覧にも、この通称は見えない。
(107)『東北大学日本文化研究所研究報告』別巻第七集。
(108)『目白学園女子短期大学研究紀要』六。
(109)『目白学園女子短期大学研究紀要』七。
(110)『福島県史』第七巻・資料編・古代中世資料。
(111)『大日本史料』第六編之一九、所引。
(112)「金沢文庫文書」、（年月日欠）金沢貞顕書状（『神奈川県史』資料編2・古代中世2）。
(113)『福島県史』第七巻・資料編二・古代中世資料。ところでこの「英房書状」は、『福島県史』では差出人の「英房」に「式部少輔源」と傍注があり、文書名も「源英房書状」となっているが、小林清治氏「福島県関係文書の所在および利用状況」（『古文書研究』三）に「47有造館結城文書九五の源英房は藤原英房に」と訂正されている。
(114)『鎌倉遺文』㉕一八九三八号。
(115)北条高時下知状（『相馬文書』）。また『福島県史』第1巻・通史編1・原始・古代・中世の三七九頁掲載の写真参照。
(116)「伊達家文書」、永仁五年九月十三日関東下知状（『伊達家文書』之一〈大日本古文書〉）。
(117)「伊達家文書」、建武元年九月十日北畠顕家下文（『伊達家文書』之一〈大日本古文書〉）。
(118)「伊達家文書」、建武五年後七月二十六日足利尊氏下文（『伊達家文書』之一〈大日本古文書〉）。
(119)「相馬文書」、建武四年二月六日氏家道誠施行状写（『相馬文書』）。なお、亘理氏・武石氏については、岡田清一氏「陸奥の武石氏・亘理氏について」（『東北千葉氏と九州千葉氏の動向』千葉氏関係資料調査報告書II）参照。
(120)「相馬文書」、康永二年八月三日石塔義房充行状写（『相馬文書』）。
(121)「相馬文書」、文和二年四月二十日吉良貞家書下写（『相馬文書』）。

(122)「相馬文書」、観応二年十月二十五日吉良貞家書下写（『相馬文書』）。

(123)「相馬文書」、（年欠）三月二十四日某預ケ状（『相馬文書』）。但し、この文書には「陸奥国日(亘)理部□□除□尼神村事、為料所所被預置也」とあり、坂本郷の地名は見えない。

(124)「円覚寺文書」、徳治二年五月日相模円覚寺毎月四日大斎番文（『神奈川県史』資料編2・古代中世2）。

(125)「陸奥の武石・亘理氏について」（『東北千葉氏と九州千葉氏の動向』千葉市立郷土博物館・千葉氏関係資料調査報告書Ⅱ）。

(126)「中尊寺文書」、（年月日欠）中尊寺衆徒等言上状（『宮城県史』30・資料編7）。

(127)「中尊寺文書」、建武元年八月日中尊寺衆徒等言上状（『宮城県史』30・資料編7）。

(128)「二階堂文書」、（年月日欠）二階堂氏知行注文（『福島県史』第七巻・資料編二・古代中世資料）。

(129)「金沢文庫所蔵十不二門指要抄序私見聞裏文書」、正応四年八月十五日坂上国長起請文（『神奈川県史』資料編2・古代中世2）。

(130)「金沢文庫文書」、（年欠）六月十三日果照書状（『金沢文庫古文書』僧侶書状編〈上〉）。

(131)「宇都宮文書」、建武二年九月二十七日足利尊氏下文（『福島県史』第七巻・資料編二・古代中世資料）。

(132)前掲「十一・二世紀における相模の国衙軍制と三浦一族」。

(133)「佐原三浦介の本領・陸奥国会津「上野新田」の現在地比定」（『神奈川地域史研究』二〇）。

(134)「「金子文書」の「柏木郷」について」（別冊歴史読本『地名を歩く』）。なお、「原本所在不明文書（新渡戸・宮崎・斎藤文書）」貞和三年十月二十二日、柏木郷年貢請取状（『青森県史』資料編・中世1・南部氏関係資料）に「津軽平賀郡内柏木郷御年貢、曾我与一左衛門尉貞光知行分事」とみえており、平賀郡内に柏木郷が存在していたことはまちがいないようである。

(135)「出羽国と鎌倉幕府・鎌倉北条氏」（『西村山地域史の研究』一五）。

(136)「宝戒寺文書」、観応三年七月四日足利尊氏寄進状案（『神奈川県史』資料編3・古代中世3上）。
(137)「倉持文書」、貞治三年八月十日仁木義長預置状（『山形県史』資料編十五上・古代中世史料1）。
(138)なお、『福島県史』第七巻・資料編二・古代中世資料では、「出羽国下大山庄内漆山郷□庄内門田、飯沢前□〔明カ〕事」と読んでいる。
(139)「上杉家文書」、明徳五年二月二十二日足利義満御判御教書案（『新潟県史』資料編3・中世一、上杉長棟〈憲実〉越後知行分重書案のうち。
(140)「安保文書」、建武三年十二月十一日足利直義下文（『新編埼玉県史』資料編5・中世1）。
(141)なお、同一文書であると思われるが、「由良文書」、（年欠）四月九日後醍醐天皇綸旨（『群馬県史』資料編6・中世2）がある。
(142)「三周義釈識語（一七）」奥書に「執筆能海也、弘長三年六月十八日書写了、出羽国八代庄八幡宮了、為偏仏法助成也」（『金沢文庫古文書』識語編）とある。
(143)「平賀家文書」、延文四年四月廿日足利義詮下文（『平賀家文書』〈大日本古文書〉）。
(144)「平賀郡惣領職をめぐって」（半田教授退官記念会編『秋田地方史論集』所収）。なお、この論考のなかでこの文書の成立の事情も検討している。
(145)「鎌倉時代「守護領」研究序説」（同氏『日本中世国家史の研究』所収）。
(146)「東寺百合文書」ユ、文永二年十一月日若狭国惣田数帳案（『福井県史』資料編2・中世、なおこの史料については國學院大學図書館架蔵・東寺百合文書写真帳で照合した）。
(147)「今川家古文書」、暦応四年九月十五日足利尊氏下文写（『岸和田市史』第六巻・史料編Ⅰ）。
(148)「三浦周行氏旧蔵文書」、（建保四年）三月十七日源実朝書状（『鎌倉遺文』補遺②七〇五号）。なお「尊経閣古文書纂」（年欠）七月八日源実朝書状（黒川高明氏『源頼朝文書の研究』史料編）は、この庄園の地頭代を改替することを命じている。

(149)「片山二神文書」、建武四年八月三日足利尊氏(カ)下文案(『愛媛県史』資料編・古代中世)。

(150)「南禅寺慈聖院文書」、徳治三年五月二日六波羅下知状(『加能史料』鎌倉II)。

(151)建武四年四月十一日足利尊氏下文案(『加能史料』南北朝I)。

(152)注(55)、「金沢文庫文書」徳治二年三月二十一日称名寺寺用配分状。

(153)注(55)、「金沢文庫文書」徳治二年三月二十一日称名寺寺用配分状。

(154)「尊経閣文庫所蔵文書」、弘長二年三月一日関東下知状(『富山県史』史料編II・中世)。

(155)注(55)、「金沢文庫文書」徳治二年三月二十一日称名寺寺用配分状。なお「金沢文庫文書」正中二年十一月日大江顕元申状(『神奈川県史』資料編2・古代中世2)に「亡父覚一拝領之地越中国太田保内赤田村者、申付中務丞元長、布施村者、譲給四郎元忠」とある。

(156)「越後国と北条氏」(『国史学』一一四)。

(157)「仁木文書」、建武四年卯月二十一日足利尊氏下文(『兵庫県史』史料編・中世1)。

(158)「西蓮寺文書」、元亨三年十二月十六日北条貞直下文案(『新潟県史』資料編5・中世三)。

(159)「賀茂別雷神社文書」、文治二年九月五日源頼朝下文(『賀茂別雷神社文書』第一)。

(160)「宮内庁書陵部所蔵文書」、元弘三年五月二十四日内蔵寮領等目録(『岐阜県史』史料編・古代中世補遺)。

(161)「毛利元雄氏所蔵文書」、宝治二年八月八日北条時頼下知状(相田二郎氏『日本の古文書』上)

(162)「金沢文庫文書」、正中二年十一月日大江顕元申状(『神奈川県史』資料編2・古代中世2)。

(163)前掲「金沢北条氏・称名寺の所領経営と在地社会——畿内近国地域の領主を中心に——」。

(164)弘安八年十二月但馬国大田文(『日高町史』資料編)。

(165)「鹿王院文書」、永仁六年正月十三日北条貞時袖判果暁奉書(『鎌倉遺文』㉖一九五七八号)。『鎌倉遺文』は袖判の花

押を「北条長時」とするが「北条貞時」の誤りであり、上記のように文書名を改めた。またこの文書は鹿王院文書研究会編『鹿王院文書の研究』第1部文書編にも収載されている。なお筧雅博氏「関東御領考」（『史学雑誌』九三―四）のなかで、関東御領・得宗領としての鎌田庄について触れている。

(166)「久米田寺文書」、（年欠）十一月十八日安東高泰置文（『泉州久米田寺文書』岸和田市史史料・第一輯）。

(167)「金沢文庫文書」、元徳元年十二月二日関東下知状案（『神奈川県史』資料編2・古代中世2）。

(168)「賜盧文庫文書所収称名寺文書」、（年欠）八月二十二日大江顕元書状（『神奈川県史』資料編2・古代中世2）。

(169)前掲「金沢北条氏・称名寺の所領経営と在地社会――畿内近国地域の領主を中心に――」。

(170)「千家文書」、文永八年十一月関東御教書写（『新修島根県史』史料編1・古代中世）。

(171)「金沢文庫文書」、（年欠）九月二十六日長井貞秀書状（『神奈川県史』資料編2・古代中世2）。

(172)「春日大社文書」、建長五年八月三日法隆寺牒（『春日大社文書』第三巻）。

(173)『岡山県史』編年史料。

(174)「熊谷家文書」、嘉元元年十一月二十七日関東下知状『熊谷家文書』〈大日本古文書〉。

(175)「金沢文庫文書」、（年欠）九月二十六日長井貞秀書状（『神奈川県史』資料編2・古代中世2）。

(176)「萩藩閥閲録」巻七一、文和二年四月五日足利義詮下文写（『萩藩閥閲録』第二巻）。

(177)「保阪潤治氏所蔵手鑑」、元徳二年十月二十八日北条時直寄進状（『鎌倉遺文』㊵三一二六二号）。

(178)「高野山文書」又続宝簡集八七、嘉禄三年九月九日北条時氏請文案（『高野山文書』之七〈大日本古文書〉）。

(179)小山靖憲氏「紀伊国」（『講座日本荘園史』8・近畿地方の荘園Ⅲ所収）。

(180)「和佐家文書」、康永▩〔二カ〕年▩〔十カ〕月四日沙弥某奉書案（『和歌山県史』中世史料二）。

(181)前掲「御内人〝尾藤氏〟に就いて」。

(182)『北条氏系譜人名辞典』北条氏被官人一覧。

(183)「東寺百合文書」ユ、文永二年十一月日若狭国惣田数帳案（『福井県史』資料編2・中世）。

(184)「臼木三島神社文書」、三島社領主次第（『愛媛県史』資料編・古代中世）。なお、この史料の奥に「于時正和五年丙申□月廿□（八）日三嶋殿御入之時、以其御本（書脱カ）畢」と記されている。

(185)「臼杵稲葉河野文書」、観応元年十二月六日足利尊氏下文写（『愛媛県史』資料編・古代中世）。

(186)「金沢文庫文書」、正中二年十一月日大江顕元申状（『神奈川県史』資料編2・古代中世2）。

(187)福島金治氏『金沢北条氏と称名寺』第二章第二節。

(188)「凝然と金沢氏——伊予国久米郡再論——」（『瀬戸内海地域史研究』八）。

(189)「土佐国古文叢三所収松野尾文書」、正中二年六月二日安東某下知状（『鎌倉遺文』㊲二九一二五号）。なお「土佐国古文叢三所収長徳寺文書」（『鎌倉遺文』㊱二八三八二号）にも「沙弥（花押）」の書判をもち、「此紙安東殿御下知長得寺」の端書をもつ裁許状が伝わる。そして両通には「土佐国古文叢」の編者による按文が付されており、両通の「沙弥」と「安東殿」を「安東藤内左衛門尉」に比定している。

(190)「九州諸国における北条氏所領の研究」（竹内理三博士還暦記念会編『荘園制と武家社会』所収）。

(191)「相良家文書」、暦応四年十二月二十日足利尊氏寄進状（『相良家文書』之一〈大日本古文書〉）。

(192)「得宗被官による禅院寄進の背景——宿屋氏の筑前国芦屋寺の場合——」（『駒沢史学』五八）。

(193)「北野神社文書」、嘉禄三年八月二十一日某下文案（『鎌倉遺文』⑥三六五二号）。

(194)「薩藩旧記所収山田文書」、建武二年二月日島津道恵代道慶目安状写（『鹿児島県史料』旧記雑録・前編一）。

(195)「柳河大友文書」、永和元年九月二日足利義満下文（『大分県史料』26）。

(196)「阿蘇文書」、けんち元年十月十二日成阿書状『阿蘇文書』之一〈大日本古文書〉。

(197)「詫摩文書」、（年月日欠）肥後国内庄々名々坪付注文（『大分県史料』12）。

(198)「平河文書」、（年月日欠）平河道照申状（『熊本県史料』中世篇・第三）。

(199)筧氏前掲「関東御領考」、「続・関東御領考」（石井進氏編『中世の人と政治』所収）。
(200)「田部文書」、建長六年四月二十六日関東下知状案（『宮崎県史』史料編・中世1）。
(201)「鹿児島大学図書館所蔵牛屎文書」、観応二年九月六日足利直冬下文（『南北朝遺文』九州編③三一七九号）。なお『南北朝遺文』九州編では「足利直冬充行状」となっているが、奥上書判下文形式の文書なので右記のように改めた。
(202)「曾木文書」、嘉元三年九月二十六日鎮西下知状写（『鹿児島県史料』旧記雑録拾遺・家わけ七）。
(203)「調所氏家譜」、元徳三年八月三十日大隅守護代盛光書下写（『鹿児島県史料』旧記雑録拾遺・家わけ六）。
(204)以上は「早稲田大学荻野研究室所蔵禰寝文書」、元亨元年九月三日大隅守護所私領并茅免勘料注進状案（『早稲田大学荻野研究室収集文書』下巻）。
(205)以上は「薩藩旧記所収国分宮内社司沢氏家蔵」、元亨四年四月二十二日大隅守護狩夫支配状（『鹿児島県史料』旧記雑録前編）。
(206)「鎌倉幕府の大隅国支配についての一考察――守護所と国衙在庁を中心に――」（日本古文書学会編『日本古文書学論集』5・中世1所収）。
(207)この点については、小田雄三氏前掲「嘉元四年千竃時家処分状について――得宗・得宗被官・南島諸島――」で、譲状における得宗の外題の有無を指摘している。
(208)「鎌倉北条氏所領増減過程の考察――時政の代を中心として――」（竹内理三先生喜寿記念論文集刊行会編『荘園制と中世社会』所収）、「鎌倉北条氏所領増減過程の数量的考察――義時の代を中心として――」（『日本歴史』四七〇）。
(209)「吾妻鏡」貞応元年三月三日条。なおこの内の四カ所はその後、恩賞未給であった橘右馬允ら四人に与えられており（「吾妻鏡」嘉禄二年七月一日条）、時房の遺領は「惣目録」に基づいて子息等に分配された（「吾妻鏡」仁治元年四月十二日条）。
(210)「鎌倉時代「守護領」研究序説」（同氏『日本中世国家史の研究』所収）。

(211)田中健二氏、前掲「鎌倉幕府の大隅国支配についての一考察――守護所と国衙在庁を中心に――」。

(212)「吾妻鏡」建久四年十月二十一日条。なお初期幕府における政所の役割については、湯田環氏「鎌倉幕府草創期の政務と政所」(『お茶の水史学』二九)参照。

(213)「吾妻鏡」正治二年十二月二十八日条。

(214)「相良家文書」、寛元元年十二月二十三日関東下知状『相良家文書』之一〈大日本古文書〉。

(215)「相良家文書」、元弘四年正月日相良長氏代同頼広申状案『相良家文書』之一〈大日本古文書〉。なお、笠松宏至氏「中世闕所地給与に関する一考察」(同氏『日本中世法史論』所収)。

(216)「吾妻鏡」建久二年十一月二十三日条。

(217)「志岐文書」、元徳元年十月日弘円(志岐景弘)代覚心申状案(『熊本県史料』中世篇・第四)。

(218)前掲「室町幕府の草創期における所領について」。

(219)前掲「鎌倉時代の常陸国における北条氏所領の研究」。

(220)議論の多い建武政権による所領安堵政策については、ここでは触れない。

(221)「壬生家文書」、元弘三年五月二十九日後醍醐天皇綸旨案(『壬生家文書』二)。なお、小槻正遠はその後、「続左丞抄」建武二年八月二十六日太政官符案(新訂増補・国史大系27)によれば、太政官より当庄とともに備前国日笠庄の旧北条氏所領もあわせて領知するよう命じられている。

(222)「由良文書」、元弘三年七月十九日後醍醐天皇綸旨(『静岡県史』資料編6・中世2)。なお、この綸旨記載の所領のうち「福井庄」地頭は吉川氏であり(「吉川家文書」、正治二年正月二十五日源頼家下文、『吉川家文書』之一〈大日本古文書〉)、この「福井庄」は鎌倉時代後期には東保・西保に分かれたようで(「吉川家文書」、しやうわ元年十月十八日吉川経高譲状、『吉川家文書』之一〈大日本古文書〉)、建武政権より「福井庄東保上村地頭」・「福井庄内西保左方」に吉川氏が安堵されている(「吉川家文書」、元弘四年正月二十日後醍醐天皇綸旨・建武元年十二月七日後醍醐天皇綸旨案、『吉川家文書』之一〈大日本古文書〉。このうち「西保内左方得分八十石」が「修理大夫維貞跡」と見えているように北条氏旧領であり、この地は建武政権により吉川経清が賜わっており（『吉川家文書』、貞和元年十一月十九日赤松円心請文、『吉川家文書』之二〈大日本古文書〉）、岩松経家が補任された「播磨国福居庄　維貞跡」との関係は不明である。

(223)「正木文書」、応永三十三年七月日岩松満長安堵申状案（『群馬県史』資料編5・中世1）。

(224)なお、建武政権内における足利尊氏の位置については、吉原弘道氏「建武政権における足利尊氏の立場――元弘の乱での動向と戦後処理を中心として――」（『史学雑誌』一一一―七）で、鎮西での軍事指揮権を行使していたことが説かれている。

(225)「吉川家文書」、貞和元年十一月十九日赤松円心請文（『吉川家文書』之二〈大日本古文書〉）。

(226)「吉川家文書」、貞和四年四月日吉川経朝申状（『吉川家文書』之二〈大日本古文書〉）。

(227)「吉川家文書」、正治二年正月二十五日源頼家下文案（『吉川家文書』之一〈大日本古文書〉）が伝わっており、これが「由緒」の根拠となっている。

(228)北条時頼の廻国伝説については、佐々木馨氏「時頼伝の基礎的考察」（『青森県史研究』一）、同氏『執権時頼と廻国伝説』（歴史文化ライブラリー29）など参照。

(229)その成果の一つとして、井原今朝男氏「公家新制の公田興行令と得宗領の公田開発――新しい地域史研究の方法をもとめて――」（『信濃』五四―三）が挙げられる。

(230)「得宗と北条一門――得宗専制政治の再検討のために――」（『神戸大学史学年報』九）。

(231)「北条氏一門と得宗政権」（『日本史研究』四五八）。

北条氏所領一覧

1．五畿内

番号	国名	庄郷地名	現在地	領主名	被官人名	年号	出典	文書名	刊行史料集	備考	参考文献
1	山城	六波羅地	京都市東山区	北条氏							
1	山城	京都地（綾小路北河原東）	京都市下京区	北条時政		文治2	吾妻鏡 文治2・7・27条			没官家地	
1	山城	京都地（六角北・烏丸西）		北条師時		延慶2	両足院文書（東大史料編纂所影写本）	北条師時書状			
1	山城	京都地（三条南・室町東）		北条師時	能登入道	延慶3	両足院文書（東大史料編纂所影写本）	北条師時書下写			
1	山城	京都地（六角北・室町東）		北条師時	能登入道	延慶3	両足院文書（東大史料編纂所影写本）	北条師時書下写			
1	山城	京都地（三条南・六角北・烏丸南）		北条師時	能登入道	延慶3	両足院文書（東大史料編纂所影写本）	北条師時書下写			
1	山城	京都地（北町）		北条師時	能登入道・諏訪左衛門□□□□□跡	延慶3	両足院文書（東大史料編纂所影写本）	北条師時書下写			
2	山城	桂新免	京都市西京区	得宗		永享4	広隆寺文書	足利義教御判御教書	岐阜県史 古代中世四		
3	山城	上久世庄	京都市南区	北条守時	小胡麻五郎兵衛入道教意	嘉元2	東寺百合文書を（國學院大學図書館架蔵・写真帳）	北条師時下文案			
3	山城	下久世庄	京都市南区	得宗		康永4	東寺百合文書京（國學院大學図書館架蔵・写真帳）	山城国下久世名主百姓等陳状			

4	山城	法性寺大路二橋	京都市伏見区	北条時頼		文永10	万寿寺文書	玄海寄進状	K⑮一一二三六	没官領	
5	山城	竹田庄三聖寺竹田・芹河散在	京都市伏見区	北条時頼		文永10	万寿寺文書	玄海寄進状	K⑮一一二三六	地頭職	
6	山城	江□庄		北条義時		建暦元	醍醐寺文書	僧仁民山地避状	醍醐寺文書之二		40
7	山城	醍醐寺東院西角房上山地		北条義時		建暦元	醍醐寺文書	僧仁民山地避状	醍醐寺文書之二		40
8	大和	波多庄	奈良県高取町	北条泰時		貞応元	民経記天福元年4月記裏文書	和泉守某書状	民経記六		42
9	大和	近内庄	奈良県五条市		安東平右衛門入道	建治元	春日大社文書	日吉社彼岸用途契約状案	春日大社文書第三巻		
10	河内	楠葉牧	大阪府枚方市	北条顕義		元徳元〜2	金沢文庫文書	金沢貞顕書状	神奈川県史古代中世2		61・73
11	河内	天河	大阪府枚方市	得宗		文保2	師守記貞治3年2月記裏文書		師守記七		79
12	河内	大窪庄	大阪府守口市	北条貞時		永仁6	円覚寺文書	北条貞時下知状	神奈川県史古代中世2		
13	河内	八尾則光名	大阪府八尾市	北条時盛		寛元元	海龍王寺文書	海龍王寺僧申状	K⑨六二五六		41
14	河内	国領某所		北条時定		建久元	吾妻鏡建久元・8・3条	源頼朝御教書案			40
15	和泉	横山庄	大阪府和泉市	二位家月忌領		弘安4	金剛三昧院文書	金剛三昧院寺家申状並外題安堵	高野山文書第二巻		
16	和泉	山直郷寺本	大阪府岸和田市		安東高泰	暦応元	久米田寺文書	安東高泰置文	泉州久米田寺文書		

17	和泉	山直郷中村新庄	大阪府岸和田市		安東高泰	暦応元	久米田寺文書	安東高泰置文	泉州久米田寺文書		
18	和泉	山直郷包近名上下	大阪府岸和田市		安東高泰	暦応元	久米田寺文書	安東高泰置文	泉州久米田寺文書		
19	和泉	木島庄上下		得宗		暦応4	今川家古文書	足利尊氏下文写	岸和田市史6		
20	摂津	小真上庄	大阪府高槻市	法印有助		正和5	金剛三昧院文書	有助寄進状案	高野山文書第二巻		
21	摂津	長江庄	大阪府豊中市	北条義時			慈光寺本・承久記		保元物語・平治物語・承久記		
22	摂津	善源寺東方	大阪市都島区		諏訪三郎左衛門尉	建武4	多田神社文書	足利尊氏寄進状	兵庫県史中世一		
23	摂津	福島庄	大阪市福島区		安東平右衛門入道	嘉元4カ	竹内文平氏所蔵文書	昭慶門院所領目録	三重県史中世2		
24	摂津	生魂新庄	大阪市中央区		安東平右衛門入道	嘉元4カ	竹内文平氏所蔵文書	昭慶門院所領目録	三重県史中世2		
25	摂津	美作庄	兵庫県宝塚市		安東平次右衛門入道	建武5	東寺文書射	足利尊氏寄進状	東寺文書聚英		52
26	摂津	多田庄	兵庫県川西市	北条泰時		嘉禎4	多田神社文書	北条泰時下知状案	兵庫県史中世一		12・41・44
27	摂津	野鞍庄	兵庫県三田市	北条時盛		嘉禄2	醍醐寺文書	藤原頼経下文	兵庫県史中世八	地頭職	
28	摂津	都賀庄	神戸市灘区		三浦高継	建武2	宇都宮文書	足利尊氏下文	福島県史古代中世資料		

2. 東海道

番号	国名	庄郷地名	現在地	領主名	被官人名	年号	出典	文書名	刊行史料集	備考	参考文献
1	伊賀	予野庄	三重県上野市	北条時房		安貞2	春日大社文書	伊賀国役夫工催使解状案	春日大社文書第一巻	地頭職	42
2	伊勢	笠間庄	三重県いなべ市	北条維貞		元弘3	由良文書	後醍醐天皇綸旨	静岡県史中世二		9
2	伊勢	笠間吉富保	三重県いなべ市	北条家時		建武2	御鎮座伝記紙背文書	太政官符案	四日市市史史料編		9
3	伊勢	三重郡芝田郷	三重県四日市市		長崎泰光	建武2	御鎮座伝記紙背文書	太政官符案	四日市市史史料編		9
4	伊勢	大連名内柴田村	三重県四日市市	金沢谷禅尼永忍		嘉暦2	金剛三昧院文書	関東御教書	高野山文書第二巻		72
4	伊勢	大連名内深瀬村	三重県四日市市	金沢谷禅尼永忍		嘉暦2	金剛三昧院文書	関東御教書	高野山文書第二巻		72
5	伊勢	高角御厨	三重県四日市市	北条氏							72
6	伊勢	智積御厨内平松	三重県四日市市	北条氏		嘉元2	金沢文庫文書	六波羅下知状	神奈川県史古代中世2		72
7	伊勢	岡田庄	三重県鈴鹿市	北条貞規後妻		建武2	御鎮座伝記紙背文書	太政官符案	四日市市史史料編		9
8	伊勢	原御厨	三重県鈴鹿市	北条貞時		永仁6	円覚寺文書	北条貞時下知状	神奈川県史古代中世2		9
9	伊勢	池田東西	三重県鈴鹿市	北条宣直		建武2	御鎮座伝記紙背文書	太政官符案	四日市市史史料編		9
10	伊勢	南堀江永恒	三重県鈴鹿市	北条時房		承久4	吾妻鏡承久4・3・3条				9・41

11	伊勢	柳御厨	三重県鈴鹿市	北条泰家		年欠	比志島文書	足利尊氏・直義所領注文	鹿児島県史料旧記雑録拾遺		9
12	伊勢	安楽	三重県亀山市	北条宣直		建武2	御鎮座伝記紙背文書	太政官符案	四日市市史史料編		9
13	伊勢	園	三重県亀山市	北条宣直		建武2	御鎮座伝記紙背文書	太政官符案	四日市市史史料編		9
14	伊勢	林庄	三重県津市	北条直房		建武2	御鎮座伝記紙背文書	太政官符案	四日市市史史料編	地頭職	9
15	伊勢	五百野御厨	三重県津市		南□（条カ）高直	建武2	御鎮座伝記紙背文書	太政官符案	四日市市史史料編		9
16	伊勢	上野御厨	三重県津市	北条貞時後妻		建武2	御鎮座伝記紙背文書	太政官符案	四日市市史史料編		9
17	伊勢	黒田御厨	三重県津市	北条時房		承久4	吾妻鏡承久4・3・3条				9・41
17	伊勢	黒田御園	三重県津市	北条高房		建武2	御鎮座伝記紙背文書	太政官符案	四日市市史史料編		9
17	伊勢	南黒田五分一	三重県津市	北条範貞		建武2	御鎮座伝記紙背文書	太政官符案	四日市市史史料編		9
18	伊勢	窪田庄	三重県津市	北条時熙後妻分		建武2	御鎮座伝記紙背文書	太政官符案	四日市市史史料編		9
19	伊勢	栗真庄一方	三重県津市	北条貞熙		建武2	御鎮座伝記紙背文書	太政官符案	四日市市史史料編		9
19	伊勢	栗真庄一方	三重県津市	北条時種		建武2	御鎮座伝記紙背文書	太政官符案	四日市市史史料編		9
19	伊勢	栗真庄一方	三重県津市	北条季時		建武2	御鎮座伝記紙背文書	太政官符案	四日市市史史料編		9

19	伊勢	栗真庄秋永名	三重県津市	北条茂時		建武2	御鎮座伝記紙背文書	太政官符案	四日市市史史料編		9
20	伊勢	庄田方	三重県津市	守護領（北条氏）	浄慶（守護代）	正和3	金沢文庫文書	六波羅下知状	神奈川県史古代中世2		9・61
21	伊勢	勾御厨	三重県松阪市	北条時房		承久4	吾妻鏡承久4・3・3条				9・41
22	伊勢	石津庄	三重県松阪市	北条貞源分		建武2	御鎮座伝記紙背文書	太政官符案	四日市市史史料編		9
23	伊勢	大塚庄	三重県松阪市	北条貞源分		建武2	御鎮座伝記紙背文書	太政官符案	四日市市史史料編		9
24	伊勢	丹生山	三重県松阪市	北条時房		承久4	吾妻鏡承久4・3・3条				9・41
25	伊勢	柳名		北条泰家		建武2	御鎮座伝記紙背文書	太政官符案	四日市市史史料編		9
26	伊勢	両金法師跡		北条時房		承久4	吾妻鏡承久4・3・3条				9
27	伊勢	吉藤・柳□・光吉名		北条宣直		建武2	御鎮座伝記紙背文書	太政官符案	四日市市史史料編		9
28	伊勢	安枝名		武蔵入道閑宗後妻分（北条氏カ）		建武2	御鎮座伝記紙背文書	太政官符案	四日市市史史料編		9
29	伊勢	長尾庄内嫡子分		上野介直安（北条氏カ）		建武2	御鎮座伝記紙背文書	太政官符案	四日市市史史料編		9
30	志摩	荒島	三重県鳥羽市	（北条氏カ）	親政						73

31	尾張	玉江庄	愛知県一宮市	北条貞直		年欠	比志島文書	足利尊氏・直義所領注文	鹿児島県史料旧記雑録拾遺		3
32	尾張	尾塞村松武名	愛知県一宮市		兵衛尉季親	暦仁元カ	菊大路家文書	北条時房書状案	石清水文書之六		3
33	尾張	富吉加納	愛知県蟹江町	北条時宗		弘安6	円覚寺文書	関東下知状	神奈川県史古代中世2		3
34	尾張	杜庄	愛知県甚目寺町		合田左衛門尉	建武2	南禅寺文書	後醍醐天皇綸旨案	南禅寺文書上巻		3
35	尾張	大縣社	愛知県犬山市	北条政子		建長2	九条家文書	九条道家惣処分状	九条家文書一		41
36	尾張	篠木庄	愛知県春日井市	北条貞時		正応6	円覚寺文書	北条貞時下文	神奈川県史古代中世2		3
37	尾張	富田庄	名古屋市中川区	北条義時		嘉暦2	円覚寺文書	尾張富田庄領家雑掌契状	神奈川県史古代中世2		3・41・43
38	尾張	千竈郷	名古屋市中村区		千竈時家	嘉元4	千竈文書	千竈時家譲状	鹿児島県史料旧記雑録拾遺		45
39	尾張	御器所保	名古屋市昭和区		安東経倫		近江国番場宿蓮華寺過去帳		群書類従第二十九輯		3
40	尾張	山田庄	名古屋市守山区		山田重泰						3
41	尾張	枳頭子保	愛知県常滑市	名越遠江入道		建武4	園城寺文書	足利尊氏寄進状	園城寺文書第二巻		3
42	三河	重原庄	愛知県刈谷市	北条貞直		年欠	比志島文書	足利尊氏・直義所領注文	鹿児島県史料旧記雑録拾遺		38
43	三河	碧海庄上青野郷	愛知県岡崎市	北条時宗妻		正応6	親玄僧正日記正応6・8・2条		内乱史研究14・15・16	地頭職	

44	三河	牟呂郷	愛知県豊橋市	得宗		年欠	伊勢結城文書	結城宗広知行得宗領注文	福島県史古代中世資料		
45	三河	草間郷	愛知県豊橋市	得宗		年欠	伊勢結城文書	結城宗広知行得宗領注文	福島県史古代中世資料		
46	三河	小山辺庄		北条守時		年欠	比志島文書	足利尊氏・直義所領注文	鹿児島県史料旧記雑録拾遺		
47	三河	二宮庄		北条氏		年欠	比志島文書	足利尊氏・直義所領注文	鹿児島県史料旧記雑録拾遺		
48	遠江	蒲御厨	静岡県浜松市	北条時政	源清成	建久8	蒲神明宮文書	北条時政下文	静岡県史中世一		22・40
49	遠江	浜松庄	静岡県浜松市	越後守（北条氏）		貞和6	詫摩文書	足利直冬下文	大分県史料12		22・38
50	遠江	羽鳥庄内貴平郷	静岡県浜松市	（北条氏）		建武4	秋鹿文書	足利尊氏寄進状	静岡県史中世二		22
51	遠江	村櫛庄	静岡県浜松市	北条重時		正中2	東寺百合文書ゆ（國學院大學図書館架蔵・写真帳）	最勝光院荘園目録案	静岡県史中世一		22・61
52	遠江	宮口郷	静岡県浜松市	備前入道（北条氏カ）		暦応2	鶴岡八幡宮文書	足利尊氏寄進状	明解鶴岡八幡宮古文書集		22
53	遠江	池田庄	静岡県磐田市	北条泰家		年欠	比志島文書	足利尊氏・直義所領注文	鹿児島県史料旧記雑録拾遺		22・38
54	遠江	宇刈郷	静岡県袋井市	北条維貞		年欠	比志島文書	足利尊氏・直義所領注文	鹿児島県史料旧記雑録拾遺		22
55	遠江	大池庄	静岡県掛川市	北条高家		元弘3	由良文書	後醍醐天皇綸旨	静岡県史中世二	地頭職	22・38
56	遠江	谷和郷（各和郷カ）	静岡県掛川市	北条維貞		年欠	比志島文書	足利尊氏・直義所領注文	鹿児島県史料旧記雑録拾遺		22

57	遠江	下西郷	静岡県掛川市	北条氏		年欠	比志島文書	足利尊氏・直義所領注文	鹿児島県史料旧記雑録拾遺		22
58	遠江	笠原庄	静岡県掛川市	潮音院殿（北条時宗夫人）		年欠	中山文書	笠原荘一宮記	静岡県史 中世一	地頭職	
59	遠江	河村庄	静岡県菊川市	北条時政	三郎高政	建久2	吾妻鏡 建久2・11・23条				22・38・40
60	遠江	渋俣郷		北条泰家		元弘3	由良文書	後醍醐天皇綸旨	静岡県史 中世二		22
61	駿河	大沼鮎沢御厨	静岡県牧之原市	得宗		年欠	伊勢結城文書	結城宗広知行所領注文	福島県史 古代中世資料		37
62	駿河	伊賀留美郷	静岡県藤枝市	北条時頼		寛元5	走湯古文一覧	北条時頼寄進状写	静岡県史 中世一		
63	駿河	益頭庄	静岡県藤枝市	北条時政		文治4	吾妻鏡 文治4・6・4条			地頭職	40
64	駿河	岡部御厨	静岡県岡部町	（北条氏）							37
65	駿河	池田郷	静岡県静岡市	北条貞時		延慶4	鶴岡八幡宮文書	崇演（北条貞時）寄進状	明解鶴岡八幡宮古文書集		
66	駿河	長田庄手越	静岡県静岡市	得宗							37
67	駿河	浅服庄	静岡県静岡市		千竈時家	嘉元4	千竈文書	千竈時家譲状	鹿児島県史料旧記雑録拾遺		45
68	駿河	鎌田郷	静岡県静岡市		片穂維秀	正応5	原本不明文書（新渡戸・宮崎・斎藤）	片穂惟秀譲状	青森県史 中世1		

69	駿河	入江庄	静岡県静岡市	得宗			太平記・巻13				34
70	駿河	興津郷内小河内	静岡県静岡市	北条泰時	興津虎石	安貞3	諸家文書纂所収興津文書	北条泰時御教書写	静岡県史 中世一		37・42
71	駿河	蒲原庄	静岡県静岡市	得宗							30・37
72	駿河	富士郡	静岡県富士宮市	（北条氏）							40
73	駿河	富士上方上野郷	静岡県富士宮市	（北条氏）	南条時光	延慶2	大石寺文書	南条時光譲状	静岡県史 中世一		30
74	駿河	賀嶋庄	静岡県富士市	北条時宗		文永5	北山本門寺文書	尼御前某下文案〔要検討〕	静岡県史 中世一		
75	駿河	佐野庄	静岡県裾野市	北条貞直		年欠	比志島文書	足利尊氏・直義所領注文	鹿児島県史料 旧記雑録拾遺		37
76	駿河	大岡庄	静岡県沼津市	北条泰家		元弘3	由良文書	後醍醐天皇綸旨	静岡県史 中世二		37・40
77	駿河	阿野庄	静岡県沼津市	（北条氏）							37
78	駿河	泉庄	静岡県清水町	北条泰家		年欠	比志島文書	足利尊氏・直義所領注文	鹿児島県史料 旧記雑録拾遺		
79	伊豆	三浦庄（三津庄カ）	静岡県沼津市	守時後家尼通盛		元弘3	相州文書所収相承院文書	後醍醐天皇綸旨	神奈川県史 古代中世2		
80	伊豆	三嶋宮	静岡県三島市	北条時頼		弘長元	三島神社文書	得宗家公文所奉書	静岡県史 中世一		40
81	伊豆	三薗	静岡県三島市	北条時宗		弘安4	三島神社文書	北条時宗書下	静岡県史 中世一	地頭職	

82	伊豆	郡宅郷	静岡県三島市	佐介上野介（北条）		延文6	三島神社文書	足利基氏寄進状案	静岡県史 中世二		
83	伊豆	安富郷国吉名	静岡県三島市		曾我泰光	嘉元2	遠野南部家文書	曾我泰光譲状	青森県史 中世1		23・26・36
84	伊豆	川原谷郷	静岡県三島市		狩野新左衛門尉						37
85	伊豆	桑原郷	静岡県函南町	北条宗時墳墓の地		建仁2	吾妻鏡 建仁2・6・1条				
86	伊豆	阿多美郷	静岡県熱海市	北条泰時		建保元	吾妻鏡 建保元・12・18条			地頭職	40
87	伊豆	北条宅	静岡県伊豆の国市	北条高時		元弘3	祇樹林歴鑑録	後醍醐天皇綸旨写	静岡県史 中世四		
88	伊豆	寺宮庄	静岡県伊豆の国市	北条時政		建久元	吾妻鏡 建久元・9・21条				40
89	伊豆	南条	静岡県伊豆の国市		南条時光	延慶2	大石寺文書	南条時光譲状	静岡県史 中世一		30
90	伊豆	奈古谷□	静岡県伊豆の国市	北条氏		年欠	比志島文書	足利尊氏・直義所領注文	鹿児島県史料 旧記雑録拾遺		
91	伊豆	江間郷	静岡県伊豆の国市	北条氏		建久4	吾妻鏡 建久4・9・11条				40
92	伊豆	宇久須郷	静岡県西伊豆町	北条貞直		年欠	比志島文書	足利尊氏・直義所領注文	鹿児島県史料 旧記雑録拾遺		
93	伊豆	仁科庄	静岡県西伊豆町	北条泰時		寛喜4	吾妻鏡 寛喜4・3・9条				40
94	甲斐	甘利庄南方	山梨県韮崎市	北条時宗	武田三郎入道妙意	文永8	三浦家文書	北条時宗下文	山梨県史 中世2下		

95	甲斐	伊澤庄	山梨県笛吹市	金沢殿		嘉元2カ	金沢文庫文書	某書状	神奈川県史古代中世2		61
96	甲斐	八代庄	山梨県笛吹市	北条氏		徳治2	金沢文庫文書	称名寺寺用配分状	福島氏紹介		61
97	甲斐	安村別府		北条泰家		元弘3	由良文書	後醍醐天皇綸旨	静岡県史中世二	地頭職	
98	相模	狩野庄関本	神奈川県南足柄市		狩野新左衛門尉						37
99	相模	奥三保	神奈川県相模原市	（北条氏）		元亨3	円覚寺文書	北条貞時十三年忌供養忌	神奈川県史古代中世2		
100	相模	南波多庄堀村内薬師堂	神奈川県秦野市	北条守時		文保2	相州文書所収修験城光院文書	北条守時下文	相州古文書第一巻		35・40
101	相模	二宮河勾庄	神奈川県二宮町	（北条氏）	三浦氏						37
102	相模	大磯郷	神奈川県大磯町		三浦氏	建武2	宇都宮文書	足利尊氏下文	福島県史古代中世資料		80
103	相模	田村郷	神奈川県平塚市	北条貞直		年欠	比志島文書	足利尊氏・直義所領注文	鹿児島県史料旧記雑録拾遺		35
104	相模	弘河郷	神奈川県平塚市	北条宗長		嘉元2	相承院文書	関東下知状	神奈川県史古代中世2	地頭職	35
105	相模	東坂間	神奈川県平塚市		三浦氏	建武2	宇都宮文書	足利尊氏下文	福島県史古代中世資料		80
106	相模	糟屋庄	神奈川県伊勢原市	北条貞直		年欠	比志島文書	足利尊氏・直義所領注文	鹿児島県史料旧記雑録拾遺		35・40
107	相模	懐嶋	神奈川県茅ヶ崎市	北条貞直		年欠	比志島文書	足利尊氏・直義所領注文	鹿児島県史料旧記雑録拾遺		35

108	相模	大庭御厨	神奈川県藤沢市	北条氏		建長6	吾妻鏡建長6・4・18条				
109	相模	菖蒲	神奈川県藤沢市	北条義時		建暦3	吾妻鏡建暦3・5・7条				35・41
110	相模	山内庄	神奈川県鎌倉市	北条義時		建暦3	吾妻鏡建暦3・5・7条				32・40
110	相模	山内庄岩瀬郷	神奈川県鎌倉市	北条泰時		仁治元カ	相州文書	北条泰時寄進状案	K⑧五六〇三		
110	相模	山内庄倉田郷	神奈川県鎌倉市	北条泰時		仁治元カ	相州文書	北条泰時寄進状案	K⑧五六〇三		
110	相模	山内庄吉田郷	神奈川県鎌倉市	北条貞時		嘉元4	円覚寺文書	崇演（北条貞時）寄進状	神奈川県史古代中世2		
110	相模	山内尾藤谷	神奈川県鎌倉市		尾藤左衛門入道	年欠	田中文書	尾藤某寄進状案	神奈川県史古代中世1		18
110	相模	山内まいおか	神奈川県鎌倉市		南条時光	延慶2	大石寺文書	南条時光譲状	静岡県史中世一		30
111	相模	正観寺上畠など	神奈川県鎌倉市	北条氏		弘安7	円覚寺文書	得宗家奉行人連署奉書	神奈川県史古代中世2		
112	相模	由伊地	神奈川県鎌倉市	北条貞時		弘安8	遠野南部家文書	北条貞時下文写	青森県史中世1		
113	相模	三浦	神奈川県三浦市		三浦氏	建武2	宇都宮文書	足利尊氏下文	福島県史古代中世資料		80
114	相模	治須郷		北条貞直		年欠	比志島文書	足利尊氏・直義所領注文	鹿児島県史料旧記雑録拾遺		35
115	相模	紘間郷		北条貞直		年欠	比志島文書	足利尊氏・直義所領注文	鹿児島県史料旧記雑録拾遺		35

116	相模	三橋			三浦氏	建武2	宇都宮文書	足利尊氏下文	福島県史 古代中世資料		80
117	相模	末吉			三浦氏	建武2	宇都宮文書	足利尊氏下文	福島県史 古代中世資料		80
118	武蔵	高麗郡東平沢	埼玉県 日高市		曾我光称祖母・母遺領	正慶2	遠野南部家文書	沙弥某奉書	青森県史 中世1		23・26・36
119	武蔵	石坂郷	埼玉県 鳩山町	北条時賢		建治3	朽木家文書	関東下知状	朽木文書二		
120	武蔵	横沼郷	埼玉県 坂戸市	北条時頼		正嘉元	相州文書所収相承院文書	道崇（北条時頼）寄進状写	相州古文書 第二巻		
121	武蔵	太田庄	埼玉県 久喜市	北条泰時		寛喜2	吾妻鏡 寛喜2・正・26条				35・42
122	武蔵	足立郡	埼玉県 伊奈町	北条泰家		年欠	比志島文書	足利尊氏・直義所領注文	鹿児島県史料 旧記雑録拾遺		35
123	武蔵	佐々目郷	埼玉県 戸田市	美作権守知行分（北条氏カ）		建武2	鶴岡八幡宮文書	足利尊氏寄進状	明解鶴岡八幡宮古文書集		35
124	武蔵	赤塚	東京都 練馬区	北条氏		年欠	比志島文書	足利尊氏・直義所領注文	鹿児島県史料 旧記雑録拾遺		
125	武蔵	久良岐郡	横浜市 南区	北条氏		年欠	比志島文書	足利尊氏・直義所領注文	鹿児島県史料 旧記雑録拾遺		35・61・64
126	武蔵	六浦庄	横浜市 金沢区	北条実時		宝治元	吾妻鏡 宝治元・6・6条				35・61・64
127	武蔵	金沢称名寺寺内外敷地	横浜市 金沢区	北条顕時		文永6	金沢文庫文書	北条顕時寄進状	神奈川県史 古代中世1		

128	武蔵	大谷郷		下野右近大夫将監（北条氏カ）		建武元	宇都宮文書	足利直義下知状	新編埼玉県史 中世1		35
129	武蔵	麻生郷		北条時顕		年欠	比志島文書	足利尊氏・直義所領注文	鹿児島県史料 旧記雑録拾遺		35
130	安房	天津	千葉県鴨川市		工藤右近丞	年欠	日蓮上人画賛		続群書類従 第九輯上		34
131	安房	北郡		（北条氏）							39
132	上総	大貫下郷	千葉県富津市		三浦氏	建武2	宇都宮文書	足利尊氏下文	福島県史 古代中世資料		80
133	上総	古谷郷	千葉県富津市		三浦氏	建武2	宇都宮文書	足利尊氏下文	福島県史 古代中世資料		80
134	上総	吉野郷	千葉県富津市		三浦氏	建武2	宇都宮文書	足利尊氏下文	福島県史 古代中世資料		80
135	上総	畔蒜南庄内亀山	千葉県君津市	北条時宗		弘安6	円覚寺文書	北条時宗申文	神奈川県史 古代中世2		17・41
136	上総	飯富庄	千葉県袖ヶ浦市	北条時房		建暦3	吾妻鏡 建暦3・5・7条				17・41
137	上総	市原庄八幡宮	千葉県市原市		長崎高資	年欠	尊経閣文庫文書	長崎高資書状	千葉県史料 県外文書		17
138	上総	与宇呂保	千葉県市原市	北条実政妻（上総女房）		嘉元2カ	金沢文庫文書	称名寺寺用配分置文	神奈川県史 古代中世2		19・61
139	上総	橘木庄十三郷	千葉県茂原市	北条義時		元久2カ	橘神社文書	北条義時書状	千葉県史料 諸家文書		19・40
140	上総	武射郡内小松村	千葉県山武市		工藤中務右衛門	観応3	宝戒寺文書	足利尊氏寄進状	千葉県史料 県外文書		17・34

141	上総	梅佐古			粟飯原五郎	建武2	三宝院文書	足利尊氏寄進状	千葉県史料 県外文書		17
142	下総	東庄上代郷	千葉県東庄町			元亨元	金沢文庫文書	将軍（守邦親王）家寄進状案	神奈川県史 古代中世2		17・61
143	下総	大須賀保内毛成・草毛	千葉県神崎町		神四郎法師（法名了義）	延慶元	円覚寺文書	関東下知状	神奈川県史 古代中世2		19
144	下総	埴生庄	千葉県成田市	北条実時		建長3	吾妻鏡 建長3・12・7条				17・61・63
145	下総	印西条	千葉県印西市	北条実時		建長元カ	香取神宮文書	造宮所役注文断簡	千葉県史料 香取文書		17・42・61・63
146	下総	埴生西条	千葉県印西市	北条実時		年欠	香取神宮文書	造営記録断簡	千葉県史料 香取文書	地頭職	17・42・61・63
147	下総	平塚郷	千葉県白井市	北条実時		年欠	香取神宮文書	造営記録断簡	千葉県史料 香取文書	地頭職	17・42・63
148	下総	下河辺庄	千葉県野田市	北条氏		嘉元2カ	金沢文庫文書	称名寺寺用配分状	神奈川県史 古代中世2		19・61
148	下総	下河辺庄佐ヶ尾郷	千葉県野田市	佐ヶ尾殿		嘉元2カ	金沢文庫文書	称名寺寺用配分状	神奈川県史 古代中世2		19・61
148	下総	下河辺庄前林郷	千葉県野田市	北条実時		文永12	賜盧文庫文書所収称名寺文書	金沢実時譲状	神奈川県史 古代中世1		17・61
148	下総	下河辺庄志摩郷	千葉県野田市	竹岸殿		嘉元2カ	金沢文庫文書	称名寺寺用配分状	神奈川県史 古代中世2		19・61
148	下総	下河辺庄赤岩郷	千葉県野田市	北条貞将		正慶元	金沢文庫文書	北条貞将書状	神奈川県史 古代中世1		17・61
148	下総	下河辺庄河妻郷	千葉県野田市	北条実時		文永12	賜盧文庫文書所収称名寺文書	金沢実時譲状	神奈川県史 古代中世1		17・61

148	下総	下河辺庄高柳郷	千葉県 野田市	北条氏		徳治2	金沢文庫文書	金沢貞将袖判盛久奉書	福島氏紹介		61
149	下総	大方郷			諏訪盛経	年欠	香取神宮文書	造宮記録断簡	千葉県史料 香取文書		17
150	常陸	小牧村	茨城県 行方市	北条時綱		年欠	鹿島神宮文書	大禰宜中臣良親申状写	茨城県史料 中世編Ⅰ		
151	常陸	信太庄	茨城県 土浦市								7
152	常陸	総社敷地	茨城県 石岡市	北条師頼		年欠	常陸国総社宮文書	常陸国総社敷地田畠坪付注文断簡	茨城県史料 中世編Ⅰ		7
153	常陸	田中庄	茨城県 つくば市	北条泰家		年欠	比志島文書	足利尊氏・直義所領注文	鹿児島県史料 旧記雑録拾遺		7
154	常陸	若森郷	茨城県 つくば市		千竈時家	嘉元4	千竈文書	千竈時家譲状	鹿児島県史料 旧記雑録拾遺		7
155	常陸	方穂庄	茨城県 つくば市		方穂氏						7
156	常陸	下妻庄大宝八幡宮	茨城県 下妻市	北条宗宣	源威	徳治3	大宝八幡宮文書	北条宗宣下文写	茨城県史料 中世編Ⅰ		7・40
157	常陸	平塚郷	茨城県 筑西市	北条時綱		応安元	鹿島神宮文書	室町将軍（足利義満）家寄進状写	茨城県史料 中世編Ⅰ		7
158	常陸	真壁庄竹来郷	茨城県 桜川市	（北条氏）							7
159	常陸	吉田郷	茨城県 水戸市	北条家時		弘長元	吉田薬王院文書	北条時広カ安堵状写	茨城県史料 中世編Ⅱ		7

番号	国名	庄郷地名	現在地	領主名	被官人名	年号	出典	文書名	刊行史料集	備考	参考文献
160	常陸	恒富郷	茨城県水戸市		石川氏	年欠	石川氏文書	常陸国吉田郡内恒富□郎事	新編常陸国誌		7
161	常陸	瓜連	茨城県那珂市	北条貞国		年欠	北条氏系図（正宗寺本）				7
162	常陸	那珂東郡	茨城県ひたちなか市			年欠	比志島文書	足利尊氏・直義所領注文	鹿児島県史料旧記雑録拾遺		7
163	常陸	東岡田郷	茨城県常陸太田市	詫間式部大夫（北条氏）		元弘3	臨川寺文書	後醍醐天皇綸旨	大日本史料6－1		7
164	常陸	大窪郷	茨城県日立市		伊賀季村						7
165	常陸	田村			工藤貞行	元亨3	遠野南部家文書	工藤貞行譲状	青森県史中世1		7・40
166	常陸	北郡		南殿		嘉元2カ	金沢文庫文書	称名寺寺用配分状	神奈川県史古代中世2		7・61

3．東山道

番号	国名	庄郷地名	現在地	領主名	被官人名	年号	出典	文書名	刊行史料集	備考	参考文献
1	近江	栗本郡内正楽名	滋賀県栗東市		曾我光称	正中3	遠野南部家文書	曽我光称譲状	青森県史中世1		23・26・29
2	近江	岩根三箇郷	滋賀県湖南市	北条時宗		建治元	貴船神社文書	北条時宗寄進状	K⑯一二〇五三		
3	近江	柏木御厨	滋賀県甲賀市	薬師堂殿		嘉元2カ	金沢文庫文書	称名寺寺用配分状	神奈川県史古代中世2		61・71
4	近江	岸下御厨	滋賀県東近江市	北条泰家		年欠	比志島文書	足利尊氏・直義所領注文	鹿児島県史料旧記雑録拾遺		

5	近江	小涼庄	滋賀県東近江市	相模四郎左近大夫		建長5カ	東大寺建治元年華厳宗薫抄草裏文書	近江鯰江荘百姓等申状	K⑩七六八〇		
6	近江	多賀社	滋賀県多賀町	得宗		嘉暦元	多賀神社文書	関東下知状	多賀大社叢書文書篇		
7	近江	広瀬庄	滋賀県高島市	北条貞直		貞和4	東京大学史料編纂所所蔵文書	足利直義下知状	N中②一六九	地頭職	
8	近江	湯次庄	滋賀県長浜市	北条宗政後室		年欠	勧修寺文書	関東（?）下知状	K㉟三五三	地頭職	
9	近江	しやうち・なかむら			片穂惟秀	正応5	新渡戸文書	片穂惟秀譲状	青森県史中世1		
10	近江	池田庄				年欠	比志島文書	足利尊氏・直義所領注文	鹿児島県史料旧記雑録拾遺		
11	美濃	蒔田庄	岐阜県大垣市	（北条氏）							42
12	美濃	高城西郡（多芸西郡）	岐阜県養老町	北条泰時		貞永元	吾妻鏡 貞永元・11・13条				4・42
13	美濃	中河御厨	岐阜県大垣市	得宗		建武4	小笠原文書	足利尊氏下文	岐阜県史古代中世四		38
14	美濃	大榑庄	岐阜県安八町	北条泰時		貞永元	吾妻鏡 貞永元・11・13条				4・42
15	信濃	伊賀良庄	長野県飯田市	江馬越前司（時見）後家		嘉暦4	守矢文書	関東下知状写	信濃史料第五巻		78・87・88
16	信濃	伊那伴野庄	長野県豊丘村	駿河入道・上野前司・駿河守		嘉暦4	守矢文書	関東下知状写	信濃史料第五巻	地頭職	87・88

17	信濃	伊那春近地小井弖	長野県伊那市		工藤道覚	正応元	工藤文書	関東下知状案	K㉒一六〇六		10・87・88
18	信濃	伊那春近地二吉郷	長野県伊那市		工藤道覚	正応元	工藤文書	関東下知状案	K㉒一六〇六		10・87・88
19	信濃	諏訪社	長野県下諏訪町		諏訪氏						87・88
20	信濃	浅間郷	長野県松本市	北条基時		嘉暦4	守矢文書	関東下知状写	信濃史料第五巻		87・88
21	信濃	捧庄半分	長野県松本市	北条英時		嘉暦4	守矢文書	関東下知状写	信濃史料第五巻		87・88
22	信濃	佐久伴野庄	長野県佐久市	北条基時カ		嘉暦4	守矢文書	関東下知状写	信濃史料第五巻		87・88
23	信濃	大井庄長土呂郷	長野県佐久市		薩摩五良左衛門尉						87・88
24	信濃	志賀郷	長野県佐久市		諏訪左衛門入道時光	嘉暦4	守矢文書	関東下知状写	信濃史料第五巻		87
25	信濃	塩田庄	長野県上田市	北条国時		正中2	東寺百合文書ゆ（國學院大學図書館架蔵・写真帳）	最勝光院荘園目録案	K㊲二九〇六九	地頭職	87・88
26	信濃	小泉庄室賀郷	長野県上田市	北条泰時		延応元	吾妻鏡 延応元・7・15条				41・87・88
27	信濃	浦野庄西馬越郷	長野県上田市		薩摩十郎	貞和3カ	相州文書所収仏日庵文書	足利尊氏寄進状写	神奈川県史古代中世3上		87
28	信濃	仁科庄	長野県穂高市	遠江入道		嘉暦4	守矢文書	関東下知状写	信濃史料第五巻		

29	信濃	坂木郷北条・南条	長野県坂城町		薩摩十郎左衛門尉						87
30	信濃	船山郷	長野県千曲市	北条基時		嘉暦4	守矢文書	関東下知状写	信濃史料 第五巻		87・88
31	信濃	深田郷	長野県長野市	北条時頼禅室		弘長3	吾妻鏡 弘長3・3・17条				88
32	信濃	四宮庄北条	長野県長野市	北条時顕		貞和2	天竜寺文書（東大史料編纂所影写本）	諏訪円忠四宮庄田在家注進状案			87・88
33	信濃	保科御厨	長野県長野市		保科弥三郎						87
34	信濃	水内郡こいの郷	長野県長野市		曾我光称	正中3	遠野南部家文書	曽我光称譲状	青森県史 中世1		23・26・36
35	信濃	大田庄大倉郷	長野県長野市	北条実時		文永12	賜盧文庫文書所収称名寺文書	金沢実時譲状	神奈川県史 古代中世1		61・70・71・87・88
35	信濃	大田庄石村郷	長野県長野市	北条実時		文永12	賜盧文庫文書所収称名寺文書	金沢実時譲状	神奈川県史 古代中世1		61・70・87・88
36	信濃	狩田中条（狩田郷）	長野県小布施町		矢野伊賀入道						87
37	信濃	中野御牧	長野県中野市		尾藤太知宣	寿永3	吾妻鏡 寿永3・2・21条				18・87
38	信濃	志久見郷	長野県栄村		中野能成						88
39	上野	北玉村	群馬県玉村町	（北条氏）		弘安9	円覚寺文書	北条氏公文所奉行人奉書	神奈川県史 古代中世2		
40	上野	淵名庄	群馬県伊勢崎市	北条高時		正和2	東京大学文学部所蔵相模文書	北条高時下知状	群馬県史 中世2		

41	上野	世良田長楽寺	群馬県太田市	北条高時		元応2	長楽寺文書	北条高時公帖	群馬県史 中世1		86
42	下野	塩谷庄	栃木県矢板市	北条高時		元応元	金沢文庫文書	金沢貞顕書状	神奈川県史 古代中世2		
43	下野	阿曾沼郷	栃木県佐野市			延元元		関城繹史	関城町史 中世関係史料		
44	陸奥	依上保	茨城県大子町	（北条氏）							60
45	陸奥	白川庄内成田郷	福島県鏡石町	北条斉時後家		建武3	川辺八幡神社文書	石川義光（光念）寄進状案	福島県史 古代中世資料		31・60
46	陸奥	好島庄紙谷郷	福島県いわき市		神四郎了義	延慶元	円覚寺文書	関東下知状	神奈川県史 古代中世2		60
47	陸奥	石川庄川尻郷	福島県古殿町	北条重時		弘長元	秋田藩家蔵文書鎌倉文書	北条重時下文写	K⑫八六三八		60
48	陸奥	岩瀬郡	福島県須賀川市	（北条氏）							60
49	陸奥	泉荒田	福島県会津若松市	北条泰家		元弘3	由良文書	後醍醐天皇綸旨	静岡県史 中世二	地頭職	31・60
50	陸奥	会津河沼議（蟻カ）塚	福島県湯川村		三浦氏	建武2	宇都宮文書	足利尊氏下文	福島県史 古代中世資料		31・60・80
51	陸奥	安積郡	福島県郡山市	（北条氏）							60
52	陸奥	上野新田	福島県喜多方市		三浦氏	建武2	宇都宮文書	足利尊氏下文	福島県史 古代中世資料		60・80
53	陸奥	安達庄	福島県二本松市	（北条氏）							60

54	陸奥	標葉郡	福島県双葉町	（北条氏）							60
55	陸奥	行方郡吉名村	福島県南相馬市		長崎思元						31・60
56	陸奥	行方郡高村	福島県南相馬市		長崎思元						31
57	陸奥	行方郡大田村	福島県南相馬市		長崎思元						31・60
58	陸奥	宇多庄	福島県相馬市	（北条氏）							60
59	陸奥	伊達郡	福島県伊達市	（北条氏）							31・60
60	陸奥	金原保	宮城県丸森市		工藤貞行	元亨3	遠野南部家文書	工藤貞行譲状	青森県史 中世1		60
61	陸奥	苅田郡	宮城県白石市	北条篤時			太平記・巻10				60
62	陸奥	伊具庄	宮城県角田市		工藤貞行	元亨3	遠野南部家文書	工藤貞行譲状	青森県史 中世1		31・34・60
63	陸奥	亘理郡坂本郷	宮城県山元町	（北条氏）							60
64	陸奥	名取郡	宮城県名取市	平六左衛門尉（北条カ）		建暦3	吾妻鏡 建暦3・5・7条				31・60
65	陸奥	名取郡土師塚郷	宮城県仙台市	北条時頼	平光広	宝治元	遠野南部家文書	北条時頼下文	青森県史 中世1		23・31・36・60
66	陸奥	名取郡平岡郷	宮城県仙台市		片穂惟秀	正応5	原本所在不明文書（新渡戸・宮崎・斎藤）	片穂惟秀譲状	青森県史 中世1		26・31・60

67	陸奥	名取郡四郎丸郷	宮城県仙台市	北条貞時	曾我泰光	嘉元2	遠野南部家文書	曾我泰光譲状並外題安堵	青森県史 中世1		23・26・31・36・60
68	陸奥	黒河郡南迫村	宮城県富谷町	北条時村女子		観応元	留守文書	吉良貞家請文	宮城県史 資料篇7		60
69	陸奥	志田郡	宮城県松山町	（北条氏）							60
70	陸奥	牡鹿郡	宮城県石巻市		葛西氏領						60
71	陸奥	遠田郡	宮城県涌谷町	北条泰時		建暦3	吾妻鏡 建暦3・5・7条				31・41・60
72	陸奥	栗原郷 栗原・竹子沢	宮城県栗原市		工藤右近入道	元弘4	留守文書	陸奥国宣	宮城県史 資料篇7		31・34・60
73	陸奥	玉造郡	宮城県岩出山町	北条氏		弘安7	金沢文庫文書	陸奥玉造郡年貢結解状	神奈川県史 古代中世2		11・31・60・61
74	陸奥	興田保	岩手県一関市		葛西氏領						60
75	陸奥	黄海保	岩手県藤沢町		葛西氏領						60
76	陸奥	奥玉保	岩手県一関市	北条氏							60
77	陸奥	岩井郡 平泉保中尊寺	岩手県平泉町	北条氏・越後助法印盛朝	葛西氏領	建武元	中尊寺文書	中尊寺衆徒等言上状	宮城県史 資料篇7		31・60
78	陸奥	伊沢郡	岩手県奥州市		葛西氏領						60

79	陸奥	江刺郡	岩手県奥州市		葛西氏領						60
80	陸奥	気仙郡	岩手県大船渡市		葛西氏領						60
81	陸奥	閉伊郡由（閉カ）伊地	岩手県宮古市	北条貞時	閉伊三郎左衛門十郎	弘安8	遠野南部家文書	北条貞時下文写	青森県史 中世1	相模国カ	60
82	陸奥	岩手郡	岩手県葛巻町		工藤小次郎行光	文治5	吾妻鏡 文治5・9・12条				31・34
83	陸奥	岩手郡二王郷	岩手県盛岡市		南条清時	建武元	大石寺文書	陸奥国宣写	静岡県史料 第二輯		30・31
84	陸奥	久慈郡	岩手県久慈市	（北条氏）							60
85	陸奥	糠部郡	岩手北部下北半島	北条泰家		年欠	比志島文書	足利尊氏・直義所領注文	鹿児島県史料旧記雑録拾遺		41・60
86	陸奥	糠部郡南門	岩手県葛巻町		横溝弥五郎入道	建武2	遠野南部家文書	陸奥国宣	青森県史 中世1		31
87	陸奥	糠部郡一戸	岩手県一戸町		工藤四郎左衛門入道	建武元	遠野南部家文書	多田貞綱書状	青森県史 中世1		31・34・60
88	陸奥	糠部郡九戸	岩手県九戸村	北条茂時		元弘3	秋田藩家蔵白川文書	北畠顕家下文写	福島県史 古代中世資料		31・60
89	陸奥	糠部郡三戸	青森県三戸町		横溝新五郎入道	建武元	遠野南部家文書	多田貞綱書状	青森県史 中世1		31・60
90	陸奥	糠部郡五戸	青森県五戸町	北条時頼	平盛時	寛元4	宇都宮文書	北条時頼下文	K⑨六七六六		31・60
91	陸奥	糠部郡八戸	青森県八戸市		工藤三郎兵衛尉	建武元	遠野南部家文書	多田貞綱書状	青森県史 中世1		31・34・60

92	陸奥	糠部郡七戸	青森県七戸町		工藤右近将監	建武元	遠野南部家文書	陸奥国宣	青森県史 中世1		31・60
93	陸奥	糠部郡宇曾利郷	青森県むつ市		安藤宗季	正中2	原本所在不明文書（新渡戸・宮崎・斎藤）	安藤宗季譲状	青森県史 中世1		31・60
94	陸奥	中浜御牧	青森県むつ市		安藤宗季	正中2	原本所在不明文書（新渡戸・宮崎・斎藤）	安藤宗季譲状	青森県史 中世1		31・60
95	陸奥	外浜	青森県青森市	北条泰家		年欠	比志島文書	足利尊氏・直義所領注文	鹿児島県史料 旧記雑録拾遺		31・60
96	陸奥	平賀郡平賀郷	青森県平川市	北条義時	曾我惟重	承久4	原本所在不明文書（新渡戸・宮崎・斎藤）	北条義時下文	青森県史 中世1		26・31・36・60
97	陸奥	平賀郡内岩楯村	青森県平川市	北条義時	平広忠	建保7	原本所在不明文書（新渡戸・宮崎・斎藤）	北条義時下文	青森県史 中世1		23・31・36・60
98	陸奥	平賀郡 なかのまちい郷	青森県平川市		片穂惟秀	正応5	原本所在不明文書（新渡戸・宮崎・斎藤）	片穂惟秀譲状	青森県史 中世1		23・31・36・60
99	陸奥	平賀郡沼楯村	青森県平川市	得宗領	たうしやう	正和2	原本所在不明文書（新渡戸・宮崎・斎藤）	尼たうしやう譲状	青森県史 中世1		
100	陸奥	田舎郡黒石郷	青森県黒石市		工藤貞行	興国5	遠野南部家文書	尼しれん譲状	青森県史 中世1		31・34・60
101	陸奥	田舎郡河辺郷	青森県田舎館村	得宗領		年欠	伊勢結城文書	結城宗広知行得宗領注文	福島県史 古代中世資料		31・60
102	陸奥	田舎郡桜葉郷	青森県田舎館村	得宗領		年欠	伊勢結城文書	結城宗広知行得宗領注文	福島県史 古代中世資料		31・60
103	陸奥	乳井郷内福王寺	青森県弘前市	北条時政カ		延応元	新渡戸文書	小川西念等連署置文	青森県史 中世1		31・60
104	陸奥	乳井郷阿弥陀堂	青森県弘前市	北条泰時	長秀子息毘沙鶴	延応2	新渡戸文書	北条泰時下文	青森県史 中世1		31・60

105	陸奥	乳井郷毘沙門堂	青森県弘前市	北条泰時	長秀	嘉禄2	新渡戸文書	北条泰時下文	青森県史 中世1		31・60
106	陸奥	鼻和郡 絹家島尻引郷	青森県弘前市		安藤宗季	正中2	原本所在不明文書（新渡戸・宮崎・斎藤）	安藤宗季譲状	青森県史 中世1		31・60
107	陸奥	鼻和郡目谷郷	青森県西目屋村		工藤貞祐	建武2	新渡戸文書	北畠顕家下文案	青森県史 中世1		31・34・60
108	陸奥	津軽西浜	青森県鯵ヶ沢町		安藤宗季	元徳2	原本所在不明文書（新渡戸・宮崎・斎藤）	安藤宗季譲状	青森県史 中世1		31
109	陸奥	会津		北条顕業		元弘3	由良文書	後醍醐天皇綸旨	静岡県史 中世二	地頭職	31・60
110	陸奥	行方郡北田村			長崎思元						31・60
111	陸奥	平賀郡柏木郷		北条義時		建永元	金子文書	北条義時下文	入間市史・中世史料金石文編		
112	陸奥	平賀郡法師脇郷			野辺左衛門五郎	建武2	遠野南部家文書	北畠顕家下文	青森県史 中世1		26・31・60
113	陸奥	鼻和郡片野辺郷			安藤宗季	正中2	原本所在不明文書（新渡戸・宮崎・斎藤）	安藤宗季譲状	青森県史 中世1		31・60
114	陸奥	上田庄		北条泰家		年欠	比志島文書	足利尊氏・直義所領注文	鹿児島県史料旧記雑録拾遺		31
115	陸奥	湊			安藤宗季	正中2	原本所在不明文書（新渡戸・宮崎・斎藤）	安藤宗季譲状	青森県史 中世1		31・60
116	蝦夷	蝦夷の沙汰			安藤宗季	正中2	原本所在不明文書（新渡戸・宮崎・斎藤）	安藤宗季譲状	青森県史 中世1		
117	出羽	平賀郡	秋田県横手市	北条忠時カ		延文4	平賀家文書	足利義詮下文	平賀家文書		16

番号	国名	庄郷地名	現在地	領主名	被官人名	年号	出典	文書名	刊行史料集	備考	参考文献
118	出羽	大泉庄	山形県鶴岡市	（北条氏）							25
119	出羽	海辺余部内	山形県庄内町	（北条氏）							25
120	出羽	寒河江庄内五箇郷	山形県寒河江市		工藤刑部左衛門入道	永仁3	円覚寺文書	長崎光綱書状	神奈川県史古代中世2		24・25
121	出羽	小田嶋庄	山形県新庄市	（北条氏）							25
122	出羽	山辺庄	山形県山辺市	（北条氏）							25
123	出羽	大山庄	山形県上山市	（北条氏）							25
124	出羽	屋代庄	山形県高畠市	（北条氏）							25

4．北陸道

番号	国名	庄郷地名	現在地	領主名	被官人名	年号	出典	文書名	刊行史料集	備考	参考文献
1	若狭	友次浦	福井県高浜町	得宗		文永2	東寺百合文書ユ（國學院大學図書館架蔵・写真帳）	若狭国惣田数帳案	福井県史資料編2	地頭職	5・56
2	若狭	恒貞浦	福井県高浜町	得宗		文永2	東寺百合文書ユ（國學院大學図書館架蔵・写真帳）	若狭国惣田数帳案	福井県史資料編2	地頭職	5・56
3	若狭	佐分郷	福井県おおい町	守護領（北条重時）	原小二郎兵衛尉広家	寛喜3	若狭国守護職次第		群書類従第四輯		5・42・56
4	若狭	岡安名	福井県おおい町	守護領（得宗）		文永2	東寺百合文書ユ（國學院大學図書館架蔵・写真帳）	若狭国惣田数帳案	福井県史資料編2		5

5	若狭	国富保	福井県小浜市	守護領（得宗）		文永2	東寺百合文書ユ（國學院大學図書館架蔵・写真帳）	若狭国惣田数帳案	福井県史資料編2		5・56
6	若狭	恒枝保	福井県小浜市	得宗		文永2	東寺百合文書ユ（國學院大學図書館架蔵・写真帳）	若狭国惣田数帳案	福井県史資料編2	地頭職	5
7	若狭	太興寺（体興寺）	福井県小浜市	得宗		文永2	東寺百合文書ユ（國學院大學図書館架蔵・写真帳）	若狭国惣田数帳案	福井県史資料編2	地頭職	5・56
8	若狭	西津庄	福井県小浜市	守護領（北条重時）		寛喜3	若狭国守護職次第		群書類従第四輯		5・42・56
9	若狭	富田郷	福井県小浜市	得宗		文永2	東寺百合文書ユ（國學院大學図書館架蔵・写真帳）	若狭国惣田数帳案	福井県史資料編2	地頭職	5・56
10	若狭	東郷	福井県小浜市	得宗		文永2	東寺百合文書ユ（國學院大學図書館架蔵・写真帳）	若狭国惣田数帳案	福井県史資料編2	地頭職	5・56
11	若狭	秋里名	福井県小浜市	得宗		文永2	東寺百合文書ユ（國學院大學図書館架蔵・写真帳）	若狭国惣田数帳案	福井県史資料編2	地頭職	5・56
12	若狭	今富名	福井県小浜市	得宗	多田忠時母ナド	寛喜2	若狭国税所今富名領主代々次第		群書類従第四輯	地頭職	5・42・56
13	若狭	開発保	福井県小浜市	守護領（北条重時）		寛喜3	若狭国守護職次第		群書類従第四輯		5・42・56
14	若狭	織手名	福井県小浜市	得宗		文永2	東寺百合文書ユ（國學院大學図書館架蔵・写真帳）	若狭国惣田数帳案	福井県史資料編2	地頭職	5・56
15	若狭	太良保	福井県小浜市	得宗		文永2	東寺百合文書ユ（國學院大學図書館架蔵・写真帳）	若狭国惣田数帳案	福井県史資料編2	地頭職	2・5・56・85
16	若狭	光里名	福井県小浜市	得宗		文永2	東寺百合文書ユ（國學院大學図書館架蔵・写真帳）	若狭国惣田数帳案	福井県史資料編2		5
17	若狭	得永名	福井県小浜市	得宗		文永2	東寺百合文書ユ（國學院大學図書館架蔵・写真帳）	若狭国惣田数帳案	福井県史資料編2	地頭職	5

18	若狭	賀尾浦	福井県小浜市	守護領（得宗）		文永2	東寺百合文書ユ（國學院大學図書館架蔵・写真帳）	若狭国惣田数帳案	福井県史資料編2		5
19	若狭	阿納浦	福井県小浜市	守護領（得宗）		文永2	東寺百合文書ユ（國學院大學図書館架蔵・写真帳）	若狭国惣田数帳案	福井県史資料編2		5
20	若狭	志積田	福井県小浜市	守護領（得宗）		文永2	東寺百合文書ユ（國學院大學図書館架蔵・写真帳）	若狭国惣田数帳案	福井県史資料編2		5
21	若狭	千与次保	福井県小浜市	守護領（得宗）		文永2	東寺百合文書ユ（國學院大學図書館架蔵・写真帳）	若狭国惣田数帳案	福井県史資料編2		5
22	若狭	武延名	福井県小浜市	守護領（得宗）		文永2	東寺百合文書ユ（國學院大學図書館架蔵・写真帳）	若狭国惣田数帳案	福井県史資料編2		5
23	若狭	常満保	福井県小浜市	守護領（得宗）		文永2	東寺百合文書ユ（國學院大學図書館架蔵・写真帳）	若狭国惣田数帳案	福井県史資料編2		5
24	若狭	吉松名	福井県小浜市	守護領（得宗）		文永2	東寺百合文書ユ（國學院大學図書館架蔵・写真帳）	若狭国惣田数帳案	福井県史資料編2		5
25	若狭	時枝名	福井県小浜市	守護領（得宗）		文永2	東寺百合文書ユ（國學院大學図書館架蔵・写真帳）	若狭国惣田数帳案	福井県史資料編2		5
26	若狭	栗田保別当田	福井県小浜市	守護領（得宗）		文永2	東寺百合文書ユ（國學院大學図書館架蔵・写真帳）	若狭国惣田数帳案	福井県史資料編2		5
27	若狭	国掌名	福井県小浜市	守護領（得宗）		文永2	東寺百合文書ユ（國學院大學図書館架蔵・写真帳）	若狭国惣田数帳案	福井県史資料編2		5
28	若狭	七郎丸名	福井県小浜市	守護領（得宗）		文永2	東寺百合文書ユ（國學院大學図書館架蔵・写真帳）	若狭国惣田数帳案	福井県史資料編2		5
29	若狭	宮同松林寺	福井県小浜市	守護領（得宗）		文永2	東寺百合文書ユ（國學院大學図書館架蔵・写真帳）	若狭国惣田数帳案	福井県史資料編2		5
30	若狭	八幡宮	福井県小浜市	守護領（得宗）		文永2	東寺百合文書ユ（國學院大學図書館架蔵・写真帳）	若狭国惣田数帳案	福井県史資料編2		5

31	若狭	日吉社	福井県小浜市	守護領（得宗）		文永2	東寺百合文書ユ（國學院大學図書館架蔵・写真帳）	若狭国惣田数帳案	福井県史資料編2		5
32	若狭	賀茂社	福井県小浜市	守護領（得宗）		文永2	東寺百合文書ユ（國學院大學図書館架蔵・写真帳）	若狭国惣田数帳案	福井県史資料編2		5
33	若狭	相意名	福井県大飯町	守護領（得宗）		文永2	東寺百合文書ユ（國學院大學図書館架蔵・写真帳）	若狭国惣田数帳案	福井県史資料編2		5
34	若狭	是永名	福井県小浜市	守護領（得宗）		文永2	東寺百合文書ユ（國學院大學図書館架蔵・写真帳）	若狭国惣田数帳案	福井県史資料編2		5
35	若狭	安行名	福井県小浜市	守護領（得宗）		文永2	東寺百合文書ユ（國學院大學図書館架蔵・写真帳）	若狭国惣田数帳案	福井県史資料編2		5
36	若狭	四郎丸名	福井県小浜市	守護領（得宗）		文永2	東寺百合文書ユ（國學院大學図書館架蔵・写真帳）	若狭国惣田数帳案	福井県史資料編2		5
37	若狭	清貞名	福井県小浜市	守護領（得宗）		文永2	東寺百合文書ユ（國學院大學図書館架蔵・写真帳）	若狭国惣田数帳案	福井県史資料編2		5
38	若狭	是光名	福井県小浜市	守護領（得宗）		文永2	東寺百合文書ユ（國學院大學図書館架蔵・写真帳）	若狭国惣田数帳案	福井県史資料編2		5
39	若狭	正行名	福井県小浜市	守護領（得宗）		文永2	東寺百合文書ユ（國學院大學図書館架蔵・写真帳）	若狭国惣田数帳案	福井県史資料編2		5
40	若狭	利枝名	福井県小浜市	守護領（得宗）		文永2	東寺百合文書ユ（國學院大學図書館架蔵・写真帳）	若狭国惣田数帳案	福井県史資料編2		5
41	若狭	沢方名	福井県小浜市	守護領（得宗）		文永2	東寺百合文書ユ（國學院大學図書館架蔵・写真帳）	若狭国惣田数帳案	福井県史資料編2		5
42	若狭	東出作	福井県小浜市	守護領（得宗）		文永2	東寺百合文書ユ（國學院大學図書館架蔵・写真帳）	若狭国惣田数帳案	福井県史資料編2		5
43	若狭	宮河保	福井県小浜市	備前守殿（北条カ）		文永2	東寺百合文書ユ（國學院大學図書館架蔵・写真帳）	若狭国惣田数帳案	福井県史資料編2	地頭職	

44	若狭	新保	福井県小浜市	備前守殿（北条カ）		文永2	東寺百合文書ユ（國學院大學図書館架蔵・写真帳）	若狭国惣田数帳案	福井県史資料編2	地頭職	
45	若狭	汲部浦	福井県小浜市	守護領（得宗）		延慶2	秦金蔵氏文書	某袖判下知状	小浜市史諸家文書編三	代官	
46	若狭	多烏浦	福井県小浜市	守護領（得宗）	平貞保	延慶2	秦金蔵氏文書	某袖判下知状	小浜市史諸家文書編三	代官	
47	若狭	吉田庄	福井県若狭町	得宗		文永2	東寺百合文書ユ（國學院大學図書館架蔵・写真帳）	若狭国惣田数帳案	福井県史資料編2	地頭職	5・56
48	若狭	鳥羽上保	福井県若狭町	得宗		文永2	東寺百合文書ユ（國學院大學図書館架蔵・写真帳）	若狭国惣田数帳案	福井県史資料編2	地頭職	5・56
49	若狭	鳥羽下保	福井県若狭町	得宗		文永2	東寺百合文書ユ（國學院大學図書館架蔵・写真帳）	若狭国惣田数帳案	福井県史資料編2	地頭職	5・56
50	若狭	永富保	福井県若狭町		工藤六郎左衛門尉	建武元	東寺百合文書ヱ（國學院大學図書館架蔵・写真帳）	若狭国太良庄百姓等請文		給主	5・56
51	若狭	佐古庄	福井県若狭町	掃部助八郎		暦応4	今川家古文書	足利尊氏下文写	岸和田市史史料編I	地頭職	5
52	若狭	佐古出作	福井県若狭町	守護領（得宗）		文永2	東寺百合文書ユ（國學院大學図書館架蔵・写真帳）	若狭国惣田数帳案	福井県史資料編2		5
53	若狭	能登浦	福井県若狭町	守護領（得宗）		文永2	東寺百合文書ユ（國學院大學図書館架蔵・写真帳）	若狭国惣田数帳案	福井県史資料編2		5
54	若狭	馬背竹波	福井県若狭町	守護領（得宗）		文永2	東寺百合文書ユ（國學院大學図書館架蔵・写真帳）	若狭国惣田数帳案	福井県史資料編2		5
55	若狭	御賀尾浦長崎山	福井県若狭町	守護領（得宗）	進士友時	元応2	大音正和家文書	某下文	福井県史資料編8		倉見庄内
56	若狭	得吉名		得宗		文永2	東寺百合文書ユ（國學院大學図書館架蔵・写真帳）	若狭国惣田数帳案	福井県史資料編2	地頭職	5・56

57	越前	山本庄	福井県鯖江市	北条貞時		永仁6	円覚寺文書	北条貞時下知状	神奈川県史古代中世2		
58	越前	大蔵庄	福井県鯖江市	北条時政	時定並びに常陸坊昌俊	文治2	吾妻鏡文治2・9・13条			地頭職	40
59	越前	主計保半分	福井県福井市		長崎左衛門入道	建武4	片山二神文書	足利尊氏カ下文写	愛媛県史古代中世		
60	越前	牛原庄	福井県大野市	遠江入道		寛元元	醍醐寺文書	関東下知状	醍醐寺文書之一	地頭職	40
61	越前	小山庄	福井県大野市	北条義時		建保4	古筆写	源実朝書状案	福井県史資料編2	地頭職	
62	越前	泉庄	福井県大野市	北条義時		建保4	古筆写	源実朝書状案	福井県史資料編2	地頭職	
63	加賀	山代庄	石川県加賀市	北条氏		徳治2	金沢文庫文書	称名寺寺用配分状	福島氏紹介		61
64	加賀	管谷	石川県加賀市	北条氏		徳治2	金沢文庫文書	称名寺寺用配分状	福島氏紹介		61
65	加賀	得橋郷	石川県小松市	六波羅探題料所		徳治3	南禅寺慈聖院文書	六波羅下知状	加能史料鎌倉II	地頭職	
66	加賀	軽海郷	石川県小松市		金沢称名寺長老(釼阿)	元徳2	金沢文庫文書	加賀八院衆徒等申状案	神奈川県史古代中世2		61・67
67	加賀	山上郷	石川県能美市	阿蘇遠江守		建武4	如意宝珠御修法日記紙背文書	足利尊氏下文案	加能史料南北朝I	地頭職	
68	加賀	大野庄	石川県金沢市	得宗	円心	貞和2	天竜寺所蔵臨川寺文書	足利直義下知状案	加能史料南北朝I	地頭職	

69	加賀	笠野南方	石川県津幡町	名越遠江前司息女		建武4	保阪潤治氏所蔵文書	高師直施行状	加能史料 南北朝Ⅰ	地頭職	
70	加賀	北英田保	石川県かほく市	名越遠江前司（公篤カ）		建武4	如意宝珠御修法日記紙背文書	足利尊氏下文案	加能史料 南北朝Ⅰ	地頭職	
71	能登	若部保	石川県羽咋市	北条時家		建武3	永光寺文書	永光寺知行分注進状案	加能史料 南北朝Ⅰ	地頭職	
72	能登	仏木	石川県志賀町	北条氏		徳治2	金沢文庫文書	称名寺寺用配分状	福島氏紹介		61
73	能登	諸橋保	石川県穴水町	北条氏		建長3	吾妻鏡 建長3・5・27条				
74	越中	石黒庄弘瀬	富山県南砺市	左近将監時定（北条カ）		弘長2	尊経閣文庫所蔵文書	関東下知状	富山県史 中世		
75	越中	西条郷岡成名	富山県高岡市	北条朝時		正慶元	朽木文書	関東下知状案	朽木文書第一		42
76	越中	大田保	富山県富山市	北条氏		徳治2	金沢文庫文書	称名寺寺用配分状	福島氏紹介		61
77	越中	堀江庄	富山県滑川市	秋時（北条カ）・公篤（北条カ）		元弘3	八坂神社文書	後醍醐天皇綸旨案	増補八坂神社文書下巻一		
78	越後	沼河郷	新潟県糸魚川市	備前前司（北条時範カ）					中世法制史料集・第一巻・参考資料99		20
79	越後	頸城郡内荒蒔保	新潟県上越市	（北条氏）							20

80	越後	五十公郷内保倉保	新潟県上越市	（北条氏）							20
81	越後	妻有庄	新潟県津南町	（北条氏）							20
82	越後	松山保	新潟県十日町市	北条茂時		建武4	仁木文書	足利尊氏下文	兵庫県史 中世一		20
83	越後	上田庄内闕所	新潟県湯沢町	（北条氏）							20
84	越後	千屋郡国衙職	新潟県小千谷市	（北条氏）							20
85	越後	紙屋庄	新潟県長岡市	得宗		建武4	柳河大友家文書	足利尊氏下文	大分県史料26		20
86	越後	志土岐庄	新潟県長岡市		能登入道	元応元カ	金沢文庫文書	金沢貞顕書状	神奈川県史 古代中世2		
87	越後	五十嵐保	新潟県三条市	（北条氏）							20
88	越後	弥彦社	新潟県弥彦村	北条氏			弥彦神社古縁起		神道大系 神社編34		20
89	越後	蒲原津	新潟県新潟市	（北条氏）							20
90	越後	奥山庄内金山郷	新潟県胎内市	北条顕時女子		貞和2	三浦和田氏文書	室町幕府下知状案	新潟県史 中世二		20・61・65
91	越後	奥山庄中条	新潟県胎内市	北条規時		正和3	中条家文書	関東下知状案	新潟県史 中世二		20・65
92	越後	荒河保	新潟県荒川町	（北条氏）							20・42

93	佐渡	羽持（羽茂）郡	新潟県佐渡市	北条貞直		年欠	比志島文書	足利尊氏・直義所領注文	鹿児島県史料旧記雑録拾遺		
94	佐渡	吉岡	新潟県佐渡市	北条貞直		年欠	比志島文書	足利尊氏・直義所領注文	鹿児島県史料旧記雑録拾遺		
95	佐渡	波多郷	新潟県佐渡市	北条貞直	本間有綱	元亨3	西蓮寺文書	北条貞直下文	新潟県史 中世三		
96	佐渡	石田郷	新潟県佐渡市	北条宣時			日蓮聖人遺文	日蓮書状			
97	佐渡	六斗郷		北条泰家		年欠	比志島文書	足利尊氏・直義所領注文	鹿児島県史料旧記雑録拾遺		

5．山陰道

番号	国名	庄郷地名	現在地	領主名	被官人名	年号	出典	文書名	刊行史料集	備考	参考文献
1	丹波	成松保	兵庫県丹波市	北条時宗室・北条貞時		正和5	円覚寺文書	円成（北条貞時室）書状	神奈川県史 古代中世2		
2	丹波	由良庄	兵庫県丹波市	北条義時		文治2	賀茂別雷神社文書	源頼朝下文	賀茂別雷神社文書第一		40
3	丹波	夜久郷	京都府福知山市		安東平次右衛門入道	元弘3	宮内庁書陵部所蔵文書	内蔵寮領等目録	岐阜県史 古代中世補遺		
4	丹波	野口庄内牧外方	京都府南丹市	尼御前（松下禅尼）	平清度	宝治2	毛利元雄氏所蔵文書	松下禅尼下知状	日本の古文書・上		
5	丹後	大石庄	京都府野田川町	北条貞将		徳治2	金沢文庫文書	称名寺寺用配分状	福島氏紹介		61・73
6	但馬	太田庄	兵庫県豊岡市	越前前司後室		弘安8	中野栄夫氏校訂本	但馬国大田文	日高町史 資料編	地頭職	

7	但馬	小佐郷	兵庫県養父市	北条公時		弘安2	神田喜一郎氏所蔵文書	関東下知状	K⑱一三七三五		
8	但馬	鎌田庄	兵庫県豊岡市	北条貞時		永仁6	鹿王院文書	北条貞時袖判果暁奉書	鹿王院文書の研究		46
9	但馬	二方庄	兵庫県新温泉町		安東高泰	暦応元カ	久米田寺文書	安東高泰置文	岸和田市史史料1		
10	因幡	千土師郷	鳥取県智頭町	北条氏	大江顕元	年欠	賜蘆文庫文書所収称名寺文書	大江顕元書状	神奈川県史古代中世2		61・73
11	伯耆	北条郷	鳥取県北栄町	北条重時	庄四郎	建長元	長府毛利家文書	北条重時書下	日本の古文書・下	地頭職	
12	出雲	赤江保	島根県安来市	六波羅探題南方料所		延慶元	金沢文庫文書	長井貞秀書状	神奈川県史古代中世2		61
13	出雲	揖屋庄	島根県東出雲町		安東宮内左衛門尉	文永8	千家文書	関東御教書案	新修島根県史史料篇1		
14	出雲	竹矢郷	島根県松江市	北条氏		文永8	千家文書	関東御教書案	新修島根県史史料篇1		
15	出雲	漆治郷	島根県斐川町	北条師時		延慶3	鰐淵寺文書	北条師時寄進状	鰐淵寺文書の研究		
16	出雲	神立社	島根県斐川町	北条氏		文永8	千家文書	関東御教書案	新修島根県史史料篇1		
17	出雲	横田庄	島根県奥出雲町	北条時輔		文永8	千家文書	関東御教書案	新修島根県史史料篇1		
18	出雲	須佐郷	島根県雲南市	北条氏		文永8	千家文書	関東御教書案	新修島根県史史料篇1		

6．山陽道

番号	国名	庄郷地名	現在地	領主名	被官人名	年号	出典	文書名	刊行史料集	備考	参考文献
1	播磨	垂水郷	兵庫県神戸市	北条氏		年欠	比志島文書	足利尊氏・直義所領注文	鹿児島県史料旧記雑録拾遺		
2	播磨	五箇庄内蚚草北村	兵庫県稲美町	御内御恩之地	安東平内右衛門入道道常	正和4	円覚寺文書	道常（安東平内右衛門入道）寄進状	神奈川県史古代中世2		
3	播磨	在田道山庄	兵庫県加西市	北条義時		貞応元	朽木文書	北条義時下文	朽木文書第一		
4	播磨	土山庄	兵庫県姫路市	得宗	下山高盛	正安2	八坂神社文書	六波羅下知状案	増補八坂神社文書・下巻一	地頭職	
5	播磨	福井庄	兵庫県姫路市	北条維貞		貞和元	吉川家文書	赤松円心請文	吉川家文書之二		
6	播磨	鵤庄	兵庫県太子町		平新左衛門尉盛時	建長5	春日大社文書	法隆寺牒	春日大社文書第二巻		
7	美作	富田庄内藤田里	岡山県津山市	北条泰時		年欠	真如堂縁起		岡山県史編年史料	地頭職	
8	備前	日笠庄	岡山県和気町	佐介越前□□法師勝阿領知分		建武2	続左丞抄	太政官符写	新訂増補国史大系27		
9	備後	因島中庄	広島県尾道市	北条宗政		建治2	東寺文書百合外	備後御調郡諸荘園領家地頭注文	K⑯一二四六〇	地頭職	
10	備後	三津庄	広島県尾道市	右近将監（北条カ）		建治2	東寺文書百合外	備後御調郡諸荘園領家地頭注文	K⑯一二四六〇	地頭職	
11	備後	重井浦	広島県尾道市	左近大夫将監正円（北条カ）		建治2	東寺文書百合外	備後御調郡諸荘園領家地頭注文	K⑯一二四六〇		

12	備後	高野		北条氏		年欠	比志島文書	足利尊氏・直義所領注文	鹿児島県史料旧記雑録拾遺		
13	備後	城山		北条氏		年欠	比志島文書	足利尊氏・直義所領注文	鹿児島県史料旧記雑録拾遺		
14	安芸	可部庄東方	広島県広島市	遠江修理亮後家（北条氏）	源秀	嘉元元	熊谷家文書	関東下知状	熊谷家文書	地頭職	
15	周防	竈戸関	山口県上関町	北条氏		延慶元	金沢文庫文書	長井貞秀書状	神奈川県史古代中世2		61
16	周防	麻合別府	山口県田布施町		曽我左近将監	文和2	萩藩閥閲録巻71	足利義詮下文写	萩藩閥閲録第二巻		
17	周防	下得地内西方寺	山口県山口市	北条時村		弘安6	防長風土注進案	北条時村寄進状写	K⑳一四九三		
18	長門	粟野村符中南浜在家	山口県下関市	北条時直		元徳2	保阪潤治氏所蔵手鑑	北条時直寄進状	K㊵三二六二		
19	長門	吉永庄	山口県下関市	北条時直		建武3	榊原家所蔵文書	住吉社大宮司等申状写	N中①三〇五		
20	長門	二宮庄	山口県下関市	北条時直		建武3	榊原家所蔵文書	住吉社大宮司等申状写	N中①三〇五		
21	長門	一宮（住吉社）	山口県下関市	北条時直		建武3	榊原家所蔵文書	住吉社大宮司等申状写	N中①三〇五		
22	長門	吉母村	山口県下関市	北条時直		建武3	榊原家所蔵文書	住吉社大宮司等申状写	N中①三〇五		

7. 南海道

番号	国名	庄郷地名	現在地	領主名	被官人名	年号	出典	文書名	刊行史料集	備考	参考文献
1	紀伊	隅田庄	和歌山県橋本市	北条時兼	隅田三郎兵衛入道会願	正安4	隅田家文書	北条時兼下文	和歌山県史中世史料一		59
2	紀伊	池田庄	和歌山県紀の川市		尾藤太知宣	寿永3	吾妻鏡寿永3・2・21条				18
3	紀伊	田中庄	和歌山県紀の川市		尾藤太知宣	寿永3	吾妻鏡寿永3・2・21条				18
4	紀伊	神野真国庄	和歌山県紀美野町	北条時氏		嘉禄3	高野山文書又続宝簡集87	北条時氏請文案	高野山文書之七	地頭職	41
5	紀伊	千住名	（散在する名）	遠江式部大夫（北条カ）		康永2	和佐家文書	沙弥某奉書案	和歌山県史中世史料二		
6	淡路	志筑庄	兵庫県淡路市	北条時房		貞応2	皆川文書	淡路国大田文	栃木県史中世一	地頭職	41
7	淡路	掃守庄	兵庫県南あわじ市	北条高時		建武2	随心院文書	後醍醐天皇綸旨	兵庫県史中世八	地頭職	
8	讃岐	塩飽庄	香川県丸亀市	得宗	塩飽氏						
9	伊予	三島社	愛媛県四国中央市	北条義時		正和5	臼木三島神社文書	三島社領家次第	愛媛県史古代中世	地頭職	
10	伊予	玉生出作	愛媛県松前町	得宗		観応元	臼杵稲葉河野文書	足利尊氏下文写	愛媛県史古代中世	地頭職	
11	伊予	久米郡国清名	愛媛県東温市	北条顕時		弘安7	蓬左文庫所蔵侍中群要巻七裏文書	金沢顕時書状	神奈川県史古代中世2		61・81
12	伊予	野口保	愛媛県東温市		大江顕元	正中2	金沢文庫文書	大江顕元申状	神奈川県史古代中世2		61・82

番号	国名	庄郷地名	現在地	領主名	被官人名	年号	出典	文書名	刊行史料集	備考	参考文献
13	伊予	久米良郷		北条維貞		年欠	比志島文書	足利尊氏・直義所領注文	鹿児島県史料旧記雑録拾遺		81
14	伊予	久米郡良生名		北条顕時		弘安7	蓬左文庫所蔵侍中群要巻七裏文書	金沢顕時書状	神奈川県史古代中世2		61・81
15	土佐	大里庄内若王子宮	高知県香南市	北条貞時	禅源	弘安9	香曾我部家伝証文	北条貞時下文	K㉑一六〇六五		89
16	土佐	吾橋山河副内長徳寺	高知県本山町		安東藤内左衛門	正中2	土佐国古文叢3松尾野文書	安東某下知状	K㊲二九一二五		
17	土佐	下津中山		北条泰家		元弘3	由良文書	後醍醐天皇綸旨	静岡県史中世二	地頭職	

8．西海道

番号	国名	庄郷地名	現在地	領主名	被官人名	年号	出典	文書名	刊行史料集	備考	参考文献
1	筑前	山鹿庄内麻生庄	福岡県北九州市	北条時頼	麻生資持	建長元	麻生文書	北条時頼下文	筑前麻生文書	地頭職	6・41
2	筑前	山鹿庄野面庄	福岡県北九州市	北条時頼	麻生資持	建長元	麻生文書	北条時頼下文	筑前麻生文書		6・41
3	筑前	山鹿庄上津役郷	福岡県北九州市	北条時頼	麻生資持	建長元	麻生文書	北条時頼下文	筑前麻生文書		6・41
4	筑前	芦屋津	福岡県芦屋町		宿屋入道	年欠	集古文書	蘭渓道隆書状	神奈川県史古代中世2		51
5	筑前	宗像社	福岡県宗像市	得宗		文和2	宗像大社文書	仁木頼章施行状	宗像大社文書第二巻		6

6	筑前	綱別庄	福岡県飯塚市		片穂惟秀	正応5	原本所在不明文書（新渡戸・宮崎・斎藤）	片穂惟秀譲状	青森県史 中世一		6・23・26・36
7	筑前	嘉摩郡内下山田	福岡県嘉麻市		尾藤宇右衛門尉	暦応4	相良家文書	足利尊氏寄進状	相良家文書之一		
8	筑前	怡土庄	福岡県前原市	北条維貞		建武4	柳河大友家文書	足利尊氏下文	大分県史料26		6
9	筑前	三原庄	福岡県小郡市	北条宗長カ		正中2	東寺百合文書ゆ（國學院大學図書館架蔵・写真帳）	最勝光院荘園目録案	K㊲二九〇六九	地頭職	6
10	筑後	河北庄	福岡県久留米市	北条朝時		嘉禄3	北野神社文書	某下文案	K⑥三六五三	地頭職	40
11	筑後	竹野庄	福岡県久留米市	北条高時		元弘3カ	西大寺文書	後醍醐天皇綸旨	大和古文書聚英		6
12	筑後	小家庄	福岡県うきは市		志田三郎左衛門尉	建武2	薩藩旧記所収山田文書	島津道恵代道慶目安状写	鹿児島県史料旧記雑録拾遺		
13	筑後	竹井庄	福岡県みやま市	得宗	家弘（法名信阿）	元徳2	志岐文書	肥後宮地村地頭仏意重陳状案	熊本県史料中世編第四	地頭職	42
14	筑後	三毛南郷堺村	福岡県大牟田市	得宗		康永2	太宰府天満宮文書	沙弥琳覚寄進状	大宰府・太宰府天満宮史料・巻十一	地頭職	6
15	豊前	規矩郡（企救郡）	福岡県北九州市	北条実政		年欠	金沢文庫文書	称名寺寺用配分置文	神奈川県史 古代中世2		6・61
16	豊前	門司関	福岡県北九州市	北条泰家		年欠	比志島文書	足利尊氏・直義所領注文	鹿児島県史料旧記雑録拾遺		6
17	豊前	平島	福岡県行橋市	北条貞時		建武5	鶴原泰嗣氏所蔵文書	足利尊氏下文	N九①二三〇		6

18	豊前	吉田庄	福岡県みやこ町	北条家時		観応2	佐田文書	一色道猷充行状	熊本県史料中世篇第二	地頭職	6
19	豊前	田河郡上野村	福岡県福智町	北条泰家		貞和6	秋吉文書	深見秋吉盛基申状案	大分県史料10	一分地頭職	6
20	豊前	糸田庄	福岡県糸田町	北条貞義			歴代鎮西志		歴代鎮西志上巻		6
21	豊前	吉富名	福岡県上毛町	名越女房（北条）	右兵衛尉公信	建治3	末久文書	豊前吉冨地頭代公信重申状案	福岡県史資料第九輯		
22	豊前	宇佐郡御沓村	大分県宇佐市	北条泰家		建武元	柳河大友文書	雑訴決断所牒案	大分県史料26	地頭職	6
23	豊後	来縄郷	大分県豊後高田市	とうたうミのしきふのたゆう（北条）		年欠	松成文書	来縄郷福成名等相伝次第	大分県史料10		6
24	豊後	田染郷吉丸名	大分県豊後高田市	北条時章		弘安8	内閣文庫本12-2	豊後国大田文案	大分県史料36		6
25	豊後	安岐郷成久名	大分県国東市	北条宗頼母辻殿		弘安8	内閣文庫本12-2	豊後国大田文案	大分県史料36		6
26	豊後	山香郷広瀬	大分県杵築市	北条治時カ		元久2	工藤勲文書	豊後国宣写	大分県史料11	地頭職	6
27	豊後	速見郡日出・津島	大分県日出町	北条貞時		弘安8	内閣文庫本12-2	豊後国大田文案	大分県史料36	地頭職	6
28	豊後	岩室村	大分県玖珠町	北条高政		建武元	入江文書	後醍醐天皇綸旨	入江文書	地頭職	6・61
29	豊後	石垣庄本庄・弁分	大分県別府市	北条公明		弘安8	内閣文庫本12-2	豊後国大田文案	大分県史料36		6

30	豊後	内梨子村	大分県由布市	得宗		永和元	柳河大友文書	足利義満下文	大分県史料26	地頭職	
31	豊後	大佐井郷	大分県大分市	得宗		永和元	柳河大友文書	足利義満下文	大分県史料26	地頭職	
32	豊後	永興寺国分寺	大分県大分市	北条公時		弘安8	東大史料編纂所本16-1	豊後国大田文案	大分県史料36		6
33	豊後	丹生庄	大分県大分市	駿河前司入道殿（北条業時カ）		弘安8	内閣文庫本2	豊後国図田帳	大分県史料36	地頭職	
34	豊後	佐賀郷	大分県大分市	北条貞時		弘安8	内閣文庫本12-2	豊後国大田文案	大分県史料36	地頭職	6
35	豊後	臼杵庄	大分県臼杵市	駿河三河前司入道殿（北条業時カ）		弘安8	内閣文庫本12-2	豊後国大田文案	大分県史料36	地頭職	6
36	豊後	井田郷	大分県豊後大野市	相模三郎入道女子（北条氏）		弘安8	内閣文庫本12-2	豊後国大田文案	大分県史料36	地頭職	6
37	豊後	三重郷門田村 内山寺	大分県豊後大野市	北条基時		元徳3	立花大友文書	沙弥信忍寄進状案	編年大友史料		
38	肥前	坊所保	佐賀県上峰町	越後孫四郎（北条）		建武元	後藤家事蹟（東大史料編纂所架蔵）	大友貞載施行状写			6
39	肥前	佐嘉御領	佐賀県佐賀市	竹岸殿		嘉元2カ	金沢文庫文書	称名寺寺用配分置文	神奈川県史古代中世2		6・61
40	肥前	河副庄	佐賀県川副町	備前殿（北条朝房カ）		弘安11	高城寺文書	沙弥某寄進状	佐賀県史料集成第二巻		6・61

41	肥前	山田庄	長崎県雲仙市	北条時定		弘安9	比志島文書	蒙古合戦并岩門合戦勲功地配分注文	鹿児島県史料旧記雑録拾遺	領家惣地頭職	6
42	肥前	高木西郷	長崎県雲仙市	北条時定		弘安9	比志島文書	蒙古合戦并岩門合戦勲功地配分注文	鹿児島県史料旧記雑録拾遺	領家惣地頭職	6
43	肥後	小国郷	熊本県小国町	北条時定		文永11	満願寺歴代并旧記				
44	肥後	阿蘇社・社領	熊本県阿蘇市	北条時政	阿蘇惟次	建久6	阿蘇文書	北条時政下文	阿蘇文書之一	地頭職	6・40
45	肥後	色見・山鳥	熊本県高森町	北条義時		建治元	阿蘇家文書	成阿書状	阿蘇文書之一	地頭職	
46	肥後	健軍郷・健軍社	熊本県熊本市	北条泰時	阿蘇惟盛	安貞2	阿蘇家文書	北条泰時下文	阿蘇文書之一		6・40
47	肥後	詫摩東郷	熊本県熊本市	北条氏		年欠	詫摩文書	肥後国内庄々名々坪付注文	大分県史料12	預所職	
48	肥後	安富庄	熊本県熊本市	北条時宗		建治3	建治三年記 建治3・6・13条			地頭職	6
49	肥後	六箇庄小山村	熊本県嘉島町	得宗カ		安貞2	詫摩文書	某下文案	大分県史料12		6・42
50	肥後	守富庄	熊本県富合町	北条高時		正平11	阿蘇家文書	恵良惟澄申状案	阿蘇文書之一		14
51	肥後	甲佐社	熊本県甲佐町	北条高家		興国3	阿蘇家文書	後村上天皇綸旨写	阿蘇文書之二		6・40
52	肥後	宇土庄	熊本県宇土市	北条師時		嘉元3	青方文書	峯貞注進状案	青方文書第一		6
53	肥後	郡浦（郡浦庄）	熊本県宇城市	北条泰家		興国3	阿蘇家文書	後村上天皇綸旨写	阿蘇文書之二		6・40

54	肥後	大浦・皆代	熊本県天草市	北条高政		建武2	詫摩文書	雑訴決断所牒	大分県史料12	地頭職	6
55	肥後	志岐浦	熊本県苓北町	得宗	志岐弘円	元徳元	志岐文書	弘円（志岐景弘）代覚心申状案	熊本県史料 中世篇第四		6・42
56	肥後	葦北庄 佐敷・久多良木両浦	熊本県芦北町	北条高時	長崎宗行	文保2	詫摩文書	北条高時下文	大分県史料12		6
57	肥後	永吉庄 中神・播（横）瀬両村	熊本県人吉市	備前前司入道殿（北条）	行性	元亨2カ	平河文書	平河道照申状	熊本県史料 中世篇第三	預所職	
58	肥後	人吉庄北方	熊本県人吉市	得宗		正和元	相良家文書	鎮西下知状案	相良家文書之一		6・42
59	日向	臼杵郡田貫田（多奴木田）	宮崎県延岡市		尾藤時綱	正安3	蛍蝿抄所収文書	関東御教書写	改訂史籍集覧23		6・18
60	日向	高知尾庄	宮崎県高千穂町	北条重時	安東法橋明尊	建長6	田部文書	関東下知状案	宮崎県史 中世1		
61	日向	国富庄	宮崎県宮崎市	北条泰家		年欠	比志島文書	足利尊氏・直義所領注文	鹿児島県史料 旧記雑録拾遺		6
62	日向	島津庄日向方 柏原別府并新保	宮崎県都城市	北条英時		建武2	古文書纂所収文書	後醍醐天皇綸旨	宮崎県史 中世2		6・40・54
63	大隅	肝付郡百参拾町	鹿児島県鹿屋市	北条高家		観応2	鹿児島大学所蔵牛屎文書	足利直冬下文	N九③三一七九		
64	大隅	岸良村	鹿児島県肝付町	北条高家		建武4	深堀家文書	某下文案	佐賀県史料集成 第四巻		
65	大隅	元行	鹿児島県南大隅町	（守護私領）		元亨4	薩藩旧記前編所収国分宮内社司沢氏蔵	大隅守護狩夫支配状案	鹿児島県史料 旧記雑録前編一		55
66	大隅	得富領	鹿児島県南大隅町	北条時直（守護私領）		正和元	禰寝文書	実清・静玄連署奉書案	鹿児島県史料 旧記雑録拾遺		55・61

67	大隅	用松	鹿児島県南大隅町	（守護私領）		元亨4	薩藩旧記前編所収国分宮内社司沢氏蔵	大隅守護狩夫支配状案	鹿児島県史料旧記雑録前編一		55
68	大隅	武元	鹿児島県霧島市	（守護私領）		元亨元	早稲田大学荻野研究室収集・禰寝文書	大隅守護所私領并茅免勘料注進状案	早稲田大学荻野研究室収集文書・下		55
69	大隅	重富	鹿児島県霧島市	（守護私領）		元亨4	薩藩旧記前編所収国分宮内社司沢氏蔵	大隅守護狩夫支配状案	鹿児島県史料旧記雑録前編一		55
70	大隅	東郷	鹿児島県霧島市	（守護私領）		元亨元	早稲田大学荻野研究室収集・禰寝文書	大隅守護所私領并茅免勘料注進状案	早稲田大学荻野研究室収集文書・下		55
71	大隅	主丸	鹿児島県霧島市	（守護私領）		元亨4	薩藩旧記前編所収国分宮内社司沢氏蔵	大隅守護狩夫支配状案	鹿児島県史料旧記雑録前編一		55
72	大隅	用丸	鹿児島県加治木町	（守護私領）		元亨4	薩藩旧記前編所収国分宮内社司沢氏蔵	大隅守護狩夫支配状案	鹿児島県史料旧記雑録前編一		55
73	大隅	島津庄大隅方	鹿児島県菱刈町	北条公時		建治2	調所氏家譜	大隅国在庁石築地役支配注文写	鹿児島県史料旧記雑録拾遺	地頭職	6・40・54
74	大隅	菱苅郡	鹿児島県大口市	北条教時		嘉元3	曽木文書	鎮西下知状写	鹿児島県史料旧記雑録拾遺	惣地頭職	
75	大隅	政枝		（守護私領）		元亨4	薩藩旧記前編所収国分宮内社司沢氏蔵	大隅守護狩夫支配状案	鹿児島県史料旧記雑録前編一		55
76	大隅	正枝頭		（守護私領）	盛光	元徳3	調所氏家譜	大隅守護代盛光書下写	鹿児島県史料旧記雑録拾遺		55
77	大隅	三郎丸		（守護私領）		元亨4	薩藩旧記前編所収国分宮内社司沢氏蔵	大隅守護狩夫支配状案	鹿児島県史料旧記雑録前編一		55
78	大隅	秋松		（守護私領）		元亨4	薩藩旧記前編所収国分宮内社司沢氏蔵	大隅守護狩夫支配状案	鹿児島県史料旧記雑録前編一		55

番号	国名	庄郷地名	現在地	領主名	被官人名	年号	出典	文書名	刊行史料集	所職	備考
79	薩摩	新田宮	鹿児島県薩摩川内市	北条時政	惟宗康友	建仁3	新田神社文書	北条時政下文案	鹿児島県史料旧記雑録拾遺		
80	薩摩	五大院	鹿児島県薩摩川内市	北条時政	惟宗康友	建仁3	新田神社文書	北条時政下文案	鹿児島県史料旧記雑録拾遺		
81	薩摩	加世田別符	鹿児島県南さつま市	北条時敏		康永2	島津家文書	足利尊氏下文	島津家文書之一		6
82	薩摩	河辺郡	鹿児島県川辺町	得宗		観応3	二階堂文書	足利直冬下文	鹿児島県史料旧記雑録拾遺	地頭郡司職	6・15・45
		鬼界島・大島・七島	鹿児島県奄美市								45

9．比定地未詳

番号	国名	庄郷地名	現在地	領主名	被官人名	年号	出典	文書名	刊行史料集	所職	備考
1		阿波庄		北条義時		建久元	松雲公採集遺編類纂116	源頼朝書状写	K①四四九	地頭職	
2		広瀬庄		北条義時		建久元	松雲公採集遺編類纂116	源頼朝書状写	K①四四九	地頭職	
3		坂本郷		竹岸殿御分		嘉元2カ	金沢文庫文書	称名寺寺用配分置文	神奈川県史古代中世2		
4		大野郷		竹岸殿御分		嘉元2カ	金沢文庫文書	称名寺寺用配分置文	神奈川県史古代中世2		
5		長野庄内飯田市原		北条時村		嘉元2	古証文七	北条時村下文案	K㉘二九一九		

※凡例

1．本一覧には北条氏・被官人の所領を網羅的に掲出した。また伝承地・諸先学による推定地も後考のために掲げた。
2．庄郷地名は通用の名称に直したものもある。
3．現在地は、複数の市町村にわたるものについては、中心となるであろう地名を示した。なお、現在さかんに市町村合併が進展しつつあり、その市町村名は平成十九年七月現在のものである。
4．領主名・被官人名は、原則として実名に改めたが、なかには史料上の名称を記載しているものもある。なお「（北条氏）」は推定地を指す。
5．年号は、所見史料での年号である。
6．編纂物などは、出典欄に記した。
7．文書名は、編者の知見で直したものもある。
8．参考文献の数字は、別掲の「北条氏所領関係（被官人関係も含む）文献一覧」の番号である。
9．本表で利用した刊行史料集は以下の通りである。なお影写本・写真帳などを利用したものについては出典欄に記した。

・新訂増補・国史大系『吾妻鏡』
・新訂増補・国史大系『続左丞抄』
・『群書類従』・『続群書類従』
・『改訂史籍集覧』
・『保元物語・平治物語・承久記』（新日本古典文学大系43）
・佐藤進一氏・池内義資氏編『中世法制史料集』第一巻
・竹内理三氏編『鎌倉遺文』（Kと略記）
・瀬野精一郎氏編『南北朝遺文』九州編（N九と略記）
・松岡久人氏編『南北朝遺文』中国・四国編（N中と略記）
・相田二郎氏『日本の古文書』上下
・東京大学史料編纂所編『大日本史料』
・東京大学史料編纂所編『高野山文書』（大日本古文書）
・東京大学史料編纂所編『石清水文書』（大日本古文書）
・東京大学史料編纂所編『醍醐寺文書』（大日本古文書）

・東京大学史料編纂所編『平賀家文書』（大日本古文書）
・東京大学史料編纂所編『吉川家文書』（大日本古文書）
・東京大学史料編纂所編『熊谷家文書』（大日本古文書）
・東京大学史料編纂所編『相良家文書』（大日本古文書）
・東京大学史料編纂所編『島津家文書』（大日本古文書）
・東京大学史料編纂所編『阿蘇文書』（大日本古文書）
・東京大学史料編纂所編『民経記』（大日本古記録）
・宮内庁書陵部編『九条家文書』（図書寮叢刊）
・神道大系編纂会編『神道大系』神社編
・早稲田大学図書館編『早稲田大学荻野研究室収集文書』上下
・瀬野精一郎氏校訂『青方文書』（史料纂集）
・奥野高広氏・加藤哲氏校訂『朽木文書』（史料纂集）
・奥野高広氏・岩沢愿彦氏校訂『賀茂別雷神社文書』（史料纂集）
・上田純一氏校訂『入江文書』（史料纂集）
・藤井貞文氏・小林花子氏校訂『師守記』（史料纂集）
・貫達人氏編『改訂新編相州古文書』
・中山信名修・栗田寛補『新編常陸国誌』
・貫達人氏・三浦勝男氏編『明解鶴岡八幡宮古文書集』（鶴岡叢書）
・多賀大社叢書編集委員会編『多賀大社叢書』文書篇
・櫻井景雄氏・藤井学氏編『南禅寺文書』
・上島有氏編『東寺文書聚英』
・戸田芳実氏編『泉州久米田寺文書』（岸和田市史史料第一輯）
・永島福太郎氏校訂『春日大社文書』
・八坂神社社務所編『増補八坂神社文書』
・園城寺編『園城寺文書』
・総本山金剛峰寺編『高野山文書』

・鹿王院文書研究会編『鹿王院文書の研究』
・曽根研三氏編『鰐淵寺文書の研究』
・宗像大社文書編纂刊行委員会編『宗像大社文書』
・竹内理三氏編『大宰府・太宰府天満宮史料』
・田北學氏編『編年大友史料』
・青森県史編さん中世部会編『青森県史』資料編
・宮城県史編纂委員会編『宮城県史』資料編
・福島県編『福島県史』第七巻・資料編
・茨城県史編さん中世部会編『茨城県史料』中世編
・関城町史編さん委員会編『関城町史』史料編Ⅲ・中世関係史料
・栃木県史編さん委員会編『栃木県史』史料編
・群馬県史編さん委員会編『群馬県史』資料編
・埼玉県史編さん室編『新編埼玉県史』資料編
・入間市史編さん室編『入間市史』中世史料・金石文編
・千葉県史編纂審議会編『千葉県史料』中世篇
・神奈川県企画調査部県史編集室編『神奈川県史』資料編
・新潟県総務部県史編さん室編『新潟県史』資料編
・富山県編『富山県史』史料編
・加能史料編纂委員会編『加能史料』鎌倉・南北朝
・福井県編『福井県史』資料編
・小浜市史編纂委員会編『小浜市史』諸家文書編
・山梨県編『山梨県史』資料編
・信濃史料刊行編『信濃史料』
・岐阜県編『岐阜県史』史料編
・静岡県編『静岡県史料』
・静岡県教育委員会編『静岡県史』資料編

・三重県編『三重県史』資料編
・四日市市編『四日市市史』第七巻・史料編
・岸和田市史編さん委員会編『岸和田市史』第六巻・史料編
・兵庫県史編集専門委員会編『兵庫県史』史料編
・日高町史編集専門委員会編『日高町史』資料編
・永島福太郎氏編『大和古文書聚英』
・和歌山県史編さん委員会編『和歌山県史』中世史料
・島根県編『新修島根県史』史料篇
・岡山県史編纂委員会『岡山県史』編年史料
・山口県文書館編『萩藩閥閲録』
・愛媛県史編さん委員会編『愛媛県史』資料編
・高野和人氏編『歴代鎮西志』
・伊東尾四郎氏編『福岡県資料』
・北九州市立歴史博物館編『筑前麻生文書』
・佐賀県立図書館編『佐賀県史料集成』古文書編
・熊本県編『熊本県史料』中世篇
・大分県史料刊行会・大分県教育委員会編『大分県史料』
・宮崎県編『宮崎県史』史料編
・鹿児島県歴史資料センター黎明館編『鹿児島県史料』旧記雑録
・鹿児島県歴史資料センター黎明館編『鹿児島県史料』旧記雑録拾遺
・福島金治氏「新出の金沢文庫文書」（『金沢文庫研究』二九三、福島氏紹介と略記）

※※「豊後国太田文・図田帳」について
「豊後国太田文」・「豊後国図田帳」とよばれる史料は、多数の写本が今日伝えられている。現存する諸写本を整理・検討された海老沢衷氏によると、「注進状」系列・「図田帳」系列・両系列合記の三系列のものがあるという（同氏『荘園公領制と中世村落』第一部第五章、豊後国太田文の伝写過程と現存写本）。しかし「注進状」系列・「図田帳」系列の諸写本のなかでも記

載には異同がかなりみられる。これらの諸写本は、大分県教育委員会編『大分県史料』（36）・第二部・補遺（8）のなかにすべて集録されているが、いまこれを全面的に検討する余裕はないので、取り敢えず北条氏所領関係記事のみを抽出し、記載のありかたの相違を「注進状」系列の写本と「図田帳」系列のものとを分けて一覧を作成してみた。

なお「丹生庄」の項に「駿河前司入道殿」を記すのは、「図田帳」系統の写本のみである。

注進状系列写本の記載

所領名	14-1：内閣文庫本 15-1：無窮会図書館本 17-1：東京大学史料編纂所本	14-2：内閣文庫本 15-2：無窮会図書館本 16-2：東京大学史料編纂所本 17-2：東京大学史料編纂所本	16-1：東京大学史料編纂所本	18：宮内庁書陵部本
安岐郷成久名	地頭相模七郎殿母御前辻殿	相模七郎殿母御前辻殿	地頭相模七郎殿母御前辻殿	地頭相模七郎殿母御前辻殿
田染郷吉丸名	地頭名越尾張入道殿	名越尾張入道殿	地頭名越尾張入道殿	地頭名越尾張入道殿
石垣庄	領主名越備前左近大夫殿			
石垣庄本庄			領主名越備前左近大夫殿	領主名越備前左近大夫殿
石垣庄弁分		名越備前左近大夫殿		
日出津嶋	地頭相模守殿	相模守殿	地頭相模守殿	地頭相模守殿
内梨畑地				地頭相模四郎左近大夫
畠地	地頭相横（マ、）四郎左近入道殿		地頭相横（マ、）四郎左近太夫殿	
臼杵庄	地頭駿河前司入道殿	地頭駿河三河（マ、）前司入道殿	地頭駿河前司入道殿	地頭駿河前司入道殿
佐賀郷	地頭相模守殿	地頭相模守殿	地頭相模守殿	地頭相模守殿
井田郷		地頭相模三郎入道殿女子		

図田帳系列写本の記載

所領名	1：東京大学附属図書館本	2：内閣文庫本 3：宮内庁書陵部本 4：東京大学史料編纂所本 5：京都大学文学部国史研究室本 6：東洋文庫本 7：静嘉堂文庫本 8：東京大学史料編纂所本 9：大和文華館本 10：広島大学国史研究室本 11：静嘉堂文庫本 12：宮内庁書陵部本 13：大分県立大分図書館本
安岐郷成久名	相模七郎殿母御前辻殿	相模七郎殿母御前辻殿
田染郷吉丸名	名越尾張入道殿	名越尾張入道殿
速見郡別府	地頭職名越備前左近太夫殿	
石垣庄別府		地頭職名越備前左近太夫殿
日出津嶋	地頭職相模守殿	地頭職相模守殿
内梨畑	地頭相模四郎左近大夫殿	地頭相模四郎左近大夫殿
丹生庄	駿河前司入道殿	駿河前司入道殿
井田郷	地頭職相模三郎入道殿女子	地頭職相模三郎入道殿女子

北条氏所領関係（被官人関係含む）文献一覧

1．秋山　哲雄氏「北条氏一門と得宗政権」（『日本史研究』四五八、二〇〇〇、のち同氏『北条氏権力と都市鎌倉』所収、二〇〇六）。
2．網野　善彦氏『中世荘園の様相』（一九六六）。
3．網野　善彦氏『日本中世土地制度史の研究』第二部・第二章・尾張国（一九九一）。
4．網野　善彦氏『日本中世土地制度史の研究』第二部・第三章・美濃国（一九九一）。
5．石井　進氏「鎌倉時代「守護領」研究序説」（宝月圭吾先生還暦記念会編『日本社会経済史研究』古代・中世編所収、一九六七、のち同氏『日本中世国家史の研究』所収、一九七〇）。
6．石井　進氏「九州諸国における北条氏所領の研究」（竹内理三博士還暦記念会編『荘園制と武家社会』所収、一九六九）。
7．石井　進氏「鎌倉時代の常陸国における北条氏所領の研究」（『茨城県史研究』一五、一九六九）。
8．石関　真弓氏「得宗と北条氏一門」（『神戸大学史学年報』九、一九九四）。
9．稲本　紀昭氏「伊勢国における北条氏一門領」（『ふびと』三八、一九八一）。
10．井原今朝男氏「公家新制の公田興行令と得宗領の公田開発
——新しい地域史研究の方法をもとめて——」（『信濃』五四—三、二〇〇二）。
11．入間田宣夫氏「金沢氏と陸奥国玉造郡地頭職」（『金沢文庫研究』一六七、一九七〇）。
12．入間田宣夫氏「北条氏と摂津国多田院・多田荘」（『日本歴史』三二五、一九七五）。
13．入間田宣夫氏「鎌倉時代の国家権力」（原秀三郎氏他編『体系日本国家史』中世二、所収、一九七五）。
14．上田　純一氏「寒巌義尹、肥後進出の背景——北条氏得宗勢力と木原・河尻氏——」（『熊本史学』五七・五八合併号、一

九八二）。

15．江平　望氏「得宗領薩摩国河辺郡について」（『鹿児島中世史研究会会報』三六、一九七六）。

16．遠藤　巌氏「平賀郷惣領職をめぐって」（平田教授退官記念会編『秋田地方史論集』所収、一九八一）。

17．岡田　清一氏「鎌倉政権下の両総――北条氏領の成立と御家人の動向――」（『國學院雑誌』七四―七、一九七三、のち同氏『鎌倉幕府と東国』所収、二〇〇六）。

18．岡田　清一氏「御内人〝尾藤氏〟について」（『武蔵野』五二―二、一九七四、のち同氏『鎌倉幕府と東国』所収、二〇〇六）。

19．岡田　清一氏「両総における北条氏領――補遺――」（『房総の歴史』三、一九七五、のち同氏『鎌倉幕府と東国』所収、二〇〇六）。

20．岡田　清一氏「越後国と北条氏」（『國史学』一一四、一九八一、のち同氏『鎌倉幕府と東国』所収、二〇〇六）。

21．岡田　清一氏「鎌倉北条氏の所領支配について」（東北大学文学部編『北日本中世史の総合的研究』所収、一九八八）。

22．岡田　清一氏「遠江国と北条氏」（『金沢文庫研究』二八〇、一九八八、のち同氏『鎌倉幕府と東国』所収、二〇〇六）。

23．岡田　清一氏「元弘・建武期の津軽大乱と曾我氏」（羽下徳彦氏編『北日本中世史の研究』所収、一九九〇、のち同氏『鎌倉幕府と東国』所収、二〇〇六）。

24．岡田　清一氏「鎌倉北条氏と出羽国寒河江庄」（平成元～三年度科学研究費補助金研究成果報告書・『「吾妻鏡」の総合的研究』所収、一九九二）。

25．岡田　清一氏「出羽国と鎌倉幕府・鎌倉北条氏」（『西村山地域史の研究』一五、一九九七）。

26．小口　雅史氏「津軽曾我氏の基礎的研究」（『弘前大学国史研究』八九、一九九〇）。

27．小口　雅史氏「安藤（東）氏の乱」（『歴史と地理』五一七、一九九八）。

28．奥富　敬之氏「北条氏得宗領について――若狭国の場合――」（『史観』六九、一九六三）。

29・奥富敬之氏「得宗被官関係の一考察――曾我氏を中心として――」（『民衆史研究』一、一九六三）。

30・奥富敬之氏「得宗被官家の個別的研究（その一）――南条氏の場合――」（『日本史巧究』一四、一九六九）。

31・奥富敬之氏「陸奥国得宗領の研究」（『目白学園女子短期大学研究紀要』六、一九七〇）。

32・奥富敬之氏「相模国得宗領の個別的研究（1・2・3）」（『神奈川県史研究』一一・一二・一九、一九七一・一九七三）。

33・奥富敬之氏「陸奥国得宗領の研究（続）」（『目白学園女子短期大学研究紀要』七、一九七一）。

34・奥富敬之氏「得宗被官家の個別的研究（その二）――工藤氏の場合――」（『日本史巧究』一七、一九七一）。

35・奥富敬之氏「武蔵・相模における北条氏得宗」（『日本歴史』二八〇、一九七一）。

36・奥富敬之氏「得宗被官関係の一研究――陸奥国曾我氏を中心に――」（中世民衆史研究会編『中世の政治的社会と民衆像』所収、一九七六）。

37・奥富敬之氏「鎌倉末期・東海道宿駅地域の地頭――相模・伊豆・駿河の分――」（竹内理三先生古稀記念会編『続荘園制と武家社会』所収、一九七八）。

38・奥富敬之氏「鎌倉末期・東海道宿駅地域の地頭――遠江・三河・尾張・美濃・近江の分――」（竹内理三氏編『荘園制社会と身分構造』所収、一九八〇）。

39・奥富敬之氏『鎌倉北条氏の基礎的研究』（一九八〇）。

40・奥富敬之氏「鎌倉北条氏所領増減過程の考察――時政の代を中心として――」（竹内理三先生喜寿記念論文集刊行会編『荘園制と中世社会』所収、一九八四）。

41・奥富敬之氏「鎌倉北条氏所領増減過程の数量的考察――義時の代を中心として――」（『日本歴史』四七〇、一九八七）。

42・奥富敬之氏「鎌倉前期における北条氏所領増減過程の研究――泰時・経時の代を中心として――」（安田元久先生退任記念論集刊行委員会編『中世日本の諸相』下、所収、一九八九）。

43. 小田　雄三氏「鎌倉時代の尾張国富田庄について」（『年報中世史研究』一四、一九八九）。
44. 小田　雄三氏「摂津国多田庄と鎌倉北条氏」（『名古屋大学教養部紀要』（人文科学・社会科学）A―三四、一九九〇）。
45. 小田　雄三氏「嘉元四年千竈時家処分状について――得宗・得宗被官・南島諸島――」（『年報中世史研究』一八、一九九三）。
46. 筧　雅博氏「関東御領考」（『史学雑誌』九三―四、一九八四）。
47. 筧　雅博氏「続関東御領考」（石井進氏編『中世の人と政治』所収、一九八八）。
48. 工藤　勝彦氏「北条氏の安堵と主従制」（『史叢』五〇、一九九三）。
49. 工藤由美子氏「北条氏得宗領について――東北地方に於ける北条氏所領――」（『橘史学』一一、一九九六）。
50. 小泉　聖恵氏「得宗家の支配構造」（『お茶の水史学』四〇、一九九六）。
51. 今野　慶信氏「得宗被官による禅院寄進の背景――宿屋氏の筑前国芦屋寺の場合――」（『駒沢史学』五八、二〇〇二）。
52. 白井　克浩氏「西摂地域における北条氏得宗領――摂津国美作庄の現地比定をめぐって――」（『地方史研究』二九七、二〇〇二）。
53. 鈴木かほる氏「佐原三浦介の本領・陸奥国会津「上野新田」の現在地比定」（『神奈川地域史研究』二〇、二〇〇二）。
54. 田中　健二氏「鎌倉時代「守護領」についての一考察――北条氏の島津庄地頭職について――」（『九州史学』六〇、一九七六）。
55. 田中　健二氏「鎌倉幕府の大隅国守護支配についての一考察――守護所と国衙在庁を中心に――」（『九州史学』六五・六六、一九七九、のち日本古文書学会編『日本古文書学論集』五・中世1、所収）。
56. 田中　稔氏「鎌倉幕府御家人制度の一考察――若狭国の地頭・御家人を中心として――」（石母田正氏・佐藤進一氏編『中世の法と国家』所収、一九六〇、のち同氏『鎌倉幕府御家人制度の研究』所収、一九九一）。
57. 外岡慎一郎氏「得宗被官論の周縁――「得宗専制」論再検討のためのノート（1）――」（『敦賀論叢』一三、一九九八）。

58．豊田武氏「安東氏と北条氏」（『弘前大学国史研究』三〇、一九六二、のち『豊田武著作集』第八巻・日本の封建制、所収、一九八三）。
59．豊田武氏「北条氏と隅田庄」（『中世史研究』二、一九六八、のち『豊田武著作集』第七巻・中世の政治と社会、所収、一九八三）。
60．豊田武・遠藤巌・入間田宣夫各氏「東北地方における北条氏の所領」（『東北大学日本文化研究所研究報告』別巻七、一九七〇）。
61．永井晋氏『金沢貞顕』（人物叢書）（二〇〇三）。
62．七海雅人氏「鎌倉幕府の陸奥国掌握過程」（羽下徳彦先生退官記念論文集『中世の杜』所収、一九九七）。
63．阪田雄一氏「金沢氏と成田周辺の荘園——その存在意義の再検討——」（『成田市史研究』一九、一九九五）。
64．福島金治氏「武蔵国久良岐郡六浦庄について」（『金沢文庫研究』二六五・二六六、一九八一、のち同氏『金沢北条氏と称名寺』所収、一九九七）。
65．福島金治氏「越後奥山庄と北条氏」（『金沢文庫研究』二七四、一九八五）。
66．福島金治氏「金沢北条氏の被官について」（『金沢文庫研究』二七七、一九八六、のち同氏『金沢北条氏と称名寺』所収、一九九七）。
67．福島金治氏「金沢称名寺領加賀国軽海郷について——鎌倉期を中心にして——」（川添昭二先生還暦記念会編『日本中世史論攷』所収、一九八七）。
68．福島金治氏「金沢称名寺領上総国佐貫郷について」（『三浦古文化』四二、一九八七）。
69．福島金治氏「上総国周東郡内の金沢称名寺領について」（『日本歴史』四九四、一九八九）。
70．福島金治氏「信濃国太田荘と金沢北条氏」（『信濃』四八—九、一九九六）。
71．福島金治氏「近江国柏木御厨と金沢北条氏・山中氏」（鎌倉遺文研究会編『鎌倉時代の政治と経済』所収、一九九九）。

72・福島　金治氏「金沢称名寺と伊勢・鎮西――伊勢国高角大日寺をめぐって――」（清水真澄氏編『美術史論叢・造形と文化』所収、二〇〇〇）。
73・福島　金治氏「金沢北条氏・称名寺の所領経営と在地社会――畿内近国地域の所領と領主を中心に――」（『年報中世史研究』二六、二〇〇一）。
74・福島　紀子氏「金沢称名寺による信濃国太田荘支配について」（『信濃』四八―五、一九九六）。
75・舟越　康寿氏「金沢称名寺領の研究――中世中級寺社領の一典型――」（『横浜市立大学紀要』九・一〇、一九五二）。
76・舟越　康寿氏「金沢称名寺領の研究二――軽海郷の研究――」（『横浜市立大学紀要』六八、一九五九）。
77・細川　重男氏『鎌倉政権得宗専制論』（二〇〇〇）。
78・宮下　操氏「中世伊賀良荘と北条氏」（『伊那』一九―八・九・一〇、一九七一）。
79・森　幸夫氏「得宗領河内国天河をめぐって」（『ヒストリア』一二七、一九九〇）。
80・安池　尋幸氏「十一・二世紀における相模の国衙軍制と三浦一族」（『横須賀市博物館研究報告（人文科学）』四〇、一九九五）。
81・山内　譲氏「伊予国久米郡と北条氏」（『伊予史談』二七〇、一九八八、のち同氏『中世瀬戸内海地域史の研究』所収、一九九八）。
82・山内　譲氏「凝然と金沢氏――伊予国久米郡再論――」（『瀬戸内海地域史研究』第八輯、二〇〇〇）。
83・山岸啓一郎氏「得宗被官に関する一考察――諏訪氏の動向について――」（『信濃』二四―一、一九七二）。
84・山口　隼正氏「『鎮西料所』豊前国天雨田荘と安東氏」（『日本歴史』三一四、一九七四）。
85・山本　隆志氏「得宗領荘園の支配構造――若狭国太良庄――」（桜井徳太郎氏編『日本社会の変革と再生』所収、一九八八、のち同氏『荘園制の展開と地域社会』所収、一九九四）。
86・山本　隆志氏「鎌倉後期における地方門前宿市の発展――上野国世良田を中心に――」（『歴史人類』一七、一九八九）。

87・湯本軍一氏「北条氏と信濃国」（『信濃』一九—一二、一九六七）。
88・湯本軍一氏「信濃国における北条氏領」（『信濃』二四—一〇、一九七二）。
89・湯山学氏「土佐大忍庄と鎌倉極楽寺」（『鎌倉』三三、一九八〇）。

北条氏所領分布図

凡　例

1．分布図は、現在の地図を利用している。したがって鎌倉時代当時と海岸線等は異なっている。

2．番号は地図上の位置を示している。位置については、おおよそのものである。□は諸先学による推定地や伝承地である。なお比定地が未詳の場合は地図上に番号を付けてはいない。
なお一覧表の○数字・□数字は地図に載せるが、無印数字は未詳地である。

3．若狭国は数が多いので、別掲にした。

4．基本的には庄郷名単位ではあるが、なかには例外もある。

5．庄郷名地名は通用の名称に直したものもある。

6．現在地について、複数の市町村にわたるものには、中心となるであろう地域を示した。

7．現在地の比定には、『角川日本地名大辞典』（角川書店）・『日本歴史地名大系』（平凡社）を参照した。

8．地図上の■は、国府の所在地である。所在地の比定には、小川信氏『中世都市「府中」の展開』を参照した。

1．東北地方

番号	国名	庄郷地名
1		えそのさと
②	陸奥	津軽西浜
③	陸奥	鼻和郡目谷郷
④	陸奥	鼻和郡絹家島尻引郷
⑤	陸奥	乳井郷
⑥	陸奥	田舎郡河辺郷
⑦	陸奥	田舎郡桜葉郷
⑧	陸奥	田舎郡黒石郷
⑨	陸奥	平賀郡平賀郷
⑩	陸奥	平賀郡なかのまちい郷
⑪	陸奥	平賀郡内岩楯村
⑫	陸奥	平賀郡沼楯村
⑬	陸奥	外浜
14	陸奥	糠部郡
⑮	陸奥	中浜御牧
⑯	陸奥	糠部郡宇曾利郷
⑰	陸奥	糠部郡七戸
⑱	陸奥	糠部郡八戸
⑲	陸奥	糠部郡五戸
⑳	陸奥	糠部郡三戸
㉑	陸奥	糠部郡九戸
㉒	陸奥	糠部郡一戸
[23]	陸奥	久慈郡
㉔	陸奥	糠部郡南門
25	陸奥	岩手郡
㉖	陸奥	岩手郡二王郷
㉗	陸奥	閉伊郡由(閉カ)伊地
[28]	陸奥	気仙郡
[29]	陸奥	江刺郡
[30]	陸奥	伊沢郡
㉛	陸奥	岩井郡平泉保中尊寺
[32]	陸奥	興田保
[33]	陸奥	奥玉保
[34]	陸奥	黄海保
㉟	陸奥	栗原郷栗原・竹子沢
㊱	陸奥	玉造郡二ヶ郷
㊲	陸奥	遠田郡
[38]	陸奥	志田郡
[39]	陸奥	牡鹿郡
㊵	陸奥	黒河郡南迫村
㊶	陸奥	名取郡土師塚郷
㊷	陸奥	名取郡平岡郷
㊸	陸奥	名取郡四郎丸郷
[44]	陸奥	名取郡
[45]	陸奥	亘理郡坂本郷
㊻	陸奥	伊具庄
㊼	陸奥	苅田郡
㊽	陸奥	金原保
[49]	陸奥	伊達郡
[50]	陸奥	宇多庄
[51]	陸奥	行方郡大田村
[52]	陸奥	行方郡高村
[53]	陸奥	行方郡吉名村
[54]	陸奥	標葉郡
(55)	陸奥	上野新田
[56]	陸奥	安積郡
(57)	陸奥	会津河沼議(蟻カ)塚
(58)	陸奥	泉荒田
(59)	陸奥	会津
[60]	陸奥	岩瀬郡
[61]	陸奥	安達庄
(62)	陸奥	白川庄内成田郷
(63)	陸奥	石川庄川尻郷
(64)	陸奥	好島庄紙谷郷
65	陸奥	平賀郡法師脇郷
66	陸奥	平賀郡柏木郷
67	陸奥	鼻和郡片野辺郷
68	陸奥	湊
69	陸奥	行方郡北田村
70	陸奥	上田庄
[71]	出羽	平賀郡
[72]	出羽	大泉庄
[73]	出羽	海辺余部内宗太村
(74)	出羽	寒河江庄内五箇郷
[75]	出羽	小田嶋庄
[76]	出羽	山辺庄
[77]	出羽	大山庄
[78]	出羽	屋代庄

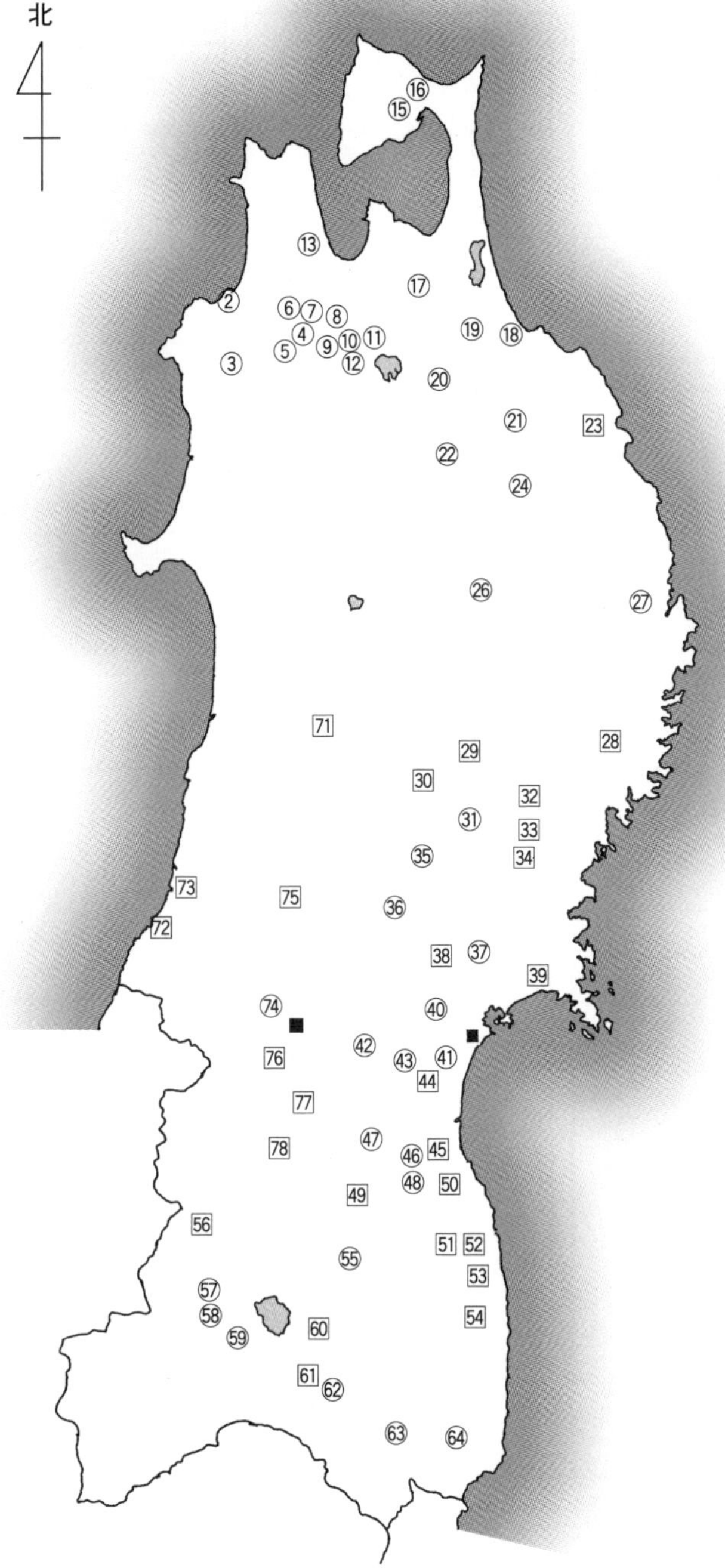
北
2
3
4
5
6
7
8
9
10
11
12
13
15
16
17
18
19
20
21
22
23
24
26
27
28
29
30
31
32
33
34
35
36
37
38
39
40
41
42
43
44
45
46
47
48
49
50
51
52
53
54
55
56
57
58
59
60
61
62
63
64
71
72
73
74
75
76
77
78

北条氏所領分布図

2．関東地方

番号	国名	庄郷地名
①	上野	北玉村
②	上野	淵名庄
③	上野	世良田長楽寺
④	下野	塩谷庄
[5]	下野	阿曾沼郷
[6]	陸奥	依上保
[7]	常陸	大窪郷
⑧	常陸	東岡田郷
⑨	常陸	瓜連
⑩	常陸	那珂東郡
⑪	常陸	吉田郷
⑫	常陸	恒富郷
⑬	常陸	真壁庄竹来郷
⑭	常陸	平塚郷
⑮	常陸	下妻庄大宝八幡宮
[16]	常陸	方穂庄
⑰	常陸	若森郷
⑱	常陸	田中庄
⑲	常陸	総社敷地
[20]	常陸	信太庄
㉑	常陸	小牧村
22	常陸	田村
23	常陸	北郡
㉔	下総	下河辺庄
㉕	下総	平塚郷
㉖	下総	印西条
㉗	下総	埴生西条
㉘	下総	埴生庄
㉙	下総	大須賀保
[30]	下総	東庄上代郷
31	下総	大方郷
㉜	上総	武射郡内小松村
㉝	上総	橘木庄十三郷
㉞	上総	市原庄八幡宮
㉟	上総	与宇呂保
㊱	上総	飯富庄
㊲	上総	畔蒜南庄内亀山
㊳	上総	吉野郷
㊴	上総	古谷郷
㊵	上総	大貫下郷
41	上総	梅佐古
[42]	安房	天津
43	安房	北郡
㊹	武蔵	高麗郡東平沢
㊺	武蔵	石坂郷
㊻	武蔵	横沼郷
㊼	武蔵	太田庄
㊽	武蔵	足立郡
㊾	武蔵	佐々目郷
[50]	武蔵	赤塚
(51)	武蔵	久良岐郡
(52)	武蔵	六浦庄
(53)	武蔵	金沢称名寺寺内外敷地
54	武蔵	大谷郷
55	武蔵	麻生郷
(56)	相模	三浦内
(57)	相模	山内庄
(58)	相模	正観寺上畠など
(59)	相模	由伊地
[60]	相模	大庭御厨
(61)	相模	菖蒲
(62)	相模	奥三保
(63)	相模	懐嶋
(64)	相模	糟屋庄
(65)	相模	田村郷
(66)	相模	弘河郷
(67)	相模	大磯郷
[68]	相模	二宮河匂庄
(69)	相模	南波多庄堀村内薬師堂
[70]	相模	狩野庄関本
71	相模	治須郷
72	相模	紘間郷
73	相模	東坂間
74	相模	三橋
75	相模	末吉

北条氏所領分布図

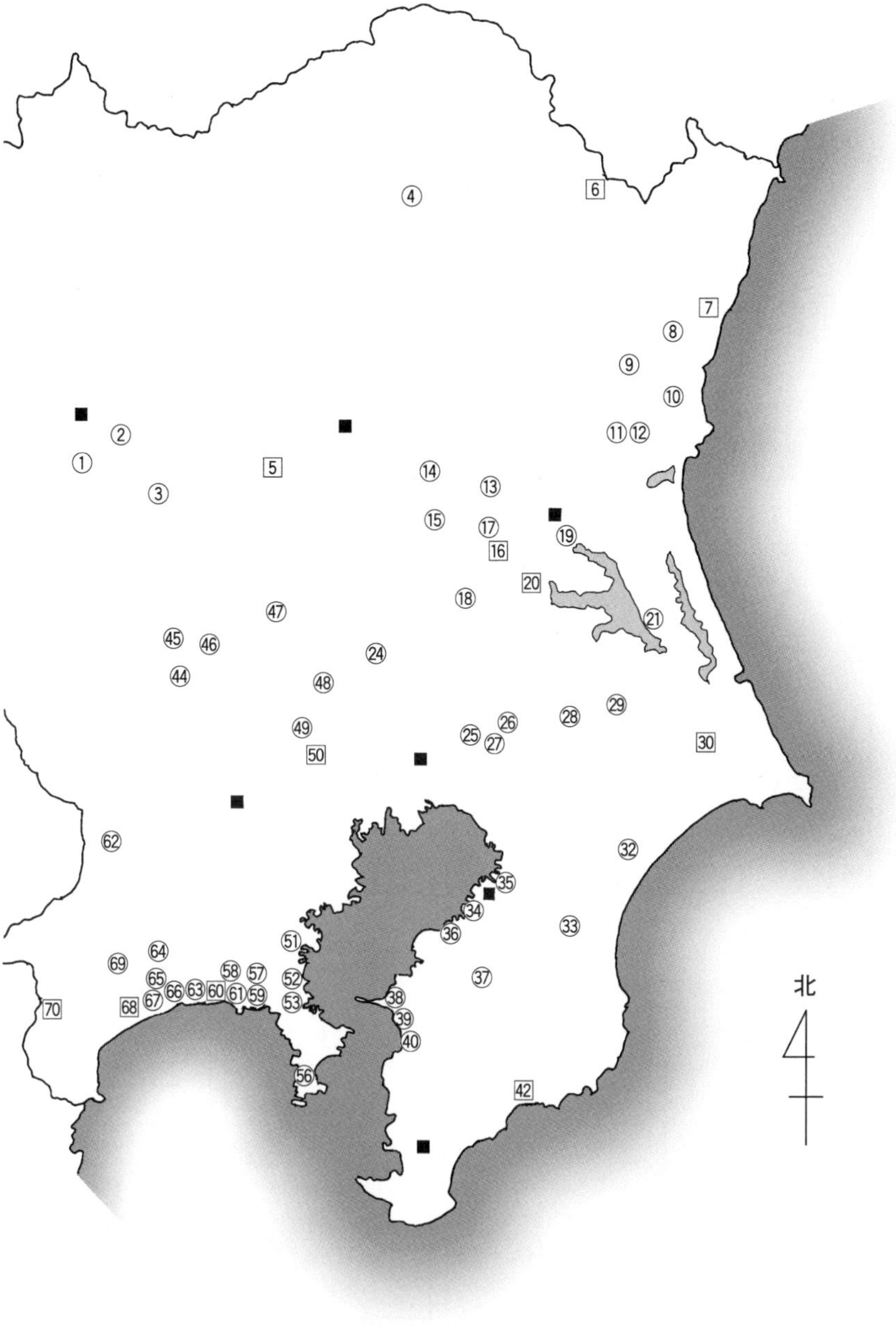

④
6
7
⑧
⑨
⑩
⑪⑫
②
①
③
5
⑭
⑬
⑮
⑰
16
⑲
20
⑱
㉑
㊼
㊺
㊻
㉔
㊹
㊽
㉙
㉘
㉖
㊾
㉕
㉗
30
50
㉜
㊷
㉟
㉞
㊱
㉝
㊿
㊲
69
64
65
58
57
52
66
63
60
61
59
67
68
70
53
㊳
㊴
㊵
56
42
北

3．中部地方

番号	国名	庄郷地名
1	佐渡	吉岡
2	佐渡	波多郷
3	佐渡	羽持(羽茂)郡
4	佐渡	石田郷
5	佐渡	六斗郷
6	越後	荒河保
7	越後	奥山庄
8	越後	蒲原津
9	越後	弥彦社
10	越後	五十嵐保
11	越後	紙屋庄
12	越後	志土岐庄
13	越後	千屋郡国衙職
14	越後	上田庄内闕所
15	越後	妻有庄
16	越後	松山保
17	越後	五十公郷内保倉保
18	越後	頚城郡内荒蒔保
19	越後	沼河郷
20	信濃	志久見郷
21	信濃	中野御牧
22	信濃	狩田中条(狩田郷)
23	信濃	大田庄
24	信濃	深田郷
25	信濃	四宮庄北条
26	信濃	保科御厨
27	信濃	水内郡小井郷
28	信濃	船山郷
29	信濃	坂木郷北条・南条
30	信濃	塩田庄
31	信濃	小泉庄室賀郷
32	信濃	浦野庄西馬越郷
33	信濃	大井庄長土呂郷
34	信濃	志賀郷

番号	国名	庄郷地名
35	信濃	佐久伴野庄
36	信濃	浅間郷
37	信濃	捧庄半分
38	信濃	仁科庄
39	信濃	諏訪社
40	信濃	伊那春近地小井弖
41	信濃	伊那春近地二吉郷
42	信濃	伊那伴野庄
43	信濃	伊賀良庄
44	甲斐	甘利庄南方
45	甲斐	伊澤庄
46	甲斐	八代庄
47	甲斐	安村別府
48	伊豆	阿多美郷
49	伊豆	桑原郷
50	伊豆	三嶋宮
51	伊豆	三薗
52	伊豆	郡宅郷
53	伊豆	安富郷国吉名
54	伊豆	川原谷郷
55	伊豆	北条宅
56	伊豆	寺宮庄
57	伊豆	南条
58	伊豆	奈古谷□
59	伊豆	仁科庄
60	伊豆	宇久須郷
61	伊豆	江間郷
62	伊豆	三浦庄(三津庄カ)
63	駿河	泉庄
64	駿河	大岡庄
65	駿河	阿野庄
66	駿河	佐野庄
67	駿河	賀嶋庄
68	駿河	富士郡

番号	国名	庄郷地名
69	駿河	富士上方上野郷
70	駿河	蒲原庄
71	駿河	入江庄
72	駿河	興津郷内小河内
73	駿河	池田郷
74	駿河	長田庄手越
75	駿河	浅服庄
76	駿河	鎌田郷
77	駿河	岡部御厨
78	駿河	益頭庄
79	駿河	伊賀留美郷
80	駿河	大沼鮎沢御厨
81	遠江	河村庄
82	遠江	笠原庄
83	遠江	大池庄
84	遠江	下西郷
85	遠江	谷和郷(各和郷カ)
86	遠江	宇刈郷
87	遠江	池田庄
88	遠江	宮口郷
89	遠江	蒲御厨
90	遠江	浜松庄
91	遠江	羽鳥庄内貴平郷
92	遠江	村櫛庄
93	遠江	渋俣郷
94	三河	牟呂郷
95	三河	草間郷
96	三河	碧海庄上青野郷
97	三河	重原庄
98	三河	小山辺庄
99	三河	二宮庄
100	尾張	枳頭子保
101	尾張	山田庄
102	尾張	御器所保

番号	国名	庄郷地名
103	尾張	千竃郷
104	尾張	富田庄
105	尾張	篠木庄
106	尾張	大縣社
107	尾張	杜庄
108	尾張	富吉加納
109	尾張	尾塞村松武名
110	尾張	玉江庄
111	美濃	大榑庄
112	美濃	中河御厨
113	美濃	蒔田庄
114	美濃	高城西郡(多芸西郡)
115	越中	堀江庄
116	越中	大田保
117	越中	西条郷岡成名
118	越中	石黒庄弘瀬
119	能登	諸橋保
120	能登	仏木
121	能登	若部保
122	加賀	北英田保
123	加賀	笠野南方
124	加賀	大野庄
125	加賀	山上郷
126	加賀	軽海郷
127	加賀	得橋郷
128	加賀	管谷
129	加賀	山代庄
130	越前	牛原庄
131	越前	小山庄
132	越前	泉庄
133	越前	主計保半分
134	越前	山本庄
135	越前	大蔵庄

北条氏所領分布図

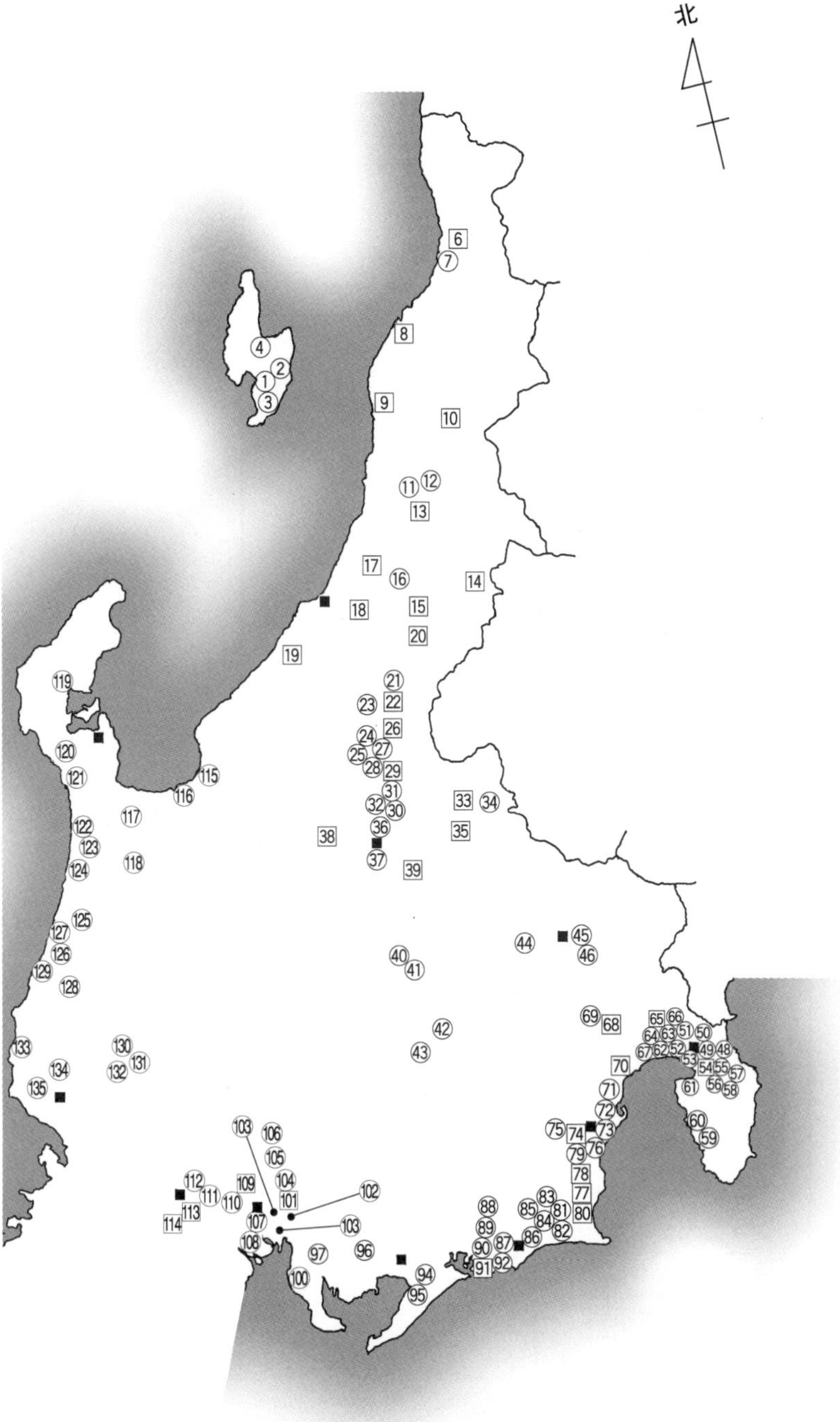
北
6
7
4
2
1
3
8
9
10
11
12
13
17
16
14
18
15
20
19
119
21
23
22
24
26
25
27
28
29
120
115
121
116
31
32
30
33
34
117
122
38
36
35
123
37
39
118
124
125
127
45
44
126
46
40
41
129
128
69
65
66
51
50
68
42
64
63
62
67
52
49
48
53
133
130
43
70
54
55
57
131
134
132
56
58
61
135
71
72
60
103
106
75
74
73
59
105
76
79
78
104
112
109
102
111
110
101
77
88
83
85
81
84
113
114
107
103
80
89
82
86
87
108
90
97
96
91
92
94
100
95

☆**若狭国**

番号	国名	庄郷地名
①	若狭	馬背竹波
②	若狭	能登浦
③	若狭	永富保
④	若狭	御賀尾浦
⑤	若狭	佐古庄・佐古出作
⑥	若狭	吉田庄
⑦	若狭	鳥羽保(上下)
⑧	若狭	国富保
⑨	若狭	恒枝保
⑩	若狭	太興寺(体興寺)
⑪	若狭	西津庄
⑫	若狭	富田郷
⑬	若狭	東郷
⑭	若狭	秋里名
⑮	若狭	今富名
⑯	若狭	開発保
⑰	若狭	織手名
⑱	若狭	太良保
⑲	若狭	光里名
⑳	若狭	得永名
㉑	若狭	賀尾浦
㉒	若狭	阿納浦
㉓	若狭	志積田
㉔	若狭	千与次保
㉕	若狭	武延名
㉖	若狭	常満保
㉗	若狭	吉松名
㉘	若狭	時枝名
㉙	若狭	栗田保別当田
㉚	若狭	国掌名

番号	国名	庄郷地名
㉛	若狭	七郎丸名
㉜	若狭	宮同松林寺
㉝	若狭	八幡宮
㉞	若狭	日吉社
㉟	若狭	賀茂社
㊱	若狭	相意名
㊲	若狭	是永名
㊳	若狭	安行名
㊴	若狭	四郎丸名
㊵	若狭	清貞名
㊶	若狭	是光名
㊷	若狭	正行名
㊸	若狭	利枝名
㊹	若狭	沢方名
㊺	若狭	東出作
㊻	若狭	宮河保・新保
㊼	若狭	汲部浦
㊽	若狭	多鳥浦
㊾	若狭	岡安名
㊿	若狭	佐分郷
51	若狭	友次浦
52	若狭	恒貞浦
53	若狭	得吉名

北条氏所領分布図

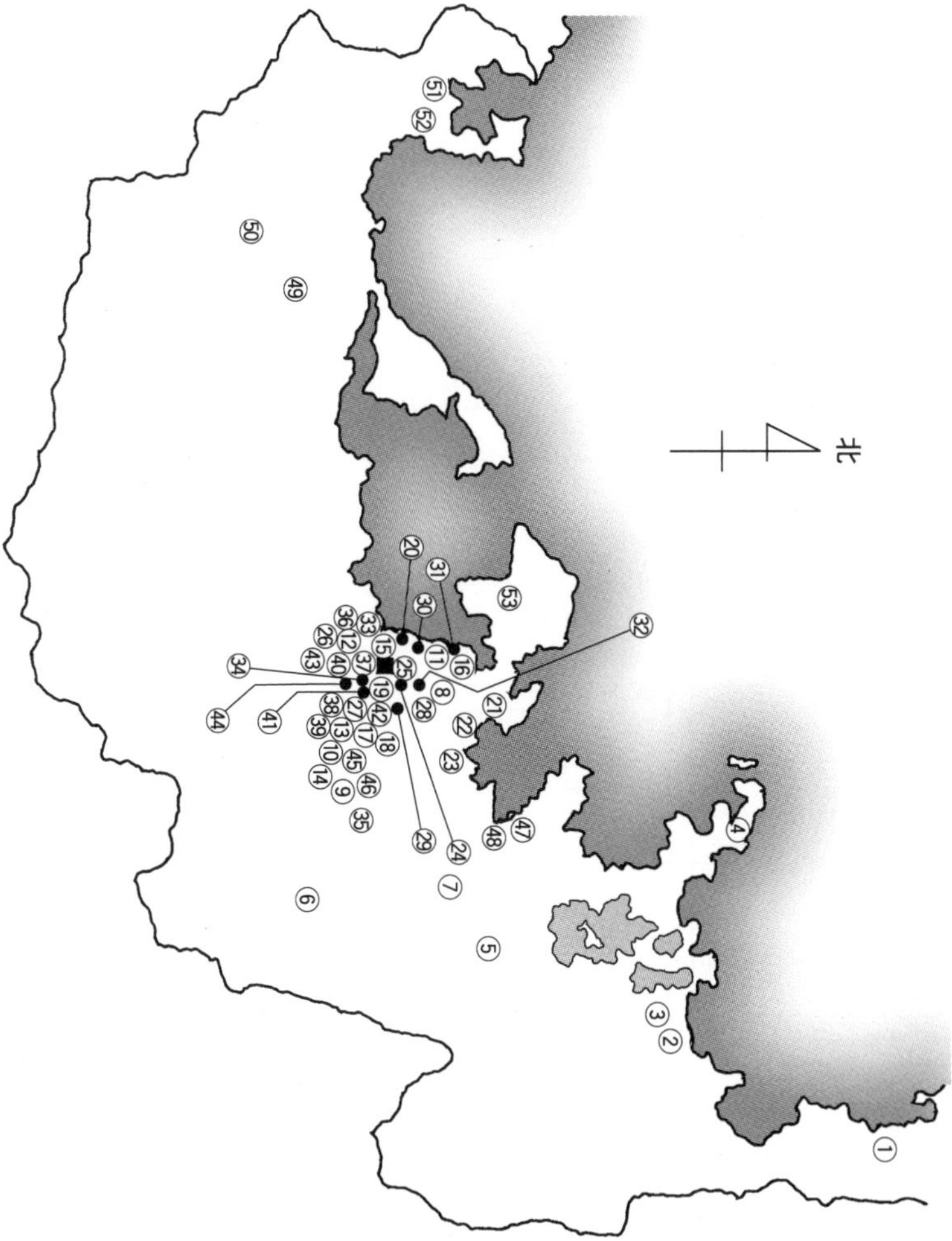
北
①
②
③
④
⑤
⑥
⑦
⑧
⑨
⑩
⑪
⑫
⑬
⑭
⑮
⑯
⑰
⑱
⑲
⑳
㉑
㉒
㉓
㉔
㉕
㉖
㉗
㉘
㉙
㉚
㉛
㉜
㉝
㉞
㉟
㊱
㊲
㊳
㊴
㊵
㊶
㊷
㊸
㊹
㊺
㊻
㊼
㊽
㊾
㊿
51
52
53

4．近畿地方

番号	国名	庄郷地名
①	近江	湯次庄
②	近江	広瀬庄
③	近江	多賀社
④	近江	小涼庄
⑤	近江	岸下御厨
⑥	近江	栗本郡内正楽名
⑦	近江	岩根三箇郷
⑧	近江	柏木御厨
9	近江	しやうち・なかむら
10	近江	池田庄
⑪	伊賀	予野庄
⑫	伊勢	笠間庄
⑬	伊勢	笠間吉富保
⑭	伊勢	三重郡芝田郷
⑮	伊勢	大連名内
[16]	伊勢	高角御厨
⑰	伊勢	智積御厨内平松
⑱	伊勢	岡田庄
⑲	伊勢	原御厨
⑳	伊勢	池田東西
㉑	伊勢	南堀江永恒
㉒	伊勢	柳御厨
㉓	伊勢	安楽
㉔	伊勢	園
㉕	伊勢	林庄
㉖	伊勢	五百野御厨
㉗	伊勢	上野御厨
㉘	伊勢	黒田御厨・御園
㉙	伊勢	窪田庄
㉚	伊勢	栗真庄

番号	国名	庄郷地名
㉛	伊勢	庄田方
㉜	伊勢	匂御厨
㉝	伊勢	石津庄
㉞	伊勢	大塚庄
㉟	伊勢	丹生山
36	伊勢	柳名
37	伊勢	両金法師跡
38	伊勢	吉藤・柳□・光吉名
39	伊勢	安枝名
40	伊勢	長尾庄内嫡子分
[41]	志摩	荒島
㊷	大和	波多庄
㊸	大和	近内庄
㊹	紀伊	隅田庄
㊺	紀伊	池田庄
㊻	紀伊	田中庄
㊼	紀伊	神野真国庄
48	紀伊	千住名
㊾	淡路	掃守庄
㊿	淡路	志筑庄
51	和泉	山直郷
52	和泉	横山庄
53	和泉	木島庄(上下)
54	摂津	都賀庄
55	摂津	野鞍庄
56	摂津	多田庄
57	摂津	美作庄
58	摂津	福島庄
59	摂津	生魂新庄
60	摂津	善源寺東方

番号	国名	庄郷地名
[61]	摂津	長江庄
62	摂津	小真上庄
63	河内	八尾則光名
64	河内	大窪庄
65	河内	楠葉牧
66	河内	天河
67	河内	国領某所
68	山城	法性寺大路二橋
69	山城	竹田庄三聖寺竹田・芹河散在
70	山城	久世庄(上下)
71	山城	桂新免
72	山城	六波羅地
73	山城	京都地
74	山城	江□庄
75	山城	醍醐寺東院西角房上山地
76	丹波	成松保
77	丹波	由良庄
78	丹波	夜久郷
79	丹波	野口庄牧外方
80	丹後	大石庄
81	但馬	太田庄
82	但馬	小佐郷
83	但馬	鎌田庄
84	但馬	二方庄
85	播磨	垂水郷
86	播磨	五箇庄内蚷草北村
87	播磨	在田道山庄
88	播磨	土山庄
89	播磨	福井庄
90	播磨	鵤庄

北条氏所領分布図

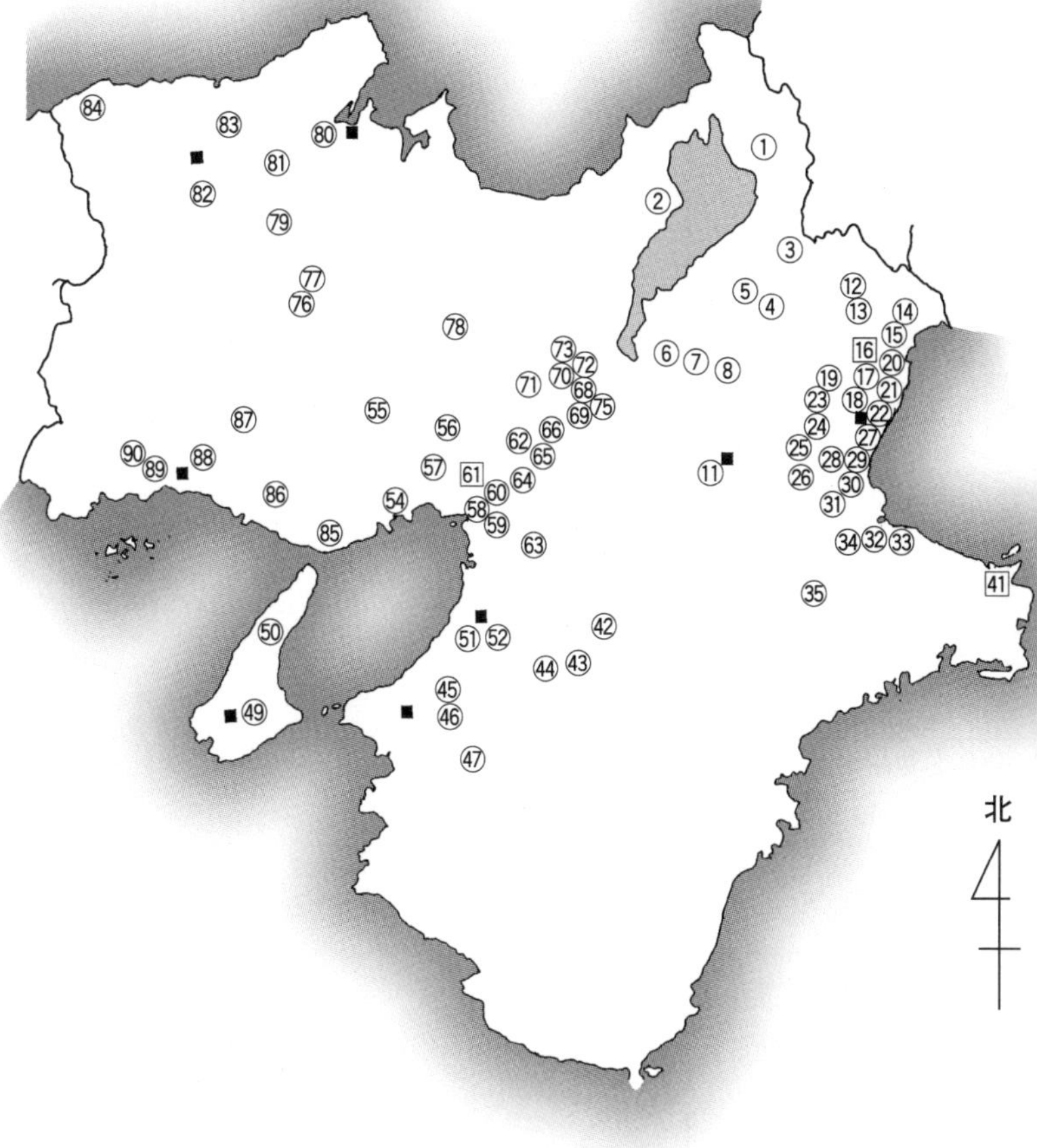
北
①
②
③
④
⑤
⑥
⑦
⑧
⑪
⑫
⑬
⑭
⑮
16
⑰
⑱
⑲
⑳
㉑
㉒
㉓
㉔
㉕
㉖
㉗
㉘
㉙
㉚
㉛
㉜
㉝
㉞
㉟
41
㊷
㊸
㊹
㊺
㊻
㊼
㊾
㊿
51
52
54
55
56
57
58
59
60
61
62
63
64
65
66
68
69
70
71
72
73
75
76
77
78
79
80
81
82
83
84
85
86
87
88
89
90

5．中国・四国地方

番号	国名	庄郷地名
①	因幡	千土師郷
②	伯耆	北条郷
③	出雲	赤江保
④	出雲	揖屋庄
⑤	出雲	竹矢郷
⑥	出雲	漆治郷内
⑦	出雲	神立社
⑧	出雲	横田庄
⑨	出雲	須佐郷
⑩	長門	粟野村符中南浜在家
⑪	長門	吉永庄
⑫	長門	二宮庄
⑬	長門	一宮(住吉社)
⑭	長門	吉母村
⑮	周防	下得地内西方寺
⑯	周防	麻合別府
⑰	周防	竃戸関
[18]	安芸	可部庄東方
⑲	備後	因島中庄
⑳	備後	三津庄
㉑	備後	重井浦
22	備後	高野
23	備後	城山
㉔	備前	日笠庄
[25]	美作	富田庄内藤田里
[26]	讃岐	塩飽庄
㉗	伊予	三島社
[28]	伊予	玉生出作
㉙	伊予	久米郡国清名
㉚	伊予	野口保
31	伊予	久米良郷
32	伊予	久米郡良生名
㉝	土佐	吾橋山河副内長徳寺
㉞	土佐	大里庄内若王子宮
35	土佐	下津中山

北条氏所領分布図

6．九州地方

番号	国名	庄郷地名
①	筑前	山鹿庄
[2]	筑前	芦屋津
③	筑前	宗像社
④	筑前	綱別庄
⑤	筑前	嘉摩郡内下山田
⑥	筑前	怡土庄
⑦	筑前	三原庄
⑧	筑後	河北庄
⑨	筑後	竹野庄
⑩	筑後	小家庄
⑪	筑後	竹井庄
⑫	筑後	三毛南郷堺村
⑬	豊前	規矩郡(企救郡)
⑭	豊前	門司関
⑮	豊前	平島
⑯	豊前	吉田庄
⑰	豊前	田河郡上野村
⑱	豊前	糸田庄
⑲	豊前	吉富名
⑳	豊前	宇佐郡御沓村
㉑	豊後	田染郷吉丸名
㉒	豊後	来縄郷
㉓	豊後	安岐郷成久名
㉔	豊後	山香郷広瀬
㉕	豊後	速見郡日出・津島
㉖	豊後	岩室村
㉗	豊後	石垣庄本庄・弁分
㉘	豊後	内梨子村
㉙	豊後	大佐井郷
㉚	豊後	丹生庄

番号	国名	庄郷地名
㉛	豊後	永興寺国分寺
㉜	豊後	佐賀郷
㉝	豊後	臼杵庄
㉞	豊後	井田郷
㉟	豊後	三重郷門田村内山寺
㊱	肥前	坊所保
㊲	肥前	佐嘉御領
㊳	肥前	河副庄
㊴	肥前	山田庄
㊵	肥前	高木西郷
㊶	肥後	小国郷
㊷	肥後	阿蘇社・社領
㊸	肥後	色見・山鳥
㊹	肥後	安富庄
㊺	肥後	健軍郷・健軍社
㊻	肥後	詫摩東郷
㊼	肥後	六箇庄小山村
㊽	肥後	守富庄
㊾	肥後	甲佐社
㊿	肥後	宇土庄
51	肥後	郡浦(郡浦庄)
52	肥後	大浦・皆代
53	肥後	志岐浦
54	肥後	葦北庄佐敷・久多良木両浦
55	肥後	永吉庄中神・播(横)瀬両村
56	肥後	人吉庄北方
57	日向	臼杵郡田貫田(多奴木田)
[58]	日向	高知尾庄
59	日向	国富庄
60	日向	島津庄日向方

番号	国名	庄郷地名
61	大隅	肝付郡百参拾町
62	大隅	岸良村
63	大隅	元行名
64	大隅	得富領
65	大隅	用松名
66	大隅	武元名
67	大隅	重富名
68	大隅	東郷
69	大隅	主丸名
70	大隅	用丸名
71	大隅	島津庄大隅方
72	大隅	菱苅郡
73	大隅	正枝頭
74	大隅	政枝名
75	大隅	三郎丸名
76	大隅	秋松名
77	薩摩	新田宮
78	薩摩	五大院
79	薩摩	加世田別符
80	薩摩	河辺郡
81		鬼界島・大島・七島

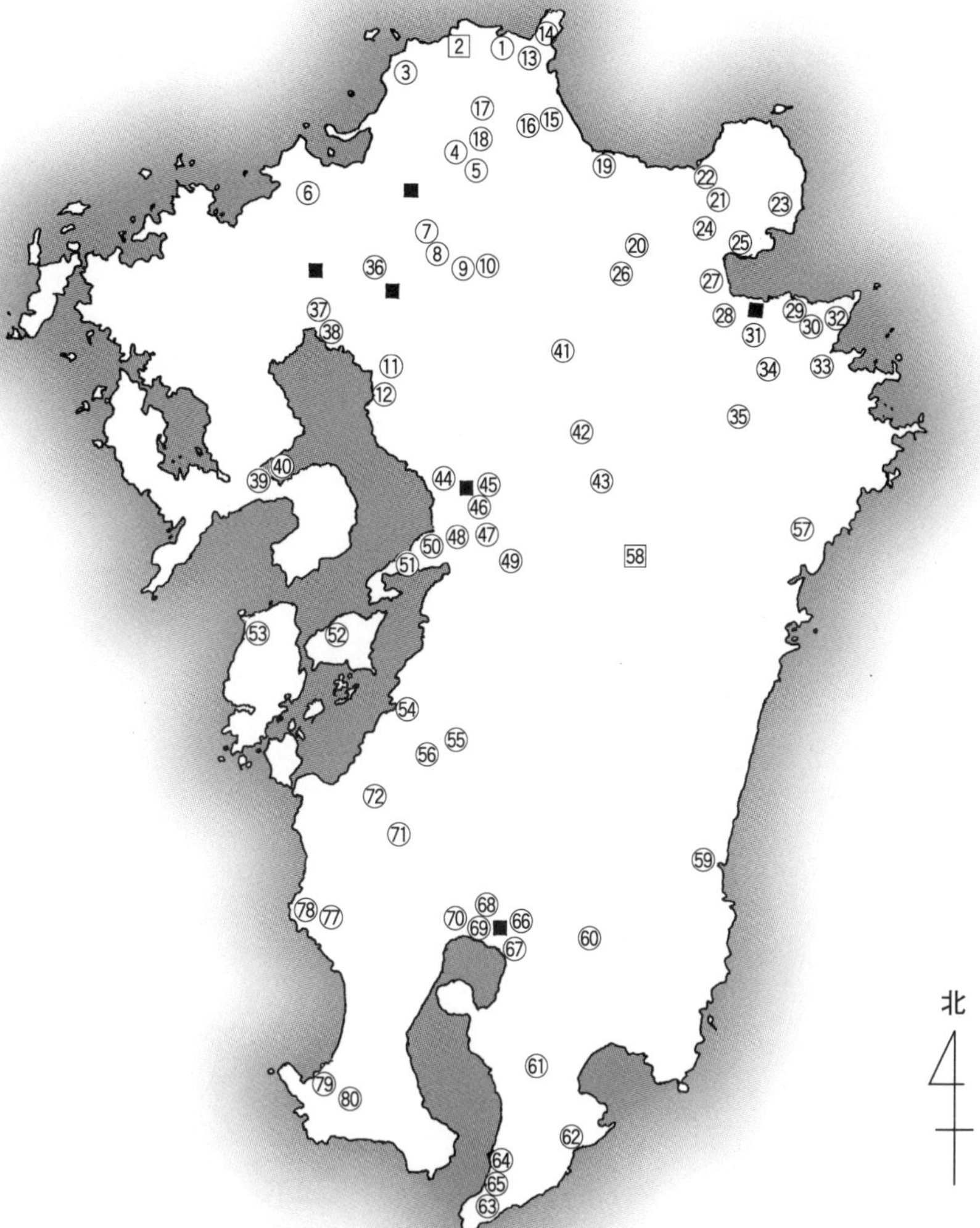
北
1 2 3 4 5 6 7 8 9 10 11 12 13 14 15 16 17 18 19 20
21 22 23 24 25 26 27 28 29 30 31 32 33 34 35 36 37 38 39 40
41 42 43 44 45 46 47 48 49 50 51 52 53 54 55 56 57 58 59 60
61 62 63 64 65 66 67 68 69 70 71 72 77 78 79 80

北条氏所領分布図

北条氏と和歌

鈴木宏美

はじめに

北条諸氏の歌は多く残っている。鎌倉時代、歌を嗜む武士は各地にいたであろうが、勅撰集に入集することは、地下人の武士には許されなかった。北条氏は官位を得て、入集できるようになった。残存する私撰集・歌合は（後藤基政撰「東撰和歌六帖」を除き）公家歌人の撰であるから、この方針を踏襲した。

北条貞時は「一族家人」（北条一門の被官）が勅撰集に入ることはならぬと戒めていた。「玉葉集」の撰者京極為兼が、特別に許しを得て正和元年（一三一二）、北条範貞の被官小串範秀の一首を採った。先例のないことであった。[1]

総じて北条氏の歌は、平板で類型的であると思われる。それには、いくつかの原因があった。

一、何世紀もの下積みに耐えて、ようやく権力を手にした関東武士にとって、朝廷文化はあこがれの対象であった。たとえば武士の経済的基盤は、守護職・地頭職であったのに、「吾妻鏡」をはじめ公式文書では、執権・連署にいたるまで、朝廷が与える官位「左近将監」「右馬助」等と表記されていることが、よくそれを示す。備前守の子は備前三郎と呼ばれ、孫は備前三郎太郎と呼ばれさえした（官位は全く収入にならないのに）。王朝文化から儀式・蹴鞠・管弦などを取り入れた後、院政期から日本を代表する文芸であった和歌を武士が希求したのは自然のなりゆきであった。

二、鎌倉後期の京の歌壇は、藤原為家の子孫、御子左家三家＝二条・京極・冷泉の主導権争いに明け暮れていた。勅撰集の撰者に誰が任命されるかが争点であった。さらに永仁頃からは、大覚寺統・持明院統の争いに左右された。

二条家は大覚寺統、京極家は持明院統の庇護を受け、上皇交替ごとに勅撰集の撰者が代わった。「新勅撰集」（文暦元年〈一二三四〉成立）以後、鎌倉時代の京歌壇は、無気力で魅力に乏しい。鎌倉歌壇はその影響を受けた。

三、中世の和歌は、個人がものに感じた折々に詠む（たとえば西行）よりも、題詠（歌会で課せられた歌題に応じ、一〇首、二〇首と詠む）の場合が多かった。集団で享受されたのである。現代の文学観から見ると、個人の自由な創造性、独創性を拘束すると感じられるが、これはいわば舞台の枠であった。同時に観念的となり、「述懐」（読人の感情）を詠みこむことさえ避けた方がよいとされた。

藤原俊成は「古来風躰抄[2]」において、『万葉集』巻二の有馬皇子の

いへにあればけにもるいひを草枕　旅にしあればしゐのはにもる

について「飯などいふ事は、此ころの人はうちうちにはしりたれど、歌などにはよむべくもあらねど、むかしの人はこゝろのけはれ（褻晴）なくてかくよみけるなるべし」と記す。ここには、死に向かって曳かれゆく有馬皇子の悲傷を無視し、食の問題を卑俗であるとした貴族的感覚がある。

また農事を具体的に詠ずることは非難された。俊成は「六百番歌合[3]」（建久四年〈一一九三〉）恋三

廿七番左　　顕昭

七七三　わがなかをふるのあらたとうち捨てて　たれに行あひのわせつくるらん

の判詞で、「左下句、いみじくしな（品）なく聞え侍れば」と書き、二条為世は「草刈いるる野田の苗代」（冷泉為相）について「無下に俗に近く侍るもの哉」「げにも田舎にていかなることぞと尋ね侍しかに、田作のこえとかやにもちゐるとぞ申侍し、もしさもあらばきたなくや侍らむ」とさえいう[4]。

四、「新古今集」以来、①本歌取り（古歌の一、二句を取り込み、本歌と主題を変える）②本説ある歌（「伊勢物語」「源氏物語」などの場面を読み込む）③本文ある歌（「白氏文集」「文選」など漢詩文による）が尊重された[5]。筆者が和歌史にうといため、この点の読み取りができない。ただ、武士の作品は、本歌取りの場合、句を本歌と同じ位置に置いたもの、あるいは二句以上をそのまま続けたものが過半数を占め、必然的に本歌と同趣向の歌となる。つまり新しい風情を創造する本歌取りでなく、ややもすれば全くの模倣歌に堕しやすい。また掛詞の用い方も、単純の感がある[6]。京歌壇の模倣の結果、歌集の作者部分を伏せると、北条氏ほか武士の歌を、公家・僧侶の歌から見分けることすら困難になった。

しかし北条氏の和歌はおおむね質朴であり、一部には切実な生活感も見られる。そして形式と伝統にしばられていようとも、なかには歌人の個性・感情を読みとることのできる作品があるのではあるまいか。そして記録・古文書には現れない、人となりを感じることができるのではないか。そこで北条氏の歌を『新編国歌大観』の歌番号をもとに、表の形にした。人名の順序は時代別でなく、『北条氏系譜人名辞典』[7]の系図により、北条氏を七流に分けた。一三勅撰集に入集者六五名、四三五首、私撰集・歌合については管見の限りでは一八集、六七名、一〇三七首が検出できた。重複歌を完全に数えることはできなかったが、それらを引くと約一四三四首となる。ただし、筆者の胸にひびかない武士の和歌については、表に示すだけで、叙述しなかった。紙幅の関係で「新勅撰和歌集」は「新勅撰集」のように略した。

玉葉集	続千載集	続後拾遺集	風雅集	新千載集	新拾遺集	新後拾遺集	新続古今集	合計
正和元(1312)	元応2(1320)	正中2(1325)	貞和2・正平元(1346)	延文4・正平14(1359)	貞治3(1364)	至徳元・元中元(1384)	永享11(1439)	
1(1897)	1(490)	1(685.836?)注①		2(227.1829)	1(1738)			21
7(52.208.216).639.721.958.2452)	7(99.158.408.801.1291.1555.2135)	3(313.443.614)	1(877)	2(385.2288)				25
							1(1283)	1
								1
1(2115)								1
								1
1(2137)	4(231.641.1444.1564)							6
	1(1525)							1
6(648.874.1867.2012.2527.2646)	10(116.246.700.1193.1225.1292.1310.1485.1621.1850)	5(135.189.894.1062.1152)	1(790)	4(433.1174.2118.2266)	1(240)			37
	1(1998)							1
5(273.367.738.907.1147)	8(129.452.1277.1454.1667.1719.2012.2054)	3(301.553.790)	2(603.1021)	2(1865.1935)		1(907)	3(136.1341.1416)	27
1(434)	4(276.484.1105.2038)	3(205.436.832)	1(920)	2(236.1695)				11
	1(473)							3
1(133)								1
1(941)	2(800.1985)	1(1104)						4
1(886)	1(419)							3
1(882)	1(2066)							2
	1(1614)	1(1083)						2
	1(1886)	1(437)						2
		1(908)						1
	1(1490)							1
2(2018.2806)	1(404)	1(1208)		1(1319)				17
1(1078)		1(377)						7
			1(1484)		3(658.1277.1362)			13
	1(1702)	1(1334)						2
2(1444.2029)	1(1725)	1(311)		1(2234)	3(438.1212.1644)			22
	1(1833)							5
								2

表１　北条氏勅撰集入集歌数

北条氏諸流	系統	歌集名	新勅撰集	続後撰集	続古今集	続拾遺集	新後撰集
		成立年	文暦元(1234)	建長3(1251)	文永2(1265)	弘安元(1278)	嘉元2(1304)
1.得宗流		泰時	3(569.1152.1260)	3(1059.1074.1150)	5(652.865.1612.1645.1840)	3(81.539.1176)	1(1370)
		貞時					5(76.246.562.886.1256)
		貞国					
2.時房流	佐介系	時親			1(1555)		
		時綱					
		盛房					1(1021)
		時元		1(1432)			
		貞資					
	大仏系	宣時				3(426.847.1183)	7(176.280.406.508.1198.1263.1494)
		宣時女					
		宗宣					3(343.967.1435)
		維貞					
		時遠(時方)				1(1185)	1(1274)
		宣直					
		宗直					
		宗泰					1(985)
		貞房					
		貞直					
		貞宣					
		時英					
		泰氏					
	時村系	時村(行念)	5(1036.1096.1120.1196.1263)	2(496.965)	2(456.887)	1(944)	2(386.1150)
		時広			3(782.1535.1818)	1(1218)	1(1427)
		時広妻(注②)			2(1082.1626)	4(480.950.964.1181)	3(305.1143.1287)
		時香					
		資時(真昭)	5(265.321.530.854.1272)	3(483.887.1305)	4(621.974.1171.1713)	2(901.1036)	
	時直系	時直			2(409.1427)	1(875)	1(1228)
		清時				2(307.933)	

玉葉集	続千載集	続後拾遺集	風雅集	新千載集	新拾遺集	新後拾遺集	新続古今集	合計
	2(1484.1931)	1(748)		1(1381)				4
								1
2(705.2677)	4(472.798.1093.1925)	2(1103.1296)	1(1454)	2(267.2132)		2(476.601)		29
1(1923)								1
1(1907)								1
	1(1702)	1(1334)						2
1(1887)								1
								1
	1(1238)							1
	1(655)							1
	1(1983)							1
	1(1723)	1(887)		1(1810)				3
2(929.1370)	1(1452)	1(259)	1(1417)	1(2286)		1(492)		16
2(760.1338〔新後撰〕)								12
								1
1(2033)	1(372)		2(1425.1835)					7
					1(1877)	1(1056)		2
		2(587.908)	1(1549)		1(955)	2(723.1098)		6
								4
								2
	1(838)	1(807)						2
1(2462)	1(1709)	1(1014)			1(498)			9
								1
2(727.2128)								3
3(1322.1465.2463)								3
4(475.1208.1218.1697)	1(1101)	1(456)	1(427)	2(593.2119)	4(497.1233.1442.1855)	3(869.1047.1305)		40
1(2432)	2(181.1650)	1(665)	1(1175)					14
1(465)								2
3(339.1404.1866)								4
	1(2090)							1

北条氏諸流	系統	歌集名	新勅撰集	続後撰集	続古今集	続拾遺集	新後撰集
		貞俊					
		時藤					1(1277)
3.朝時流		公朝			4(501.1142.1817.1852)	6(501.542.597.621.638.1207)	6(90.372.641.1148.1296.1333)
		公篤					
		朝貞					
		時香					
		円朝					
		時賢(賢性見性)					1(697)
		時見					
		時有(注③)					
		時夏(夏時カ、注④)					
		貞宗					
4.重時流		重時	2(701.1048)	3(352.400.722)	2(371.570)	2(92.1132)	
		長時		2(801.1056)	5(374.705.931.1098.1767)	2(509.708)	1(898〔玉葉〕)
		義宗				1(641)	
		久時					3(582.1033.1415)
		守時女					
		英時					
		時茂			2(1534.1592)	1(653)	1(1420)
		時範					2(449.1539)
		範貞					
		義政			1(1587)	3(521.877.1255)	1(1222)
		忠時				1(620)	
		時治(時春)					1(1104)
		国時(時国)					
5.政村流		政村	1(1318)	3(184.1069.1218)	13(272.299.406.878.972.1152.1299.1324.1364.1532.1620.1709.1816)	6(151.305.390.454.1234.1253)	1(785)
		時村				3(285.683.846)	6(173.326.766.1049.1255.1440)
		為時(時定)		1(843)			
		熙時					1(848)
		時仲					

玉葉集	続千載集	続後拾遺集	風雅集	新千載集	新拾遺集	新後拾遺集	新続古今集	合計
	1(1584)							1
2(747. 2526)	3(617. 1124.1887)							8
1(1922)	3(569. 1096.1554)							4
1(1973)	2(630. 1056)							4
1(610)	1(1174)							2
5(241.321. 776.1145. 2574)	6(159.787. 805.1518. 1556.1974)	4(147.332. 563.979)		1(506)	1(820)			19
1(1840)	1(1582)							2
34	40	24	11	13	9	6	2	
67	83	39	13	22	16	10	4	
							総入選歌数	435

表1
出典
『新編国歌大観』一　勅撰集編(角川書店　1983年)

注
①春時とあるが誤りである。福田秀一「中世私撰和歌集の考察」(『文学・語学』15、1960年)。しかし、朝臣としないので、泰時とは考えられない。
②平親清の女。「続古今集」(静嘉堂本) に相模七郎妻とある。
③時有は3人いるが、『尊卑分脈』の注記により、朝時流、公貞の子とした。
④夏時 (宗長の子) の誤りか。『尊卑分脈』の夏時の注に「続千作者」とある。

11545.11743.11833.11858.11863.11888.11904.11934.11940.11956.12001.12167.12286.12367.12372.12394.12424.12453.12500.12666.12679.12718.12724～5.12778.12851.12926～7.12961～2.13069.13159.13161.13177.13185.13195.13254.13525.13635.13662.13856.13867.13955.14135.14155～6.14284～6.14291.14338～9.14392.14427.14594.14782.14964～5.15084.15098.15109.15122.15136～7.15171.15193.15281.15327～8.15531.15548.15605.15642.15667.15675.15697.15718.15720.15728.15836.15891.15969～71.16089.16120.16165.16345.16346.16456.16537.16549.16629.16774.16815～6.16860.16907.16922.16970.17029.17052)
⑤「人家集」9(491～499)「人家集」は作者別構成であり、10巻中2巻(僧、女子)を残す。従って北条氏では公朝と時広妻のみ。
⑥a「人家集」20(134～153)。(『新編国歌大観』六　私撰集編II　角川書店　1988年)。
b「一遍上人絵伝」24段　1(『日本の絵巻』20　中央公論社　1988年)。

c「資賢集」1(1072)(『図書寮叢刊』　明治書院　1977年)。

d「二八明題和歌集」上下　9(『図書寮叢刊』　明治書院　1979～80年)。

e『明題和歌全集』　7(1-664.4-701.9-534.11-110.11-119.11-366)。なお、「題林愚抄」と『明題和歌全集』は、室町時代初期に成立した類題歌集であり、他の北条氏の歌も再録している(三村晃功編　福武書店　1976年)。

f「和歌題林愚抄」　4(1243.3942.5088.8432)(『新編国歌大観』六　私撰集編II　角川書店　1988年)。

g「和漢兼作集」　3(298.434.853)(『新編国歌大観』六　私撰集編II　角川書店　1988年)。

h「別本和漢兼作集」　3(593.594.595)(『新編国歌大観』六　私撰集編II　角川書店　1988年)。
⑦時国は、弘安7年(1284)に誅されており、「続現葉集」の「現存歌人の歌を集める」方針に反するので、別人の可能性がある。

北条氏諸流	系統	歌集名	新勅撰集	続後撰集	続古今集	続拾遺集	新後撰集
		貞熙					
		政長				2(402.879)	1(1472)
		時敦					
		重村					1(819)
7.有時流		通時					
		斉時(初名時高)					2(1221.1528)
		時邦					
	歌集別	歌人数	5	8	13	19	26
	歌集別	歌数	16	18	46	45	54
		総歌人数	65				

［付記］ 表１、表２の校訂にあたっては、名古屋和歌文学研究会編『勅撰集付新葉集作者索引』『私撰集作者索引』『私撰集作者索引　続編』（いずれも和泉書院　1986年、1996年、2004年）に助けられること大であったが、なお誤りのあることを恐れる。

＊659頁より続く

表２

出典

①「万代集」「夫木抄」は『新編国歌大観』私撰集編（角川書店　1984年）。
②「秋風抄」「秋風集」「雲葉集」「現存和歌六帖」「新和歌集」「東撰和歌六帖」「閑月集」「拾遺風体集」「柳風抄」「続現葉集」「松花集」「臨永集」「六華集」は『新編国歌大観』六　私撰集編Ⅱ（角川書店　1988年）。
③「宗尊親王百五十番歌合」「三十六人大歌合」は『新編国歌大観』十　歌合他編（角川書店　1992年）。
④「拾遺現藻集」は小川剛生編「拾遺現藻和歌集　本文と研究」（三弥井書店　1996年）。
⑤「明恵上人集」は『新編国歌大観』４　私家集編Ⅱ（角川書店　1986年）。
⑥「如願法師集」は『私家集大成』４　中世Ⅱ（明治書院　1975年）。
⑦「越前々司平時広集」は『私家集大成』４　中世Ⅱ（明治書院　1975年）。
⑧「権中納言実材卿母集」は時広妻の母の歌集。『私歌集大成』４　中世Ⅱ（明治書院　1975年）。

注

①（　）内の数字は、各出典の歌番号、〔　〕内は重複入撰歌を示す。
②時兼は５人いるが、「新和歌集」の成立時と、各人の生没年により、朝時流朝時の子と判断した。
③時成は時房流時盛の子、時房流資時の子、朝時流篤時の子の３人がいるが、篤時の子と判断した。
④236(15.220～3.514.701～3.783.1089～90.1125～8.1179.1206.1497.1753.1765.1779.1884～5.2081～2.2169.2194.2201.2334.2473～4.2541.2638.2791.2875.2893.3148.3286.3356.3421.3477.3665.3787.3965～6.4210.4283.4342.4703～4.4849～50.4959.4968.5022.5438.5792～3.5861～2.6020.6053.6803～5.6826～8.6877～9.6970.7041.7132.7425.7431～8.7761.7769～70.7888.7997.8199.8269.8296.8348.8489.8817.8941.8957.8990.8999.9010.9147.9217.9220.9240.9328.9451.9684.9735.9744.9770.9911.10005.10019.10144.10148.10337.10469.10489.10502.10536.10544.10573.10580.10652.10681.10688.10694～5.10699.10780.10959.11065.11176.11255.11311.11394.

三十六人歌合	閑月集	拾遺風体集	柳風抄	夫木抄	拾遺現藻集	続現葉集	臨永集	松花集	六華集	その他	合計
弘長2年(1262)	弘安4～5年(1281～82)	乾元元年～嘉元2年(1302～04)	延慶3年(1310)	延慶3年(1310)頃	元亨2年(1322)	元亨3年(1323)	元弘元年(1331)	元弘元年(1331)	貞治3年(1364)以後		
		1(36)		3(868.1175.6637)					3(58〔夫木抄〕.1261〔続古今〕.1549〔雲葉〕)	「明恵上人集」3(127〔続古今〕.130.133)、出典⑤参照	26
											1
		1(186)	6(6〔玉葉〕.24.52.75〔玉葉〕.83.86〔玉葉〕)注①						2(393.707)		9
				1(7038)							1
					2(339.366)						2
			1(39)			1(251)			1(1039)		3
			1(19)								1
	6(41.201.241.301.392.502)	6(22.53.57〔続千載〕.180.363.526)	3(22.72.111)	1(11490〔現葉〕)	8(55.93.222.325.462.526.566.755)	6(48.209.351.391.423.489〔風雅〕)			5(117〔玉葉〕.123〔新古今〕.141〔玉葉〕.263.1179)		45
									1(1056)		1
						4(61.293.398.532)					4
		1(416)									1
		3(162〔東撰和歌六帖〕.320.523)	1(66)								4
					2(675.803)						2
					1(496)		3(178.378.407)	2(107.165)			6
											1
											10
		1(91)									1
			1(9)								1
			1(30)								1

表 2　北条氏私撰集・歌合入集歌数

北条氏諸流	系統	歌集名	万代集	秋風抄	現存和歌六帖(残欠本)	秋風集	雲葉集	新和歌集	宗尊親王百五十番歌合	東撰和歌六帖(残欠本)及び抜粋本(重複あり)
	系統・名	成立年	宝治２年(1248)	建長２年(1250)	建長２～３年(1250～51)	建長３年(1252)	建長５～６年(1253～54)	正嘉２年～正元元年(1258～59)	弘長元年(1261)	弘長元年～文永２年(1261～65)
1.得宗流		泰時	1(281)〔玉葉〕			1(1079)	3(567〔続千載〕.864〔続古今〕.972〔続古今〕)			11(3.79.108.131.139.146.178.249.370.388.420)
		経時						1(465)		
		貞時								
2,時房流	左介系	時親								
		時綱								
		時元								
	大仏系	朝直								
		宣時(初名時忠)							10(25.55.85.115.145.175.205.235〔新後撰〕.265.294)	
		宗宣								
		維貞								
		貞房								
		宗泰								
		宗泰女								
		貞直								
		時仲								1(177)
		時遠							10(13.43.73.103.133.163.193.223.253.282)	
		時朝								
		宣直								
		直俊								

三十六人歌合	閑月集	拾遺風体集	柳風抄	夫木抄	拾遺現藻集	続現葉集	臨永集	松花集	六華集	その他	合計
		1(118)									1
							1(521)				1
						1(403)	3(224.268.334)	3(94.210.261)			7
		1(284)									1
		1(286)									1
	2(313.405)	1(476)									34
									1(149〔玉葉〕)		20
										「平時広集」183、出典⑦参照	193
										「人家集」9(491～499)注⑤「権中納言実材卿母集」31、出典⑧参照	40
											1
						1(342)					1
	2(74.346)										17
	2(322.399)										14
					1(480)	3(154.386.590)	4(179.275.533.698)	1(88)			9
										「如願法師集」1(428)	1
									1(1752)		1

北条氏諸流	系統	歌集名	万代集	秋風抄	現存和歌六帖（残欠本）	秋風集	雲葉集	新和歌集	宗尊親王百五十番歌合	東撰和歌六帖（残欠本）及び抜粋本（重複あり）
		泰房								
		貞宣								
		時英								
		隆貞								
		時成								
		資時（真昭・真照）	5(904〔続後拾遺〕.2320.2755.3112.3363)							26(18.31.89.92.104.110.135.136.142.143.165.169.183.184.232.235.256.262.291.298.304.308.313.320.363.399)（重複あり）
	時村系	時村（行念）								19(11.38.104.119.213.233.257.276.286.299.311.318.338.339.340.421.444.468)
		時広							10(11.41.71.101.131.161.191.221.251.280)	
		時広妻								
		時隆								1(216)
		時香								
	時直系	時直							10(9.39.69.99.129.159.189.219.278)	5(19.93.182.251.387)
		清時							10(15.45.75.105.135.165〔続拾遺〕.195.225.284)	2(154.332)
		貞俊								
3.朝時流		朝時								
		時長								

三十六人歌合	閑月集	拾遺風体集	柳風抄	夫木抄	拾遺現藻集	続現葉集	臨永集	松花集	六華集	その他	合計
5(11番右122〔新後拾遺〕.124.126.128.130)	2(433.504)	15(8.20.39.115.159.225.237.239.328.351.382.400.432.481.502)		236(注④参照)					5(161.494.1389.1737.1802)	48(所載歌集は注⑥参照)	337
		1(120)									1
											1
						2(297.563)					2
					2(124.597)	3(383.559.630)					5
			1(59)								1
		1(286)									1
					1(521)						1
					1(115)						1
		3(132.172〔玉葉〕.173)							1(239)		56
5(12番右132.134.136.138.140)	2(228.259)	1(51)									34
		1(518)	2(94.109)								3
						1(309)	8(37.94.215.417.445.462.520.706)	5(65.84.170.196.246)			14
						1(485)					1
							5(35.90.165.622.756)	2(182.237)			7
				1(7284)							2
							2(237.511)	1(122)			3
											10

北条氏諸流	系統	歌集名	万代集	秋風抄	現存和歌六帖(残欠本)	秋風集	雲葉集	新和歌集	宗尊親王百五十番歌合	東撰和歌六帖(残欠本)及び抜粋本(重複あり)
		公朝				1(602)			9(6.36.66.96.126.156.186.216.246)	16(9.37.51.60.64.96.148.149.208.210.224.243.285.368.369.434)
		公時								
		時兼(注②)						1(651)		
		公恵								
		政雄								
		公篤								
		時成(注③)								
		時夏								
		時夏母								
4.重時流		重時	8(282.614.1392.1401.1422〔玉葉〕.2385.2469〔玉葉〕2730)	2(49.156)	10(86.105.115.204.533.553.649.726.769.849.〔拾遺風体〕)	1(239.732？)	1(406〔続後拾遺〕)			30(7.20.34.35.57.58〔風雅〕.59.89.107.127.130.137.139.155.156.179.192.201.206.242.269.272.281.287.288.330.382.457.458.477)
		長時	3(596.1124.2275)	1(271〔4歌集と重複〕)	2(442〔4歌集と重複〕.770)	1(1080)	1(194〔4歌集と重複〕)	2(461.677)		16(24.40.43.92.129.133.135.142.193.214.234.261.278.329.389.437)
		久時								
		英時								
		守時								
		守時女								
		時範	1(28)							
		範貞								
		義政							10(26.56.86.116.146.176.206.236.266.295)	

三十六人歌合	閑月集	拾遺風体集	柳風抄	夫木抄	拾遺現藻集	続現葉集	臨永集	松花集	六華集	その他	合計
											2
		4(60.318.326.350)	1(119)								5
		1(517)				1(594)注⑦					2
5(16番右172.174.176.178.180)	3(177.242.427)	1(279)		4(4721.9382.11914.11945)					1(1780〔続拾遺〕)		42
		1(19)									1
	4(186.206.240.411)	1(489)									5
					1(760)		1(742)				2
					1(555)						1
		1(177〔東撰和歌六帖〕)									10
											4
			1(129)								1
					1(751)						1
		3(90.126.441)	2(42.89)			7(111.292.304.385.431.503.560〔新拾遺〕)			3(346.694.1794)		15
						2(243.572)	2(199.264)				4
3	8	23	12	6	11	13	9	6	11	5	
15	23	51	21	246	21	33	29	14	24	244	
										総入選歌数	1037

北条氏諸流	系統	歌集名	万代集	秋風抄	現存和歌六帖(残欠本)	秋風集	雲葉集	新和歌集	宗尊親王百五十番歌合	東撰和歌六帖(残欠本)及び抜粋本(重複あり)
		忠時								2(257.485)
		時治(時春)								
		国時(時国)								
5.政村流		政村	3(1094.1848.3417)				1(953)			24(8.81.83.88.100.113.128.138.189.241.242.262.271.272.302.305.343.344.392.397.411.428.475.479)
		時村								
		政長								
		重村								
		重村女								
6.実泰流		実泰								9(23.73.124.132.140.185.218〔現存和歌六帖〕.263.445〔拾遺風体〕)
		実時								4(376.379.380.384)
		顕実								
		貞儀								
7.有時流		斎時(初名時高)								
		春時								
	歌人数		6	2	2	4	4	3	7	14
	歌数		21	3	12	4	6	4	69	164
	総歌人数	67								

＊註記は651頁参照。

一　得宗流

北条泰時以前

北条時政が源頼朝と詠みかわしたという連歌が、「菟玖波集」一九六四にあるが、これは伝説に近い。また義時は、自分の山荘で将軍実朝臨席の歌会を催したりしているが、[8]作品は残っていない。

北条泰時　寿永二年〜仁治三年（一一八三〜一二四二）

泰時は北条一族で最初の勅撰集入集歌人である。一〇の勅撰集に二一首、八の私撰集に二三首が残る。勅撰集の作品は、率直であり、自分の目で見たものを歌う。

七夕の朝　「続後撰集」一〇五九　平　泰時朝臣

あけぬともあまのかは霧たちこめてなほ夜をのこせほしあひのそら

だいしらず　「続古今集」一六一二　平　泰時朝臣

山がわのこほりやうすくむすぶらんしたにこのはぞ見えてながるる

次の贈答歌は、高弁との深い心の交流を感じさせる。

高弁上人に申しつかはしける　「続古今集」一八四〇　平　泰時朝臣

おもひやるこころはつねにかよふともしらずや君がことづてもなき

返し　同一八四一　高弁上人

人しれずおもふこころのかよふこそいふにまされるしるべなるらめ

道理を尊んだと伝えられる泰時の人物像そのままの歌がある。

（述懐の心を）「続拾遺集」一一七六　　平　泰時

尋ぬればことわりはなしとにかくに人のなげきをわがうれへつつ

題しらず　「勅撰集」一一五二　　平　泰時

世の中に麻は跡なくなりにけり心のままの蓬のみして

後者は、のちのち奉行人の心がけとして、よく引用された(9)。

「吾妻鏡」仁治二年（一二四一）三月十六日条によると、泰時は評定が終り、人々が帰った後、一人残り、庭の落花を見て、

事しけき世のならひこそ懶けれ花の散らん春もしられす

と詠じた。泰時は五十九歳、死の前年である。一生、まじめに政務に励んで、心身ともに疲労を感じていたのであろう(10)。

承久の乱後、九条頼経を将軍に迎えると、殿上人・陰陽師らが鎌倉に下り、将軍御所はもうひとつの朝廷をめざして、儀式が増え、歌会・連歌会も多くなった。

北条時氏　建仁三年～寛喜二年（一二〇三～三〇）

泰時の子時氏は、六波羅探題北方であった安貞元年(11)（一二二七）、藤原定家ほか四人の歌人を招いて百句連歌を催している。時氏は二十五歳であった。連歌は残っていない。

北条経時　元仁元年～寛元四年（一二二四～四六）

将軍御所歌会には出席しているが[12]、和歌は宇都宮歌壇集である「新和歌集」に一首残るのみ[13]。経時の室（宇都宮泰綱の娘）が危篤になり、穢れをさけるため、他所に移すときの詠である。

北条時頼　安貞元年〜弘長三年（一二二七〜六三）

兄経時と同様、将軍歌会には参加しているし[14]、「尊卑分脈」には「歌人賦和歌百首」とあって、歌は作ったのであるが、残っていない。時頼は渡来僧の蘭渓道隆、同兀庵普寧にふかく帰依していた。また清原教隆に命じて「本朝文粋」に加点させた。あるいは、子時宗と同じく、硬質な漢詩文を好んだのかもしれない。

北条時宗　建長三年〜弘安七年（一二五一〜八四）

時宗が招聘した渡来僧のなかには、なかなかの高僧が含まれている。時宗の個人史は、かなりの部分でこれらの僧の賛・法語によって知られる。時宗は明らかに和歌よりも漢詩文を好んだ。従って和歌は残っていない。

北条貞時　文永八年〜応長元年（一二七一〜一三一一）

二十三歳で平頼綱を倒し得宗専制を強化した貞時は、正応五年（一二九二）三島社一〇首を勧進するほか[15]、歌会や連歌会を主催した[16]。貞時自身も六勅撰集に二五首入選、「拾遺風体集」に一首、「柳風抄」に六首（うち三首は「玉葉集」と重複）、「六華集」に二首載せられている。歌は巧みであるが、公家風である。

（百首歌たてまつりし時、花）

おなじ心を　「新後撰集」春下　七六　　平　貞時朝臣

山たかみかさなる雲のしろたへにさくらもまがふ春のあけぼの

暁霧といふことを　「玉葉集」秋下　七二一　　平　貞時朝臣

空まではたちものぼらで有明の月におよばぬ峯の秋ぎり

北条高時　嘉元元年～正慶二・元弘三年（一三〇三～一三三三）

和歌は一首も残されていない。

以上、北条氏家督八名のうち、歌人と呼べるのは泰時と貞時のように思われる。時頼・時宗のように好みが和歌に向かわぬ場合もあるが、摂家将軍・親王将軍が定例行事として催す歌会が、反得宗的な集団となりうることを、代々の得宗が警戒していたためもあろう。「増鏡」（第七　北野の雪）は、宗尊親王が将軍を廃された原因を、武家歌人たちと宗尊親王との睦まじさとしている。

二　北条時房諸流

時房は蹴鞠をよくし[17]、歌会に出席し[18]、連歌の秀句もつくっているのであるが[19]、和歌は一首も残っていない。時房は子が多く、その子時盛（佐介流祖）と朝直（大仏流祖）も子だくさんであったので、時房の子孫は北条氏随一の分流をとげた。佐介系、大仏系、時村系、時直系の四つに分けて、歌人を拾っていく。

1　佐介系

北条時親　？～文永十年（？～一二七三）

越後守時盛の子北条時親。「吾妻鏡」に越後右馬助時親として、寛元三年（一二四五）から文永三年（一二六六）まで、三二回現れる。「続古今集」に一首、「夫木抄」に一首（「人家集」散逸部分からとられた）入集している。文永三年「宗尊親王当座和歌会」（鎌倉での最後の歌会）に出席。[20] 弘長元年（一二六一）七月七日に催された「宗尊親王百五十番歌合」[21]に一〇首を残す散位時親がいるが、これは北条時親であろうか。上述したように北条時親は寛元三年からすでに右馬助であり、「宗尊親王百五十番歌合」には左馬助清時もおり、北条時親であれば、右馬助時親と表記されたであろうから、散位時親は大友時親であろう。大友時親は、文永三年十一月に冷泉為顕から「和歌大概」を授けられている歌人である（奥書による）。

湊夕立といふことを　「続古今集」雑上　一五五五　平　時親

夕立のまだ過ぎやらぬ湊江の葦の葉そよぐ風の涼しさ

北条時元　?～正中二年（?～一三二五）

時国の子で佐介系の傍流。三勅撰集に計六首、「柳風抄」「続現葉集」「六華集」に各一首採られているから、北条氏としては中くらいの入撰数であるが、歌は平凡である。

（題しらず）　「新後撰集」雑中　一四三二　平　時元

にごり江の葦まにやどる月みればげにすみがたき世こそしらるれ

2　大仏系

北条朝直　建永元年～文永元年（一二〇六～六四）

時房の四男であるが嫡子となった。嘉禄元年（一二二五）、藤原秀能（如願）を招いて歌会を催している。秀能はたった四年前の承久の乱で、朝廷方の大将であり（ただし実戦に参加した形跡はない）[22]、敗れて熊野に逃げ出家。以後、在俗当時から才を認められていた和歌に生きた人物である。[23] 朝直は建長三年（一二五一）、政村邸で行なわれた当座三百六十首継歌《つぎうた》（続歌）[24]に出席している。和歌は「柳風抄」に一首見えるのみ。

北条宣時　（初名時忠）　暦仁元年～元亨三年（一二三八～一三二三）

朝直の嫡子であり、二十八歳で引付衆となってから六十四歳で連署を辞し出家するまで、蒙古襲来、霜月騒動、平頼綱の滅亡などを経験した。八十六歳の長寿を保つ。政争の渦中にいたのに、歌風は素直である。元執権最明寺入道時頼が、夜、一人で酒を飲むのは寂しいと思った時、宣時を呼んだというから（「徒然草」二一五段）、好青年であったのであろう。[25] その歌には京歌壇では排除される臨場感がある。八勅撰集に計三七首入集、二十四歳の時「宗尊親王家百五十番歌合」で北条義政と一〇首を競い（「新後撰集」と重複一）、「閑月集」六、「拾遺風体集」六（「続千載集」と重複一）、「柳風抄」三、「夫木抄」一（散逸した「現葉集」から採られた）、「拾遺現藻集」[26]八、「続現葉集」六（「風雅集」と重複一）、「六華集」五、計四五首が残っている。「柳風抄」三　秋　七一～七三に冷泉為相家での歌合がみえ、宣時・京極為兼が参会しているが、宣時には上洛した記録がないから、この歌会は、京極為兼が関東に下った延慶三年（一三一〇）に鎌倉で催されたものであろう。

海辺千鳥といふ事を　「風雅集」冬　七九〇　　平　宣時朝臣

はるかなるおきの干潟のさ夜千どりみちくるしほに声ぞちかづく

夏歌中現葉　「夫木抄」雑　一二四九〇　　平　宣時朝臣

たびごろも立ちよるいそのまつかげにすずしくかよふ袖のうらかぜ

恋の歌にすぐれている。寂莫の趣きがある。

（題しらず）「続拾遺集」恋二　八四七　平　宣時朝臣

ぬるがうちにしばしなぐさむ心かなさめてはゆめと思ひしれども

（恋歌の中に）「新後撰集」恋六　一一九八　平　宣時朝臣

さのみやはつらさにたへてながらへむかぎりある世の命なりとも

長寿のためであろう、老いを歌う事が多い。とくに宣時が八十五歳の時編纂された「拾遺現藻集」の八首は老残というべきか、弱々しい。

（題しらず）「新千載集」雑下　二一一八　平　宣時朝臣

何ゆゑに過ぎしむかしを忍ぶぞと心にとへば思ひ出もなし

題しらず「続後拾遺集」雑中　一〇六二　平　宣時朝臣

いにしへは思ひもしらずあかつきのね覚は老のつらさなりけり

宣時が元亨三年（一三二三）六月三十日、死亡した折には、すでに六十四歳で連署を辞し、出家していたにもかかわらず、朝廷は奏事・議定を止めて弔問せられ、後宇多法皇及び後醍醐天皇は関東に弔問の院宣を遣わされた。上述したように、宣時には上洛した記録はない。泰時・時頼にも例のない優遇であって、宣時が朝幕の間に重きをなしていたことが分かる。(27) 宣時は単純な歌人ではなく、重厚な政治家であったのであろう。

北条宗宣　正元元年～正和元年（一二五九～一三一二）

宣時の長男で大仏系の嫡流である。幕府要職を歴任し、連署、執権にいたる。八勅撰集に二七首、「六華集」に一首を残した。数は多いがほとんどが類型的である。次の一首は例外。

野径霜をよみ侍りける　「玉葉集」冬　九〇七　平　宗宣朝臣

草のうへは猶冬がれの色見えて道のみしろき野べの朝霜

付記　『新撰国歌大観CD―ROM版』『勅撰集編』『私撰集編Ⅰ』によると「野径霜」は二首しかないから、例外といってよいであろう。

外村展子氏は、次の歌を「少しぎごちないが率直で武家歌人らしいよみぶりである」[28]と評する。

（述懐の心を）　「新後撰集」雑中　一四三五　平　宗宣

あずさ弓心の引くにまかせずはいまもすぐなる世にやかへらん

宗宣は歌会を主催したりもしている[29]。

北条維貞　弘安八年～嘉暦二年（一二八五～一三二七）

宗宣の嫡男で、父と同じく幕府の要職についた。五勅撰集に一一首、「続現葉集」に四首採用。王朝風ではあるが、流麗である。

夏歌とて　「玉葉集」夏　四三四　平　維貞

しげりあふこのしたつづくみ山ぢはわけ行く袖も涼しかりけり

盧橘を　「続後拾遺集」夏　二〇五　平　維貞

たちばなのにほひをさそふ夕風に忍ぶむかしぞ遠ざかり行く

北条宗泰　生没年未詳

宣時の子の宗宣・宗泰・貞房・貞宣四人は、各々幕府の要職につき、大仏系は鎌倉末期、繁栄した。宗泰は三勅撰集に三首、「拾遺風体集」に三首、「柳風抄」に一首、入撰する。

落葉を　「玉葉集」冬　八八六　平　宗泰

おちつもるこの葉ばかりのよどみにてせかれぬ水ぞしたにながるる

3　時村系

北条時村（行念法師）　?〜嘉禄元年（?〜一二二五）

時房の次男であるが、承久二年（一二二〇）、弟資時（二十二歳）とともに出家、[30]法名行念。弟は法体で政務に参画しつづけたが、行念は五年後、おそらく二十代後半で死亡するまで「吾妻鏡」に現れない。藤原定家と師弟の関係を結んだ。[31]九勅撰集に一七首、それも死亡後百三十四年すぎた「新千載集」にまで採用されている（これは資時、重時、義政、政村などにも共通することであるが）。行念が定家に提出した歌稿があってそれが御子左家の子孫に伝えられたのであろうか。「東撰和歌六帖」の残存部分に一九首、「六華集」に一首。哀愁を含んだ夭折歌人である。

（題しらず）　「新勅撰集」雑一　一〇三六　行念法師

むめがかのたがさとわかずにほふ夜はぬしさだまらぬはるかぜぞふく

（春雨）　「東撰和歌六帖」『続群書類従』一一九　行念法師

野も山もひとつにそむる春雨にぬれてつれなき谷の埋木

北条時広　貞応元年〜建治元年（一二二二〜七五）

時村の子。五勅撰集に七首入集。弘長元年（一二六一）の「宗尊親王百五十番歌合」では散位時親（大友か）と組んで十番をつがえている。弘長元年九月六日、関東の卿相雲客四十余人による老若の歌合の時、老方の講師を勤めた。若方の講師は、寂恵（安倍範元）であった[32]。文永三年（一二六六）の「宗尊親王当座和歌会」に参加[33]。また私家集「越前々司平時広集」が残っている。総歌数一八三首で晩年（五十四歳没）自撰したと推定される。「時広集」は、北条氏で唯一残った私家集であるが、特にすぐれた歌集ではない[34]。おそらく鎌倉武士歌人の何人かは、自撰集を編んでいたが、散逸したのであろう。

北条時広妻　生没年未詳

史料上の通称は平親清女である。「続古今集」一〇八二（静嘉堂本）に「相模七郎妻」とあり、「尊卑分脈」の平親清女に「号佐分、続古作者」とある。時広の正妻は資時の娘であるから、側室であろう。五勅撰集に一三首、「人家集」に九首、「権中納言実材卿母集」に三一首（うち四首は読み方によっては、別人の作）が残っている。実材卿母は平親清女の母である。母は白拍子の出身で、平親清との間に一男五女を儲けたのち、西園寺公経の妾となり、その五男である実材を生んだ。家集がある。その娘たちにも「平親清四女集」「平親清五女集」がある。そのほか平親清女妹の歌もある。平親清女の歌が四女集、五女集に見えないので、別人であるらしい。母娘の歌はすべて都ぶりである[35]。

北条資時（真昭・真照）　正治元年～建長三年（一一九九～一二五一）

時房の三男。上述したように承久二年、兄時村とともに出家、法名は真昭（真照）。遁世したのではなく北条氏では実質的に最初の評定衆となった。天福元年（一二三三）藤原定家を訪れ、その歌才を認められた[36]。九勅撰集に二二首、四私撰集に三四首（「東撰和歌六帖」『続群書類従』春の部では真眼法師と書く）。「吾妻鏡」に資時が現れるのは、ほとんど将軍歌会の出席者としてである。

（別恋）「玉葉集」恋二　一四四四真昭法師

ゆくもぬれとまるもしほる袖なればきぬぎぬにこそ月もわかるれ

（翌朝、別れの涙でぬれた二人の袖にそれぞれ映っている月も別れることになる。）

のように、技巧をこらした作が大部分を占める。叙景歌がいくつかある。

（秋田）「東撰和歌六帖」中川本　三三〇真昭

入り日さす田面のほなみかたよりて一方に吹秋の夕風

上述した如願（藤原秀能）が、判明するだけで三回真昭に会って詠歌している。うち一首は、承久の乱での敗将如願が熊野で出家した翌年、高野山に出てきて、真昭に出逢った時のものである。(37)

4　時直系

北条時直　生没年未詳

時房の子。宗尊親王の和歌近習であった。四勅撰集に五首、二私撰集と一歌合に一七首採用。「宗尊親王百五十番歌合」では「東撰和歌六帖」の撰者である有力歌人後藤基政を相手として一〇首を詠む。上述の「宗尊親王当座和歌会」に参加。

（卯花）「東撰和歌六帖」夏　九三平　時直

夕月夜ほのかに見えて小倉山木のしたかげにさける卯花

北条清時　生没年未詳

時直の嫡子。勅撰集二首、二私撰集に各二首、宗尊親王百五十番歌合に参加。

冬歌の中に　「閑月集」冬　三一二　　平　清時

夜のほどはふるともしらでまきのとをあけてぞ見つるけさのはつゆき

旅の心を　「閑月集」羈旅　三九九　　平　清時

はるばるとわけいる野べのゆくするにかすむやさとのけぶりなるらん

率直、単純な詠みぶりである。

北条貞俊　生没年未詳

清時の孫。三勅撰集に四首、四私撰集に九首。

新後撰集にもれてよめる　「続千載集」雑中　一九三一　　平　貞俊

いたづらに心ばかりはよすれどもまだ名をかけぬ和歌の浦波

「新後撰集」は十六年前の奏覧。武家歌人にとって勅撰集に入集することが、どれほど誇らしいことであったかがよく分かる。冷泉為相《ためすけ》・京極為兼ら、京から下って鎌倉の歌壇師範となっている公家たちに詠草を渡して、勅撰集編集の候補に加えるよう依頼したのであろう。

三　朝時流

北条朝時の子孫を名越流という。朝時は父義時にもっとも愛され、得宗家に対抗する力を持った。しかし宮騒動、二月騒動と討伐をうけ、その後は得宗家の下に雌伏した。名越流全体として積極的に詠歌活動がされていたとは、史料上には窺知しえない。

朝時　建久四年～寛元三年（一一九三～一二四五）

朝時には如願（藤原秀能）との贈答歌がある[38]。

公朝　？～永仁四年（？～一二九六）

三条実文の子であったが、寛元三年（一二四五）以前、朝時の養子となった。実文は官人としては栄達が遅く、不才不遇な人物だったようで、評定衆であった幕府の重鎮朝時にわが子を託したのであろう[39]。通称は詫麻僧正（鎌倉の地名宅間谷に由来する）。弘安五年（一二八二）、一遍が片瀬（神奈川県藤沢市）の堂にいる時、書状と和歌一首を送っている[40]。正応五年（一二九二）鎌倉に住みながら園城寺別当となった。九勅撰集に二九首、一六私撰集・歌合に三三七首。これは「夫木抄」に二三六首あるためである。「夫木抄」の撰者勝間田長清は、公朝の家集を入手していた（詞書に家集とあるのが二九首ある）[41]。「夫木抄」は一七、三〇〇首余りを収めるから、藤原定家・為家などの歌数はもっと多いが[42]、関東歌人としては随一である。歌枕、掛詞を駆使した歌が多い。「柳風抄」に一首も入撰していないので、柳風（幕府の風体）の意味から、公朝が北条氏や幕府の仏事を司る立場にあり、鎌倉僧界において主導的存在であったが、あくまで僧として扱われていたと考えられる。宗尊親王と親しく、宗尊親王の鎌倉追放の後、切々たる和歌を贈っている（「拾遺風体集」離別　二二五　二三七）。

次の歌は諧謔を交えつつ、武士を風刺しており、公朝が主観的にも、北条朝時の子ではなく、公家風僧であったことを示す。

六帖題　虎　　「夫木抄」雑九　動物部　一二九二七　　同〈権僧正公朝〉

もののふのたちしりざやのとらのをはこの国にてもふまばおそろし

一首を記す。

（題しらず）「新後拾遺集」雑春　六〇一（「三十六人大歌合」一二一から採用）　前大僧正公朝

おのがすむこしぢの花はまださかじいそがでかへれ春のかり金

和歌の世界では政治は稀にしか歌われないが、「閑月集」に三首、蒙古襲来に関する歌があり、その一つが公朝作である。

法眼源承すすめ侍りし十五首歌に、神祇「閑月集」四三三　法印公朝

かみかぜやふきもたゆまぬこの秋ぞうみのほかなるまもりをもしる

「夫木抄」の歌は、歌会での題詠がほとんどで、一三六首、いずれも平凡である。

四　重時流

北条重時　建久九年～弘長元年（一一九八～一二六一）

義時の三男。寛喜二年（一二三〇）六波羅探題として上洛、十七年在職した。兄の執権泰時の信任が厚く、御成敗式目の添状は重時に宛てたものであった。重時は公家たちとの関係を円滑にしようと文化的素養を磨き、藤原定家から和歌や「源氏物語」を学んだ。子孫にも歌人が多い。宝治元年（一二四七）三浦氏が討伐され、その一カ月後、鎌倉に戻り、執権時頼（二十一歳）の補佐役として連署に就任（五十歳）。「六波羅殿御家訓」と「極楽寺殿御消息」の二家訓を残した。重時の子孫は極楽寺流と呼ばれ、幕府滅亡にいたるまで、得宗家に協力的であった。一〇勅撰集に

一六首、八私撰集に五六首が残る。「東撰和歌六帖」には、三〇首残っており、北条氏一門のなかで、もっとも多い。

題しらず　「風雅集」雑上　一四一七（「東撰和歌六帖」五八から採られたのであろう）　平　重時朝臣

はつ草は下にもゆれど片岡のおどろが上の雪はけなくに

（桜）「東撰和歌六帖」春　二四二　平　重時朝臣

またさかばちるてふこともうかるべし花のえだをれ春の山かぜ

題不知　「万代集」六　冬　一三九二　平　重時朝臣

あまつそらくもたちさわぐやまかぜにおとすさまじくふるあられかな

ほとんどが平明な作品であるが、「花の枝折れ」や「おとすさまじくふる霰かな」に武将・政治家としての重時を読み取ることができよう。

北条長時　寛喜二年～文永元年（一二三〇～六四）

重時の嫡男で、誕生の翌年、父の六波羅探題就任に伴い上京。二十五年間を京で過ごす。文字通りの京育ちである。時頼が出家したため、二十七歳で執権となる。得宗家以外から初の就任であった。しかしこれは時頼の嫡子時宗がまだ六歳であったため、「眼代《がんだい》」（代理）としてであって、実権は時頼にあった。時頼は七年後に死亡したが、その翌年、長時も三十五歳でこの世を去った。五勅撰集に一二首、一〇私撰集・歌合に三四首入撰。作風は温和淡雅であって、素質のよさを示している。次の歌は「続拾遺集」「秋風抄」「秋風集」「雲葉集」「現存和歌六帖」、五歌集に採用されている珍しい例である。

落花をよめる　「続拾遺集」雑春　五〇九　平　長時

さらでだにうつろひやすき花の色にちるをさかりと山風ぞ吹く

北条義政　仁治三年～弘安四年（一二四二～八一）

重時の子、長時の弟。極楽寺流の傍流。三十二歳で執権時宗の連署となった。その翌年、文永の役が起る。第二回の蒙古襲来に備えて、建治元年（一二七五）には高麗遠征が計画され、同二年から石筑地の建造が始まる。緊迫した情勢のさなか、建治三年、義政は病気を理由に突然出家遁世し、所領の信濃国塩田庄に引き籠ってしまった。政治的原因はいろいろ推定されているが、詠草をみると繊細で屈折しており、抗争をしぶとく切り抜けていく政治家の印象はない。四年後、信濃で死亡した（四十歳）。七勅撰集に九首、「宗尊親王百五十番歌合」に時忠（宣時）と組んで一〇首残る。

月歌とて　「続古今集」雑上　一五八七　平　義政

いつまでとこころをとめてありはてぬ命まつまの月を見るらん

（夢をよませ給うける）「玉葉集」雑上　二四六二　平　義政

夢ならでまたはまこともなきものをたがなづけけるうつつなるらん

北条英時　？～正慶二・元弘三年（？～一三三三）

最後の執権であった久時の子。守時の弟。元亨元年（一三二一）から幕府の滅亡まで十二年間、鎮西探題を勤めた。四勅撰集に六首、三私撰集に一四首入集。守時の娘も伯父英時と共に九州に行き、二勅撰集に各一首、二私撰集に七首を残している。二条派の総師為世の弟子浄弁は、嘉暦の末頃（一三二八～二九）、九州に下って、英時と大友貞宗に三代集（古今・後撰・拾遺集）を伝授した。[43] 当時、関東歌壇は冷泉為相が滞在して、反二条派が優勢であったので、二条派は鎮西探題府を中心とする北九州に新天地を求めたのであろう。浄弁撰かとされる「臨永集」には九州在住の武士の詠が多い。英時の歌は二条派流で平明である。

（深夜月といふ事を）「続現葉集」秋上　三〇九　平　英時

みねたかきふもとの里はほかよりもふけてや月の影をみるらん

五　政村流

北条政村　元久二年～文永十年（一二〇五～七三）

政村は義時の四男で、母は後妻伊賀氏であった。二十歳の時、父が急死し、伊賀氏は実子の政村を執権に擁立しようとして失敗した（伊賀氏の変）。政村は兄泰時の厚情により連座を免れた。この経験から、政村は幕府内で終生、慎重で控えめな態度をとり続けた。四十二歳で時頼邸での「深秘の沙汰」（寄合の始まり）に加わる。蒙古襲来という多難な時期に連署・執権・連署として若年の時宗を補佐し、文永の役の前年、六十九歳で死亡した。政村は一二勅撰集に四〇首（北条一族で最多）、七私撰集・一歌合に四二首入撰している。本歌取りを得意とすると同時に、新鮮な発想がみられる。「東撰和歌六帖」一二四首には、叙景歌が多い。弘長三年（一二六三）、政村は自邸で一日千首探題を行なった。十七人が参加し、午前八時頃開始。火ともしごろ以前に詠み終った。二日後、真観（藤原光俊、「続古今集」「現存和歌六帖」「秋風集」の選者。鎌倉歌壇の指導者の一人）の合点（採点）が披露された。勝者には懸物（賞品）が与えられ、点のない者には縁側に箸のない膳が用意され、箸なしで食べる姿をみて、満座大笑いであった[44]。鎌倉での歌会はこのように娯楽でもあった。

夕顔のさけるを見てよめる　「続古今集」夏　二七二　平　政村朝臣
みちのべのはにふのこやのほどなきにあまりてかかる夕がほのはな
老人述懐といふことを　「続古今集」雑中　一七〇九　平　政村朝臣
いにしへはよのうきばかりおぼえしにおいをかさねて身をなげくかな
中務卿宗尊親王家百首歌に　「風雅集」夏　四二七　平　政村朝臣
夏山のしげみがしたに滝おちてふもとすずしき水のおとかな
（紅葉）　「東撰和歌六帖」中川本　三四三　政村
つくばねのこのもかのものしげみ迄時雨にもれず紅葉しにけり

政村流以後

政村の嫡流、時村・為時・熙時・貞熙は各々歌を詠んだ。時村の弟政長系では、政長・時敦・重村が歌人である。総じてかなりの歌を残しているが、重村以外は省略する。

北条重村　？～元徳元年（？～一三二九）

政村の孫。三勅撰集に四首、二私撰集に二首を残す。金沢称名寺釼阿の知人伊達乗一房[45]から「詞華抄[46]」を借り出し[47]、歌道を学んでいたことが知られる。

題しらず　「玉葉集」雑一　一九七三　平　重村
さやけさはたがすむ宿もかはらじと月にむかひて思ひこそやれ

六　実泰流

北条実泰　承元二年～弘長三年（一二〇八～一二六三）

義時の子。二十一歳で垸飯の大役を勤め、二十三歳で小侍所別当になった。順調な昇進である。二十六歳の時、子実時が十歳で元服したが、「吾妻鏡」によると、元服の儀式は泰時邸で行なわれ、父実泰がどこにも登場しない。半年後、実泰は病を理由に出家し、実時が家督と小侍所別当職を継いだ。「明月記」は実泰が誤って腹を突き切り、幾度となく意識を失った。狂気の自害かという噂を記す。(48) 神経症によるもののようである。その後、五十六歳で死亡するまで、ひっそりと暮らした。二私撰集に一〇首が残る。

（桜）　「東撰和歌六帖」春　二一八　　平　実泰

ふくかぜにさけばかつちる山ざくらさかりもしらで春やすぐらん

（題しらず）　「拾遺風体集」冬一七七　（「東撰和歌六帖」中川本　四四五と重複）　　平　実泰

山かぜにあられおちちる玉島のこの河上に深雪ふるらし

法名は浄仙であるから、すべて二十七歳までの作品で、清新、哀切である。外村展子氏は、「「東撰和歌六帖」は『続群書類従』の春部と、抜粋した中川本しか残存しないので、雑部が発見されでもしたら、冴えた述懐歌などがありそうだ」と評する。

北条実時　元仁元年～建治二年（一二二四～七六）

実時は北条氏随一の学者であると同時に、執権経時・時頼・時宗のブレーンとして、幕府の内紛と蒙古襲来に対処した政治家でもあった。京都から下向した清原教隆に「群書治要」の訓読をうけ、「令義解」「律」「本朝続文粋」等を入手していた。また舅の北条政村に導かれながら、王朝文化の世界にも関心を深めた。建長元年（一二四九）正月八日、実時は政村所持の藤原定家自筆「古今集」を書写した(49)。実時が河内本「源氏物語」を所持したことは、その奥書から知られるのみならず、「源氏物語」の注釈書「異本紫明抄」をみずから編纂するほどであった(50)。十一歳から五十二歳まで、政治と学問に精励したのち、文永の役の翌年、六浦に隠退する。

イカニ不便ニ思者ニテ候ヘトモ、ソノ器量タラサル者ニハ、大事ヲキカセ、物ヲ申合ナトスル事ハアルマシキ事ニテ候、帰リテ□□ソノ者カ為ニモアタニ成候也、

タ、政ト申候ハ賞罰ヲカタク明カニ行フヨリホカノ事ナク候也、

これは隠退した年の末、九州へ異国征伐の大将軍として下る子息実政に与えた書状の一部である(51)。有名な重時家訓より政治性が高度で厳しい。実時の和歌は「東撰和歌六帖」に四首残るのみ。彼の一生を概観すると、和歌が優れていなくともやむを得ないであろう。

実泰流は金沢家と呼ばれる。実時以後、顕時、貞顕と鎌倉有数の文化人がいたが、この流で勅撰集に入集した者は一人もいない。

七　有時流

義時の子有時を祖とする一門で伊具家と呼ばれた（所領陸奥国伊具庄＝現宮城県坂井市にちなむ）。一門の数は多いのだが、北条庶子家の中では家格が低かった。

北条通時　生没年未詳

有時の子。二勅撰集に二首入集。

題しらず　「玉葉集」秋上　六一〇

なく虫の声もみだれてきこゆなり夕かぜわたるをかのかやはら　　平　通時

北条斉時（初名時高）弘長二年～元徳元年（一二六二～一三二九）

通時の子。将軍久明親王の和歌近習。六勅撰集に一九首、四私撰集に一五首残る。

佐夜中山をこえ侍りけるに朝霧ふかく侍りければ　「新拾遺集」羇旅　八二〇（「続現葉集」五六〇と重複）　平　斉時

明けぬとて麓の里は出でぬれどまだ霧くらきさよの中山

八　鎌倉時代末期

正応二年（一二八九）、持明院統で十四歳の久明親王が将軍として迎えられた。久明親王は和歌を好み、延慶元年（一三〇八）京に送還されるまでの十九年間、度々歌会を催した。表1・表2で分かるように、北条氏の勅撰集、私撰集入集歌人数は、鎌倉末期に増加している。和歌は盛行していたが、武家歌人としての特色は、ますます薄れていった。京歌壇は旧態依然として発展がなく、北条氏はそれに追従した。ただ「玉葉集」「風雅集」の京極派二勅撰集は、異色・清新と称せられる。京極為兼撰の「玉葉集」の北条諸氏入撰数は暫増しており、変化はない。また京極派の風をうけた花園院の監修のもとに光厳院が撰した「風雅集」は、北条氏滅亡後の成立であるから、北条諸氏の歌数が減じていて、当然である（表1）。

一方、鎌倉時代初期から余興として行なわれていた連歌が、地下連歌（花の下連歌）という独自のジャンルとなる。鎌倉時代の連歌集は編まれたが、残存しない。南北朝時代の延文二年（一三五七）に成立した最古の連歌集「菟玖波集」は、基本方針として北条一族を除いているが、元応二年（一三二〇）、鎌倉の花の下で行なわれた一日一万句連歌の一部その他を収めている。[52] 花の下連歌は「よろずのもの」に開放されており、忍んで聞いていた無名の者にも付句が許された。またそうでなくては一日一万句はできないであろう。建武新政後、堂上連歌とは異なった鎌倉様連歌が京都に進出した。建武二年（一三三五）の二条河原落書は「京鎌倉ヲコキマセテ一座ソロハヌエセ連歌、在々所々ノ歌連歌、点者ニナラヌ人ソナキ」と、連歌の流行を記す。[53]

井上宗雄氏は「地下の人々にとって自らの「卑賤」な生活や心情は所詮歌にならぬ世界であったし、またそれを自らの手で詩化することは到底不可能であった（それらの高度なる芸術化に成功したのは更に三世紀半を下った蕉風俳諧においてであろう）。[54]」という。

筆者は和歌をたしなまないため、「新古今集」の伝統を踏まえる、優麗で古歌のつづら折りのような歌への共感ができず、自分なりの視点で歌を撰んだため、叙景歌・旅歌の引用が多くなってしまった。また紙幅の関係で、①北条氏以外の武家歌人（たとえば宇都宮歌壇）との交流。②京から下った歌道師範たち。③各歌集の選者・特徴。を述べることができなかった。

おわりに

師もなく和歌の友もなく、和歌史の大海に乗り出した私に、私の探している私撰集は、ほとんど『新編国歌大観』に出ていること（なんと言う初歩的知識）をお教えいただいた久保田淳先生、綿密な校訂を加えてくださった山野清二郎先生、どんな質問にもただちに答えてくれた「北条氏研究会」の仲間たちに、深く感謝する。

〔注〕

（1）「勅撰作者部類」（建武四年〈一三三七〉）の「作者異議」（『八代集全註』三巻　有精堂出版　一九六〇年）による。
（2）「古来風躰抄」（岩波文庫『中世歌論集』一九三四年）。
（3）「六百番歌合」（『新編国歌大観』五　歌合編その他　角川書店　一九八七年）。
（4）「和歌秘伝抄」（岩波文庫『中世歌論集』一九三四年）。ただし農事でも「早苗」「早苗とる」は夏の詞書として、認められていた。『新撰国歌大観CD—ROM版』（角川書店　一九九七年）によると『勅撰集編』及び『私撰集編Ⅰ』のみで、六二首ある。この場合の早苗は、苗代の意味ではなく、田植え作業の一環として詠まれる。風物詩の一部として、認められていたか（保立道久「和歌史料と水田稲作社会」二一五頁『歴史学をみつめ直す』校倉書房　二〇〇四年参照）。
（5）三の題詠および四の前半は、久保田淳『新古今和歌集　上』解説（新潮日本古典集成　新潮社　一九七九年）による所が大きい。
（6）西畑実「武家歌人の系譜——鎌倉幕府関係者を中心に——」（『大阪樟蔭女子大学論集』10　一九七二年）。

(7)北条氏研究会編『北条氏系譜人名辞典』(新人物往来社　二〇〇一年)。
(8)「吾妻鏡」建永元年(一二〇六)二月四日条。
(9)流布本「十六夜日記」の長歌の裏書として伝えられている永仁六年(一二九八)三月一日の跋文には、藤原俊成の娘(実は孫で俊成の養女となった)が、播磨国越部庄(現兵庫県たつの市)について地頭と争ったとき、泰時に訴えて
君ひとり跡なき麻のみをしらは　残る蓬かかすをことはれ
と詠んだので「ひやうぢようにもをよばず、廿一かでうの地とうのひはうをみなと〆められけり」(「いさよひの日記」『群書類従』一八　五二八頁)とのエピソードがある。この裏書は阿仏尼またはその近親が書いたものとされるが、和歌の功徳談で、そのままには信じがたい。
(10)同歌は「秋風集」一〇七九にも収められている。
題しらず　　平のやすときの朝臣
ことしげき世のならひこそ物うけれ　はなのちりける春もしらずて
「春もしらずて」の方が原型であろう。「吾妻鏡」の編纂は、「秋風集」の成立より遅い。
(11)「明月記」安貞元年(一二二七)閏三月二十九日条(国書刊行会　一九一二年)。
(12)「吾妻鏡」延応元年(一二三九)九月三十日条。経時はこの時十六歳。
(13)「新和歌集」四六五(『新編国歌大観』六　私撰集編II　角川書店　一九八八年)。
(14)弘長元年(一二六一)七月十二日、宗尊親王が時頼の最明寺邸で詠歌を行なう(「吾妻鏡」)、その他。
(15)「夫木抄」五一〇詞書(『新編国歌大観』六　私撰集編II　角川書店　一九八八年)。「拾遺現藻集」五五四詞書。
(16)「菟玖波集」巻二〇　発句　二〇三九「平貞時朝臣家の連歌に」(金子金治郎『菟玖波集の研究』風間書房　一九六五年)。
(17)「吾妻鏡」正治元年(一一九九)十一月十八日条その他。

(18)「吾妻鏡」建保元年（一二一三）二月一日条。
(19)「吾妻鏡」寛喜二年（一二三〇）三月十九日条。
(20)「吾妻鏡」文永三年（一二六六）三月三十日条。
(21)「宗尊親王百五十番歌合」は、宗尊親王をはじめとする三十名の歌人を左右に分け、二人ずつ組み合わせて一五〇番詠むので、計三〇〇首、各人一〇首になる。伝本のすべてが公朝作一三八番右歌（二七六）を欠くため、各人の歌番号が、二七六以降は一つずつ繰り上がる。三〇名中、北条氏は七名を占める。
(22)『女人・老人・子ども』（『日本の中世』4　細川涼一執筆分　二三三頁（中央公論新社　二〇〇二年）。
(23)「如願法師集」五五四　詞書（『私家集大成』4　中世Ⅱ　明治書院　一九七五年）。
(24)「吾妻鏡」建長三年（一二五一）二月二十四日条。継歌（続歌）とは、三〇首、五〇首など一定数の題を短冊に書き、参会の人々がそれを探り取って次々と詠み、それを一括するため綴じ合わせるという歌会の和歌詠進方法の一つである。継歌は建保五年（一二一七）十二月二十五日の「吾妻鏡」に初出、南北朝時代から室町時代にかけて盛んに行なわれた。
(25)石井進氏はこのエピソードを「北条一族中、将来有望な若手として目をかけていた宣時を呼んだ」と理解される。この解釈のほうが、時頼の政治性を感じさせる（『鎌倉びとの声を聞く』ＮＨＫ出版　二〇〇〇年）。
(26)小川剛生『拾遺現藻和歌集　本文と研究』（三弥井書店　一九九六年）。同書は田中穣氏旧蔵　国立歴史民俗博物館現蔵の孤本である。刊本をお贈りくださった川島孝一氏に深謝する。
(27)「花園天皇宸記」二　元亨三年七月十三日条（『史料纂集』続群書類従完成会　一九八四年）。
(28)外村展子『鎌倉の歌人』（かまくら春秋社　一九八六年）。
(29)「続千載集」一二　恋二　一二〇二に「平宗宣朝臣よませ侍りし住吉社卅六首歌に、おなじ心を」の詞書がある（『新編国歌大観』一　勅撰集編　角川書店　一九八三年）。

(30)「吾妻鏡」承久二年(一二二〇)正月十四日条。
(31)「明月記」嘉禄元年(一二二五)十二月七日条。
(32)「寂恵法師文」5オ　尊経閣文庫所蔵。宝永三年(一七〇六)透写本の孤本である。書写、解読していただいた同文庫主幹菊池紳一氏のご厚情に深謝する。
(33)注(20)に同じ。
(34)「越前々司平時広集」(『私家集大成』4　中世II　明治書院　一九七五年)。
(35)「権中納言実材卿母集」「平親清四女集」「平親清五女集」はともに『私家集大成』4　中世II(明治書院　一九七五年)に収める。同書解題および井上宗雄『鎌倉時代歌人伝の研究』「第四章　実材卿母をめぐって」(風間書房　一九九七年)による。
(36)「明月記」天福元年(一二三三)年四月二十一日条。
(37)「如願法師集」六四〇・七〇二・八七四　各詞書(『私家集大成』4　中世II　明治書院　一九七五年)。
(38)「如願法師集」四二七、四二八　各詞書。
(39)中川博夫「僧正公朝について——その伝と歌壇的位置——」(『国語と国文学』七一六号　一九八三年)。
(40)三枝暁子「『一遍聖絵』成立の背景」(『遙かなる中世』一八　二〇〇〇年)。『一遍聖絵』とほぼ同内容を伝える『一遍上人縁起』では、この部分に続いて、「此人は園城一流の知徳として、柳営数代の護持をいたす、和漢の好士、優色の名人なるを」とある。「此人」公朝が「柳営」幕府の「護持をいたす」とあることは、本文で述べた僧公朝の実像と一致する。また「和漢の好士」とあるが、別本「和漢兼作集」には、公朝の詩四編が見出される。公朝は僧侶という身分からしても、相当漢詩文に親しんでいたのではないかと推察される。
(41)以上の公朝についての叙述は、注(39)同論文によるところが大きい。なお表2以外で公朝を載せる歌集と入撰歌数については、表2　注⑥参照。

(42)名古屋和歌文学研究会『私撰集作者索引』（和泉書院　一九九六年）。
(43)尊経閣文庫蔵浄弁筆拾遺集奥書。正慶二年（一三三三）正月十五日。井上宗雄『中世歌壇史の研究――南北朝期――』三一五頁（明治書院　一九六五年）。
(44)「吾妻鏡」弘長三年（一二六三）二月八日・十日条及び「寂恵法師文」5ウ。寂恵は安倍範元。百首詠んで二〇余首合点で、点者真観を除けば、一位であったと誇る。「寂恵法師文」については、注(32)参照。
(45)伊達乗一房については、永井晋氏のご教示による。
(46)「詞華抄」とは顕昭著「詞華集註」（詞花集抄とも）寿永二年（一一八三）成立であろう。「詞花和歌集」の一部に註釈と考証をほどこした本。
(47)尊経閣文庫蔵金沢文庫本「古語拾遺」裏文書（『鎌倉遺文』㉜二四三五一号）。
(48)「明月記」天福二年七月十二日条。
(49)「武田本奥書」福田秀一『中世和歌史の研究』鎌倉中期和歌史略年表による（角川書店　一九七二年）。
(50)堤康夫「「異本紫明抄」編者に関する一考察――清原教時との関係を中心に――」（『国学院雑誌』八八―一　一九八七年）。
(51)北条実時書状写（称名寺釼阿所持本「聯句集」紙背　金沢文庫展示図録「北条実時」による）。『中世政治社会思想』上（岩波書店　一九七二年）所収　北条実時家訓（石井進校注）を参考とした。貫達人「北条実時の置文について」（『三浦古文化』二八　一九八〇年）によると、実時書状の写しがまずあって、その紙裏を使って、「聯句集」が書かれていると改めている。
(52)「菟玖波集」二〇五五（金子金治郎『菟玖波集の研究』八八五頁　風間書房　一九六五年　所収）。
(53)「建武記」（『大日本史料』第六編之一　建武元年八月是月条）。『国史大辞典』建武記項（森　茂暁執筆）により、建武二年とした。

(54)井上宗雄『中世歌壇史の研究――南北朝期――』三九二頁(明治書院　一九六五年)。

中世都市鎌倉の発展

——小袋坂と六浦——

永井　晋

はじめに

武家の都鎌倉に関する研究は、高柳光寿氏・赤星直忠氏執筆の『鎌倉市史　総説編』（鎌倉市史編纂委員会　一九五九年）・『鎌倉市史　考古編』（鎌倉市史編纂委員会　一九五九年）が基本文献となる。また、都市鎌倉の境界を鋭くえぐった石井進「都市鎌倉における地獄の風景」（『御家人制の研究』　一九八一年）をこれに加えてよいであろう。六浦についても、関靖著『金沢文庫の研究』（講談社　一九五一年）や石井進「中世六浦の歴史」（『三浦古文化』四〇号。一九八六年）を基本としてよい。

中世都市鎌倉の都市圏と、現在の市町村制による鎌倉市の枠組みは異なっている。戦後の歴史学を牽引してきた原動力のひとつである自治体史の編纂は、行政区画を枠組みの基本としている。地域史を研究する者は戦後の行政区画が生み出す無意識の断層を意識しないと、中世社会における地域の枠組みを誤認する恐れが多い。鎌倉と六浦についていえば、拡大を続けた中世都市鎌倉が鎌倉中期に六浦津を領域の中に呑み込んだにもかかわらず、鎌倉と六浦の歴史は連動する別の地域として叙述されてきた。

近年の中世都市鎌倉の研究をみると、源義朝の時代までを扱った野口実「頼朝以前の鎌倉」（『古代文化』四五―九号　一九九三年）・岡陽一郎「義朝以後の鎌倉――三浦一族との関係から――」（『三浦一族研究』八号　二〇〇四年）、鎌倉幕府成立後の都市史を扱った秋山哲雄「都市鎌倉における北条氏の邸宅と寺院」（『史学雑誌』一〇六―九号　一九九七年）・山村亜希「中世都市鎌倉の空間構造」（『史林』八〇―二号　一九九七年）・岡陽一郎「泰時以前の鎌倉――都市鎌倉の点描――」（『鎌倉』八八号　一九九九年）・斎木秀雄「出土遺物からみる鎌倉の開発」（『国立歴史民俗博物館研究報告』一一八集　二〇〇四年）のように、都市鎌倉を発展段階にあわせて分析する研究が進んでいる。教養書ではあるが、五味文彦・馬淵和雄編『中世都市鎌倉の実像と境界』（高志書院　二〇〇四年）に収録された諸論文や河野真一郎「政権都市鎌倉」（『中世都市研究』九号　二〇〇四年）は、都市鎌倉の枠組みを鳥瞰したものといえよう。特に、河野真一郎が長年の発掘調査の印象を「例えば、都市に中核部があって、その周辺部があって、さらに境界領域があって、その都市から吐き出されたようなものがある同心円的な広がりをもっていたかというと、どうもそうではなくて、都市の境界領域を抜けると、もう都市的な世界は途切れてしまうのではないかと思います」と述べたことは、鎌倉とその周辺地域との関係を考える際に重要な示唆を含んでいる。六浦についても、金沢区の区史『図説　かなざわの歴史』（金沢区役所　二〇〇一年）が刊行されたことで、はじめて全体像が提示された。六浦庄は中世都市鎌倉の一部であると同時に境界領域であり、中世都市鎌倉を考える上で周縁からの目線という貴重な分析視覚を与える。

上記の研究動向の上で、本稿が中世都市鎌倉のもつ求心力と膨張の論理と、その論理が六浦に与えた影響を述べることができれば幸甚である。

一　頼朝以前の鎌倉と六浦

今小路西遺跡の発掘により、鎌倉郡衙は御成小学校周辺と考えられるようになった。古代の地方行政機関である鎌倉郡衙の衰退は、十世紀と考えられている(1)。律令国家体制から王朝国家体制への移行の中で、地方組織も律令体制下の郡郷制から中世的な郡郷制へと移行する。その過程の中で、鎌倉郡衙が歴史的使命を終えたと考えて問題ないだろう。

王朝国家体制のもとで、鎌倉を勢力圏に組み込んだ地方豪族は、桓武平氏の鎌倉党や三浦氏と考えられている。鎌倉時代に千葉氏の周辺で発展した『平家物語』の異本『源平闘諍録』第一「桓武天皇より平氏一胤事」は、「是に因て、良文鎌倉の村岡に居住す」・「（良文の）四男忠道、村岡の平大夫、村岡を屋敷と為て、鎌倉・大庭・田村を領地す。鎌倉の先祖是なり」と記している。村岡は相州村岡と武州村岡を有力な比定地とするが、『源平闘諍録』は相州村岡説を採用し、鎌倉党の由緒を上記のように説明する。(2) この所伝に従えば、三浦氏・鎌倉党の祖となる村岡良文が鎌倉に隣接する高座郡村岡に館を構えたことになる。相州村岡を核に一族が発展したと考えれば、衣笠城や大矢部を本拠地とする三浦氏が杉本城の和田氏や武州久良岐郡の平子氏を生み出したことは理解しやすいであろう。鎌倉党も、村岡の西側に鎌倉（甘縄）・梶原・大庭・懐島・豊田と一族を発展させていったと理解することができる。両流の分布をみると、鎌倉は両勢力の境界となる。

平忠常の反乱を鎮圧するために坂東に進出した平直方が鎌倉に館を建てたのは、ここが古代の官道の通る空白域となっていたためだろう。しかし、平直方は平忠常の降伏を受け入れずに、追討を強硬に主張したために解任され、弓馬の芸に秀でた源頼義を娘婿に迎える事で武門の家として体面を保とうとした。この婚姻により、平直方の鎌倉館は外孫源義家へと相伝されていくことになる。(3)「奥州後三年記」には、源義家に従って寛治元年（一〇八七）九月から金沢柵を攻めた三浦為次・鎌倉景正の逸話が収められている。また、前九年合戦に勝利した後、源頼義は康平六年（一〇六三）八月に石清水八幡宮を鎌倉に勧請したと「吾妻鏡」は伝える。(4)「百錬抄」寛治五年（一〇九一）六月十二日条が伝えるように、前九年・後三年合戦に勝利した源義家の名声は、河内源氏を都の武者を代表する存在に成長させた。しかし、奥州十二年合戦の勝利の果実は藤原清衡の掌中に納まり、河内源氏の奥州進出は失敗した。また、河内源氏は京都周辺で内訌を繰り返し、伊勢平氏に台頭の機会を与えてしまった(5)。その結果、河内源氏は摂関家に仕える都の武者として、かろうじて地位を維持するところまで落ち込むことになった。岡陽一郎が武家の都鎌倉の原点を源義朝の時代に求めるように、この時期の河内源氏は鎌倉から手を引いていたと考えてよいだろう(6)。

元永元年（一一一八）、下総守として任国に赴いた源仲正とその嫡子頼政は、源義親追捕のため、越境して常陸国に軍勢を進めた。この追捕は義親与党を捕えたものの、越境と焼討ちが耳目を集めた(7)。下河辺氏が摂津源氏の家人に加わったのは、この頃と思われる。その後、下河辺庄は八条院領となり、「八条院――源頼政――下河辺氏」の縦系列の人脈が形成されることになった。これにより、下河辺庄は摂津源氏が坂東に打ち込んだ楔となった(8)。

河内源氏と鎌倉との関係が再び表れてくるのは、源義朝の世代である。元木泰雄は、廃嫡された源義朝が、摂関家に仕える都の武者として振舞った源為義とその後継者達から離れ、鳥羽院に接近して源氏の故地鎌倉を本拠地に坂東の地方豪族を組織しようとしたと考えている。岡陽一郎も、武家の都鎌倉の原点を源義朝の時代に求めている(9)。源義朝・義平父子は、相馬御厨事件・大庭御厨事件・大蔵合戦といった一連の事件で、国衙と荘園の開発領主との対立、有力豪族の内訌といった地方の紛争に武力で介入して解決する調停者の役割を演じた(10)。また、源義朝の長子義平を婿君に迎えた三浦氏や、義朝・頼朝の二代の乳母を勤めた中村庄司宗平の一族は、鎌倉に本拠を構えた河内源氏を積極的に支持する立場をとった。源義朝が大庭御厨事件で攻撃した大庭景宗も、鎌倉悪源太を通称とするようになった源義平が大蔵合戦で討った源義賢の支持者河越能隆も、八幡太郎義家に従って奥州合戦を戦った坂東の有力豪族の末裔である。源義朝が彼等を抑えつけたことで威信を誇示したことは、源義朝が八幡太郎義家程に坂東の有力豪族を束ねていない事を示している。特に、坂東を舞台とした内訌となった大蔵合戦は河内源氏の分裂を決定的なものとしてしまった。[11]

馬淵和夫は、源義朝時代の鎌倉について、「天養記」に「鎌倉之楯」とみえる源義朝の館を亀谷(現在の寿福寺)とし、荏柄天神社・佐助稲荷・御霊社(権五郎神社)・祇園天神社が境の鎮守であった事、朝比奈と山内に巨大な防塁の確認されることを指摘している。[12] ただ、街道の出入口を塞いでその中の要地に館を構えただけの源義朝の時代に、都市の境界を示す四至と呪術的な防御が必要であったかといえば否であろう。

九条兼実が日記「玉葉」に記した「鎌倉城」は、源頼朝の時代に発展した防御施設のことと考えられている。[13] 三浦氏の一族杉本義宗の杉本城は、義朝の防塁の内側にあり、かつ源義朝亀谷亭とは一本道で一・八キロほどの距離にある。このことは、源義朝が鎌倉防衛のために東海道から六浦に抜ける街道の出入口を塞ぐ防御陣地を築き、かつ三浦介義明の支援を前提として鎌倉防衛を考えていたことを示している。

源義朝は保元の乱(一一五六年)で勝者の側に付いたことにより、河内源氏の代表と都で認められるようになった。しかし、父為義を謀叛人として処刑したことは、源家重代の家人の心が離れる原因となった可能性がある。「平治物語」は、源義朝を討った長田忠致を「長田庄司忠致と申は、相伝の家人なり」と伝える。重代というからには為義以前からの源家家人であるが、その子景致の「東国へ下ておはするとも、よも人下しつけ候はじ、人の高名にせんよりも、こゝにてうつて、平家の見参に入、義朝の所領一所ものこさず給か、しからずは当国をなりとも給て候はゝ、子孫繁昌にてこそ候はむずれ」という発言は、力による組織拡大をはかった義朝が敗北によって掌を返すように見限られた状況を伝えている。

平氏が権臣として振舞いはじめると、大庭御厨事件で抑えつけられた大庭景宗の嫡子大庭景親、大蔵合戦後に葛貫に拠点を下げた河越能隆の子重頼が地元で勢力を回復し、頼朝挙兵の知らせを聞いた時には鎮圧の軍勢を動かした。実力行使を繰り返して勢力拡大を図った源義朝の坂東進出は、平治の乱（一一五九年）によって破綻したと考えてよいだろう。「吾妻鏡」治承四年（一一八〇）十二月十二日条の「所素辺鄙、而海人野叟之外、卜居之類少之」は、源義朝・義平父子という主を失った鎌倉が、三浦氏と鎌倉党梶原氏・大庭氏との境界線になって寂れていた状態を表現していると考えて問題ないであろう。主なき鎌倉に、都市として発展していくための求心力を求めること自体が難しいといえる。

二　頼朝挙兵と三浦氏・鎌倉党

治承四年八月の頼朝挙兵を以仁王令旨を受けた河内源氏の挙兵と考えることは、源頼朝の物語を神話化する「吾妻鏡」の筆法をそのまま受け入れる危険をおかすことになる。

「平治物語」「源氏勢汰への事」は、平治の乱で義朝勢に加わった相模国の武者として波多野義通・三浦義澄・山内首藤俊通、俊綱父子の名をあげる。この人々のうち、頼朝挙兵に参加の意志を示したのは三浦氏のみ、波多野氏・山内首藤氏は拒否の回答をしている。その三浦氏も、石橋山合戦では合流に失敗した。源頼朝と共に石橋山合戦を戦った河内源氏の家人は、乳母の家である土肥実平以下の中村一族ということになる。伊豆国は源三位頼政の知行国で、有力在庁工藤介茂光の一族は、すでに宇治川合戦を戦っていた。工藤介茂光が頼朝挙兵に荷担したのは、挙兵の失敗を聞いた源頼政の孫有綱が藤原秀衡を頼って奥州に出奔したためであろう(14)。伊豆国の地方豪族は、工藤介茂光と平氏家人の伊東祐親の去就を見て立場を決めたと推測しても問題ないであろう。土肥実平は石橋山から敗走する源頼朝を最後まで守ったが、これは乳母子の責務といえる[15]。

鎌倉権五郎景正の故事を語り継ぐ鎌倉党は、大庭景親・俣野景久・梶原景時が頼朝追討の側にまわり、懐島景義・豊田景俊が頼朝に与したように、一族が分裂している。大庭景親が平氏の家人となったのは、平治の乱の罪を厚免されたことを恩義に感じたためと説明されている[16]。大庭景親は平清盛から伊豆国に残る源有綱追捕を命じられて帰国する際、坂東の平氏家人に軍勢催促を行う権限を与えられている。大庭景親・俣野景久兄弟は、この権限によって平氏家人を動員し、源頼朝や武田信義と戦うことになるが、梶原景時が源頼朝の逃亡を見逃したと伝えられるように、鎌倉党は惣領を中心としたまとまりをみせていない[17]。波多野氏は奥州十二年合戦で活躍した佐伯経範の末裔であり、源義朝は波多野義通の妹を妻に迎え、二男朝長が誕生した。源頼朝からみて兄の実家にあたる波多野氏は縁者の範囲内と考えてよいだろう。山内首藤氏もまた頼朝の乳母の家である[18]。波多野義常も山内首藤経俊も頼朝挙兵は参加しないばかりか、参加を求めた使者に厳しい言葉を浴びせた[19]。このような相模国の源家家人の動向をみると、八幡太郎義家以来の重代の家人という論理は、鎌倉幕府成立後に形成された共同幻想と考えてよいものであろう。源頼朝勢の隅田川渡河成功によって坂東の大勢が決定した後も、大庭景親はまだ一千騎の軍勢を率いて追討使平維盛に合流しようとしていた[20]。源頼朝が大庭方に属して石橋山合戦を戦った武士の多くを厚免したのは、厳しい態度で臨めば徹底抗戦される危惧があったためと考えてよいであろう[21]。

三　源家と鎌倉・六浦

源頼朝が鎌倉に入ったのは、治承四年（一一八〇）十月十五日のことである。それに先立つ「吾妻鏡」治承四年十月九日条には、源頼朝が亡父義朝の亀谷亭を改修して御亭にしようとしたが、狭小なので菩提寺（後の寿福寺）を建てることにしたと書かれている。[22]この翌日、大庭景義が奉行となって鎌倉御亭の修理が始められた。[23]同十二日、鶴岡八幡宮の小林郷遷宮が行われた。[24]ここに、源頼朝の居館と政務の空間を兼ねた大倉幕府と、源家の氏神を祀る祭祀と鎌倉幕府の儀礼の空間を兼ねた鶴岡八幡宮を一体にした都市鎌倉の核が形成される。

源頼朝時代の鎌倉は、化粧坂から六浦庄に抜ける東西軸（武蔵大路・横大路・六浦道）を幹線道路とした。この軸線には、源義朝亀谷亭跡・荏柄天神社・杉本観音（杉本城）・宝樹院（金沢区大道）と院政期までさかのぼる城館や寺社が並ぶ。源義朝の鎌倉楯と防塁が示す義朝時代の旧地が核となって発展を始めたと考えてよいだろう。

源頼朝の時代になって、鎌倉はこの東西軸の南側に市街が発展し始める。比企氏ゆかりの小御所・比企氏亭跡（妙本寺）、北条時政の名越山荘、安達盛長が鎌倉権五郎景正を祀る神明社を囲い込むように進出した甘縄亭などは都市鎌倉の拡大の拠点となっていった。大庭景宗の墳墓は相模国豊田庄と伝えられるが、鎌倉党の後継者と思われる大庭景親は平氏与党の罪を問われて梟首されており、鎌倉党の祖鎌倉権五郎景正や大庭景親は御霊に転換させなければ、祟り神となる危険性をもっていた。安達盛長は、鎮魂と開発拠点という二重の役割を引き受けて甘縄に進出したと考えてよいだろう。[25]

中世六浦に関する文字資料は、久安三年（一一四七）の常福寺阿弥陀堂棟札写が初見となる。この棟札写には、阿弥陀堂建立の願主内蔵武直とその縁友（妻）卜部氏の名前がみえる[26]。また、常陸国の有力豪族那珂氏の系譜には、保元二年（一一五六）に大中臣実経が源義朝から六浦庄を給わったという記述がある。河内源氏と那珂氏との関係はこれ以外認められないので、史実と認めることは留保されるが、鎌倉後期の那珂氏が義朝以来の関係を主張したことは認められている[27]。

鎌倉幕府の成立により、六浦は鎌倉の境界領域として現れてくる。「吾妻鏡」建久三年（一一九二）二月二十四日条は、「於武蔵国六連海辺、囚人上総五郎兵衛尉忠光梟首、義盛奉之」と侍所別当和田義盛の沙汰によって平氏家人上総忠光の梟首が行われたと記されている。触穢に該当する死刑の執行は、この海辺が都市として清浄を保つべき空間の外にあることを示している。六浦庄領家職は源頼朝からその子貞暁を経て仁和寺勝宝院に移っているので、源頼朝が給わった関東御領と考えることができる[28]。ただ、河内源氏の社会階層は摂関家の諸大夫である。諸大夫で領家職をもてるのは、官務小槻氏や局務中原氏といった朝廷運営の中枢に関わる専門職の文官・技官の家に限定されるので、河内源氏はこの中に入っていない。六浦庄領家職は、源頼朝が初めて給わった所職と考えてよいだろう。建保元年（一二一三）の和田合戦では、和田義盛与党に「六浦三郎・同平三・同六郎・同七郎」の名がみえる。六浦庄在住の武士と考えてよいだろう。石井進は六浦庄和田ケ谷を和田義盛の苗字の地と推定したが、推測の域を出ない[29]。

四　北条泰時と鎌倉・六浦

岡陽一郎は、尼将軍北条政子が亡くなり、北条泰時が鎌倉幕府を主導するようになった嘉禄元年（一二二五）を、武家の都鎌倉が変貌を始めた転機の年と考える[30]。嘉禄元年十二月二十日、将軍九条頼経の新造御所（宇都宮辻子御所）

移徙が行われた。[31] これに先立つ嘉禄元年十月、将軍御所移転の問題で、陰陽師安倍国道・宿曜師珍誉・地相人金浄法師など諸道の人々が議論をした。この議論は大倉御所と宇都宮辻子御所のいずれが四神相応の条件がよいかというもので、東に川、南に海（池沼を読み替える）、西に大道、北に山（鶴岡八幡宮）をもつ宇都宮辻子が最適とされた。[32] これは、形勢を重んじる宋代の江西派風水による解釈である。[33] 鶴岡八幡宮に隣接する大倉御所なら、将軍家の鶴岡八幡宮参宮に行列を編成する必要はない。しかし、将軍御所が宇都宮辻子に移転したことにより、鶴岡放生会参宮の行列が編成されるようになった。筆者が鶴岡放生会を分析した結果では、宇都宮辻子御所・若宮大路御所から参宮する行列の順路は「御所南門→若宮大路→鶴岡八幡宮」・「御所西門→若宮大路→鶴岡八幡宮」となっている。将軍御所が若宮大路沿に移転したことにより、若宮大路は将軍御所と鶴岡八幡宮をつなぐ儀礼の道として使われるようになったのである。[34] この事は、神仏の通る神聖な道として成立した若宮大路に、儀礼の道の機能が加わった事を意味している。儀礼が政治の一部であることを考えれば、このことは若宮大路が都市鎌倉を南北に走る軸線となったことを意味している。

北条泰時が元仁元年（一二二四）に亡くなった父義時の遺領を広く兄弟に分配したことで、泰時の兄弟は続々と分家を起こし、鎌倉の外周部に居館・菩提寺を建設した。極楽寺を建立した重時、常葉を本宅とした政村、六浦庄を本拠地とした実泰（実時）、名越山荘を継承した朝時である。北条泰時が継承して得宗家の本拠地として開発を始めた山内庄には、得宗家の山内亭や被官の館・寺院が続々と建立され、小袋坂を挟むものの鎌倉の延長線上に市街地が発展していったと考えてよい状況がうまれた。[35] これによって、都市鎌倉の軍事的防衛ラインとされる切通しの側に、北条氏一門の館・所領が連なっていることがわかる。その唯一の例外が、源家・北条氏と密接な関係を結び続けることによって勢力を拡大させてきた三浦一族の勢力圏であった。梶原氏・山内首藤氏が相続いで没落した後は、北条氏と三浦氏の勢力圏を通らずには鎌倉に入れない状況がうまれたと考えてよいだろう。

東側の入口朝夷奈切通しを越えた六浦庄は、金沢家初代の実泰が山越えをした白山道に面した蒲里谷（釜利谷）に館を構えたと推測されている。(36)鎌倉の入口を抑える防衛拠点として意味があるのであろう。

五　四角四境祭と鎌倉の境界

源家将軍と摂家将軍の最大の違いは、源家将軍が武家の棟梁として振舞うことを求められたのに対し、摂家将軍が鎌倉を象徴する神聖な存在として囲い込まれたことである。(37)鎌倉幕府が元仁元年（一二二四）に初めて行った四角四境祭は、将軍家を呪術的に護るために、将軍御所の四隅と都市鎌倉の四境で疫神の侵入を防ぐ陰陽道の祭祀である。

「吾妻鏡」元仁元年十二月二十六日条

廿六日、戊午、此間、疫癘流布、武州殊令驚給之処、被行四角四境鬼気祭可治対之由、陰陽権助国道申行之、謂四境者東六浦・南小壺・西稲村・北山内云々、

陰陽師安倍国道の進言に従い、鎌倉幕府は疫神の侵入を防止する四角四境祭を行った。この四境は、切通しに近いところに設定されている。注目すべきは、南側の境界として小坪が設定されたことである。四角四境祭の斎場は、後に小袋坂・小坪・片瀬・六浦に移動する。(38)網野善彦は「鎌倉の地と地奉行」（『三浦古文化』一九号　一九七六年）で、鎌倉に京都を模した都市行政の痕跡のあることを明らかにした。四角四境祭の斎場が山内庄から小袋坂に後退したことは、鎌倉幕府が都市法・都市行政を適用した「鎌倉中」の領域に、得宗家の本拠地として発展を始めた山内の市街

地が含まれることを好まなかったためと考えてよいだろう。一方、西側は稲村ヶ崎から片瀬へと拡大した。

「吾妻鏡」元仁元年六月六日条

六日壬申、晴、炎旱渉旬、仍今日為祈雨、被行霊所七瀬御祓、由比浜国道朝臣、金洗沢池知輔朝臣、固瀬河親職、六連忠業、独《イタチ》河泰貞、杜戸有道、江島竜穴信賢、此御祓、関東今度始也、此外、地震祭国道、日曜祭親職、七座泰山府君、知輔・忠業・晴賢・晴幸・泰貞・信賢・重宗等云々、又十壇水天供、弁僧正定豪令門弟等修之、

鎌倉幕府が、公家政権にならって七瀬御祓を行った事を示す最初の史料である。七瀬は鎌倉に溜まった穢れを祓う斎場なので、鎌倉を呪術的に守る四境の外側に設定される。七瀬の斎場に設定された片瀬が、四角四境祭の斎場となったことは、片瀬・江ノ島の周辺が鎌倉の境界領域として扱われるようになったことを示している。江ノ島が鎌倉を目指す船舶のランドマークであると同時に、霊場として発展を始めていた事実を考えれば、都市鎌倉の拡大を支える必須の条件である物流の拡大と無関係ではないのである。

都市鎌倉の成長を支える物流の拡大は、海の入口を充実させることになる。貞応元年（一二二二）、勧進上人往阿弥陀仏の発願を北条泰時や鎌倉の有徳人が助成し、和賀江島（和賀江津）が建設された[39]。貞応二年四月十八日に鎌倉に到着した「海道記」の作者は、「申ノ斜ニ湯井浜ニオチツキヌ、暫休テ此処ヲミレバ、数百艘ノ船ドモ、縄ヲクサリテ、大津ノ浦ニ似タリ、千万宇ノ家、軒ヲ双テ、大淀渡ニコトナラズ」と鎌倉の浜の繁栄ぶりを描写している。一方で、由比ヶ浜南遺跡の発掘から、鎌倉の浜が埋葬地であった事も明らかにされている[40]。一ノ鳥居を浄・不浄の境界とし、その外側の境界領域の空間として浜があったのではなかろうか。「吾妻鏡」建長三年（一二五一）十二月三日条の「鎌倉中小町屋之事被定置処々」は、大町・小町・米町・亀谷辻・和賀江・大倉辻・化粧坂山上を適用範囲とし

ている。大町・和賀江が含まれている事は、和賀江島の手前にある小坪坂まで町屋が広がっていたことを示している。六浦も、和賀江島建設と同時期に発展を始める。北条義時の子で陸奥五郎を通称とした実泰は、「前田家本系図」に「蒲谷」（釜利谷）の傍注がふられている。(41)既に述べたように、六浦は四角四境祭と七瀬祓の斎場となったように、都市鎌倉の境界領域であった。

「吾妻鏡」寛喜二年三月十九日条

十九日、辛亥、晴、将軍家為御遊覧、出御于三崎礒、山桜花尤盛也、仍領主駿河前司以殊御儲申案内、相州・武州以下被参、自六浦津召御船海上有管弦若宮児童、有連歌、両国司并廷尉基綱、散位親行、平胤行等各被献秀句云々、

将軍九条頼経が、六浦津から三崎に出帆した事を伝える六浦津の初見史料である。六浦津は上行寺門前が推定地とされているので、境界の祭祀の斎場もその近辺と考えてよいだろう。附言すれば、鎌倉防衛を意識した北条実泰の館と六浦津は、山越えをして移動する反対斜面にあることになる。

仁治元年（一二四〇）十月十日、北条泰時は得宗家の寄合で山内道路の開鑿を決定し、安東藤内左衛門尉光成の奉行が決定した。(42)「吾妻鏡」は、六浦庄側でも同様の事が進められている。

「吾妻鏡」仁治元年十一月三十日条

卅日、己未、天晴、鎌倉与六浦津之中間、始可被当道路之由有議定、今日曳縄、打丈尺、被配分御家人等、明春三月以後可造之由被仰付云々、前武州監臨其所処給、中野左衛門尉時景奉行之、泰貞朝臣択申日次云々、

ここでは、小袋坂切通しと朝夷奈切通しを改修し、幹線道路として交通量を増やすことが議論されている。建保元年（一二一三）の和田合戦後に、北条義時の所領となった山内庄は得宗家の根拠地であり、山内道は鎌倉と得宗家の

本拠地を結ぶ道である。六浦津は鎌倉に輸送される年貢を陸揚げする湊であり、六浦道は鎌倉の消費を支える産業道路として機能した。その意味で、このふたつの改修工事は、小袋坂と朝夷奈峠の切通しが膨張する都市に飲みこまれた古代の城壁のように、防御陣地の使命を終えたことを示している。

五　北条時頼・時宗と鎌倉・六浦

宝治合戦（一二四七年）によって確立した北条時頼政権は、鎌倉幕府の最も安定した全盛時代を体現したといえる。和賀江島は、鎌倉の貿易港として発展を始めていた。建長六年（一二五四）に制定された追加法は、「唐船者、五艘之外不可置之、速可令破却[43]」と、外洋を航行できる性能を備えた大型船の在泊隻数を制限している。また、文永元年（一二六四）四月には「御分唐船事、可被成御教書於宰府、自今已後、可被停止之」と特定財源にあてる貿易船の建造停止を定めている[44]。前者の入港制限は、貿易制限とも和賀江島の収容能力による制限とも考えることができるが、宋人居留地のあった博多における建造停止令は政策的な貿易船派遣の制限と断定することができる。貿易船派遣のために担当者が博多に派遣されたことは和泉国久米多寺の頼照の書状からわかるので、博多で建造されて出航した貿易船の帰還先は、建造地博多ではなく、出資者の指定した湊である[45]。

得宗家の山内亭は、『吾妻鏡』仁治二年（一二四一）十二月三十日条の北条泰時の「山内巨福礼別居」が初見である。北条時頼の時代には、得宗家の山内亭は「山内御亭」・「山内殿」と表記されるようになる[46]。亭から殿への通称の変化は、得宗家の家政機関と家礼の充実によって、山内亭が拡張された結果と推測してよいだろう。他にも、北条時宗の山内泉殿[39]、山内園殿[47]、伊具四郎入道の山内宅[48]など、山内には北条氏一門の館がみえる。また、建長寺・最明寺・

円覚寺といった大寺院や尾藤ケ谷に象徴されるように得宗被官の館も連なっていた。小袋坂を越えた山内は鎌倉に隣接した得宗家の街として発展していったのである。

六浦庄でも、北条実時が釜利谷から金沢に館を移転させ、菩提寺称名寺を創建している。浄土教寺院としての称名寺の創建は、「于時後嵯峨院第二皇子即位之比」（「常福寺阿弥陀三尊像修理願文」）と記録されている。従来は金沢に伝わる伝承などから亀山天皇と考えられてきたが、後深草天皇の兄将軍家宗尊親王が後嵯峨院第一皇子と「吾妻鏡」に記されることは、鎌倉側の理解として第二皇子を後深草天皇（寛元四年〈一二四六〉即位）と考えざるをえない。宮騒動・宝治合戦によって政権を確立した北条時頼が建長寺創建へと動き始めた時期と、北条実時が金沢郷に本拠地を移して菩提寺称名寺を建立した時期は、同時期と考えてよいのであろう。北条実時による金沢郷開発により、六浦庄は鎌倉の外港六浦津と金沢北条氏の本拠地金沢郷というふたつの核をもつことになった。金沢貞顕の時代の資料になるが、称名寺造営の資材を運ぶ船は、金沢八幡社附近の船着場に接岸したと思われる(49)。六浦に入ってきた船は、鎌倉を目指して六浦津に向かう船と、金沢館・称名寺を目指して金沢八幡附近の船着場を目指す船に分かれたのであろう。

六　都市鎌倉の極盛

鎌倉幕府の衰退と滅亡を説明するための要因はいくつもあるが、本稿の主題である都市鎌倉の盛衰に即していえば、鎌倉幕府の根幹をなす御家人制の動揺が重要な課題となって浮かび上がってこよう。

鎌倉幕府の御家人は、鎌倉に常駐する鎌倉中、京都常駐を命じられた在京、御家人登録を済ませた国で管理される諸国に分けることができる。元寇を境に、異国警固番役によって鎮西の所領に常駐する事を命じられた鎮西探題所管の国々がこれに加わる第四の分類と考えてよいだろう。このうち、鎌倉中を中心とした鎌倉常駐組と番役等によって鎌倉に滞在した御家人が本節の対象となるといってよい。

鎌倉中期以降、鎌倉幕府の構成員は、北条氏一門・安達氏・足利氏といった多くの被官人を抱える権門と、経営に行き詰まって零落する無足の御家人の二つの極が顕著に表れてくる。その中間には、鎌倉幕府の役職を勤めたり、地方の有力豪族として声望を保つ中堅層の御家人が少なからず健在であったが、御家人役を負担する力を失った御家人の増加は、鎌倉幕府の運営に大きな問題を投げかけていった。

まず第一に、五代将軍宗尊親王以後、鶴岡放生会をはじめとした鎌倉幕府の儀礼は壮麗化が進み、都市鎌倉に蓄積されたエネルギーの消尽の場となっていった(50)。これに伴い、鎌倉幕府年中行事への参列を求められる御家人の負担は増加していった。

第二に元寇は文永・弘安の役（一二七四・一二八一年）とよばれる戦争は外交によって終結させていないので、異国警固番役を負担する御家人も、異国警固番役を勤めるために通常の御家人役を免除された御家人の分をカバーするその他の御家人もあわせ、元との戦争の恒常化は御家人の負担増を招いている。この事態は、元の成宗や高麗の忠烈王が修好を求める国使を派遣した際に適切な回答をしなかった事に大きな問題があるので、鎌倉幕府の判断ミスが問われるところである(51)。

第三の問題として、永仁の徳政令が招いた社会的混乱がある(52)。永仁の徳政令は、鎌倉幕府の基盤を形成する御家人に所領を戻すことで、御家人制を本来の姿に戻そうとする試みであったが、家政の運営を生産・流通・市場のトータルで考えなければならなくなった時代に、年貢代銭納に対応できない御家人に所領を戻しても、再度破綻する事は目に見えていた。「峰相記」は、正安の頃から諸国で悪党の蜂起が頻繁になったと伝えるが、悪党の源流に徳政令によって荘園からはじき出された元荘官がいる事を考えれば、永仁の徳政令がもたらした在地の混乱が悪党を増大させる大きな要因となったことは考えてよいであろう。一方で、貨幣経済への対応に成功した権門・幕府高官・御家人・得宗被官への富の移行が進んだことは、鎌倉幕府構成員の貧富の差を拡大させていった。将軍家の饗応や鎌倉幕府年中行事で華麗な振舞いを見せる一部の富裕な人々は、都市鎌倉の巨大な消費を牽引していったのである。一方に貧窮する御家人の増加があり、一方に巨大な消費を続ける富裕層が形成される状態の中で、鎌倉時代後期の都市鎌倉は極盛を迎えることになる。

第四の問題として、十三世紀末を境界とする小氷期への移行がある。気候の寒冷化は、緯度の高い東日本の経済に少なからぬ悪影響を与えることになった(53)。この地域は鎌倉幕府草創に力を尽くした坂東の有力御家人の本拠地と、奥州藤原氏を滅ぼして獲得した征服地であった。気候の寒冷化は、鎌倉幕府の根幹をなす御家人達の経営を悪化させる大きな要因である。

この変動の中で、北条氏一門に代表される鎌倉の富裕層は、御家人の所領を獲得したことによって御家人役を負担する非御家人（公役勤仕御家人）や御家人役を勤める力を失った無足御家人を被官として取り込むことで、矛盾の調整に一定の役割を果たした。しかし、このような個別対応的な調整では、鎌倉幕府の中で拡大する経済格差は止めることができなかった。十四代執権北条高時の扶持役として鎌倉幕府を支えた連署金沢貞顕と、その腹心で菩提寺称名寺長老釼阿が残した資料は、鎌倉後期の富裕層の豪華な生活を伝えるものである。彼等のような存在が巨大な消費を生み出すことによって、都市鎌倉は極盛の時代を迎えることになる。

一例をあげると、鎌倉後期には中国への貿易船派遣は積極的に行われていたと思われる。「中世法制史料集　第一巻　鎌倉幕府法」を見る限り、唐船に対する制限令が変更されたり解除された形跡はみられない。なし崩し的に有名無実化したのか、改正された幕府法が現存していないのかは明らかでないが、穏健な執権北条高時と調整に長けた連署金沢貞顕の行動様式を考えると、新法の制定よりは既存の法や先例の運用によって問題を処理する傾向が強いと思われる。徳治元年（一三〇六）に中国から帰還した船団には、金沢家ないし称名寺の唐船が含まれていた。同じ船団にいた極楽寺の船載品が「又極楽寺物者何様御沙汰候哉、可被市立之由聞候しハ一定候乎、可承候」（金文一五七号）と、赤橋家・極楽寺が手元に残した物以外は鎌倉に立った市で売却されたことがわかる。鎌倉末期に派遣されることが検討された「関東大仏造営料唐船」（金文三三五＋三七九号）は、その貿易収入を鎌倉大仏修造にあてる御分唐船であった。この背景には、「から物茶のはやり候事」（金文二三七九号）や「御所《（守邦親王）》者茶を御このみにて候」（金文四一七号）など、宋元文化の流行があると考えてよい。元との公式の関係を考えれば、戦争は終結していない。それ故、御家人たちに異国警固番役を負担させ続けているのであるが、鎌倉幕府の中枢にいる人々は元との貿易を特定財源に充てようとしている。このふたつの事は、政策として明らかに矛盾しているが、整合性がとれていないという意識はなかったのであろう。鎌倉から中国まで貿易船を派遣して輸入できる財力をもつのは、権門や寺院など富裕な上層部に限られる。中堅以下の御家人は、鎌倉の市で唐物を購入する消費者にまわされる。唐物・唐船の規制が緩和されたことにより、貿易船を派遣できる財力をもつ人々は利益を得る機会を拡大させ、中級御家人はそれを購入する消費者とされたのである。

都市防災という観点から考えて、鎌倉が火災に弱かった事は認めてよいであろう。[54] 失火の原因には身内の諍いといった人災もあるが、[55] 次の書状は得宗家を狙った放火と考えてよいものである。

金文四五六号　金沢貞顕書状（七五三　甫文口伝抄　自筆）

御吉事等、於今者雖事旧候、
猶以不可有盡期候、
抑、自去六日神事仕候而
至今日参詣諸社候、仍不申
候つ、今暁火事驚入候、雖
然、不及太守（北条高時）禅閤御所候之間、
特目出候、長崎（高綱）入道同四郎（高貞）左衛門尉
同三郎（長崎思元）左衛門入道同三郎（高頼）左衛門尉尾藤
左（演心）衛門入道南条新左衛門尉等宿所炎上候了、

焼訪無申計候、可有御察候、火
本者三郎左衛門尉宿所ニ放火候云々、
兼又御内御巻数御返事、昨日
被出候、進之候、又来十二日無
御指合候者、早旦可有入御候、小点心

可令用意候、裏可承候、恐惶謹言、
正月十日　崇顕
方丈進之候
『(切封墨引)
方丈進之候　崇顕』

この放火で、長崎円喜・長崎高貞・長崎思元・長崎高頼・尾藤演心・南条新左衛門尉と得宗被官の宿所が軒並み炎上している。この被災者から、放火は得宗家に対する敵意の表面化したものと推測することができる。元弘の鎌倉合戦へとつながっていく鎌倉幕府の階層分裂が透けて見えると考えるのは深読みであろうか。

元弘三年（一三三三）五月の鎌倉合戦は、後醍醐天皇を奉じる宮方と鎌倉幕府の対決という外皮をかぶっているが、その実体は後醍醐天皇を結集の核とした反北条の人々と、持明院統を支持する得宗北条高時を中心とした北条与党の対決であった。終末期の鎌倉幕府が得宗北条高時とその支持勢力の一人勝ちの状態になっていたため、得宗家への反感が後醍醐天皇のもとへの雪崩現象を引き起こしたと考えるのが現実に合っているだろう。

鎌倉防衛を考えると、分倍河原合戦と鶴見合戦に敗退した軍勢を受け入れた鎌倉方が、急激に膨張しながら進撃してくる新田義貞の軍勢を迎え撃つためには、切通しを中心とした防御陣地（鎌倉城）に籠るのが最善の策であろう。しかし、鎌倉方は化粧坂切通しの陣地こそ堅守したものの、極楽寺方面は切通しと稲村道を見下ろす霊山山をめぐる激しい消耗戦となり、極楽寺方面を守っていた大仏貞直は五日間の攻防戦の末に軍勢が尽きて突破された。山内方面の戦いは、一番の精鋭部隊とみられる赤橋守時の軍勢が洲崎まで突出して合戦したことによって新田勢の標的となり、一日で壊滅した。[56]問題は、赤橋守時が小袋坂切通しで守ろうとしなかったことと、洲崎から軍勢を動かす意志を持たなかったことである。後醍醐天皇方に旗幟を改めた足利高氏の義兄であるが故に退くわけにはいかない赤橋守時の心情は脇に置くとして、赤橋勢が洲崎まで突出したのは、得宗家の街山内を含めた鎌倉を守る形で布陣しなければならなかったためであろう。赤橋勢を壊滅させた新田勢は山内に入り、建長寺・円覚寺など得宗家ゆかりの寺院を接収した。この軍勢を迎え撃つため、小袋坂に布陣したのが金沢貞将である。[57]しかし、金沢家は既に化粧坂に軍勢を出していた。[58]貞将の元にいたのは鶴見合戦に敗れて鎌倉に退いた軍勢であり、これに与力を付けても混成部隊にしかならなかったであろう。その意味で、鎌倉幕府首脳部は、洲崎が一日で破られるとは考えていなかったものと思われる。

鎌倉後期の六浦庄をみると、嘉元三年（一三〇五）に六浦津を核として発展した港湾都市（後の瀬戸）から対岸の洲崎（横浜市金沢区）に渡る海橋が架けられ、六浦道が金沢まで延伸された。[59]また、金沢貞顕と称名寺長老釼阿は称名寺を鎌倉幕府を護持する関東祈禱寺へと称名寺を発展させるため、真言密教の典籍の収集や堂舎の建設に大きな力を注いだ。[60]これによって、金沢は鎌倉に隣接した郊外都市に発展していった。金沢郷の中核には、金沢氏館・菩提寺称名寺と山城の機能をもつ城山があり、鎌倉街道を南下して東から攻める場合の防衛拠点となった。南北朝時代の史料になるが、称名寺の阿忍は六浦津で米を売却しようとしたが、市場価格が希望の売値に達しないため、小出しに売却していったと伝える（金文八四二一～八四四四号）。鎌倉に物資を送るための中継点として、六浦津が発展していた姿を垣間見させるものである。

鎌倉時代の鎌倉をみると、武家の都鎌倉として都市行政の機能をもっている中枢的な区画と、山内・六浦のように鎌倉の行政区画からは外れているが、鎌倉と一帯になって発展した周縁の区画のあることがわかる。武家の都として発展を始めた鎌倉（鎌倉中）と都市化した周辺地域を含め、中世都市鎌倉は考えてよいのであろう。

おわりに

都市鎌倉の発展を整理すると、次の段階を踏んでいることがわかる。

まず第一に、源義家が平直方の外孫として鎌倉館を譲り受けたことに、河内源氏の根拠地鎌倉の歴史が始まる。同じ頃、源頼義は石清水八幡宮から八幡神を勧請し、園城寺に鳩尾八幡宮、鎌倉に鶴岡八幡宮（元八幡）を建立した。しかし、源義家は奥州十二年合戦によって都の武者として名声を手に入れたが、奥州で勝利の果実を掌中に納めることができなかった。それ故、源義家は奥州十二年合戦後に鎌倉館を拠点として使わなかった。

次に、鳥羽院政期に源義朝が再度鎌倉に進出し、三浦一族と中村一族の支持を背景に坂東への勢力拡大の拠点とした。この時、義朝は曾祖父義家の鎌倉楯を本拠地とし、朝夷奈と山内に防御施設を設けることで、鎌倉の守りを固めた。義朝の長子義平を婿君に迎えた三浦氏も、義朝に連携して杉本氏が鎌倉に進出したと思われる。しかし、源義朝は保元の乱（一一五六年）で父為義を処刑したことが汚点となり、源家重代の家人の離反を招いた。平治の乱（一一五九年）の敗北により、源義朝の坂東進出は水泡に帰す。

三度目に鎌倉に進出したのが、源頼朝である。源頼朝の鎌倉進出には、千葉常胤を初めとした重代家人の意向が強く働いた。源頼朝は武蔵大路・横大路・六浦道といった義朝時代の旧跡を引き継ぎ、鶴岡八幡宮と大倉幕府が隣接する複合空間を都市の核に据えた。東西の道は既に発展していたので、都市は南側に向かって発展した。北条時政の名越山荘、比企谷の比企氏亭（妙本寺）、安達氏の甘縄亭をはじめとした有力御家人の館が、都市拡大の拠点となっていった。

武家の都鎌倉は、三代執権北条泰時の時代にグランド・デザインの変更が行われる。将軍御所が大倉から宇都宮辻子に移転したことにより、御所と鶴岡八幡宮を結ぶ若宮大路が神仏の出入りする神聖な道から行列の通る儀礼の道へと性格を大きく変えたためである。同じ頃、北条泰時は亡父義時の遺産を兄弟に厚く分配したことで、それぞれの兄弟が鎌倉の周縁部に館を構えた。都市鎌倉のメインストリート若宮大路の誕生と、鎌倉周縁部の開発拠点となる北条氏一門の拡散は、武家の都鎌倉の枠組みを変えるものであった。一方で、得宗家は本拠地山内に鎌倉の都市行政が入ってくる事を拒否し、山内は得宗家の街として分離された。また、鎌倉・山内を含めた中世都市鎌倉は、その物流を拡大させるため、海の入口を充実させることになった。和賀江島と六浦津である。和賀江島の築港は都市鎌倉を小坪まで拡大させることになり、六浦津の発展は鎌倉の都市圏が六浦庄南部地区まで拡大していく要因となった。それに伴い、都市鎌倉の境界線は切通し（七口）から四角四境祭や七瀬祓といった陰陽道の祭祀による呪術的な鎌倉の防衛ラインへと拡大していった。鎌倉の物流を維持するため、小袋坂切通しや朝夷奈切通しが開削されたのである。都市の防御よりも物流の確保に重点の置かれたことは、都市政策の大きな転換といってよい。

これに伴い、金沢北条氏は六浦庄内で本拠地を釜利谷から金沢に移動させた。北条実泰は鎌倉から山越えをして入る釜利谷に館を構えて鎌倉防衛の前哨陣地としたが、二代北条実時は東京湾が一望できる金沢山を背後に控えた四神相応の地に金沢館と称名寺を構え、金沢郷を六浦庄経営の拠点となる複合区画としたのである。中世六浦庄は、金沢北条氏が本拠地として開発した金沢郷と、鎌倉に送る物資を陸揚げする六浦津というふたつの核のもとに発展していった。ただ、六浦庄の中でも鎌倉の都市圏と考えられるのは六浦津まで、金沢郷は鎌倉に隣接した郊外都市と考えてよい。

都市鎌倉が、発展の時代から爛熟した極盛期に移行するのは、北条時頼政権中期以降である。爛熟期の鎌倉は、得宗家・北条氏一門・安達氏・足利氏といった鎌倉幕府の上層部を形成する富裕な権門と、この巨大な家を支えることで富を築いた有力被官や権門寺院が、都市鎌倉の巨大な消費を支える母体となっていった。これにあわせ、鎌倉に常駐する中堅以上の御家人達も将軍御所や幕府のさまざまな儀礼や社交を通じて支出を増やしていった。鎌倉での華美な生活に堪えられる一部の富裕層と、それに追随できる中堅層によって、都市鎌倉の消費は支えられていった。この世界の外にはじき出された人々が、後醍醐天皇という結集の核を見出して起こした反乱が、元弘三年（一三三三）の鎌倉合戦である。鎌倉幕府はこの合戦で崩壊し、武家の都鎌倉の極盛の時代が終わることになる。

〔注〕

（1）鎌倉市教育委員会編『今小路西遺跡（御成小学校内）』（一九九〇年）。鎌倉郡衙が古代東海道に隣接していることは、藤沢市教育委員会博物館建設準備室担当『神奈川の古代道』（同　一九九七年）。

（2）「源平闘諍録」は村岡五郎良文を相州村岡と明言するが、「今昔物語集」巻二十五「源宛平良文合戦せし事」は箕田源氏源宛と村岡五郎良文の合戦を伝えている。箕田が武州箕田（埼玉県鴻巣市）に比定されていることから、この説話では武州村岡が相応しいと考えられる。

(3)野口実「忠常の乱の経過に関する一考察――追討の私戦的側面についての覚書――」(『青山史学』五三号　一九七八年)、同「頼朝以前の鎌倉」(『古代文化』四五―九号　一九九三年)。
(4)「吾妻鏡」治承四年十月十二日条。「園城寺之伝記」(『大日本仏教全書』所収)に康平六年四月に園城寺に鳩尾八幡宮を創建した事が伝えられている。源氏と園城寺は、園城寺金光院と義光流近江源氏との関係としてつながっていく。このことは、鶴岡八幡宮創建が突出した事業として行われたものではないことを示している。
(5)安田元久著『源義家』(吉川弘文館人物叢書　一九六六年)。元木泰雄「十一世紀末期の河内源氏」(『後期摂関時代の研究』所収　一九九〇年)。高橋昌明『清盛以前――伊勢平氏の興隆――』(平凡社選書　一九八四年)。
(6)岡陽一郎「義朝以後の鎌倉――三浦一族との関係から――」(『三浦一族研究』八号　二〇〇四年)。
(7)「中右記」元永元年二月五日条・「顕昭古今集註」巻第十二(『続々群書類従』)。治承四年の以仁王挙兵に際しても、頼政の嫡孫有綱が伊豆国に在国していたこと、下河辺氏・工藤氏といった坂東の有力豪族が宇治川合戦に参加していることは看過してはいけないであろう。
(8)拙稿『春日部市史　通史編』(春日部市役所　一九九四年)。
(9)岡陽一郎註(6)論文。
(10)元木泰雄『保元平治の乱を読みなおす』(NHKブックス　二〇〇四年)第一章第三節「武者の世、前夜」、中澤克昭「大庭御厨にみる十二世紀の開発と武士」(『中世東国の世界　2　南関東』所収　二〇〇四年)。
(11)坂東における源義平の活動は、峰岸純夫「鎌倉悪源太と大蔵合戦」(『三浦古文化』四三号　一九八八年)。
(12)馬淵和雄「中世都市鎌倉前史」(『中世都市鎌倉の実像と境界』　二〇〇四年)。
(13)「官宣旨写」『神奈川県史　資料編　古代・中世(1)』七七八号に、「其後、義朝称伝得字鎌倉之楯、令居住之間」の一文がある。鎌倉城の初見は「玉葉」寿永二年十一月二日条。
(14)「玉葉」治承四年九月十一日条。

(15)「吾妻鏡」養和元年閏二月七日条。
(16)「源平盛衰記」巻第二十「佐殿大場勢汰事」。
(17)大庭景親は軍勢を解散させた後に源頼朝に降参して梟首（「吾妻鏡」治承四年十月二十六日条）。俣野景久は平維盛の北陸道追討使に加わり、篠原合戦で自害した（「源平盛衰記」巻第二九「俣野五郎並長綱亡事」）。
(18)「吾妻鏡」治承四年十一月二十六日条。
(19)「吾妻鏡」治承四年七月十日条。
(20)「吾妻鏡」治承四年十月十八日条。
(21)「吾妻鏡」治承四年十一月十二日条。
(22)「吾妻鏡」治承四年十月七日条。寿福寺が源義朝亭跡と伝えられている。
(23)「吾妻鏡」治承四年十二月十二日条。
(24)「吾妻鏡」治承四年十月九日条・同十二日条・同十五日条。
(25)「吾妻鏡」治承四年十二月二十日条。「吾妻鏡」文治四年十一月二十七日条・「吾妻鏡」建仁元年三月十日条。
(26)「常福寺阿弥陀三尊像修理願文」（『初公開　阿弥陀三尊像と像内納入品』神奈川県立金沢文庫　一九九四年）所収。
(27)網野善彦「桐村氏蔵「大中臣氏略系図」について」（『茨城県史研究』四八号　一九八一年）。
(28)湯山学「仁和寺子院勝宝院と武蔵国六浦庄」（『六浦文化研究』七号　一九九七年）。
(29)石井進「中世六浦の歴史」（『三浦古文化』四〇号　一九八六年）。
(30)「泰時以前の鎌倉——都市鎌倉の点描——」（『鎌倉』八八号　一九九九年）。
(31)「吾妻鏡」嘉禄元年十月二十日条・同十二月二十日条。
(32)「吾妻鏡」嘉禄元年十月十九日条・同二十日条。
(33)何暁昕著・三浦國雄監訳・宮崎順子訳『風水探源——中国風水の歴史と実際——』（人文書院　一九九五年）第五章

「唐・宋時代の中国東南部の風水」。
(34)拙稿「「吾妻鏡」にみえる鶴岡八幡宮放生会」(『神道宗教』一七二号　一九九八年)。若宮大路が衆目を集めるパレードの空間として使われたのは、前内府平宗盛以下の一向を引き回した「吾妻鏡」文治元年五月十六日条が初見である。しかし、儀礼のための空間として使われたことが確認できるのは、「吾妻鏡」安貞二年八月十五日条の鶴岡放生会の記事まで下ることになる。大倉御所を本宅とした源家将軍は若宮大路を儀礼のための道として使っていないと考えてよいのであろう。
(35)尾藤某寄進状案(『神奈川県史　資料編古代中世Ⅰ』五〇四号)。『かながわ考古学財団調査報告　六四号　尾藤谷やぐら群』(財団法人　かながわ考古学財団　一九九九年)。
(36)前田元重「中世六浦の古道――試論――」(『三浦古文化』四〇号　一九八六年)。
(37)拙稿「鎌倉幕府将軍家論――源家将軍と摂家将軍の関係を中心に――」(『国史学』一七六号　二〇〇二年)。
(38)「吾妻鏡」嘉禎元年十二月二十日条。
(39)頼照書状「円琳房、来春為渡唐、自極楽寺上洛候、先為造船近日筑州へ可被下向之由承及候」(金文二二一四号)とあるように、博多では唐船が建造されていた。上記の幕府法が太宰府に送られたのは、建造の段階でストップをかけるためであろう。
(40)五味文彦・斎木秀雄編『中世都市鎌倉と死の世界』(高志書院　二〇〇二年)。
(41)「吾妻鏡」貞応元年七月十二日条。
(42)前田元重前掲論文。
(43)「吾妻鏡」建長六年四月二十九日条。
(44)『中世法制史料集』第一巻「鎌倉幕府法」追加法四二二号。
(45)頼照書状(『金沢文庫古文書』二二一四号)。

(46)「吾妻鏡」建長六年六月十五日条。北条泰時の「山内巨福礼別居」と北条時頼の「山内最明寺殿」（『吾妻鏡』正嘉二年六月十一日条）は別であろう。北条泰時は鎌倉から山内庄に入った入口附近、北条時頼は市街化した山内の中核を形成するあたりに移転したのであろう。
(47)「建治三年記」六月十六日条。
(48)「吾妻鏡」正嘉二年八月十六日条・「武家年代記裏書」。
(49)「釼阿書状」（『金沢文庫古文書』一一三三号）。
(50)拙稿「「吾妻鏡」にみえる鶴岡八幡宮放生会」（『神道宗教』一七二号　一九九八年）・「鎌倉幕府将軍家論――源家将軍と摂家将軍の関係を中心に――」（『国史学』一七六号　二〇〇二年）。
(51)『金沢文庫古文書』六七七二号・六七七三号。なお、六七七三号の「元朝寄日本書」は、『元史』「成宗本紀」により、大徳元年を大徳三年と誤記したものと考えられる。
(52)『中世法制史料集』第一巻「鎌倉幕府法」追加法六六一～六六四号。
(53)阪口豊「過去一万三千年の気候の変化と人間の歴史」（『講座　文明と環境　第六巻　歴史と気候』朝倉書店　一九九五年）。
(54)福島金治「災害より見た中世鎌倉の街」（『国立歴史民俗博物館研究報告』一一八号　二〇〇四年）。
(55)「金沢貞顕書状」（『金沢文庫古文書』四四六号）。
(56)「太平記」巻第十「赤橋相模守自害事附本間自害事」。
(57)小袋坂切通しの戦いに関する文書は、「布施資平着到状写」（『群馬県史　資料編6　中世2　編年史料1』五六九号）がある。
(58)流布本「太平記」は「一方ニハ金沢越後左近太夫将監ヲ差副テ、安房・上総・下野ノ勢三万余騎ニテ仮粧坂ヲ堅メタリ」と記すが、神田本は「その一方には、金沢越後守有時を大将として、安房・上総・下野の勢三万余騎ニテ仮粧坂を防がせらる」(高橋貞一校注『新校太平記』)と、化粧坂の大将を金沢有時としている。この人物については未見であるが、当初、化粧坂の主力に金沢家が派遣されたことは推測してよいのであろう。

(59)六浦瀬戸橋造営棟別銭注文案(金文五二四九号)。

(60)拙著『金沢貞顕』(吉川弘文館　人物叢書二三五号　二〇〇三年)。

御家人制研究の現状と課題

秋山哲雄

はじめに

鎌倉幕府が多くの御家人たちによって支えられ、構成されていたことは言うまでもない。鎌倉幕府の成立後、「鎌倉殿」の家人となったものを御家人と呼ぶが、鎌倉時代末期に訴訟実務の手引き書として編纂されたとされる「沙汰未練書」には、「御家人トハ往昔以来、為開発領主、賜武家御下文人事也」とあり、少なくとも鎌倉末期における認識としては、御家人は開発領主の子孫で、将軍家に下文を与えられた者と規定されている。彼ら御家人は幕府から所領・所職の安堵や新恩給与などの恩恵を得たが、一方で大番役などの様々な御家人役を負担しなければならなかった。したがって、御家人の数が減少した場合、こうした御家人役は停滞せざるを得なくなってしまう。そのため幕府は、御家人、あるいは御家人役の出費を直接負担する御家人所領を保護する政策をとったのである。

御家人が幕府によって組織されることを、現在の研究状況下では御家人制という用語によって概念化しており、近年の鎌倉幕府と当該期の社会に対する研究の中では、この御家人制の研究が一つの大きな論点になっている。これまでの研究史についてここで触れる余裕はないが、近年の研究動向を一瞥すると、様々な御家人役を負担することによって幕府を支えるシステムとしての御家人制、あるいは鎌倉幕府軍制の中での御家人制に注目が集まっているように思える。それぞれの研究の内容はこの後の行論中で適宜触れるが、こうした視点によって鎌倉幕府の位置づけそのものが捉え直される研究段階にきているといえよう。以下では、近年の研究として、主に高橋典幸氏(1)と七海雅人氏(2)の研究を中心に紹介しつつ、御家人制の成立や御家人役、京都大番役をめぐる諸問題を概観し、最後に筆者なりの課題を提示したい。

一　御家人制の成立

御家人集団の起源が、源頼朝の挙兵に呼応した武士集団にあることは疑いない。治承・寿永の内乱期に組織されたこの集団が平時に対応するための起点を、川合康氏はいわゆる奥州合戦に求めている。(3)つまり、奥州合戦では、「内乱期御家人制を精算し、あらためて鎌倉殿頼朝のもとに再編・明確化する目的」で全国の武士層が動員され、平時に対応する鎌倉殿御家人制の確立が、京都大番役の御家人役化や御家人交名の作成に先立ってはかられたと捉えるのである。一方で高橋典幸氏は、建久年間に京都大番役が御家人役化されたことによって、幕府がこの集団を平時にも維持することの正当性の根拠を得たとする。(4)国家的軍務である京都大番役がこの集団によって担われるということは、「鎌倉殿の従者集団＝御家人が国家的に位置づけられた」という新たな事態であり、「ここに御家人制成立の最大の特徴」が認められるというのである。この二つの見解の相違は、御家人制そのものに対する捉え方の違いによって生じている。つまり、御家人制と言う時、それを幕府にとっての制度であると解すれば、幕府自らがこの集団を制度的に動員する体制を整えた奥州合戦の方に重点が置かれるべきであるが、一方で、朝廷や本所勢力をも含んだ体制の中で、御家人集団が制度的に位置づけられたものとして御家人制を捉えるならば、本所や朝廷が彼らを「国家的軍務（京都大番役）遂行主体」として認める契機となった、京都大番役の御家人役化に比重が置かれることになろう。要するに、問題は御家人制の本質をどこに見出すかという点にある。これは容易に解決することではないが、鎌倉幕府を「（西国では）軍事権門として振る舞っていた武家政権」(5)と捉えれば、武家政権としては御家人を軍事動員する体制が、軍事権門としては京都大番役の御家人役化が、それぞれ御家人制成立の契機となると理解できるであろう。

また高橋氏は、御家人集団の連帯性の問題にも着目している。[6] 上記のような、集団を編成する側からの働きかけがある一方で、在地社会に潜在的に偏在する、領主間の競合・結集状況を前提として、そのうちの特定の領主達が御家人集団に参加するという偏差の存在を想定しているのである。特に、守護による御家人交名（リスト）の注進などといった、比較的簡便な方法によって御家人と認定される西国の場合は、御家人集団に参加するかどうかは、こうした複雑な在地状況に依拠していたと推測できる。単純化するならば、互いに競合する武士団のどちらかが御家人となれば、もう一方はそこに参加しない、ということが十分にあり得た、と推測できるのである。したがって御家人集団全体においても、そうした在地における領主間の競合・結集状況に依拠ないし制約されると想定することができよう。

このように、御家人集団に参加するかどうかが在地状況に規定されていたとすれば、御家人集団は自発的に参加した（参加を余儀なくされた場合もあろうが）在地領主の集団ということにもなる。古澤直人氏は、美濃国における京都大番役への参加を催促する文書を素材として、[7]「在地領主の自発性にもとづく家人関係の設定」が選択され、「まさに私的な主従関係として御家人制は形成される」[8] としている。これはおそらくは東国の武士団を想定しての考察であるが、東国においてもそうした在地領主の自発性が御家人制形成を基礎づけていたという指摘は、高橋氏と共有されるものであろう。[9] また、七海雅人氏も、建保五年（一二一四）の越前国守護の大番役催促を事例として、「鎌倉幕府への参画を当面必要としない在地領主層は、御家人として認定・登録されることを、おおむね避けることができたのではないか」[10] と推測しており、やはり高橋氏と議論を共有している。多少の認識の差こそあれ、御家人集団が、必ずしも当時の在地領主層をあまねく包含する存在ではなかったと想定することは許されそうである。

以上のような特質をもって御家人制は成立したが、御家人集団に参加することは、同時に幕府に対して相応の負担を強いられることも意味した。以下ではそうした御家人たちの負担＝御家人役に触れることによって御家人制の特質に迫りたい。

二　御家人の負担

次の【史料1】にあるように、建長八年（一二五六）に所領を子息等に譲った茂木知宣は、同時に御家人役の負担も子息等に割り当てており、その際に御家人役は、「恒例役」と「臨時御公事」（臨時役）とに分類されている。

【史料1】左衛門尉知宣置文(11)（傍点筆者）

定置　所譲子息等所領等可令勤仕御公事分田間事

合堺女房壱町、五郎知光参町

右、恒例・臨時御公事内、於恒例役、鎌倉毎年御垸番替物・二ヶ月大番・五月会流鏑馬・八月大将殿御月忌用途、貢馬役者不可勤仕、可為三郎知盛所役也、但於宇都宮五月会頭・京都大番、其外臨時御公事者、堺殿分田壱町、五郎知光分田参町可令勤仕其役、兼又所譲与堺殿分田在家等、一期之後者、知盛可令領知、若知盛与知光之中、依老少不定、無子息於前立者、兄弟相互可譲与件所領等也、譬雖有女子、随其分限、一期之間、可計宛少分也、守此旨、聊無違乱、不可有不和之儀状如件

建長八年三月十五日　左衛門尉知宣（花押）

ここにあるように、恒例役の中には、毎年の垸飯用途、鎌倉番役、鶴岡八幡宮の五月会流鏑馬、八月大将殿御月忌用途、貢馬役などが、臨時役には、宇都宮五月会頭役、京都大番役が含まれていた。恒例役の形態は定期的かつ定額的

であったのに対して、臨時役は連続的な軍事動員や銭貨の徴収など基本的に不定量であったと考えられている。[12] 臨時役には、他にも鶴岡八幡宮や走湯山の造営、関東請負公事と呼ばれるものなど、様々な契機で成立した課役があった。[13] 高橋氏によれば、鎌倉番役などの恒例役は、鎌倉殿と呼ばれる将軍と御家人との人的な関係を反映したものであり、臨時役の中でも①京都大番役などは、鎌倉幕府の軍事集団としての性格を、②鶴岡八幡宮の造営料負担などは幕府の「東国国家」[14] 的な性格を、③関東請負公事は鎌倉殿の権門としての性格をそれぞれ映し出すものだと評価することができる。[15]

このうち特に③の関東請負公事については、国家財政を素材にした上杉和彦氏の指摘がある。関東請負公事の内容は、一国平均役や成功などの国家的な臨時財物賦課であったが、上杉氏は、鎌倉期以降の朝廷財政は国家財政の中心部における一構成要素とみなした上で、将軍と御家人との間に成立していた収取の実態に朝廷が依存しており、国家財政は幕府権力（鎌倉後期には得宗権力）によって補完されたと指摘している。[16] つまり、当該期の国家財政安定のために、鎌倉幕府を媒介とした御家人役という名目で徴収されたのが関東請負公事であったということになろう。京都大番役という国家的軍務を遂行していたことと合わせて考えるならば、御家人集団は、鎌倉殿との人的関係に淵源を持ちながらも、否応なしに国家の一制度として位置づけられていったと考えられる。

こうした御家人役は、十三世紀中頃以降、「某跡」を対象として賦課されるようになる。[17] 以下ではこれを便宜上「某跡」賦課方式と記す。「吾妻鏡」に載る閑院内裏造営注文[18]を検討した石田祐一氏は、この造営を「某跡」として勤仕する場合、それは寛元二年（一二四四）の鎌倉幕府追加法[19]に「付父祖之跡知行、各寄合随分限、可被勤之」と見えるのに対応しているとする。[20] つまり、ある時点で幕府が把握した「父祖」の名の下に、その子孫達が分担して役を負担しており、その体制が「某跡」賦課方式ということになる。この方式が多くの場面で採用されていたならば、御家人たちの同族結合についても再考しなければならないだろう。その時々の惣領ではなく、ある時点において幕府が把握した「父祖」がその後も賦課の対象となっていたということは、少なくとも幕府が御家人役を賦課する際には、惣領制が賦課のために設定された便宜的なものでしかなかったことを示す。ここで惣領制に対する羽下徳彦氏の見解、すなわち、惣領制は「鎌倉幕府の構築する御家人体制の一環」であるという見解[21]が改めて意味を持つと考える。惣領制[22]は、御家人制と並んで非常に興味深い研究テーマであり、今後の中世史研究の抱える大きな課題といえるであろう。

以上のような内容と形式で御家人役は賦課されたのだが、御家人役の中でも御家人制の持つ意味を後々まで左右したのは、やはり京都大番役であった。以下では、京都大番役を通して御家人制の変容を略述したい。

三　京都大番役と御家人制の展開

京都大番役に代表される鎌倉幕府軍制の展開については、高橋氏の研究[23]に詳しく、以下のように指摘されている。本来は御家人が自らの給分の中から負担すべき費用を、その費用を賄うことを名目に新たに収取すること（在地転嫁）を、当初幕府は禁止していた。しかし後に京都大番役に限ってそれを公認し、それとほぼ同時期に御家人所領の保護・確保という政策（後に「天福・寛元法」と呼ばれるようになる）も打ち出された。京都大番役という重要な軍役を確保するためには、在地転嫁が行われる御家人所領を保護・確保しなければならなかったのである。その結果、保護の対象となる所領は、御家人役を勤仕するための土地＝「武家領」と呼ばれるようになる。一方でその他の土地は在地転嫁を排除する「本所一円地」となり、こうして「武家領対本所一円地体制」が成立する。そしてそれが室町期には社会の基本的な枠組みとなっていったとする。

以上のような高橋氏の指摘を踏まえると、御家人役の一つである京都大番役は、当時の土地制度にも影響を及ぼしたことになる。また「武家領対本所一円地体制」とは、幕府と京都の諸勢力との関係を大きく左右する事態であり、上述のような、京都大番役の成立によって御家人集団が国家的位置づけられたとする理解を合わせて考えると、まさに京都大番役をめぐって、京都における諸勢力と幕府との関係が作り出されたといえる。この意味において、六波羅探題と同様に、京都大番役は京都と鎌倉をつなぐ重要な接点であったといえよう。近年では木村英一氏が、京都大番役の際に警護される対象が、当初は内裏だけだったものが後に内裏と院御所の両方へと変化することを指摘し、王権と幕府との関係を跡づけている。[24]こうした研究を踏まえると、大番役研究の進展は、王権と幕府の関係を規定する研究概念である権門体制論そのものの再考を促す段階に来ていると言えよう。

京都大番役には、当初は御家人以外の武士も動員されていたが、建久年間には御家人のみに限定されるようになった。[25]これがすでに述べた、京都大番役の御家人役化である。その後、京都大番役をめぐって次のような決定がなされている。

【史料2】「吾妻鏡」宝治二年（一二四八）正月二十五日条

京都大番役事、西国名主庄官等類之中、有募御家人之者、如然之輩、随守護人雖令勤仕之、可賜各別請取否事、再往及御沙汰、於平均者難被聴之、依其仁体可有用捨之趣、可被仰六波羅云々、

これは、「西国名主庄官」達が、御家人に募って守護に従い大番役を勤仕した場合、「各別請取」を彼らに発給するべ

きかどうかについて六波羅探題が幕府に尋ねたところ、「依其仁体」って判断するようにと幕府が答申した、という内容である。

かつてこの史料の理解は、「西国名主庄官」が西国の御家人を指していることが前提となっていたが[26]、高橋典幸氏はこれを、御家人身分を望む非御家人と解釈しており、その後の研究でも氏の説が踏襲されている。したがって、前半部の六波羅探題からの質問を、「御家人身分を獲得しようとして御家人役を勤仕する非御家人に対して「請取」の発給を認めるかどうか」とする解釈はおおむね認められよう。また「請取」を、御家人役を勤仕したことを証明する書類と考えることにも異論はあるまい。むしろ現在焦点となっているのは、後段で示された幕府の六波羅に対する答申に当たる「於平均者難被聴之、依其仁体可有用捨」の部分である。

この史料をめぐっては、三田武繁・高橋典幸・七海雅人各氏の解釈が提示されている。三田・高橋両氏の見解はほぼ一致しており、「請取」を望む者の一部には発給を認める法令だと解釈した上で、その結果「請取」を与えられた非御家人（高橋氏の言う「御家人予備軍」）が御家人制の内側に含みこまれ、御家人制そのものが、拡大する契機をはらんだ開放的な性格を持つものに変質したとする[27]。これに対して七海氏は、史料の当該部分について、「請取は、一部の例外を除き発給することを行わない」と解釈し、原則として御家人の追加認定を認めないという幕府の基本姿勢が表れた政策だとする。つまり当時の御家人制の基調に限定性を見い出すのである[28]。史料2の解釈に限って言えば、「請取」を発給されたのが、それを要求した非御家人達の一部であったことは疑いないが、問題はその一部をめぐる理解である。一部にでも発給された点に意味を認めるならば、御家人予備軍の創出を見出す高橋説が導き出されるが、発給された一部というのは例外的でしかないと考えれば、御家人の追加認定を認めないと解釈する七海説が妥当となる。また、例外的に請取の発給が認められても、そこで生まれるのはあくまでも御家人予備軍であり、決して御家人そのものではない、という点に注目すれば、両者の議論に矛盾はない、ということにもなりうる。[29]

二つの説に対する疑問点としては、前者では、【史料2】の規定が以後も恒常的に御家人予備軍を作り出す結果となったのか、一方後者では、「請取」を発給されるという例外とは一体どういった場合なのか、が挙げられる。なお、一部に請取を与える際の「依其仁体」という基準が何であったのかについて清水亮氏は、先述の「某跡」賦課形式の成立も踏まえ、その基準の一つに御家人所領を知行していることがあったと想定している。[30]

ここでは、いくつかの見解を分ける特徴的な史料として【史料2】を掲げたが、いずれの解釈にせよ、それぞれの議論はその他の史料を踏まえて立論されており、この解釈に収斂されるべき問題ではないことは明示しておきたい。

その後、一三世紀後半になると鎌倉幕府は、仁治年間を基準として、それ以前から御家人役を勤仕してきた者のみを御家人として認める方針を採るようになるが、その背景には、御家人所領取り戻しの盛行が想定されている。[31] つまり、徳政政策として御家人所領の取り戻しが行われるとなると、ある所領の知行者が御家人であるかそうではないかを峻別する必要が生じ、その結果、「御家人予備軍」はその曖昧さ故に排除されるようになったのではないかというのである。

この点については、弘安七年（一二八四）に出された、いわゆる鎮西名主職安堵令と呼ばれる法令[32]が興味深い。この法令は、非御家人の武士も本所一円地住人として動員された[33]蒙古合戦の戦後処理として、軍役を勤めた武士一般の所職を下文で安堵するもので、下文をもらった本所一円地住人はその時点で御家人となる。したがって、本所一円地も幕府の安堵の対象となり、新たな御家人も大量に創出されることになる。以上のように鎮西名主職安堵令を解釈した村井章介氏は、この法令が含まれるいわゆる弘安徳政について、「幕府の基盤を御家人のみならず全武士階級にまで拡大し、もって国制に占める地位を一気に飛躍させる」というねらいを持ったものだったと評価している[34]。弘安徳政に「公方」の語が登場するのも、新たに「公方」を措定することによって、こうしたねらいを正当化するためのものだったといえよう。

弘安徳政の実質的な推進者であった安達泰盛が霜月騒動[35]で滅びることで、鎮西名主職安堵令も挫折を迎えるが、この法令と抱き合わせで出された神領興行法は、その後も政策として継続している。高橋氏は、同時に定められた鎮西名主職安堵令と神領興行法のうち、御家人層を拡大する前者が挫折し、旧来の在り方を保護する興行政策に連なる後者が継続されたことに注目し、そこに御家人制の限定性の指向を想定している。なお、弘安徳政については諸説[36]あり、さらなる検討の余地は残されていよう。

むすびにかえて

以上を踏まえ、最後に二つだけ課題を示したい。まず第一には、東国と西国の問題である。ここまで挙げてきた御家人制に関する先行研究は、史料的な制約もあって、初期をのぞくほとんどの場合、西国を検討対象としている。「武家領対本所一円地体制」も、少なくとも関東では成立しないように思えるし、京都大番役を材料とした御家人制の開放性や限定性をめぐる議論も、基本的には西国における御家人・御家人所領について行われているといえよう。制度としての御家人制を、朝廷や本所勢力を含めた中で位置づけるのだとすれば、それがもっぱら京都に対して向けた幕府の顔と捉えることができるのだから、必ずしもそこに関東の御家人が頻繁に登場しなくてもよいことにはなる。

したがってこれまでの研究は、幕府の御家人をめぐる政策が、西国にどのように展開し、あるいは影響を及ぼしていったのかを探ってきたことになる。その意味で、御家人制の展開や、それによってもたらされた「武家領対本所一円地体制」が、関東を拠点とした鎌倉幕府が倒壊してもなお、変質しつつ展開を遂げたとする高橋氏らの説[37]は説得力を持つ。

しかし、鎌倉幕府を倒壊に至らしめた勢力は、なにも西国の諸勢力ばかりではない。むしろ、東国の御家人たちの蜂起がその決定打となったと見ることもできよう。したがって、おそらくは足利氏や新田氏といった東国御家人をそれほど意識してこなかった、これまでの西国を中心とした御家人制研究において、その中に幕府倒壊の主たる原因を求めるのには躊躇せざるを得ない。現在の御家人制研究の段階で、御家人制に幕府倒壊の内在的要因を認めるのには慎重になるべきであろう。むしろ、東国の御家人と幕府、あるいは北条氏との関係がより研究されるべきである[38]。

こうした問題が留保されているからこそ、現在の御家人制研究は、鎌倉時代後期までと室町以降はおおよその見通しがたっているものの、鎌倉末期から南北朝期にかけてはまだ見解がまとまっていないのであろう。まさにこの点に、一つの課題が残されているように思える。

もう一つは、主従制の問題である。これまでの京都大番役をめぐる議論を見ても、そこにはもはや、将軍と御家人との主従関係はかなり希薄にしか認められなくなっている。そうした主従関係とは別に、本来ならば横並びのはずの御家人同士が主従関係を結んでしまうという、新たな主従制も鎌倉時代後期には成長してくる。その最たるものが得宗と御内人との関係であった[39]。そうした中で、御家人制という、本来は頼朝との人的な関係に淵源を発している制度と、主従制の変容とがいかに関わっていたのか、という課題が残されているといえよう。「御家人制と御家人役体制とは一致しない部分がある」という河内祥輔氏の指摘[40]を踏まえれば、御家人制の基礎をなすはずの主従関係と、御家人役の勤仕や賦課といった問題は、別の次元で議論されなければならない点が含まれることになる。つまり、御家人役と同時に主従制をめぐる議論も行わなければ、御家人制の解明にはたどり着けないといえるのではないだろうか。

以上を筆者なりの御家人制研究の現状と課題として提示し、この小論を閉じたい。

〔注〕

(1)高橋氏には、①「鎌倉幕府軍制の構造と展開――武家領対本所一円地体制――」（『史学雑誌』一〇五―一　一九九六年）、②「武家政権と本所一円地」（『日本史研究』四三一　一九九八年）、③「御家人制の周縁」（『古文書研究』五〇　一九九九年）、④「御家人役「某跡」賦課方式に関する一考察――「深堀文書」の人名比定から――」（『鎌倉遺文研究』七　二〇〇一年）、⑤「武家政権と戦争・軍役」（『歴史学研究』七五五　二〇〇一年）などの論稿がある。以下では高橋①のように略す。

(2)七海氏の見解は『鎌倉幕府御家人制の展開』（吉川弘文館　二〇〇一年）にまとめられている。以下での七海氏の引用は、七海著書何頁のように略す。

(3)川合康『源平合戦の虚像を剝ぐ　治承・寿永内乱史研究』（講談社　一九九六年）一九六、一九七頁。なお、七海著書二七一頁でも川合氏とほぼ同様の見解が示されているが、「奥州合戦」ではなく「奥羽合戦」と表現されている。

(4)高橋⑤五一頁。

(5)高橋①四頁。

(6)高橋⑤五二頁。なお高橋一樹「越後国頸城地域の御家人」（『上越市史』二　一九九七年）も参照。

(7)「吾妻鏡」建久三年(一一九二)六月二十日条。
(8)古澤直人『鎌倉幕府と中世国家』(校倉書房　一九九一年)四一八頁。
(9)高橋氏と古澤氏の、御家人制そのものに対する認識までが共有されているわけではない。前述のように高橋氏は、御家人集団が国家的軍務遂行主体として認知されたことに御家人制の成立を見るが、古澤氏はあくまで主従制にその主眼を置いている。なお、古澤氏の立場に立つ場合、前掲注(3)で触れた川合氏の見解との相違も問題となろう。
(10)七海著書二七三頁。
(11)「秋田藩採集古文書茂木文書」建長八年(一二五六)三月十五日左衛門尉知宣置文写(『鎌倉遺文』⑪七九七七号)。なお覚雅博「鎌倉幕府掌論」(『三浦古文化』五〇　一九九二年)二七頁以下も参照。
(12)七海著書一五五頁。
(13)七海著書、第二章「鎌倉幕府の御家人役負担体系」では、様々な角度からの御家人役の把握を踏まえ、詳細な御家人役事例の検出が行われている。
(14)中世国家を論じる際、これまで「東国国家論」と「権門体制論」という二つの捉え方が提示されてきたが、高橋①四頁では、鎌倉幕府を西国では軍事権門として振る舞っていた武家政権(東国国家)と位置づけており、筆者もこれに賛同するものである。
(15)高橋⑤五〇頁、および安田元久「「関東御公事」考」(御家人制研究会編『御家人制の研究』吉川弘文館　一九八一年)、飯沼賢司「関東公事考」(『古文書研究』二六　一九八六年)など参照。なお、例えば京都大番役が②と③の性格を併せ持っているように、御家人役にはそれぞれ多面的な要素があり、こうした分類や評価が複数成立する余地があることは言うまでもない。その点において、七海著書のように様々な角度から御家人役を把握することが意味を持つであろう。
(16)上杉和彦「中世国家財政構造と鎌倉幕府」(『歴史学研究』六九〇　一九九六年)。

(17)石田祐一「惣領制と武士団」（『中世の窓』六　一九六〇年）、福田豊彦「「六条八幡宮造営注文」と鎌倉幕府の御家人制」（同『中世成立期の軍制と内乱』吉川弘文館　一九九五年、初出は一九九三年）など参照。
(18)「吾妻鏡」建長二年（一二五〇）三月一日条。
(19)池内義資・佐藤進一編『中世法制史料集』第一巻（岩波書店、一九九五年）、追加法二三七号。以下では追加法何号のように略記する。
(20)前掲注(17)、石田論文。
(21)羽下徳彦『惣領制』（至文堂　一九六六年）。なお、上横手雅敬「惣領制序説」（同『日本中世国家史論考』塙書房　一九九四年、初出は一九六二年）でも「惣領が要するに幕府の賦課単位であるとすれば、総領権については益々懐疑的と」なるとする。
(22)惣領制のように、御家人の家内部の問題も、御家人制と同様に検討されるべきであろう。その意味において、御家人の家内部の問題と幕府との関わりを論じた田中大喜「一門評定の展開と幕府裁判」（『歴史学研究』七八六　二〇〇四年）は興味深い。
(23)高橋①。
(24)木村英一「鎌倉幕府京都大番役の勤仕先について」（『待兼山論叢』三六史学篇　二〇〇二）。
(25)五味克夫「鎌倉御家人の番役勤仕について」（『史学雑誌』六三―九　一九五四年）。
(26)前掲注(25)、五味論文、および川添昭二「覆勘状について」（同『中世九州地域史料の研究』法政大学出版局　一九九六年）など。なお高橋③一〇一～一〇三頁参照。以下の史料解釈をめぐる高橋氏の議論も同論文による。
(27)三田武繁「京都大番役と主従制の発展」（『北大史学』二九　一九八九年）一〇・一一頁および高橋③。なお、三田氏の指摘する京都大番役の性格の変化をめぐっては、高橋論文では直接触れられていないが、見解が異なると考えられる。
(28)七海著作二七六頁。

(29)七海著作でも、高橋説と矛盾するものではないと述べている。ただし、【史料2】の解釈に限ればそう捉えることも可能だが、両者の論旨全体ではやはり矛盾が残るように感じられる。
(30)清水亮「鎌倉幕府御家人役賦課制度の展開と中世国家」(『歴史学研究』七六〇　二〇〇二年)九・一〇頁。
(31)高橋③第二章。
(32)追加法五六二号。
(33)本所一円地住人の動員については、高橋②を参照。
(34)村井章介『北条時宗と蒙古襲来』(日本放送出版協会　二〇〇一年)第六章参照。
(35)霜月騒動には、御家人と御内人との対立の表れだとする説(網野善彦『蒙古襲来』小学館　一九七四など)と、御家人層を二分した争いだとする説(前掲注〈32〉、村井著書など)がある。また本郷和人「霜月騒動再考」(『史学雑誌』一一二—一二　二〇〇三年)では、幕府政策をめぐって対立する二つの派閥が早くから存在していたとする。
(36)弘安徳政を直接検討対象としたものでは、網野善彦『悪党と海賊』(法政大学出版局　一九九五年)、五味文彦『増補吾妻鏡の方法』(吉川弘文館　二〇〇〇年)、前掲注(8)古澤著書、海津一朗『中世の変革と徳政』(吉川弘文館　一九九四年)、南基鶴『蒙古襲来と鎌倉幕府』(臨川書店　一九九六年)、細川重男『鎌倉政権得宗専制論』(吉川弘文館　二〇〇一年)、などがある。
(37)高橋①。
(38)その意味で、新田氏と「得宗専制」とよばれる支配体制との関係を捉え直した、田中大喜「「得宗専制」と東国御家人——新田義貞挙兵前史——」(『地方史研究』二九四　二〇〇一年)は興味深い。
(39)前掲注(34)、村井著書二三七頁および前掲注(8)古澤著書V章。なお、細川重男「御内人と鎌倉期武家の主従制」(『思想』九六九　二〇〇五年)も参照。
(40)河内祥輔「御家人身分の認定について」(『鎌倉遺文研究』七　二〇〇一年)。

鎌倉幕府の地方制度

秋山哲雄

はじめに

源頼朝による東国の軍事政権として出発した鎌倉幕府は、源義経の討伐や承久の乱、いわゆる蒙古襲来などを契機として、守護、六波羅探題、鎮西探題を設置していった。これらが鎌倉幕府の地方制度といえよう。佐藤進一氏は、これら地方制度に対する得宗支配の強化が、①幕府の公的枠外で持たれた寄合と称する私的会議、②幕府諸機関への御内人の任用、という二点とともに、得宗権力の拠点となったと指摘している(1)。そして、その得宗支配強化の過程は、以下の四点に集約されるとする。すなわち、一、北条氏（得宗および一門）の守護職獲得が全国的に大幅に増大していくこと。二、特に蒙古襲来を機会として山陽山陰九州諸国にそれが露骨に行われたこと。三、それら一門の掌中に帰した守護職に対しては、北条氏一族間における族的支配の移入によって、得宗の一元的な統制が加えられた形跡があること。四、六波羅探題に対して、得宗の代官としての探題の権力強化を計りつつ、六波羅の地方機関化、分権化を注意深く抑圧していったこと、の四点である。そこで本稿では、以上の点を踏まえつつ、守護・六波羅探題・鎮西探題をそれぞれ第一章・第二章・第三章で扱い、研究史を整理した上で今後の課題を提示し、特に守護については佐藤氏の指摘した三の点、すなわち得宗の一元的な統制について再検討したい。

一　鎌倉幕府の守護

鎌倉時代末期になると、各国の守護職の多くは北条氏によって握られるようになる。守護職の保持と管国での所領獲得が関係していたとすれば(2)、この職の持つ意味は大きかったであろう。つまり北条氏は、守護となることでそれぞれの管国への進出を果たしており、そこで獲得された所領は、北条氏の経済的基盤となったと考えられるのである。北条氏の政権を検討する上で、守護職との関わりは避けて通れない問題であろう。

先に触れた三のように、北条氏一門の持つ守護職に対して得宗の一元的な統制が加えられた形跡があることが、得宗の支配強化につながっていたとされており、また若狭国守護については「たとえ一門の人々に分賜されることはあっても、それは一時の恩補にとどまり、職の補任権は得宗方に留保されていた」とも指摘されている。(3) しかし、近年はこうした見解を批判する研究もある。石関真弓氏は、(4) 北条氏が獲得した守護国の伝領を再検討し、①得宗家だけに伝領されたもの、②各庶子家だけに世襲的に伝領されたもの、③一門の中で移動しているもの、④探題と兼任のもの、の四つに分類した上で以下の三点を指摘している。第一には、①は八カ国（駿河・伊豆・武蔵・上野・若狭・美作・備中・土佐）なのに対して、②は尾張・信濃・伊勢・遠江をはじめ、十二カ国にもおよび、③の六カ国（加賀・伯耆・讃岐・筑後・肥後・大隅）を含めれば、一門の持つ守護職の方が得宗よりも多いこと。第二は、一門の持つ守護職は、転々と一門間を移動する③よりも、代々特定の一門に世襲される②の方が数が多いこと。第三には探題が兼任する国には交通上の要地が多いこと。以上の三点である。それぞれの分類の仕方に多少の疑問は残るが、特に第一、第二の指摘は興味深い。

筆者がかつて行ったように、北条氏の持つ守護職の変遷をいくつかの時期に区切ってみると、(5) さらにこうした指摘を補強することができる。たとえば承久の乱後の貞応二年（一二二三）頃には、北条氏の持つ守護職十五カ国のうち、得宗の義時が五（駿河・伊豆・信濃・美作・大隅）、弟の時房が四（伊勢・遠江・武蔵・丹波）なのに対して、義時の子で、一門名越氏の祖となる名越朝時は五(6)（加賀・能登・越中・越後・佐渡）であり、兄で得宗の嫡子である泰時のゼロを圧倒的に上回っている。宝治合戦後の宝治元年（一二四七）でも、得宗の時頼が五（駿河・伊豆・信濃・美作・土佐）なのに対して、名越氏が六（能登・越中・越後・筑後・肥後・大隅）、極楽寺流重時も六（河内・和泉・信濃・若狭・讃岐・日向）と、ともに得宗を上回っている。また、鎌倉時代最末期には、得宗が八（駿河・伊豆・武蔵・上野・若狭・美作・備中・土佐）であるのに対して、金沢氏も七（伊勢・志摩・周防・長門・豊前・肥前・肥後）とこれに拮抗している。以上のように、守護職の集積について考えるとき、これまで指摘されてきた得宗の強大さや、一門に対する統制はほとんど見られない。むしろそこには、得宗と一門の拮抗した関係すら見られるのである。

佐藤氏は、得宗の手を離れた守護職が一門に移っても、必ずしもその子孫に継承されず、他の一門に移転していることから、そこに一門に対する得宗の強い統制力が働いていたとするが、[7]そこで挙げられた例は、摂津・播磨・肥後の三カ国のみである。佐藤氏の見解とこれまでの指摘を比較すれば、「はじめに」の三で示したような、一門が得宗の統制下にあったとする理解は退けられるべきあり、したがって、鎌倉幕府においても、得宗のみが突出していた訳ではなく、一門と得宗とが対抗しながらも一方で政権を支えていたと言うべきであろう。

鎌倉時代後期の守護と北条氏との関わりについては、以上のような問題点を指摘することができるが、北条氏との関係に限らず、守護制度そのものに対してもさらなる検討が必要なはずである。守護制度は、形を変えながらも後続の政権に継承され、中世社会の重要な構成要素であり続けた。したがって、守護の在り方を探ることは、鎌倉幕府や北条氏権力の展開だけでなく、それを存続させた中世社会そのものを理解する手助けとなるはずである。そこで以下では、筆者の考える守護に関わる今後の課題を提示したい。それは次の三点に求められよう。すなわち、①鎌倉幕府守護の淵源と成立、②守護権力の実態、③南北朝・室町期の守護との連続性、の三点である。

①の鎌倉幕府の守護の淵源や成立過程については厖大な研究史があり[8]、本稿でそのすべてに触れることはできないが、恒常的な御家人統制・国内治安維持機関としての守護制度の成立は、奥州合戦後の建久年間とされる[9]。周知のように守護の職権は大犯三箇条（大番催促、謀反人・殺害人の検断）であるが、それらは初めから固定されたものではなく、守護制度が展開する過程において次第に形成されていった権限であり、換言すれば、守護が国衙にかわる地方行政職として、武家政権の支配力を浸透させていく過程において獲得されていった権限であった[10]。したがって、「鎌倉時代を通じて守護の行政職的性格が如何に発展したかの究明が重要な課題として取上げられるべき」であり、その課題は今なお研究者の前に立ちはだかっている。

守護の性格が鎌倉時代を通じて変化を遂げていたのならば、①淵源や成立という課題の延長線上には、②守護権力の実態の究明、という課題が浮かび上がってくる。特に、守護が与えられていた検断権[11]がいかに行使されていたのか、守護の権限が具体的にどのようにそれぞれの場面で立ち現れてくるのか、あるいは守護の所領である守護領はいかなる性格を持っていたのかといった課題は非常に興味深い。こうした研究が進むことによって守護の具体的な在り方が描き出されれば、守護制度の成立から、鎌倉時代を通じたその性格の変化を追ってある程度の時期区分もできるようになろう。それがひいては③南北朝・室町期以降の守護との連続性・非連続性といった問題にもつながるはずである。鎌倉・室町を通した東国守護の在り方については松本一夫氏[12]、室町期の守護権力については川岡勉氏[13]の研究があり、③のような課題に応えるような環境は整いつつある。ただしそれは、南北朝期の混乱した状況を整合的に理解するというもう一つの大きな課題を抱え込むことにもなり、②の課題も含め、残された史料が限られていることもあって、一朝一夕には解決できない課題であることは疑いない。

以上のように、守護の淵源や鎌倉時代を通したその性格の変化、南北朝・室町期との連続性という、時間軸に沿った守護研究の問題点を指摘してきたが、当然ながらそれは②の守護の実態解明を前提としている。鎮西や西国においてその手がかりとなるのが、文永年間以降の守護やその名代の現地赴任である。佐藤進一氏[14]や村井章介氏[15]によって、建治年間の守護一斉交代の結果、守護あるいはその名代が現地に赴いたことが指摘されている。おそらくその後も現地赴任する守護は多かったと考えられる。とくに鎮西や西国においては、こうした変化は守護の在り方を大きく変えたはずである。この前後の守護の実態を追うことができれば、一つの画期となるのではないだろうか。

時間軸だけでなく、地域によっても守護の性格は異なっていたと考えられている。大山喬平氏は、鎌倉時代の守護がその歴史的由来によって東国型、西国型、鎮西型に分類できるとしており[16]、上横手雅敬氏は、守護がそもそも西国的なものであり、それが東国にも適用されたのだとしている[17]。松本一夫氏も国ごと、地域ごとに鎌倉初期守護の類型化を行っている[18]。筆者も、鎌倉期の「守護所」の検討を通して東国と西国の差を見いだすことを試みた[19]。こうした地域による差異と、上述した時期による変化をたどることが、守護の実態解明につながるはずである。

また筆者はかつて、「守護所使」の用例が文永八年（一二七一）を最後に無くなることを指摘した上で、「守護所使」も「悪党」も、本所にとって都合の悪い存在という点で共通しており、前者の用例の減少が当該期の「悪党」の増加と関わりがあるのではないかと推測した[20]。その可否はともかく、守護の実態究明は、幕府制度としての守護だけではなく、守護代・又代官・守護使・後述する両使らが具体的にどのような活動をしていたかを探ることによっても進められるはずである。地域差や時期による変化が指摘されて久しい現在の研究状況では、こうした守護正員の下に位置づけられる存在の検討が今後必要となるであろう。

二　六波羅探題

六波羅探題の基本的な構造や歴史的性格は、佐藤進一氏[21]や上横手雅敬氏[22]によってその大枠が示され、近年は探題の発給文書や西国における六波羅探題の役割をめぐって議論が展開されている。以下では、そうした六波羅探題に関する研究の現状を紹介し、第三章の鎮西探題に対する検討も含めて、鎌倉幕府の地方制度の在り方について論じたい。

六波羅探題の成立について考える際にもっとも基本的な史料は以下の二つである。一つ目は「吾妻鏡」承久三年（一二二一）六月十六日条の「相州武州両刺史移住六波羅館、如右京兆爪牙耳目、廻治国之要計、求武家之安全」という記事で、これは相州（北条時房）と武州（泰時）が六波羅に移住し、右京兆（義時）の耳目となって活動することを示しており、これをもって六波羅探題が成立したとされる。もう一つは、「沙汰未練書」に六波羅探題の説明として記された「洛中警固并西国成敗」という記述であり、京都周辺の治安維持と西国の「成敗」がその主な職掌であったことが分かる。この二つの史料によって、六波羅探題の成立とその性格は端的に示されているといえよう[23]。

探題の置かれた六波羅には、かつて平氏の拠点が置かれていた。六波羅という土地の持つ性格については、高橋慎一朗氏の研究に詳しい。氏によれば、六波羅の地はもともと「信仰の場」であり、その性格が必然的にもたらした空閑地の存在により平氏がそこに進出し、六波羅には「武士の居住地」という側面が加えられていた。その後平氏が没落すると後者の性格は失われるが、探題が置かれることによって六波羅は再び二つの性格が融合する「武家地」となった[24]。しかし、平氏の拠点で没官領として幕府にわたった土地には、頼朝の宿所が置かれたのみで、六波羅探題の前身となったのは六波羅にあった北条氏の宿所であった。六波羅探題は京都守護の権限と連続すると考えられているが、

空間的には北条氏の宿所と連続性を持っていたのである。(25)

こうした場に成立した探題に最初に就任したのは、北条泰時と時房であった。二人の在任時の発給文書を検討した久保田和彦氏は、①その内容が承久の乱後の治安回復に関するものが多いこと、②朝廷や公家・本所・国司などの意向を受けているものもあること、の二点から、当該期の探題は承久の乱後の戦後処理機関であり、訴訟機関としての性格はほとんど見られないこと、そして朝廷・公家政権の西国支配機関でもあったことの二点を指摘している。(26)最初の探題である泰時と時房は甥と叔父の関係にあったが、両者に職務的な分担や上下関係は見られない。しかし、探題が二人いる場合には、どちらかがリーダーとなっていたようである。森幸夫氏によれば、北方と南方とに分かれる探題のうち、「六波羅守護次第」(27)にはどちらかに「執権」と記されており、基本的には北方がこの「執権」探題となっている。これが探題が二人いる場合のリーダーであった。(28)

訴訟機関としての六波羅探題は徐々に整備されていく。熊谷隆之氏は訴訟機関としての六波羅探題が発給した文書を詳細に検討し、(29)裁許の方式が「問注記型」から「評定事書型」へと変容したこと、六波羅には引付評定と式評定があったこと、六波羅と幕府との間に案件の分担関係があったことなどを明らかにした上で、幕府を頂点とする諸機関の訴訟制度が確立していく過程を示している。

こうして幕府の一機関として整備されていった六波羅探題には、鎌倉幕府と同じように評定衆が置かれていた。一二四〇年代後半頃に成立したと考えられる六波羅評定衆には、吏僚が多く任命されており、北条氏の占める割合は低かった。(30)六波羅の引付奉行人も同様に吏僚を中心に構成されており、年代とともに探題である北条氏の被官が見られなくなる。(31)評定衆と奉行人が長い期間在任して親密な関係を築くのに対して、北条氏が着任する探題は在任期間が短いことが、探題構成員の中に北条氏の影響が少ないことの一因であろう。したがって、探題が使者を派遣するとき、関東の公的意向や皇族に関わる事項を公家政権に伝える際に六波羅評定衆が使者となる以外は、ほとんどの場合、探題被官を使者として送っていた(32)。探題である北条氏は、評定衆や奉行人よりも、探題被官との主従関係を軸に、探題としての機能や西国支配を果たしていたのである(33)。探題被官が探題とともに滅亡していったのに対して、評定衆や奉行人層が、六波羅探題に殉じずに建武政権や室町幕府の官僚へと系譜を連ねているのも、探題個人との関係がそれほど濃密ではなかったからであろう。なお、近年森幸夫氏は、六波羅探題奉行人の出自を考察し、関東からの派遣ではなく現地採用主義がとられていることや、奉行人層の能力優先主義などを指摘している(34)。

一方で外岡慎一郎氏は、六波羅探題による西国支配の構造が、十三世紀後半には「六波羅―両使制」と呼ぶべき体制になっており、これは探題による在京人編成を前提としたシステムであったと指摘する(35)。このシステムは、荘園領主等の訴訟を契機として開始され、六波羅探題はその訴訟に関わる指令の執行（遵行）を二名の在京人（おもに遵行対象国に所領を持つ西国地頭）に命じる制度であった。両使は六波羅の訴訟指揮下に動き、任務終了後には六波羅あてに請文を提出していた。荘園領主等の訴訟提起から始まるこのシステムは、六波羅探題の権門体制国家内における暴力機構の一面を示すものだと言えよう。もちろん両使だけではなく、守護も幕府の命令を伝達することがあった。外岡氏によれば(36)、①探題が守護を兼ねる国（「六波羅分国」）や北条氏が守護の国では両使が多く見られ、②外様御家人が守護の国では守護が遵行にあたるのが原則であった。こうした棲み分けのシステムは、建治三年の体制改革により西国守護が多く六波羅評定衆に進出して在京していたことを前提として成立した。①のような「六波羅分国」では探題被官が例外なく両使の一人となっており、ここでも、探題個人と探題被官の密接な関係が確認できる。一方で②の場合では、探題個人と探題評定衆との互いに独立した関係を読みとることも可能であろう。六波羅探題による西国支配の構造は、探題内部の状況を反映していたのである。

探題から守護への発給文書は、探題と守護との関係、あるいは守護の居場所（鎌倉か、京都か、管国内か）によって異なっていた。[37] 守護が空位の時には、加藤克氏によれば、探題から探題奉行人宛てに文書が発給されており、いわば「六波羅奉行国」となっていた。[38] この指摘が認められるならば、探題が畿内近国において守護兼任化を進めた理由もこの点に求められるかもしれない。つまり、加藤氏の言う「六波羅奉行国」が、探題被官が両使の一人として派遣される「六波羅分国」の形成の一要因となっていたかもしれないのである。この点は、北条氏が独占した六波羅探題の西国支配を考えるに当たって興味深い。

しかし、六波羅探題は幕府の一機関としてのみ機能していたのではなく、これまで多くの研究が指摘してきたように、朝廷・公家政権の西国支配機関、権門体制国家内における暴力機構でもあった。[39] 幕府が六波羅探題に最終的な確定裁判権を最後まで与えなかったのもこうした性格のためだと考えられよう。[40] 六波羅探題の存在は、まさに時々の朝幕関係を映しだしていたと言える。この意味において、六波羅探題の在り方を検討することは、幕府の国家内における位置を確認する、換言すれば朝廷・公家政権から見た幕府像を描き出すことにつながる。さらに、現段階で幕府と朝廷・公家政権との関係を規定する研究概念である権門体制論そのものの再検討も必要となってくるであろう。そのもっとも基本的な材料である探題発給文書については近年特に研究が進んでおり、[41] 今後の研究は更に多くのことを明らかにするはずである。

鎮西探題についても、佐藤進一氏によって大枠が提示され[42]、六波羅探題に関する研究と比較すると近年は停滞気味のようではあるが、その後も着実に研究が積み重ねられてきている。本稿では、これまでの研究を筆者なりにまとめ直すことで責をふさぎたい。

三　鎮西探題

鎌倉幕府成立後、最初に鎮西に派遣されたのは天野遠景であり、彼は遅くとも文治二年二月までには九州に赴いたらしい[43]。遠景は「鎮西九国奉行人[44]」、あるいは「鎮西守護人[45]」と呼ばれ、その権限は九州全域に及んでいたが、建久四年から六年の間にその職を解任された[46]。その後任に中原親能が就任したかどうかについては学説が分かれるところではあるが[47]、いずれにせよ、承久の乱後に六波羅探題が設置されると、鎮西も六波羅探題の管轄下に入った。

いわゆる蒙古襲来の後の弘安七年になると、弘安徳政とよばれる一連の法令のひとつ[48]によって、鎮西特殊合議制訴訟機関なるものが設置された[49]。異国警固番役に専念するために、鎮西の御家人が訴訟を理由に九州を離れることを禁じた代替措置として置かれたこの機関は、東使三人を関東から派遣し、鎮西の守護三人を合奉行としてこれに組み合わせて三班からなる合議機関を作り、鎮西各三国づつを管轄させることになっていた。この機関が廃止されると、弘安九年には鎮西談義所が置かれた[50]。ここでは、武藤経資、大友頼泰、宇都宮通房、渋谷重郷の四人が頭人として活動しており、後に武藤盛経、大友親時がそれぞれ父の経資、頼泰と交代している。四人の関係は対等が建前であったが、実際には徐々に武藤・大友両氏の権限が増大していた。鎮西談義所は、先行する鎮西特殊合議制訴訟機関の機能を継承しながらも、幕府における弘安徳政の挫折の影響を受け、得宗支配がより強化されていたと指摘されている。またこれまでのいずれの機関も、最終的な裁断を行う裁許状を発給した形跡はなく、下級裁判所的性格を持つものであったが、軍事的御家人統率権、所務・検断沙汰権を有していた。

こうした権限は、北条氏一族として鎮西に派遣された北条兼時・名越時家らにも継承された。二人の派遣をどう捉えるかをめぐっては、これまで多くの議論がなされてきた。大きな論点は次の二点である。[51] すなわち、①両名の下向後、先行する鎮西談義所が機能し続けたかどうか、②両名の下向をもって、後に鎮西探題と呼ばれる機関の成立とみなせるかどうか。の二点である。また、二人の下向後の機関を「鎮西惣奉行所」というひとつの機関として概念規定するべきだという指摘[52]もある。この議論は、鎮西談義所や鎮西探題そのものの性格をどう規定するかに関わる議論であり、即断できるものではない。いわば棚上げされた感もあるが、ひとつの研究課題として、別の角度からの検討によって解決すべき問題であろう。

いずれにせよ、永仁四年に金沢実政が鎮西に派遣されると、鎮西探題はその形式を整えたということになる。永仁七年になると、鎮西探題にも鎌倉幕府と同じように評定衆が設置された。[53] 鎮西評定衆に任命される者は、北条氏一族を筆頭に関東から下ってきた東国御家人としての守護および守護級のもの、それに準じる有力御家人、関東系の法律専門家から成っており、彼らは、鎮西評定衆の下に置かれた鎮西引付衆を兼任し、引付衆の中でも特に重要な地位を占めていた。金沢実政の子政顕が探題になる頃には、一番引付頭人をはじめ、九州四カ国の守護職などの重職を金沢氏が独占し、金沢氏は北条氏の九州支配において圧倒的な比重を占めるようになる。[54] 引付職員は、①探題被官、②中央幕政機関の職員に出自するもの、③鎮西談義所以来鎮西で活躍してきた武藤・大友両氏の一族・被官、④守護級の有力御家人およびその一族、⑤在地地頭御家人、のおおむね五つの系統から成っており、金沢氏が探題の時には金沢氏の被官が引付衆に起用されていたが、得宗家傍流の北条随時が鎮西探題に就任すると、引付衆も金沢氏の被官が退き、随時の被官が登用されるようになった。探題とともに引付衆も交代するといった事実は、評定衆を組織しきれなかった六波羅探題とは対照的であり、非常に興味深い。このことは、六波羅探題と異なり鎮西探題には確定裁判権が与えられていたこととも関係していよう。(55)

また、鎮西探題には、六波羅と同じように、訴訟に関わる指令の執行（遵行）を命じる使節遵行のシステムがあったが、(56)その実態は六波羅とは若干異なっていた。先行研究に基づいて使節の役割を、A＝論人召喚・論人請文執進など訴訟進行にかかわる使節、B＝絵図注進・証人尋問等を含む論所実検にかかわる使節、C＝沙汰付など裁決の執行にかかわる使節、の三つに分類すると、六波羅ではA、Bという訴訟手続に関する機能からCという指令執行機能への転換が確認されるのに対して、鎮西では基本的にAの訴訟進行にかかわる使節が多数を占めている。また、六波羅の使節が二人（両使）が原則であったのに対して、鎮西では六割近くが一人（単使）であり、その役割はA、Bに集中していた。これは、責任の所在を明らかにすることで裁判の迅速な処理を図るためだと考えられる。Cには単使よりも両使が派遣されることが多かったが、それは強制執行にしばしば軍事力が期待されたからであろう。ここに、院をはじめとする公家政権の暴力装置としての側面をもつ六波羅探題と、鎮西御家人が関東に訴訟にやって来ることのないように確定裁判権を与えられた鎮西探題との違いが見てとれる。また、鎮西の使節には国御家人達が多く派遣されたが、彼らは九州守護に対抗する手段として起用されたわけではなかった。彼ら自身の在地における影響力が期待されていたのであり、鎮西探題は彼らに依存せざるを得なかったのである。九州は、弘安徳政をはじめとした幕府政策の巨大な実験場でもあったが、幕府が九州にあてがおうとしたそうした制度には、在地において影響力を発揮する国御家人のような存在が必要不可欠だったのである。

鎮西における鎌倉幕府の地方機関についての研究は以上のようである。六波羅と比較すると、近年の鎮西探題研究は停滞気味ではあるが、探題を含む諸機関そのものに対する研究はほぼ尽くされた感もある。鎮西の場合には、幸運にも多く残された文書史料を駆使し、在地状況を踏まえることによって研究を進めることができるであろう。そして、諸機関をめぐる一連の研究を前提にして、改めて鎮西における北条氏の在り方を検討することもできるはずである。(57)また、大宰府の持っていた旧来からの機能と幕府が設置した各機関との関わりは、かつて石井進氏が指摘(58)して以来研究が進展していないが、こうした問題も大きな課題として残されている。

おわりに

鎌倉幕府の倒壊に際して六波羅探題や鎮西探題も攻撃されたが、その両探題も守護制度とともに、形を変えながらではあるが後続の政権によって受け継がれていった。したがってそれぞれの制度は、幕府の一機関でありながらも、当時の社会の中では必要な要素となっていたと言える。つまり、鎌倉幕府がなくなっても、幕府によって設定された地方制度はその後の社会を構成する重要な要素であり続けたのである。その意味においてこれらの制度は、鎌倉幕府の制度としてのみ捉えられるべきではなく、当時の社会の中でいかに機能していたのかも検討されるべきであろう。守護・六波羅探題・鎮西探題のいずれに対しても、制度としての研究はほぼ尽くされた感がある。今後はこれらの機関の中世を通じた社会的な機能を検討することが大きな課題といえるのではないだろうか。

以上のように、鎌倉幕府の地方制度である守護・六波羅探題・鎮西探題についてそれぞれ研究史を整理し、今後の研究課題に関して若干の私見を述べてきた。先行研究に対する筆者の誤解や、見当違いの指摘もあるかもしれない。筆者の浅学をお詫びし、本稿の注に掲げた諸論考をご自身で一読されることをお勧めして本稿を閉じたい。

〔注〕

(1)佐藤進一「鎌倉幕府政治の専制化について」（同『日本中世史論集』岩波書店　一九九〇年、初出は一九五五年）。なお筆者は、佐藤氏が提唱した「得宗専制体制」ではなく、鎌倉後期の政権は単に得宗政権と表現するべきだと考えている。拙稿①「鎌倉期の若狭守護と「若狭国代々守護職系図」」（『遙かなる中世』一八　二〇〇〇年）および②「北条氏一門と得宗政権」（『日本史研究』四五八　二〇〇〇年）参照。以下では拙稿①のように略記する。

(2)石井進「鎌倉時代「守護領」研究序説」（『石井進著作集』第二巻、岩波書店　二〇〇四年、初出は一九六七年）。なお、守護領に関しては、三好俊文「守護領・守護所と播磨国府」（入間田宣夫編『日本・東アジアの国家・地域・人間』　二〇〇二年）および熊谷隆之「播磨国守護領の形成過程」（『ヒストリア』一八四　二〇〇三年）が、石井氏の説の反証として播磨国における非国衙集中型守護領の事例を指摘している。

(3)佐藤進一『増訂鎌倉幕府守護制度の研究――諸国守護沿革考証編――』（東京大学出版会　一九七一年）。若狭国の項。なお若狭国守護については拙稿①参照。

(4)石関真弓「得宗と北条氏一門――得宗専制政治の再検討のために――」（『神戸大学史学年報』九　一九九四年）。

(5)拙稿②三〇、三一頁。

(6)拙稿②では承久の乱後の名越氏の守護管国に肥後を加えていたが、根拠薄弱のために本稿では削除した。なおこの点は磯川いづみ氏にご教示頂いた。記して謝意を表したい。

(7)前掲注(1)佐藤論文、九一頁。

(8)守護の研究史については、『日本歴史大系』二中世（山川出版社　一九八五年）五四ページの補説5「守護の研究史」（関幸彦氏執筆分）に簡潔にまとめられている。
(9)前掲注(3)佐藤氏著書。
(10)前掲注(3)佐藤氏著書、二五一頁。つづく引用部分も同様。
(11)守護の検断権については西田友広「鎌倉幕府検断体制の構造と展開」『史学雑誌』（一一一―八　二〇〇二年）が、幕府の諸国守護権の担われ方を検討し、検断権行使における地頭領・本所一円地体制を想定している。
(12)松本一夫『東国守護の歴史的特質』（岩田書院　二〇〇一年）。
(13)川岡勉『室町幕府と守護権力』（吉川弘文館　二〇〇二年）。
(14)前掲注(3)佐藤氏著書、一〇四～一一〇頁。
(15)村井章介「蒙古襲来と鎮西探題の成立」（『アジアの中の中世日本』（校倉書房、一九八八年、初出は一九七八年）。
(16)大山喬平「自然恩沢の守護人」（『鎌倉遺文月報』八　一九七五年）。
(17)上横手雅敬「守護制度の再検討」（同『日本中世国家史論考』塙書房　一九九四年）。
(18)松本一夫「鎌倉初期における守護の類型化」（前掲注(12)同氏著書所収）。
(19)拙稿「「守護所」にみる鎌倉幕府の守護」（『鎌倉遺文研究』八　二〇〇一年）。
(20)前掲註(19)拙稿註(79)および、拙稿「鎌倉期播磨国の守護・国衙・悪党」（『兵庫大学附属研究所報』七　二〇〇三年）を参照。
(21)佐藤進一『鎌倉幕府訴訟制度の研究』（岩波書店　一九九三年、初出は一九四三年）第四章。
(22)上横手雅敬「六波羅探題の成立」・「六波羅探題の構造と変質」（同『鎌倉時代政治史研究』（吉川弘文館　一九九一年）第二章五・六。初出はそれぞれ一九五三・五四年）。
(23)木村英一「六波羅探題の成立と公家政権」（『ヒストリア』一七八　二〇〇二年）は、洛中警固の検討を通して探題の性格の変化を見出している。

(24)高橋慎一朗「空間としての六波羅」（同『中世の都市と武士』吉川弘文館　一九九六年、初出は一九九二年）。
(25)高橋慎一朗「「武家地」六波羅の成立」（前掲注〈24〉同氏著書所収、初出は一九九一年）。
(26)久保田和彦「六波羅探題発給文書の研究――北条泰時・時房探題期について――」（『日本史研究』四〇一　一九九六年）。なお久保田氏には「六波羅探題発給文書の研究――北条重時・時盛探題期について――」（鎌倉遺文研究会編『鎌倉遺文研究Ｉ　鎌倉時代の政治と経済』東京堂出版　一九九九年）、「六波羅探題北条長時発給文書の研究」（『日本史攷究』二六　二〇〇一年）もある。あわせて参照されたい。
(27)熊谷隆之「六波羅探題任免小考――『六波羅守護次第』の紹介とあわせて――」（『史林』八六―六　二〇〇三年）で京都大学所蔵の原本のテキストが紹介されている。本稿では東京大学史料編纂所架蔵の影写本を参照した。
(28)森幸夫「南北六波羅探題についての基礎的考察」（『国史学』一三三　一九八七年）。
(29)熊谷隆之「六波羅における裁許と評定」（『史林』八五―六　二〇〇二年）。
(30)森幸夫「六波羅評定衆考」（小川信先生の古希記念論集を刊行する会編『日本中世政治社会の研究』続群書類従完成会　一九九一年）。
(31)森幸夫「六波羅探題職員ノート」（『三浦古文化』四二　一九八七年）、同「六波羅探題職員ノート・補遺」（『國學院雑誌』九〇―二　一九九〇年）。
(32)高橋慎一朗「六波羅探題被官の使節機能」（『遥かなる中世』一〇　一九八九年）。
(33)高橋慎一朗「六波羅探題被官と北条氏の西国支配」（前掲注(24)同氏著書所収、初出は一九八九年）。
(34)森幸夫「六波羅奉行人の出自に関する考察」（『金沢文庫研究』三〇九　二〇〇二年）。
(35)外岡慎一郎「六波羅探題と西国守護――〈両使〉をめぐって――」（『日本史研究』二六八　一九八四年）。
(36)外岡慎一郎「鎌倉末～南北朝期の守護と国人――「六波羅―両使制」再論――」（『ヒストリア』一三三　一九九一

年）。
(37)佐藤秀成「六波羅探題発給文書の伝達経路に関する若干の考察」（『古文書研究』四一・四二　一九九五年）。
(38)加藤克「「六波羅奉行国」に関する一考察」（『北大史学』三七　一九九七年）。
(39)これを特徴的に示すのは、鎌倉末期の「悪党召し捕り」であろう。この問題については、山陰加春夫「「悪党」に関する基礎的考察」（『日本史研究』一七八　一九七七年）、近藤成一「悪党召し捕りの構造」（永原慶二編『中世の発見』吉川弘文館　一九九三年）、海津一朗『中世の変革と徳政—神領興行法の研究—』（吉川弘文館　一九九四年）、木村英一「鎌倉後期の勅命施行と六波羅探題」（『ヒストリア』一六七　一九九九年）参照。
(40)前掲註(21)、佐藤氏著書。
(41)前掲注(26)久保田氏の諸論稿および熊谷隆之「六波羅探題発給文書に関する基礎的考察」（『日本史研究』四六〇　二〇〇〇年）、同「六波羅施行状について」（『鎌倉遺文研究』八　二〇〇一年）など。
(42)前掲注(21)、佐藤氏著書第五章。
(43)瀬野精一郎『鎮西御家人の研究』（吉川弘文館　一九七五年）第一章。
(44)「吾妻鏡」文治二年十二月十日条。
(45)「吾妻鏡」文治三年十一月五日条。
(46)『石井進著作集』第一巻（岩波書店　二〇〇四年、初出は一九七〇年）九五頁注一六。
(47)瀬野精一郎「鎮西探題と北条氏」（同著『歴史の陥穽』吉川弘文館　一九八五年）二二五、二二六頁参照。
(48)『中世法制史料集』第一巻（岩波書店、一九五五年）追加法五六二条。
(49)前掲注(21)、佐藤氏著書および川添昭二「鎮西特殊合議訴訟機関」（『史淵』一一〇　一九七三年）。
(50)川添昭二「鎮西談義所」（『九州文化史研究所紀要』一八　一九七三年）。
(51)この議論については、友成和弘「鎌倉時代における鎮西統治機構についての一考察——北条兼時・時家の鎮西下向を中心に――」（『金沢文庫研究』二七五　一九八五年）で簡潔にまとめられている。

(52)川添昭二「鎮西奉行所――北条兼時・時家の鎮西下向――」（『金沢文庫研究』通巻二〇〇　一九七二年）および前掲注(51)友成論文。

(53)川添昭二「鎮西評定衆および同引付衆・同引付奉行人」（『九州中世史研究』第一輯　一九七八年）。

(54)村井章介「蒙古襲来と鎮西探題の成立」（同『アジアの中の中世日本』校倉書房　一九八八年、初出は一九七八年）二〇九頁。

(55)前掲注(21)、佐藤氏著書第五章。

(56)増山秀樹「鎮西探題の使節遵行について」（都留文科大学地域社会学会編『地域社会研究』六　一九九六年）、外岡慎一郎「鎮西探題と九州守護」（『敦賀論叢』一一　一九九六年）。

(57)例えば、鎮西探題や守護職との関わりを踏まえ、石井進「九州諸国における北条氏所領の研究」（『石井進著作集』第四巻　岩波書店　二〇〇五年、初出は一九六九年）を再検討する作業も必要になるであろう。

(58)『石井進著作集』第一巻（岩波書店　二〇〇四年、初出は一九七〇年）。

（付記）本稿脱稿後、森幸夫『六波羅探題の研究』（続群書類従完成会　二〇〇五年）が刊行された。本稿で紹介した森氏の諸論稿も加筆・修正され、新稿も含まれている。あわせて参照されたい。

女性相続の実例について

——鎌倉時代前半の『鎌倉遺文』から——

斎藤直美

はじめに

本稿は『鎌倉遺文』に集録されている譲状中、鎌倉時代前期から中期にかけての事例を選び、女性相続について実例を挙げ、若干の考察を加えるものである。(1)

この時代の女性が財産を相続することができた、被譲与者とも譲与者ともなり得たと言う事は、今日広く知られており、女性史のみならず経済史的な観点から女性の相続について言及した研究も多い。(2) 実際、「日下部盛平譲状写」(日下部系図所収、『鎌倉遺文』①二〇五号)や「大善法寺祐清譲状」(菊大路家文書、『鎌倉遺文』④二三〇三号)には、「男女実子」「男女之弟子等」といった文言が見られ、相続の場面において、対等とは言い切れないが、女性も男性同様財産を分与される対象とされていた事がみられる。今回対象とした文治元年(一一八五)から正元二年(一二六〇)までの『鎌倉遺文』の中で、「譲状」という文書名がついているものは、愚見の限り五三九通あり、そのうち女性が被譲与者、もしくは譲与者である文書は一七〇通と、全体の三一・〇%を占めた。(3)

なお本稿では、かつて五味文彦氏が指摘されたように、親に対しての娘という場合には「女子」という呼称を用い、一般的な女という場合は「女性」と呼称する。(4)

一 女性と譲与

まず、当時の法令が女性の譲与についてどう規程していたかを確認しておきたい。

周知のとおり、当該期においては公家法と武家法の二つの法体制が存在し、地域や階層などによって、適用される法には違いがあったであろう。そこで本稿では武家法として「貞永式目」を、公家法については「法曹至要抄」「裁判至要抄」を参照し、譲与に関する規定を比較した[5]。

女性が譲与に関わるのは、娘として、ないしは妻・母としてが主であろう。

女子について、「貞永式目」第一八条には、「譲与所領於女子後依不和儀其親悔返否事」という条目があり、法的に女性も譲与の対象ではあったが、父母の意見によって悔返される事もあるとしている。

また、妻としては、同第三一条に「妻妾得夫譲被離別後領知彼所領否事」という条目があり、夫からの一方的な離別であれば、それ以前に譲与された所領を悔返す事はできないとしているので、重科を犯さない限り、妻に譲与された所領はいちおう安堵されたようである。後家に関しては、同第二四条に「譲得夫所領後家令改嫁事」という条目がみえる。ここでは、夫の所領を得てから夫が亡くなった後に他の男に嫁いだ場合、譲与された所領は没収され、亡き夫の子息に譲るものとしている。また、「裁判至要抄」第二四条でも「謂家長之妻。夫亡寡居者也。若未分之前改嫁適他者不可得財」と、寡婦として一生をおくることを、亡き夫の財産を相続する前提としている。「法曹至要抄」第一五条にも「改嫁妻不承分事」として同様の事が記されており、これも無条件で絶対的に保証される財産とは言いがたいようである。反対に、亡くなった妻の財産の措置については「法曹至要抄」（処分条第七条）、「裁判至要抄」（第二五条）ともに「不還妻之祖家也」とし、その根拠を夫婦同財に求めている。その点、夫婦別財を旨としていた「貞永式目」とは状況が変わってこよう[6]。

女性一般に関わるものとして、「法曹至要抄」処分条第三条「父遺財支配事」に、「家人奴婢田宅資材総計作法、嫡母継母及嫡子各二分、庶子一分、兄弟亡者子承父分、其姑姉妹在室者、各減男子之半、寡妻妾無男者承夫分、若欲同

財共居、及亡人存日処分証拠灼然者、不用此令」とあり、父の財産については、女子が男の子供の半分を相続するとされている。また、同第四条「母遺財支配事」では、「案之、仮令有十人子、其母未処分亡者、所有遺財将以均分、有十端布者、不論男女嫡庶、各可得一端之類也」とも「(前略)而無夫得妻物之法、不可入夫(略)」とも規定しており、母親の財産贈与については、男女嫡庶の区別はしないとしている。また「裁判至要抄」第一六条「父遺財支配事」にも、「嫡母継母及嫡子各二分、庶子一分、女子半分、若亡人存日処分、証拠灼然者、不用此令[7]」とあり、同第四条には「母遺財支配事」として「法曹至要抄」とほぼ同じ事が書かれている。

そこで、実際はどうであったのか、『鎌倉遺文』所収の文書を見ていきたい。これらから判断すると、女性への譲与は、[ア] 父からの譲与、[イ] 母からの譲与、[ウ] 夫からの譲与、[エ] それ以外の人物からの譲与、という四通りに分けられる。同様に、女性からの譲与は、[A] 娘への譲与、[B] 息子への譲与、[C] それ以外の人物への譲与、の三通りに区別出来よう。

アの例として、「伴三子田地譲状」(延時文書、『鎌倉遺文』①二七九号)では、父の先祖相伝の所領を、少なくとも「嫡女」と「伴三子」の二人には譲与している。「源重平所領譲状案」(肥前大河内文書、『鎌倉遺文』補②補八三六号)では「雖有何男子」という文言から他に兄弟がいたと考えられる中、所職と私領を「二子字土用」に譲与している。また「紀近延家地譲状」(内閣文庫所蔵大和国古文書、『鎌倉遺文』⑤三三七四号)には、「紀近延之母先祖相伝家地也(中略)而今紀姉子依為嫡女、所譲与也」とあり、この家地が父である紀近延の母方の相伝家地で、紀姉子が嫡女であったので譲与したことがわかる。「安部国次譲状案」(東寺百合文書レ、『鎌倉遺文』③一八一六号)には「安部国次手ヨリ安部氏女所譲与明白也」と「父安部国次」の判が見られる事から、やはり父から娘への譲りである事がわかる。

「源太家地譲」（九条家文書、『鎌倉遺文』⑧五六〇四号）では「源太相伝之私領」を「女子夜叉御前」に譲与し、「乗連所職田畠譲状案」（東寺百合文書む、『鎌倉遺文』⑪八三七一号）では乗連先祖相伝の所職・田畠を「子息地蔵御前」に譲与している。

ここでは、娘だと考えられる人物を「子息」と称している例があるが、これは、当時まま見られ、『鎌倉遺文』の他の文書にもいくつか見られる。(8)「子息池田弥乙女」（「西忍所領譲状案」、東寺百合文書ケ、『鎌倉遺文』⑪七七四九号）、「子息女乙石」（「真阿弥陀仏田地譲状」、摂津勝尾寺文書、『鎌倉遺文』⑪七九三九号）、「子息比丘尼尊妙」（「渡江有貞田地譲状」、白河本東寺文書三五、『鎌倉遺文』⑪八〇三九号）などがそうである。しかし、先述の「真阿弥陀仏田地譲状」（建長七年〈一二五五〉十一月二十八日）と同日に、同人から他の娘にだされた譲状（「真阿弥陀仏田地譲状」、摂津勝尾寺文書、『鎌倉遺文』⑪七九四〇号）には、「女子」犬王とあり、「子息」とは書かれていない。この事から、「子息」や「女子」という呼称が、時代の流れによって変化したのではないという事が推察される。その理由は不明であるが、明確な訳があるとすれば、譲与者と被譲与者との個人的な関係などによるのではないだろうか。

イの例としては、「尼尊妙譲状」（早稲田大学所蔵尊勝院文書、『鎌倉遺文』②七二〇号）で、「あまそんめう」が「てゝのさうてんのところ」を「ひとりむすめ、れんせい殿」に譲っている。「藤井氏女譲状」（田中忠三郎氏所蔵文書、『鎌倉遺文』④一八九三号）では、「藤井氏女売買相伝之私領」を「依為嫡子」三国氏女に、「矢田尼譲状案」（楓軒文書纂四十五烟田ニ、『鎌倉遺文』⑤二七三六号）では、「比丘尼妙阿弥陀仏」が「年来私領」を「依為嫡女」藤井氏女に譲っている。

「藤井氏女譲状」と「矢田尼譲状案」のような「依為嫡子（女）」という文言を見ると、嫡子（女）であることが譲与の条件であるかのようにも見える。しかしここでは譲与の条件という意味で「依為」と述べているのではなく、自分の子供なので、といった被譲与者との関係を示しているだけであると考える。周知のことであるが、嫡子（女）たることが譲与の条件ではないということは、先述の（補②補八三六）の「二子」字土用や「八男」信寂（「尼深妙譲状」、『鎌倉遺文』⑧五五五五号）に譲状が発給されていることからも伺える。[9] この点については後述する。

ウの例として、「中原為経譲状」（山城梅宮神社文書、『鎌倉遺文』②八〇三号）[10] では、「依為年来之夫妻数子母堂」、妻の清原氏に所職と所領の一部を譲与している。「大友能直譲状案」（肥後志賀文書、『鎌倉遺文』⑤三一七一号）では、「女房平氏為数子母堂之上、依為年来之夫婦」、所領・所職を妻に譲っている。「応仁所職等譲状案」（大宰府管内志屋山寺文書、『鎌倉遺文』⑪七九〇六号）では、「応仁相伝知行之領職」を「依為年来之夫妻」、妻である山口太子に永年譲与している。書く順序こそ違うが、どれも「年来夫妻（婦）」「数子母堂」といった文言を含んでおり、そこが女子への譲与と違う点である。[11]

一方「僧定西家地」（大和筒井寛聖氏文書、『鎌倉遺文』③一七一九号）には、「依為年来夫妻、于常陸殿限永代所令処分也、兼又常陸殿一期之後者、息女無量殿尓無相違可令処分也」とある。「深堀仲光田地譲状」（肥前深堀家文書、『鎌倉遺文』⑥四〇一〇号）でも、「為年来之夫妻」平氏に私領を譲ってはいるが、「平氏一期之後者、五郎能仲仁可譲与」としている。そして「藤原顕嗣所職譲状」（筑前宗像神社文書、『鎌倉遺文』⑧五八九六号）では「汎病帯難存命之間、大江氏女夫妻之後、一事一言不背命、至于没後之事、一向相馮彼氏女之間、次第調度証文等、載目録所譲与也、至于向後、永不可有牢籠、就中既子息一人出来弥鶴之間、重任実正所注置也、子息成人之時者、可令譲与也」[12] と、夫・藤原顕嗣が妻・大江氏女に地頭職を譲与しているが、息子が成人したらそれを譲るようにと言っている。この「子息」

が氏女の実子か否かは分からないが、いずれにしろ、これらは全て妻への永代譲与ではなく、のちに子供に譲与する為の、一時預けといった性格のものであったと言えよう(13)。

エのように、あきらかに両親でも夫でもない人物からの譲状であると言いきれる文書はあまり多くはない。「成覚田地譲状」（山城勧修寺文書、『鎌倉遺文』⑤三三五〇号）では、「而今成覚之乳母老尼、愚身之外一切無憑方、成覚閉眼之後、即時可為乞食、為報乳母之恩、所譲給之也、以是可充日食也」と、年老いた乳母が自分の死後、生活に困らぬようにと、成覚なる僧から乳母に私領を譲与している。

今度は女性を譲与者にした場合である。ただし既婚女性を譲与者とした場合は、母としての譲与と後家としての譲与とがあるので、両方の例について言及したい。

まずAの例として「山氏女譲状案」（作陽志五布施庄、『鎌倉遺文』①一六三号）では、「相副只一人嫡女源氏於次第手継文書公験等、永所譲与申也」として、山氏女から嫡女である源氏に地頭職を譲与している。「尼教聖敷地譲状案」（東寺百合文書ケ、『鎌倉遺文』⑨六三四九号）では、「尼教聖相伝私領也、年来領知之間、敢無違失、而今相具調度之書、処分与女子春日前畢」として私領を娘に譲与している。前述の（『鎌倉遺文』⑪七九三九号）文書では、「比丘尼真阿弥陀仏相伝私領」を「子息女乙石」に譲与している。そして「妙阿弥陀仏譲状」（東寺百合文書メ、『鎌倉遺文』⑥四一一八号）には「藤井延重之後家比丘尼妙阿弥陀仏之年来私領也、而今及年耄老、難知旦暮間、依為嫡女、藤井氏爾件田地等之相副本券文等、限永代、所譲与実也」とあり、妙阿弥陀仏が自分の意思で嫡女に譲与している。またこの文書には妙阿弥陀仏の他、次女藤井氏女の略押もみられる。

Bの例として、「内まき氏女田地譲状」（正村升亭氏文書、『鎌倉遺文』②一一二五号）に「内まきの氏女□相伝私領也、而本文書一通を相副て、子息伊与房行縁爾永譲畢」とあり、おそらく両親から譲られたものであろう氏女の相伝の私領を息子に譲与している。「藤原氏女田地譲状」（東寺百合文書モ、『鎌倉遺文』③一六四六号）では「子息二男神咒丸所分与也、仍為後日証文、悲母藤原氏並兄等加判明白也」として母から二男に私領が譲与されており、文中にあるように「悲母藤原氏」のほか、神咒丸の兄弟「嫡男僧」と「嫡女藤原氏」の花押も据えてある。「飛鳥部氏女田地譲状」（『鎌倉遺文』⑥四一六七号）では「飛鳥部氏女之譜代相伝之私領」を「先年之比、次男久米正光譲与」したとあり、「平氏尼譲状」（出羽中条家文書、『鎌倉遺文』⑦五一二九号）でも、所領を「しそく三郎」に譲与している。

一方、後家についてはどうであろうか。「大江姉子譲状」（河内観心寺文書、『鎌倉遺文』④二三六九号）には「故僧延尊重代相伝所職也、雖然、不慮外頓病、為未処分忽令逝去畢、依之任存生時之意趣旨、為後家大江姉子沙汰之、譲与彼職於龍太丸」とあり、夫がその所職を処分しないまま亡くなったので、夫の意をうけてその所職を処分したものと解釈できる。また「今木経貝田地譲状」（山城田中教忠氏文書、『鎌倉遺文』⑧五七九五号）は、「祝今大宿祢経方、先祖相伝私領也、而経方於未処分逝去畢、而之間、嫡男今木経貝与後室中原氏シテ、女子字仁王女ニ所譲与明白也」としている。[12]「貞証後家譲状」（根津美術館所蔵文書、『鎌倉遺文』⑨六三九二号）は、貞証の後家が、「貞証大法師之相伝私領」を「依為実子、限永代僧英宗院」に譲与している。[14]

Cの例は、エ例同様あまりないが、「和気三子譲状」（豊後詫摩文書、『鎌倉遺文』④二三六八号）では「和気三子相伝之所職」を「依為孫子」木太成幸に譲与している。また「得阿弥陀仏畠地譲状」（百巻本東大寺文書十号、『鎌倉遺文』⑨六八一四号）では得阿弥陀仏の私領を「依為養子」僧厳俊了慶房に譲っている。

また、「願蓮譲状」（東寺百合文書カ、『鎌倉遺文』⑪八一一一号）のように、「沙弥願蓮並尼念阿弥陀仏之相伝之私領」

を、「依為養子、字亀石殿」に譲与しており、これは願蓮と念阿弥陀仏の二人の共同財産であったのではないかと考えられる。

二　男性の譲与

これまで女性の譲与について実例をあげて見てきたが、当時の男性のそれはどうであったのだろうか。その時代の女性の姿を写し出す為には、男性についても実例を見る必要があろう。

男性の場合、譲与者としては［ア］娘への譲与、［イ］息子への譲与、［ウ］妻への譲与、［エ］それ以外の人物への譲与、という四通りに、被譲与者としては［A］父からの譲与、［B］母からの譲与、［C］それ以外の人物からの譲与、の三通りの分類が出来よう。男性の場合は寺院関係の所職の譲状も多く、それはまた寺院や宗派ごとに違いがあるなど一般の相続とは問題を異にする点も多いので、こういった場合は本稿では［エ］ないし［C］として一括した。

［ア］の例として、「大蔵親秀田畠譲状」（筑前宗像神社文書、『鎌倉遺文』⑦四九六一号）が挙げられよう。ここでは「親秀一子」であるので、「親秀先祖相伝私領」を、「太子」に譲与しており、また、「覚然田畠譲状」（土佐文書、『鎌倉遺文』⑧五四五三号）では、覚然が、「沙門覚然之母堂源氏、重代相伝之所領」を「嫡女藤氏」に譲与している。更に「播磨清末私領譲状」（山城宝鏡寺文書、『鎌倉遺文』④二二三九号）では、播磨清末の私領を、女子字閇前に譲与し、その際には、父のほか嫡男・二男・四男も花押を据えている。

譲与に当たっては、男性を対象とする例が主流であるが、その場合嫡子への譲与とそれ以外の子への譲与とがある。

前者の例に「先祖相伝之所領」を「嫡男季俊」に譲与している「於保季永譲状」（肥前田久文書、『鎌倉遺文』④一九三九号）、領所を「依為嫡子」成亮に譲与した「藤原隆頼譲状」（筑前宗像文書、『鎌倉遺文』⑤二七八一号）、「重代相伝之職」を「嫡子恒久」に譲与した「藤原恒用譲状案」（調所氏家譜、『鎌倉遺文』⑩七〇四七号）などが挙げられる。

後者の例に「沙弥仏念譲状」（鳥浜文書、『鎌倉遺文』⑤三三五三号）などが挙げられよう。これは「次男藤原義房」に所職を譲与したものである。「宇治惟次譲状写」（肥前阿蘇文書、『鎌倉遺文』⑤三五〇八号）では、「しりやうでんはく」を「三なんうちのこれもり」に「わけあたふる也」と言い、父のほかに嫡男の花押も見られる。「安部延貞所職譲状」（若狭阿倍武雄氏文書、『鎌倉遺文』⑦四七七〇号）でも「二男延末」に父の所職を譲与し、日下に嫡男の略押が見られ、その横に父の略押が見える。

ここで嫡子という文言に注目したい。高橋秀樹氏は、長子が無条件に「嫡子」であるのではなく、次男以下であっても「嫡子」にたてられることがあり、それが中世の嫡子制度の特徴であると指摘している。[15]従って、何人目の子供であろうと、「嫡子」になる可能性があるのだが、これは実際の史料からも見てとれる。

「小山朝政譲状案」（下野小山文書、『鎌倉遺文』⑥三九六〇号）では、「朝長子息之中、以五郎長村立嫡男」ており、この「嫡男」に所領・所職を譲与している。朝長とは小山朝政の嫡男であるが、この所領・所職を譲与されながら親に先立って亡くなっている。また「藤原家門大宮司職譲状」（肥前武雄神社文書、『鎌倉遺文』⑦五一七〇号）では「雖有嫡二男、依不其器量、以三男能門為嫡子」しており、家門重代相伝の武雄社大宮司職を三男に永代譲与している。また、「めうれん譲状」（出羽市河文書、『鎌倉遺文』⑩七一四九号）では、「二郎たゝよしをちやくしにたてゝ」、惣地頭職を譲与しているのだが、同文書の中で、「太郎みつなりハ、おやのこゝろをそむくゆへ、そのきりやうにあらさるゆへに、ちゃくしにたてさる也」と、兄みつなりの器量のなさを嫡子にたてなかった理由としている。

これらを見ると、嫡男を選出する条件のひとつが器量であったことが伺える。

また器量とは嫡子を決定するだけのものではない。エの例として以下をあげよう。「僧真秀所職譲状」（筑前大宰府神社文書、『鎌倉遺文』④二四二六号）では真秀相伝の所帯を、「為器量人之間」として隆慶大法師に譲与している。「浄真所職譲状」（山城醍醐寺文書、『鎌倉遺文』⑧五六三三号）でも、真助阿弥陀に寺の別当職を譲与しているが、「一期之後、一門之中相計器量、可令譲与」としている。「僧昌仏所領譲状」（筑前宗像神社文書、『鎌倉遺文』⑦五一〇九号）では、「抑為顕嗣雖有兄弟、各心操不調、而不階愚之心、撰器量、所嬢与顕嗣也」といった事情で息男に譲与している。

これとは反対に、「服連某刀祢職譲状」（神宮文庫文書、『鎌倉遺文』③一七〇二号）では、刀祢職を、「無堪事子息」という理由で、兄部章正真人なる人物に譲与している。「清原太子田畠譲状」（豊前永弘文書、『鎌倉遺文』⑥四一五〇号）も、先祖相伝の私領を「太子指不持子」ので「為年来師壇之上、以臨終之看病丁寧ヲ」、花台房円照という人物に譲与しており、たとえ子供がいても、親の眼鏡に叶う者がいなければ、他人に譲与することすらあったようである。つまり譲与そのものの判断基準にもなりえたのであろう。

前後してしまったが、［ウ］の例としては、前出の「中原為経譲状」（『鎌倉遺文』②八〇三号、補①補一六五号）などがあげられる。これらについては先述しているので詳しくは述べないが、純粋に妻としてだけではなく、子供の母親として譲られている一面もあるようである。

今度は男性が被譲与者である場合を例示する。［A］の例も数多く見うけられ、「しそくとしのふ」に「ちとうしき」と「ともゆきみょう」を譲与した「山中俊直譲状案」（近江山中文書『鎌倉遺文』④二二〇九号）、「三なんうちのこれもり」に私領を与えた「宇治惟次譲状写」（肥後阿蘇文書、『鎌倉遺文』⑤三五〇八号）などがこれに相当する。

［B］として、「清原氏女譲状」（東寺百合文書カ、『鎌倉遺文』④一九一七号）があげられる。これは、「きよハらのうちの女」より「さうてんのしりやう」が、「しそくとくす丸」に譲与された事を示すものである。また「尼自阿弥陀仏房地譲状」（根津美術館所蔵文書、『鎌倉遺文』⑥三七三九号）のように、母自阿弥陀仏が、相伝の房地を、息子の僧信増に譲っているものもある。これらから、母親が夫より一時的に預かった夫の財産ではなく、自分の財産を子供に譲りえたことが分かる。

［C］の例として「大法師基覚譲状案」（筑後大友文書『鎌倉遺文』①三一六号）では、兄の「基覚重代相伝所」である寺院院主職を、「嫡弟覚秀」が譲与している。また「僧相院譲状写」（薩摩玉里文庫所蔵古文書写、『鎌倉遺文』③一五五七号）では、おじから「甥僧禅興」に、私領である山寺を譲っている。

三　その他の問題点

ここでは譲状を見て気付いたことについて、二・三述べておきたい。

まず、財産を譲与・売買する際に、重要視される証拠書類についてである。今回見た『鎌倉遺文』の譲状にも、「本券」「公験」「手次（継）」といった書類が添えられたことが明記される事が多い。

「伴三子田地譲状」（延時文書、『鎌倉遺文』①二七九号）には、「父故大目伴種明朝臣先祖相伝之所領也、然各々所被処分、但於本公験手次者、嫡女所譲得也、於于今者、依為妹女、所譲如件、但為不知嫡女、有他人沽与者、本主返

付、可致沙汰、以解、件文請取了」と記されている。この譲状の譲り主である伴三子は、「妹女」に父の残してくれた所領を譲るにあたって、「本公験手次」を嫡女が持っており、「妹女」への譲与を知らない嫡女が、他の人に譲与した場合には、持ち主に返すようにとの解を申請し、結果的に発給されたようである。このように解文を、しかも女性が申請する例は、平安時代にまま見られるようであるが[16]、当該期の『鎌倉遺文』の譲状を見た限りにおいては珍しい事例である。この文書の日付は文治三年であり、所在は確認できていないが、発給されたと考えられる解文も同時期のものであろう。当時珍しくなりつつあった解の発給を願っているのは、前時代の慣習の名残であったのではないだろうか。[17]

また、この文書から、「公験手次」といった書類は一人がまとめて所持している事、たとえ確かに本人の財産であっても、前述の類の書類がなくては譲与に困難をきたすと言う事がみてとれる。「公験手次」を一人が所持していたと言うのは、「藤原山内首藤重俊譲状」（山内首藤家文書、『鎌倉遺文』⑥三九二七号）に、「此名本券文書等、依為嫡子、預置宗俊」と言う文言があることからもわかる。また「熊谷蓮生譲状」（長門熊谷家文書、『鎌倉遺文』①五一四号）のように「於代々証文者、嫡男直家朝臣為連券故、相副手次文書」と、連券であるため、そのかわりに手次文書を添えたと見られる文書もある。

譲与・売買の際、その財産の全てを一人に渡してしまうのなら問題はないが、彼女達のように何人かで分与、ないしは一部を売却する場合は、そのうちの一人しか証文をもてないので、譲与（売却）する側は、案文を別に作るか交付できない理由を文書に明記する。また、火事・盗難などで証文が失われたという場合には、紛失状をたてるとされている。[18]

この実例を挙げよう。「講衆僧覚仁譲状」（大隅台明寺文書、『鎌倉遺文』④二三四二号）は、僧覚仁が門弟である浄妙房に田地を譲与しているが、その「本券並手次之状」は月性房のもとにあるので案文をそえて譲与した、とある。「平忠茂譲状案」（薩藩旧記前篇三末吉羽島氏文書、『鎌倉遺文』⑨六二三六号）では、先祖相伝の所領を、子息字徳夜叉丸に譲与しているが、「於本験御教書正文者、依為連文、不能放譲、偏以案文」と断って譲与している。「西念田地譲状」（東寺百合文書ミ、『鎌倉遺文』⑥三七八五号）では「但於本証文者、依有類地、不及付渡也」、「をゝくま太子譲状」（薩摩延時文書、『鎌倉遺文』⑩七〇四五号）は「しそくたるによて、なかきよをかきりて、をゝく万のみちひさにゆずりをはぬ、たゝし、あにたゝとものてつきをあひそうへしといえとん、るいちあるによりて、ちゃくにょをゝく万のうちのにょに、ゆつりあたふるニよて、はなちゆつるにあたはす」と、断り書きのみで案文などは特に添えられていないようである。

また中には、「願心譲状」（九条家文書、『鎌倉遺文』⑪八二六七号）のように、「たたしほんけんハ、しもつさ入道かもとに、ぬすミとりてあり、いそきこれをさたしてとるへし」といった穏やかでない事情もあったようである。裏をかえせば、それだけ証文が大事にされたという事であろう。

だが一方で、一でも触れた「紀近延家地譲状」のように、「而紀近延依為子息、雖相伝之無別手継、然而敢無他妨、領掌年久」と、手継など証文の類も添えていないが、近延に家地を譲与した母の子息だから問題はないと言っている場合もあり、本当に様々な場合が存在したといえる。

紛失状を立てている例は「菅原為俊譲状案」（壬生家文書、『鎌倉遺文』③一五八七号）に見られ、「抑於本券者、去元久元年大事《（火カ）》時引失了、仍触申寺家並諸郷之領主、所立紛失状也」とある。「僧祐深田畠譲状」（山城森川文書、『鎌倉遺文』③一五八五号）では、「本公験」が文治四年（一一八八）に焼失してしまったので、「仔細上宮庁、立紛失状並取在地証判」ている。またⅠで触れた「飛鳥部氏女田地譲状」（⑥四一六七号）でも、既に譲与し終えていたのだが、失火によって本券と譲状等の文書が焼失してしまい、「氏女于今依為存生」、再び譲状を作成し、紛失状もそえている。譲与の状況は異なるが、これと類似したものに「僧源応譲状」（豊後瑠璃光寺文書、『鎌倉遺文』③一七六九号）[19]がある。こちらは火事によって、「源応重代相伝之私領」に関する「代、証文等不残一通焼失」し、「同母堂藤原太子令焼死」たので、新券を立てて「嫡子乙王丸」に譲与している。この父から嫡子への譲与を考えると、他の例から見て紛失状か新券をたてるという文言だけで済みそうだが、彼はあえて母が亡くなった旨を記している。ということは、おそらくこの「相伝之私領」とは母から譲与されたもので、母がいればもう一度自分に譲状を書いて貰え、そしておそらくそれが証文としては一番効力の強いものであったが、母が亡くなってしまったので新券を立てた、という解釈が成り立つのではないだろうか。それは飛鳥部氏女が、紛失状だけでも問題はないのだろうが、「氏女于今依為存生」と言って、再度譲状を記していることからも察せられる。

また、売却によって被譲与者・買主に権利が移った時に放たれるのが新券であるが[20]、譲状が作成された際も、「為令備後代之亀鏡」[21]や「仍為後代証文」[22]に、「新券文」が発給されている例がしばしば見られる。たとえば「僧蓮心家地譲状」（③一二一九号）にみえる、「全以不可有他妨、仍副相本券三枚、新券立」などがそうである。

そして、この時代の相続を語る上で重要なのが「一期分」という言葉であろう。その実例も見ていきたい。「深堀仲光田地譲状」（肥前深堀家文書、『鎌倉遺文』⑥四〇一〇号）に「仲光一期」「平氏一期」といった文言が、「比丘尼地頭職譲状」（肥前深堀家文書、『鎌倉遺文』⑦四六一四号）にも「尼一期」の文言が見える。前者の平氏とは、後者の尼と同一人物であると思われるので、これら二つは家の特長としての「一期」なのかもしれない。この文書を所収している「深堀家文書」を、全てみた訳ではないので定かではないが、一般に言われるより早い時期に、男女問わず「一期分」が存在したと感じた。[22]「秦相久譲状」（山城東文書、『鎌倉遺文』⑦五一四三号）では相久相伝の私領を嫡男以下その母、次男・三男・女子二人に譲与しているが、母と女子二人には「一期」という条件つきである。「田中光氏譲状案」（常陸臼田文書、『鎌倉遺文』⑨六二四一号）でも、子息・女子・妻にそれぞれ田・屋敷などを譲与しているが、「但小野氏並女子分者、各一期之後者、可為経氏知行也」と、やはり女性だけ一期譲りとしている。「尊浄譲状」（山城大徳寺文書、『鎌倉遺文』⑩六九五四号）は、譲与者とどういった関係にある人物かは分からないが、女性二人に所領の一部を分与しているが、これも一期に限っている。「尼生仏譲状案」（同前、『鎌倉遺文』⑩六九六三号）では譲与者である尼生仏が「あま一期のあいた」と言っている。「静寛譲状案」（常陸烟田文書、『鎌倉遺文』⑪八五〇〇号）でも、数人の男性と母（男性の母であろうか）に私領を分与しているが、母のみ「一期の間」と限定している。

また同じ財産の譲与であっても、時代によって譲与形態が変化していると言う事が文書の上から見て取れる。「尼妙法敷地譲状」（山城八坂神社文書、『鎌倉遺文』①五六〇号）と「めうあみ家地譲状」（同前、『鎌倉遺文』⑩七三三三号）がそれである。前者は建久二年（一一九二）づけの文書で、地事を「孫子石鶴女」に「永可令管領」として譲与したものであり、この文言から「永代譲与」であったと推測される。しかし裏書に、「此正文藤原氏女一期後者、可返祇園宝寿院也、明徳四年」と書いてある事から、最初永代譲与であったものが、後の時代に一期譲りとなったと考えられる。また後者も、建長三年（一二五一）づけで「なかくひめこせんに、ゆつりわたすところなり」と、永代譲与であった事が見うけられるが、裏書に「此正文藤原氏女一期後、可返祇園宝寿院也、明徳四年」との文言がみられる。

この二点の文書のみから結論めいた事を言うのは避けたいが、同じ地であっても時代によって譲与形態が変化した事を示す手助けにはなろう。ちなみにこれらは二通とも「山城八坂神社文書」のものであり、一期譲りへの時期の変化が地域ごとに違った可能性も示唆してくれる。

そしてこれは文書の内容いかんと言うよりは様式的なことになり、難解な問題なので疑問を呈するに留めたいのだが、かつて佐藤進一氏は譲状には仮名、ことに平仮名の文書が多い事をその特徴の一つとしてあげ、女性の場合にことに多いと述べている。(24) 今回見た譲状五三九通中、仮名および平仮名で書かれた文書は一一八通あった。(25) このうち女子が譲与者あるいは被譲与者であった文書は五七通で、四八・三％と半分弱である。割合からすると、特筆するほど女性の場合に多くはないのではないだろうか。これらかな文書の特徴を上げる事は難しく、地域性や時期など様々な要因を考慮にいれるべきであろう。同時期に、同人物から出された「尼生仏譲状案」（山城大徳寺文書、『鎌倉遺文』⑩六九六三号）・「尼生仏譲状案」（山城大徳寺文書、『鎌倉遺文』⑩六九六四号）であっても、前者は仮名混じり文、後者は漢字のみの文となっており、一筋縄では分類できそうにない。また考察の対象とした文書の絶対数も少ないが、少なくとも、女子に仮名の文書が多い傾向にあるとは、いちがいには言えないのではないかと考えている。

四　まとめにかえて

以上とりとめのない文章を綴ってきたが、譲与の形態には様々なパターンがあり、それらが法律に則していたのか、地域性や階層による違いが明確なのか否かがはっきりしないということを改めて感じた。

今回は、『鎌倉遺文』の一時期における譲状だけを対象とした、いわばエピローグであり、当時の相続を知るには当然他の形態の譲与関連文書も見る必要がある。

今まで言われてきたように、中世の女性にとって、相続など、財産を得る上で、法律上不利な点があった事は確かである。しかしそれは、女性だけの問題ではなく、庶子や、「器量」のないと判断された子どもも同時に抱えていた問題であろう。また、譲与される財産すらもたない、多くの「青草」たちも存在した。そういった問題も含めて、女性の相続の実態を明らかにすることを今後の課題として、まとめに替えたい。

末筆ではあるが、本稿をまとめるにあたって、奥野中彦先生・桑山浩然先生はじめ、多くの方にご指導を頂いた。改めてお礼を申し上げたい。

（平成十三年元旦脱稿）

〔注〕

（1）『鎌倉遺文』（竹内理三編　東京堂出版）。今回は『鎌倉遺文』第一巻から一一巻まで、および補遺第一・二巻を対象とした。

（2）中田薫『法制史論集』第一巻（岩波書店　一九二六）、田中稔「裁判至要抄に見える悔還権について」（『赤松俊秀教授退官記念国史論集』読史会　一九七二）、河音能平「中世前期村落における女性の地位」（『日本女性史』2中世東京大学出版会　一九八二）や、高橋秀樹『日本中世の家と親族』（吉川弘文館　一九九六）、長又高夫『日本中世法書の研究』（汲古書院　二〇〇〇）などがあげられよう。

（3）これはあくまで『鎌倉遺文』の譲状に限ってのことであり、当該期の譲与関連文書全部を対象とした場合と違い、割合の数値は正確であるとはいえないが、参照として記した。なお、これは寺院内の職の譲与なども含んだ譲状の数である。服藤早苗『家成立史の研究』（校倉出版　一九九〇）で述べているように、こういったものは必然的に男性が譲りの対象となる確立が高いと思われるので、寺院関係の譲状を対象外とすれば、女性を譲与・被譲与者とした文書は増えると考えられる。また、譲与者の身分や譲与する財産の内容についても細かく分析する必要があろうが、今回は時代性の中で譲与ということを捉えた、「男女」という大まかな分類に留め、次回の課題としたい。

（4）五味文彦「女性所領と家」（『日本女性史』２中世　東京大学出版会　一九八二）。

（5）「法曹至要抄」「裁判至要抄」（ともに『群書類従』第六輯所収。続群書類従完成会　一九七八）。また、五味氏が前掲書で言われたように、公家・武家法の両法を対比させる必要はあるが、実例を追うという本稿の趣旨から外れてしまうので別の機会に譲ることとする。なお、正確には「法曹至要抄」と「裁判至要抄」は法律の解釈書といった類いのものであり、法律そのものではないが、当時適応されていた法律を反映するものであると考え、「貞永式目」と同様に扱った。

（6）夫婦同財、および別財については五味氏注（4）前掲書に詳しい。

（7）この場合の「女子半分」とは庶子の半分の意である。

（8）『日本国語大辞典』第六巻「子息」（小学館　二〇〇一）にもそのように記されている。

（9）五味氏注（4）前掲書。

（10）「中原為経屋敷田畠譲状」（『鎌倉遺文』補①一六五号）はこれとほぼ同じ文言の文書である。

（11）五味氏前掲書。五味氏によれば、これが後家分と女子分との譲与の違いだと言うことである。また氏は、中田薫「中世の財産相続権」（同氏注〈2〉前掲本所収）の意見を踏襲して、後家が遺言の執行者として「スムーズな諸子への配分を期待したのだろう」と述べている。

（12）「帯」に（滞カ）という注がついているが、ここでは本文をそのまま引用した。

（13）『鎌倉遺文』⑧五七九五号は、文書名を「今木経貝譲状」としているが、「嫡子今木」とともに「後家中原」の花押が見られることおよび内容から、「後家中原」も譲与者として判断した。

(14)この文書中で譲与の対象物とされている私領は、もとは多聞王女らに譲与されたものであったのを、貞証法師の「依為実子」僧英宗院に譲与しなおしたのである。「任真証大法師目録之状、後家並子息等加判」とあるので、亡き夫の意思の通りに後家と「多聞王女」「愛王女」「和王女」が加判したのであろう。これも先述の女子を「子息」と称している例である。なお、奥書の「真証大師」とはおそらく「貞証大師」と同一人物であろう。
(15)高橋氏注(2)前掲書。
(16)関口裕子「古代における日本と中国の所有・家族形態の相違について――女子所有権を中心として――」(『日本女性史』1原始・古代　東京大学出版会　一九八二)。ただし関口氏が例示しているのは売買の許可を求めたものであるので、純粋に同じ様な例だとは言いきれないかもしれない。
(17)佐藤進一『新版　古文書学入門』(法政大学出版会　一九九八)。
(18)佐藤氏注(17)前掲書。
(19)これとほぼ同一の文書が「僧源応譲状案」(『鎌倉遺文』補①補五四一号)である。
(20)佐藤氏注(17)前掲書。
(21)「僧尊珍家地譲状」(『鎌倉遺文』⑥三六一〇号)。
(22)「僧定西家地譲状」(『鎌倉遺文』③一五二八号)。
(23)佐藤氏注(17)前掲書および五味氏注(4)前掲書。五味氏は同書の中で、正安四年の深堀時願の置文を例として、女子の一期分は「所領の流出を防ごうとした武士団の家の問題が基本にあった」としている。あるいは深堀家には、こういった意識が、文書が発給された寛喜二年及び天福元年当時からすでに芽生えつつあったのかもしれない。
(24)佐藤氏(17)前掲書。
(25)奥書のみ仮名で書かれたものや、ほんの数文字仮名である、というものは除いた。またいわゆる漢字仮名交じりのものは含んだ。

嘉元の乱に関する新史料について

——嘉元三年雑記の紹介——

菊池紳一

はじめに

嘉元三年（一三〇五）四月に起きた嘉元の乱についての史料は、『史料綜覧』から「北条九代記」「保暦間記」「尊卑分脈」「武家年代記」「鎌倉武将執権記」「関東開闢皇代並年代記」「鎌倉大日記」「随聞私記」「園太暦」「一代要記」「元徳二年三月日吉社並叡山行幸記」「皇代暦」「東寺王代記」「興福寺略年代記」「建長寺年代記」「春日若宮神主祐春記」「伊予三島縁起」「諸家系図纂」「系図纂要」等が知られ、近年では「実躬卿記」に関係記事が見えることが確認されている。また、この政変について触れた論考の代表的なものとしては、網野善彦『日本の歴史10　蒙古襲来』（小学館、一九七四）、高橋慎一郎「北条時村と嘉元の乱」（『日本歴史』五五三号）、細川重男「嘉元の乱と北条貞時政権」（『立正史学』六九、のち『鎌倉政権得宗専制論』第二部第二章所収）などがあり、上記の史料を駆使して諸論が展開されている。

本稿では、尊経閣文庫（以下「文庫」と略称する）の蔵書の中から見出した嘉元の乱関係史料と、その原本である宮内庁書陵部所蔵本の紹介を行いたい。

一　文庫蔵「古文書写」収載の醍醐寺関係史料

平成十四年秋頃、北条氏研究会の一員である川島孝一氏が、徳川林政史の仕事の関連で文庫の史料を閲覧に来たことがあった。その折り、閲覧したのがこの「古文書写」（架蔵番号写五三四―二）である。後日、川島氏からこの写本の中に鎌倉時代の文書があることを指摘され、確認したところ、左記の①から⑥の史料が明治時代に写されていたことが確認できた。「古文書写」の墨付は五十三丁（白紙三枚を挟む）で、目録一丁、①が二丁（白紙一枚）、②が二丁、③が四丁（白紙一枚）、④が二十七丁、⑤が五丁（白紙一枚）、⑥が十二丁である。ほぼ半分が④にあたる。

（墨付一丁表にある目録による）

① 天平宝字二年近江国牒状
② 宝亀八年大和国牒状
③ 寛平元年売林券文
④ 醍醐寺文書鈔
⑤ 興福寺金堂云云
⑥ 南海通記鈔

このうち、①～③⑤⑥は前田家編修方の罫紙に書写されており、④のみが白紙に書写されている。④の末尾に「明治十九年十二月鈔」と記載があることから、この「古文書写」は前田家編修方の手によって、明治の中期以降に、それまでに書写された史料がまとめられたものであると思われる。

つぎに、④の内容を示すと左記のようになる。

① 醍醐寺雑記上
② 醍醐寺雑記下
③ 醍醐寺雑要
④ 醍醐寺雑要

⑤　雑日記（祈雨事　神泉御読経事也）
⑥　醍醐寺要書上
⑦　醍醐寺要書下
⑧　嘉元三年雑記
⑨　応永十六己丑歳　大井御庄　石包名幷新田畠名寄帳

①②には朱で「此二冊貞観ヨリ建保ニ至ルマテノ記録ナリ」とあり、②の末尾に「古老云、此雑記上下古本在之、而後遍智院准后被借召、其已後不被返付也、古本不見、雖為写本、不可聊爾也」という本奥書が記されている。③④は「御遷宮　桜会雑事　請書桜会　理趣三昧等番帳事　不断経　御遷宮」についての記録である。⑤には朱で「此一冊ハ元慶ヨリ保安マテノ雑記ナリ」とあり、「祈雨事　神泉御読経事也」が記され、「承元四年七月晦日比書之、八月一日書了」という本奥書がある。

⑥の末には、

文暦二年初夏下旬之比書写了、
□初学園借令書之間、文字誤多之上、未決之□《(旁カ)》不審々々、
深賢記之、

⑦の末には、

文暦二年卯月廿八日□初学之間借書了、

文字狼藉之上未決之間不審々々、
深賢

という本奥書が記される。
⑧については別に紹介するが、その末尾に朱で「以上醍醐寺文書八冊、毎冊有左印記等」とあり、「地蔵院経蔵置之」の墨書と「光台院蔵」の朱印があったことが記されている。地蔵院・光台院ともに醍醐寺の塔頭であり、醍醐寺に伝来した史料であることは確認できる。
⑨については、朱で「外ニ左ノ一冊アリ」とする。この「外ニ」という意味は、右記の八冊が醍醐寺の記録（編纂物・日記）で鎌倉時代の書写であるのに対して、⑨のみ室町時代の荘園（醍醐寺領越前国大井庄）の名寄帳であることから、別なものと認識されていたと考えられる。

二　文庫蔵の「嘉元三年雑記」について

つぎに⑧の「嘉元三年雑記」（墨付五枚）について概観を述べ、本文を掲出したい。冒頭に朱書で「嘉元元年雑記五月之分抄」とあり、⑧は「嘉元三年雑記」のうち五月の記事から一部を抜き書きしたものであろう。内容を確認すると、五月三日、十八日、二十一日、二十二日の四日間の記事が抄出されていた。抄出の方途を考えてみるに、共通点は鎌倉で起きた政変、嘉元の乱に関する情報であったことがわかる。

以下、四章で紹介する書陵部本とほとんど重複するが、煩をいとわず掲出する。

『嘉元三年雑記五月之部分抄』（朱書）

三日、

関東御教書案文を披露之控云、

左京権大夫時村（北条）朝臣、今夜子刻誤被誅了、於左馬権頭（北条熙時）以下□〔子カ〕息・親類等者、所無別子細也、可被存候間、且依此事、不可発向之由、可被相触在京人幷西国地頭御家人等之状、依仰執達如件、

嘉元三年四月廿六日（マヽ）　相模守（北条師時）在判

遠江守（北条時範）殿

越後守（北条貞顕）殿

逐仰

長門・鎮西御教書如此、忩可付遣者也、

『五月』（朱書）

十八日、

駿川守（北条宗方）被誅之由、関東御教書案文、自或辺到来之状云、

駿河守宗方依有陰謀之企、今日午刻被誅了、可存其旨、且就此事、在京人幷西国地頭御家人等不可発向〔之脱〕由、可被相触子細、以武石三郎左衛門入道道哥・五代院平六左衛門尉繁員所被仰也、仍執達如件、

嘉元三年五月四日　相模守（北条師時）在判

遠江守（北条時範）殿

越後守殿（北条貞顕）

駿川守宗方（北条）依有陰謀之企、今日午刻被誅了、可存其旨、且就此事、在京人并西国地頭・御家人等不可差向之由、今月四日関東御教書如此、任被仰下之旨、可被相触丹波国中也、仍執達如件、

嘉元三年五月十日　越後守（北条貞顕）在判

遠江守（北条時範）在判

鵜沼左衛門（国景）入道殿

又寄権大夫殿（北条時村）人十一人、五月二日被誅云々、注文在別紙、白井藤松小□（二）郎胤資、即随一也、不注書也、

又大夫殿（北条時村）御内討死・自害人注文在別、且六十人也、随聞及注進之云々、

今日、

乙正法師若宮別当覚申也、下着、関東事委細申也、

右馬権頭殿（北条熈時）不可有別事之由、去月廿八日被成安堵之御教書、前入道殿（北条貞時）御計之条、顕然之上者、無殊子細、殿中炎上事、

駿川守殿（北条宗方）御所候旨、関東成披露候、入道殿ハ御入候（マヽ）相模殿（北条師時）小町屋形候也云々、

廿一日、

乙正上洛候、粮所五百文、払之文状一通進関東、

廿二日、

夫丸下向大野木庄事、夫被付給主、有所存者可差申之、
自関東熊□此川帰座之間、被下御礼拝見之、去月廿三日左京権大夫殿（北条時村）被誅誤也、今月四日駿川殿（北条宗方）被誅、御祈結願日也、不思儀云々、自去月廿三日御始行仁王経護摩、今月四日御結願、件日駿川守被誅了、是御法験之事（至カ）也、正応以後之珍事等、毎度御懇仕御祈、今度又有御下向被致御懇祈之条、殊以□（恐カ）悦之由、入道殿有御対面、再三被畏申、任正応之例、重又有天下静謐、依為佳例、仏眼護摩三七ヶ日可被修之由有之、尤云々、
正応六年平左衛門入道（頼綱）杲円被誅之後、自四月廿三日仏眼御修法被修之、伴僧八口、修法以後被成護摩一七ヶ日、以注文被成供、奉行二人塩飽右近将監盛遠・神四郎入道了義也、百日御坐（行カ）殿中上□将軍同御坐殿中、百日之間天下泰平・四海静謐之旨、種々被悦、白菊（中白菊）御状付之守彼例可被修之也、
駿川守（北条宗方）屋形懸火之間、依風近辺及二階堂大路悉焼失了、御坊同焼失也、三浦介三郎経綱童名幸意、打入大夫殿、打取敵三人、即員ニテ仍被成召人可被流罪云々、座主僧正御房申預給云々、白井又次郎不知食之間、切頭以後被聞食□事也、
越後□□父子、相模入道殿為御猶子、
亮律師御房不可有別子細之由被仰出云々、雖為駿川殿之御甥、年未不知之間被宥歟、
八日戌時竹向御方御産男子御平誕也、
九日入御入道殿之処、今度可有難産之由、諸道勘申候之処、殊平安之条、併御祈誠之所□候、長入道殿被悦申、　御逐至之後、被牽迎御馬、黒栗毛、又銀剣一被遣也、篤次郎御秘蔵之御馬云々、
明治十九年十二月鈔　校了（朱印）

三　宮内庁書陵部蔵の「醍醐寺記録」について

文庫の「嘉元三年雑記」を『国書総目録』で検索してみたところ、宮内庁書陵部蔵の『醍醐寺記録』（九冊）に同名の史料があることが確認できた。しかし、内容を確認する必要があり、川島氏に写真・釈文や調査データを預け調査、閲覧をしてもらい、同一のもの、いや文庫の写の原本の可能性が出てきたのである。書陵部の宮崎康充氏にこれが入った経緯をお尋ねしたが、不明ということであった。

平成十五年八月十二日、原本の確認のため川島氏とともに書陵部に出かけた。「嘉元三年雑記」は紙背文書があり、以前川島氏が閲覧したのは写真版であったため、よく読めなかったとのことで、今回は原本を出していただいた。川島氏には釈文の校正をお願いし、私は主として全体の目録と内容の調査に重点を置いた。その結果が左記の目録である。なお、各冊の右上に図書寮蔵書の朱印、右下に「地蔵院経蔵置之」という墨書があった。

第一冊　「醍醐寺雑要」（内題：醍醐寺雑要書）

本文、墨付十八丁（紙背文書アリ、旧表紙付）

表紙に、朱書『雑記箱』、朱印『光台院蔵』あり。

内容：御遷宮、桜会雑事、請書桜会、理趣三昧番帳事、不断経、御遷宮

第二冊　「醍醐寺雑要」（内題：醍醐寺雑要書）

本文、墨付二十一丁（旧表紙付）

内容：御遷宮、桜会雑事、請書桜会、理趣三昧等番帳事不断経、御遷宮

第三冊　「醍醐寺要書上」（内題：醍醐寺要書上）
本文、墨付三十四丁（旧表紙付）
表紙に、朱書『雑記箱』、朱印『光台院蔵』あり。
奥書
「文暦二年初夏下旬之比書写了、
誂初学問僧之書之間、文字誤多之上、未交之、
旁不□《（審カ）》々々、
深賢記之、」
第四冊　「醍醐寺要書下」（内題：醍醐寺雑事記）
本文、墨付二十七丁（旧表紙付）
表紙に、朱書『雑記箱』、朱印『光台院蔵』あり。
表紙見返しに朱書あり、
「上醍醐本仏薬師也、
上下清瀧共座主権僧正勝覚奉勧請之、
成賢座主如此注之、」
第五冊　「醍醐寺雑記上」（内題：醍醐寺雑記上）
本文、墨付十九丁（旧表紙付）

表紙に、朱書『雑記箱』、朱印『光台院蔵』あり、右端に左記の墨書あり。
「古老云、此雑記上下古本在之、而後遍智院准后被借召、其已後不被返□也、古本不見、雖為写本不可聊爾也、」
第六冊「醍醐寺雑記下」（内題：醍醐寺雑記下）
本文、墨付十九丁（旧表紙付）
表紙に、朱書『雑記箱』、朱印『光台院蔵』あり、左端下に下記の墨書あり。
「伝聞、右雑記上下二冊古本、後遍智院准后義―被借召、其後不返給、古本不見也□記之、」
また、右端に「当寺一切経安置之、年号此帖在之、」とあり。
第七冊「雑日記」（内題：雑日記）
本文、墨付三十六丁（旧表紙付）
表紙に、朱印『光台院蔵』あり。
左側に墨書「虫払之次、一本書写了、（花押）」とあり。
内容：祈雨事、神泉御読経事也、（表紙の墨書による）
元慶四年（陽成）以降元永までの記事。
第八冊「嘉元三年雑記」（内題：嘉元三年雑記）
本文、墨付四十三丁（旧表紙付）
表紙に、朱印『光台院蔵』あり。

内容：嘉元三年正月～十月の記録
第九冊　「大井御庄」（内題：大井御庄　石包名幷新田畠名寄帳）
本文、墨付八十八丁（旧表紙付）
表紙に、墨書「応永十六己丑歳」とあり。

以上のように、文庫蔵「古文書写」所載の「醍醐寺文書鈔」と宮内庁書陵部蔵「醍醐寺記録」の構成は同じものであり、前者は後者の抄出写であることが確認できた。

以下、「嘉元三年雑記」の本文を紹介するが、関東に関する記事を中心に翻刻する。

四月　（中略）

（十四丁裏）

廿日、

公文代入来、関東御教書事、付□忍等了、

庄家之文書面条々不審事尋之、委注別帋、

（中略）

（十六丁裏～十七丁表）

廿三日、彼日夜分

相模入道（北条貞時）殿亭炎上云々、子刻左京権大夫時村（北条）朝臣被誅了、誤云々、駿川守宗方（北条）結構云々、

自今日座主僧正御房仁王経護摩一七ケ日御始行云々、

（中略）

（中略）

五月

（十八丁裏～十九丁表）

三日、

関東御教書案文已披露之、扣云、

左京権大夫時村（北条）朝臣、今夜子刻誤被誅了、於左馬権頭（北条熙時）以下子息・親類等者、所無別子細也、可被存候間、且

依此事、不可発向之由、可被相触在京人并西国地頭・御家人等之状、依仰執達如件、

嘉元三年四月廿三日　　相模守（北条師時）在判

遠江守（北条時範）殿

越後守（北条貞顕）殿

逐仰、

長門・鎮西御教書如此、正可仰遣者也、

（中略）

（二十一丁表～二十一丁裏）

十一日、雷電降雨、　（中略）

語云、去四日駿川守（北条宗方）殿於山内入道殿之亭、被誅之旨、早馬去六日夜計着六波羅候、雖然、如先日不可発向之旨、

被相触西国地頭・御家人等候、即当国中者、鵜沼左衛門(国景)入道相副施行下遣之数十通候、向左京権大夫(北条時村)殿打(討)手十二人被■(召)籠、一人ハ逃失候、今十一人於(鎌倉)湯井浜被切頭候、宗像(長氏)新左衛門尉被召籠六波羅候之旨、其聞候云々、当国住上藤九郎永野九郎也、十一人切頭之随一候云々、

（中略）

（二十三丁裏～二十六丁裏）

十八日、

駿川守(北条宗方)被誅之由、関東御教書案文、自或辺到来之状云、

駿河守宗方依有陰謀之企、今日午刻被誅了、可存其旨、且就此事、在京人幷西国地頭・御家人等不可発向由、可被相触子細、以武石三郎左衛門入道道哥・五代院平六左衛門尉繁員所被仰也、仍執達如件、

嘉元三年五月四日　相模守(北条師時)在判

遠江守(北条時範)殿

越後守(北条貞顕)殿

駿川守宗方(北条)依有陰謀之企、今日午刻被誅了、可存其旨、且就此事、在京人幷西国地頭・御家人等不可発向之由、今月四日関東御教書如此、任被仰下旨、可被相触丹波国中也、仍執達如件、

嘉元三年五月十日　越後守(北条貞顕)在判

遠江守(北条時範)在判

　鵜沼左衛門（国景）入道殿

又寄権大夫（北条時村）殿人十一人、五月二日被誅云々、注文在別紙、白井小次郎《藤松》胤資、即随一也、不注書也、

又大夫（北条時村）殿御内打（討）死・自害人注文在別、且六十人也、随聞及注進之云々、

今日、

乙正法師若宮別当兄申也、下着、関東事委細申也、

右馬権頭（北条煕時）殿不可有別事之由、去月廿八日被成安堵之御教書、前入道（北条貞時）殿御計之条、顕然之上者、無殊子細、殿中炎上事、駿川守（北条宗方）殿御所候旨、関東成披露候、入道殿ハ入御相模殿小町屋形候也云々、

廿一日、

乙正上洛候、粮料五百文、払之文状一通進関東、

廿二日、

夫丸下向大野木庄事、夫被付給主、有所存者可差申云々、

自関東態□此川帰座之間、被下御礼、拝見之、五月廿三日左京権大夫（北条時村）殿被誅誤也、今月四日駿川（北条宗方）殿被誅、御祈結願日也、不思儀云々、

自五月廿三日御始行仁王経護摩、今月四日御結願、件日駿川守被誅了、是御法験之至也、正応以後之珍事等、毎度御懇仕御祈、今度又有御下向被致御懇祈之条、殊以恐悦之由、入道（北条貞時）殿有御対面、再三被畏申、任正応之例、重又有天下静謐依為佳例、仏眼護摩三七ケ日可被修之由有其沙汰云々、

正応六年平左衛門（頼綱）入道杲円被誅之後、自四月廿三日仏眼御修法被修之、伴僧八口、修法以後被成護摩一七ケ

日、以注文被成供奉行二人塩飽右近将監盛遠・神四郎入道了儀也、百日行坐殿中、于時将軍同御坐殿中、百日之間天下

泰平、四海静謐之間、種々被悦□、白□御状付之、守彼例可被修之歟、

駿川守（北条宗方）屋形懸火之間、依風近辺及二階堂大路悉焼失了、御坊同焼失也、三浦介三郎経綱童名幸意、打入

大夫殿（北条時村）、打取敵三人、即□□了、仍被成召人可被流罪云々、座主僧正（親玄）御房令申預給云々、白井小次郎（胤資）不知食之

間、切頭以後被聞食□事歟、

越後方□□□子、相模入道殿為御猶子、亮律師御房不可有別子細之由被仰出云々、雖為駿川殿之御甥、年歳不知之間、被宥歟

八日戊時、竹向御方御産男子御平誕也、

九日、入御入道殿之処、今度可為難産之由、諸道勘申候之処、殊平安之条、併御祈誠之所至候、畏入之旨被悦

申、御退出之後、被牽迎御馬黒栗毛、又銀釼一被遣也、御馬□□御秘蔵之御馬云々、

四　「嘉元三年雑記」の内容

嘉元の乱の推移については、細川重男「嘉元の乱と北条貞時政権」（『立正史学』六九、のち『鎌倉政権得宗専制論』第二部第二章所収）に詳細な叙述があるので、これを参考に進めたい。

書陵部本四月二十三日条の記事のうち、「相模入道殿亭炎上云々、子刻左京権大夫時村朝臣被誅了、誤云々、駿川守宗方結構云々」については、鎌倉でこの日起こった事件がこの日に記載されるはずはなく、後日条にあった記事を書写の際に誤って記載したものと考えられる。

この日の後半に「自今日座主僧正御房仁王経護摩一七ケ日御始行云々」と祈禱の記事があることに留意が必要であ

る。五月二十二日条に「自五月廿三日御始行仁王経護摩、今月四日御結願、件日駿川守被誅了、是御法験之至也、正応以後之珍事等、毎度御懇仕御祈、今度又有御下向被致御懇祈之条、殊以恐悦之由、入道殿有御対面、再三被畏申、任正応之例、重又有天下静謐依為佳例、仏眼護摩三七ケ日可被修之由有其沙汰云々」と、関東から帰着した僧侶の話を載せ、先例として平禅門の乱の際の法験を示して醍醐寺の祈禱の功を強調している。おそらく、嘉元三年五月三十日の北条師時書下（尊経閣古文書纂）で「駿河守跡小笠原谷地八戸主」を醍醐寺座主親玄の管領とするよう指示されてるのは、この恩賞であった可能性が高い。とすれば、前半の記事は故意に挿入された可能性がある。

五月三日条には、「関東御教書案文已披露之、扣云」とあるが、これはおそらく六波羅探題が各所に披露した関東御教書であろう。これは六波羅探題に対する同年四月二十六《マヽ》日付の関東御教書で、この日子刻に北条時村が誤って討たれたこと、北条煕時以下の人々は無事であることを報じ、この事件により、在京人と西国の地頭・御家人が鎌倉に発向する必要のないことを通知するよう命じている。そして追而書で長門・鎮西両探題に対して関東御教書を転送するよう指示している。この関東御教書が京都に着いたのは、同年と推定される五月十六日の倉栖兼雄書状（金沢文庫文書／『神奈川県史資料編Ⅱ』一四四六号）に「京兆御事、先月廿七日午刻御使京着、則入御于北殿、先長門・鎮西御教書、忽可被進歟之由、有其沙汰、兼雄於当座書御教書候き」とあり、二十七日午刻に六波羅北方であった北条時範館に到着し、未刻には倉栖兼雄の書いた六波羅御教書を副えて、長門・鎮西両探題に使者が派遣されている。このことから、長門・鎮西両探題に対する関東の指示が、六波羅探題を経由して出されていたことが確認できる。但し、醍醐寺にこの関東御教書の写しが披露されたのが五月三日であり、嘉元三年四月は小の月（二十九日）であるので、六日を経過していた。

ここで問題になるのは、文書の日付と内容の不整合であろう。文書の内容からは、幕府は事件当日に六波羅探題等に指示を発していたことになるが、子刻に起きた事件についてその日のうちに指示を出しているとすれば、この事件は二十二日から二十三日に移った頃（子刻）に起きた事件であろう。「今夜子刻」とあるのは夜中に起きたことを示している。この御教書は、鎌倉を二十三日に発して二十七日に京都に届いていたのである。

一方、五月十八日条には、「自或辺到来之状云」とされる嘉元三年五月四日の関東御教書と、同年五月十日の六波羅御教書の案文を掲出する。情報源の「或辺」とは何を示しているかは不明であるが、書陵部本によれば、十一日条には、四日に北条宗方が「山内入道殿之亭」で誅殺されたことを伝える関東の早馬が六日夜に六波羅に到着したことを記載する。関東御教書の日付が五月四日であり、今回は三日で鎌倉から京都に使者が到着している。一方、北条宗方の誅殺の知らせが六波羅から醍醐寺に伝わるまで六日を経過しており、関東御教書の写の伝達はさらに七日を要している。

今回の関東の指示内容は、北条宗方の誅殺により、鎌倉に向かって発向する必要のないことを在京人と西国地頭御家人に通知するよう指示している。この関東御教書の次にはこれを施行する丹波国守護代（鵜沼国景）宛の六波羅御教書が掲載されていることから、丹波守護を兼任する北条貞顕の筋から到来したのかも知れない。日時が経過していることから見て、丹波国にある数か所の寺領からの到来であった可能性もあろう。

その次に、五月二日の鎌倉の出来事を記す。この日北条時村を討った者十一人が処刑され、その随一が白井胤資であることを記し、ついで時村の被官で討死・自害したものが六十人あまりいたことを記すが、残念なことに両方とも「注文在別紙」とされる注文が記載されていない。

つぎに記載されているのは、若宮別当の関係者乙正法師なる者が関東から知らせてきたことである。二十一日条に「乙正上洛候、粮料五百文、払之文状一通進関東」とあり、為替が用いられていたことを示している。

ここには、殺害された時村の孫煕時が、貞時の計らいで、四月二十八日に安堵の御教書を得たことが見える。五月二十二日条には、前述した祈禱の記事があり、その後に五月四日の鎌倉の様子等を記載している。北条宗方の館に火が懸けられ、風のためその近辺と二階堂大路はことごとく焼失したという。

興味深いのは、三浦経綱が北条時村邸に討ち入り三人を討ち取ったが、結局配流となり、親玄僧正に預けられたが、白井胤資については親玄が知らなかったため、斬首されてしまったという。和田茂明が鎌倉を逐電してのち、訴追されなかったことと同様、三浦一族に関しては何か政治的な配慮がなされていたことになる。また、北条宗方の甥で北条貞時の猶子であった亮律師も罪に問われなかった。

以上、簡単に記事の内容について紹介した。今回は鎌倉関係、それも嘉元の乱関係の記事を中心に翻刻、紹介したが、他にも興味深い記事が見られ、今後の課題としたい。なお、翻刻に当たっては、川島孝一、永井晋、鈴木由美氏の協力、指摘を得た。記して謝意を表する。

あとがき

北条氏とは不思議な一族である。将軍にはならず執権として勢力を伸ばした。鎌倉時代の直前に歴史に登場し、鎌倉幕府滅亡とともに歴史の表舞台から消えていった。将軍を傀儡化して得宗専制の体制を築いた直後である。滅亡後は皮肉にも、南北朝時代に一族が南朝方として各地で蜂起するが、周囲の足利方の勢力に圧倒されて滅亡している。領主として子孫がどこにも残っておらず、これだけ栄枯盛衰の明白な一族は珍しい。

北条氏の初代とされる北条時政は伊豆国の在庁官人と伝えられるが、確たる証拠はない。系図でも、時政の父親の名が二説あり、時政以前の系図は区々である。ただ、森幸夫が紹介した「吉口伝」（頼朝卿憑申故大納言由来事）の記事は時政を伊豆国の在庁官人としており、鎌倉時代後半の伝承であるが興味深いものがある。

北条氏研究会は、三十年前の昭和五十三年（一九七八）に発足した。活動の中心は北条氏発給文書の輪読、すなわち文書講読とその研究を基盤とし、北条時政の発給文書から読み始めた。初期に研究会を構成したのは、学習院大学と國學院大學の大学院生が中心で、私の他、伊藤正義、川島孝一、久保田和彦、下山忍たちが当時の会員である。学部生の参加もあり、毎月一回の研究会は、学習院大学の輔仁会館の一部屋を借りて行っていた。時政の発給文書の輪読が終わった頃、修士課程に在籍していた会員が就職し、北条氏研究会は一時休止状態となった。ただ、休止というのは今になって言えることで、学生の勉強会としての北条氏研究会は終了していたと言ってよいであろう。私は、当時オーバードクターであり、埼玉県史編纂室のお手伝いや『角川日本地名大辞典』の原稿整理などで忙しく過ごしていた頃であった。

その後、一年ほど後であったと思うが、数人で集まる機会があり、修士を修了して高等学校の教諭になっていた後輩数人（川島孝一、下山忍）で、北条氏の発給文書の輪読会を再開することにした。月例会の会場は与野市（現さいたま市中央区）大戸にある拙宅をあてることにした。参考文献がすぐ見られることを前提とした選択であった。その後、久保田和彦、永井晋、山野井功夫、森幸夫、末木（加藤）より子、鈴木宏美、関山誠、遠山久也、磯川いづみ、秋山哲雄、斎藤直美が月例会に参加し、最近では中西望介、川島（糟谷）優美子の他、甲斐玄洋、北爪寛之、山野龍太郎などの若手が加わっている。

その後、夏休みに年一回の研修旅行を行うようになった。北条氏研究会の構成員には高等学校の教諭が多く、文書輪読だけではなく、史跡見学も行うことになった。最初は伊賀国黒田荘、上野国新田荘、陸奥国好島荘など荘園が多かったが、少しずつ遠出をするようになり、それ以外の中世史跡を含め全国各地を巡っている。一方、鎌倉武士の遺跡を廻ることを目的に見学会も適宜行っており、武蔵武士関連史跡を廻る見学会は、年三回程度の定例見学会となっている。そのためか月例の研究会以外にも参加される会員も増えつつある。

平成十年に刊行された『吾妻鏡人名総覧』（吉川弘文館刊）は、恩師の安田元久先生の意向で、私が幹事になって原稿を作成し、亡くなる直前に最後の取りまとめ役を委嘱された、私にとって思い出の深い本である。その二部の中で、安田先生の意向もあり、北条氏研究会が「北条氏系図」の検討を行うことになった。その結果が北条氏研究会編「北条氏系図考証」である。この仕事は、北条氏研究会にとって、また会員各位にとって、大きな画期となった。

数年後の平成十三年にＮＨＫ大河ドラマ「北条時宗」が放送された。この前年末に、新人物往来社酒井直行氏の依頼によって、『北条時宗の謎』や別冊歴史読本『北条一族』を刊行、前述の「北条氏系図考証」を土台にして、『北条氏系譜人名辞典』（平成十三年六月、新人物往来社刊）を刊行することができた。

本論文集（『北条時宗の時代』）の企画はこの頃から始まった。平成十二年九月頃に作成した企画書では、北条氏研究会編『北条時宗をめぐる人々』と題し、「北条時宗と同時代を生きた人物、すなわち家族、スタッフやブレーン、ライバル等を描くことにより、時宗の生い立ちや思想形成、政策等を明らかにする。」ことを目的にしていた。これは、大河ドラマ「北条時宗」に出て来る人物がわかりにくいとの評判があったことによる。

この企画を、知人の紹介で文献出版の栗田治美社長に相談したところ、「是非論文集にして下さい。論文集なら出版のお手伝いをします。」と論文集にすることを勧められた。本論文集の第二章（時宗周辺の人々）の部分はこの最初の企画が強く残っている部分である。有志で博多、名護屋城など北九州を見学したとき、栗田社長に川添昭二先生を御紹介いただき、お宅に伺っていろいろと有意義なお話を聞かせていただいたのもこの頃のことである。その後、会員の要望も入れて再構成し、執筆途中の段階で、栗田社長は病没された。その結果、文献出版は廃業することになってしまった。

次に出版を引き受けていただいたのが続群書類従完成会である。編集部長の小川一義氏は、私の大学の先輩にあたり、大学在学中から公私にわたってお世話になってきた。文献出版の栗田社長とも知り合いで、本論文集の出版を引き受けていただいたのである。その後、原稿も揃いつつ、校正も進めていたが、三年前の平成十七年九月、突然続群書類従完成会は倒産してしまった。執筆者のほとんどの再校が出た頃であった。

私の勤務する財団法人前田育徳会でも『太梁公日記』（十一代藩主前田治脩の日記）、『松雲公記録』（五代藩主前田綱紀の日記や記録等、以上、史料纂集）など、続群書類従完成会に刊行の協力をお願いしていた時期でもある。

その後、昨年になって、続群書類従完成会で企画進行中の書物は、八木書店が引き継いで刊行することとなり、本論文集（『北条時宗の時代』）も刊行することが可能になったのである。

本論文集は、最初の企画から足かけ九年を経てようやく刊行に到った。出版社の廃業や倒産もあったが、代表である私の遅筆と優柔不断も大きく影響していると思う。会員諸氏には御海容願いたい。ただ偶然であるが、本論集が北条氏研究会の三十周年にあたる年に刊行できた。研究会の活動の一里塚として大事にしていきたい。また、私事にわたるが、長年にわたり研究会の会場として拙宅を提供することに際しては、妻や家族にも負担をかけてきた。記して謝意を表したい。私個人にとっても、満六十歳の年に当たり、感慨無量である。会員諸氏や家族の協力に感謝したい。

現在、北条氏研究会の月例会では、北条時宗の発給文書を輪読している最中である。鎌倉後半になると、発給文書の点数が増えてきており、北条時宗だけでも三百通余を数える。遅々として進まないように見えるが、例会における文書の輪読を基本に据えて本会の活動を進めていきたい。

次の目標は武蔵武士であり、史料集（鎌倉時代の補任類）の刊行である。会員の中堅は四十代から五十代にさしかかっており、公私ともに忙しい時期でもあるが、若い人の参加が心強い。北条氏の発給文書については、課題も多く残っており、会員諸氏の協力を得ながら、少しずつ研究を進めていきたいと思う。

最後になるが、続群書類従完成会から八木書店に移籍した編集の柴田充朗氏には索引作成の最後までお世話になった。記して謝意を表したい。また、面倒な索引の作成をお手伝いいただいた北爪寛之氏にもお礼を述べたい。

平成二十年四月九日

北条氏研究会代表　菊池紳一

北条氏研究会役員（平成二十年四月一日現在）

代表（史料集担当）　菊池紳一

副代表　久保田和彦

事務局長　下山　忍

幹事（研修旅行等担当）　山野井功夫

幹事（武蔵武士担当）　池田悦雄

幹事（史料集担当）　川島孝一

幹事（鎌倉武士の手紙担当）　永井　晋

【編者】北条氏研究会（ほうじょうしけんきゅうかい）

北条氏発給文書の講読と研究を基盤として1978年に発足。会員は活動の中心である文書の輪読を行いながら、種々の研究活動を進めている。

〔主要著書〕
『吾妻鏡人名総覧』（吉川弘文館、1998年）
『北条時宗の謎』（新人物往来社、2000年）
別冊歴史読本『北条一族』（新人物往来社、2000年）
『北条氏系譜人名辞典』（新人物往来社、2001年）

北条時宗の時代　定価（本体18,000円＋税）

2008年5月15日　初版第一刷発行

編者　北条氏研究会
発行者　八木壮一
発行所　株式会社　八木書店
〒101-0052 東京都千代田区神田小川町3-8
電話 03-3291-2961（営業）
03-3291-2969（編集）
03-3291-6300（FAX）
E-mail pub@books-yagi.co.jp
Web http://www.books-yagi.co.jp/pub

印刷　平文社
製本　牧製本印刷
用紙　中性紙使用
装幀　大貫伸樹

ISBN978-4-8406-2030-7

人名索引

【例　　言】

1．本索引は、北条氏研究会編『北条時宗の時代』に見える人名及び名字（家名・氏族名）を本文の頁数で検索するために作成した。

2．人名の立項は、本文（注記、表、扉等を含む）に見える人名を、［名字］（名字の不明なものは(姓欠)と冒頭に付した)＋［名］（名の不明なものは、通称・官職名）の形で立てることを原則としたが、姓・名の一部が不明な人物については適宜勘案した。なお、僧侶、神主等もこれに準じて立項した。

3．名字（家名・氏族名）の立項は、本文（注記、扉等を含む）に見える足利氏・小山氏等や九条家・二条家等の名字（家名・氏族名）を「○○氏」「○○家」で立てた。なお、本文中の家わけ文書名に見える名字（家名・氏族名）についても立項した。

4．配列は、原則として読みの五十音順とし、人名の名字を優先させてまとめ名字（氏族名）は後に置いた。なお、同訓の場合は文字の画数順とし、（姓欠）の場合は名の読みで配列した。

5．立項された人名及び名字（家名・氏族名）には、本文中で用いられている異表記や本文から知られる範囲で係累、官職名、在地名、家わけ文書名等を記載した。

6．見よ項目の立項は、異表記を基本とし、参照項目を「→」で示した。なお、他項目を参照する項目については、適宜上記（5）の（　）内に「→」で示した。

あ

355～357,359,367,371,376,380,400,403
安達宗景妻（城宗景後家） 367,400
安達盛長（安達藤九郎、法名蓮西） 185,317,318,320～324,335,336,340,346,366,698
安達盛長女（盛長の娘、源範頼妻） 317,322
安達盛宗（城二郎、肥後国守護代、泰盛子息） 305,306,309,319,352,355,362,367
安達師顕（城越後権介、城加賀守） 375,376
安達師景（城加賀守、城加賀入道道誓） 375,376,407
安達泰宗（太郎左衛門尉、大室氏） 332,374,386
安達泰宗女（大方殿、北条貞時妾、高時母、円成、覚海円成） 332,333,374,386,387,401,482,536,538,567,598
安達泰盛（従五位上秋田城介藤原朝臣、城九郎、城介、秋田城務、城別駕、関東城介、城陸奥守、城禅閤、奥州禅門、城奥州禅門、城陸奥入道、城入道、法名覚真＜覚心＞、肥後国守護、義景嫡子、北条時宗室堀内殿兄・養父、貞時の外祖父） 9,11,12,14,16,187,209,211,214,221～223,240,267,268,280,281,287,290,294,296,297,302,305,317,319,320,322,326,329,330,332～335,340～359,362,362～364,366～371,375～381,384,386,388,390～397,401～403,407,451,483,732
安達泰盛女（金沢顕時妻、無外如大、無着） 342,370,371,391
安達泰盛妻 268
安達義景（城太郎、秋田城介、城介、右衛門尉、法名願智、景盛子、堀内殿父） 11,89,104,186,208,210,211,216,221,319,320,322,326,329～331,337,339,341,345～347,353,354,366,374,375,379,384,385,388,389,401
安達義景女（義景四人の娘、北条時宗室・北条朝直室等） 331
安達義景女 → 潮音院（北条時宗室）
安達義宗（城三郎次郎、大室氏） 332,359
安達頼景（城次郎、次郎頼景、関戸氏） 331,332,335,339,350,354
足立氏（武蔵足立氏） 360
安達氏（安達一族、安達一門、安達家、安達家惣領、安達氏庶流、得宗家の外戚、「城氏系図」） 4,7,13,15,16,164,170,211,214,234,238,241,315,317～320,322～326,329～332,334,335,337～341,343,346,350,352～355,358,359,362,363,366～368,370,371,373～378,380,385,386,391,404～407,411,483,502,509,517,530,551,706,713,714
阿忍（称名寺の阿忍） 711
阿野全成（源頼朝弟、北条時政女婿） 190,484
阿仏尼 683
安倍有道（陰陽師） 702
安部氏女（安部国次女） 763
安部国次 763
安倍国道（陰陽師、陰陽権助国道） 700～702
阿倍武雄（若狭阿倍武雄氏文書） 769
安倍忠業（陰陽師） 702
安倍親職（陰陽師） 702
安倍知輔（陰陽師、知輔朝臣） 702
安倍信賢（陰陽師） 702
安部延貞 769
安部延末（安部延貞二男） 769
安倍範元（法名寂恵、「寂恵法師文」） 389,669,685,686
安倍晴賢（陰陽師） 702
安倍晴幸（陰陽師） 702
安倍泰貞（陰陽師） 702,703
安倍泰房（上妻庄地頭） 79
阿部康郎 393
安倍氏 455
安保実員 100
安保実員女（北条泰時妻） 100

い

う

え

お

か

き

く

け

こ

さ

し

144,145,150
勝賢　382
静玄　608
証悟（高野山の僧）　327
定豪（弁僧正定豪、鶴岡社務・真言）　347,702
定西（若狭国太良庄地頭若狭忠清代定西法師）　79
定西（僧定西）　765,779
定俊　494
昌俊（常陸坊昌俊）　595
貞助　479
貞証（貞証後家、貞証大法師、真証大法師）　767,779
貞証後家　767
定真（「定真備忘録」）　384
定親（新熊野御房、東大寺別当）　124,137
浄心（尼浄心）　520
浄真　770
勝信（九条道家子）　351,395
浄仙（後伏見天皇近臣）　374,405,464
浄泉（尼浄泉）　320
勝尊（藤原師家子）　351,395
定朝　514
少納言局（家女房少納言局、重時妻、義政母）　267,283,285,291
少弐景資　367
少弐資能（武藤資能、豊前々司、大宰少弐藤原資能、大宰少弐、少弐資能、大宰少弐入道、少卿入道、筑前国守護、肥前・肥後国守護,→ 豊前前司）　88,89,124,126,130,137～141,144,145,159,253,277,302
少弐経資（武藤経資、太宰少弐、鎮西奉行、景資兄）　273,274,303～306,309,367,750
少弐氏　307
浄任（金剛峰寺年預）　155
生仏（尼生仏）　775,776
定仏 → 渋谷重経
昌仏（僧昌仏）　770
浄弁（二条為世弟子）　675,676,686
浄妙房（僧覚仁門弟）　773
承明門院（邦仁王の祖母）　154,331
乗連　764
常蓮（備後国大田荘地頭代）　155
浄□（北条時頼袖判浄□、沙弥浄□）　69,100,101,115
如願 → 藤原秀能
白井克浩　620
白井胤資（白井小次郎郎胤資）　788,796,797,799,800
白井又次郎　789
白魚弘高（白魚弥二郎、肥前国浦部嶋下沙汰職）　126,138,252,253
白川氏（白川文書）　587
しれん　588
持蓮（肥後国本所一円地住人）　305,311
二郎たゝよし → 中野忠能
信阿（俗名家弘）　604
真阿弥陀仏（比丘尼真阿弥陀仏）　764,766
親快　392
真観 → 藤原光俊
神基（八幡宇佐中尾寺座主神基）　308
真季（沙弥真季）　508
真空（廻心房真空、無量寿院長老、遍照心院の開山）　343,391
信芸　344
深賢　785,786,791
親玄（座主僧正御房、醍醐寺座主、「親玄僧正日記」）　386,444,451,466,482,549,569,789,793,797,798,800
進士高村（高知尾庄雑掌進士高村）　81,527
進士友時　594
信寂（尼深妙八男）　765
真秀（僧真秀）　770
神咒丸（藤原氏女次男）　767
真助阿弥陀　770
真証 → 貞証
真昭 → 北条資時
深心院関白 → 近衛基平
信増（僧信増、自阿弥陀仏子）　771
神党　451
信忍　606
深妙（尼深妙）　765
仁民　564

そ

た

126,138,150,151,252
大輔律師　273
平右衛門入道(平右衛門入道跡、安東蓮聖カ)　353
平公長(右衛門尉平公長)　73
平清時　→　北条清時
平清度　98,99,517,598
平清盛(平清盛入道、入道前太政大臣家)　30,46,47,448,697,715
平維衡　448
平維盛(追討使平維盛)　697,716
平左衛門入道(平左衛門入道跡、平頼綱カ)　353
平貞盛(将軍貞盛、桓武平氏貞盛流)　438,439,448
平貞保　594
平貞能(前筑前守貞能)　46
平重経　→　渋谷重経
平重盛　448
平資盛　440,448
平高棟(桓武平氏高棟流)　168
平忠常(忠常の乱)　693,715
平忠道(村岡の平太夫、平良文四男)　693
平忠茂　773
平忠盛(妻池禅尼)　190,448
平胤行　703
平為度(平光度子息)　76
平親清(平親清の娘たち、「平親清四女集」「平親清五女集」)　243,650,669,685
平親清妹　669
平親清女(平親清の娘たち)　243
平親清女(平時広妻、北条時広妻、号佐分)　647,650,651,655,669
平親清四女(「平親清四女集」)　669,685
平親清五女(「平親清五女集」)　669,685
平時子(二位尼時子)　32
平時親　121,189,295
平時親女(中宮大夫平時親女、入道大納言平時親女、北条時茂母)　121,189,295
平時仲(兵部卿、兵部卿時仲朝臣、近衛家家司)　124,136,137
平徳夜叉丸(平忠茂の息子)　773
平直方　693,712
平広忠　588
平某(散位平)　65
平正度　448
平正衡　448
平正盛　448
平光度(前宮内大輔平朝臣、池宮内大輔、平為度父)　73,76,108
平光広　→　曾我光広
平宗綱(平左衛門宗綱)　444
平宗盛(前内府平宗盛)　45,717
平基親(中宮大夫平基親女、平基親女、家司基親)　168,189,283,285,295
平基親女(中宮大夫平基親女、女房名は入道大納言家治部卿、奥州＜北条重時＞女房、北条重時室、長時・時茂母)　168,169,188,189,283,285,295
平盛綱(成阿・盛阿、沙弥成阿・沙弥盛阿、平左衛門入道、平頼綱の父祖)　58,62,100,101,180,437,438,441,442,443,445～448,451,526,559,607
平盛時(平三郎左衛門尉、平新左衛門盛時、得宗被官)　32～34,37,38,40,49,124,126,136～138,187,203,253,438,441,443,448,520,587,600
平盛俊(前越中守平朝臣)　47
平泰綱　115
平保業(池河内守)　76
平保行　25
平良文(村岡五郎良文)　693,714
平頼綱(平左衛門尉、得宗被官、内管領平頼綱、頼綱派、副将軍相州太守平朝臣乳父平左金吾禅門、法名杲円、平頼綱入道杲円、平禅門、平左衛門入道杲円,→　平左衛門入道)　13,14,16,128,139,255,267,280,281,287,290,297,333,349,351,353,357,358,364,367,369～371,386,399,402,437,441,442,444～448,450,451,662,665,789,796,798
平頼盛(池大納言平頼盛,→　池大納言家)　35,39,76

ち

つ

と

外岡慎一郎(外岡氏) 620,748,756,758
外村展子 219,241,667,678,684
鳥羽院(鳥羽院政期) 694,712
土肥実平 50,696,697
土肥氏(土肥流小早川氏) 361
富岡宜永(富岡宜永所蔵文書) 68
富田正弘(富田氏) 116
伴三子(伴種明の娘) 763,771,772
伴重宗(重宗、陰陽師) 702
伴種明(伴三子の父) 771
(姓欠)知貞(小次郎知貞跡) 476
朝貞 → 北条朝貞
朝直 → 北条朝直
友成和弘 757,758
伴野長直(長泰子息) 362
伴野長泰(伴野出羽入道、安達泰盛外祖父小笠原時長の孫) 362
伴野彦次郎 363
伴野盛時(伴野三郎、小笠原氏、長泰子息) 359,362
伴野氏 368
外山至生 464
土用(二子字土用、源重平子) 763,765
豊田景俊 697
豊田武 381,463,621
豊田種治 513
鳥居大路氏(鳥居大路文書) 51
鳥浜氏(鳥浜文書) 769

な

(姓欠)直安(上野介直安、北条氏カ) 568
直俊 → 北条直俊
長井貞秀 520,521,558,599,601
永井晋(永井氏、永井論文、拙稿) 16,57,107,164,184,198,200,220,299,312,347,394,399,403,414,428,433,453,465,468,621,686,689,715,717,719,800
長井道漸 372
長井時秀(大江時秀、長井泰秀嫡男、法名西規、北条政長の岳父、安達泰盛妹婿) 213,214,216,218,223,351,363,367
長井時秀女(北条政長室) 213,214,218,224
長井宗秀(安達泰盛妹婿の子) 363,367
長井泰重(備前・備後両国守護) 176
長井泰秀 214,216
長井泰茂(美濃国茜部荘地頭) 126,128,138,139,253,255
長井氏 214,353,411,510
長浦秀元 80
長江彦五郎(長江彦五郎跡) 503
中川博夫 242,243,685
長崎左衛門入道(長崎左衛門入道跡) 513,595
長崎思元(長崎三郎左衛門入道思元) 450,585,589,709,710
長崎高貞(長崎四郎左衛門尉高貞) 709,710
長崎高重(次郎高重) 438,439
長崎高資(内管領長崎高資、長崎左衛門尉) 103,217,404,437,440,577
長崎高綱(長崎円喜、長崎入道円喜) 372～374,404,437,438,442,448,450,709,710
長崎高頼(長崎三郎左衛門尉、三郎左衛門尉宿所) 709,710
長崎光綱 369,448,590
長崎光盛 448
長崎宗行 608
長崎泰光(長崎弥四郎左衛門尉泰光跡) 478,566
長崎氏(得宗被官平＜長崎＞氏、平氏＜長崎氏＞、平・長崎氏) 369,374,405,437,438,440,447,448,457,462,478,513
中里行雄 426
中澤克昭 715
那珂氏(常陸国の有力豪族) 699
永島福太郎 385,612,614
中島義泰 361
中条氏(出羽中条家文書) 274
長瀬南三郎 88
中田薫 777,778
長綱 → 高橋長綱

に

ぬ

ね

の

は

ひ

ふ

679
藤原定員（前但馬守定員） 382
藤原定長（頭弁定長朝臣、経房弟） 33,39
藤原定能（宰相中将家） 35
藤原実材（西園寺公経子、「権中納言実材卿母集」） 651,654,669,685
藤原実材母（白拍子、平親清女の母、西園寺公経の妾、「権中納言実材卿母集」、北条時広妻の母） 651,654,669,685
藤原実隆（兵部卿） 136,137
藤原実春（北条泰時女婿） 190
藤原茂範（藤原南家） 347
藤原重教（大江広元妹の孫） 351
藤原茂能（茂能卿） 366
藤原季家 37
藤原資朝 72
藤原相範（前名藤原諸範、刑部卿藤相範） 348,362,366
藤原資能 → 少弐資能
藤原太子（源応の母） 774
藤原隆頼 769
藤原忠実 29
藤原忠継 → 島津忠継
藤原忠時 → 島津忠時
藤原忠能 72
藤原為家（藤原為家の子孫、御子左家三家） 643,672
藤原為氏 339
藤原親家 11
藤原親実（周防前司、長門国守護） 302
藤原経任（左少弁） 154
藤原経俊（「経俊卿記」） 66
藤原恒久（藤原恒用嫡子） 769
藤原経房（吉田経房） 34,39
藤原恒用 769
藤原俊兼 38,85
藤原俊成（顕昭、「古来風躰抄」「顕昭古今集註」） 644,683,686,715
藤原俊成女（実は孫で養女） 683
藤原知忠（玄蕃頭） 440
藤原仲房 351
藤原長綱（木村カ長綱） 351
藤原成亮（藤原隆頼嫡子、参河前司） 769
藤原秀郷（武蔵守秀郷、秀郷流藤原氏荒木氏） 320,361,440
藤原秀衡 696
藤原英房 501,554
藤原秀康 328
藤原秀能（如願法師、「如願法師集」） 243,651,654,664,670,672,684
藤原広範 347
藤原某（令左衛門少尉藤原、二階堂カ） 74,75,77,110
藤原某（知家事藤原） 110
藤原正康（正義） 72,74,77
藤原道隆（道隆流） 223
藤原光俊（真観、点者） 676,686
藤原光長（藤原経房弟、九条家家司） 39
藤原基衡（奥州藤原基衡） 321,336
藤原基政 → 後藤基政
藤原盛定（大隅国守護代） 128,139,255
藤原師家（北条時政女婿） 190,395
藤原諸範（改名、藤原相範カ） 347,348
藤原師能 72
藤原泰経 172
藤原泰衡 335
藤原行隆（五位蔵人藤原行隆） 46,47
藤原能門（藤原家門三男） 769
藤原義房（沙弥仏念次男） 769
藤原頼嗣（将軍藤原頼嗣、征夷大将軍、鎌倉殿、鎌倉少将、室は北条時氏女、時頼頼妹桧皮姫） 8,63,71～73,77,82,83,87,90,108,170,172,260,330,379,414,415
藤原頼嗣室 → 北条時氏女（桧皮姫）
藤原頼経（四代将軍藤原頼経、前将軍藤原＜九条＞頼経、大納言入道、将軍御所和歌会、法助養父） 6,71,109,168,170,180,182,185,192,208,210,227,330,331,382,428,459,475,547,565,661,662,699,703
藤原頼経室 → 源頼家女（竹御所）
藤原頼長（左大臣藤原頼長） 336

母は北条政村長女、越後六郎実政、九州探題、鎮西探題）　13,164,210,215,221,299,301～303,306～313,521,577,604,679,751,
北条実政妻（上総女房）　577
北条実泰（実泰流、金沢流、義時子、平実泰、陸奥五郎、五郎実泰、小侍所別当、法名浄仙）　182,199,208,210,214,215,219,233,234,237,242,474,521,536,537,659,678,679,700,701,703,713
北条重貞　269
北条重高（常葉氏、範貞子）　269,284
北条茂時（政村流、煕時長男、連署、右馬権頭茂時、右馬権頭茂時跡、左馬権頭茂時跡）　217,515,526,532,536,538,539,568,587,597
北条重時（極楽寺流家祖、北条泰時同母弟、時宗外祖父、六波羅北方、別当陸奥守平朝臣、連署、相模守、陸奥守）　7～10,15,16,41,59,62,65～68,74～76,82～84,87,90～93,103,104,108,110,112,121,130,143,158,167～173,177,181,182,184,185,187,188,190～194,196,202,207～209,211,214,216,218,220,222,223,229,230,232～234,236～238,240,250,262,267～271,280,282,283,285,288,290,292,294,296,330,331,340,402,414,423,445,498,515,527,532,537,538,541,570,584,590,591,599,608,649,657,668,673～675,679,700,743,756
北条重時女（義政同母姉妹）　281
北条重時女（北条公時室）　230,232,240
北条重時女（北条教時室）　229
北条重時女（北条時頼室、時宗・宗政母）　168,211,232,268
北条重時女（安達泰盛室、号藤岡、のち北条時村妻）　211,222,280,294,340
北条重時女（宇都宮経綱室）　223
北条重村（政村流、政長系、平重村）　651,659,677
北条重村女（政村流）　659
北条勝阿（左介越前□□法師法名勝阿）　537,600
北条正寿　→　北条時宗
北条時厳　521
北条宗演（備前兵庫入道宗演跡）　540
北条季時（桜田大夫法印季時）　537,567
北条資時（時房流大仏系、時房の三男、時村弟、真昭、真照、真眼法師）　8,208,230,647,655,668～670
北条資時女（北条時広正妻）　669
北条資房（時房流資房）　651
北条高家（名越尾張守跡）　528,536,539,570,607,608
北条隆貞（時房流大仏系）　655
北条高時（得宗家、得宗北条高時、十四代執権、相模入道高時、高時法師跡）　218,291,320,332,372,374,376,379,386,401,404,405,438,442,445,448,450,502,503,515,531,532,534～538,554,573,583,584,602,604,607,608,663,707～710
北条高時母　→　安達泰宗女
北条高房（式部大夫高房跡）　538,567
北条高政（高政跡）　536,537,605,608
北条高基　269
北条高如（名越高如）　325,375
北条忠時（重時流、義政の兄弟）　267～269,282,283～285,589,649,659
北条忠時（金沢流）　511
北条胤時（重時流、義政子）　269,294
北条種時（種時跡）　537
北条為定（遠江前司為定）　539
北条為時（駿河守重時最愛嫡男、八歳で死去）　188,189,267,269,282,283,285,292
北条為時（政村流）　217,514,649,677
北条為秀　269
北条親時（忠時子）　269,284
北条経時（得宗家、北条時氏子、母は安達景盛女、四郎、執権経時）　3～6,21,169,178,180,182,186,191,199,208,211,222,239,248,260,329,331,345,382,441,442,450,457,532,

552,619,653,661,662,678,683
北条経時室　→　宇都宮泰綱女
北条貞源　568
北条時章(朝時流、北条一門名越流、名越一族、朝時次男、母は大友能直女、名越時章、越後次郎、尾張守、尾張入道見西時章、能登国守護)　6,12,89,121,155,164,222,225,227～233,236,239,240,256,257,264,271,280,288,303,351,396,605,615,616
北条時顕　489,577,583
北条時敦(政村流、政長の子)　218,651,677
北条時有(朝時流、公貞の子)　649,650
北条時家(名越時家、公時子)　240,309,312,313,596,751,757,758
北条時氏(得宗家、北条泰時嫡男、武蔵太郎、妻は安達景盛女松下禅尼、時頼の父、六波羅探題)　3,4,10,41,143,158,191,208,211,248,262,329,412,442,522,558,602,661
北条時氏女(将軍女房、将軍藤原頼嗣の室、北条時頼妹、桧皮姫)　170
北条時氏女(時定妻)　191
北条時雄(貞顕弟)　371
北条時雄女(時顕妻)　371
北条時香(時房流時村系)　647,655
北条時香(朝時流)　649
北条時賢(朝時流、賢性、見性)　576,649
北条時賢(有時流)　489
北条時賢女　489
北条時兼(北条時兼下文)　602
北条時兼(朝時流朝時の子、名越一族)　6,651,657
北条時兼(重時流、普恩寺、北条業時子、母は北条政村四女)　211,221,269,284
北条時国(佐介流、左近将監、六波羅南方)　156,251,280,308,649,650,664
北条時邦(有時流)　651
北条時定　595
北条時定(左近将監時定、肥後国守護)　189,191,367,531,564,596,607
北条時定　→　北条為時
北条時実(得宗家、北条泰時次男)　4,208,450
北条時輔(得宗家、北条時頼長男、時宗庶兄、宝寿、相模三郎時利、北条三郎、相模式部大夫、式部丞、六波羅南方、伯耆国守護)　5,10,12,15,18,21,119,121,122,125,126,128～135,137,142,143,145,146,148～150,152,154,155,157,158,160,164,191,202,203,210,212,222,237,242,245,247～264,270,271,280,288,296,303,332,351,386,415,424,429,443,599
北条時輔次男(六波羅李部時輔次男)　258,263,415,429
北条時輔妻　→　小山長村女
北条時輔母　→　北条時頼妾
北条時隆(時房流時村系、時氏女婿)　191,223,655
北条時忠(武蔵五郎時忠)　249
北条時忠　→　北条宣時
北条時種　567
北条時親(時房流佐介系、越後右馬頭時親、時盛子)　647,653,663,664
北条時綱(時房流佐介系、越前前司時綱)　541,579,647,653
北条時遠(時房流大仏系、時方)　647,653
北条時敏(相模六郎時敏跡)　540,610
北条時朝(時房流大仏系)　653
北条時直(時房流大仏氏、越後九郎、武蔵守、大隅国守護代)　177,181,199,309,429,522,558,601,608,647,655,663,670,671
北条時仲(政村流)　649
北条時仲(時房流大仏系)　653
北条時長(朝時流名越一族、越後三郎)　6,228,239,655
北条時夏(朝時流、夏時とも)　649,657
北条時夏母(朝時流)　657
北条時成(朝時流篤時の子)　651,657
北条時成(時房流大仏系)　655

北条時範（重時流常葉氏、別名時信、遠江守、範貞父）　211,222,269,283,284,596,649,657,787,788,794,795,798,
北条時治（重時流塩田氏、義政子、別名時春）　269,279,284,294,649,659
北条時秀　269
北条時英（時房流大仏系）　647,655
北条時広（時房流時村系、時村の子、「越前々司平時広集」「時広集」）　234,240,242,243,271,288,339,350,579,647,650,651,654,655,668,669,685
北条時広妻　→　平親清女
北条時熈（相模守）　538,567
北条時熈後妻　538,567
北条時房（時房流大仏氏、六波羅探題、連署、主殿権助、武蔵守、丹波国守護、　→　修理権大夫）　8,41,78,99,122,123,143,158,170,177,180,183,190,191,198,199,208,209,211,218,220,223,229,230,233～235,237,239,240,242,261,267,269,271,283,287,288,292,294,327,475,478,489,530～532,538,539,541,560,566～569,577,602,647,651,653,663,664,668～670,703,742,746,747,756
北朝時房女（北条朝時妻、教時母）　191,229
北条時藤（時房流時直系）　649
北条時政（北条四郎、北条殿、「北条時政以来後見次第」）　5,15,21,23,24,27,33,41,43,49,57,78,96,100,106,107,116,169,178～180,189,190,197,198,214,223,227,267,279,291,293,295,296,379,437,439,456,471,473,484,485,495,496,529～531,533,534,549,560,563,570,571,573,588,595,607,610,619,660,698,713
北条時政女（宇都宮頼綱室）　214
北条時政女　→　阿波局
北条時益（政村流,北条時敦長男）　218
北条時見（朝時流）　581,649
北条時見後家　581
北条時通（政村流、時道、あるいは通時）　210
北条時通（時房流）　234
北条時光（佐介時光）　280
北条時宗（得宗時宗、幼名正寿、太郎、相模太郎時宗、左馬権頭、相模守、執権、法名道果、法光寺殿）　1,3,5,7,9～16,21,57,107,112,116,121,122,130,144～147,153～155,158,163,168,173,181,183～188,191,200～203,207,209～217,219,220,222,223,227,229,230,232～238,240～243,247,248,252～257,259～261,264,267,268,270～276,278～282,286,287,289,291,292,294～296,304,311,331～335,341,345,348～353,355～357,367,368,370,373,374,376,379,386,396,398,400,401,440,442～445,482,488,514,531,532,569,571～573,577,580,598,607,662,663,674～676,678,704,737
北条時宗妻　→　潮音院
北条時村（政村流、初名時遠、政村嫡子＜三男＞、母は三浦重澄女、六波羅北方、法名行念）　156,202,210,212～217,220,222,242,251,271,288,296,309,340,371,397,457,514,532,540,586,601,610,647,649,655,659,663,668,669,677,783,787～789,793～800
北条時村女（時村女子跡）　540,586
北条時茂（北条重時四男、長時同母弟、政村五女の婿、陸奥守、左近将監、陸奥左近大夫将監、六波羅探題）　15,18,21,119,121～131,133,134,137,142～146,149～155,157,158,167,169,173,176,188,189,191,196,211,212,214,216,221,222,250～255,258,262,267～271,282,283,285,286,288～290,294,295,297,350,397,649
北条時元（時房流佐介系、平時元、時国の子）　647,653,664
北条時基（朝時流、朝時七男）　229,

230,234,242,350
北条時盛（時房流、時房子、掃部助時盛、越後守時盛、六波羅探題） 41,130,143,156,158,170,191,234,237,250,262,283,350,475,564,565,651,663,756,
北条時盛女（越後入道息女、長時妻） 170,283
北条時行 477,496,497
北条時幸（名越一族、越後四郎） 6,228,521
北条時頼（得宗家、北条時氏子、母は安達景盛女、五郎時頼、幼名成寿、覚了房道崇、左近将監、相模守、最明寺入道） 3～11,14～16,18,21,55,57～60,62,64～83,86～92,94～96,98～110,112～116,121,153,167～174,177,178,180,182～189,191～194,196,200～202,207～211,213～217,219～223,227,230～234,236,238,240,241,243,247,248,258～261,268,270,283,329,331～333,345,413～415,418,420,422,423,428,432,440～444,447,450,457,472,476,484,488,494,514,517,530,532,544,547,557,562,564,571,572,576,583,585,587,603,662,663,665,666,673,674,676,678,683,684,704,705,714,718,743
北条時頼室（北条重時女、時宗母） 168,268
北条時頼妾（将軍家女房讃岐、北条時輔母、岩屋堂禅尼妙音） 10,121,247,248,260,264
北条時頼女 8,102,168,189
北条俊時（重時流塩田氏、国時子） 269,279,284
北条朝貞（朝時流） 649
北条朝時（朝時流、名越流、名越一族、義時の子、名越氏の祖、越後守、時房女婿） 6,191,207,208,214,222,223,227～230,233～238,240,243,257,269,292,496,515,521,526,596,604,649～651,655,671,672,700,742
北条朝時女（朝時流、宇都宮泰綱室、経綱母） 214,223
北条朝直（時房流、大仏流祖、大仏朝直、時房四男、泰時女婿） 8,191,208,230～234,237,239,240,243,294,331,527,532,653,663,664,665
北条朝房（時房流朝直子、武蔵式部大輔、石見国守護カ） 294,302,527,606
北条直俊（時房流大仏系、上野介直俊跡） 537,653
北条直房（下総守） 538,567
北条長重 269
北条仲時（重時流普恩寺氏、基時子） 218,224,269,284
北条長時（重時流赤橋氏、重時子、陸奥左近大夫将監、相模左近大夫将監、武蔵守、六波羅北方、執権） 9～12,41,50,87～89,93,113,121～123,130,133,144,145,148,149,152,153,158,164,165,167,169～178,181～189,191,193,194,200,202,203,207,209,222,223,232,243,267～271,282,283,285,286,288,290,292,294～296,532,558,649,657,674,675,756
北条長時女（北条業時妻） 283
北条長時母 → 平基親女
北条夏時（宗長子） 650
北条業時（重時流普恩寺家、重時七男、政村四女の婿、弾正少弼、越後守、連署、駿河前司入道） 203,211,214,216,221,240,242,267～269,282～290,292,295,296,350,355,397,532,584,606,615,616
北条斉時（有時流、通時子、初名時高） 651,659,680
北条斉時後家 584
北条宣時（時房流大仏系、大仏宣時、朝直嫡子、初名時忠、武蔵守） 240,242,287,288,292,296,350,367,400,532,598,647,653,665～667,675,684
北条宣時女（時房流大仏系） 647
北条宣直（時房流大仏系、近江守宣直法師跡） 537,538,566～568,647,

653
北条範貞（重時流常葉氏、時範子、駿河守範貞跡）　211,269,284,538,567,643,649,657
北条規時　597
北条教時（朝時流名越氏、朝時六男、母は北条時房女、名越遠江国司）　12,121,155,164,222,225,227,229,234～236,240,242,243,256,257,268,271,280,283,288,351,528,609
北条教時妻　268
北条治時　605
北条春時（有時流）　650,659
北条久時（重時流赤橋氏、義宗子）　191,269,271,284,649,657,675
北条英時（重時流、久時子、守時弟、鎮西探題）　269,537,582,608,649,657,675,676
北条煕時（政村流、為時子、北条貞時婿、右馬権頭、左馬権頭、相模守）　191,217,220,223,515,649,677,787,788,794,796,798,800
北条福寿　488
北条藤時　269
北条政顕（金沢実政の子、鎮西探題）　751
北条政方（政村流）　210
北条政雄（朝時流）　657
北条政子（北条時政長女、二位家、関東尼公、尼将軍北条政子）　179,190,200,321,322～324,327,329,474,482,521,531,564,569,699
北条政長（政村流、政村五男、母は三浦重澄女、妻は長井時秀女、新相模五郎、相模式部大夫平政長）　210,213～216,218,220,223,371,429,651,659,677
北条政村（北条義時四男、母は伊賀氏、陸奥守、相模守、相模守左京権大夫、左京権大夫、連署、執権）　8,11,12,14,69,91,112,121,144～147,153,164,173,175～177,185,187,194,202,205,207～221,223,230～235,237～243,252～256,267,270,271,283,284,288～290,292,296,307,331,334,341,348～350,371,457,514,515,532,536,538～541,649,659,665,668,676,677,679,700
北条政村女（長女、金沢殿、金沢禅尼、北条実時室、顕時・実政母）　210,214,215,221
北条政村女（次女、北条宗政室、師時母）　210,214,215,221,289
北条政村女（三女、安達顕盛室）　211,214,216,221,223,334
北条政村女（四女、北条業時室、時兼母）　211,214,216,221,283,284,289
北条政村女（五女、北条時茂室、時範母）　211,214,216,221,222,283
北条政村女（六女）　221
北条政村妻（本妻、入道大納言家中将、中将、法名如教）　210,220
北条政村妻（新妻）　→　三浦重澄女
北条政頼（政村流、母は三浦重澄女、六郎政頼）　210,220,260
北条万寿丸（万寿丸）　539
北条通時（有時流、有時の子）　651,680
北条光時（朝時流、名越一族、朝時嫡子、泰時女婿）　6,191,208,227,228,331
北条宗方（得宗家、得宗貞時の従兄弟、駿河守）　212,217,787～789,793～800
北条宗時（五郎宗時）　260,485,573
北条宗直（大仏系）　647
北条宗長（備前二郎、能登国守護）　303,531,574,604,650
北条宗宣（時房流大仏系、北条宣時長男、時茂女婿、六波羅執権探題）　262,283,532,579,647,653,666,667,684
北条宗房（政村流、政村四男、新相模四郎、右馬助、左馬権頭、法名道妙）　210,213,214,215,223,787,798
北条宗房（時房流、時隆子、土左守平宗房）　223
北条宗房室　→　宇都宮経綱女
北条宗政（得宗家、時宗同母弟、福寿、相模四郎左近大夫、筑後国守護）

5,156,191,210,211,214,215,221,247,248,260,261,268,284,287,289,293,294,296,302,350,386,493,494,581,600
北条宗政室（北条宗政後室） 581
北条宗政女（北条貞時正妻） 191,386
北条宗泰（時房流大仏系、宣時子、平宗泰） 647,653,667,668
北条宗泰女（時房流大仏系） 653
北条宗頼（得宗家、時宗弟、母は辻殿、相模七郎、相模修理亮、長門国守護） 5,210,260,284,294,302,605,615,616
北条宗頼女（北条久時妻、守時母） 284
北条基時（重時流普恩寺氏、時兼子） 220,269,284,291,582,583,606
北条守時（重時流赤橋氏、赤橋守時、赤橋相模守、久時子、英時兄、執権） 191,217,220,269,282,284,478,532,563,570,572,574,649,657,675,710,711,718
北条守時女（重時流） 649,657,675
北条盛房（佐介系） 350,647
北条師時（得宗家、北条宗政子、貞時女婿） 191,210,220,221,473,532,563,599,607,787,788,794,795,798
北条師頼 579,
北条泰家（得宗家、高時弟、泰家法師跡） 365,405,490,504,531,535,536,539,567,568,570～572,574,576,579,580,584,587～589,598,603～605,607,608
北条泰氏（大仏系） 647
北条泰時（得宗家、江間＜江馬＞太郎、相模太郎、修理亮、駿河守、武蔵守、六波羅探題、執権） 3～5,7,15,21,41,78,100,108,122,123,143,158,180～182,185,186,190,191,194,197～199,207～209,213,220,222,227,237,239,261,269,296,328,329,330,412,440～447,450,457,485,494,498,521,529,531,532,552,553,564,565,572,573,575,576,581,582,586,588,589,600,607,619,647,650,653,660,661,663,666,673,676,678,683,691,699～704,713,716,718,742,746,747,756
北条泰時女（足利義氏室） 4
北条泰時女（三浦泰村妻） 191
北条泰時女（藤原実春妻） 190
北条泰時女（北条朝直妻、北条光時妻） 191,239
北条泰時妻 → 三浦義村女
北条泰時妻 → 安保実員女
北条泰房（時房流大仏系） 655
北条随時（阿蘇随時、阿蘇遠江守跡） 513,539,595,752
北条義時（北条四郎、江間＜江馬＞四郎、北条小四郎、江間＜江馬＞小四郎、相模守、陸奥守、右京兆） 5,8,21,27,41,57,78,96～98,107,114,116,170,173,178,180～182,185,190,191,200,207,213,218～220,237,269,283,296,324,330,404,437～439,443,449,456～458,471,475,476,487,507,512,516,521,524,526,529,532,560,564,565,569,575,577,588,589,595,598,600,602,607,610,619,660,671,673,676,678,679,700,703,713,742,746
北条義時女（一条能基妻、一条実雅妻、西園寺実有） 190
北条義時女（土御門定通妻） 330
北条義時女（唐橋通清母） 283
北条義時女（斯波宗氏母） 283
北条義時女（一条実有妻） 458
北条義政（重時流塩田氏の祖、重時六男、北条六郎、六郎、陸奥左近大夫将監、左近大夫将監、陸奥左近将監、駿河守、武蔵守、連署、武蔵入道、武州禅門） 13,116,146,147,164,202,222,240,249,265,267～297,333,350,532,649,657,665,668,675
北条義政母 → 少納言局
北条義宗（重時流、北条長時長男、左近将監、六波羅探題、連署） 12,15,18,21,119,121,122,125,128～135,137,140,142,143,145,150,152,155～158,191,222,250,251,257,

ま

む

め

も

や

291,448,552,553,619,715,735
安田義定　43
泰時　→　北条泰時
泰房　→　北条泰房
(姓欠)泰茂　115
矢田尼　764
宿屋入道　603
宿屋氏　525,559,620
柳川大友氏(柳川大友家文書)　69,536,539～541,559,597,604～606
矢野伊賀入道　497,583
矢野憲一　108,117
矢野倫景 364,367
矢野倫経 364,367
矢野氏 497
弥伴師永(島津庄薩摩方雑前名主弥伴太師永)　80
矢部孫三郎　542
矢部又次郎　501
矢部六郎左衛門尉　542
山内譲　524,622
山陰加春夫　757
山川智応　400,437,448
山河均　465
山鹿時家(二郎入道西念、麻生資時父)　95
山木兼隆(山木判官)　317,318
山岸啓一郎　622
山口隼正　390,463,622
山口太子(応仁妻)　765
山崎敏夫　242
山崎誠　393
山科大納言入道　393
山科惟方　393
山城左衛門入道(山城左衛門入道旧妻)　516
山代栄　274
山代孫三郎　277
山田兼継(兼継)　482
山田邦明　419,430～433
山田五郎四郎　101
山田式部少輔　→　島津忠継
山田重隆(美濃国の山田重隆)　34
山田重忠　482
山田重親(重親)　482
山田重継(重継)　482
山田重泰(重泰)　482,569
山田昭全　401
山田親氏(親氏)　482
山田又三郎入道　479
山田泰親(泰親)　482
山田氏　548
山田氏(山田文書)　559,604
山中俊直　771
山中俊のふ(山中俊直子息、としのふ)　770
山中氏　621
山中氏(近江山中文書)　253,771
山中氏(神宮文庫所蔵山中文書)　126
山西明　377,380
山野清二郎　682
山野井功夫　164,205
山氏女　766
山内首藤重俊(藤原重俊)　772
山内首藤経俊　697
山内首藤俊綱　696
山内首藤俊通　696
山内首藤宗俊(重俊の嫡子)　772
山内首藤氏(山内首藤鎌田氏、山内首藤家文書)　361,696,697,701,772
山本亜希　691
山本隆志　318,378,622
山家浩樹　391

ゆ

湯浅左衛門入道(六波羅両使)　124,138
湯浅宗氏(湯浅成仏、阿弖河上下村地頭)　126,128,138,139,253,254
湯浅宗重(湯浅入道宗重)　31
湯浅宗親(紀伊国阿弖河荘地頭)　146,147
湯浅宗良(湯浅入道、湯浅太郎入道)　87
湯浅氏(湯浅一門)　59,60
唯浄　258
祐円(久米田寺別当祐円)　79
祐円(岩屋寺院主祐円)　248
結城錦一(浦和市結城錦一氏旧蔵)　386

よ

ら

り

る

れ

わ

執筆者一覧（五十音順）

秋山哲雄　国士舘大学専任講師
磯川いづみ　鎌倉遺文研究会会員
川島孝一　財団法人徳川黎明会徳川林政史研究所非常勤研究員
菊池紳一　財団法人前田育徳会常務理事・尊経閣文庫主幹
久保田和彦　神奈川県立光陵高等学校教諭
斎藤直美　国士舘大学大学院博士課程単位習得修了
下山　忍　埼玉県立不動岡高等学校教頭
鈴木宏美　元埼玉県文化財保護審議会委員
遠山久也　武蔵野学院大学講師
永井　晋　神奈川県立金沢文庫主任学芸員
森　幸夫　國學院大學非常勤講師
山野井功夫　埼玉県立浦和西高等学校教諭